荣成广播电视志

（2011—2020）

荣成市融媒体中心　编

山东大学出版社
SHANDONG UNIVERSITY PRESS
·济南·

图书在版编目(CIP)数据

荣成广播电视志.2011－2020/荣成市融媒体中心编
.—济南:山东大学出版社,2021.10
ISBN 978-7-5607-7189-2

Ⅰ.①荣…　Ⅱ.①荣…　Ⅲ.①广播事业－概况－荣成
－2011-2020②电视事业－概况－荣成－2011-2020 Ⅳ.
①G229.275.24

中国版本图书馆 CIP 数据核字(2021)第 223981 号

策划编辑　张韶明
责任编辑　李艳玲
封面摄影　李洪明
封面设计　王秋忆

出版发行　山东大学出版社
社　　址　山东省济南市山大南路 20 号
邮政编码　250100
发行热线　(0531)88363008
经　　销　新华书店
印　　刷　荣成市印刷厂有限公司
规　　格　880 毫米×1230 毫米　1/16
　　　　　26.25 印张　12 插页　735 千字
版　　次　2021 年 10 月第 1 版
印　　次　2021 年 10 月第 1 次印刷
定　　价　175.00 元

《荣成广播电视志(2011—2020)》编委会

2011 年 8 月 14 日，三市一区组织部领导在市委常委、组织部部长毕兴全（左二）的陪同下来我台参观我市远程教育平台建设情况。

2011 年 10 月 26 日，全市文化系统学习十七届六中全会精神会议在我台十楼会议室召开，市委常委、宣传部部长张瑞英，副市长王莹到会并讲话。

2012 年 6 月 26 日，市委副书记、纪委书记王笑丰（右二）来荣成广播电视台检查指导电台行风热线工作。

2013 年 2 月 6 日，市委副书记、市长江山（左一）来台录制春节祝词并调研指导工作。

《荣成时讯》近期积极创新版面设计，较好地体现了围绕市委、市政府中心大局，希望今后再接再厉，继续发挥好新闻媒体的舆论引导作用。

江山

2版 2015年11月10日 星期二

经济新闻

e-mail:jb215@126.com 责任编辑 王淑丽

荣成时讯

经济视点 View Of Economic

特别策划

红富士红了

系列报道之二

大美之品

□ 记者 王妮娟 陈峰 [illegible] 郑少刚 曹忠超 王春妍

将先进的物联网技术用于果园管理，为每[illegible]果贴上二维码"身份证"；让一个个苹果吃着"海鲜"长大，让萦绕的音乐成[illegible]赶飞鸟的"妙药"……

先进的技术、生态的理念、奇怪的招数，这[illegible]只有一个出发点——为消费者奉上可以放心吃的好苹果。

穿梭于一个个果园里，与或传统或新派的[illegible]对话，让记者感受最深的是，一个产业起起伏伏20年，在市场大潮的冲击[illegible]始终不忘初心，始终坚守品质。被市场认可的大美之品，不是靠炒作，而是[illegible]踏实实地"种"出来。

有"身份证"的苹果

2015年11月23日，市委书记江山对《荣成时讯》作出批示：《荣成时讯》近期积极创新版面设计，较好地体现了围绕市委、市政府中心大局，希望今后再接再厉，继续发挥好新闻媒体的舆论引导作用。

祝荣成时讯越办越好！

江山

荣成时讯

RONGCHENG SHIXUN

服务大局 贴近基层 反映生活

2016年1月1日 星期五

第1881期

龙腾石岛湾

□ 记者 张艳 通讯员 张天伟

致读者

《荣成时讯》编辑部
2016年1月1日

2016年1月2日，市委书记、市长江山对《荣成时讯》作出批示：祝荣成时讯越办越好！

2版 | 生态

今年我市农村改厕将惠及7万户

经济开发区构建农村环境维

部署春季重大动物疫病防控工作

2016 年 3 月 28 日，山东省委原副书记、省委农村工作领导小组副组长王军民对我市改厕工作作出批示，要求省级媒体采访报道我市经验做法。

2016 年 10 月 24 日，由国家广电总局研修学院领导带队，津巴布韦新闻媒体人员共 26 人来我台参观考察。

2018年2月13日，市委副书记、市长刘昌松(右一)来我台走访慰问节日坚守岗位的干部职工。

2018年12月31日，高清电视转播车正式交付使用。

2019 年 1 月 1 日，高清演播室正式启用，新年第一期《荣成新闻》《民生 360° 》在新演播室录制。

2019 年 1 月 15 日，荣成市融媒体中心揭牌。

经济 8　2019年4月2日　星期二　人民日报

纵深·"三区三州"看脱贫②

截至2018年底，青海藏区的贫困发生率下降到4.2%

牧民入股 传统产业走新路

本报记者 姜峰

核心阅读

2015年底，青海藏区的贫困发生率还在20.76%，到2018年底时，已经下降到4.2%。

短短数年间，脱贫成效已显。在自然条件恶劣的青海藏区，粗放、分散的传统畜牧业如何向高效集约转型？扶贫搬迁给贫困群众的生产生活带来了怎样的变化？在深度贫困地区，如何促进产业培育、就业稳定、群众思想转变？

针对难题，抓住关键，各个击破。青海省通过不断探索与实践，找到一条积极有效的解决之道。

"老羊倌"去年分红3万元

产业转型 村里建起合作社

德吉村村民去年直接增收超250万元

扶贫搬迁 技能培训助增收

藏乡也有"海归"了

政策引领 重点产业解难题

脱贫故事

"勤劳的人不受穷"

本报记者 姜峰

东莞瞄准建设湾区魅力都市

产业上层次 生活上档次

本报记者 贺林平

建大湾区先进制造业中心

打造开放型经济示范区

重塑宜居宜业都市魅力

甘肃停止核准年产能低于30万吨煤矿建设

收海带

上图：3月31日清晨，在荣成市成山镇海带养殖区，渔民迎着日出收割海带。

右图：3月31日清晨，一位渔民迎着朝晖收割海带，脸上洋溢着收获的喜悦。

王福东摄（影像中国）

本版责编：杨文 韩春瑞 张贺

2019年4月2日，《收海带》组图刊登在《人民日报》第8版，实现了在《人民日报》发稿零的突破。

2019 年 11 月 8 日，市委书记包希安（右二）到市融媒体中心调研。

2020 年 2 月 13 日，中心党总支书记、主任邹积军为前往湖北黄冈采访报道的于军鹏、张文杰同志送行。

8 生态环保 2020年3月16日 星期一 经济日报 ECONOMIC DAILY

疫情之下，迁徙至山东荣成安然越冬——

大天鹅知道，这里对它们好

本报记者 王金虎 通讯员 王洪臣 王 璐

保护野生动物

每年冬季，都会有上万只大天鹅从西伯利亚等地飞抵山东荣成市越冬。为保护大天鹅的栖息环境，荣成于1985年建立了大天鹅自然保护区，2007年升级为国家级自然保护区，后又建成了大天鹅救护中心、疫源疫病监测中心。新冠肺炎疫情期间，荣成人没有忘记大天鹅，在加紧防控疫情的同时千方百计照顾好大天鹅，让它们在荣成安然越冬。

天气转暖，在山东荣成过冬的大天鹅正在练习飞行，3月中旬将会回迁西伯利亚。 王福东摄（中经视觉）

疫情之下，安然越冬

相约冬季，如约而至

守护净土，只为留你

国土绿化在行动

抓住春季绿化好时机——

各地抗“疫”造林两不误

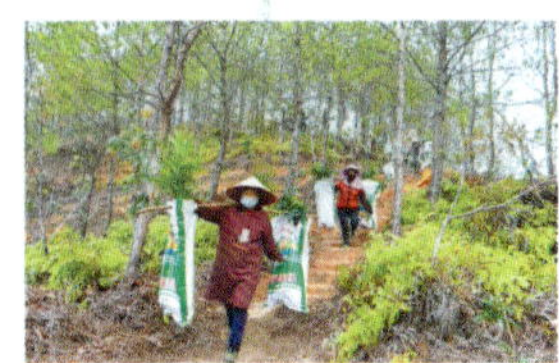

福建省龙岩市长汀县组织劳动力上山植树。 （资料图片）

冀津联防联控改善滦河水质——

深化跨界流域横向生态补偿机制

吉林敬信湿地迎来北归候鸟群

本报记者 李己平 通讯员 魏 静 李军俊

在吉林延边州珲春市敬信湿地，北归的大雁在此停歇，受到人们的保护。 李军俊摄（中经视觉）

2020年3月16日，《经济日报》刊发稿件《疫情之下，迁徙至山东荣成安然越冬—— 大天鹅知道，这里对它们好》，实现《荣成时讯》在中央级媒体上文字稿件零的突破。

RENMIN RIBAO

人民网网址:http://www.people.com.cn

2020年7月 9 星期四 庚子年五月十九 人民日报社出版 国内统一连续出版物号 CN 11-0065 代号1-1 第26297期 今日20版

习近平同俄罗斯总统普京通电话

习近平回信寄语广大高校毕业生 把个人的理想追求融入党和国家事业之中 为党为祖国为人民多作贡献

回信

中办转发《中央宣传部、中央组织部关于认真组织学习〈习近平谈治国理政〉第三卷的通知》

汪洋在西藏调研时强调

坚持和贯彻新时代党的治藏方略 推进西藏长治久安和高质量发展

今日谈

志不求易者成,事不避难者进

加强机关党建 走好第一方阵

建设让党中央放心、让人民群众满意的模范机关

——中央和国家机关学习贯彻习近平总书记在中央和国家机关党的建设工作会议上的重要讲话精神综述

走在前列、作出表率——把带头做到"两个维护"作为首要政治任务

导读

中央人民政府驻香港特别行政区维护国家安全公署在香港揭牌 第四版

走向我们的小康生活 许继社区的幸福密码 第二版

大数据观察 冷链物流"热"起来 第七版

帮1600多名贫困女孩走进大学 大山深处 有位"老师妈妈" 第十二版

海上播种忙

7月8日,山东省荣成市沿海养殖区,渔民忙着"播种"江蓠苗。近年来,荣成渔民利用海带收获的间歇期,在收获后的海带养殖架上养殖江蓠,提高利用效率,助力增产增收。 王福东摄(影像中国)

2020年7月9日,《海上播种忙》在《人民日报》头版倒头题发表,实现纸媒上发工作新的突破。

2020 年 8 月 11 日，省委宣传部副部长袭艳春（前排左二）到市融媒体中心调研。

2020 年 10 月 30 日，省委宣传部县级融媒体中心建设验收工作组来我市检查验收。

2020 年 11 月 8 日，市委常委、宣传部部长李洪霞来我单位慰问新闻工作者并与“十佳”记者合影留念。

2020 年 12 月 25 日，邹积军主任在北京参加“新华网客户端与闪电新闻客户端战略合作暨山东百家区县融媒集体入驻新华号发布会”以及 2020 年度“我们的小康”优秀短视频作品颁奖会暨业务分享会。

2011年度山东广播新闻宣传
先进集体
山东广播电视台
二〇一一年十二月

2011年度山东电视新闻宣传
先进集体
一等奖
山东广播电视台
二〇一一年十二月

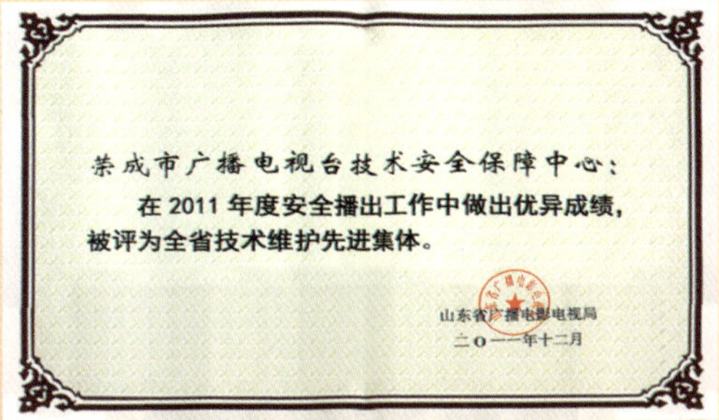
荣成市广播电视台技术安全保障中心：
在2011年度安全播出工作中做出优异成绩，被评为全省技术维护先进集体。
山东省广播电影电视局
二〇一一年十二月

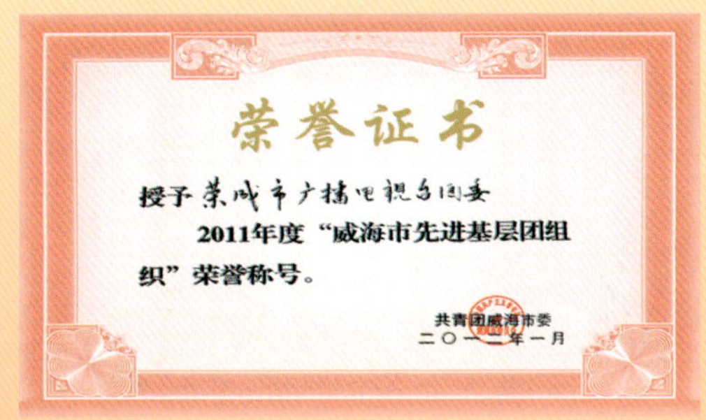
荣誉证书
授予荣成市广播电视台团委
2011年度“威海市先进基层团组织”荣誉称号。
共青团威海市委
二〇一二年一月

2012 中国·威海荣成海峡两岸海洋食品展销会
突出贡献奖
中共荣成市委
荣成市人民政府
2012年8月

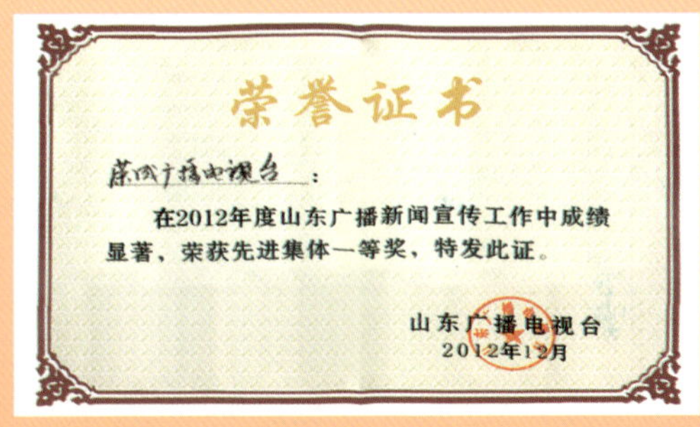
荣誉证书
荣成广播电视台：
在2012年度山东广播新闻宣传工作中成绩显著，荣获先进集体一等奖，特发此证。
山东广播电视台
2012年12月

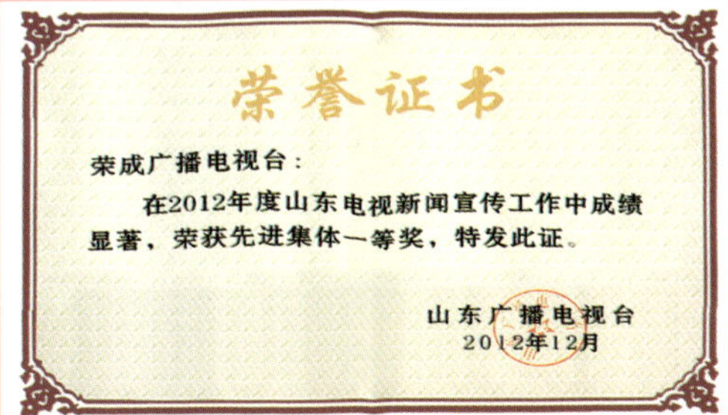
荣誉证书
荣成广播电视台：
在2012年度山东电视新闻宣传工作中成绩显著，荣获先进集体一等奖，特发此证。
山东广播电视台
2012年12月

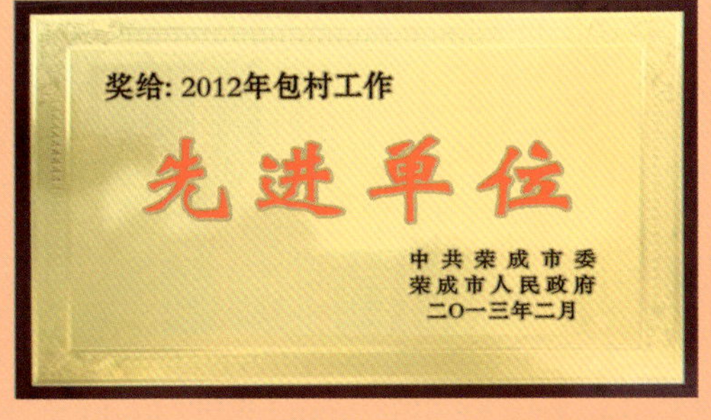
奖给：2012年包村工作
先进单位
中共荣成市委
荣成市人民政府
二〇一三年二月

二〇一二年度
平安建设先进单位
中共荣成市委
荣成市人民政府
二〇一三年二月

荣成市消防工作
先进单位
荣成市人民政府
二〇一三年二月

2012年度落实目标责任制
先 进 单 位
中共荣成市委
荣成市人民政府
二○一三年二月

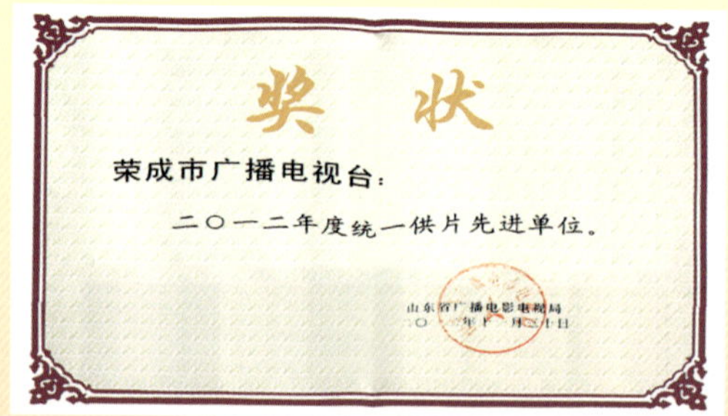
奖 状
荣成市广播电视台：
二○一二年度统一供片先进单位。
山东省广播电影电视局

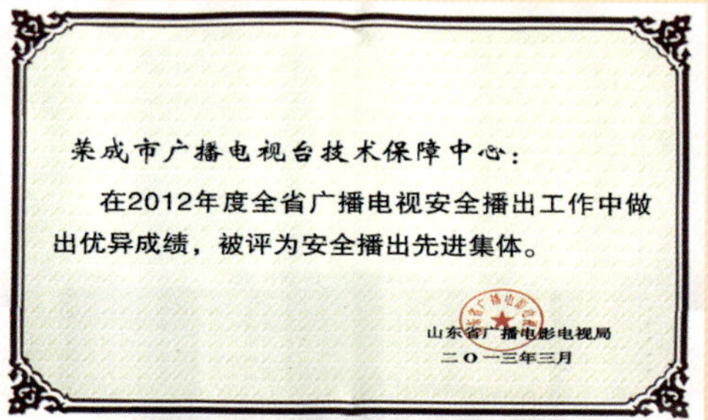
荣成市广播电视台技术保障中心：
在2012年度全省广播电视安全播出工作中做出优异成绩，被评为安全播出先进集体。
山东省广播电影电视局
二○一三年三月

2013年度荣成市
诚信示范单位
中共荣成市委
荣成市人民政府
二○一四年二月

二○一三年度
平安建设先进单位
荣成市社会管理综合治理委员会
二○一四年二月

市 级
文明单位
中共威海市委
威海市人民政府
二○一四年一月

尊师重教先进集体
中共荣成市委
荣成市人民政府
二○一四年九月

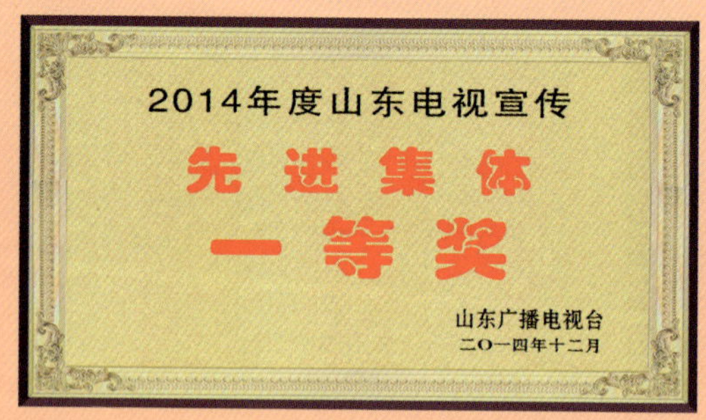
2014年度山东电视宣传
先 进 集 体
一 等 奖
山东广播电视台
二○一四年十二月

2014年度山东广播宣传
先 进 集 体
山东广播电视台
二○一四年十二月

荣成市十大诚信
青年文明号
荣成市创建青年文明号活动领导小组
二○一四年五月

奖给：2014年包扶村工作
先进单位
中共荣成市委
荣成市人民政府
二○一五年一月

巾帼文明岗
荣成市妇女联合会
二○一五年元月

二○一四年度
平安建设先进单位
荣成市社会管理综合治理委员会
二○一五年二月

2014年度荣成市
诚信示范单位
中共荣成市委
荣成市人民政府
二○一五年二月

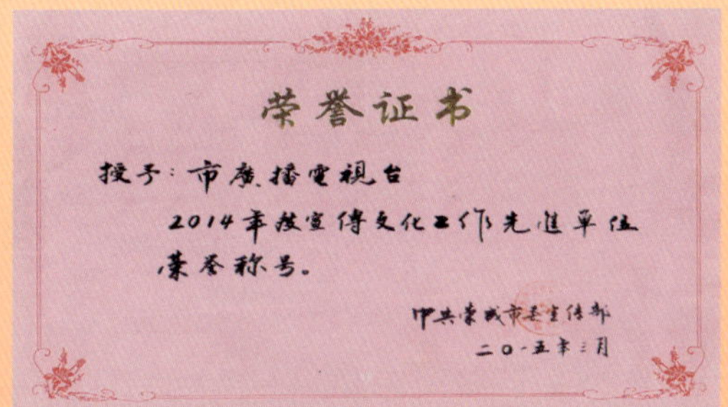
荣誉证书

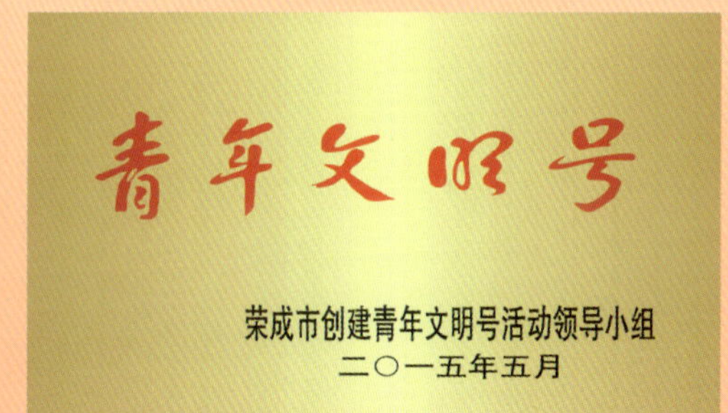
青年文明号
荣成市创建青年文明号活动领导小组
二○一五年五月

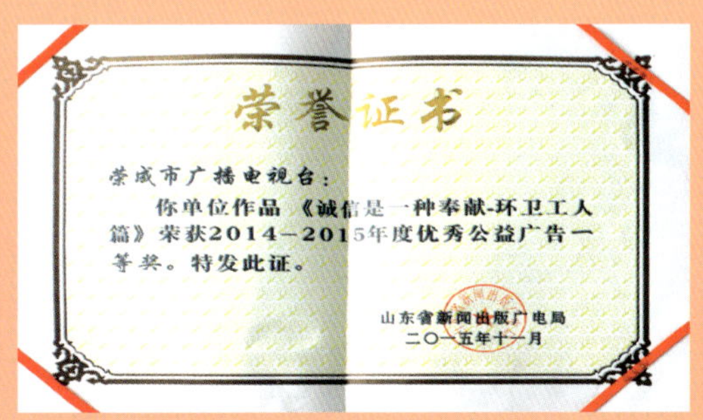
荣誉证书
荣成市广播电视台：
你单位作品《诚信是一种奉献-环卫工人篇》荣获2014-2015年度优秀公益广告一等奖。特发此证。
山东省新闻出版广电局
二○一五年十一月

2014-2015年度公益广告
优秀传播机构
山东省新闻出版广电局
二○一五年十一月

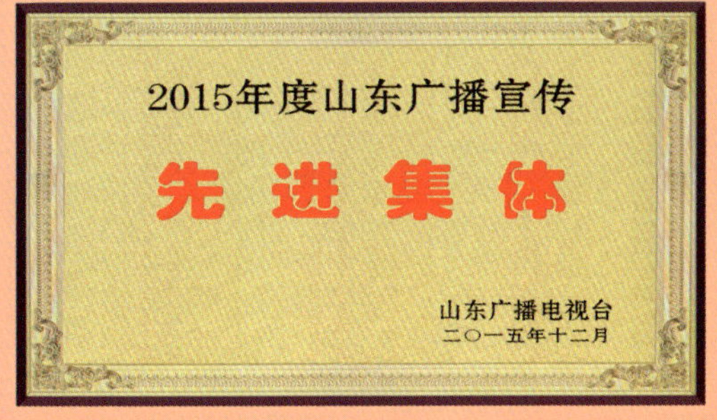
2015年度山东广播宣传
先进集体
山东广播电视台
二○一五年十二月

2015年度山东电视宣传
先进集体
一等奖
山东广播电视台
二○一五年十二月

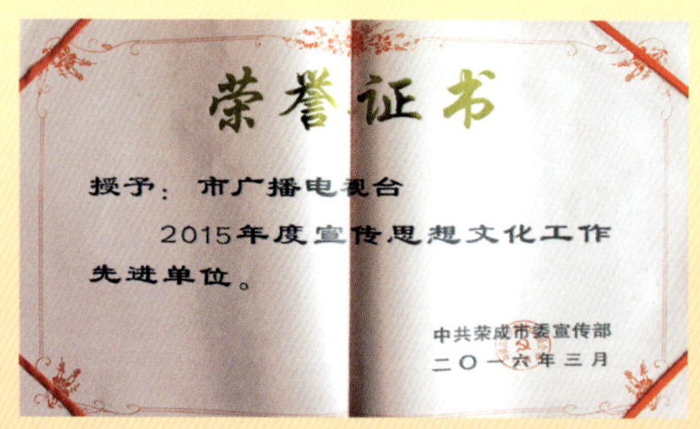
荣誉证书
授予：市广播电视台
2015年度宣传思想文化工作
先进单位。
中共荣成市委宣传部
二〇一六年三月

省 级
文明单位
山东省精神文明建设委员会

荣誉证书
在2016年威海市志愿服务工作中成绩突出，表现优秀，授予“2016年度威海市青年志愿服务先进集体”荣誉称号。
特颁此证，以资鼓励。
共青团威海市委
威海市青年志愿者协会
2017年3月

巾帼文明岗
威海市妇女联合会
二〇一七年十二月

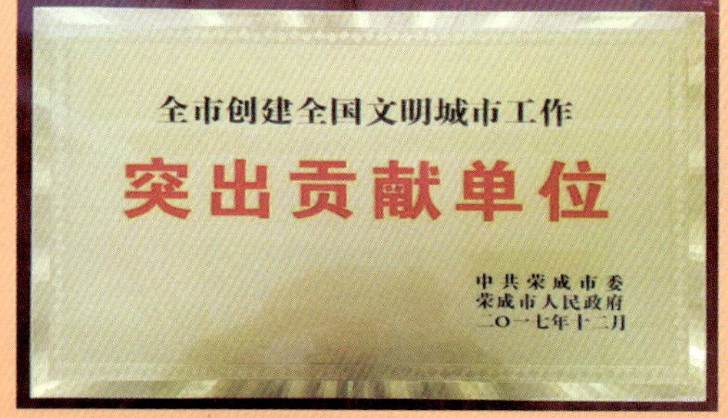
全市创建全国文明城市工作
突出贡献单位
中共荣成市委
荣成市人民政府
二〇一七年十二月

2017年度山东广播宣传
先进集体
一等奖
山东广播电视台
二〇一八年一月

2017年度山东电视宣传
先进集体
一等奖
山东广播电视台
二〇一八年一月

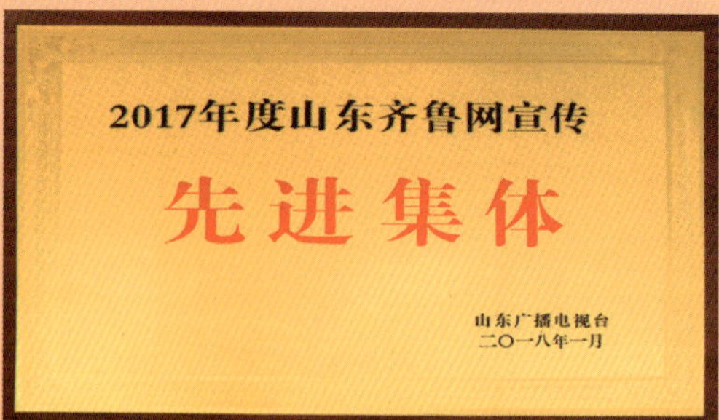
2017年度山东齐鲁网宣传
先进集体
山东广播电视台
二〇一八年一月

2017-2018年度
青年文明号
共青团中央 国家广播电视总局

荣誉证书
HONORARY CREDENTIAL
荣成市广播电视台：
荣获2018年县级广电融媒体主流影响力奖。特颁此证。
山东广播电视台
融媒体资讯中心
二〇一八年十一月

荣成市2018年度
优秀驻区共建单位
中共荣成市委
荣成市人民政府
二〇一九年三月

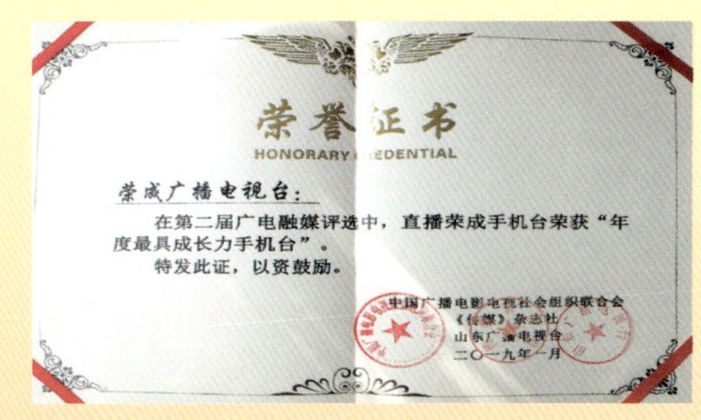
HONORARY
EDENTIAL
荣成广播电视台：
在第二届广电融媒评选中，直播荣成手机台荣获“年度最具成长力手机台”。
特发此证，以资鼓励。

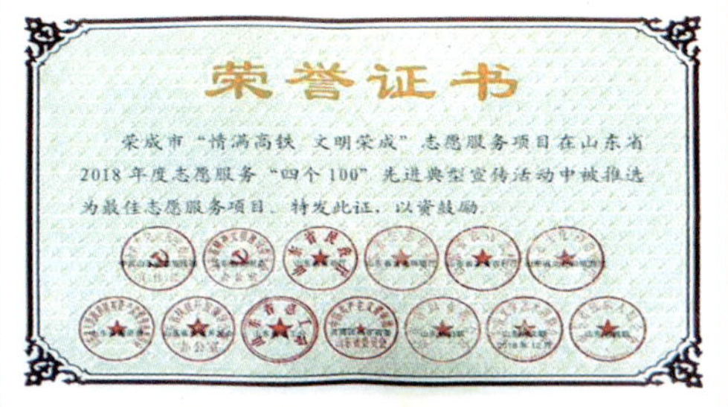
荣誉证书
荣成市“情满高铁 文明荣成”志愿服务项目在山东省2018年度志愿服务“四个100”先进典型宣传活动中被推选为最佳志愿服务项目。特发此证，以资鼓励。

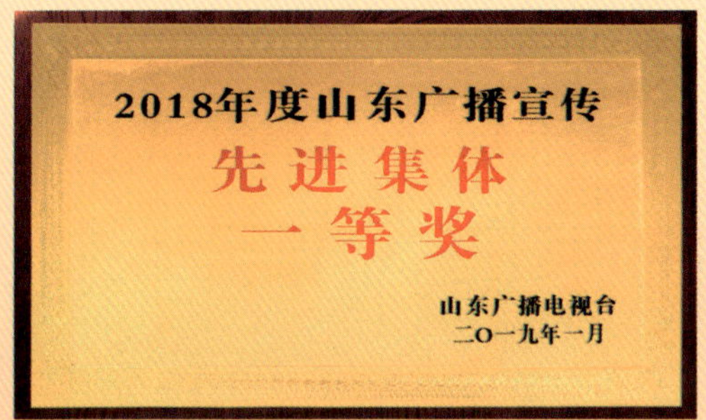
2018年度山东广播宣传
先进集体
一等奖
山东广播电视台
二〇一九年一月

2018年度山东电视宣传
先进集体
一等奖
山东广播电视台
二〇一九年一月

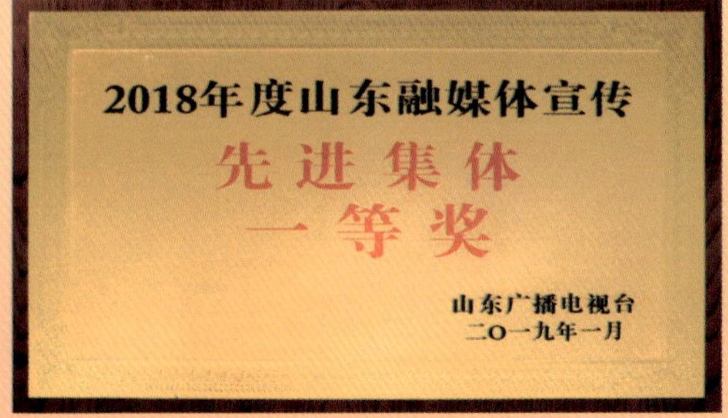
2018年度山东融媒体宣传
先进集体
一等奖
山东广播电视台
二〇一九年一月

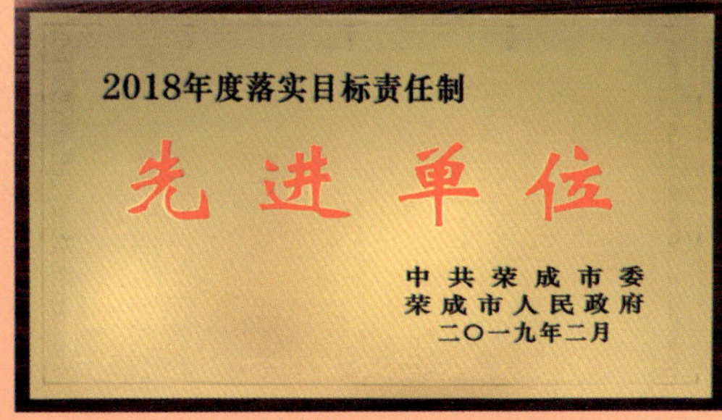
2018年度落实目标责任制
先进单位
中共荣成市委
荣成市人民政府
二〇一九年二月

先进基层党组织
中共荣成市委
二〇一九年六月

荣誉证书
HONORARY CREDENTIAL
威海荣成市融媒体中心：
荣获2019年度县域影响力奖。
山东广播电视台融媒体资讯中心
二零一九年十一月

荣誉证书
HONORARY CREDENTIAL
荣成市广播电视台：
2019年度统一供片先进单位。

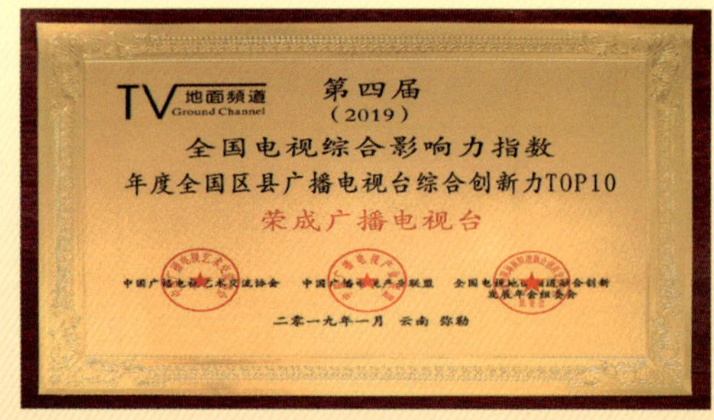
TV地面频道 Ground Channel
第四届
(2019)
全国电视综合影响力指数
年度全国区县广播电视台综合创新力TOP10
荣成广播电视台
中国广播电视艺术交流协会 中国广播电视产业联盟 全国电视地面频道融合创新发展年会组委会
二零一九年一月 云南 弥勒

我爱你中国
威海市万人同唱一首歌大赛
二等奖
中共威海市委宣传部 威海日报社 威海市广播电视台
二〇一九年十月

荣誉证书
HONORARY CREDENTIAL
荣成市融媒体中心：
在2019年度山东广播电视宣传工作中荣获广播宣传先进集体一等奖，特发此证。
山东广播电视台
2020年1月

荣誉证书
HONORARY CREDENTIAL
荣成市融媒体中心：
在2019年度山东广播电视宣传工作中荣获电视宣传先进集体一等奖，特发此证。
山东广播电视台
2020年1月

荣誉证书
HONORARY CREDENTIAL
荣成市融媒体中心：
在2019年度融媒体宣传工作中荣获先进集体奖，特发此证。
山东广播电视台
2020年1月

荣成市融媒体中心
健康单位
威海市爱国卫生运动委员会
二〇二〇年一月

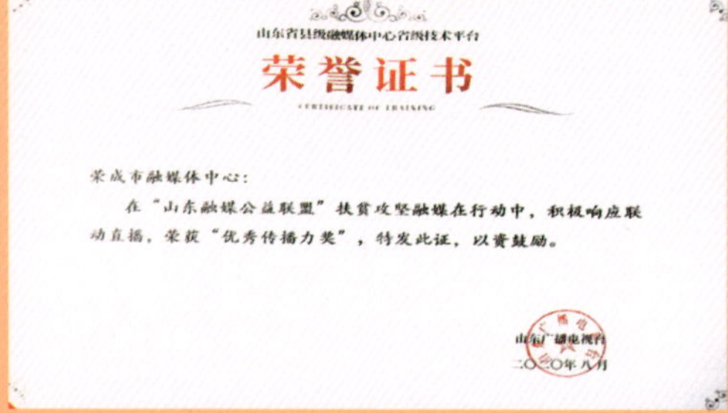
山东省县级融媒体中心省级技术平台
荣誉证书
荣成市融媒体中心：
在“山东融媒公益联盟”扶贫攻坚融媒在行动中，积极响应联动直播，荣获“优秀传播力奖”，特发此证，以资鼓励。
山东广播电视台
二〇二〇年八月

荣誉证书
HONORARY CREDENTIAL
荣成市融媒体中心：
荣获2020年度融媒传播力奖。
特颁此证。
山东广播电视台融媒体资讯中心
二〇二〇年十二月

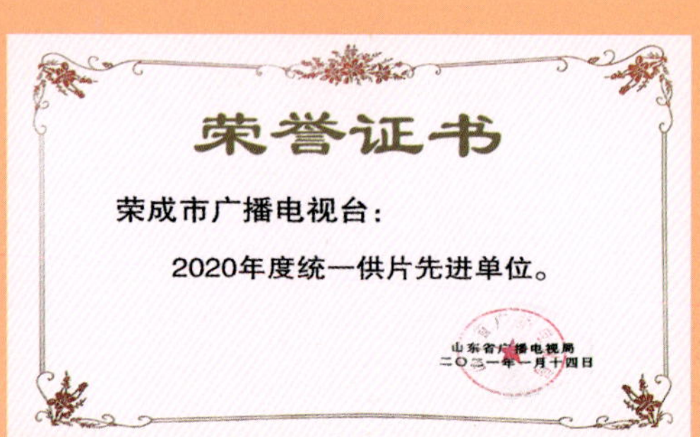
荣誉证书
荣成市广播电视台：
2020年度统一供片先进单位。
山东省广播电视局
二〇二一年一月十四日

2020年度落实目标责任制考核
优秀等次
中共荣成市委
荣成市人民政府
二〇二一年二月

序

2011—2020 年是荣成广电事业发展的“黄金时期”。十年间，荣成广电始终坚持“政治办台，新闻立台，改革兴台”不动摇，坚持宣传舆论引导与机构改革发展齐头并进。特别是媒体融合后，荣成市融媒体中心紧紧围绕“唯旗誓夺，事争第一；干则一流，出则精品”的工作导向，满怀激情，团结奋斗，锐意拼搏，成绩斐然，连续三年被评为荣成市目标责任制考核先进单位，连续三年荣获全省电视、广播、新媒体宣传三个先进集体一等奖，实现了广电事业发展的新提升、新突破、新跨越。

编写广播电视志，旨在记录我市广播电视事业的发展足迹，同时为研究荣成广播电视事业发展积累重要史料，更是广播电视部门文化建设的一项重要系统工程，对促进广播电视事业发展具有很大的时代意义和历史价值。

“融合发展关键在融为一体、合而为一。”希望荣成新闻工作者进一步坚定如磐初心，践行时代使命，坚持守正创新，顺应媒体发展大趋势，做好媒体融合大文章，打造全方位、多层次、多声部的主流舆论矩阵，让主流声音更响亮、更有力，做党和人民信赖的新闻工作者。

征途漫漫，惟有奋斗。2021 年是中国共产党百年华诞，也是“十四五”开局之年。站在“两个一百年”的历史交汇点，全面建设社会主义现代化国家新征程令人鼓舞、催人奋进。希望融媒体中心广大干部职工始终牢记“举旗帜，聚民心，育新人，兴文化，展形象”的使命任务，“唯旗誓夺，事争第一；干则一流，出则精品”，勇于创新、敢于担当，做大做强主流舆论，推动媒体融合向纵深发展，牢牢坚守舆论引导、思想引领、文化传承、服务人民的意识形态主阵地，为推动荣成高质量发展走在更前列再立新功、再创辉煌！

中共荣成市委书记 邕希安

2021 年 10 月

简　目

目录

RONGCHENGGUANGBODIANSHIZHI

荣成广播电视志 2011—2020

CONTENTS

概 况

规章 制度 文件

机构与团体

党 建

群　团

活　动

频道　节目　栏目

技术研发与应用

业务研讨

人物名录

集体与个人荣誉

对外宣传

大事记

概 况

2011—2020年荣成市广播电视台概况

2011—2020年是荣成广电事业产业调整、创新突破、融合发展的“黄金时期”。在荣成市委的坚强领导下，在荣成市委宣传部的正确指导下，荣成市融媒体中心（荣成市广播电视台）以“紧跟”和“跟紧”市委中心工作为目标，坚持“政治办台，新闻立台，改革兴台”思路不动摇，始终树立加压奋进的争先思维、担当作为的有解思维、务实高效的落实思维，坚持宣传舆论引导与机构改革发展齐头并进，推动广电事业实现了新提升、新突破、新跨越、新发展。

2012年，市广播电视台与广电宽带网络实现了台网分离。2019年1月15日，市融媒体中心正式挂牌，由市广播电视台和市新闻中心整合组建，是市委直属正科级公益二类事业单位，归口市委宣传部领导。共有干部职工209人，设有编辑委员会、技术保障委员会、经营管理委员会、行政管理委员会4个委员会。下设办公室、人力资源部、党建工作部、新媒体发展部、全媒体采编部等26个部室，开办荣成一套、荣成二套电视节目，FM 107.5广播节目。

一、在新闻宣传上，坚持“党媒姓党”，坚守“党和政府的喉舌”职责，为荣成经济社会发展营造良好舆论氛围

“紧跟”“跟紧”市委、市政府中心工作，精心组织好专题、专栏，策划好头题报道、系列主题报道，先后开设了《见证辉煌——庆祝改革开放40周年暨荣成撤县建市30周年系列报道》《大学习、大调研、大改进》《创建国家卫生城市》《高标准推动高质量发展》《聚焦》等近200个专栏，有力地配合了市委、市政府重点工作的开展。充分发挥新闻媒体舆论监督职能，围绕老百姓关注的热点、难点、疑点问题，加大主题策划力度，注重创新宣传形式，依托《民生360°》《行风热线》开设《不文明行为曝光台》《监控下的斑马线》等版块，进行正确的舆论引导，让民生新闻更接地气、更生活化。联手山东电视台开通了《我们的山东直通荣成》新闻栏目，进一步提升“自由呼吸·自在荣成”城市形象和丰富内涵。同时，加强与上级台、报的沟通交流，采播了一批有分量、有影响的重头稿件。十年来，共在央视、人民日报、新华网等国家级媒体播发新闻200多篇，在山东电视台各平台发稿2300多篇，在威海市电视台发稿4500多篇。在中央台、山东台各频道发稿量连续多年稳居全省县级台前列。

二、在节目创新上，围绕贴近性，突出大制作，积极践行“融媒出品，必是精品”的理念，正确引领社会新风尚

始终坚持“脚下有泥土，笔下有温度”，把镜头更多地聚焦到百姓的生产生活，做到强信心、聚民心、暖人心、筑同心。先后开办了《时事解读》《荣成大明星》《风雅荣成》《快乐成长》《走进荣成非遗》《开票有奖》《以礼相待》等一大批影响大、收视高、口碑好的自办栏目，实现节目内容本土化、栏目特色化。特别是为新中国成立70周年献礼的大型专题片《为了新中国——荣成英模》和为庆祝抗日战争胜利75周年制作的《为了民族的胜利——荣成抗战英雄谱》开创了立足自有实力拍摄制作鸿篇巨制的先河，是全省县级台首创，引发了社会强烈反响。

三、在媒体融合上，突出县级融媒体中心建设主线，构建全媒体传播格局，坚持“移动优先”战略，正确引导舆论

在推进融媒体建设方面，认真落实习近平总书记在全国宣传思想工作会议上关于“推进县级融媒体中心建设”的重要指示精神。2019年4月，以获批全国首批融媒体中心建设试点市为契机，制定了《荣成市融媒体中心建设实施方案》，由市委办、政府办以荣办发〔2019〕17号文件形式联合下发，进一步明确改革时间点和路线图。目前建成全省首批投入使用的县级融媒体平台，全面整合报、台、网业务单元，再造采编流程，实行电视、报纸、新媒体、广播三级审核流程。坚持“移动优先”策略，发挥小屏移动端便捷优势，实现重大报道集中策划，新闻一次采集、多元生产、多平台发布的采编模式。打造了“直播荣成”App(手机应用软件)拳头产品，发展了“三微一端一抖N直播”模式。“媒体+政务”“媒体+服务”融合模式日趋成熟。

四、在广告经营上，拓宽思路、创新载体，以“滚石上山，爬坡过坎”的意志，力促创收工作取得新突破、新跨越

依托广电媒体活动品牌，充分发挥资源优势，注重挖潜增效，不断提高自身“造血”能力，成功举办了大型车展、美食游园会、中韩联谊会、集体婚庆大典、“七一”红歌大赛等多种创收活动，走出了一条媒体搭台、群众参与、互利共赢的活动促创收路子。在全力做好房产、医疗、商场、汽车等传统行业创收的同时，积极转变营销推广模式，把跟踪服务当重点，维护老客户、开发新资源，以协同作战方式，全力增加效益，开启了四台联播、直播带货、广播助农等新模式、新业态。连续多年经营收入实现了20%以上的增长速度，为保障广电事业发展提供了坚强支撑。

五、在事业建设上，财政保障坚强有力，快速推进设备升级改造、更新换代，为广电事业健康发展提供坚强保障

按照高清化、网络化、多功能化的基本定位，建成了融制作、播出、媒资、收录、办公功能于一体的全台网，实现了互联互通，提高了工作效率。在财政的大力支持下，投资新上了高清直播车和直播演播室，全面提升了节目制作能力和宣传包装质量。完成了广播电台全面升级改造，实现了电视节目采、编、播全流程的高清化，并成功接入了省IPTV集成播控平台，联通、移动、电信机顶盒节目上架。新闻采、编、播全面实现全流程高清化，荣成电视正式迈入了高清化时代。

六、在体制机制上，深化改革，大胆创新，积极践行“敢为人先”理念，逐步探索出适合荣成广电发展的新路径

加强内部机制创新。完善收入分配制度，绩效工资重点向新闻采编等重点岗位倾斜。实行成本核算制度，将成本核算全面引入经营创收岗位，创收业绩与从业人员的工资、绩效挂钩。加强绩效考核创新。打破事业和企业招聘员工身份界限，实行同一岗位同一考核办法，基本实现了多劳多得、优绩优酬。出台《关于精神文明奖的考核办法》，将精神文明奖作为绩效工资实行动态考核，充分调动全中心工作人员的积极性，力促干部职工素质能力和精神状态全面提升。以“建设高素质专业化干部队伍”为目标，对人员进行重组和精编，建立人员管理考核和选拔任用机制，让一批政治过硬、素质过硬、业务过硬的人才走上中层岗位。连续三年开展提升工作作风征求意见活动，倾听职工意见建议，提高职工主人翁意识。

七、在队伍建设上，以党建为统领，以业务促党建，始终坚持“唯旗誓夺，事争第一”，凝聚起干事创业强大合力

坚持“以党建工作统领各项工作”的思路，强化意识形态教育，形成了以党建统领业务、以业务巩固党建的良性循环。党员工作重点抓创优。每月开展“优秀党员”评选，每季度开展“党员示范岗”“星级党支部”评选，通过创优评优工作，进一步激发了党员干部干事创业热情，营造了想事、干事、成事的浓厚氛围。团员青年工作重点抓依托。全媒体采编部被团中央命名为“全国青年文明号”，是全国广电系统唯一获此殊荣的县级媒体单位。依托全国青年文明号，开展争创优秀团员、优秀团组织活动。在抗击新冠肺炎疫情中，先后有110人次到高速卡口进行24小时执勤、722人次参与社区值守，两名年轻记者跟随我市援助车队两赴黄冈抗疫一线，用镜头记录下荣成援助湖北的珍贵影像。妇女工作重点抓创建。以争创威海巾帼文明岗为抓手，激励女职工岗位建功。开展了“社会妈妈”捐款活动，积极与帮扶村贫困户结成帮扶对子，已成功申报威海市级巾帼文明岗2个，荣成市级巾帼文明岗2个。志愿服务重点抓品牌。精心打造“汉藏一家亲”“情满高铁”两个志愿服务品牌。连续七年开展“汉藏一家亲”志愿帮扶活动，“情满高铁”志愿服务项目被威海市评为优秀志愿服务品牌。

规章　制度　文件

荣成市融媒体中心"三重一大"事项决策实施细则(试行)

按照民主集中制原则,为规范决策行为,提高决策水平,防范决策风险,健全完善推动市融媒体中心重大决策、重大项目安排、重要干部任免、奖惩和大额资金使用(简称"三重一大"事项)决策科学化、民主化、制度化、程序化,根据《中国共产党章程》《关于新形势下党内政治生活的若干准则》《中国共产党党内监督条例》和《荣成市纪委派驻机构加强对驻在部门"三重一大"事项监督的办法(试行)》等相关规定,结合市融媒体中心实际,制定实施细则如下:

一、"三重一大"事项集体决策的主体

凡是被列入"三重一大"需要集体决策的事项,必须通过中心领导班子集体讨论、决定。根据工作需要,可安排非领导班子成员的其他负责同志及有关人员列席会议。

二、纳入"三重一大"事项决策的内容

(一)重大决策包括:

1.贯彻落实党的路线、方针、政策、法律法规和上级重大决策、重要部署、重要会议及重要指示精神。

2.中心年度党建工作、党风廉政建设和意识形态工作计划、方案和实施办法。

3.重要业务工作计划、实施方案和推进落实办法措施。

4.涉及中心整体体制机制改革和重大制度制定、调整。

5.领导班子分工、机构及人员编制的设置、调整。

6.涉及干部职工切身利益的重大事项。

7.各类绩效考核政策制(修)订。

8.其他重大决策事项。

(二)重要干部任免、奖惩包括:

1.中层干部的选拔任用。

2.县市级以上荣誉的推荐。

3.党代表、人大代表、政协委员等候选人的推荐。

4.对违纪违法人员的处理处分。

5.其他重要组织人事事项。

(三)重大事项包括:

1.对承担的上级建设项目、民生项目、招投标和政府采购项目等,制定的实施计划、方案,对其落实情况全程督导、定期通报,在实施过程中遇到特殊情况,需要进行研究、调整的。

2.基本设施建设、重大修缮工程、大宗物资及设备采购和处置等超过50万元的(通过招投标及政府采购实施的项目除外)。

3.其他重大项目安排情况。

(四)大额资金使用包括:

1.单位年度财务预算、决算的编制。

2.年度预算内单笔资金支出超过50万元,及同一类别资金单月累计资金支出超过30万元。

3.超年初预算单笔资金支出超过10万元(水、电、暖、通信等日常基本支出除外)。

4.承担的项目中,单笔资金支出超过30万元的专项资金安排使用拨付(实施方案中有批复、有资金管理办法、有监管措施和验收办法的项目除外)。

5.其他大额资金使用情况。

三、"三重一大"事项集体决策的程序

(一)会前通报

研究决定重大事项、重大问题的会议不搞临时动议,议题应在相关领导班子成员之间作会前通报,领导班子主要负责人决定是否开会。

(二)会议准备

需要有会议材料的,应由分管领导组织相关部室提前准备书面材料,报送办公室汇总。

(三)提前通知

会议须提前通知到领导班子成员。同时,由人力资源部提前一天向派出纪检监察组报送"'三重一大'事项报告表"(附件1),邀请派出纪检监察组参会。

(四)充分讨论

会议由中心领导班子主要负责人主持,安排足够时间对议题进行充分讨论。讨论时,主要负责人不应首先表明自己的观点,须听取其他班子成员的意见后再表明自己的态度。因故未到会的班子成员,可用书面形式表达意见。

(五)事项表决

会议由主持人视讨论情况决定可否进入表决程序。可采取口头、举手、投票表决的形式,持赞成与反对意见(含未到会领导班子成员的书面意见)的人数接近时,可暂缓表决,留待下次会议讨论。

(六)作出决策

实行少数服从多数的决策形式,赞成票数超过应到会领导班子成员的半数为通过。办公室负责"三重一大"会议记录,事项承办部门填写"'三重一大'事项决策情况备案表"(附件2)报办公室存档。

(七)形成纪要

会议须形成"重大事项会议纪要",按独立序列实行年度编号。同时,将整个会议、文字、影像等资料归档,在表决通过后3个工作日内,向派出纪检监察组报送"'三重一大'事项决策情况备案表"。

(八)推进落实

"三重一大"事项决策一经作出,应当坚决执行,不得随意或擅自改变。确需更改的,应由中心班子会议重新作出决策,并强化督导,推进决策落实到位。

四、强化监督检查

1.中心领导班子成员要带头执行"三重一大"事项决策实施细则。对应当向领导班子集体提报的"三重一大"事项决策而未提报的,由该事项的分管领导和相关部室承担相应责任。本细则贯彻执行情况,列入领导班子成员民主生活会和述职述廉等重要内容。

2.本细则自印发之日起实施。

五、附件

1."三重一大"事项报告表

2."三重一大"事项决策情况备案表

附件 1

“三重一大”事项报告表

填表单位(盖章):　　　　填表时间:　年　月　日

事项名称	
拟召开会议名称	
时间、地点	
主持人和汇报人	
参会范围及名单	
事项简介	
备　注	

填表人:　　　　主要负责人:

注:本表由驻在部门填写,一式两份,一份由驻在部门留存,一份提前送交派驻机构,邀请派员参加。

附件 2

“三重一大”事项决策情况备案表

填表单位(盖章)： 填表时间： 年 月 日

事项名称	
决策会议名称	
会议时间、地点	
主持人及汇报人	
参会范围及名单	
决议内容	
不同意见摘要	
派驻机构意见摘要	
表决方式及结果	
会议纪要文号及会议记录人员	
备 注	

填表人： 主要负责人：

注：本表由驻在部门填写，一式两份，一份由驻在部门留存，一份于决议形成后3个工作日内报送派驻机构备案(可附页)。

荣成市融媒体中心党建工作责任制度

为进一步明确中心党总支和各党支部抓基层党建工作的责任，加强和改进党的基层组织建设，制定相关意见如下：

一、主要目标

1.组织体系健全。

2.班子坚强有力。

3.党员先进纯洁。

4.作用发挥突出。

5.党内生活规范。

6.制度机制健全。

7.业务标准高效。

二、中心党总支和各党支部及成员责任分工

（一）中心党总支

1.党总支对抓好中心基层党建工作负主体责任

(1)贯彻执行中央和上级党组织关于基层党建工作的决议、决定和指示，研究制定市融媒体中心党建工作计划、制度和措施，并组织实施。

(2)建立健全中心党总支下属各党支部支委会班子，扩大党的工作覆盖面，领导和指导各党支部有效开展工作。

(3)加强各党支部支委会班子建设，选好配强各党支部书记，抓实过硬支部建设，确保各党支部战斗堡垒发挥更强作用。

(4)加强党员队伍建设，指导各党支部做好发展党员工作，加强对党员的教育、管理、监督和服务，引导党员自觉履行义务，充分行使权利。

(5)关心爱护党务干部，为所属各党支部开展工作提供必要条件。

(6)做好各党支部党建工作督促、检查、考核及评价等工作。

2.中心党总支书记的第一责任人职责

党总支书记作为市融媒体中心抓基层党建工作第一责任人，主要做好以下五方面的工作：一是统筹做好党建和业务工作，做到两手抓、两手都要硬；二是主持制定市融媒体中心党建工作思路和重点措施；三是着重抓好中心党建工作计划、部署、督导、指导和落实；四是及时掌握中心党建工作动态，为党总支决策提供指导性意见；五是确定工作目标，统筹调度，组织推动破解基层党建工作中的重点难点问题等。

3.分管党建工作班子成员的直接责任

分管党建工作班子成员作为市融媒体中心抓基层党建工作直接责任人，一是协助中心党总支书记统筹抓好党建工作，确保时间、精力、工作三到位；二是及时向各党支部传达上级党委和中心党总支的决定、决议和重要工作部署；三是具体指导各党支部围绕中心工作和重要部署开展工作；四是组织对落实责任制情况进行督导、指导和考核等。

4.其他班子成员责任

其他班子成员对抓基层党建工作负有具体责任。一是根据分工，着重抓好职责范围内基层党建工作；二是抓好分管板块、委员会和部室基层党建工作的组织领导、协调推进；三是开展到基层作党建工作调研，及时向党总支提出抓好基层党建工作的建设性意见；四是抓好基层党建工作示范点打造等。

（二）各党支部

1.党支部集体

(1)宣传和执行党的路线、方针、政策，宣传和执行党中央、上级组织和本组织的决议，充分发挥党员的先锋模范作用，团结、组织党内外的干部群众，努力完成本单位所担负的任务。

(2)组织党员认真学习党的路线、方针、政策及决议，学习党的基本知识，学习科学、文化和业务知识。

(3)对党员进行教育、管理和监督，提高党员素质，增强党性，严格党的组织生活，开展批评与自我批评，维护和执行党的纪律，监督党员切实履行义务，保障党员的权利不受侵犯。

(4)密切联系群众，经常了解群众对党员、党的工作的批评和意见，维护群众的正当权利和利益，做好群众思想工作。

(5)充分发挥党员和群众的积极性、创造性，发展、培养和推荐党员中优秀人才，鼓励先锋模范作用发挥。

(6)做好经常性的发展党员工作，对要求入党的积极分子进行教育培养。

(7)教育和监督党员干部和其他人员严格遵纪守法，不得侵占国家、集体和群众的利益。

(8)教育党员和群众自觉抵制不良倾向，坚决同各种违法犯罪行为作斗争等。

2.党支部书记

(1)负责组织党员开展党内组织生活，结合本单位、本部门的具体情况，传达贯彻执行党的路线、方针、政策和上级的决议、指示。

(2)研究安排支部工作，将支部工作中的重大问题及时提交支部委员会和支部党员大会讨论。

(3)了解掌握党员和干部职工的思想、工作、学习情况，发现问题及时解决，做好经常性的思想政治工作。

(4)检查支部工作计划、决议的执行情况，解决在执行中出现的问题，并按时向支部委员会、支部党员大会、中心党总支及上级党组织报告。

(5)与支部委员和支部涵盖的各部室负责人保持密切联系，交流情况，互相配合，协调单位内部各方面的关系。

(6)抓好支委会自身建设，按时召开支部委员会，积极开展批评与自我批评，充分发挥支部委员会的集体领导作用等。

3.党支部组织委员

(1)掌握支部的组织状况，了解党员的思想状况。

(2)负责对要求入党的积极分子和预备党员的培养、教育和考察，提出发展党员的意见，办理发展对象入党、预备党员转正和组织关系转移转接手续。

(3)会同宣传委员抓好党员教育和培训。

(4)提出组织生活的内容，检查督促党小组过好组织生活。

(5)负责日常组织管理，搞好党员统计工作，负责收缴党费等。

(6)完成上级组织部门、中心党总支和支委会交办的其他工作任务等。

4.党支部宣传委员

(1)了解党员及干部职工思想状况，提出宣传教育工作意见，拟定学习计划和建议。

(2)组织党员进行政治、业务培训，组织和指导党员认真开展政治理论学习。

(3)围绕支部中心任务，做好宣传发动工作。

(4)指导支部涵盖的各部室干部职工开展科学文化和技术知识学习，组织丰富多彩的文化体育活动等。

(5)督促党员每月按要求参加党员活动日。

(6)负责对党员学习情况的考核及资料的收集。

(7)负责对党员、支部典型材料的上报及宣传工作等。

5.党支部党建指导员

(1)具有一定的党务知识，清楚党建工作内容和任务，协助支委会指导和抓好支部党建工作。

(2)做好支部党建工作记录和材料整理归档工作。

(3)协助组织委员做好支部党建其他方面工作。

(三)党小组

1.党小组集体

落实支部工作安排，定期对支部党员工作进行分析、总结、讨论，认真研究上级新政策、新精神，为支部党建工作献计献策；组织本小组党员对支部班子进行民主评议；组织党员灵活开展党内活动、参加党内组织生活；引导每个党员都严格遵守党的规矩纪律等。

2.党小组长

根据党支部的决议和布置，针对党员的具体

情况,向党小组的党员布置任务,并负责督促检查;定期召集并开好党小组会,组织党员开展批评与自我批评,讨论执行党支部决议的具体措施;了解党员的思想、工作和生活等方面的情况,经常向党支部反映党员的意见和要求,对党员进行教育帮助;组织小组党员开展学习;组织党员做好干部职工思想政治工作,及时反馈他们的意见和要求;协助支部做好发展党员和按时收缴党费等工作。

荣成市融媒体中心政治理论学习制度

按照加强理论武装,建设学习型党组织和落实全面从严治党工作要求,以党建工作为统领,深入学习贯彻习近平新时代中国特色社会主义思想;以学习是职责、学习是工作的理念作支撑,让坚持学习成为每一位同志的自觉行动;以队伍建设为目标,通过学习,进一步增强融媒体中心党组织的凝聚力、战斗力和创造力,提高党员干部职工的政治素质、思想素质、业务素质,培养和造就一支高素质的党员干部队伍,高效促进融媒体事业建设发展,制定学习制度如下:

一、党员政治学习

1.党支部书记根据上级党组织和中心政治学习安排,负责组织本支部党员的政治学习。

2.党员政治学习的主要资料

(1)习近平新时代中国特色社会主义思想和党的十九大精神。

(2)党章及党的相关准则、条例,党的路线、方针、政策、重大决议、重要文献。

(3)媒体融合发展相关会议、讲话精神。

(4)涉及我市发展与集成式改革相关会议精神。

(5)重要法律法规及市场经济知识。

(6)廉政建设有关准则、条例、规定和案例。

(7)其他需要学习的重要理论知识。

3.学习方式

(1)读原著、学原文。

(2)专题发言、研讨。

(3)听辅导报告。

(4)收看电影、录像等视频资料。

(5)参观交流。

(6)其他学习形式。

4.保障措施

(1)参加政治学习是《党章》规定的党员务必履行的基本义务之一。

全体党员(包括预备党员)积极落实“三会一课”制度,务必用心参加党支部组织的政治学习。

(2)党员政治学习应成为党员组织生活的重要组成之一,应结合党员的思想状况和工作实际有针对性地进行系统而又突出重点的学习。

(3)党员政治学习原则上每月进行一次,由党支部书记在支委会商议的基础上确定具体资料、时间、地点。各党小组长负责本党小组的政治学习。

(4)除出差或生病住院等特殊状况外,全体党员务必参加党支部组织的政治学习。党员请假须向党小组长请假,重要会议须经党支部书记批准。党支部对党员参加政治学习实行签到考勤。党员每年参加政治学习次数不得少于9次。

(5)按照党建统领实施办法,将党员参加政治学习纳入中心绩效考核。

二、党外干部职工政治学习

1.党支部在组织党员进行政治学习的同时,根据上级党组织的政治学习安排意见和市融媒体中心工作实际,负责组织涵盖领域内党外干部职工,落实每周一次的政治学习日制度,具体时间固定在每周星期五下午。

2.党外干部职工政治学习的主要资料

(1)中央、省、市有关会议、文件精神。

(2)融媒体建设相关政策法规。

(3)媒体融合、新闻传播、新媒体等相关业务知识。

(4)融媒体中心的各类规章制度。

(5)法律法规知识与市场经营知识。

(6)廉政建设有关准则、条例、规定和案例。

(7)其他需要学习的重要知识。

3.学习方式

(1)听辅导报告。

(2)观看电影、录像。

(3)参观交流。

(4)其他学习形式。

荣成市融媒体中心定期开展党员主题实践活动制度

为全面加强新时代党的建设,强化党支部的战斗堡垒作用,提升党支部的凝聚力、战斗力和创造力,发挥党员先锋模范作用,切实以与时俱进、改革创新的精神,以灵活多样的形式,搞好党员教育工作,确保党员队伍建设长效先进,促进融媒体事业建设得到长足发展,制定本制度:

1.开展党员主题实践活动是对党员进行教育的一个好形式,中心各党支部要切实运用好这一载体,有针对性地加强对党员的教育,以增强党组织的活力、凝聚力和战斗力,增强党性,提高党员的政治素质和党员意识。

2.党支部要组织党员以灵活多样的形式开展主题活动。比如以下内容的主题实践活动:

(1)参观党的先进性教育基地,瞻仰革命先烈,缅怀英雄业绩,接受革命传统教育。

(2)参观红色教育基地,净化心灵教育。

(3)重温入党誓词、检查自身不足,进行理想信念教育。

(4)开展帮扶包扶活动,送温暖进社区、进乡村,进行服务意识教育。

(5)开展义务劳动、扶贫帮困以及其他公益志愿服务活动,进行宗旨意识教育。

(6)开展为党旗添光彩、为群众作表率、为单位作贡献演讲活动,进行党员意识教育。

(7)举行我身边的党员报告会,用身边的人、身边的事教育身边的党员,进行争当优秀党员意识教育。

3.主题实践活动由中心党建工作部和各党支部委员会负责组织。

4.在确定具体的主题活动内容时,党支部应根据所属党员具体的学习、工作情况,由党员大会集体讨论决定。在讨论决定主题实践活动时,实行民主集中制。

5.主题实践活动可结合重大纪念日进行。比如以下的重大纪念日:党的生日、“八一”建军节、国庆节、抗日战争胜利纪念日、“五一”国际劳动节、“三八”妇女节等。

6.主题实践活动应本着节俭、实效、安全、有益的原则进行。要全面落实“八项规定”要求,坚决杜绝“四风”问题。

7.主题实践活动要有具体的实施计划,活动所涉及的每项具体事项都要做到责任明确、责任到人。对于不按规定活动的责任人,要进行批评教育。

8.主题实践活动要努力做到全体党员都能参加。为不影响工作,又能保证全体党员都能参加,应采用分期分批的方式组织活动。

9.主题实践活动要讲求实效,要组织党员记笔记、写体会、谈心得,根据情况可进行笔记观摩、心得体会交流,增强活动的教育力度和深度。

10.要注意主题实践活动的资料积累,参加活动的人员情况、活动的计划、活动开展的具体情况,比如图片、录像、活动的书面总结等,都要归档整理。

荣成市融媒体中心意识形态工作责任制实施方案

为全面贯彻习近平新时代中国特色社会主义思想和党的十九大精神，落实中央、省和市委关于意识形态工作的有关规定，强化意识形态主阵地建设，按照“举旗帜、聚民心、育新人、兴文化、展形象”的宣传使命任务要求，牢牢掌握意识形态工作的领导权主动权，结合全面落实省、市委“担当作为 狠抓落实”会议精神和“双提”工程深化，制定本方案。

一、强化意识形态工作责任制要求

意识形态工作是党的一项极端重要的工作，是党的建设和政权建设的重要内容。按照分级负责和谁主管、谁负责的原则，中心党组织领导班子对中心意识形态工作负主体责任。确立意识形态工作是中心的重点工作之一，须纳入重要议事日程，纳入党建工作责任制，纳入党的纪律监督检查范围，纳入领导班子和领导干部目标管理，与党建、党风廉政及其他工作紧密结合，同部署、同落实、同检查、同考核。中心党组织书记是第一责任人，切实做到旗帜鲜明地讲政治，始终站在意识形态工作第一线，带头抓理论武装，带头管阵地、把导向、强队伍，带头批评错误观点和错误倾向，重要工作亲自部署、重要问题亲自过问、重大事件亲自处置。分管党务的班子成员是直接责任人，协助党组织书记抓好统筹协调指导工作，推动意识形态各项工作落实。领导班子其他成员根据工作分工，全面落实“一岗双责”，抓好分管领域内的意识形态工作，对职责范围内的意识形态工作负领导责任。要切实推动意识形态工作责任制抓细抓实，确保常态长效。

二、强化意识形态工作的主体责任

牢固树立抓党的意识形态工作是本职、不抓是失职、抓不到是渎职的理念，做到知责明责、守责履责、担责尽责，健全工作机制，严格制度落实，推动意识形态工作责任落实到位，牢牢掌握意识形态工作的领导权、主动权。

1.落实党管意识形态工作原则。(牵头领导:邹积军;责任领导:王志超;责任部门:党建工作部)

认真贯彻落实党中央和省委、市委关于意识形态工作的决策部署和指示精神，牢牢把握正确的政治方向，严守政治纪律、组织纪律和宣传纪律，牢牢树立“四个意识”，增强“四个自信”，做到“两个维护”。

2.壮大积极健康主流思想文化的教育和新闻宣传力量。(牵头领导:邹积军;责任领导:王志超;责任部门:总编室、人力资源部、党建工作部)

(1)强化理论武装，坚持把党的思想理论建设作为意识形态工作的根本任务，认真学习贯彻习近平新时代中国特色社会主义思想精神，持续推进中国特色社会主义和中国梦的宣传教育，加强“五位一体”总体布局和“四个全面”战略布局的宣传教育，组织好社会主义核心价值观的学习、宣传和践行。

(2)扎实抓好理论学习安排，结合周五集体学习和党支部“三会一课”、主题党日学习制度规定，每月集中学习至少1次，其中对意识形态工作相关内容的学习每季度不少于1次。

3.落实整体推进意识形态工作格局。(牵头领导:邹积军;责任领导:王志超;责任部门:总编室、人力资源部、党建工作部及编辑委员会、经营委员会等相关部室)

(1)加强对意识形态工作的统一领导，形成由中心党组织统一领导、党政齐抓共管、党建工作部组织协调、各委员会及相关部室分工负责的工作格局。

(2)统筹协调中心各党组织在党建、新闻宣传、机关管理等工作中落实意识形态工作要求，维护意识形态领域，特别是网络意识形态安全。

(3)新闻宣传要紧紧围绕市委、市政府的中心工作，做足“紧跟”和“跟紧”文章，强化意识形态领导和正面引导作用，倡树正能量，确保新闻宣传导向正确。

4.加强对各类意识形态阵地的管理。（牵头领导：邹积军；责任领导：王志超；责任部门：办公室、总编室、人力资源部、党建工作部等）

（1）按照“谁组织谁负责、谁审批谁监督”的原则，加强报告会、研讨会、讲座论坛的管理。

（2）加强反邪教工作，防范邪教在意识形态领域的渗透。

（3）强化网络意识形态安全意识，加强网络意识形态安全教育。

三、强化意识形态工作责任制考核

建立意识形态工作责任制的检查考核制度，健全考核机制，明确检查考核的内容、方法、程序，推动考核工作规范化、制度化和常态化。

1.中心党组织要定期向上级党组织专题汇报意识形态工作，每半年一次。对融媒体中心意识形态领域出现的重要动向和问题，应主动在班子成员中进行内容通报。（牵头领导：王志超；责任部门：办公室、人力资源部、党建工作部）

2.把意识形态工作作为在党员大会上报告的重要内容。（牵头领导：王志超；责任部门：党建工作部）

3.意识形态工作要作为领导班子民主生活会、党支部组织生活会、领导班子及其成员述职报告和党组织书记履行党建责任制情况的重要内容。（牵头领导：邹积军、王志超；责任部门：办公室、党建工作部）

4.意识形态工作要被纳入领导班子、领导干部目标管理和干部任前考察、年度考核的重要内容，作为干部评价使用和奖惩的重要依据。（牵头领导：王志超；责任部门：人力资源部）

5.新闻工作实行中心党组织领导下的总编负责制，总编室负责整体把关，新闻各相关部门严格落实新闻宣传纪律和节目审查制度，制定完善新闻报道的请示汇报制度和“三级审稿”制度，节目播出和报纸发行坚持逢播（发）必审和重播重审制度。（牵头领导：徐淑梅、王华丽、张明、王洪臣；责任部门：总编室）

四、强化意识形态工作责任追究

严格追查问责是落实领导班子和领导干部意识形态工作责任的关键。必须坚持有错必纠、有责必问，强化问责刚性和“硬约束”，既查失职、渎职，也查“为官不为”“为官慢为”，对导致意识形态工作出现不良后果的，要严肃追究相关责任人责任。情节较轻的，给予批评教育，书面检查，诫勉谈话；情节较重的，给予通报批评，责令公开检讨或公开道歉，停职检查。（牵头领导：王志超；责任部门：人力资源部）

荣成市融媒体中心党风廉政建设和“一岗双责”工作制度

为进一步落实党员领导干部“一岗双责”要求，根据《中国共产党章程》《关于实行党风廉政建设责任制的规定》等党内法规，结合市融媒体中心实际，制定工作制度如下：

一、“一岗双责”的内涵

“一岗”指职务所对应的岗位，“双责”指党员领导干部既要对所在岗位应当承担的具体业务工作负责，又要对所在岗位应当承担的党风廉政建设工作负责，定期研究、部署、检查和报告分管范围内的党风廉政建设工作情况，把党风廉政建设要求融入分管的业务工作中，完善制度规定，加强风险防范，推动党风廉政建设的落实。

二、“一岗双责”的范围

市融媒体中心领导班子成员。

三、全面落实从严治党和党风廉政建设共性责任

（一）坚持从严治党

坚决贯彻落实中央和省、市纪委关于落实全面从严治党工作的部署和要求，带头遵守党的政治纪律和组织纪律，要求别人做到的，自己要先做到,要求别人不做的,自己坚决不做。

(二)落实廉政责任

与分管部室一起研究制定落实全面从严治党工作计划、目标要求和具体措施,落实全面从严治党与业务工作紧密结合,一起部署,一起落实,一起检查,一起考核。

(三)注重标本兼治

认真抓好职责范围内的惩防体系建设,提高法规制度执行力,保证法规制度刚性运行,把权力关进制度的“笼子”里。督促分管部室深化党务公开和业务公开,确保公开透明。严格执行组织人事工作纪律,自觉执行《党员领导干部选拔任用工作条例》规定。

(四)加强廉政教育

在分管部室开展预防腐败教育、理想信念和宗旨教育、党风党纪和廉洁自律教育,牢固拒腐防变的思想防线。

(五)深化作风建设

持之以恒地深入开展作风建设,坚决纠正“四风”,切实为干部职工解决实际问题,实现清正、清廉、清明的总体目标。

(六)带头廉洁从政

严格执行中央、省、市委关于领导干部廉洁自律的各项规定,发挥表率作用。严格执行《党政机关厉行节约反对浪费条例》,保持艰苦奋斗优良本色。认真执行《领导干部报告个人有关事项的规定》,严格执行公务用车、因公出国(境)、办公用房和职务消费等规定。

四、“一岗双责”工作细则

(一)全面落实从严治党工作要求

按照“一岗双责”要求,每年将中心领导班子分工情况予以公开,根据落实全面从严治党和党风廉政建设责任制以及“一岗双责”的要求,明确界定每一位班子成员抓反腐倡廉的工作责任和工作目标,细化工作要求,强化领导责任,逐步形成规范化、制度化的岗位责任体系。各部室要将落实全面从严治党工作责任落实到岗、到人。党建工作部定期检查、督促、落实,并将落实情况与绩效考核、干部任免直接挂钩。

(二)加强廉政教育培训

1.各部室负责人和重点岗位人员必须参加党建工作部组织的每年一次的廉政培训和警示教育,以提高个人的政治水平和遵守纪律的自觉性。

2.党员要定期学习党纪党规,撰写学习心得。中心党支书记每年为全体党员干部职工讲一次廉政党课。

3.中心领导班子成员坚持每年向中心党总支述职述廉,集中报告本人履行“一岗双责”工作情况。

(三)落实各项谈话制度

1.坚持廉政谈话制度。中心党总支书记、主要负责人与班子成员,领导班子成员与分管部室负责人每年廉政谈话不少于一次,把廉政谈话作为落实全面从严治党责任制检查考核、述职述廉、任前教育的重要内容和必经程序,督促落实“一岗双责”。

2.建立约谈制度。中心党总支书记、主要负责人根据落实全面从严治党责任制情况和民主测评情况等,定期约谈党支部书记,听取全面从严治党和“一岗双责”落实情况,个人廉洁自律情况,解决苗头性、倾向性问题。

3.实行问责谈话制度。对因“一岗双责”工作制度落实不力,导致分管领域出现较大问题的分管负责人和主要责任人进行问责谈话,责令整改,并作出书面检查。

(四)严格考查和责任追究

1.党建工作部在定期对各部门落实责任制情况进行考核、检查的同时,对各部门负责人“一岗双责”执行情况进行一并监督、考核,考查结果直接与绩效考核和干部提拔、任免挂钩。

2.对不认真履行“一岗双责”的领导干部实行责任追究。根据《中国共产党纪律处分条例》及中央、省、市纪委相关文件精神,按照管理权限,上报相应部门及时作出处理。

荣成市融媒体中心工作奖罚办法

一、总则

第一条　为了增加工作人员责任心，鼓励工作人员创新、突破，预防和减少工作过错，特制定本办法。

第二条　本办法所指工作创新、突破，是指节目创新、创收突破、重要荣誉等，给中心带来显著的社会效益和经济效益，依照本办法应获得奖励的行为；本办法所指工作过错，是指工作人员在工作过程中，由于个人原因故意或者失职、渎职，不履行或者不正确履行职责，造成不良社会影响和事故的，依照本制度应受到追究的行为。

第三条　本办法适用于融媒体中心管理权限内的全体工作人员。

二、奖励的情形

第四条　具有下列情况的应当给予奖励：

1.优秀的节目创意和活动策划。

2.先进的管理方法。

3.突破性的创收。

4.有影响的合理化建议和技术改进。

5.重要的集体荣誉。

6.其他情形的。

三、奖励的方式

第五条　奖励包括下列方式：

1.通报表扬。

2.绩效考核加分、绩效奖励。

3.评先选优加分。

4.职称评聘、职务晋升优先。

四、责任追究的情形

第六条　具有下列情况的，应当追究过错责任：

1.未正确及时执行中心决策决议，或不服从组织领导和工作安排，影响工作，造成严重后果的。

2.遇重大问题或业务职责范围内应及时报告重大事项，迟报、瞒报或处理不及时，造成工作被动、损失和不良后果的。

3.部门责任不清晰，工作不落实，有意隐瞒真相，造成较大损失和很坏影响的。

4.因工作拖沓效率低下，或责任心不强，出现差错受到上级批评或给中心造成损失和不良影响的。

5.照片、媒资原始素材及成片未按规定入库、保管或私自向外单位、个人提供，造成损失或工作被动的。

6.损坏重要设备或计算机软件，造成严重影响或重大经济损失的。

7.出现突发性故障，但由于处理不及时或处理方法不得当，造成一定经济损失或一定社会影响的。

8.违反职业道德，利用职权或工作便利，徇私舞弊，吃拿卡要，收受好处或损害他人（客户）合法权益，受到群众举报投诉或上级追查，经查属实的。

9.在有关组织、人事、商业等方面泄密，造成工作被动的。

10.各级重要文件，财务、劳资人事资料，经营管理、技术设备资料，经营采购书、合同书等重要档案资料信息保存不当或丢失，造成工作被动和不良后果的。

11.新闻宣传导向错误、失实、失密、拖延、误导或失误，造成较坏影响和较大损失的。

12.视频、文字、播音、解说、制作及上载、节目编排、播出、发射、新媒体制作发布等工作出现较大失误，造成较坏影响和较大损失的。

13.违反财经纪律和经营创收规定，造成较坏影响和较大损失的。

14.因工作责任心差，或工作技能差，或违反操作规程，造成节目空播、迟播、漏播、停播、错播的。

15.未按规定使用、管理、维护好单位设备设施，导致损坏、丢失或造成事故，以及私自外借使用的。

16.在市委、市政府重大活动中,从事宣传、技术服务时,造成重大失误,在正式场合受到市主要领导批评的。

17.违反消防安全管理规定,造成重大责任及事故的。

18.违反治安保卫管理规定,造成重大责任事故的。

19.违反食品卫生安全管理规定,造成重大责任事故的。

20.违反安全生产管理规定,造成重大责任事故的。

21.工作消极,达不到岗位职责要求或完不成基本工作任务的。

22.未严格执行禁酒令的。

23.其他应受到责任追究的情形。

五、责任追究的方式

第七条　责任追究包括下列方式:

1.通报批评、诫勉谈话或降级、降职。

第六条 1—16 项(含其他应受到责任追究的)情形,出现轻微失误未造成影响的,予以通报批评,对责任人处以罚款 100—200 元。

第六条 1—16 项(含其他应受到责任追究的)情形,情节较轻的予以通报批评,对责任人处以罚款 300—400 元;对部门负责人处以罚款 100 元。

第六条 1—16 项(含其他应受到责任追究的)情形,情节较重的予以通报批评并由中心主要领导和分管领导对部门负责人诫勉谈话,对部门负责人降级或降职。对责任人处以罚款 500—600 元;对部门负责人处以罚款 200 元;对分管领导处以罚款 100 元。

2.辞退或解聘

第六条 17—22 项情形的予以解聘或辞退;情节严重的对部门负责人予以免职。

第八条　有下列情节的加重责任追究:

1.干扰妨碍责任追究的。

2.弄虚作假,隐瞒真相,认错态度较差的。

3.年内责任追究两次以上的(含两次)。

第九条　受到第六条责任追究的直接责任人,取消年度评先选优资格。

六、责任承担的主体

第十条　个人未履行职责或未正确履行职责造成过错的,个人负直接责任。两人或两人以上共同承办的事务,主办人负主要责任,其他人员负次要责任。

第十一条　部门发生较大事故(指事故情节较重)两次(包括两次)以上的,取消其所在部门年终评先选优(集体奖项)资格。

第十二条　部门负责人对部门工作负全责,因个人原因未履行职责和未正确履行职责造成部门出现过错的,部门负责人负直接责任;履行职责不力,致使部门发生问题,或部门连续发生问题,在追究直接责任人的同时,部门负责人负连带责任。

第十三条　两个或两个以上部门共同承担事务,因沟通协调等问题造成工作较大损失或被动,追究所有当事方责任,主办部门负主要责任,其他部门负次要责任。

第十四条　分管领导对所分管工作和分管部门负责。因个人原因未履行职责或未正确履行职责造成过错的,分管领导负直接责任,履行职责不力致使分管部门非因个人问题发生问题负连带责任。

七、实行末位考核管理办法

第十五条　在部分业务部门实行末位考核管理办法,具体考核办法另行文规定。

八、奖励或责任追究的实施

第十六条　承办奖励或处罚事项的部门负责落实奖罚事项,年底统一报人力资源部。

九、附则

第十七条　各分管领导、各部室根据本部门岗位职责要求和本办法,研究制定部门考核细则报办公室备案。

第十八条　本制度与上级有关政策法规相抵触的,依照上级政策法规执行。

第十九条　确因不可预见或者不可抗拒的原因,导致的工作过错不予追究。

第二十条　本制度自公布之日起施行，未尽事宜另行研究。

荣成市融媒体中心关于严肃工作纪律的规定

为进一步改进工作作风，提高工作效率，优化工作环境，保证政令畅通、高效运行，促进各项决策落到实处，现就严肃工作纪律作出如下规定：

1.严格遵守作息制度，工作期间外出需要离开大楼的，一般职工须由部门负责人批准，部门负责人须由分管领导批准，对不在岗且没有填写《外出记录》的，发现一次扣20元，擅自休假、离岗或弄虚作假的，一经查出按旷工论处，旷工一天扣100元。迟到、早退及未考勤的，发现一次扣50元。

2.严禁任何时间在办公场所打牌、下棋，工作期间不得使用电脑从事上网聊天、玩游戏、看视频电影等与工作无关的事情，不得随意脱岗、串岗。发现一次罚款200元。

3.严肃会议纪律，对于中心组织的各种会议及学习活动，与会者要按要求提前到会，不能与会的要按照程序提前请假；会议期间不得无故中途退场，会议期间因工作需离开的，须向主持会议的相关负责人请假，会后经核实与事实不符的，视为早退；参加中心办公会议，不得带手机入场，参加其他会议时通信工具一律关闭或设置静音，保持会场安静。违反一次罚款50元。

4.严肃活动纪律，凡是上级及中心组织的各项活动，干部职工应积极参加，对不服从中心统一安排的，一次罚款50元，情节严重的加倍处罚。

5.严禁在工作日中午违规喝酒，禁止聚众打麻将，一经发现，按照有关规定处理。

6.严禁事业身份工作人员从事微商等经营行为；企业及招聘身份工作人员，工作期间不得从事微商等经营行为，一经发现，按照有关规定处理。

7.加强公务车辆管理。严禁公车私用，一旦发现公车私用行为，按照有关规定处理。

8.加强私家车管理，当前院停车位不足时，请自觉将车辆开往食堂后院停车场按顺序停放，对违反规定的一次罚款50元，对不听劝阻的，加倍处罚。

9.加强机关规范化管理，工作人员应保持办公区、宿舍区干净整洁规范，保证用电及消防安全，如检查中发现问题，一次罚款50元，多次违反，加倍处罚。

10.严肃挂牌上岗制度。对工作期间不佩戴工作牌，不摆放桌牌的发现一次罚款50元，对离开单位没将工作牌放置到监督台的，发现一次罚款50元。被上级查处按照相关规定处理。

11.本规定中未尽事宜另行研究。

荣成市融媒体中心关于做好值班工作的规定

为明确值班职责，提高工作效率，保障我中心各项工作正常运转。现就做好值班工作规定如下：

一、明确值班安排

1.实行领导24小时带班制度。工作日夜间、双休日和节假日期间值班领导须按规定在岗带班，并在值班日志上签字，保持手机畅通。

2.实行中层干部24小时值班制度。中层干部在东门值班室进行值班。工作日值班时间为：下午正常下班时间提前15分钟至次日正常上班时间，由1名中层干部值班；节假日及公休日值班时间划分为2个时段，为早8点至下午5点、下午5点至次日上午8点，由2名中层干部轮流值班。

3.实行值班记者、司机24小时值班制度。工作日值班时间为：下午正常下班时间提前15分钟至次日正常上班时间；节假日及公休日值班时间为下午5点至次日上午8点。

二、明确值班职责

1.带班领导带班期间要保证电话畅通，要做好对中层干部值班工作的督导和检查，落实相关值班人员按时在岗值班，并负责突发事件的上报和处置工作。

2.值班中层干部负责值班电话的接听和其他值班相关工作。按照要求到岗后，第一时间合上电话闸刀，并检查值班电话(7585606)是否畅通。来电要在电话铃声响起后三声之内接通。晚9点30分后，值班中层干部可到值班室休息。工作日负责值夜班的中层干部须在次日早晨7点30分前到达值班室，将已绑定的值班电话解绑，待正常上班时间后方可离开值班室。节假日及公休日负责值夜班的中层干部须在早8点当日值早班人员到位后，方可离开值班岗位。

3.重大节庆、敏感期和灾害性天气等非常态下的值班工作，须根据上级要求临时调整值班时间；采编部门按照要求做好新闻值守工作；广播、播出、发射等部室要根据上级部门要求做好相应的安全播出工作。

三、明确通知流程

1.接到相关新闻采访通知，值班人员需在值班日志上登记来电时间、来电人、单位、通知内容，并第一时间电话通知新闻部门值班主任，并在值班日志上标明通知对象。严禁使用短信和微信等方式通知。

2.接到相关会议、公务及公文收发等通知，值班人员需要在值班日志上登记，标明相关事项，并第一时间电话通知办公室主任。

3.如遇突发事件，值班人员须第一时间向带班领导汇报，进行妥善处置。带班领导接到反馈后根据实际情况进行处置并上报至主要负责人。

四、明确值班要求

1.值班人员在值班期间必须坚守岗位，履行职责，不准迟到早退，不准擅离岗位，要做好值班衔接，确保不断岗，违反一次罚款100元，影响工作或造成不良影响的加倍处罚。

2.带班领导、值班中层干部、值班记者不能按照安排的顺序值班的，须自行调整，协商其他带班领导或中层干部等代为值班，并提前向办公室报告；没有报告的，值班时间发生的一切问题由原值班人员承担责任。

3.办公室通过电子公告发布值班表，并通知到各部室，各部室要负责通知相关人员及时查收知晓值班时间；各值班人员值班期间须告知下一位值班人员的值班时间，因通知不到位导致空岗的，当班次值班人员和上班次值班人员负有同等责任。

荣成市融媒体中心关于办公用品使用管理的规定

为进一步规范办公用品管理，节约经费支出，提高管理效益，保障全中心工作有序开展，特制定本规定。

一、用品分类

1.一般用品，包括文件夹、电话机、订书机、计算器、印油、电池、曲别针、胶水、拖把、碳素笔等，单价在100元以下的。

2.办公耗材，包括打印纸、硒鼓（含加粉）等。

3.办公设备，包括U盘、移动硬盘、档案柜等。

4.高值用品，包括打印机、复印机、办公桌椅、沙发等。

二、购买计划

办公用品实行按需求购买、使用登记制度。一般办公用品及办公耗材，由办公室根据部室使用需求统一采购；高价值办公用品由使用部门按程序报主要领导批准后，由办公室负责购置及发放。

三、用品购置

1.办公用品由办公室统一采购、发放管理，其他部门不直接购置。

2.办公用品的采购必须是政府采购定点单位，应做到货真价实，物美价廉。纳入网上超市商品库且单项或批量采购金额在20万元以下的货物设备类，包括台式计算机、便携计算机、PC服务器、打印机、多功能一体机、速印机、扫描仪、碎纸机、摄像机、照相机、电视、空调及部分厨卫用具、文艺设备、体育设备等。单项或批量在20万元以下的，实行网上超市竞价采购方式，20万元及以上的仍实行集中采购。单项或批量采购金额在10万元以下的办公耗材类和印刷品类，包括打印纸、复印纸、绘图纸、粉仓、碳带等以及印刷服务。5000元及以下的（每月累计金额不得超过2万元），实行网上超市购物车采购方式；5000元至10万元的，实行网上超市竞价采购方式；10万元及以上的仍实行集中采购。办公用品类及其他小额零星类，3万元及以下的（每月累计金额不得超过5万元），实行网上超市购物车采购方式，10万元及以上的仍实行集中采购。

3.凡申购高价值物品的，须按照政府比价采购程序办理。

4.举办活动需中心提供奖品、赠品及其他使用物品的，由承办部门提交申请，经主要领导审批后，由办公室按规定统一购置。

四、用品领用

1.各部室领取办公用品，需按程序在“钉钉”上进行申请，由办公室统一核实发放。

2.加强对旧办公用品的管理，对非易耗品（电话机、纸篓、订书机、计算器、电池、文件夹、U盘、移动硬盘等）实行以旧换新，人为发生丢失、损坏的，由相关部室落实、本人自负。

3.中心领导班子成员的办公用品由办公室负责发放。

五、用品管理

1.办公用品由各部室落实专人负责，实行登记造册，建立使用台账。

2.办公用品由于非人为原因造成破损需要维修的，统一由办公室负责落实维修。经维修后能继续使用的，不再添置。

3.对高价值用品，采取“谁使用、谁保管，谁丢损、谁负责”的原则；人为造成丢失或损坏的，由直接责任人负责赔偿。

4.对可以内部调配使用的办公设备，原则上不再重复购置，办公室和财务部负责做好办公设备的协调、流转记录。对新购置的高价值办公用品，办公室及时将购置发放情况反馈给财务部，由财务部做好固定资产登记工作。

六、用品结算

购置办公用品费用定期结算，结算时购置发票金额要与办公用品购置数量相符，购置数量与发放数量相符。由办公室复核，报主要领导审签后方可结算。

荣成市融媒体中心融媒体平台指挥调度中心管理制度

融媒体平台指挥调度中心是融媒体中心新闻产品“集成式生产线”的关键部位，也是展示我单位形象的主要窗口，为确保调度中心始终处于安全、高效、整洁的状态，制定如下管理规定：

一、安全用电管理制度

1.每个工位的电源开关都是单独控制，下班后要做到人走电断。

2.工位电源都是从UPS不间断电源输出，不受停电影响，可以给手机充电，但功率有限，不要加载其他电器(如开水壶等)。

3.办公区的两个公用WIFI不用单独关电。

4.每天下班后，全媒体采编部负责走廊两台电视机的断电。

5.走廊灯、卫生间灯及本部门所属公共区域用电，最后一个离开者要负责断电。

6.大屏幕的开启由技术部负责，指挥桌上的两台电脑是大屏控制专用电脑，不要随意动。

二、卫生管理制度

1.办公区随时保持整洁，地面、桌面不准摆放杂物。

2.水杯用完后要放在柜子里。

3.衣物要放在衣柜里，不准放在椅子、桌子上。

4.每天下班前，要将桌面整理干净，桌面只保留电脑、键盘、工作牌。

5.办公区随时保持清洁，每周一、周五集中大扫除。

6.卫生区划分

全媒体采编部：西边两组工位桌至大屏。

播音部、制作部：东边第二组工位桌、饮水机。

报刊部：最东组工位、会议室。

7.办公区、会议室、卫生间等所有区域严禁吸烟，违者第一次罚款50元，第二次罚款200元，第三次罚款500元。

荣成市融媒体中心定密管理制度

第一条　定密工作原则

1.严格执行《保密法》，依据《保密范围》准确及时确定国家秘密和工作秘密。

2.坚持定密与管理相结合，凡被列为国家秘密和工作秘密的事项，严格按保密规定进行管理。

3.坚持“既确保国家秘密又便利各项工作”的方针，该保密的坚决保住，不该保密的坚决放开。

第二条　国家秘密密级具体范围规定如下：

1.绝密级事项：传达贯彻中央、省委、市委绝密级会议精神、文件、指示、批示(讲话、文件)及其他文字材料，党和国家领导人来荣成视察尚未公开的活动日程、警卫工作方案；涉及改革、发展、稳定大局的重大政策、决策过程中尚未公开的事项；处理重大突发性事件或敏感问题的计划、对策和措施；密码工作中的绝密级事项；一旦泄露会使国家的安全和利益遭受特别严重损害的其他事项。

2.机密级事项：传达贯彻中央、省委、市委机密级会议精神、文件、指示、批示(讲话、文件)及其他文字材料；国家领导人来荣成视察尚未公开的活动日程、警卫工作方案；融媒体中心重要决定事项尚未公开的；涉密程度较高的重要会议和重大活动方案、内容和尚未公开的会议文件及市级领导同志讲话；反映融媒体中心领导干部违纪问题的信件、中心领导批示；一旦泄露会使国家的安全和利益遭受严重损害的其他事项。

3.秘密级事项：传达贯彻中央、省委、市委秘密级会议精神、文件、指示、批示（讲话、文件）及其他文字材料，中心领导有关工作部署方面的讲话尚未公开的，融媒体中心领导对有关工作的谈话和批示及落实、承办情况尚未公开的；融媒体中心主任办公会议重要决定事项尚未公开的；尚未公布的融媒体中心干部的任免、调动、奖惩事项；反映单位干部违纪问题的信件和中心领导的批示；机要交通工作中的业务事项；保密部门实施保密技术检查的工作方案和检查情况分析；单位干部考察材料；一旦泄露会使国家的安全和利益遭受损害的其他事项。

4.未涉及的其他国家秘密事项的密级，按照有关《保密范围》确定。

凡以上内容的载体（文件、文稿、资料、电报、记录、软盘、光盘、手提电脑、录音带、录像带、刊物、图表等），都属于国家秘密并确定密级。

第三条　列入工作秘密的事项：

1.中央各部门和省、市、自治区领导同志来荣成考察的活动方案。

2.单位领导同志日常活动安排。

3.单位领导同志的联系方式。

4.单位领导同志撰写的调查报告。

5.单位领导同志对请示文件、工作情况的批示尚未公开的。

6.反映基层干部违纪和基层领导班子问题的信件和单位领导同志的批示。

7.各部门单位向融媒体中心反映的工作性意见和建议。

8.市内灾情，一般性刑事案件，伤亡事故。

9.尚未公布的融媒体中心干部的任免、调动、奖惩事项。

10.融媒体中心干部人事档案。

11.其他需要限定知悉范围的事项。

凡以上内容的载体（文件、文稿、资料、电报、记录、软盘、光盘、手提电脑、录音带、录像带、刊物、图表等），都属于工作秘密。

第四条　加强定密工作的管理

对属于国家秘密的文件、资料及其他物品，要严格收发登记、限定阅读范围、定期收缴销毁。对属于工作秘密的文件、资料及其他物品，要用限制发放范围、注明阅知对象等方法加以控制，并指定人员，妥善管理。

荣成市融媒体中心定密责任人职责

第一条　为进一步加强荣成市融媒体中心内部计算机及其网络保密管理，确保国家秘密安全，根据《中华人民共和国保守国家秘密法》及上级有关规定，制定本规定。

第二条　本规定适用于本单位定密管理。

第三条　定密责任人职责

定密责任人在职责范围内承担有关国家秘密确定、变更和解除工作。具体职责是：

（一）审核批准本机关、本单位产生的国家秘密的密级、保密期限和知悉范围。

（二）对本机关、本单位产生的尚在保密期限的国家秘密进行审核，作出是否变更或者解除的决定。

（三）对是否属于国家秘密和属于何种密级不明确的事项先行拟定密级，并按照规定的程序报保密行政管理部门确定。

（四）对承办人拟定密级的工作进行业务指导或者根据本机关、本单位工作安排组织定密业务培训。

（五）对本机关、本单位无权定密事项，按照申请定密程序，报请有相应定密权的机关、单位或保密行政管理部门确定。

(六)对拟公开发布的信息进行保密审查。

(七)受理并答复有关方面提出的定密异议。

(八)就保密事项范围的制定、修订或加强和改进定密管理工作,向有关机关提出建议等。

荣成市融媒体中心保密工作责任制

为进一步压实保密工作主体责任,持续推进保密工作常态化、制度化,根据上级部门开展保密工作相关要求,结合融媒体中心实际,制定本制度。

第一条　融媒体中心全体工作人员要切实增强保密观念,严格执行保密制度,自觉遵守保密纪律,切实做到:不该说、不该问、不该看、不该记录的事项绝对不说、不问、不看、不记录。

第二条　文件保密

(一)加强秘密文电、资料的管理,凡属秘密文电、资料,都必须严格按照涉密文件资料管理规定,必须建立明确的保密工作责任制,由专人负责签收、拆封、登记、处理,按照上级规定严格控制传阅范围,防止文件丢失和泄密事件发生。

(二)秘密文件要按规定的范围阅读和传达,未经主要负责人批准,不得转发、翻印、复印或扩大秘密文件传阅范围。

(三)涉密文件资料,必须由办公室统一管理,限制人员阅读范围,并做到随阅随退。如阅文人不在,不得把文件放在办公室或交给他人代转。

(四)起草文件时,凡内容涉及国家秘密的,应按涉密公文的有关规定,分别标明绝密、机密、秘密等密级标识。

(五)认真做好秘密文件、资料的印制工作。在制文过程中,从拟稿、审修到签发,要逐级负责确定密级,并在拟稿纸上标明,文印室要固定专人承印秘密文件。复印秘密文件、资料,必须严格按上级规定执行,复印件要与原件一样登记、编号,用后收回,妥善处理。参与印刷秘密文件资料的人员要严守秘密,不得扩散。

(六)借阅秘密文件,必须登记签字。借阅绝密文件须经办公室负责人批准。非因工作需要和非阅读范围的人员,不得借阅秘密文件。

(七)秘密文件必须放在铁皮保密柜内保存。

(八)任何部门和个人不得擅自销毁秘密文件。

第三条　档案保密

(一)文书档案由办公室统一管理,人事档案由人力资源部统一管理。

(二)为保证档案存放的统一性与有序性,档案应排放整齐,且采用统一标识的档案盒存放,便于管理与查找。

(三)使用档案要经过严格的审批、登记手续,有效避免人事档案的损坏及遗失,同时,发现档案有损坏、破损及遗失要马上修复补救,以免以后遗忘或增加破损。

(四)档案柜钥匙由专人保管,确保无关人等接触不到。

(五)查阅或抄录档案,必须在办公场所进行,不许将案卷带出拿走。档案非经主要领导批准外,概不外借。

第四条　会议保密

(一)会议作出的决定和讨论中涉及保密事项的,除由相关部门和人员进行传达办理外,其他人员不得在正式公布会议内容之前向外透露。

(二)会议的议题及列入会议讨论的材料和记录本,必须完整地立卷归档,不得丢失。

(三)会议印发的机密性文件、资料等,应在会上宣布管理办法或在会议结束时收回。

第五条　打印文件保密

(一)打印秘密、机密、绝密文件,应由专人负责在规定的涉密计算机上打印,并由经办人协助校对、装订。

(二)打印涉密文件资料,应按规定的份数印制,并进行详细登记。打印完的废页,应及时销毁。

（三）打印、校对人员要遵守保密纪律，不准在打印文件中多印自留，不准将文件私自带出传阅或送给他人，不准将未正式公布的文件内容向外传播、扩散。

第六条 机要通信保密

（一）机要通信工作必须坚持保密、安全原则，接收和投送涉密文件资料必须由专人负责，履行登记签字手续。送件人须有签字手续，不准委托其他人员捎带。

（二）利用办公自动化设备传输和处理秘密文件、信息时，必须采取技术上的保密措施。

第七条 机关工作人员保密要求

（一）对接触秘密文电、档案、资料工作的人员，须按照机要人员的条件，经组织部门严格审查后方可任用，并要加强管理教育。涉密工作人员必须严格遵守保密纪律，执行保密制度。

（二）严禁在私人交往和通信中涉及工作秘密事项。

（三）不准将秘密文件、资料和其他物品作为废品出售。

（四）不准隐瞒泄密事件。发现丢失秘密文件，应采取措施追查寻找，并及时向领导报告。

（五）出现工作调动时，涉密人员必须将自己保管的全部文件进行清理登记移交，手续交接清楚后方可离开。

第八条 领导干部保密要求

（一）不泄露党和国家秘密。

（二）不在无保密保障的场所阅办秘密文件、资料。

（三）不使用无保密保障的通信设备传输党和国家秘密。

（四）不在家属、亲友和其他无关人员面前谈论党和国家秘密，经常教育和严格要求部属认真遵守保密制度和保密纪律。

（五）不在社交活动中携带秘密文件、资料；特殊情况确需携带的，应由本人或指定专人严格保管。

（六）不在出国访问、考察等外事活动中携带秘密文件、资料；确因工作需要携带的，应按照有关规定办理相关手续，并采取严密的防范措施。

（七）及时将阅办完毕的秘密文件资料清退、归档；离开办公室时，应将阅办的秘密文件放入保密柜内，或交保密工作部门保管。

第九条 计算机保密管理规定

（一）严格执行计算机信息系统保密管理规定，处理、存储国家秘密信息的计算机必须与国际互联网实行物理隔离，不得直接或间接地与政务外网、国际互联网或其他公共信息网络相连接，做到专机专用，专人管理。

（二）建立健全上网信息审查把关制度，坚持“谁上网谁负责”的原则，信息上网经过信息提供单位的严格审查和批准，确保国家秘密不上网。对上网信息要逐条审查，凡是标明密级或内部资料的信息，一律不得上网发布。对没有标明密级，但认为信息内容可能涉密的，可由本单位按定密程序重新确定。

（三）已确定为国家秘密、机密、绝密的文、电、资料、数字、图表，禁止输入非涉密计算机。如果以上文件有必要在计算机系统中存储、处理、传递、输出时，经主要负责人审批后处理，处理完毕后要及时删除，并对该机进行技术处理，否则不得与系统网络进行连接。

第十条 组织领导和教育、检查

（一）保密工作领导小组在主要负责人领导下开展保密工作，定期召开保密工作会议，研究解决保密工作中的有关问题。各涉密部门根据需要设立保密专员。

（二）保密工作领导小组应定期进行保密工作检查，重点检查有无丢失文件、有无失泄密事件、保密制度和措施是否得到真正落实。对查出的问题，除查清结果和责任外，应写报告送主要负责人审批。

第十一条 印章、印信要由专人严格保管，存放印章、印信的地方要符合保密要求，使用印章、印信时应经领导同志审查批准，用印情况均应登记。

第十二条 严格执行保密制度，对违反保密制度，造成失泄密事件的，视情节轻重给予批评教育、纪律处分，直到追究刑事责任。

荣成市融媒体中心保密要害部门、部位管理制度

为贯彻落实上级部门关于加强保密工作管理有关规定,参考国家有关保密法律法规,结合融媒体中心实际,制定本制度。

第一条　适用范围和原则

(一)本办法适用于荣成市融媒体中心所有涉及保密工作的部室。

(二)保密要害部门、部位要严格按照制度规定,坚持"谁主管、谁负责"的原则,做到严格管理、责任到人、严密防范,确保融媒体中心保密工作安全。

(三)荣成市融媒体中心保密工作领导小组负责本单位保密要害部门、部位的审核、确认、监督、检查、指导和管理工作。办公室负责本部室保密工作的管理和防范。

第二条　保密要害部门、部位的确认和备案

(一)保密要害部门、部位的确定应严格标准、规范程序。

(二)保密要害部门、部位确定的依据是:

1.中央、国家机关关于保密范围的规定。

2.产生、传递、使用、保管和销毁国家秘密的密级和数量。

3.单位日常工作中涉及较多工作机密的部室,应确定为保密要害部门。涉及是指日常工作中生产、传递、使用、管理工作机密等,不包括一般性的传阅。

4.单位内部集中制作、存储、保管秘密载体的专用、固定场所,应当确定为保密要害部位。

5.因工作需要临时或短时存放国家秘密载体,以及存放数量较少的场所,原则上不予确定,但应按有关保密规定进行管理。

第三条　保密要害部门、部位因机构、任务、职能发生变化等原因,需要新增或撤并的应适时作出调整,并按规定程序进行审核、确认和备案。

第四条　保密要害部门、部位应明确到岗,落实到人。

第五条　保密工作领导小组是保密要害部门、部位的监督管理部门。具体负责:

(一)督促、指导、协调单位开展确定、审核和申报工作,及时做好确认审批工作。

(二)组织相关涉密工作人员进行保密基础知识和保密防范技能的岗位培训。

(三)按照保密要求,为保密工作部室配备必要的保密防范设备,督促相关部室落实有关保密制度和防范措施。

(四)对新进入和调离保密要害部门、部位的工作人员进行保密审查和保密教育培训,组织涉密工作人员签订保密责任书。

(五)不定期检查保密要害部门、部位的保密管理和保密技术防范情况,解决存在问题,组织查处泄密事件。

第六条　保密要害部门、部位工作人员的基本职责:

(一)按照规定的权限和程序依法保管和使用国家秘密载体。

(二)负责所在工作场所和保密设备、设施的保密安全。

(三)维护所经管的国家秘密载体的正常使用和流转秩序,防止和制止违反保密规定的行为。

(四)依照保密范围有关规定,提出所在部门、部位产生国家秘密的保密期限和知悉范围的建议。

(五)协助和参与本单位保密工作机构开展的保密活动。

(六)参加保密业务学习和培训。

(七)履行保密法律、法规和规章所规定的其他职责。

第七条　确定保密要害部门、部位应同时确

定涉密人员具体范围，涉密人员应包括：

（一）负责确定、经办、处理、使用、保管国家秘密并可直接知悉工作秘密的人员。

（二）通过传阅、传达方式知悉工作秘密的人员以及临时涉密人员，原则上不在确定范围之内。

第八条 保密要害部门、部位工作人员实行分类管理，分为三个等级：其岗位涉及绝密级国家秘密的，应确定为“核心涉密人员”，其岗位涉及机密级国家秘密的，应确定为“重要涉密人员”，其岗位涉及秘密级国家秘密的，应确定为“一般涉密人员”。

第九条 保密要害部门、部门负责人应以工作需要为原则，按照工作人员涉密等级严格控制国家秘密的知悉范围。

第十条 保密要害部门、部位工作人员必须符合下列基本条件：

（一）忠于祖国、政治可靠，历史清白、思想进步，遵纪守法、品行端正。

（二）社会关系清楚。

第十一条 保密要害部门、部位新选用的工作人员，要进行详细登记备案。

第十二条 有下列情形之一的，不得在保密要害部门、部位工作：

（一）有因故意或过失泄露国家秘密受到行政严重警告以上处分记录的。

（二）年度考核为“不称职”的。

（三）有移居境外或长期出境意向的。

（四）一年内有两次以上严重保密违规记录的。

（五）其他不适宜在保密要害部门、部位工作的。

第十三条 保密要害部门、部位工作人员上岗前，应由保密工作领导小组对其进行涉密资格审查，并填写审查表。未通过涉密资格审查的人员，不得在保密要害部门、部位工作。经审查合格的人员，必须与所在机关、单位签订保密承诺书。拒绝签订的，不得在保密要害部门、部位工作。

第十四条 保密要害部门、部位工作人员不得有下列行为：

（一）泄露国家秘密。

（二）私自复制、下载、携带和留存工作秘密。

（三）发生泄密后隐瞒事实或不及时报告。

（四）违规使用涉密计算机连接国际互联网等非涉密网络以及在上述网络中传输、存储、处理工作秘密信息。

（五）违规在手机等无线通信工具中谈论、处理工作秘密。

（六）其他违反保密规定的行为。

第十五条 保密要害部门、部位工作人员因辞职、调动等原因离开涉密岗位或因私出国（境），应事先提出申请，经保密工作领导小组审查批准，方可离岗或出国（境）。

第十六条 根据涉密程度和实际需要，对保密要害部门、部位采取人防、物防和技防相结合的保密安全防范措施，使工作秘密处于安全状态。

第十七条 保密要害部门、部位办公场所应具备以下基本条件：

（一）有专用、独立、固定并可实施封闭、隔离的办公场所。

（二）有供专门存放涉密载体的通过国家保密局检测认证的保密铁柜。

（三）有文件粉碎机。

第十八条 保密要害部门、部位使用涉密计算机、涉密存储介质不得与非涉密载体混用。

第十九条 涉密信息应在涉密计算机信息系统和未直接或间接与国际互联网等外部非涉密网络相连的涉密计算机单机上处理。

第二十条 保密工作领导小组应加强对保密要害部门、部位防范标准执行和管理情况的监督检查，将其列为每年保密检查和保密工作检查内容。检查中发现重大隐患，应向主要负责人书面报告，并对整改落实情况进行监督。

第二十一条 保密要害部门、部位工作人员在履行保密岗位职责方面表现突出，有下列情形之一的，应给予奖励：

（一）在本岗位连续工作3年以上，没有违反保密规定记录的。

（二）对保密工作作出突出贡献的。

（三）采取措施及时制止重大泄密事件的。

（四）及时举报重大泄密隐患或泄密事件的。

第二十二条　本制度由荣成市融媒体中心保密工作领导小组解释。

第二十三条　本办法自下发之日起实施。

荣成市融媒体中心国家秘密载体管理制度

为加强国家秘密载体的保密管理，确保国家秘密的安全，根据《中华人民共和国保守国家秘密法》及其实施办法，制定本规定。

第一条　本规定所称国家秘密载体（以下简称秘密载体）是指以文字、数据、符号、图形、图像、声音等方式记载国家秘密信息的纸介质、磁介质、光盘等各类物品。磁介质载体包括计算机硬盘、软盘和录音带、录像带等。

第二条　秘密载体的保密管理应当遵循严格管理、严密防范、确保安全、方便工作的原则。

第三条　应当指定专门人员负责本单位国家秘密载体的日常管理工作。

第四条　保密工作领导小组对本单位涉密部室及涉密人员执行本规定负有指导、监督、检查的职责。

第五条　秘密载体的制作、收发、传递、使用、复制、保存、维修和销毁，应当符合国家保密规定。

第六条　制作秘密载体，必须依照《荣成市融媒体中心定密管理制度》标明密级和保密期限，注明发放范围及制作数量，绝密级、机密级的应当编排顺序号。纸介质秘密载体应由本单位保密工作部门负责印制。磁介质、光盘等秘密载体应在本单位保密工作领导小组审查批准的单位制作。

第七条　制作秘密载体过程中形成的不需归档的材料，应当及时销毁。

第八条　收发秘密载体，应当履行清点、登记、编号、签收等手续。

第九条　传递秘密载体，应当指派专人负责或使用机要通信设备传递，并采取相应的安全保密措施。不得使用互联网或普通邮政渠道传递。传递秘密载体，应当包装密封；秘密载体的信封或者袋牌上应当标明密级、编号和收发件单位名称。

第十条　收到秘密载体后，应由主要负责人根据秘密载体的密级和制发机关、单位的要求及工作的实际需要，确定本单位知悉该国家秘密的人员范围，并按照规定的范围组织阅读和使用。

第十一条　阅读和使用秘密载体，应当在符合保密要求的办公场所进行，并办理登记、签收手续，保密工作管理人员要随时掌握秘密载体的去向。

第十二条　传达国家秘密时，凡不准记录、录音、录像的，传达者应当事先申明。

第十三条　复制秘密载体，应当经密级确定机关、单位批准，不得改变其密级、保密期限和知悉范围。摘录、引用国家秘密内容形成的秘密载体，应当按原件的密级、保密期限和知悉范围管理。

第十四条　保存秘密载体，应当选择安全保密的场所且配备专门的保密柜，由专人负责管理。保密工作人员离开办公场所时，应当将秘密载体存放在保密柜内。

第十五条　应当退还的秘密载体，应按期退还，并对退还人进行详细登记，不得自行销毁。需要归档的秘密载体，应当按照国家有关档案法律规定归档。

第十六条　销毁秘密载体，应当经主要负责人审核批准，并履行清点、登记手续，到保密局指定的监销机构进行销毁。销毁秘密载体，应当确保秘密信息无法还原。销毁纸介质秘密载体，应当采用焚毁、化浆等方法处理。销毁磁介质、光盘等秘密载体,应当采用物理或化学的方法彻底销毁。

第十七条 禁止将秘密载体作为废品出售。

第十八条 用于记录秘密载体收发、使用、清退、销毁的登记簿,应当由有关部门指定专人妥善保管。

第十九条 涉密人员离岗、离职前,应当将所保管的秘密载体全部清退,并办理移交手续。

第二十条 本制度由市融媒体中心保密工作领导小组负责解释。

第二十一条 本制度自下发之日起执行。

荣成市融媒体中心互联网使用管理制度

为规范互联网的使用管理, 防止发生违规和工作泄密事件, 确保办公网络安全畅通,根据相关法规和融媒体中心负面清单管理规定,制定本规定。

第一条 建立健全计算机网络安全管理制度,由技术部负责,做好本单位网络信息安全管理工作,保障网络系统的正常及安全运行。各部门工作人员必须接受技术部的监督检查,并对网络检查中采取的必要措施给予配合。

第二条 宽带上网的 IP 地址由技术部专人统一管理,任何人不得随意修改本机或他人 IP 地址及任何计算机的网络设置,不得盗用未经合法申请的 IP 地址入网。

第三条 严禁使用办公电脑看电影、玩游戏、聊天或做其他任何与工作无关的事情。

第四条 储存本单位业务信息的电脑,必须设置开机密码,且不得随意将账户借给他人使用。

第五条 不得擅自复制和使用网络上未公布和未授权的文件,不得在网络中擅自传播或拷贝享有版权的软件。严禁利用网络侵犯他人的知识产权,窃取别人的研究成果或受法律保护的资源。

第六条 严禁从网上随意下载软件,以免感染病毒,造成损失。

第七条 技术部负责为所有电脑安装杀毒软件和网络防火墙,定期开启杀毒软件的实时监控系统,删除一切与工作无关的信息和软件,防止信息流失或遭受黑客、病毒入侵。

第八条 网络信息部负责对政府网站、掌上荣成微信平台及掌上荣成、直播荣成 App 动态进行监控,对网站防黑客加强管理,发现问题及时上报。

第九条 办公室负责统筹各部门加强电子邮箱的保密管理,控制互联网邮箱存储、处理、传输国家秘密信息和敏感信息,防止电子邮箱泄密事件发生。

荣成市融媒体中心计算机及移动存储介质保密管理制度

第一条 涉密移动存储介质指以文字、数据、符号、图像、声音等方式记载国家秘密的纸介质、磁介质、光盘等各类物品。其中,磁介质包括计算机硬盘、U 盘、移动硬盘、软盘和录音带、录像带等物品。

第二条 融媒体中心拟用于处理秘密信息的计算机及移动存储介质必须进行申报、登记,经审批后,方能投入使用,并按其所涉及的秘密等级做好密级标识。凡未进行申报、登记、审批的计算机及移动存储介质均属非涉密计算机及移动存储介质,严禁用于存储秘密信息。

第三条 涉密移动计算机和移动存储介质由融媒体中心负责保密工作的人员统一购置,粘贴密级标识,统一登记编号,配发相关部室使用。

非涉密计算机应标注禁止处理涉密信息标识,且不得在非涉密计算机上进行涉密操作。

第四条　涉密移动存储介质使用部门应当指定专人负责涉密移动存储介质的领取、登记和管理工作。

第五条　涉密移动存储介质应配备专用保密柜。涉密人员离开办公场所时,应将涉密移动存储介质放置于专用保密柜内。因工作确需携带涉密移动存储介质外出,应当严格履行审批登记手续。

第六条　应指定专人负责涉密计算机及移动存储介质的检测修复工作。涉密计算机发生故障由技术部负责修复,无法自行修复的查明原因及具体情况报办公室,由办公室联系专业维修部门派技术人员直接上门对故障机和磁介质进行现场维修,禁止个人将设备擅自送外维修。涉密人员应定期对秘密载体进行清查、核对,发现问题及时报告。

第七条　涉密移动存储介质不能直接与互联网或其他公共信息网的计算机相连接,用于下载互联网、公共信息网信息的移动存储介质不得与涉密计算机和涉密计算机信息系统相连接。如需从网上下载资料,应该用非涉密移动存储介质从上网计算机上下载资料后,通过中间机(中间机指的是既不用于上网又不是涉密的计算机)进行杀毒处理后,对资料进行存储并导入涉密计算机。

第八条　涉密移动存储介质只能在本单位涉密计算机和涉密信息系统内使用,严禁在与互联网连接的计算机和个人计算机上使用,严禁借给外单位使用。

第九条　因工作需要接收外来的移动存储介质应由保密专员进行登记,并按照移动存储介质管理要求进行管理。外来移动存储介质应进行病毒检查和杀毒后才可在本单位涉密计算机上使用。

第十条　涉密移动存储介质在报废前,应由办公室统一进行信息清除处理。信息清除时所采取的信息清除技术、设备和措施应符合国家保密规定。

第十一条　销毁秘密载体应经主要负责人审核批准,并履行清点、登记手续,到保密局指定的监销机构进行销毁。销毁纸介质秘密载体,使用碎纸机销毁的,应使用符合保密要求的碎纸机。销毁磁性介质、光盘等秘密载体,应采用物理或化学的方法彻底销毁。

荣成市融媒体中心涉密人员保密审查制度

为切实做好涉密人员的管理,不断增强涉密人员的保密观念,根据《中华人民共和国保守国家秘密法》和上级有关涉密人员管理规定,结合融媒体中心实际,制定本制度。

第一条　融媒体中心保密工作领导小组负责对涉密人员的管理工作,按照涉密人员的等级进行密级分类。办公室负责为每个涉密人员建档备案。

第二条　凡是进入涉密岗位的工作人员均属于涉密人员。保密工作领导小组负责做好离岗离职涉密人员的脱密期登记管理。

第三条　涉密人员进入涉密岗位时,由保密工作领导小组开展审查审批,签订涉密人员审查表和保密承诺书。审查表和责任书由办公室统一保管。

第四条　涉密人员在岗期间,保密工作领导小组应不定期组织对涉密人员进行保密知识技能培训和保密审查,不符合保密要求的须及时采取相应措施或调离涉密岗位等。涉密人员应自觉接受保密教育和保密监督检查。

第五条　涉密人员因私出国(境)应经融媒体中心主要负责人同意,由保密工作领导小组按照规定对其进行审查并办理保密审批手续。

第六条　当涉密人员因调离工作岗位或不涉及涉密事项时,由保密工作领导小组对其进行审查确认并签订涉密人员离岗保密承诺书。该涉密人员自动进入脱密期管理。

第七条　涉密人员的脱密期为：重要涉密人员 2—3 年，一般涉密人员 1—2 年。

第八条　保密工作领导小组可根据非涉密人员或涉密人员涉及涉密事项变化情况，及时调整涉密人员密级。

第九条　涉密人员须加强学习，不断提高自己的政治素质、保密业务素质及职业道德素质。

第十条　涉密人员须熟悉自己所从事工作中秘密事项和秘密事项的保密要求，并采取严格的保密措施，以确保工作秘密的安全。

第十一条　涉密人员发生失、泄密时或发现失、泄密事件时，应由保密工作领导小组商定给予相应处罚。

第十二条　涉密人员应积极对本部门的保密工作提出意见或建议。

第十三条　本制度由市融媒体中心保密工作领导小组负责解释。

第十四条　本制度自下发之日起执行。

荣成市融媒体中心涉密文件资料管理制度

为加强对保密工作的管理，杜绝涉密文件资料流失，根据《国家秘密载体管理制度》，结合融媒体中心工作实际，制定本制度。

第一条　本制度适用于融媒体中心所拟制、收发、传递、使用、保存和销毁涉密文件资料的所有行为和步骤。

第二条　涉密文件(包括确定密级的文件资料、图表、刊物等)的拟制、印刷、传递、承办、借阅、保管、归档、移交和销毁，必须严格履行审批、登记、签字等手续。

第三条　阅办涉密文件必须在办公室或者安全保密的场所进行，涉密文件应存放在专门铁皮柜内；对绝密级文件必须实行专人保管，专册登记，专柜存放。

第四条　不宜向社会公开的内部资料、刊物等，应当妥善保管，定期清理和销毁。

第五条　销毁涉密文件资料应当按规定登记、审批，由二人以上到指定场所监销。

第六条　涉密文件资料与非涉密文件资料应分别登记管理。

第七条　建立涉密文件信息资料借阅、使用登记制度，借阅和使用涉密文件信息资料，要及时办理登记手续，随时掌握涉密文件资料的去向。

第八条　涉密文件的密级和保密期限由材料起草人员提出，融媒体中心主要负责人确定。材料制作人员必须按照规定标明密级和保密期限。

第九条　文件管理人员收到涉密文件后，应当在专用的登记本上予以登记。登记后，交办公室负责人确定传阅范围。

第十条　文件管理人员应严格按照确定的传阅范围进行传阅。送阅涉密文件应使用专用的文件夹，一般应当面送交，立等收回，严禁随意放置其办公桌上。传阅领导或者工作人员确实因工作需要保留的，也应在阅读(使用)完毕后及时交还或者通知相关人员收回，不可直接转入下一环节。文件管理人员应对滞留他处的涉密文件进行登记，随时掌握其去向。

第十一条　涉密文件资料的保密管理应遵循严格管理、严密防范、确保安全、方便工作的原则。

荣成市融媒体中心信息公开保密审查制度

为进一步规范信息公开的保密审查工作,依据《中华人民共和国保守国家秘密法》及相关法律、法规,结合融媒体中心工作实际,制定本制度。

第一条　本制度所称保密审查,是指对拟公开的信息是否属于国家秘密以及公开后是否危及国家安全、公共安全、经济安全和社会稳定的审查,同时包括对涉及个人隐私的信息是否可以公开进行的审查。

第二条　公开信息应当遵循“先审查、后发布、谁公开、谁负责”的原则,建立健全符合本单位实际的信息公开保密审查制度。

第三条　融媒体中心信息公开保密审查工作由保密工作领导小组具体负责。

第四条　在公开信息前,应先由办公室对拟公开的信息进行保密审查,确定是否可以公开。不能确定是否可以公开以及公开后是否危及国家安全、公共安全、经济安全和社会稳定的信息,应当先征求保密工作领导小组的意见。保密工作领导小组亦不能确定是否可以公开时,应当报分管负责人或有关主管部门审核确定。

第五条　转载其他网站文件、信息时,严格核实原件涉密情况。

第六条　建立网站信息发布登记制度。坚持“先审查、后公开”和“一事一审”原则,每次审查都要进行审查登记。规范信息公开保密审查审批和信息发布登记记录、检查审批手续,确保登记记录不缺项、不漏项。

第七条　经保密审查,属于国家秘密或公开后危及国家安全、公共安全、经济安全和社会稳定的信息不得公开。

第八条　经保密审查,涉及个人隐私的信息不得公开;但是征得权利人同意或者经研究认为不公开可能对公共利益造成重大影响的,可予以公开。

第九条　拟公开的信息经保密审查作出公开或不公开决定前,均应经主要负责人批准。

第十条　本制度由市融媒体中心保密工作领导小组负责解释。

第十一条　本制度自下发之日起执行。

荣成市融媒体中心关于加强招聘人员管理的意见

为规范用工制度,理顺薪酬体系,调动招聘人员的积极性,推动各项工作有序开展,特制定招聘人员管理意见如下:

一、适用范围

企业人员。

二、招聘程序

根据工作需要,经主要领导同意,用人部室向人力资源部提交《用人申请表》,人力资源部提报中心办公会确定后,负责发布招聘信息,并组织用人部室进行招聘人员初试选拔。

三、招聘条件

1.大本以上学历,突出业务对口专业技能。

2.身体健康,一般不超过35周岁。

3.符合岗位所需的其他条件。

4.有特殊技能的适当放宽条件。

四、聘用管理

新招聘人员需有3个月以上的考察期(特殊人才另议)。考察期间要严格执行规章制度,服从总体安排;住宿免费,食堂就餐实行就餐补助(即个人缴纳30%,单位补助70%),无工资、福利。

(一)学习培训

1.制度考核

新招聘人员由人力资源部负责组织学习相关规章制度,推荐到相关业务岗位学习。

2.业务培训

考察期间,由所在部室负责进行岗位技能培训。

(二)考核鉴定

考察期满的人员,由所在部室提前一周向中心办公会提交考核人员的学习、工作表现鉴定。相关部室和人力资源部分别对新招聘人员进行业务技能考核和综合素质考核(各占 70%和 30%)。考评结果在 70 分及以上的,由人力资源部提报中心办公会审定通过后予以录用。

1.业务技能考核

由所在部室对新招聘人员进行岗位技能考核,经分管领导签字后,报人力资源部。

2.综合素质考核

由人力资源部组织对新招聘人员进行综合素质考核。考核结果与业务技能考核得分情况,报中心办公会研究。

(三)合同签订

人力资源部负责签订聘用合同。招聘人员须作出岗位工作承诺,达不到要求的自行解聘或由中心予以解聘。

五、薪酬管理

1.按照中心相关考核办法实行动态绩效考核。

2.中心根据社保规定比例,为个人缴纳五险一金。

六、日常考核管理

1.招聘人员年终绩效奖金按在中心工作月份发放。

2.招聘人员如被解聘或辞职,中心不为其发放年终绩效工资、精神文明奖。

3.其他情形按照中心相关管理规定执行。

七、解除劳动合同

1.连续旷工超过 10 个工作日,或者一年内累计旷工超过 20 个工作日的。

2.违反规章制度或者操作规程,发生重大责任事故,造成失职、渎职严重后果的。

3.严重扰乱工作秩序,致使单位工作不能正常进行的。

4.患病或非因公负伤,医疗期满后,不能从事原工作,也不能从事由单位安排的其他工作的。

5.考核不合格的,又不同意调整工作岗位,或者调整工作岗位后考核仍不合格的。

6.违反《劳动合同法》其他规定的。

荣成市融媒体中心关于明确我中心女职工孕期及哺乳期相关权益和义务的意见

为了进一步规范我中心女职工孕期及哺乳期的劳动保护工作,规范女职工的用工行为,构建和谐劳动关系,根据 2012 年 4 月国务院令通过的《女职工劳动保护特别规定》和 2016 年 1 月 22 日颁布实施的《山东省人口与计划生育条例》,结合我中心实际情况,现进一步明确我中心女职工孕期及哺乳期相关权益和义务。

一、中心女职工在孕期及哺乳期的权利

1.怀孕女职工在劳动时间内进行产前检查,所需时间计入劳动时间。

2.对怀孕 7 个月以上的女职工和哺乳未满 1 周岁婴儿的女职工母亲,中心原则上不安排加班或夜班劳动。

3.对尚在哺乳期的女职工,中心每天安排 1 小时的哺乳时间。

4.按照新修改的《山东省人口与计划生育条例》,中心女职工的产假确定为:顺产为 158 天,难产再增加 15 天。

5.产假视为出勤,正常发放月绩效奖;对于企业招聘员工一胎、二胎生育的津贴,我市生育保险机构只承担 3 个月,剩余 2 个月的产假工资,中心按照相关规定负责发放。产假期间个人应负担的“五险一金”从工资中扣除。事业身份职工一胎、二胎生育的产假工资发放维持原渠道。

二、中心女职工在孕期及哺乳期的义务

1.中心严格按照《女职工劳动保护特别规定》对孕期及哺乳期的女职工进行适度保护,女职工不应将该规定过度放大,提出超出规定的额外要求。

2.女职工在孕期及哺乳期应严格遵守《劳动法》《合同法》等相关法律法规以及中心的规章制度,如果严重违反劳动纪律或者中心相关规章制度,中心将按照相关法律法规解除其劳动合同。

三、其他

1.女职工孕期 5 个月及以上时,因形体原因行动不便,不适宜从事外景主持、摄录工作,可向所在部室提出申请,部室向中心申请为其协调安排其他岗位工作,待产假期满后,恢复原岗位工作。

2.女职工在孕期不能适应现岗位劳动强度的,须到二级甲等以上医院开具不能从事现岗位的医疗证明。中心根据医疗机构的证明,经办公会讨论后,决定是否予以减轻劳动量或者安排其他能够适应的岗位。

荣成市融媒体中心请假休假管理办法

为进一步规范请销假管理,确保工作有序、高效运转,根据上级有关规定,结合中心实际,制定请假休假管理办法如下:

一、请假休假程序和权限

1.员工请假休假 0.5 天(含)以上,3 天(不含)以下的,由部室负责人、分管领导在“钉钉”上审签。

2.员工请假休假(不含公休假)3 天(含)以上的,须由所在委员会的分管领导上报中心主要领导,获准后按程序在“钉钉”上申请、主要领导审签。

3.中层干部、分管领导请假休假 1 天(含)以上的,按照签批程序审签后由主要领导审签。

4.工作日期间外出的,须向相关负责人请假并在《外出记录》上登记。

5.所有请假休假 0.5 天(含)以上的须提前在“钉钉”上申请。

二、请假休假相关规定

1.带薪年休假(依据《职工带薪年休假条例》以及《机关事业单位工作人员带薪年休假实施办法》执行)

(1)工作人员工作年限满 1 年、满 10 年、满 20 年后,从下月起享受相应的年休假天数。

(2)职工累计工作已满 1 年不满 10 年的,年休假 5 天;已满 10 年不满 20 年的,年休假 10 天;已满 20 年的,年休假 15 天。

(3)有以下情况之一的,不享受当年的公休假:

①职工请事假累计 20 天以上。

②累计工作满 1 年不满 10 年,请病假累计 2 个月以上的。

③累计工作满 10 年不满 20 年,请病假累计 3 个月以上的。

④累计工作满 20 年以上,请病假累计 4 个月以上的。

(4)职工已享受当年的年休假,年内请病假超过请病假累计天数的不再享受下一年的年休假。

(5)年休假在 1 个年度内可以集中安排,也可以分段安排,不跨年度安排。原则上都要按照年休假计划进行公休,确因工作特殊性不能按年度计划休假要调整的,须经部室负责人和分管领导审签同意并报人力资源部备案；对因特殊情况跨年度安排的年休假，须由部室提交中心办公会通过后，由主要领导审批。

2.病假（依据《国家机关工作人员病假期间生活待遇的规定》执行）

（1）员工休病假3天以上的，须出具县级以上医院提供的因病不能上班的证明，并在病假单上标明休假起止日期。

（2）员工病假在2个月以内的，发原工资；病假超过2个月的，从第3个月起，工作年限不满10年的，发给本人工资的90%，工作年限满10年的，工资照发；病假超过6个月的，从第7个月起，工作年限不满10年的，发给本人工资的70%，工作年限满10年的，发给本人工资的80%。病假年度超过6个月以上的部分不计算连续工龄。

3.事假（按请假程序和权限要求执行）

4.探亲假（依据山东省关于执行《国务院关于职工探亲待遇的规定》的实施细则执行）

5.婚假

根据有关规定结婚给予婚假3天。

6.产假

符合法律和有关规定生育子女的夫妻，不分孩次，女职工产假158天，难产增加15天，男职工可以享受护理假7天。

7.丧假

员工配偶、子女、父母、配偶父母或兄弟姐妹去世的，给予丧假3天。

8.病假、事假、非因公外出学习年度累计超过6个月以上的事业编人员，不参加年终考核，无年度12月份工资额度，不在岗期间无月度绩效。

三、绩效考核规定

1.依据《威海市事业单位人员聘用制度暂行办法》连续旷工超过10个工作日，或者一年内累计旷工超过20个工作日的，单位可以随时单方面与事业身份职工解除劳动合同（劳动关系），企业人员参照执行同时解除劳动合同（劳动关系）。

2.每请1天事假或病假，扣绩效50元。

3.年度内连续2个月请病假1天不扣发绩效（病假天数不折算、不累加）。

4.病假、事假所扣绩效当月执行，当月不够，从次月扣除，以此类推，直到年终绩效奖金或其他奖项扣完为止。

四、其他

1.员工请病假、事假，有公休假的先按公休假计算天数；没有公休假或者公休假休完的，按照病假、事假相关规定执行。

2.请销假统计考核时间为每月26日至次月25日。

荣成市融媒体中心关于图书室相关管理规定

为加强图书室的管理，提高图书利用率，现提出相关规定如下：

1.所有图书仅限中心在职员工借阅，概不外借。每人每次借阅图书不超过2本。借阅期限最长不超过2周。

2.员工应爱护图书，不得在书中批改、圈点、划线、折角、涂写，如发生丢失、污损，照价赔偿。

3.员工应在借阅期限内自觉将图书归还至图书室，由图书管理员验书登记。

4.加强图书规范管理，建立图书账册，方便查询和借阅图书。

5.实行图书借阅登记制度，严格图书借阅程序，保证图书不损坏、不丢失，满足职工图书借阅需要。

荣成市融媒体中心档案查(借)阅管理办法

为了进一步规范我中心档案的管理工作,根据《中华人民共和国档案法实施办法》相关规定,现对我中心文书档案、人事档案、财务档案的查(借)阅规定如下:

一、文书、人事档案的查(借)阅

本中心工作人员因工作需要查阅档案资料的,必须办理借阅登记手续,填写《借阅档案审批表》,说明借阅的范围和用途,经档案资料管理的部室负责人及分管领导签批,方可查(借)阅。

二、财务档案的查(借)阅

我中心的财务档案是指会计凭证、会计账簿、会计核算资料、财务报表、增值税专用发票、普通发票、各种商业性协议、合同等。根据财政部、国家档案局《会计档案管理办法》的规定,我中心保存的会计档案不得借出。如有特殊需要,需填写《借阅档案审批表》,经财务部负责人审核签字后,报中心主要负责人签批,由财务人员为其提供查(借)阅或者复印。

三、其他

1.查(借)阅档案资料时,必须在工作人员规定的场所查阅;不允许查(借)阅与申请无关的资料。

2.查(借)阅档案资料时,不准在文件材料上涂改、剪裁、加圈、画线、折叠,不得随意折卷、撕去或撤换其中文件。

3.查(借)阅其他科室相关档案,参照本办法执行。

荣成市融媒体中心关于加强学习纪律等的考核办法(试行)

为强化纪律规矩意识,落实好学习型机关建设要求,加快推进市融媒体中心发展,力促全体工作人员能力水平提升,营造“比学赶超”的浓厚氛围,特制定关于加强学习纪律等的考核办法(试行)。

一、考核对象

市融媒体中心全体工作人员。

二、考核内容及形式

(一)上级部门要求或组织的各类线上线下的学习、会议、活动等。包括:学习强国、灯塔在线、荣成先锋、干部自主选学、月月考、干部季度考试、任职资格考试、年轻干部培训计划以及普法、应急管理等上级部门要求或组织的各类学习;上级部门组织的各类会议、各类活动;上级党委要求的各项主题教育活动。

无故缺席上级部门组织的各类线上线下的学习、会议、活动,1 次扣罚月绩效 100 元,迟到的 1 次扣罚月绩效 50 元;考试不及格或学习笔记、上报材料不达标的 1 次扣罚月绩效 100 元;未按时完成上级要求的月度、季度、年度学习任务等的,每项(次)扣罚绩效 200 元。上述行为年度累计 2 次的,以 2 倍扣罚;累计达到 3 次的,扣罚当月绩效并停职做书面检查,停职期间发放基本生活费,须中心党总支研究确定后方可重新上岗。因上述情况或违反学习、会议纪律等被上级部门通报批评或以其他形式提出批评的,甚至影响单位考核成绩的,视情节严重程度,加扣月绩效 200—500 元。

针对上述行为,中心还将在年终按照精神文明奖考核办法予以扣罚。

(二)中心组织的各类学习、会议、活动等。包括:每周五的学习、职业技能培训、业务比武、竞赛比赛、全体职工大会、外出参观学习、党总支会议、党支部会议、全体党员大会、党员活动日的各项活动等。

无故缺席中心组织的各类学习、会议、活动等,1 次扣罚月绩效 50 元,迟到的 1 次扣罚月绩效 30 元;考试不及格或学习笔记、上报材料不达标的 1 次扣罚月绩效 50 元。

上述行为年度累计 2 次的,以 2 倍扣罚;累计达到 3 次的,扣罚当月绩效并停职做书面检查,停职期间发放基本生活费,需中心党总支研究确定后方可重新上岗。因上述情况或违反学习、会议纪律等被中心通报批评或以其他形式提出批评的,视情节严重程度,加扣月绩效 100—200 元。

针对上述行为,中心还将在年终按照精神文明奖考核办法予以扣罚。

(三)四个委员会自行组织的学习,可参照执行。

三、相关要求

(一)全体工作人员要加强学习、主动学习,积极参加上级及我单位要求或组织的各类线上线下的学习、会议、活动,认真做好学习记录,留下学习轨迹,按要求完成各项学习任务。

(二)各类学习、会议、活动将严格落实上级及我单位的请销假管理相关规定,因事因病不能参加的必须按照规定请假。不能参加上级部门组织的各类学习、会议、活动,应按规定履行请假手续;不能参加我单位组织的各类学习、会议、活动,应通过"钉钉"完成请假手续。请假手续必须在学习、会议、活动开始时间提前半天以上完成(特殊情况除外),组织方另有要求的按其要求执行(如自主选学请假);凡不按上述规定要求请假的一律视为"无故缺席"。

四、组织实施

(一)根据考核对象和考核内容,由办公室、党建工作部、人力资源部因地制宜、互相配合、分类实施考核,由分管负责人复核监督,提报党总支会议研究决定。

(二)本办法自 2020 年 1 月 1 日执行。

荣成市融媒体中心关于获得荣誉方面的绩效考核办法(试行)

为进一步推进市融媒体中心的改革进程,完善考核机制,在全中心营造创新创业、履职尽责的良好氛围,遵照荣办发〔2019〕17 号文件精神,结合我中心实际情况,经中心党总支研究通过《荣成市融媒体中心关于获得荣誉方面的绩效考核办法(试行)》,对全中心集体或个人获得的相关荣誉,进行相应的绩效奖励。

一、政策依据

荣办发〔2019〕17 号文件在《荣成市融媒体中心建设实施方案》的改革任务方面的第2款"薪资改革"的第 3 条"优化全员激励机制"中要求:按照企业化运营模式,体现多劳多得、优绩优酬的分配原则,所有创收激励政策、社会服务奖励政策及其他经济物质类奖励措施,打破编制、身份、岗位等限制,全员适用,一体执行。绩效考核主要包括对上发稿、经营创收、获得荣誉等方面。彻底打破现行体制对事业编人员的制约,激励多出精品、多创收入。

二、奖励性绩效发放标准

(一)上级颁发的个人荣誉

1.年度获得表彰奖励按照省部级、地厅级、县市级(相应的党委或政府颁发的证书)分别奖励 2000 元、1000 元、500 元;上述部门组织的竞赛类荣誉的奖励对应上述奖励,从二等奖(含二等奖)开始逐等次降低 200 元。

2.省部级、地厅级主管部门颁发的荣誉,分别奖励 1000 元、500 元;上述部门组织的竞赛类荣誉的奖励对应上述奖励,从二等奖(含二等奖)开始逐等次降低 200 元。

3.国家级新闻行业协会等组织授予的荣誉奖励 1000 元。

4.山东广播电视台颁发的优秀通讯员一、二、三等奖,分别奖励 1000 元、800 元、500 元。

5.市委、市政府主管部门等颁发的荣誉奖励

500 元;市委、市政府主管部门组织的竞赛类荣誉奖励 300—500 元。

(二)我中心颁发的个人荣誉

1.获得“每月之星”的,按照获得次数奖励,每次奖励 100 元。

2.获得先进工作者、优秀团员等的奖励 200 元;先进工作者、优秀团员等奖励不重复累计。

3.获得先进工作者的,如同时获得“每月之星”,取二者最高金额的奖励,不累计。

4.同类荣誉(含上级颁发的荣誉)取最高级别进行奖励,不累计。

三、其他

1.我中心党建统领开展的相关评选结果,已作为年度评先选优的依据之一,不列入此次奖励性绩效发放。

2.集体奖项列入本办法绩效考核范围,由获奖部室进行二次分配;授予荣成市融媒体中心的集体奖项,不列入考核范围。

3.没有经过单位推荐上报的荣誉视为无效。

4.新闻作品奖励按《荣成市融媒体中心新闻作品成果绩效考核办法》考核实施。

5.本办法自 2020 年 1 月 1 日起执行。

关于全面深入推行绩效考核的意见(试行)

市融媒体中心成立以来,为加快推进媒体融合改革发展,市委、市政府以荣办发〔2019〕17 号文件形式,针对我单位出台了一系列激励考核办法。为贯彻落实相关文件精神,融媒体中心相继出台了与之配套的各类绩效考核办法。一系列措施的出台,极大激发了广大干部职工履职担当、创新创业的积极性,开创了各项工作突破式发展新局面。但从一年多时间的实际效果看,仍有部分干部职工特别是事业身份干部职工对绩效考核激励政策的长期性和长效性心存疑虑,影响了其工作积极性。

为解放思想、统一认识,坚定信心、凝聚合力,中心党总支研究决定在融媒体中心全面深入推行绩效考核,从班子成员做起,以上率下带头全面参与绩效考核,真正发挥考核指挥棒作用,进一步激发广大干部职工的积极性、创造性,为融媒体中心各项事业发展再立新功、再创佳绩。具体如下:

一、政策依据

荣办发〔2019〕17 号文件《关于荣成市融媒体中心建设实施方案》中“薪资改革”的第 3 条规定:优化全员激励机制。按照企业化运营模式,体现多劳多得、优绩优酬的分配原则,所有创收激励政策、社会服务奖励政策及其他经济物质类奖励措施,打破编制、身份、岗位等限制,全员适用,一体执行。绩效考核主要包括对上发稿、经营创收、获得荣誉等方面。彻底打破现行体制对事业编人员的制约,激励多出精品、多创收入。

二、绩效考核对象

单位全体干部职工,班子成员带头参与。

三、绩效考核内容

对上发稿(含出版专著)、经营创收、获得荣誉等可纳入绩效考核的工作。

四、绩效考核标准

1.对上发稿,按照《荣成市融媒体中心新闻作品成果绩效考核办法》执行。

2.出版专著(有正式书号),按照主编、副主编、编委(摄影),分别奖励绩效 3000 元、2000 元、500 元。

3.经营创收按照每年度单位执行的关于经营创收方面的绩效考核标准执行。

4.获得荣誉按照《市融媒体中心关于获得荣誉方面的绩效考核办法(试行)》执行。

五、执行时间

自 2020 年 1 月 1 日起执行。

荣成市融媒体中心节目生产流程管理规定

第一条　自办节目实行部门负责制，分管领导负责节目终审，并做到重播重审。重大新闻、专题和突发事件等须经总编或中心主任审定，特殊情况下须请示市委宣传部领导审定。未经审定的节目一律不得播出。

第二条　新开栏目或节目改版和调整，由栏目策划人或栏目负责人提出申请，报总编室，经编委会论证审定后方可实施。

第三条　坚持正确舆论导向。新闻报道的日常选题要遵循三项原则：一是服务全市大局，二是遵循新闻规律，三是维护社会稳定，确保主流媒体的影响力和引导力。

第四条　新闻部门要执行新闻报告制度。市委书记、市长的重要活动，市委、市政府近期的宣传重点，市里的重要会议、重大活动等重要信息，要及时通知到主任、分管领导和总编室。新闻部门内部人员调整要书面报总编室备案。

第五条　各部门要严格落实总编室下达的各项宣传工作任务，总编室要发挥宣传工作的统领作用，抓好重要播出期、重大活动期及重要时间节点的宣传策划和协调工作。抓好节目审查和节目监评工作。负责自办节目监看工作的监督管理。落实重点保障期和重要会议期间宣传岗位的在岗值班制度。

第六条　中心各栏目组要通过编前会、周例会、专题会等形式进行选题的策划、确定。重点选题应由部门负责人或分管领导审定。全媒体采编部、新闻编辑部要实施《荣成新闻》“头条工程”，在周例会上围绕市委、市政府重点工作和阶段性工作对本周或下周的新闻头条进行策划确定选题，并报分管领导和主任。采编例会要制度化和常态化。

第七条　记者自报选题须简要说明理由，部门负责人须对选题的社会引导功能、接近性、显著性等作出价值判断，经批准同意后记者方可采访拍摄。

第八条　对于部门策划、上级指派、热线提供和参考其他媒体的选题，部门负责人在进行选题分配时，须对记者提出明确具体的要求。

第九条　涉及市委、市政府部署的重要工作在贯彻过程中出现的敏感问题、矛盾冲突或涉及全局性工作的批评报道，相关报道须听取市有关领导的意见。

第十条　记者外出采访途中遇突发事件，可先行在第一时间拍摄采访，回单位后再作补充汇报，由分管领导按照新闻宣传口径和新闻规律考量，决定是否播出。

第十一条　记者采访须严格按照新闻采访的有关规定和程序，坚持文明采访。

第十二条　新闻及新闻专题类节目采制流程：记者选题申报→部门负责人综合评估→记者采访→部门负责人审定文稿→播音员文稿配音→记者统配图像→部门负责人初审成片→记者修改→栏目制作合成→部门负责人、总编室负责人及分管领导节目终审。重点保障期和重要会议期间，中心主要领导要参加《荣成新闻》的终审。

非新闻类节目采制流程：选题申报→部门负责人综合评估→采访拍摄→部门负责人审定文稿→配音、解说→节目制作→部门负责人及分管领导节目终审。

第十三条　各部室和栏目组要建立健全严格的内部管理制度。

第十四条　加强对外来、外购广播电视节目的审查管理，把好政治关、质量关。

第十五条　鼓励各栏目向上级台发稿。稿件由部门负责人审核，涉及我市负面形象的稿件严禁对上、对外传播，否则对责任人严肃处罚，直至解聘。

第十六条　本规定由编委会负责解释和监

督执行,对出现的问题按《荣成市融媒体中心工作奖罚办法》等制度执行。

荣成市融媒体中心新闻栏目三级审核制度

一、编辑初审

栏目编辑负责对当天所播发稿件进行修改、编排、审查。稿件达不到播出要求的,退回记者重采或重写。

二、值班主任复审

编辑将编排好的新闻稿件交值班主任复审,复审通过后,由播音员配音、记者单编。值班主任对制作好的单条新闻进行审查,通过后由后期制作人员制作合成。

三、分管领导终审

节目合成后,由分管领导牵头相关人员终审,终审通过后方可上传播出。重点保障期和重要会议期间,由总编或中心主任参与宣传组织和节目审查。节目上传后需要修改的话,必须经值班主任、分管领导和总编室同意后方可进行。

要严格执行三级审核制度、请示汇报制度和重播重审制度,按照“谁主管、谁审片,谁签字、谁负责”的原则,分级管理,层层把关。如发生舆论导向偏差或失误,依据《荣成市融媒体中心工作奖罚办法》进行责任追究。

荣成市融媒体中心新闻专题栏目三级审核制度

一、编导初审

编导撰写节目文稿后自行审查、修改。

二、栏目负责人复审

编导将初审后的稿件交栏目负责人复审,复审通过后,由主持人(播音员)配音,编导制作。栏目负责人对制作合成后的节目进行复审。

三、分管领导终审

节目复审后,分管领导牵头组织编导、栏目负责人等相关人员终审,终审通过后方可上传播出。重点保障期和重要会议期间,由总编或中心主任参与宣传组织和节目审查。节目上传后需要修改的话,必须经栏目负责人、分管领导和总编室同意后方可进行。

要严格执行三级审核制度和重播重审制度,按照“谁主管、谁审片,谁签字、谁负责”的原则,分级管理,层层把关。如发生舆论导向偏差或失误,依据《荣成市融媒体中心工作奖罚办法》进行责任追究。

荣成市融媒体中心文艺类节目三级审核制度

一、制作人和编导初审

制作人、编导对需要播出的节目进行编辑、制作、修改及初审。

二、主任复审

制作人将初审后的节目交部门负责人复审。

三、分管领导终审

复审后的节目由分管领导牵头组织相关人员终审。终审通过后方可上传播出。重要节目,由总编或中心主任参与审查。节目上传后需要修改的话,必须经部门负责人、分管领导和总编室同意后方可进行。

要严格执行三级审核制度和重播重审制度，按照“谁主管、谁审片、谁签字、谁负责”的原则，分级管理，层层把关。如发生舆论导向偏差或失误，依据《荣成市融媒体中心工作奖罚办法》进行责任追究。

荣成市融媒体中心广告类栏目三级审核制度

一、初审

1.广告运营部负责对广告合同的价格及内容审核。

2.广告拍摄、制作、播出前，创收部门负责人需填写“广告制作播出工作单”，相关人员审核签字后交广告运营部安排。文稿必须按照《广告法》审核。

二、部门负责人复审

广告运营部将“工作通知单”交部门负责人审查，通过后进行配音、制作。部门负责人对制作好的广告进行复审。

三、分管领导终审

广告复审后，由分管领导牵头相关人员终审。终审通过后方可上传播出。广告上传后需要修改的话，必须经部门负责人、分管领导和总编室同意后方可进行。

要严格执行三级审核制度和重播重审制度，按照“谁主管、谁审片、谁签字、谁负责”的原则，分级管理，层层把关。如果出现失误，依据《荣成市融媒体中心工作奖罚办法》进行责任追究。

荣成市融媒体中心影视剧及外购栏目三级审核制度

总编室负责影视剧及外购栏目的引进、审查和编排，保证节目引进渠道正规，来源可溯，有正规版权。

一、审片员初审

节目审查员要具备较高政治素养和政治敏锐性，认真做好节目的审听审看，确保政治导向正确，节目格式和信号质量正常，无低俗、媚俗内容，无落马高官的文字、视频，无与我市形象相抵触的内容，无中心规定不得宣传的内容。影视剧要确保每集内容完整，片首、片尾标明发行许可证和制作许可证编号。初审后按程序提报给部门负责人和分管领导进行复审和终审。重大节日期间或重要播出保障期播出的节目要与政治氛围相吻合。

外购节目中含贴片广告的，广告内容要符合《广告法》和相关法律法规的规定，不得播出医疗保健类广告，或以公益为名目的医疗保健广告，不得与我台现有商业广告冲突，广告时长符合合同规定。

二、主任复审

主任对初审后的影视剧及外购节目进行复审，确定播出安排。

三、分管领导终审

分管领导对影视剧和外购节目的来源、政治导向、主要剧情、播出时的环境氛围是否吻合等情况最终把关。终审通过后方可编单上传播出。

要严格执行三级审核制度和重播重审制度，按照“谁主管、谁审片、谁签字、谁负责”的原则，分级管理，层层把关。如发生舆论导向偏差或失误，依据《荣成市融媒体中心工作奖罚办法》进行责任追究。

荣成市融媒体中心关于公告、公益广告等节目的审查办法

为做好公告、公益广告、标语等节目制作播出的审查把关工作，特对相关审查流程进行规范：

一、公告、公益广告等节目审查原则

公告、公益广告等节目审查工作本着“谁制作、谁审查、谁负责”的原则，明确责任，提高工作效率。

二、公告、公益广告具体审查办法

1.市委、市政府或“两办”发布的公告、通告、标语等，由制作部门分管领导组织审查把关。

2.我中心围绕市委、市政府中心工作或阶段性工作策划制作的公益广告，且紧贴《荣成新闻》前后播出的，由总编室或制作部门协调相关领导及人员共同审查。

3.我中心围绕市委、市政府阶段性工作策划制作的公益广告，不在《荣成新闻》前后播出的，由制作部门分管领导组织审查把关。

4.市里相关部门发布的公告、公益广告由制作部门分管领导组织审查把关。

5.联办单位发布的公益广告由制作部门分管领导组织审查把关。

6.网上下载、引进，市里或中心批准播出的成品公益广告由总编室分管领导组织审查把关。

按惯例须呈报中心主要领导审查的节目，仍按原程序执行。

荣成市融媒体中心新闻作品成果绩效考核办法

为鼓励和促进新闻采编人员勇争一流、多出精品，特制定新闻作品成果绩效考核办法：

一、考核范围

新闻系统组织的各类政府奖、学会奖和专项奖。

二、考核标准

(一)政府奖

1.市委宣传部组织的精品工程奖等，一等奖800元。

2.威海广播电视节目奖、精品工程奖、对外传播奖，一等奖1000元。

3.山东广播电视节目奖，一等奖3000元，二等奖2000元，三等奖1000元。

4.山东新闻奖、精品工程奖、对外传播奖和成果奖，一等奖3500元，二等奖2500元，三等奖1500元。

5.中国广播电视节目奖，一等奖8000元，二等奖6000元，三等奖4000元。

6.中国新闻奖、国家级精品工程奖和成果奖，一等奖9000元，二等奖7000元，三等奖5000元。

(二)协会专项奖

1.山东省广播电视协会市(县)级广播电视优秀作品奖和山东省县(市)报研究会优秀作品奖，一等奖1000元，二等奖500元，三等奖200元。

2.中国广播电视协会市(县)级广播电视优秀作品奖和中国县(市)报研究会优秀作品奖，一等奖3500元，二等奖2500元，三等奖1500元。

3.其他部门发起组织的新闻、专题、文艺节目、公益广告等，按照协会专项奖予以奖励。

4.其他新闻类协会(学会)的优秀作品，国家级的按照省级考核，省级的参照“协会专项奖”第一条，一、二、三等奖分别减半考核。

三、考核办法

按每件每项计算。同一件作品多次获奖，按

最高奖次考核，不重复计算。绩效考核即时核算，次月结算。

针对政府奖和协会专项奖的评选活动，融媒体中心所有新闻采编、节目制作、广告制作部门都应积极报送参评作品，如少报或不报，年终岗位责任制考核时，中心工作扣10分。

四、参评程序

以上各种评奖由总编室统一组织报评，未经单位统一报评的获奖作品不予考核。以前相关规定与本办法不相符的，按本办法执行。本办法由总编室负责解释。

本办法自公布之日起执行。

荣成市融媒体中心栏目创新管理办法

为进一步办好、办活我中心的节目和栏目，激发干部职工“想干事、能干事、干成事”的工作激情，形成干事创业、履职担当、创新发展、勇争一流的浓厚氛围，推动我中心自办节目质量和数量都有一个大的提升，特制定此办法。

第一条　节目研发创新以各部室为责任主体，以全员为项目实施者，总编室为总体协调部门，统筹信息收集、项目论证、内容评估、形态分析和考核督查，并牵头重点新办节目的组织和策划。

第二条　鼓励各责任主体和重要岗位的业务骨干参与节目策划与创新活动，并在规定期限内提交合乎规范的新节目方案，节目创新范围包括：新闻时政类、生活服务类、文化娱乐类等。

第三条　新节目策划应符合下列条件之一：

1.能超越中心现有同类节目水准，预期市场价值显著的。

2.能弥补中心节目形态空缺或收视市场类型稀缺的。

3.经中心批准，有一定营销目的的经营创新型节目。

4.针对中心现有各重点节目进行的改版创新。

第四条　创新方案必须就节目名称、类型定位、受众目标、播出要求、运作成本、收视目标、经营创收、综合保障等方面进行清晰阐述。

第五条　编委会委托总编室组织方案评比，若获得通过，中心将拨付5000—10000元的节目孵化经费。

第六条　节目孵化期间，参与者原则上不影响原有的本职工作，项目责任人应与中心签订合约，保证经费用于节目样片的采制。一般应采制出2档或2档以上的样片。

第七条　由总编室组织新节目的可行性论证，安排有代表性的专家、受众和广告客户审看样片和参与讨论。

第八条　不按规定和预案采制样片或样片质量低劣的，将视情况扣罚部分节目孵化经费和责任人当月绩效工资。

第九条　节目样片获得通过，制片人提出申请，由总编室根据中心节目改版或栏目调整的总体部署，安排常态播出。

第十条　样片通过审查并决定常态化播出的节目或栏目，中心将在人员选用、设备配置、交通等方面给予栏目组大力支持。若因重大客观原因而导致新推出的节目或栏目停办，项目的实施者将由中心重新安排工作。

第十一条　在节目、栏目策划创新过程中，表现积极且成效显著的责任主体或项目实施者，中心将给予其一定的创新奖励，并在干部提拔、职称评聘、评先选优等方面给予优先待遇。新推出的栏目，前后各半分钟的广告时间段，由栏目组按照中心规定的广告价格自行承揽，中心将根据栏目组广告创收情况给予一定的创新奖励。

第十二条　鼓励常态化的节目创优，对日常节目优化产生明显成效的，编委会给予综合考评，中心也将给予其一定的创新奖励。

第十三条　本规定由编委会负责解释并组织实行。

荣成市融媒体中心首席记者评选标准

为了进一步强化一线记者钻研业务、比学赶超的意识,切实调动全体新闻采编人员多发稿、发重头稿的积极性,形成业务大练兵的浓厚氛围,经融媒体中心研究决定,在新闻采编一线设立首席记者岗位,竞聘要求如下。

一、范围和职数

首席记者评定范围为融媒体中心的一线新闻记者,部门负责人除外。《荣成时讯》首席记者名额为1名,电视新闻首席记者名额为2名。

二、竞聘条件

1.首席记者要讲政治、讲党性、重品行、做表率,以习近平新时代中国特色社会主义思想为引领,以《中国新闻工作者职业道德准则》为准绳,自觉遵守新闻工作纪律和新闻职业道德的各项规定,自觉遵守融媒体中心和部门的各项管理规定。

2.首席记者必须是一线业务骨干,能独立承担重大时政活动、重大事件的采访,并圆满完成任务;能够圆满完成市委、市政府主要领导活动的采访报道;能够自主策划报道主题,独立或牵头完成主题性报道、系列报道、深度报道等。《荣成时讯》首席记者每月至少完成4篇一版头题;电视新闻首席记者每月至少完成2篇主题性报道。

3.首席记者能围绕市委、市政府中心工作和重大会议活动,组织撰写社论、评论员文章、本台评论、编前话、编后话等重要评论。

4.首席记者上年度岗位绩效考核(电视)或工作量考核(《荣成时讯》)必须名列所在部门前三名;上发考核名列所在部门前五名;月度好稿评选名列所在部门前三名;近一年获得表彰奖励按照省部级、地市级、县市级(相应党委或政府颁发的证书),分别计10分、7分、5分;省部级、地市级及县市级主管部门颁发的奖励,分别计7分、5分、3分;省部级、地市级主管部门的二级部门颁发的奖励,按相应级别降2分计入;由山东广播电视台颁发的优秀通讯员一等奖5分,二等奖3分,三等奖1分,同一年度山东广播电视台颁发的电台或电视台优秀通讯员奖项不重复计分;获得嘉奖或记功奖励的在按相应级别计分的同时,再奖励3分。(附件:"首席记者竞聘申报表")

三、聘期

首席记者聘期为一年。任职期间若发生重大新闻事故,予以解聘。

四、其他

未尽事宜,由编委会另行讨论决定。本标准解释权归融媒体中心编委会。

附件

首席记者竞聘申报表

姓名		年龄		部门	
岗位绩效考核情况					
月度好稿评比获奖情况					
近一年新闻作品获奖情况	省级				
	地级				
	市(县)级				
近一年荣誉、嘉奖或记功奖励情况	省级				
	地级				
	市(县)级				

荣成市融媒体中心自办节目监看管理办法

一、监看范围

《荣成新闻》《民生360°》、专题节目及广告等自办节目的首播。

二、责任分工

按照“谁制作、谁审片、谁监看”的原则，各相关部门要制定内部的节目监看制度。监看内容包括图像、配音、字幕以及音量指标等。

三、报告制度

监看中发现问题要第一时间告知部门负责人进行处置和修改，部门负责人要将相关情况报至总编室。

四、责任划分

各相关部门要建立监看配档表，责任到人。要将监看工作列入绩效考核。发现问题并及时报告的给予加分，存在问题未能发现的予以扣分，达到事故等级的按《荣成市融媒体中心奖罚办法》处罚。

荣成市融媒体中心高清系统节目播出管理规定(试行)

为明确部门工作职责，做好各工作环节有效衔接，确保综合、生活两个频道高清电视节目优质安全播出，现对高清节目播出流程和工作要求作如下规定：

一、节目上传

1.相关部门每天下午3点前(周五为上午下班前，其他节假日总编室另行安排)，完成次日播出节目素材的上载，节假日节目需上载到假后上班当天。相关部门至少提前一个工作日将节目上载到位，并将节目配档表报总编室，上载节目名称与配档名称要保持一致。

2.各部门固定使用统一分配的登录用户名。上载节目的上载者、素材类型选项与用户名保持一致。上载节目以“栏目名＋关键词(或期数)”命名，要保证上载素材名称的唯一性，播出频道应选择实际播出频道或节目首播的频道。

3.素材首播时间和最晚播出时间默认为一年，不需要长期保留的节目，各栏目根据实际情况进行设定，到期系统自动清除，避免过多占用存储空间，未播完节目不得删除。

4.《荣成新闻》《民生360°》两档栏目需在开播前20分钟上载到位，如有特殊原因，栏目值班主任应主动及时告知播出部值班人员上载时间，不得影响节目播出。如遇特殊情况和市“两会”等重大活动期间，不能确保节目按时上载，及时与总编室对接，按节目播出应急方案做好播出准备。每日《天气预报》节目要在晚7:30前上载到位。上述栏目无论何时上载，上载人员都要及时与播出部对接，将节目及时准确调进播出表，确保不出纰漏。

5.高清系统节目上载到二级存储，调入播出表后需要一定时间迁移到视频播出服务器播出。如个别栏目未提前一天上载，最迟于播出当天下午3点上传到位，并及时告知总编室调入播出单。为保证播出安全，两个频道当天播出的节目素材禁止更改，如因极特殊原因需要更改，需填写节目播出变更申请表，经申请部门分管领导及总编室分管领导签字批准，由总编室协调处理方能更改。

二、节目编排

1.总编室应提前设置好次日晚间《荣成新闻》《民生360°》两档栏目的上载关联(“周末回顾”除外)。上载人员按关联名称上载节目，如因节目设置变化和其他原因不能关联上载，及时告知总编室,并按不关联节目程序正常命名上载。

2.总编室节目编辑按照节目设置表、栏目配档表和临时工作通知单调取节目,做好编排。总编室每晚下班时需向播出部提交次日节目串联单电子版和纸质版,并与播出部做好对接,确保节目模板提交到位。

三、节目播出

1.播出部值班人员按节目串联单核对节目,节目到位及时调入播出表,发现节目异常及时与总编室联系处置。如因中央广播电视总台《新闻联播》延时等情况造成后续节目不能按时播出,应及时与总编室对接,做好后续节目的调整。

2.播出部值班人员要按照游动字幕播出方案的要求,做好游字的设置播出。

四、处罚

节目播出工作涉及部门多、工作环节多,一个小的工作失误就可能造成播出事故,造成不良影响。相关部门要高度重视,严格执行管理规定,因未严格执行管理规定造成播出事故,按照《荣成市融媒体中心工作奖罚办法》进行处罚。

高清系统开播时间短,问题还有待于发现和磨合,管理规定将根据实际运行情况进一步修订完善,确保电视节目安全优质播出。

荣成市融媒体中心电视节目播出应急预案

为确保我中心电视节目在临时调整或发生突发事件时能够有效衔接、安全播出,针对可能出现的情况作如下应急预案:

一、中央台《新闻联播》延时

荣成综合频道晚间 7 点转播中央台《新闻联播》,常规时长为 30 分钟。一旦出现延时情况,播出部应依提示完整转播《新闻联播》和中央台《天气预报》,及时与总编室对接,对后续节目进行调整,确保重播《荣成新闻》按时播出。如延迟时间较长需以游动字幕形式发布《荣成新闻》栏目首播具体时间,必要时应向分管领导汇报。

二、《荣成新闻》《民生 360°》栏目不能按时播出

重大活动期间,我中心的《荣成新闻》《民生 360°》栏目一旦出现节目素材不能按时上传的情况,栏目组应至少提前半小时与总编室做好沟通,总编室制定调整预案,及时与播出部对接。如栏目延时较短,一般采取垫片的方法;如栏目延时较长,调整后面的节目以提前播出。总编室根据具体情况具体安排。

三、直播转播

我中心需直播转播会议或活动时,总编室、播出部要按方案提前做好节目调整和技术准备,确保节目准确切入切出。在直播转播过程中,播出部做好节目监看,适时切换直播转播节目,总编室做好后续节目调整安排。

四、应急垫播

我中心节目在播出过程中如出现不可知的因素导致节目突然中断,播出部应立即进行调整,播出备用垫片(节目应急垫播顺序,依据设备故障情况依次播出:视频服务器垫播素材、垫片服务器垫播素材、中央一套信号等),与总编室对接做好应急处置。

荣成市融媒体中心媒资出、入库的管理考核办法

一、媒资入库

“媒资入库”是指将视频资料提交至媒资库存储管理系统保存。

(一)新闻节目需保存的资料及责任部门

1.视频《荣成新闻》《民生360°》《直通荣成》播出版(制作部)。

2.视频专题新闻及其他时政活动的播出版(制作部)。

3.市级领导的重要活动视音频素材(全媒体采编部、新闻编辑部)。

4.市里重大活动、突发事件、有纪念意义的视音频素材(全媒体采编部、新闻编辑部)。

5.相关领导认为有必要存储的素材资料(全媒体采编部、新闻编辑部)。

6.拍摄的有使用价值的视音频素材(全媒体采编部、新闻编辑部、视频创作部、专题部)。

(二)自办栏目需保存的资料及责任部门

自办栏目资料入媒资库保存的途径和方式,有两种:

1.非编网内制作的节目,由资料提供者直接从非编机房提交入媒资库。包括以下栏目:

(1)《看今朝》播出版(专题部)。

(2)《走进荣成非遗》播出版、无字幕成品版(大型活动部)。

(3)《爱的蒲公英》播出版、无字幕成品版(大型活动部)。

(4)《开票有奖》播出版(节目部)。

2.非编网外制作的节目,由资料提供者通过613室相应的资料上载客户端提交入媒资库。包括以下栏目:

(1)《时事解读》播出版(全媒体采编部、新闻编辑部)。

(2)《风雅荣成》播出版(专题部)。

(3)《榜样》播出版、无字幕成品版(专题部)。

(4)专题片播出版(成品版)(专题部)。

(5)《快乐成长》播出版(节目部)。

(6)市里举办的大型文化活动播出版(广告运营部、大型活动部)。

(7)今后融媒体中心新上自办栏目播出版(相关部门)。

(8)公益广告、宣传片、风光片播出版由总编室每年度统一交媒资室移动硬盘存储。

以上入库视频文件的规范标准及编目要求,参照2020年版《规章制度汇编》“全台网使用操作规范”第5条“媒资使用管理规范”(高清制作)及编目的相关要求。

二、图片资料的存储

《荣成时讯》需提交存储的相关图片资料及资料命名格式,按照《〈荣成时讯〉图片资料入库存储及查找使用的管理办法》(见附件1)执行。

三、媒资出库

1.申请人需在“钉钉”办公软件上发起“媒资出库申请”,标明出库内容、数量及其他相关要求。媒资管理员收到“工作通知”后负责为申请方刻录或拷贝资料。申请人只能申请拷贝与本项业务有关的资料。

2.工作中如需使用光盘资料,需在媒资室查阅并经申请人挑选剪辑后导入非编网使用,或按流程进行“媒资出库申请”后拷盘取走,不能带走原版资料光盘。

四、考核要求

1.资料入库要规范、及时。

入库资料内容要准确无误,要严格按照技术部规定的视音频技术指标以及媒资入库编目规范归档。每次形成的资料要在两日内完成入库,逾期每日每少一条,对入库责任人罚款50元。入库资料内容出现错误或重要资料丢失而无法提交保存,对入库责任人每条罚款100—500元。

2.入库交接要按时。

对原始素材版资料,全媒体采编部要督导记

者及时入库。安排责任人每月6日前,将上月的《新闻素材版资料入库交接明细表》(见附件2)送达613室,交接双方逐项核对确认无误。

对新闻播出版资料,制作部要自查入库情况,安排责任人于每月6日前联系媒资管理人员核对交接上月入库情况。

对专题类节目,相关部门要督导记者及时入库,安排责任人每月4日前,将上月的《自办栏目资料入库交接明细表》(见附件3)送达613室,交接双方逐项核对确认无误。

逾期未交接,每延期一日对交接责任人罚款50元。

《荣成时讯》资料入库情况的考核按照《〈荣成时讯〉图片资料入库存储及查找使用的管理办法》(见附件1)执行。

3.媒资管理人员根据相关部门提交归档的视频资料,按照规范要求及时审核入库;对需要刻盘的资料,根据文件大小及格式要求,合理安排刻录DVD光盘,打印光盘封面。光盘要分类保存,以方便查找使用。

4.媒资管理人员根据相关交接表数据,逐条核查入库情况。每月9日将上月逾期未入库情况汇总反馈至相关部门确认,如无异议,则将未入库情况报总编室备案,作为考核依据。

5.交接、统计工作节假日顺延。

五、对于本考核办法,中心编委会将根据工作需要适时进行调整

六、本考核办法自颁布之日起施行,原《媒资出入库的管理考核办法》废止

附件:

1.《荣成时讯》图片资料入库存储及查找使用的管理办法

2.新闻素材版资料入库交接明细表

3.自办栏目资料入库交接明细表

附件1

《荣成时讯》图片资料入库存储及查找使用的管理办法

一、图片资料入库备份

(一)需提供保存的资料及责任部门

1.市级领导的重要活动图片素材(报刊部、评论部)。

2.市里重大活动、突发事件、有纪念意义的图片素材(报刊部、评论部)。

3.部门及社会组织、团体发起的重要活动(报刊部、评论部)。

4.其他认为有必要存储的图片素材(报刊部、评论部)。

5.拍摄的有使用价值的好图片素材(报刊部、评论部、视频创作部)。

(二)图片资料提供者及收集部门职责

以上图片资料由相对应的作者进行挑片,保留高质量、多种景别、构图美观、人物状态最佳的高清晰度原始图片。

会议图片包括会场正面大景、主席台领导全景,市级领导特写、台下市级领导特写及中景、台下观众大景。

其他新闻事件图片包括大场面画面,能反映事件主题内容的生动形象的画面。

《荣成时讯》责成下属有关部门专人收集、存储在专用移动硬盘上,并以此为模板按规定时间拷贝至总编室媒资管理处(613室)。

二、图片资料命名规则

移动硬盘以"年—月—日"的方式逐级建立存储文件夹:以4位阿拉伯数字作为年份文件夹,以6位阿拉伯数字作为月份文件夹,以8位阿拉伯数字+半角空格+新闻标题名称作为单条新闻文件夹,内存具体图片素材。

例:

2019——|201901——|20190101 市领导看望坚守岗位的职工(领导姓名)

|20190102 市领导参加某某活动(领导姓

名）

|20190103 ×××陪同威海市领导检查工作

三、图片资料查找

《荣成时讯》处作为原始图片第一手资料的采摄者与管理者，能协调各方快速高效、精准定位找到高质量图片，需担负为市“两办”及其他市级、市直部门单位查找图片资料的职责。

《荣成时讯》相关科室对相关图片资料用移动硬盘永久保存一版，一方面用于部门内部自用及向上级部门等提供图片资料，另一方面作为提供媒资备份的原始素材。

如需要2018年以前的图片资料，可到总编室媒资管理处查找拷贝。2019年年底前，媒资管理员负责将2018年以前的光盘图片资料，用专用的移动硬盘拷贝一份用作备份，并将该硬盘交予《荣成时讯》处用于查找历史资料。

四、图片资料入库备份归档考核

1.每月4日前，相关工作人员持上月的《新闻素材版资料入库交接明细表》（包括电子版）及硬盘版图片资料与媒资管理员交接。

逾期每天每少一条，对入库责任人罚款50元。入库资料内容出现错误或重要资料丢失而无法提交保存的，对相关责任人每条罚款100—500元；逾期未交接，每延期一日，对交接责任人罚款50元。

2.媒资管理员每月根据《荣成时讯》提交的硬盘版资料，用移动硬盘拷贝一版备份，并向市档案馆再报备一版图片光盘资料。

3.交接工作遇节假日顺延。

五、本管理办法自颁布之日起施行。因工作需要，编委会将会适时修改本办法，并通知相关部门

附件2

新闻素材版资料入库交接明细表

栏目名称： 所属部门： 播出年月： 年 月

部门负责人： 交接日期： 年 月 日

交接责任人： 接收人：

序号	播出日期	资料名称	入库责任人	未入库划×
1	20200101			
2				
3				
4				
5				
6				
7				
8				

注：交接日期、各相关人员签名须手写；表格不够用的话，请自行添加并在背面打印。

附件 3

自办栏目资料入库交接明细表

栏目名称：　　　　所属部门：　　　　播出年月：　年　月　日

部门负责人：　　　　交接日期：　年　月　日

交接责任人：　　　　接收人：

播出日期	星期	播出内容	入库责任人	备注
20200101	三			

荣成市融媒体中心
关于播音员、主持人服装、化妆、发型的管理办法

为进一步规范播音员、主持人服装、化妆、发型管理工作，提高我中心播音员、主持人整体形象，制定如下管理办法：

一、服装

1.《荣成新闻》和《民生 360°》栏目播音员可以订做服装，男士每年两套（含衬衣、领带），供日常和节庆使用，费用 2000 元左右；女士每年三件（套），费用 2000 元左右。播音部根据工作需要做出每人每年服装费用预算，索要发票统一报销，并负责做好服装的登记管理。

2.其他栏目主持人服装由中心指定商场借用。费用由中心统一解决。

二、化妆

1.播音员、主持人自行化妆。新同志由中心负责化妆技能培训。

2.播音员、主持人（仅限演播室上镜化妆，不含外采）按化妆次数发放化妆和发型费用补贴，每人每次 10 元。播音部做好每名播音员、主持人的化妆记录，每年 12 月底统计好化妆次数及费用报总编室，总编室负责统一核算报中心领导审批后由财务部发放。

三、整体形象管理

播音部要认真做好播音员、主持人整体形象的管理，总编室负责监管。

本管理办法由总编室负责解释。

荣成市融媒体中心《荣成时讯》记者采访稿件处理制度

1.记者采写的稿件，必须由组负责人初审，组负责人签字后送分管负责人审签。

2.分管负责人审签后，转相关组办理。

3.记者采写的时政新闻稿须由组负责人初审，要闻组负责人修改后送分管负责人审阅并报相关机关和部门审核。

4.落实记者签字制度，记者须在上版稿件上签名，对稿件的质量负责。

5.记者采写的重头稿件必须经编务会通过。

6.鼓励记者自行联系采访，原则上采访前要到编务组领取采访通知单，严禁弄虚作假。

荣成市融媒体中心《荣成时讯》大样送审制度

一、送审流程

1.一审。实行责任编辑制度。稿件经编务会通过后，版面编辑负责文字编辑、版面设计、综合校对等工作，大样校对无误并经记者签字确认后，交组负责人审签。

2.二审。实行组负责人负责制。组负责人负责审阅本版大样，确认无误后签字，交编务组审签。大样交编务组后，各组不得擅自在自己版面上改动。针对重要活动，版面须将打印稿随大样一并交编务组。

3.三审。分管负责人审签后转编务组。

4.四审。编务组编辑负责校对所有版面，确定无误后签字交编务组负责人；编务组负责人确认无误签字后交分管负责人审签。

5.五审。值班总编通审全部版面，发清样交审读组。

6.终审。审读组校核无误后，由照排室拼版打包发送至印刷厂。

二、送审时间

一版，编报日下午2时前将二审大样交编务组；如当天有重大活动，可预先留出版面，其他内容按时送审。

二、三、四版，须于出报日前一天下午下班前，将二审大样于编报日10点前交编务组，编务组须于编报日下午上班后2小时内送分管负责人审签。

三、定版时间

原则上，编报日版面截稿时间为下午上班后一个半小时内。如有重大活动，经请示批准后另行确定截稿时间。

荣成市融媒体中心《荣成时讯》编校质量标准

一、差错界定

（一）一般差错

1.一般性的地名、数字、专业术语上的差错。

2.一般性的错字、多字、漏字、倒字、繁体字等。

3.用词不当，语句不通。

4.标点符号使用不当。

差错超过万分之一点五以上，即各版出现2处（不含2处）以上差错，按本规定处理。

(二)重要差错

引题、主题、副题以及专栏名称、广告标题中出现错别字和语法、逻辑错误等。

(三)重大差错

1.政治上、导向上的错误。

2.泄密。

3.因新闻失实或其他原因造成不良社会影响的错误。

4.市级以上领导人及社会知名人士姓名、职务及排序错误等。

二、差错认定

1.编务组在各版交版大样中发现的差错。

2.读者反映的差错。

3.内部报评评出的差错。

4.其他途径。

5.每月由编务组将差错汇总后,交相关版面,如有异议由编务会裁定,结果报分管负责人审定签字。

荣成市融媒体中心《荣成时讯》印刷发行制度

1.照排室将当日报纸拼版发排交审读部审核确认无误后,由照排室将电子版打包发印刷厂。

2.印刷厂负责胶片的检查核对,驻厂员负责最后的检查把关,确认无误后制版印刷。

3.报纸如需加印,须由编务组填写《特别印刷通知单》并经中心负责人签字后,交印刷厂执行。

4.见报日上午8时前,由印刷厂负责将报纸按份数送市委办、政府办和报刊部,并于9时前送市邮政局发行科。

荣成市融媒体中心全台网机房管理规定

全台网机房是节目生产、资源发布的中心。为了更好地利用网络资源,加强机房规范化管理,实现节目安全高效生产,制定本规定。

本规定适用所有节目制作、审查、上载、存储、发布的机房。

一、机房管理细则

1.各制作机房、审片室、配音室等按功能划区管理,设备实现动态分配,按照需求进入,选择使用。

2.非编机房实行统一的门禁和上机刷卡管理,一人一卡,专卡专用。

3.使用部门负责对使用人员进行基本的业务培训,合格后方可申请机房管理卡。实习人员须由指导老师陪同进入机房,并在老师的指导下上机操作,出现问题由指导老师负责。

4.工作人员若发生变动,使用部门应及时通知管理部门进行资料更改、权限变更或销卡处理。

5.妥善保管使用机房管理卡,不得转借他人。如有遗失或损坏,应及时到管理部门补办(需缴纳成本费50元)。

6.进入非编刷卡机房前应更换拖鞋,每人固定鞋柜号,临时人员使用F排鞋柜,用后入柜,柜外、机房内外不得放鞋。

7.未经批准,不得私自带领无关人员进入机房。严禁携带与工作无关的物品进入机房。

8.保持机房卫生整洁,严禁在机房内抽烟、吃东西、乱扔杂物、大声喧哗,操作台上不得放置水杯等杂物。

9.未经批准,机房内不得使用无关用电设备。

10.合理使用机房空调,中央空调运行期间,禁止使用独立空调。遇高温潮湿天气,禁止开窗。

11.每天最后离开机房的工作人员负责检查并关闭照明灯、空调、门窗以及刷卡显示器等。

12.技术部负责全台网络机房的日常管理和设备维护维修。

二、设备使用管理细则

1.严格按照《全台网使用操作规范》进行操作,规范使用各类设备。

2.爱护机房设备设施,严禁私自更改设备参数配置、系统连接及摆放位置,发现异常应及时与机房管理人员联系。

3.所有设备只用于编辑、制作和上载节目,不得用于玩游戏、上网聊天或其他用途。注意保存资料,不得将个人账号密码泄露他人使用。

4.节目素材的导入导出应通过专用设备处理,不得违规使用光盘、U盘、移动硬盘等外界存储介质。严禁私接数据线、电源线及其他设备,严禁私自安装和删除软件。

5.根据工作需要选择相应的工作站点刷卡上机,一人一机。除后期制作人员外,不得同时占用两台及以上的工作站点。

6.及时更改原始密码,注意保密。使用本人账号登录使用设备,严禁使用他人账号或管理员身份登录系统。

7.用于节目制作的独立计算机必须专机专用,专人负责,不得用于节目制作以外的其他用途。

8.独立制作计算机严禁连接互联网、局域网,使用U盘、移动硬盘等移动介质前应做好相应的安全处理。

9.独立制作计算机上的应用软件须由技术部门统一安装,个人不得随意安装、更改。严禁安装与制作无关的软件,保证全台节目制作的统一性、安全性及互换性。

10.为保证安全,经独立计算机制作的节目,在与其他部门及其他系统交换时(如上载播出),必须先经防护处理或经专门通道进行。

11.工作完毕,按规程退出软件,关闭设备电源,刷卡下机,保持工作台面整洁,座椅对号归位。

三、责任追究

严格遵守管理规定,如有第三项2—4条情形的,每次罚款100元,其他情形每次罚款50元。情节严重造成影响的,按照有关规定处理。

荣成市融媒体中心采访设备使用管理规定

为进一步规范采访设备使用管理,提高设备利用率,加强维护保养、减少损耗,制定本规定。

一、管理制度

1.所有的采访摄像机、数码相机、无人机及三脚架、电池、充电器、稳定器、镜头、闪光灯、携带包等配套器材,实行集中统一管理。存储卡由各部门管理使用。

2.技术部负责采访设备的日常保管、维护维修保养、电池充电、登记发放和回收工作。

3.实行使用申请制度,使用人发起申请,经部门负责人同意后到设备管理员处领取设备。原则上设备不允许在外过夜,特殊情况应经部门申请报备。

4.新闻采访部门保留个别摄像机和数码相机作为应急设备,应指定专人负责日常管理和保养,并到技术部备案。

5.设备管理员根据使用目的和设备情况进行设备器材分配,使用人员不得自行挑选设备。遇有重大活动时,应优先保证活动的使用需要。

6.使用人应爱护设备,严格遵守使用规范,不得随意更改参数设置,发现问题及时反馈。用完应及时归还,并与管理员现场核对设备情况,如有损坏按照有关规定处理。

二、设备使用管理细则

1.熟悉设备性能，熟练掌握操作技巧，按照规范规程操作使用采访设备。如有异常应及时与技术部门联系，严禁私自调整或维修。

2.合理使用，爱护设备，做好除尘等日常保养工作，保持采访设备整洁卫生。外出时应当使用摄像机包等保护措施，严禁裸机外出，特殊情况须到技术部报备。

3.在雨、雪等恶劣天气拍摄时，应使用防雨罩等措施加强对设备的保护，避免设备进水、受腐蚀。

4.当室内外温差较大或拍摄环境突变时，应尽量先让摄像机适应一段时间再开机，避免设备受潮结露。平时应注意存放摄像机的场所空调温度不宜设置过低。

5.手提摄像机时，应使镜头向前，严禁镜头向后提拿。

6.拍摄完，应及时关闭镜头盖，特别是在风沙、尘土大的环境拍摄时，更应随时关闭镜头盖，注意保护摄像机。

7.保护好存储卡，远离磁场，避免与尖锐物体或其他金属物相碰触，或受外力挤压等。

8.合理使用电池，定期充放电，电池充足后应尽早脱离充电器或关闭电源，严禁充足后电池长时间连在充电电源上。

9.严禁私自利用采访设备为其他单位或个人拍摄。

10.采访设备外借须经主要领导批准（填写附件“设备外借申请单”）。

三、责任追究

1.使用人员应严格按照规定使用各类设备，爱护、保管好设备，如有违反上述各条规定，每次罚款50元。发现异常或损坏须及时向技术部报告，严禁隐瞒不报或私自修理，由此造成的损失和费用自行承担。因违反操作规程或使用不当造成设备（附件）损坏，经专业技术权威部门鉴定，当事人须按照规定比例承担实际维修费用：维修费用在1000元以内（含1000元）的，由当事人全额承担；维修费用在1000以上的，以1000元为基数，超出部分由当事人承担20%，即1000元＋超出部分的20%。

2.使用部门及个人要保管好设备及各种附件，造成丢失须按照实际购买价格进行相应的赔偿。具体赔偿办法是：根据相关政策规定，摄录编设备及附件按照10年的使用年限进行折旧，采用直线折旧法，自设备投入使用之日起，不足1年按1年计算，以此类推进行赔偿。在使用期间发生设备或附件丢失的，须按照实际购买价格减去相应折旧进行赔偿，由责任人赔偿相应的费用。如折旧余额与实际使用价值有冲突，按实际使用价值赔偿。购买价格不足2000元的，不进行折旧，按照购买原价进行赔偿。

附件

设备外借申请单

申请部门		申请时间	
外借设备（名称、型号、序列号、附件等）			
外借单位		借用人	
部门负责人		分管领导	
技术部		技术分管领导	
主要领导			
借出时间		设备管理员	
归还时间		设备管理员	

荣成市融媒体中心采访设备领用制度

1.设备申领地点:722室。

2.设备申领时间:7:30—18:00,原则上在此时间内申领设备,当天使用当天交回。(见附件"采访设备使用申请单")

3.设备管理员负责设备资源的统一调配,使用人应遵守《采访设备使用管理规定》。

4.使用人在领用及交回设备时应配合管理员做好检查,发现问题及时报告,人为造成损坏的按有关规定处理。

5.全媒体采访部保留两台摄像机,视频创作部保留两台相机、一套镜头、一套无人机,报刊部保留两台相机,作为应急机动设备。由所在部门指定专人负责日常管理。

6.以下三种情况,需经部门负责人、分管领导、技术部负责人同意,并填写设备外置申请表("钉钉"),外置期间使用人应负责做好设备的安全防护与管理:

(1)因工作需要早起采访使用外采设备的,可提前一天申领设备。

(2)因工作需要当日不能按时返回单位的,次日返回后必须交回。

(3)异地采访。

7.其他未尽事宜,由技术部门同使用部门协商解决。

附件

采访设备使用申请单

<table>
<tr><td colspan="2">使用部门</td><td></td><td>使 用 人</td><td colspan="2"></td></tr>
<tr><td colspan="2">部门负责人</td><td></td><td>采访地点</td><td colspan="2"></td></tr>
<tr><td colspan="2">采访内容</td><td colspan="4"></td></tr>
<tr><td colspan="2">预计使用时间</td><td colspan="4">日　时　分至　日　时　分</td></tr>
<tr><td colspan="2">设备1(型号)</td><td></td><td>编号/序列号</td><td colspan="2"></td></tr>
<tr><td colspan="2">设备2(型号)</td><td></td><td>编号/序列号</td><td colspan="2"></td></tr>
<tr><td colspan="2">设备3(型号)</td><td></td><td>编号/序列号</td><td colspan="2"></td></tr>
<tr><td colspan="2">设备4(型号)</td><td></td><td>编号/序列号</td><td colspan="2"></td></tr>
<tr><td colspan="2">设备5(型号)</td><td></td><td>编号/序列号</td><td colspan="2"></td></tr>
<tr><td colspan="2">设备6(型号)</td><td></td><td>编号/序列号</td><td colspan="2"></td></tr>
<tr><td colspan="2">设备7(型号)</td><td></td><td>编号/序列号</td><td colspan="2"></td></tr>
<tr><td colspan="2">设备8(型号)</td><td></td><td>编号/序列号</td><td colspan="2"></td></tr>
<tr><td colspan="2">其他附件</td><td colspan="4">1.机上话筒;2.话筒罩;3.话筒延长线;4.眼罩;5.托板;6.脚轮;7.摄像机包;8.相机包;9.三脚架包;10.稳定器包;11.双肩包;12.背带;13.防雨罩</td></tr>
<tr><td colspan="2">发放时间</td><td>日　时　分</td><td>返回时间</td><td colspan="2">日　时　分</td></tr>
<tr><td rowspan="2">管理员</td><td>发</td><td></td><td colspan="3">备注:</td></tr>
<tr><td>收</td><td></td><td colspan="3">备注:</td></tr>
</table>

荣成市融媒体中心夏季机房及设备使用管理规定

夏季天气多高温潮湿,极易对广播电视专业设备的安全运行产生不良影响。为进一步加强机房及有关设备的使用管理,确保广播电视节目的正常录制和安全播出,制定本规定。

1.各编辑制作机房、演播室、播出机房、审片室等都安装有中央空调或独立空调,在高温潮湿天气使用设备期间应当开启空调,并调到恒定适宜温度,不允许温度忽高忽低。

2.有中央空调的机房应优先使用中央空调,在中央空调停运时可开启独立空调。

3.机房在夏季原则上不要开窗,特别是在空调运行期间。在高温、下雨、大雾等潮湿天气,更应注意关紧窗户,避免湿气进入机房,对设备造成损害。办公设备的使用也应遵照上述原则。

4.爱护设备,合理使用设备,使用完应及时关闭设备电源。

5.摄像机等外采设备存放机房要保持环境温度适宜,不要随意开启窗户。到环境温度变化大的地点时,尽量不要马上开机使用,应先让设备适应一段时间,避免设备受潮结露。

设备的安全运行、节目的正常制作播出,需要靠每一位工作人员的细心爱护和规范使用设备来实现。希望广大工作人员严格遵守有关规定规范,认真做好夏季机房及设备的使用管理,如因责任心不强造成不良后果的,将按照有关规定严肃处理。

荣成市融媒体中心电台机房管理规定

一、管理制度

1.广播节目部门负责电台制作机房、播出机房的使用和日常管理,技术部负责两机房的技术维护和设备管理,做到合理使用机房设备,确保设备安全稳定运行。

2.按时按要求进行节目的制作、播出和转播。节目播出期间,播出机房要有专人值守,发现异常要及时采取应对措施,保证播出安全。

3.执行定期系统设备检修维护计划,由技术及节目部门负责,做好检修记录。

4.除节目制作播出需要外,不允许带领无关人员进入机房。

5.使用部门要做好卫生工作,保持机房内及设备整洁卫生。

二、设备使用管理细则

1.使用人员应熟知节目制作和播出流程,了解设备基本性能,正确操作和使用设备。

2.机房设备只用于广播节目的编辑、制作和播出,不得用于玩游戏或其他用途。

3.严禁将与工作无关的光盘、U 盘、移动硬盘等介质带入机房,外来素材必须经专用文件导入设备或杀毒处理后方可进入制作播出网使用,严禁将外来介质直接接入制作播出设备。

4.未经批准,不得在机房设备上私自安装或删除软件,不得私自增加用电设备、更改设备摆放位置或技术配置。

5.主备播工作站要每天轮换使用,发现问题及时切换。

6.严禁携带与工作无关物品进入机房,不得将水杯、饮料等杂物放在设备或操作台上,机房内禁止吃东西和吸烟。

7.定期删除网内无用素材,保证系统的高效运转。

8.未经批准,网内资料禁止外传。

9.严格按照操作规程进行开关机,节目制作或播出完成后,应关闭各种电源,关好门窗。

三、责任追究

使用人员应严格按照规定使用各类设备，如违反上述各条规定，每次罚款50元。情节严重造成影响的，按照有关规定处理。

荣成市融媒体中心办公设备使用管理规定

一、管理制度

1.办公设备实行统一标签登记管理制度。各部门负责人是本部门办公设备使用管理的第一责任人，应建立完善的内部管理制度，责任到人。如需内部调整使用，须到技术管理部门登记备案。

2.严格按照设备操作规程，合理使用，切实提高办公效率，杜绝浪费。

3.办公设备由技术管理部门统一调配安装，不得私自调换、更改使用位置，或改变其使用性质。

二、设备使用管理细则

1.办公设备的技术参数、配接由技术管理部门统一设置，未经许可不得私自更改。

2.严禁利用办公电脑玩游戏、上网聊天、看视频等与工作无关的事情。

3.有涉密业务的办公设备严禁连接互联网，要有专人负责，并设置相关密码。

4.工作期间禁止利用任何设备终端上传或下载与工作无关的大文件。

5.每台电脑都分配了唯一的固定IP地址，有关参数不得私自更改。

6.下班或使用完后要及时关闭设备电源及总开关，有特殊要求的应按照相关程序操作。

7.爱护办公设备，保持设备整洁，及时更换易耗品(件)，确保设备处于良好运行状态。

三、责任追究

使用人员应严格按照规定使用办公设备，如违反上述各条规定，每次罚款50元。情节严重造成影响的，按照有关规定处理。

荣成市融媒体中心演播室使用管理规定

一、管理细则

1.技术部负责四楼高清演播室、八楼演播室的日常管理，新闻节目部门负责四楼新闻演播室、六楼演播室的日常管理。技术部同时要做好各演播室系统设备的维护，做好技术支持与保障，配合节目正常录制。

2.四楼高清演播室由技术部统一管理，安排专人值班，根据实际情况合理安排，并做好详细的使用记录。各栏目应提前预约，服从统一安排，不得无故长时间占用演播室。

3.各栏目应安排专人负责高清演播室节目的录制，技术值班人员协助做好节目录制相关工作。

4.高清演播室使用指纹密码门禁系统，记录进入情况，未经批准不得带领无关人员进入各演播室。

5.使用八楼演播室应至少提前两天提起申请，按照有关流程进行审批。

6.加强演播室配套设施管理，规范使用各种设备，爱护演播室内各种设施。在使用八楼演播室时，使用部门应有专人负责安全工作，要特别注意加强对演员和观众的安全管理。

二、使用细则

1.技术值班人员负责每天开启高清演播室系统，严格按照规程顺序开启设备，检查各系统设备运行情况，做好节目录制的各项准备工作。

2.技术值班人员做好系统设备的巡检和维护保养工作，发现问题及时处置，并做好运行维护记录。及时对摇臂摄像机、无线话筒、无线通话、遥控手柄等进行充电维护。

3.按需使用各景区灯光、设备设施,无特殊情况不得同时开启所有灯光设备。

4.栏目使用人员应熟悉设备的基本操作使用方法,完成节目的正常录制。

5.大屏包装等使用外来素材时,应先对U盘等存储介质进行扫描杀毒后方可接入设备。

6.未经批准,不得擅自改变演播室设备设施位置及系统配置参数等,不得随意将设备设施带出演播室或私自接入其他电器设备。

7.因节目需要增加用电设备设施时,应向技术部提出申请,经论证可行后方可实施。严禁私自增加设备或改变设备安装位置及连线。

8.进入高清演播室内应更换拖鞋。

9.使用人员负责化妆室、更衣室的卫生管理,节目录制结束应做好卫生清理。技术值班人员负责高清演播室、导播室、机房的卫生管理。

10.需要对八楼演播室进行装饰布置时,应充分考虑到消防、设备设施以及人身等安全。

11.保持演播室内整洁卫生,禁止在演播室内外大声喧哗。活动结束后使用部门应将演播室打扫干净,舞台布景、设施等应恢复到原始状态,关闭设备电源及照明灯。

三、责任追究

使用人员应严格按照规定使用演播室,如有违反上述各条规定,每次罚款50元。情节严重造成影响的,按照有关规定处理。

荣成市融媒体中心电视转播车使用管理规定

一、管理细则

1.技术部负责高清电视转播车、标清电视转播车的日常管理,并做好转播车及系统设备的维护保养,做好使用中的技术支持与保障,配合节目正常录制。

2.各部门应根据实际情况合理选择使用高清或标清电视转播车,并至少提前两天提起申请,按照有关流程进行审批。

3.严格按照有关规范流程使用电视转播车,爱护车内各种设备设施,未经批准不得随意调整或带出。

4.加强设备的使用管理。在使用过程中,使用人员应积极配合技术人员检查设备状态,发现问题及时报告处理,保证设备始终处于最佳状态。

二、使用细则

1.使用部门对各工位应有明确分工,导播、视频、音频、录制、字幕、摄像等要有专人负责。操作人员要各司其职,熟悉设备性能,规范操作设备。

2.每位摄像人员负责本机位的设备安全,应规范安装、分解设备。使用完成后,检查各种配件是否遗漏,并分类入箱存放。

3.转播车就位后,技术部负责系统整体搭建和技术调试。导播负责对系统的整体使用情况进行调试,发现问题应及时与技术部沟通,采取应对措施,保证节目的正常录制。

4.现场线缆敷设时,应尽量避开电力线等干扰源,做好线缆的防护,防止车辆、行人碾压线缆。

5.非本系统设备及与工作无关的电器禁止接入转播车电源。合理使用车内空调,保证设备的使用环境。

6.转播车应尽量使用380V三相四线供电,并做好接地处理。

7.车辆应选择在安全平坦处停放,停放时应打开支撑腿支撑车体,行驶前应先收起支撑腿。必要时应使用隔离带等防范措施,保证车辆工作安全。

8.未经批准,不得带领无关人员进入转播车内。

9.定期进行车辆保养及UPS电池充放电。

三、责任追究

使用人员应严格按照规定使用电视转播车，如有违反上述各条规定，每次罚款50元。情节严重造成影响的，按照有关规定处理。

荣成市融媒体中心音响设备使用管理规定

为合理使用音响设备，使设备资源利用率最大化，制定本规定。

一、管理细则

1.音响设备实行集中统一管理、申请使用的原则，技术部负责设备的管理和维护，使用部门按照有关流程提起申请使用。

2.使用部门须指定专人操作使用，使用前应经过培训。

3.技术部做好技术保障，参加创收类活动的技术保障人员补助标准参照相关规定执行。

二、使用细则

1.使用人员应熟悉设备性能，按照规程操作使用音响设备。不得随意更改设备参数设置，发现问题应及时与技术部联系。

2.使用部门负责设备搬运及车辆运输，技术部配合。如需播放音乐，应自备笔记本电脑等播放音源设备。

3.使用过程中应爱护设备，遇到异常天气要做好设备的防护。

4.使用完毕，就及时取出话筒中的电池，清点配件有无遗失。

三、责任追究

使用人员应严格按照规定使用音响设备，如有违反上述各条规定，每次罚款50元。情节严重造成影响的，按照有关规定处理。

荣成市融媒体中心全台网使用操作规范

全台网是覆盖全台“采、编、播、管、存”全业务流程的数字化、网络化平台系统，打通节目制作、媒资管理、广播电视播出、资源发布等各个环节。为进一步提高广播电视节目制作质量，规范流程，实现广播电视节目高效生产、安全播出、资源共享，结合实际，制定本规范。

一、文稿系统使用规范

1.办公电脑及非编工作站上均可使用谷歌浏览器登录文稿系统，办公电脑登录地址http://10.40.142.1:19207/news或http://10.40.142.2:19207/news，非编工作站点登录地址http://172.16.10.10:19207/news。

2.同一账号同时只能在一台电脑或工作站上登录，文稿非编系统与闪电云的用户名及密码通用。

3.新建文稿时，注意选择与自己对应的栏目。

4.稿件标题、串联单标题命名要规范，不允许包括以下符号：/、\、:、*、?、“”、,、·、＜＞、|、&、%及空格，字数不要超过25个，标题不要用纯数字、纯字母或两者的结合代替。

5.文稿编辑完成，点“保存”，并将稿件送审。退出时不要直接关闭谷歌浏览器，应点“安全退出”。

6.稿件复用时，注意查看是否是自己对应的栏目，复用的稿件标题为蓝色字体。

7.其他文字处理软件编辑的文稿，应消除文本格式后，粘贴到文稿系统里。

8.谷歌浏览器推荐使用63版本（关闭自动更新功能）。

二、节目制作流程规范

1.节目流程必须从文稿系统发起，不允许直接在非编软件上新建制作任务。

2.进入非编软件制作节目,必须选择自己对应的文稿标题,做到节目与文稿标题一一对应。

3.一条时间线,不能在不同站点同时打开。

4.只有终审通过的文稿才可以在配音工作站上显示提词器,打开需要配音的时间线,直接配音。如配音素材过多,用 F11 生成,系统会自动把完整的素材显示在时间线上,严禁更改时间线上已有的音视频素材,配音完毕应点节目流程里的"配音完成"。

5.演播室录制口播时,要使用专用账号登录。按 F9 进入"采集"窗口,应先输入口播素材名称再进行采集操作。采集完成后会自动保存在"上载素材"里的日期文件夹下的对应账户。

6.单条节目编辑完成后,应将时间线上不需要的音视频、图片等素材删除,保存节目,并提交"粗编完成",经值班主任初审无误后选择"精编完成"。

7.后期编辑可查询到每位记者所编辑节目的状态,当显示"精编完成"时即可根据当天串联单直接调取使用。如该条需要修改,后期编辑可直接修改,或将"精编完成"的素材退回到记者状态,由记者修改完成后,保存并再次提交"粗编完成"。

8.后期编辑高清时间线串片完成,F12 本机合成播出版时,文件格式为 MXF,编码格式为 K2 422 1920X1080 50i,类型 MXF,视频编码格式为 K2 422,扫描方式 Interlaced,编码方式 CBR,数据率 25M,帧率 25,GOP 为 12,音频编码格式 LPCM,通道 Stereo,采样率 48kHz,位 16Bits。在高清时间线上审查完毕后,选择节目流程里"节目合成送审"。值班主任在审片客户端上点击"通过",后台自动执行节目转码合成及分发。

9.在播出上载工作站上选取已分发好的节目,按照相应的上载规范进行节目上载。

10.在配音工作站制作电台新闻时,在"合成素材"文件夹找到当天的新闻拖到时间线上,即可修改编辑。完成后,选中素材的入出点,按 F12 生成到 M 盘"电台"文件夹中,在电脑 M 盘下可以查看到合成好的文件。

三、索贝非编节目制作规范

1.非编工作站开机时,系统会自动运行底层软件挂盘程序(弹出黑色对话框),不要关闭或最小化软件,待软件自动运行完后再打开 NOVA 非编软件。

2.记者在"我的制作任务"找到对应的文稿标题,双击新建节目时,视频制式应选择"HD 1920X1080 50i"。

3.素材上载有三种方式:SxS 读卡器上载、素材引入、文件导入上载(大疆无人机等航拍素材采用此方法上载)。根据情况选择相应的工作站点,素材上载完成后应退出所用站点,原则上不允许占用上载站点进行编片。

4.进入非编系统里的视频素材、角标模板等应存放在系统指定的位置。个人上载的素材应存放在"共享工作区/编辑素材/个人名字"文件夹下,三维动态角标、片头等应存放在"共享工作区/编辑素材/栏目名称"文件夹下,字幕模版、字幕角标应存放在"模板库/公共模版/字幕模板/栏目名称"文件夹下,注意区分高标清版本。

5.引入存放在导入工作站"○"盘的素材时,注意选择"拷贝入库",不要使用"移动入库";引入非编后应及时清除"○"盘的素材。系统管理员根据系统的实际运行情况,将按照日期的先后顺序随时对"○"盘和导入导出工作站进行清理,确保系统的运行稳定。

6.根据个人角色权限分配不同的使用空间,每个人应合理规划使用自己的空间,定期清理无用的素材和回收站,以免影响正常使用。

7.如果要引用 Edius 中的素材或成片,应先在 Edius 中生成编码 MXF 格式、分辨率 1920×1080、码率 25M 的文件再导入索贝非编。

8.字幕模板的图片应通过 CG 中的图像引入,记得保存模版,不然图片易丢失,禁止从 CG 里引入 TGA 序列文件。

9.如果使用的图片量大,应先将图片生成为 AVI 素材,再到视频轨上使用,注意引入图片的大小不要超过 1920×1080。引入图片超过1920×1080时，应先在导入导出工作站上，利用画图软件进行大小的调整，然后再通过非编软件工具栏里的“输入”选项下的“图片及序列引入”进行引入，引入的图片可以根据里面的设置选择部分引入或整幅引入。

10.节目初编时，视频优先使用 V1 轨，字幕优先使用CG1轨，音频优先使用A1A2轨。如有同期声，配音则使用 A3 轨。各栏目应根据节目实际情况规范串片时间线下各轨道的使用。

11.非特效编辑视频时，应将素材放在同一个轨道上剪辑，不要采用在两个轨道上直接放置不同的素材进行叠加覆盖的编辑方式。

12.使用无卡编辑工作站时，注意同一时间视频轨累计不超过 4 层，有卡编辑工作站不超过 6 层，字幕轨不超过 8 层。对于特效非常复杂的某段片子，在确认不再作修改的情况下，建议采用 F11 先生成一下，简化时间线，便于操作。

13.时间线编辑时，音频电平最高不超过－16db，下限不低于－20db。

14.引入文本信息时，应使用 TXT 格式的文件。

15.在高清时间线上编辑时，注意素材尽量保持统一格式。外来素材(含存储卡)应先引入系统内，再调取编辑，严禁直接调用“○”盘或存储卡上的素材、图片等在线编辑。

16.非编软件和审片软件不能同时打开，应该在关闭一个软件一分钟后再打开另一个软件。非编软件、审片软件退出后再次进入，间隔时间为 20 秒。

17.编辑完成，要删除时间线上无用的素材，并保存。

18.如需上发，可在非编软件里直接新建时间线(命名规范同文稿系统)，非编查询所需上发的标题，直接拖拽到新的时间线上重新编辑或合成，按 F12 或选择“输出到文件”，注意声道只选择 A1A2 及所需保存路径。

19.所有工作站点(非编、配音、录制)的快捷键，只在英文状态下才有效。

20.当非编、配音软件查询到的标题显示为黄色字体时，表明该条为复用稿件。

21.在时间线上编辑时，如需将标题延长使用，应双击进入字幕容器，将容器内的字幕对象长度调整到需要的长度。在进行角标等先期制作时，如字幕容器里存在无用的素材、图片等链接路径，或需要更换素材、图片时，应删除原来的链接路径，避免由此造成整体节目合成失败。

22.对长期使用、不需要经常更改的高标清角标，调整好后，按 F11 勾选“生成键文件”选项，生成带通道的视频角标来用，节省字幕轨道的占用。

23.如果需要将某素材变速，应使用 F11 网内合成一下，或者选中已变速的素材，点击鼠标右键选择“渲染该段素材”，这样可以避免因素材变速可能造成数据损坏，导致整体节目合成失败。

24.制作整版字幕时，一次选择的字数不宜过多，防止因复制字数过多，造成文本框扩大，位置移动，超出安全框。

25.每天新建的时间线，角标、标题等应从模板里调取，不要将以前的时间线直接拖拽上线修改使用，避免由此造成字幕位置的移动。

26.对通讯员提供的素材，应先在导入导出工作站使用格式工厂进行转码，统一以 MP4 格式引入非编制作网。格式工厂中 MP4 格式设置标准：视频编码 H.264，屏幕大小 1920×1080，比特率 18000 Kbps，帧数 25，宽高比 16∶9，音频采样率 48000Hz，比特率224 Kbps，音频声道 2。

27.非编软件退出方式：在右上角选择关闭系统即可，无须逐个关闭每个窗口。

28.记者应及时将重要资料素材转入媒资库。

29.在高清时间线上如使用标清素材时，应选择适配方式为“垂直适配”。标清时间线上如使用高清素材时，素材应在时间线上进行适配，适配方式为“填充”。

30.当上载大文件素材时，使用文件上载方式，可以根据实际需求，选择全部和部分素材进行上载。

31.原始素材需上线合成方可转入媒资库,严禁上载完以后直接入库。

32.个人密码修改时,需在闪电云客户端进行,密码修改完,5 分钟后方可进行登录。

33.生成高清播出版素材时,注意音频需左右声道同时生成,保证左右声道一致。

四、Edius 非编节目制作规范

1.Edius 创建工程预设:尺寸 HD,帧速率 50i,比特 8bit;添加工程预设,HD-50i-1920×1080-8bit。

2.不要重复使用同一工程制作节目,应每个工程只制作一条节目。

3.制作完成,合成播出版素材应为高清节目,分辨率 1920×1080、50i、帧率 25,文件格式应为 MXF。节目编码参数的设置:比特率 CBR,码率 25M,GOP 结构 IBBP、色度格式 4∶2∶2.Profile&level 为 422P@HL,音频设置里每轨道通道为 2ch、类型 BWF。

4.生成高清播出版素材时,注意音频需左右声道同时生成,保证左右声道一致。

五、媒资使用管理规范

1.原始素材入媒资:按 F11 生成,注意声道只选择 A1A2,高清素材选择文件格式为 K2 MXF HD ,码率选择 35Mbps,其他参数不进行调整;标清素材格式为 K2 MXF SD,码率选择 25Mbps,其他参数不进行调整。合成完毕后在非编工作站上进入 MCH 融合媒体工作平台 http://172.16.10.10:19207 页面指定地址进行素材的出库,完成后在 B9.B10.B11 编目工作站上进行编目提交入库。

编目必填项:

(1)素材名称(标题名+半角空格+ 8 位数事件发生日期+半角空格+“高清或标清”)。

(2)节目名。

(3)所属栏目。

(4)版本说明。

(5)主题人物(主人公姓名,例如报道的典型人物或者有关活动的市领导姓名)。

(6)关键词(包括:组织新闻采访的发起者、事件发生地点、重点镜头内容及场景描述、拍摄季节,用 6 位数字表示的年月,如“201709”)。

(7)分类。

(8)节目素材分类。

(9)拍摄时间。

(10)密级(公开/秘密),副省级以上领导活动的素材选择“秘密”级别,其余选择“公开”级别。

(11)责任者(提交入库者姓名)。

(12)所属中心(荣成媒资中心)。

2.播出版入媒资。

合成完毕后,在非编工作站上进入 MCH 融合媒体工作平台 http://172.16.10.10:19207 页面指定地址进行素材的出库,完成后在 B9.B10.B11 编目工作站上进行编目提交入库。

编目必填项:

(1)素材名称(8 位数播出日期+半角空格+标题名+半角空格+半角空格+对应星期几+“高清或标清”)。

(2)节目名。

(3)所属栏目。

(4)版本说明。

(5)主题人物(报道典型人物的专题节目需要填写)。

(6)关键词(包括:用 6 位数字表示的年月,如“201709”)。

(7)分类(专题节目需选择)。

(8)节目素材分类。

(9)拍摄时间。

(10)首播时间。

(11)密级。

(12)责任者。

(13)所属中心(荣成媒资中心)。

3.“无字幕成品版”参照“播出版”执行。

4.如以上各项内容不按规范要求填写,编目信息将被打回,入库人需在规定期限内重新修改、提交。

5.进行编目登录客户端后,应先查看“我的编目任务”里是否有被媒资管理员退回的项目。如有，应按照退回原因及要求重新处理，并告知媒资管理员删除原来的素材资料。

6.编目时，应特别注意只领取自己账户所提交的编目任务，不要领取他人的任务，如发生误领，应及时取消。

7.入库后如发现自己入的素材资料有错误或需修改(记者、编辑无权删除自己入库的素材资料)，应及时将该素材资料回迁更改，重新提交，并通知媒资管理员将错误素材资料删除。

8.编目完成后，按 F1 键检查确认无误，点“保存”并“提交”。

9.新媒资回迁：在编辑工作站进入 MAMspace5 资源检索平台，查询自己所要回迁的素材，点“回迁”，填写回调信息，选择导出目标：MCHtoMAM；工作站：X；目标中心：荣成媒资中心；目标栏目：根据栏目选择，并填写申请理由，输出格式选择原格式，点“回调”，在回调审批里选择所要回迁的标题后点“同意”(密级为“公开”的可自行审批，密级为“秘密”的由媒资管理员审批)。在任务跟踪里会显示当前回调素材的进度，当显示完成时，在非编软件“媒资回迁素材”文件夹里可以找到自己回迁的素材。

10.如需老媒资素材资料，到媒资室下载，拷贝到导入导出工作站“○”盘，引入素材，注意选择“拷贝入库”，不要使用“移动入库”。引入后及时清除“○”盘的素材。

11.检索时，可以针对素材名称中的某一词组、关键词、主题人物、提交责任者、事件、发生日期(6 位数字格式如“201709”或 8 位数字格式如“20170901”)等信息条件项进行检索。在检索栏中可以输入上述其中一项或几项信息条件，同时输入多项信息条件时，每项之间必须使用空格隔开。输入的信息条件越多，检索范围越小，但精度会提高，检索结果会越少；反之，检索精度会降低，检索结果会越多。

12.关于词组的检索：正常情况下名称中包含的标准词组都可以被检索出来，但要特别注意的是，应规范填写词组。如，欲检索“人大常委会”，就不要只输入“人大常委”；再如，输入“智慧城市”只会检索出名称中包含该整体词组的素材，如果想检索既包含“智慧”又包含“城市”的素材，需要输入“智慧”和“城市”两个词组，并且中间用空格隔开，这样检索出来的结果会更多。

13.单机播出版入媒资，文件格式为 MXF，码率选择 25Mbps，将已制作好的定版资料送至媒资室入库。

六、技术维护规范

1.每天对所有后台支撑服务器进行一次巡检，每周对所有后台支撑服务器运行情况进行检查，并做好运行记录。

2.每月对后台支撑服务器进行常规重启，每 3 个月对媒资数据库进行备份。严格按照重启维护流程进行操作，重启完成后对整个系统按照流程进行测试，并做好记录。

3.定期检查安全网关服务器 D 盘 FTP 文件夹下“播出”“网站”“导入导出”“电台”“本地合成”及导入导出工作站的使用情况，当低于总容量的 40%时进行清理。

4.定期查看媒资中转服务器空间使用情况，当低于总容量的 40%时进行清理。

5.根据实际情况对非编软件里“上载素材”“配音素材”“媒资回迁素材”“收录素材”文件夹下的日期文件夹进行清理。

6.每 2 个月清空非编软件回收站里的素材。

7.密切关注系统运行状态，发现问题及时处置。

七、应急预案

1.后期编辑人员在节目最终合成时，如发现提示错误，按照以下方法优先应急处置：

(1)将需要播出的所有素材设置入点、出点，按 F12 本地合成，生成到 Q 盘“本地合成”文件夹下，通过播出上载机抓取，按照上载流程上传至播出(时间最紧迫时优先使用)。

(2)如果在时间线上审片没有问题，而节目合成送审显示错误，将需要播出的所有素材设置入点、出点，按 F11 本地合成，再将合成后的素材上线送审。

2.当播出上载工作站出现故障,按照以下方法优先应急处置:

(1)用其他播出上载工作站上载。

(2)将需要播出的所有素材设置入点、出点,按F12本地合成,生成到"○"盘"个人文件夹"下,从导入导出工作站拷出,通过外购上载机上传至播出。

3.如果不能发现"○"或"Q"盘或连接不上,应采用以下应急方式处置:

在B18非编站点采用时间线回放,1∶1采集到有卡播出上载机(B17),按照上载流程上传送播出。

八、本使用规范由技术部负责解释说明

荣成市融媒体中心高清播出系统操作管理规范

为进一步规范高清播出系统各环节的操作技术规程,确保广播电视节目安全优质播出,制定本规范。

一、上载管理规范

1.各部门各栏目分配专用的上载账号,使用自己的账号上载相应的播出节目。该账号具有对本部门素材上载、审核、浏览等权限,各部门应有专人负责。注意保护好账号和登录密码,密码实行统一管理,可定期修改(报总编室备案后,由技术部负责修改),防止发生播出事故。

2.各上载工作站点的功能基本相同,相对固定分配使用,如出现设备故障等特殊情况,也可在其他工作站点登录自己的账号上载节目。

3.所有工作站点严禁违规使用数据线、U盘、移动硬盘、光盘等外来介质,外购节目上载必须经过安全隔离器。

4.正确操作使用设备,不得私自更改设备参数配置、安装或删除软件、做与上载工作无关的事情。

二、上载技术规范

1.索贝制作网文件规范:文件格式为MXF,编码格式K2 422 1920X1080 50i,类型MXF,视频编码格式K2 422,扫描方式Interlaced,编码方式CBR,数据率25M,帧率25,GOP为12,音频编码格式LPCM,通道Stereo,采样率48kHz,位16Bits。

2.广告及单编机文件规范:高清节目分辨率为1920×1080 50i,帧率25,文件格式应为MXF。节目编码参数的设置:比特率CBR,码率25M,GOP结构IBBP,色度格式4:2:2. Profile&level为422P@HL,音频设置里每轨道通道为2ch、类型BWF。

3.在节目采集、录制、编辑及上载的每个环节,应注意音频电平的调整,以−16dB为最高上限参考标准电平,最低不能超过−20dB。高清节目编辑制作成播出版时,必须同时生成左右声道,且两声道音频相同。

4.节目采集、上载过程中不要进行其他操作,防止发生冲突,影响采集素材的质量。

5.全台网内制作节目的上载:在确定节目已合成完毕后,打开上载工作站桌面上flashFXP(绿色)软件,在软件左上角"文件"下面点倒三角里的"播出",系统会自动连接到指定位置,在"本地合成"文件夹里找到需要上载的节目,下载到本地,再按照正常节目上载、审片到播出服务器。

6.通过省供片专线下传节目的上载:打开省供片专用接收电脑桌面上flashFXP(绿色)软件,连接到省供片总站服务器,选择所需的节目(选择高清25M节目,格式为MXF)。下载完后,通过装有安全隔离器的上载工作站,按照上载流程规范进行上载。

7.上载工作站点本地存储空间,不能作为最终、长久的节目素材存放位置,应定期清理本地的过期节目,以保证系统稳定运行,严禁通过上载工作站外拷节目。

8.上载过程中如发现上载的素材有误,则选中该素材，双击“浏览”，将“软审通过”选项勾选掉，将有误素材的“审查”状态由“已审查”改为“未审查”，重新上载新的素材。

9.上载的素材文件名称不能重复，如已上载的文件素材需重新上载，需在文件素材名称中有显著标明。

10.上载播出：双击桌面的上载软件，选择用户，输入密码，进入软件界面，点击“选择文件”后，素材出现在路径窗口；选择所需上载的“素材名称”并打开，等待系统将素材打开在“预览”窗口。审看素材是否正常，点击“素材帧数”同步，选择“类型”“频道”“首播时间”确认无误后提交，等待系统上传素材。当“处理结果”显示传输完成时，关闭上载软件。

11.审片：上载完后，双击桌面的审片软件，选择用户，输入密码，进入软件界面，选择“上载日期”或“上载人员”等查询条件。素材列表中会显示符合条件的素材，查看“自动技审级别”。当显示为严重或一般时，双击该素材，进行查看，点击“技审结果”查看“错误描述”，点击“起始位置”，系统会自动查看当前起始位置；确认属于正常特技、特效后，点击“软审通过”。

12.为保证节目可靠播出，节目名称应使用“中文、字母、数字”三种字符，不得使用标点符号或其他特殊字符。

13.严禁对正在播出的节目或节目单进行修改、删除操作。

14.所有节目需在播出前20分钟完成上载审查。

15.只有经过审片通过的素材，才会迁移到播出服务器。

16.系统会在设定素材的到期时间7天后，自动删除素材。

17.经应急上载站点上载的节目会直接上载到播出服务器。上载前需要认真审查播出素材，该站点不走高清审片审查流程。

18.养成良好的审片习惯，不管“自动技审级别”结果如何，都要认真审看，确定无问题后，进行“软审通过”提交播出。

19.上载机开机时，系统会自动加载必要挂盘程序，待挂盘程序由红色变成绿色并自动关闭后，才可以正常使用。

三、编单规范

1.节目编单：首先双击桌面的频道编单软件，选择用户，输入密码，进入软件界面。点击工具栏的“新建”后，选择日期，点“确定”，出现“新建播出表”。按节目编排逐条插入或者选择之前节目单作为模板进行复制，进行节目单编排。选择对应的播出素材，完成后点“保存”并“提交”。

2.广告编单：首先双击桌面频道广告编单软件，选择“档”，选择播出日期，点击“编单”。按照广告编排编辑对应的广告播出素材，完成后点“保存”并“提交”。

3.节目单编辑完成后，应注意保存提交，不要直接关闭计算机。

4.严禁对正在播出的节目单进行修改、删除操作。

四、外购节目上载规范

1.外购节目必须通过装有安全隔离器的上载工作站上载。退出移动硬盘时须点击左下角“蓝色U”图标，弹出设备。

2.所有外购节目在播出前，必须先使用非线性编辑软件重新进行整形。高清节目分辨率为1920×1080 50i，帧率25，文件格式应为MXF。节目编码参数的设置：比特率CBR，码率25M，GOP结构IBBP，色度格式4:2:2.Profile&level为422P@HL，音频设置里每轨道通道为2ch，类型BWF，审查无误后方可上载到高清播出系统。

五、电台新闻上载规范

在电台节目上载工作站，打开桌面上Flash-FXP（绿色）专用接收软件，在软件左上角“文件”下面点倒三角里的“电台”，系统会自动连接到指定位置。选择需要播出的电台新闻，下载到本地。通过电台音频专业软件进行转码（注意格式为S48），完成后进行上载。

六、播出操作规范

1.值班人员要在节目正式播出前30分钟进入机房，检查设备是否处于常规状态，发现不在常态要立即恢复。检查各信号源状态，如有异常，马上查明原因并恢复。

2.晚值班员在当晚节目结束前追加次日播出表，按播出要求进行编辑、检查，并在下班前落实次日白天所有素材是否全部到位。

3.按播出要求对播出表进行编辑播出，认真核对播出表，确保播出表与总编室打印节目单严格一致；如不符需及时与总编室沟通，落实确认。

4.按有关部门要求进行上、下键操作。

5.播出过程中键混、主备切换器等有遥控开关的设备应置于遥控状态，以防止误操作。

6.播出过程中应注意监听、监看播出信号质量，留意错误窗口的提示和告警。注意各设备运行状况，出现问题后及时处理、汇报。

7.按照滚动字幕播出要求，做好滚动字幕的设置播出。

8.晚间节目结束后，按要求关闭相关设备，不得随意简化关机程序。

七、技术维护规范

播出系统实行在线检修和午夜后停机集中检修相结合的方式，根据各设备特点，在不影响节目播出的情况下进行。每周二进行一次在线检修，每月第4个周二进行午夜后停机集中检修；如遇重要播出期等特殊情况，根据实际情况调整。

1.切换器等单机设备每周进行一次重启。主、备服务器等每月进行一次重启。

2.每月对服务器、二级存储器、播控计算机的风扇进行灰尘清理。

3.对播控系统中的其他单机设备工作状态进行检查。

4.每年对服务器、播控计算机等进行一次磁盘碎片整理。

荣成市融媒体中心重要播出保障期安全播出应急预案

为切实做好重要播出保障期广播电视安全播出工作，增强广播电视播出系统防范干扰破坏、应对突发事件的快速反应能力，最大限度防范各种影响安全播出事故，制定本预案。

一、总则

1.目的

进一步加强重要播出保障期广播电视播出系统防范干扰破坏、应对突发事件的快速反应能力。

2.依据

依据《广播电视管理条例》《广播电视设施保护条例》《国家突发公共事件总体应急预案》，国家广播电视总局、省广播电视局、威海市文化旅游局《广播电视安全播出应急预案》及有关法律法规。

3.安全播出领导小组

成立以主要负责人为组长，各班子成员为副组长，各部门负责人为成员的安全播出领导小组。

4.安全播出领导小组职责

(1)贯彻国家广播电视总局、省广播电视局、市文化旅游局和市委、市政府对广播电视安全播出的部署和要求，负责广播电视安全播出组织保障工作。

(2)对影响广播电视安全播出的重大突发事件和重大事故的处置进行协调、调度和指挥。

(3)负责安全播出运行、管理的监督协调和指挥调度工作，确保重要播出保障期间广播电视节目内容、无线覆盖等不发生政治事件和重大安全播出事故。

(4)负责与宣传部、“610”办公室、公安局、文化与旅游局等有关部门的协调工作，处置应急突发事件。

5.安全播出相关部门职责

各相关部门负责落实本部门播出、传输、发射的安全管理工作，执行本部门的安全播出相关应急预案，服从安全播出领导小组的统一指挥和调度。

二、预防和预警

1.危害信息的收集是做好预警预防工作的前提和基础，对于突发事件和事故隐患要做到早发现、早预防、早处置，通过事前防范，最大限度地降低或消除突发事件造成的影响和损失。

2.安全播出领导小组要向当地610办公室、公安、安全等部门建立通报制度，及时做好防范工作。

3.各部门要随时密切注意异态，加强对监测数据的分析和利用，发现问题及时向安全播出领导小组汇报。

4.预防警戒工作。在安全播出重要保障期内，各部门应加强预防警戒工作，强化各项预防和保障措施。

5.组织准备工作。各部门要落实各自责任机构和责任人，加强人员队伍管理，充分利用社会力量，开展群防群治。

6.技术保障工作。各部门根据预警信息，确定突发事件防范的系统保障等级，加强播出、传输、监测等安全播出技术保障工作，保证安全播出系统设施工作状态的稳定可靠，确保广播电视节目不间断、高质量地播出与覆盖，确保各项应对措施全面有效。

7.资源准备工作。安全播出领导小组根据预警信息，适时启用各种安全播出应急设施，调配自身管理权限内储备的应急播出资源，如有需要可向系统外其他有关部门提出明确的支援请求。

8.供电保障工作。建立和供电部门的信息共享制度，保障供电设施的安全运行，配备发电机、不间断电源（UPS）等应急供电设备，并确保应急供电设备启动、切换、运行的可靠有效。

9.通信保障工作。安全播出领导小组和各播出部门、相关部室做好应急通信保障，确保预警信息发布、监测信息反馈和调度指挥、指令下达的及时畅通。

三、应急响应

1.应急响应的组织实施。应急响应包括响应程序启动、信息报送和处置、调度指挥和控制、应急处置、社会力量的动员与参与等。

2.本预案的启动由安全播出领导小组决定。对本辖区内突发事件应急处置工作进行督察和指导。

3.当出现对广播电视安全播出造成严重影响或威胁的突发事件时，突发事件发生部门要遵照应急报告的程序和规定报告，涉及重大问题须紧急请示，上级部门要对下级部门的请示给予及时批复。

4.突发事件发生后，安全播出领导小组组织对突发事件进行评估，认定突发事件性质，确定突发事件等级，根据事件的严重和紧急程度，决定在确定范围内相应启动全部或部分应急预案。

5.应急预案启动前，突发事件发生地安全播出相关部门应当根据突发事件的实际情况，做好应急处置准备，采取必要的应急措施，防止事态扩大。

6.应急预案启动后，突发事件发生地的安全播出相关部门应当根据预案规定的职责要求，服从安全播出领导小组的统一指挥，立即到达规定岗位。

7.应急程序及处置措施。发生突发事件后，突发事件相关部门应紧急启动应急预案，采取一切措施，启用所有应急备用设施，保证中央和省重要广播电视节目的安全播出。

四、应急保障

1.当发现可疑人员威胁播出、发射机房安全时，值班人员立即采取有效措施控制事态发展，迅速向部门负责人和台安全播出领导小组报告，等待进一步指示。情况紧急时可直接报警（“110”），被报告人应立即赶到有关机房进行处理，确保播出、发射机房绝对安全。

2.发现值班人员思想出现波动或有不正常举动，其他值班人员应立即采取有效措施防止或制止其做出不利于安全播出的举动，及时向部门负责人报告。报告人应迅速让该人员离开工作岗位,并向安全播出领导小组报告,等待指示。

3.执行重要转播任务时,播出、发射、节目、技术等部门负责人及分管负责人应到播出机房和各自岗位值班,采用多路备份信号源,确保转播信号不间断。在重要安全播出保障期内,播出机房、相关负责人及应急队员要保证电话和手机24小时畅通,重要播出时段播出部负责人要在机房值班。监控值班人员要全神贯注,对转播信号实施24小时监控,确保发现异常情况时能迅速相互通知,尽快采取应急措施,减小负面影响。

4.播出值班人员发现本台信号播出异常时,应由一人对照播出单对信号进行快速确认,另一人准备备份播出信号。一旦确认是非法信号侵入硬盘播出网络更换了播出文件,要立即启用备份播出信号,尽量保证播出不间断,并向安全播出领导小组报告。领导小组领导应立即赶赴现场并组织播出、技术、总编室等部门相关人员到场,确认临时节目播出安排。到达现场后要立即查找事故原因及事故影响范围,制定整改方案,视情况确认是否报警。

5.监控值班人员发现CCTV-1接收信号出现异常情况(黑场、画面模糊、重影、反动视频画面等),要迅速将接收信号切到备用信号源上进行转播,确保信号不中断,并迅速向部门负责人、安全播出领导小组报告,等待进一步指示。确定受到非法信号攻击时,要同时向市局安全播出指挥部报告。被报告人应立即赶到机房组织采取有效措施进行处理,以防其他频道出现类似情况。

6.监控值班人员发现所转播的电视信号出现异常时,应迅速作出准确判断,立即关闭该频道的接收机电源,确认再没有别的频道出现异常信号后,及时向部门负责人报告。部门负责人接到报告后迅速赶到机房组织采取有效处理措施,恢复节目正常安全转播,最大限度减少负面影响。如确定受到非法信号攻击,迅速向安全播出领导小组报告。

7.监控值班人员发现所转播的卫星电视信号受到非法无线电信号干扰而无法正常接收时,要立即将CCTV-1等信号切换到光纤等其他信号源上,关断没有光纤通道的信号源,同时汇报给安全播出领导小组。

8.播出、发射等机房供电中断时,值班人员迅速按照应急操作规程做好信号的临时播出工作,向部门负责人和安全播出指挥部报告,并查明故障原因。如系UPS电源故障,则立即从配电盘将播出供电改用市电直接供应;如果是市电中断,及时致电供电部门进行报修,通知技术人员到位待命并随时准备发电。部门负责人接到报告后应赶到机房采取有效措施,保证播出、转播工作正常。

9.播出、发射等机房设备、电器起火时,值班人员应迅速切断总电源,并同时使用灭火设备实施灭火,情况严重应迅速报火警("119"),及时向部门负责人、技术人员和安全播出领导小组报告。被报告人应迅速赶到机房组织灭火,采取措施尽快恢复节目的播出和转播,缩短中断播出的时间,减少损失。

荣成市融媒体中心网络信息安全应急预案

一、总则

为积极应对本单位可能发生的网络信息安全事故,以最快的速度实施有效救援,达到快速控制事态发展,降低事故造成的危害,最大限度地减少损失,维护正常的社会秩序和工作秩序,结合实际,制定本预案。

(一)编制依据

《中华人民共和国计算机信息系统安全保护条例》《计算机病毒防治管理办法》,国家新闻出版广电总局《关于进一步做好网络安全保障工作的通知》(技新字〔2017〕353 号)、荣网办发〔2019〕2 号、荣网办发〔2019〕4 号等相关法规、规定、文件精神。

(二)适用范围

广播电视专业网、办公网是本次防控工作的重中之重,要从思想上引起足够的重视,牢固树立“守土有责”的意识,从管理上细化流程,严格落实各项责任制度,从技术上调动一切可以调动的资源力量,保证设备的安全运行,实现广播电视安全播出。

二、组织机构与职责

(一)领导机构

成立以主要负责人为组长,各班子成员为副组长,各部门负责人为成员的网络信息安全领导小组。

组　长:邹积军

副组长:宋业亭、徐淑梅、刘青、王华丽、张明、王洪臣、王志超

成　员:王少飞、宋传峰、李冻冰、王妮娟、于军涛、于军鹏、张文杰、张峰滔、王福东、张世松、王璐、潘建明、董鹤东、刘宏伟、夏亮、牛菲菲、张晓宁、王爱科、刘爱民、毕艳春、刘海英、肖向辉、岳德晓、周洪波、邓波

(二)主要职责

1.积极防御、综合防范。立足安全防护,加强预警,重点保护重要信息网络和重要信息系统;从预防、监控、应急处理、应急保障和打击不法行为等环节,在管理、技术、宣传等方面采取多种措施,充分发挥各方面的作用,构筑网络与信息安全保障体系。

2.明确责任、分级负责。按照“谁主管、谁负责”的原则,加强网络安全管理,认真落实各项安全管理制度和措施。加强信息网络安全的宣传和教育,进一步提高工作人员的信息安全意识。

3.落实措施、确保安全。对机房、网络设备、服务器等设施定期开展安全检查,对发现安全漏洞和隐患的进行及时整改。实行网站巡查制度,密切关注互联网信息动态,要按照快速反应机制,及时获取充分、准确的信息,跟踪研判,果断决策,迅速处置,最大限度地减少危害和影响。

4.加强技术储备,规范应急处置措施与操作流程,树立常抓不懈的观念,定期进行预案演练,确保应急预案切实可行。

5.配合无线电管理部门监测、发现、处置无线电干扰广播电视信号事件。

三、预警分级

根据网络与信息安全突发公共事件的可控性、严重程度和影响范围,一般分为四级:Ⅰ级(特别重大)、Ⅱ级(重大)、Ⅲ级(较大)和Ⅳ级(一般)。国家有关法律法规有明确规定的,按国家有关规定执行。

1.Ⅰ级(特别重大):重要网络与信息系统发生大规模瘫痪,对国家安全、社会秩序、经济建设和公共利益造成特别严重损害的突发公共事件。

2.Ⅱ级(重大):重要网络与信息系统造成瘫痪,对国家安全、社会秩序、经济建设和公共利益造成严重损害,需要跨部门处置的突发公共事件。

3.Ⅲ级(较大):某一区域的重要网络与信息系统瘫痪,对国家安全、社会秩序、经济建设和公共利益造成一定损害,但不需要跨部门处置的突发公共事件。

4.Ⅳ级(一般):重要网络与信息系统受到一定程度的损坏,对公民、法人和其他组织的权益有一定影响,但不危害国家安全、社会秩序、经济建设和公共利益的突发公共事件。

四、应急处置

1.当发现播出节目中有非法内容时,应立即中断该节目,切换至备份信号,并报中心总编室调整节目单、播出后续节目。在第一时间上报中心网络信息安全领导小组,对有非法内容的节目源应妥善保管,等待审查,严禁不经审查重播。

2.当发现无线播出节目中有非法信号时,要立即关断发射机,同时继续监视输入信号,并及时上报中心网络信息安全领导小组。

3.当出现有非法信号同频干扰我中心无线信号时,及时做好技术处理,并上报中心网络信息安全领导小组,由中心迅速联系市公安办公室

及威海市无线电管理委员会查找、排除干扰源。

4.当发现有不明来路的邮件时,应高度重视,不轻易下载打开。

5.当发现有不明来路的文件时,禁止上传至专业网,必要时切断办公网与专业网之间的链路。

6.当发现办公网被攻击时,立即切断办公网与专业网之间的链路。

7.当发现网络上有黑客攻击行为,应立即上报,并且将被攻击设备从网络中隔离出来。

8.当发现被病毒感染后,应立即使用杀毒软件对设备杀毒,并将被感染的设备从网络上隔离出来。

9.当发生网络与信息安全突发事件时,相关工作人员做好前期处理工作,采取措施控制事态,必要时采取断网、关闭服务器等方式防止事态进一步扩大。

五、调查与评估

对事件的起因、性质、影响、责任、经验教训等进行分析评估,提出处理意见和整改措施。

六、预防工作

按照职责做好网络安全事件日常预防工作,制定完善相关应急措施,做好网络安全检查、隐患排查、风险评估和容灾备份,健全网络安全信息报告制,及时采取有效措施,减少和避免网络安全事件的发生及危害,提高网络安全事件的处置能力。

七、保障措施

落实网络安全应急工作责任制,把责任落实到具体部门、具体岗位和个人,建立健全应急工作机制。全面加强网络安全应急技术支撑队伍建设,做好网络安全事件的监测预警、预防防护、应急处置、应急技术支持工作。配备必要的网络安全专业技术人才,加强与网络相关技术单位的沟通,保障网络安全。

八、附则

(一)预案解释

本预案由荣成市融媒体中心负责解释。

(二)预案实施时间

本预案自印发之日起实施。

荣成市融媒体中心水灾汛情安全播出应急预案

为进一步做好我中心水灾汛情安全播出工作,明确对水灾汛情安全播出工作的组织、领导和工作职责,根据《荣成市防汛抢险应急预案》《荣成市城市防汛抢险应急处置预案》的要求,结合本单位实际,制定水灾汛情安全播出应急预案如下。

一、组织领导

成立市融媒体中心水灾汛情安全播出应急指挥小组。

组　长:邹积军

副组长:宋业亭、徐淑梅、刘青、王华丽、张明、王洪臣、王志超

成　员:各部室负责人

二、应急处置细则

接到市政府城市防汛指挥部办公室的安排部署或我中心发生紧急汛情后,按照应急级别立即启动应急预案,按照责任分工做好相关工作。

1.总编室负责安排调整节目单,协调各节目部门做好各类节目的上传工作。

2.播出部、发射部负责检查播出、发射设备,准备好备用设备及应急措施,对被毁坏的设备和播出设施紧急排险和抢修,根据灾情发展及时调整临时播出方式,灾情过后及时组织抢修受损设备设施,保证正常播出。

3.安全保障部、技术部负责检查供配电、编辑制作设备,准备好备用设备及应急措施;根据灾情发展及时调整节目制作方式(办公计算机制作、笔记本制作)和上传方式。密切关注地下配电室情况,必要时切断关闭大楼供电(应急照明系统除外)、供水、电梯系统,对被毁坏的设备设

施紧急排险和抢修，防止次生灾害发生，灾情过后及时组织抢修受损设备设施。

4.全媒体采编部、制作部、新闻编辑部、节目部、广告运营部、广播部、大型活动部按照统一安排，做好相关节目的制作和上传，并根据统一要求，迅速调整临时节目制作方式和上传（播出）方式。

三、相关要求

1.进入防汛抢险状态后，应急指挥小组将通过电话、口授等形式传达各种命令、指示。命令、指示一经发出，全体干部职工必须立即到岗到位，凡不到岗到位者追究责任。

2.在防汛抢险应急行动中，要密切配合，服从指挥，确保政令畅通和各项工作落实。

3.本预案一旦启动，全体干部职工必须保证24小时手机开机，凡因个人原因造成损失的，将追究个人责任。

荣成市融媒体中心火灾险情安全播出应急预案

为进一步做好我中心火灾险情安全播出工作，明确对火灾险情安全播出工作的组织、领导和工作职责，根据我市相关规定要求，结合本单位实际，制定火灾险情安全播出应急预案如下。

一、组织领导

成立市融媒体中心火灾险情安全播出应急指挥小组。

组　长：邹积军

副组长：宋业亭、徐淑梅、刘青、王华丽、张明、王洪臣、王志超

成　员：各部室负责人

二、应急处置细则

当我中心发生火情或接到市防火指挥部办公室相关命令后，按照应急级别立即启动应急预案，按照责任分工做好相关工作。

1.总编室负责安排调整节目单，协调各节目部门做好各类节目的上传工作。

2.播出部、发射部负责检查播出、发射设备，准备好备用设备及应急措施。对被毁坏的设备和播出设施紧急排险和抢修，并根据灾情发展情况，在安全区域建立临时播出设备，灾情过后及时组织抢修受损设备设施，保证正常播出。

3.安全保障部、技术部负责检查供配电、编辑制作设备，准备好备用设备及应急措施。根据灾情发展及时调整节目制作方式（办公计算机制作、笔记本制作）及上传方式，对被毁坏的设备设施紧急排险和抢修，必要时切断关闭大楼供电（应急照明系统除外）、供水、电梯系统，防止次生灾害发生，灾情过后及时组织抢修受损设备设施。

4.全媒体采编部、制作部、新闻编辑部、节目部、广告运营部、广播部、大型活动部按照统一安排，做好相关节目的制作和上传，并根据统一要求，迅速调整临时节目制作方式和上传（播出）方式。

三、相关要求

1.进入火灾险情紧急状态后，应急指挥小组将通过电话、口授等形式传达各种命令、指示。命令、指示一经发出，全体干部职工必须立即到岗到位，凡不到岗到位者追究责任。

2.在火灾险情应急行动中，要密切配合，服从指挥，确保政令畅通和各项工作落实。

3.本预案一旦启动，全体干部职工必须保证24小时手机开机，凡因个人原因造成损失的，将追究个人责任。

荣成市融媒体中心地震灾情安全播出应急预案

为进一步做好我中心地震灾情安全播出工作,明确对地震灾情安全播出工作的组织、领导和工作职责,根据《荣成市地震应急预案》,结合本单位实际,制定地震灾情安全播出应急预案如下。

一、组织领导

成立市融媒体中心地震灾情安全播出应急指挥小组。

组　长:邹积军

副组长:宋业亭、徐淑梅、刘青、王华丽、张明、王洪臣、王志超

成　员:各部室负责人

二、应急处置细则

接到市抗震救灾指挥部办公室相关命令或我中心发生紧急灾情后,按照应急级别立即启动应急预案,按照责任分工做好相关工作。

1.总编室负责安排调整节目单,协调各节目部门做好各类节目的上传工作。

2.播出部、发射部负责检查播出、发射设备,准备好备用设备及应急措施。对被毁坏的设备和播出设施紧急排险和抢修,并根据震情预报和发展情况,在安全区域建立临时播出设备,震后及时组织抢修受损设备,保证正常播出。

3.安全保障部、技术部负责检查供配电、编辑制作设备,准备好备用设备及应急措施。根据震情发展及时调整节目制作方式(办公计算机制作、笔记本制作)及上传方式,对被毁坏的设备设施紧急排险和抢修,必要时切断关闭大楼供电(应急照明系统除外)、供水、电梯系统,防止次生灾害发生,震后及时组织抢修受损设备设施。

4.全媒体采编部、制作部、新闻编辑部、节目部、广告监审部、广播部、大型活动部按照统一安排,做好相关节目的制作和上传,并根据统一要求,迅速调整临时节目制作方式和上传(播出)方式。

三、相关要求

1.进入防震紧急状态后,应急指挥小组将通过电话、口授等形式传达各种命令、指示。命令、指示一经发出,全体干部职工必须立即到岗到位,凡不到岗到位者追究责任。

2.在抗震减灾应急行动中,要密切配合,服从指挥,确保政令畅通和各项工作落实。

3.本预案一旦启动,全体干部职工必须保证24小时手机开机,凡因个人原因造成损失,将追究个人责任。

荣成市融媒体中心安全生产应急预案

为了积极应对我中心可能发生的安全生产事故,快速、高效、有序实施救援,尽快控制事态发展,降低事故造成的危害,最大限度减少损失,维护正常的工作秩序,结合我中心工作实际,现制定《荣成市融媒体中心安全生产应急预案》。

一、指导思想

安全生产是确保我中心安全播出和全体职工人身财产安全的重要保障,是构建社会主义和谐社会的内在要求。要牢固树立安全生产责任重于泰山的思想,全中心上下要高度重视安全生产,切实做好安全生产、安全发展、安全管理,实现全年安全生产无事故。

二、安全生产应急救援组织机构

安全生产应急救援在中心党总支的统一领导下,各部门主要负责人负全责,协调有关部门密切配合,迅速、高效、有序开展工作,力争将损失降低到最低程度。

(一)安全生产应急领导小组

组 长:邹积军

副组长:宋业亭、徐淑梅、刘青、王华丽、张明、王洪臣、王志超

成 员:各部室负责人

(二)安全生产应急领导小组下设四个安全生产应急分队

第一分队:技术保障应急分队。

由技术部、安全保障部、播出部、发射部组建。分队长为肖向辉,成员为四个组建部门全体人员。

第二分队:行政管理应急分队。

由办公室、财务部、人力资源部、党建工作部组建。分队长为王少飞,成员为四个组建部门全体人员。

第三分队:新闻宣传应急分队。

由总编室、新闻编辑部、全媒体采编部、新媒体发展部、网络信息部、视频创作部、报刊部、评论部、节目部、专题部、电教部、播音部、制作部组建。分队长为于军鹏,成员为所有组建部门全体人员。

第四分队:经营管理应急分队。

由广告监审部、广告运营部、大型活动部、广播部、艺术培训部组建。分队长为王爱科,成员为五个组建部门全体人员。

三、各分队的主要职责

第一分队:主要负责处置技术保障委员会各部门和中心火灾、水、电等突发事件,处置播出、发射、广播电台的突发事件,并按安全播出应急预案进行处置。

第二分队:主要负责处置行政管理委员会各部门突发事件和中心发生突发事件时车辆、物资等的协调。

第三分队:主要负责处置编辑委员会各部门的突发事件,并按应急预案进行处置。

第四分队:主要负责处置经营创收委员会各部门的突发事件,并按应急预案进行处置。

四、事故发生后应急处置的原则

事故发生后,事故发现人要马上按事故性质进行应急处置,并向分管领导汇报,通知相应应急分队。各分队要在第一时间赶赴现场,按各分队的应急预案进行协调处置。

应急预案启动后,分管领导要迅速到岗到位,全面履行好应急指挥特别是现场指挥职责。

1.如发现播出的内容有法轮功等非法内容时,应立即切换到备份源,协调总编室调整节目单,播出后续节目,并在第一时间逐级上报相关领导和有关部门。对有非法内容的存储介质或设备应妥善保管,等待审查,严禁不经审查的广播电视节目播出。

2.火灾事故。发生火灾事故后,要立即通知消防值班人员,采取相应方式进行施救,遇重大火情及时报火警。

3.重大失盗事件。第一发现人要注意保护现场,及时上报分管领导并报警。

4.生产安全事故。本着先救人再抢险的原则及时组织人员快速抢救抢险,并按规定程序及时上报。

五、安全生产事故的调查

安全生产事故应急救援结束时,同时成立事故调查小组,组长为事故所在部门分管领导,成员为参加救援分队分队长。

安全生产事故报告包括以下内容:

1.发生事故的部门及事故发生的时间、地点。

2.事故简要经过。

3.事故原因、性质的初步判断。

4.事故的救援情况和处理情况及采取的措施。

六、救援联系方式

市“610”办公室:7562944。

市公安局:7563502。

中心办公室:7585606;68000(内线)。

消防值班室:68070(内线)。

匪警:110。

火警:119。

急救:120。

荣成市融媒体中心消防安全紧急疏散应急预案

为确保我中心大楼内办公及生产安全,有效处置突发事件,最大限度地保障楼内人员的生命财产安全,使安全事故损失降到最低限度,制定本应急预案。

一、启动预案

当发生建筑物倒塌、火灾、地震等安全事故,需要紧急疏散楼内人员时,启动本应急预案。

二、成立紧急疏散应急领导小组

组长:当日值班领导。

成员:各部室负责人、消防、安全保卫值班人员。

三、紧急疏散程序

1.紧急疏散应急领导小组负责指挥协调突发事件的现场处置工作,根据实际情况,及时发布命令。

2.通过大楼内的应急广播或以三次"一长两短"哨音发出紧急疏散信号,并使用高音喇叭进行现场指挥疏散。

3.楼内人员听到紧急疏散信号后,要按要求迅速从安全通道快速撤离,疏散时禁止使用电梯。

4.紧急疏散时,要听从现场指挥,保持秩序不混乱,有序撤离,切忌慌乱、人为起哄、拥挤,避免出现群死群伤事故。

5.脱离现场后,各部门负责人要迅速清点好各部门人数,对没有到场的,要马上查明原因并做好登记,及时上报现场负责领导。

6.对受伤的人员进行简单救治后,送往就近医院,并通知家属,做好家属的安抚工作。

7.紧急疏散应急领导小组应根据现场情况组织人员果断处理火灾等险情,防止事态扩大,并报告公安、消防等专业部门,等待救援。同时,根据事态发展情况,及时上报上级有关部门,争取相关部门的支援。

8.突发事件发生后,各相关人员要迅速赶到现场,设置警戒线,划定警戒区,设置隔离带,维护现场秩序,疏散现场人员及重要物资等,最大限度地保护现场人员的生命安全及大楼的财产安全。

荣成市融媒体中心反恐防范应急预案

恐怖袭击事件是特大的恶性事件,对国家、人民群众生命财产会造成严重的、不可估量的后果。为了更加有效地预防和控制恐怖事件发生,最大限度地减小损失和人员伤亡,根据防恐反恐工作要求及安排部署,结合市融媒体中心职能,制定反恐防范应急预案如下:

一、风险辨识

反恐防爆存在的主要风险包括:暴力袭击、自焚、爆炸、火灾事件等。

二、应急行动组织机构及职责

(一)建立和完善领导机构

1.成立荣成市融媒体中心反恐袭击、重特大事故、突发事件应急处置领导小组,中心党总支书记、主任邹积军同志担任组长,宋业亭、徐淑梅、刘青、王华丽、张明、王洪臣、王志超担任副组长,领导小组成员由各部室负责人组成。领导小组负责我中心反恐袭击、重特大事故、突发事件应急处置、综合指挥、组织协调工作。

2.成立荣成市融媒体中心反恐袭击、重特大事故、突发事件应急处置分队和预备队。应急处置分队队员分别为：周洪波、李冻冰、宋传峰、张军勇、邓波、于军涛、张文杰、夏亮、刘增光、宋伟、张峰涛、李冰、董鹤东、赵明、刘军亭及从事安保工作人员。预备队队员分别为：张晓宁、孙鲁鹏、孙宝乐、王宗翦、张华威、车晓光、桑栋、丛东旭、滕彬、许晓军、李宝强、柴德霖、杨晓晨、林建峰、李志强、周卫东、张曙光、吴高毅。

（二）建立信息网络

王少飞同志为荣成市融媒体中心处置反恐袭击、重特大事故、突发事件信息网络信息员，确保政府指令畅通无阻和各种信息资料顺利上报。一旦有紧急突发事件发生，本单位工作人员应在第一时间报告，相关领导要及时赶赴现场，详细了解情况，做好情况处置。

三、应急处理的程序

（一）事故报告流程

当大楼内办公场所及周边场所发生暴力袭击、自焚、爆炸、火灾等紧急情况时，在场发现人员要立即报告（可拨打外线：7585606，内线：68000或应急处置领导小组成员电话）。应急处置领导小组成员要迅速到达现场，了解情况后及时向主要领导报告，必要时立即拨打“119”“110”“120”电话报警。

（二）组织实施应急疏散抢险救护工作

在办公场所内部和外部周边发生恐怖袭击、火灾等事件时，为避免更多的工作人员和人民群众伤亡，以及火灾和爆炸时产生的有毒烟雾、高温、爆炸、建筑倒塌等有害因素威胁人身安全，必须首先引导疏散人群，确立“救人第一”的指导思想。由应急处置领导小组成员组织指挥应急处置分队队员开展救援行动，必要时向有关单位发出救援请求并通知预备队到岗参与救援等工作，将损失降到最低。

（三）疏散过程中具体流程和注意事项

1.当发生火情或恐袭等突发事件时，在应急救援行动中，人的安全要放在第一位。由应急处置领导小组指挥应急处置分队和预备队队员，在确保安全的情况下，负责控制、降低事态发展，使用相应器械工具进行安全处置，引导人员疏散等工作。

2.人员疏散顺序是：应按事件层及附近的人员、事件层上层、事件层下层的顺序通知疏散。

3.在应急处置分队和预备队队员指导下，疏散人员应有组织、有秩序地进行疏散，在楼梯的右侧按序通行，疏散过程中不得争先恐后，惊慌乱喊，防止出现骚乱、拥挤、踩踏、摔倒等意外事故；并且不要进入危险地带，不要中途折回取物。

4.如果发生火灾事故，办公楼内出现烟雾时，疏散人员可以利用湿毛巾、口罩等捂住口鼻撤离，并采取低姿势行走或匍匐穿过浓烟区。遇烟雾较大的情况时，注意按安全出口提示灯方向下楼梯。当视线不清时，应采取呼叫的方法，把人流集中，采用单手牵衣的方式连接起来。

5.各部室负责人要确保本部室区域内安全出口和安全通道的畅通。

6.安全保障部负责紧急疏散设施（完好）及消防通道（畅通）的日常检查工作。

7.办公室、总编室等部门日常要做好重要信息数据的安全备份（异地），以防范备份服务器（办公楼）万一被破坏时，信息数据无法恢复的风险。

8.做到及时的信息传递。

（四）现场保护

要对现场实行严格保护，妥善保存重要痕迹、物证。

（五）通信保障、情况通报工作

信息联络人员、处置领导小组成员、处置分队队员应保证24小时手机开机，确保通信畅通。做好上情下达、下情上报工作，迅速将事故、事件上报，并根据上级指示，逐级传达到位。

（六）调查取证

按照上级要求，根据职能分工，抽调力量，协调进行各项调查取证工作。

（七）做好善后处理工作

四、事故调查处理

事故调查处理实行“四不放过”原则：在调查处理时，必须坚持事故原因分析不清不放过；事故责任者和群众没有受到教育不放过；事故责任者没有受到严肃处理不放过；没有采取切实可行的防范措施不放过。

五、工作要求

（一）加强领导

及时传达，积极动员，精心部署，切实提高领导干部、员工的紧迫感和责任感，克服盲目乐观、松懈麻痹思想，确保中心办公大楼、发射塔安全保卫工作顺利开展。

（二）提高敏感性

全体工作人员要以高度的责任心和全局观念，发挥主动性，全面细致地开展工作，全力以赴完成任务。

（三）要服从命令听从指挥

遇到特殊情况及时报告，团结协作，讲究技巧，注意方法，耐心细致做好工作。

（四）严肃工作纪律

工作人员保证 24 小时通信畅通，保证随叫随到。凡在突发、重大事故和事件发生后，行动迟缓，措施不力，致使事故蔓延、扩大的，追究相关人员的行政责任。造成严重后果的，依法追究刑事责任。

六、本预案自发布之日起实施

荣成市融媒体中心反恐怖袭击实施方案及应急预案

为确保融媒体中心办公场所、人、财、物等的安全，尽最大努力降低恐怖事件带来的损失，按照上级工作部署及工作要求，结合我中心实际，制定方案如下。

一、恐怖事件范畴及反恐防恐范围

恐怖事件是指发生在融媒体中心办公大楼或发射塔的，引起干部职工的身心、财物受到严重损伤和损坏的一些案件或事故，如爆炸、凶杀、恐袭、破坏等。

排查防控范围：重点区域（融媒体中心办公大楼和电视发射塔及与其有关的周边区域）、要害部位（电视播出机房、电台广播机房、电视发射塔等）、重点物品（包括：病原体，放射源，生化物，易致毒、易燃、易爆危险化学品等）、重点人员（辖区内“藏独”“疆独”“法轮功”等人员）及各类群体性矛盾等。

二、反恐防恐指导思想

在中心党总支的统一领导下，认真组织部署有关反恐防恐工作方案及反恐防范应急预案，全力以赴保障干部职工的生命与财产安全，确保管辖范围内有关电视、广播宣传等各方面的安全与稳定。

三、反恐防恐工作原则

1.认真贯彻习近平新时代中国特色社会主义思想和党的十九大精神，全面认识反恐防恐工作的重要性和紧迫感，把反恐防恐工作与中心工作紧密结合，牢固树立“四个意识”，坚定“四个自信”，切实做到“两个维护”，真正做到维护党和国家的形象，保护公共财产和广大干部职工的身心健康。

2.反恐防恐工作由中心领导班子负主体责任，主要负责人为第一责任人，分管负责的班子成员为直接责任人，协助第一责任人做好具体工作；其他班子成员严格落实“一岗双责”，不但从思想上充分认识恐怖活动的危害性和反恐防恐工作的紧迫性，而且在工作中能够做到真抓敢抓，坚决果断地采取一切必要措施，防范、打击恐怖活动，控制、消除恐怖活动带来的影响，努力做到防患于未然。

3.从资金上给予反恐防恐工作充分的支持。每年年初由中心财务部门制定反恐防恐年度预算报告，申请资金为反恐防恐做好经费保障。

4.建立高效的工作体制和快速反应机制，加强统一领导，做到准确地沟通信息以及在重要关头能够采取必要措施。

5.做好舆论宣传导向工作,全方位确保工作稳定和秩序正常。

四、反恐防恐组织领导

在荣成市委的坚强领导下,在荣成市委宣传部的正确领导下,按照市反恐维稳办公室工作部署,市融媒体中心成立以邹积军为组长,宋业亭、徐淑梅、刘青、王华丽、张明、王洪臣、王志超为副组长,各部室负责人为成员的反恐防恐工作领导小组,负责反恐防恐工作的组织实施。领导小组下设办公室为安全保障部,与中心办公室共同负责全面协调、组织反恐防恐工作,办公地点在四楼,办公电话:7585606。

五、反恐防恐工作职责

(一)严格信息汇报制度

明确24小时值班制度和工作联系电话,各部门及时收集相关信息,遇特殊或紧急情况时随时上报。办公室负责全面汇总信息,及时向领导小组报告,并随时与上级有关单位保持密切联系。

(二)严格信息发布制度

反恐防恐工作办公室负责单位内部有关恐怖事件信息的审核发布。重大信息非经融媒体中心反恐防恐工作领导小组批准,不得随意传播发布。

(三)实施“零报告”制度

各部室负责人每日16:00向反恐防恐工作办公室进行情况报告,反恐防恐工作办公室做好记录,及时汇总信息,并向中心反恐防恐领导小组负责人汇报,必要时由反恐防恐领导小组明确处置办法。

(四)通力做好反恐防恐思想政治工作

加强干部职工自身的防护工作,注意掌握干部职工的思想动态,加强网络的监控和管理,坚持正确舆论导向作用,加强反恐防恐宣传教育力度,引导广大干部职工以适当方式与恐怖活动作坚决斗争。

(五)加强信息沟通

加强通信与联络,全力做好重点区域、重点部位和重点人员的排查工作,查找安全隐患和薄弱环节,采取措施加以整治,加大掌控力度。一旦发现恐怖迹象或苗头,立即果断与有关部门联系,不得瞒报、漏报或迟报。

(六)成立融媒体中心“反恐”处置防范队(包括应急分队和预备队)

严格落实24小时值班制度,领导小组成员、防范应急分队成员务必保持通信联络通畅。同时,建立应急救援物资、生活必需品保障制度,以保证反恐防恐工作顺利开展。

六、反恐防恐应急措施

1.及时拨打“110”报警电话。

2.同时向反恐领导小组值班领导汇报,必要时可向市反恐工作办公室报告,并通知防范应急分队有关人员。

3.现场处置人员要注意保护好现场,疏散围观的人员。

4.协助警方勘察,积极配合,防止事态扩大。

5.发生恐怖事件的部门或有关人员协助警方调查事件并及时做好善后工作。

6.做好恐怖事件的汇总上报工作。

七、反恐防恐紧急疏散

反恐防恐紧急疏散由中心反恐防恐领导小组负责统一指挥。反恐防恐办公室根据突发事件的情况,按程序及时汇报和向辖区公安机关报告,并组织防范队员保护现场,做好疏散稳定工作;同时配合反恐防恐做好相关工作,包括物品供应、应急采购运输、医疗保障和清洁保洁等工作。

(一)中心办公大楼的疏散工作

1.各楼层办公人员按演习方案指定的方向有序向各安全通道或出口疏散。

2.疏散顺序为“先事件发生楼层,后按先低后高进行”。

3.防范队成员负责现场指挥,视现场情况互相协调,以最快的速度把全部人员疏散到指定区域。

4.在疏散中遇到困难、问题时,应由反恐领导小组视情况组织开展工作。

(二)行政人员疏散

1.办公室负责人落实专人妥善处置好各类贵重物资、物品、重要资料和机密文件,可根据实际情况,组织相关工作人员关闭各类电器设备,切断电源。

2.办公室涉密人员疏散。由办公室相关责任人根据实际情况,决定如何保护、搬离机密文件,采取何种有效措施加强对保密部位的安全防范等。

(三)人力资源部、财务部人员疏散

相关负责人根据实际情况,落实专人妥善处置好计算机和财务等重要物品和凭证,关闭各类电器设备,切断电源。

八、信息上报

1.恐怖事件信息文稿由中心反恐防恐领导小组办公室负责提供,并由主管领导审核、签字,由主要领导确认后上报。

2.部门提供的信息,由相应部室组织撰写,审查无误后,由分管领导签字确认,再报中心反恐防恐领导小组办公室。

3.恐怖事件发生后,相关事项由中心反恐防恐领导小组集体研究确定。

九、恐怖事件的善后工作

1.恐怖事件已经确认可控或已消除,要仔细检查核对造成的损失,及时向中心反恐防恐工作领导小组报告。

2.反恐防恐工作领导小组根据恐怖事件的危害程度,研究确定中心工作状态(上班或休息)。

3.反恐防恐工作领导小组查明事件原因,追究事件责任,若有人员伤亡则由中心工会牵头相关部门做好善后工作。

荣成市融媒体中心安全保卫制度

1.安全保卫工作由中心安全保障部负责,设立专兼职保卫人员,安全保障部归技术保障委员会统一管理。

2.实行安全工作责任制。各部室负责人是本部(室)安全保卫工作第一责任人,应对本部(室)里的安全工作负责。

3.各重点部位要加强安全管理,实行具体人员负责制,管理人员要严格执行有关规定,防火、防盗、防灾,及时消除隐患,确保安全。

4.安保工作实行24小时两班轮换工作制度,不得随意无故离岗、脱岗、空岗,轮班时做好交接班记录,做到不迟到、不早退、不缺勤。白班人员负责楼前院内车辆按顺序停放,工作日内每晚下班前要对办公楼进行全面检查;发现问题,要立即与相关人员联系。夜间定时做好办公楼周边的安全巡视,并做好巡视工作记录,若发现问题及时报告。从下午6:00到晚上12:00,每隔2小时安全巡视一次;从晚上12:00到次日早晨6:00,每隔3小时安全巡视一次。保卫人员要严格执行交接班制度,严禁闲杂人员入内。交接班时,应将注意事项交代清楚,并将值班中所发生的重要事项进行登记。发现异常情况及时向办公室、值班中层干部和分管领导报告,认真履行职责,防止国家财产受到损失、破坏。

5.健全值班值宿制度,实行中心领导带班、中层及相关人员值班规则,做好记录,保证安全。

6.各办公室不准存放个人贵重物品。

7.下班后各办公室要注意关锁门窗、关闭电源、水龙头,防止灾害发生。

8.严格执行大楼作息时间,夏季大楼东大门晚10:30关闭,冬季晚10:00关闭。

9.定期进行安全检查,排除隐患,预防为主,警钟长鸣,防患未然。

荣成市融媒体中心消防值班制度

1.消防值班室实行24小时值班。交接班时,值班人员要对接班人员进行值班报告,接班人员要对消防监控设备进行自检,确认系统正常工作,正确填写设备工作状况。

2.系统发生故障报警时,值班人员应根据报警信息快速到达故障点进行处置,故障严重的要报告部门负责人并通知维护保养单位进行维修。不得随意对故障点进行隔离、删除报警信息、断开报警讯响器等操作,不得隐瞒不报故障现象。

3.报警时,电话通知的应立即确认火场情况,并通知报警人和部门消防安全员利用就近的灭火器材进行扑救,同时报告本部门负责人并及时到达火灾现场一同处置;系统信息报警的,要立即根据报警信息到达现场处置,并通知本部门负责人救援。火情严重时,应立即拨打“119”火警电话,通话内容要简明扼要,叙述正确,同时打开消防车通道;通过消防广播通知大楼内工作人员疏散撤离,必要时启动排烟、通风、喷淋水泵、消防栓水泵等设备。发生火警时,无论到达火场救援的还是疏散逃生的,任何人不得乘坐电梯。

4.一般办公场所发生火情,用干粉灭火器直接扑救。电器设备发生火情,用二氧化碳灭火器扑救。用消防栓救火时,应确认着火点及周围无通电设备。

荣成市融媒体中心电梯使用管理细则

为加强电梯管理,合理规范使用电梯,保障各项工作安全有序开展,制定本细则。

1.电梯由安全保障部统一管理维护,严格按照国家有关规定定期进行安全检验,做好日常运行中的维护保养。超过检验日期或带有故障的电梯严禁使用。

2.候梯时应与电梯保持安全距离,不要踢、撬、扒、倚层门。有序上下电梯,不要拥挤,应先下后上。

3.如果电梯满员,请耐心等待电梯的下一次服务。超载报警时不要强行挤入。

4.进入电梯后,不要用手、脚或物品阻止轿厢门的关闭。需要使电梯门保持打开状态时,可按住轿厢内的开门按钮。严禁长时间人为保持电梯门开启状态,严禁长时间脚踩楼层和电梯门连接处。

5.合理选择目的楼层,站稳扶好,照顾好身边的儿童或老人。禁止带宠物乘电梯。

6.乘电梯时应保持安静,爱护电梯设施,严禁在电梯内嬉戏打闹、跳跃、乱按按钮。

7.电梯到站停止后如果不开门,可以按开门按钮,不要强行打开轿厢门。

8.当电梯出现故障卡在层间时,不要惊慌,可以利用轿厢内的报警按钮或电话向值班人员呼救,或直接向维保单位电话呼救,耐心等待救援。切记不要自己通过危险方法强行离开电梯。

荣成市融媒体中心消防安全管理细则

为做好消防安全工作,保护广大职工生命财产安全,保障我中心各项工作的顺利开展,制定本细则。

1.大楼消防安全设施应符合国家有关规定标准,统一管理、统一维护,定期检查维护保养,实行24小时集中监控值守。

2.各部门严格落实消防安全责任制,部门负责人为本部门第一责任人。人人掌握消防安全基本知识,了解消防器材的基本功用,具备基本的火灾自救和互救能力。

3.各机房及重要场所应根据实际情况配备不同的灭火器材,所在工作人员熟悉其存放位置并能熟练操作。

4.机房及办公区域内禁止吸烟,严禁将易燃易爆物品带到单位。

5.严格遵守《安全用电管理细则》,规范操作使用各类电器设备。

6.保持疏散通道、安全出口畅通,严禁占用疏散通道、安全出口堆放物品等。

7.爱护消防设施,严禁私自变动消防器材存放位置,在没有出现火情的情况下触动报警器等行为。

8.严禁关闭、遮挡、覆盖安全疏散指示标志。

9.保持消防器材周围整洁,严禁遮挡或在其上面放置其他物品。

10.消防设施设备的电源专用,不得将其他电器与消防设施共用电源。

11.不得遮挡、覆盖烟感探头,严禁在喷淋头上悬挂物品。

12.在演播室等举办大型活动、人员密集时,主办部门应制定应急预案,专人负责,保证现场安全。

13.当出现消防安全事故时,应及时处置,并根据实际情况及时报告,情况紧急时可直接拨打“119”报警。

14.定期开展消防安全知识培训及演练,出现紧急情况时听从统一指挥,启动《消防安全紧急疏散应急预案》。

荣成市融媒体中心空调使用管理细则

为了合理使用空调,节约能源,创造舒适的工作和办公环境,制定本细则。

1.中心大楼设有中央空调和独立分体空调,各部门应根据实际情况合理选择分配使用空调。

2.中央空调统一开关,机房内应优先使用中央空调;在中央空调停运期间,根据设备运行情况适时开启独立分体空调。

3.冬季室内温度设置不高于20℃,夏季室内温度设置不低于26℃,机房温度根据实际需要设定。

4.加强室内空调的使用管理,离开房间超过1小时或下班离开时,应主动关闭空调。

5.空调运行期间,原则上应关闭门窗。

6.发现空调有异常情况,要马上断电并报告有关部门进行处置。

荣成市融媒体中心安全用电管理细则

为加强安全用电管理，提高安全防范意识，规范使用各类电器设备，营造安全、舒适的工作和办公环境，制定本细则。

一、机房安全用电细则

1.机房配电应统一设计、统一施工。

2.机柜、线槽内强、弱电应相对分离并捆扎整齐。电源插排要固定牢靠，电源线原则上不允许有接头，特殊情况必须焊接牢靠并使用绝缘胶带包扎好。

3.机房设备必须设置保护地线、避雷接地线，并定期进行指标测试。

4.强、弱电必须分开走强、弱电井道，井道内保持整洁，电缆捆扎整齐，未经批准不得在井道内增加用电设备。

5.检修配电设备时必须有两人同时在场操作，并悬挂“有人工作，禁止合闸”的安全牌。对挂有安全牌的设备任何人不得随意拉（合）闸。检修结束后，检修人应及时摘牌复位。如临近开机，设备或闸刀上仍挂有安全牌的，应迅速查明原因，严禁强行开机。

6.相关机房、配电室应采取措施防范鼠害。

7.机房工作人员应随时关注设备用电安全，发现异常及时处置并报告。

二、办公及其他区域安全用电细则

1.所有电器、电线、插排等应由安全保障部统一配接，严禁私自拉接电线、插排等。

2.电源线、插排的使用应留有20%以上的负荷余量，严禁私自使用大功率用电器。

3.严禁湿手接触电器设备、开关、插头、插排等，不使用湿布擦拭带电设备。

4.严禁在灯具、电脑、显示器、打印机等电器上悬挂或堆放无关物品，用电器周围应保持整洁。

5.下班后应关闭所有电器设备电源（需要24小时通电的除外），并切断插排电源，没有开关的应拔掉插头。

6.节约用电，坚持人走灯灭、用完关机的原则。发现设备电器故障或发现有焦煳味、异声、烟雾、发烫等情况应及时报告安全保障部进行处理。

荣成市融媒体中心关于加强创收监管的意见

为规范创收管理流程，促进中心创收工作，现对荣成市融媒体中心创收管理制定意见如下：

一、合同管理

1.创收合同文本的领取。使用中心统一的合同文本，其他补充合同可作为附件。如因未使用中心统一合同、补充条款表述不清、合同签订后未及时送至广告监审部审核存档等情况而产生的问题，由承揽人承担所有责任。广告合同由各部门到广告监审部签字领取，承揽人到各自部门领取广告合同，领取表由广告监审部存档以备检查。作废合同由领取部门存档。

2.合同的审查。所有商业广告合同须经承揽人、客户、广告监审部审核签字后方可履行。

3.联办合同的签订参照《2020年联办合作业务的承揽意见》执行；各栏目承揽的合同由承揽部门起草，报广告监审部审核后签订。

4.合同签字后一周内，需将合同提交广告监审部。

二、加强广告的播前审查

1.广告运营部、大型活动部、广播部、荣成时讯等部门严格按照广告审查上载流程审查上载广告。其他部门承揽的广告审查见广告审查流程。栏目中植入广告(包括奖品)参照活动管理办法,栏目制作并上载的广告审查由所在部门负责。

2.购物广告的审查由规定部门负责。

三、加强播后监管

中心将不定期组织相关人员对部门的创收合同价格及播出管理情况进行抽查,对不符合相关规定的行为将严肃处罚。

以下情况将参照中心相关规定进行处罚。

1.合同签订和相关数据核算有误。

2.广告审核不严不细,造成多播、少播、漏播、错播,给单位或客户造成经济损失或不良影响。

3.未收费播出广告。

4.未按规定流程审核签字的。对出现的问题分两种情形:

一是因工作疏忽、大意造成的。

1.情节轻微造成轻微经济损失的,对责任人予以通报批评,并酌情处以罚款 50—100 元。

2.情节一般造成一定经济损失的,由分管督查的领导对部门负责人诫勉谈话。对责任人处以罚款 400—600 元;对部门负责人处以罚款 300 元;对分管领导处以罚款 100 元。责任人扣发 5%的年度绩效奖励工资。

3.情节较重造成重大经济损失,给予责任人待岗学习 1—2 个月,发放基本生活费;对责任人处以罚款 700—800 元;对部门负责人处以罚款 400 元;对分管领导处以罚款 200 元。责任人扣发 10%的年度绩效奖励工资。

二是弄虚作假、隐瞒不报的,将加重处罚并在年度评先选优中一票否决。

奖励:各环节实行审查负责制,纠错按轻重给予一定的奖励。

荣成市融媒体中心活动创收管理规定

为保证活动创收工作健康有序发展,针对实际运行中出现的问题,整合以往相关规定,进一步明确部门职责,理顺工作流程,制定 2020 年活动管理规定如下:

一、活动立项申请及总结

1.所有活动宣传推介前,申请部门须填写《活动立项申请表》,经部门分管领导签字同意后,将活动方案和申请表提交到总编室,申请表须总编室、广告监审部及分管领导签字审批。

2.申请表中的相关数据可为预算数,活动实际纯收入不得低于预算纯收入,若实际纯收入低于预算纯收入,则多推介的部分要按广告价格从收入中扣除。申请部门要详细填写申请表,一式三份,申请部门、总编室、广告监审部各一份。

3.活动结束后,活动组织部门原则上于半月内填写《创收活动总结报告表》,由广告监审部和办公室共同审核签字后备案,作为收入分配和核算绩效的依据。

二、活动的推介

前期推介要根据预算纯收入核定活动推介形式及时长。

推介形式:电视图像、滚动字幕(仅限公益类)、电台等。

推介天数:纯收入 5 万元以下推介 7 天;5 万至10 万元以内推介 10 天;10 万元及以上,每 10 万元推介 15 天。

推介时段:图像广告可制作 15 秒和 30 秒两个版本,由总编室根据频道的时段情况统一调配,安排播出。

团购活动按团购方案推介。

总编室要对活动立项、宣传推介进行把关,对相关活动可建议进行整合或拓展,避免部门的活动冲突和宣传标准不一。财务部要对活动收入支出等数据把关。活动立项后填写《活动播出推介申请表》,款项到位后方可进行宣传推介和举办活动。

三、活动推介及费用标准

（一）夏日广场文化活动

每次演出前 3 天，使用滚动字幕推介活动（仅限公益类），推介内容包括活动的时间、地点及主办方单位名称。需要播出的，不超过 50 分钟，首播、重播各 1 次，每场收费 2 万元（含）以上；不需要播出的，每场收费 1.5 万元（含）以上；市里分配的文化惠民演出任务，按照市里统一标准执行收费。每场活动支出不得超过总收入的 50%。

（二）有广告回报的活动

有广告回报的冠名、赞助等活动一次性投入不得低于 2 万元，原则上按照总收入的 80%给予广告回报，20%留作现场活动费用。现场活动按照1 万元/场次的标准从现场活动费用中抵扣，如总收入的 20%不足 1 万元时，按照 1 万元的标准扣除现场活动费用，剩余部分给予广告回报。如需举办多场活动，按照 1 万元/场次另行收费。每场次活动不超过 1 天，且支出不超过现场活动费用的 40%，活动不播出；如需播出需提前审批并按照规定价格收费。整个活动及广告回报扣除活动支出后计入部门指标。

（三）不含广告回报的其他活动

含录制播出的每场收费 2 万元及以上，支出不超过 25%，活动播出不超过 50 分钟，首播、重播各 1 次，并按规定植入广告。不需录制播出的，每场收费 1 万元及以上，支出不超过 40%。

（四）绩效核算方式

绩效核算方式参照《2020 年创收主体经营方案》执行，部门按照纯收入的 3%提取活动经费。

（五）其他

收费 2 万元的活动仅为一般规模的活动，中大型活动或程序复杂、难度较大的活动，需根据实际情况增加收费，并在审批时说明具体情况。

四、活动经费的支出管理

（一）比价采购小组

以部门为单位成立比价小组，人员组成包括承揽人（至少 1 人）、活动管理人员（至少2 人），总人数须为 3 人以上单数。部门负责人是承揽人的，可兼任比较采购小组的成员，也可由分管领导另行委托他人。

（二）询价比价

比价采购小组根据活动要求，对有关商品或服务进行询价、比价，原则上要做到货比三家，并以质优价廉为标准选择最终的商品或服务。询价、比价情况要详细记录并经比价采购小组成员签字后存档。

（三）支出计划

根据询价比价的结果，填写《活动经费支出计划》，并附《活动立项申请表》后按要求逐级报批。

（四）签订合同

《活动立项申请表》及《活动经费支出计划》按规定流程审批通过后，活动组织部门在获批的支出计划范围内与相关商品或服务的经销商签订详细的合同。合同须包括商品及服务名称、价格、支付方式、双方权利义务、安全职责分工等内容。合同一式三份，广告监审部、活动组织部门、合作对象各执一份。

（五）总结并支付

活动结束后总结和汇报经费支出情况。原则上所有经费必须在活动总结批准后支出，如商品或服务的经销商要求先付款后执行的，活动组织部门可按财务规定使用公务卡、转账支票付款或自行垫支。使用公务卡付款，持发票以及公务卡 POS 票凭证一并报销；使用转账支票付款，需持相应发票报销。经费支出必须取得税务发票，支付对象为个体演出劳务人员的除外。

（六）罚则

所有经费支出必须遵守中心有关规章制度，否则将按照规定给予处罚。

五、活动的收入分配及绩效核算方式

活动冠名单位属经营责任主体范围内的客户按相关文件执行。特殊情况由经营管理委员会或中心班子会讨论确定。

以上活动适用于常规的广场文化、娱乐活动、体育赛事、各种商品展销等。如有特殊情况提交中心班子会讨论确定。

荣成市融媒体中心关于旅游、培训合作业务的有关意见

为规范我单位旅游、培训业务的流程，明确播量核算方式与绩效核算方式，经办公会研究同意，实施本意见。

一、旅游、培训业务流程

签订合同

（相关承揽部门与旅行社或培训机构签订合同）

宣传推介

（根据合同约定或融媒体中心安排进行宣传推介）

咨询、报名

（由相关承揽部门负责，咨询电话、报名地点设在承揽部门）

签订旅游或培训合同

（游客与旅行社签订或学员与培训机构签订）

付款

（游客/学员付款至旅行社/培训机构账户，或承揽部门代收缴至财务部）

行前说明会

（如举行行前说明会，旅行社派人负责说明，广告监审部参与）

付款

（根据缴费人数向我单位支付宣传费用，或我单位根据缴费人数向旅行社/培训机构支付报名费。由财务部签字确认）

旅行团出行或培训班开班

（广告监审部现场清点人数，广告监审部、旅行社/培训机构、承揽部门签字确认）

存档

（广告监审部、旅行社/培训机构、承揽部门、财务部四方签字有效，广告监审部负责纸质文档的存档工作）

二、广告监审部监管重点

1.承揽部门必须与旅行社/培训机构签订合同，明确权利与义务，广告监审部参照合同进行监管。

2.广告监审部需参加旅游项目的行前说明会，听取旅行社人员对旅游项目的介绍，监督介绍中的旅游项目与提供的宣传方案是否相符。

3.旅行团出行前或培训班开班之前至财务部确认到款情况。（以财务部签字为准。）

4.旅行团出行当天至出发现场清点人数是否正确；培训班根据上课的时间、地点对学员人数随机抽查，确认人数无误后在项目监审存档表上签字。

三、播量的核算方法

1.旅游项目以《旅游项目监审存档表》的宣传费实收款为准，按纯收入计入部门指标任务。该旅行团所有旅游行程结束后方可计算播量，如发生游客纠纷导致退款的，计算播量时还应扣除相应的退款。

2.培训项目以《培训项目监审存档表》的宣传费实收款为准，按纯收入计入部门指标任务。该班次所有学习计划完成后方可计算播量，如发生学员纠纷导致退款的，计算播量时还应扣除相应的退款。

四、绩效核算方式

旅游及培训项目按照实际播量核算绩效，具体核算及发放方式参照《2020年创收主体经营方案》执行。

本意见由广告监审部负责解释，如有其他未尽事宜，由中心办公会讨论决定。

荣成市融媒体中心关于费用报销类别及流程的说明

一、费用报销类别

费用报销类别分为人员费用、日常公用支出、设备购置、工程维修、差旅费、职工探亲、幼儿入托费、提取业务费等相关支出。

二、费用报销制度

1.正确执行财务政策和财会法规，严格执行“四人审签”制度。不得出现不按规定签字的单据入账，收支单据不得涂改。

2.报销原始凭证必须为真实、合法、记载完整的票据，并填写单位名称、日期、内容、数量，大小写相符，做到名称一致、款项一致、经办人一致，保证款项安全规范支出。

3.原始凭证单据张数较多，将单据粘贴后到财务部打印封面，并填写附件张数、金额及费用内容。

4.除政府比价采购、工程维修等特殊情况外，活动支出办理报销按创收活动总结报告规定执行，其他申请费用支出的业务须在10个工作日内办理报销手续，否则，由部室负责人及分管领导写出书面说明。

5.实行政府采购项目的专用增值税发票，签字报销时应附定点供应商提供的项目明细表及政府采购验收报告。另外，办公费、印刷费、水电费、设备购置费、维修费、专用材料费、车辆维修燃油费、演出费等需开具专用增值税发票。

三、费用审批流程

1.人员费用的审批先由经办人、部室负责人及分管领导确认（涉及新闻、节目、广播绩效考核及上发稿件的，由总编室主任及分管领导审核签字；职工季、年绩效由办公室负责人及分管领导审核签字），再提交财务部签字后，呈报主要领导签批，方可办理付款业务。另外，职工五险一金由财务部负责填报，职工调资、产假工资等由人力资源部负责填报，逐级审批、公示并上报。

2.日常公用支出、设备购置（须政府比价采购批复）、工程维修（须评审机构批复）的审批须经办人、部室负责人及分管领导确认签字，提交财务部审核签字，再呈报主要领导签批后报销。

3.差旅费、职工探亲的审批须到财务部，按照荣财字〔2009〕74号《荣成市机关事业单位差旅费管理办法》的规定填制报销凭证封面内容，经办人及分管领导确认签字，提交财务部审核签字，再呈报主要领导签批报销。

4.幼儿入托费的审批须经办人、部室负责人及分管领导确认签字，提交财务部审核签字后报主要领导签字报销。

5.创收、活动及制作等部门提取绩效的项目须经办人、部室负责人、分管领导、财务负责人签字审核，再呈报主要领导签批，方可领取绩效。另外，提取绩效或绩效考核部门须在提取表中注明办公会通过的时间或电子公告发布的日期。

荣成市融媒体中心公务卡管理规定

1.严格执行《荣成市市级预算单位公务卡管理暂行办法》的规定，对因公发生的差旅费、会议费、培训费、招待费、交通费、邮电费和办公用品购买等支出，以及财政部门要求的公务卡强制消费项目，凡具备刷卡条件的，必须使用公务卡结算，原使用转账方式结算的，可继续使用转账方式。

2.持卡人在公务消费后应尽快办理财务报销手续。持公务卡消费的正规报销发票和经本人签名的公务消费交易凭条(POS 机小票)及商品明细清单(非电脑打印的清单应加盖销售单位公章),由部室确认后,按照中心财务管理制度规定的审批程序履行报销手续。持卡人必须在规定的时间内办理财务报销手续,因个人报销不及时而造成的银行罚息等费用及个人信用损失,由持卡人个人承担。

3.持卡人在办理报销手续时,既有现金消费又有公务卡消费时,应根据不同的结算方式,分别填制报销凭证审批报销。

4.财务人员必须在公务卡到期还款日之前,统一办理报销资金的还款手续并确保资金在到期还款日之前支付到公务卡。

5.对于本中心制定的财务管理制度中要求事前审批的公务支出事项,持卡人仍应事先按要求履行相关审批手续。

荣成市融媒体中心借支管理规定

出差及临时借款:特殊情况下不能使用公务卡结算(无刷卡机)。因公出差、因公临时借款凭《借款申请表》按批准额度办理借款;出差返回后,借款人员在 5 个工作日内办理报销还款手续并及时报账。

借款流程:出差及其他费用支出,须借款人填写《借款申请表》,由部室负责人、分管领导审核,再呈报主要领导签批执行。第一次借款不清,不允许第二次借款。借款超过规定期限的,从借款人的工资中扣除。

荣成市融媒体中心关于规范公务接待和加强经费管理的意见

一、公务接待

1.审批。公务接待实行公函制度,各部室接到相应单位发来的公务函后,填写《公务接待审批单》,经主要领导审批后,连同公函一并送办公室,办公室在定点宾馆进行安排。

2.接待对象应当按照规定缴纳食宿费,确因工作需要,我中心可安排工作餐一次。接待对象在 10 人以内的,陪餐人数不得超过 3 人;超过 10 人的,不得超过接待对象人数的 1/3。工作餐应当节俭,按照我市的公务接待工作餐开支标准执行,不提供香烟和高档酒水,要严格执行“禁酒令”规定。

3.报销。我中心负责结算的公务接待费用,应在公务活动结束后由接待部室用公务卡即时结算。接待部室将公函、《公务接待审批表》《公务接待清单》(包括接待对象单位、姓名、职务和公务活动项目、时间、场所、费用等)、发票以及公务卡 POS 票等凭证送财务部,按照财务程序报销。财务部对手续和附件不全、超出接待标准的开支,不予报销。

二、会议培训

1.审批。各部室举办会议培训,原则上在中心机关会议室举办,主办部室向办公室提交《会议培训审批单》,办公室负责安排。需要在宾馆安排会议室的或安排食宿的,须向主要领导提交《会议培训审批单》,经主要领导批准后,办公室安排。

2.主办部室应组织参加会议培训的人员签到。会议费、培训费实行一会一结算,会议培训结束后,发生费用由主办部室用公务卡即时结算。主办部室将《会议培训审批单》《会议培训清单》、会议通知、实际参会人员签到表、会议服务单位提供的费用原始明细单据、发票以及公务卡 POS 票等凭证送财务部,按照财务程序报销。财务部对手续和附件不全、超标准的开支,不予报销。

三、因公出差

1.审批。出差人员在因公出差之前须填写《出差审批表》,外出的会议,要附会议通知;外出活动要附邀请函。

2.交通。城市间交通须根据《荣成市党政机关差旅费管理办法》乘坐交通工具,城市间交通费、订票费、经批准发生的签转或退票费及保险费等据实报销,乘坐出租车、地铁、公交车等市内交通费用自理。

3.住宿。根据《荣成市党政机关差旅费管理办法》规定,在住宿费标准限额以内住宿。

4.结算。城市间交通费、住宿费等能够刷卡付款的,必须使用公务卡结算,不得使用现金。接待单位安排用餐或提供交通工具的,应当向接待单位缴纳相关费用,并由接待单位收取人出具收取证明。

5.补助。出差期间按照自然天数报销伙食补助费和市内交通费,实行定额包干。乘坐公务用车出差的,不报销市内交通费。

6.报销。出差结束后,出差人员应及时办理报销手续,提供《出差申请表》、城市间交通费发票、住宿费发票以及公务卡 POS 票等凭证;将所有原始单据附在《差旅费报销汇总单》后,由经办人、部室负责人、财务部负责人及主要领导签批后予以报销。财务部对无《出差申请表》和住宿费发票的,不报销住宿费、伙食补助费和市内交通费补助,对差旅费规定标准之外的超支部分不予报销。

7.外出会议培训。离开荣成参加会议培训,由举办单位统一安排食宿的,会议培训期间不报销伙食补助费和市内交通费,往返会议培训地点的差旅费按规定报销。

四、公务活动及加班用餐规定

活动用餐列于活动成本;公务活动及加班用餐另行研究执行。

五、其他

1.监督管理。财务部应每半年对中心公务接待和经费管理情况进行一次检查,检查报告进行汇总存档。

2.公务用车制度改革后,公务接待用车管理规定另行制定。

机构与团体

荣成市广播电视台机构变动情况

2010年1月至2012年4月，荣成广播电视台不再与市广播电视局实行局台合一。荣成广播电视台更名为荣成市广播电视台，为市政府直属正科级事业单位。将市广播电视局崖头分局、石岛分局、成山分局分别更名为荣成市广播电视台崖头中心站、石岛中心站、成山中心站。12个镇级广播电视站分别更名为荣成市广播电视台俚岛工作站、人和工作站、虎山工作站、宁津工作站、埠柳工作站、港西工作站、夏庄工作站、崖西工作站、荫子工作站、滕家工作站、大疃工作站、上庄工作站。

2012年4月19日，市广播电视台进行了台网分离改革，撤销市广播电视台崖头、石岛、成山3处中心站和12处镇级工作站，其人员编制并入市广播电视台。归并后，市广播电视台编制暂定154名，经费来源为自收自支。2013年4月2日，由自收自支调整为全额预算管理，其来源维持原渠道不变。批复的领导职数为：台长1名、副台长3名，总编辑1名(由1名副台长兼任)、副总编辑2名。内设机构增设新闻中心、技术中心和广告中心，规格均为副科级。2019年1月15日，荣成市融媒体中心挂牌，荣成市广播电视台和荣成市新闻中心合并，为市委直属正科级公益二类事业单位(由市委宣传部代管)，核定事业编制145名，配备主任1名、总编辑1名、副主任4名，编制定为145名。2019年4月11日，中共荣成市委办公室、荣成市人民政府办公室发布《关于印发〈荣成市融媒体中心建设实施方案〉的通知》(荣办发〔2019〕17号)，为荣成市融媒体中心建设和各项事业发展提供了强有力的政策支撑。

荣成市融媒体中心内设机构及职能

荣成市融媒体中心下设行政管理委员会、编辑委员会、经营管理委员会、技术保障委员会。共设立26个部室。

机构具体设置及职能如下：

一、行政管理委员会(行管会)

负责整个中心的党群行政管理工作，下设4个部室：

1.办公室(内设车队、伙食班)

(1)全面负责中心各项事务的统筹协调、综合管理，研究提出中心整体发展规划、思路、工作计划和总结。

（2）督办落实中心党组重要会议作出的决定。

（3）负责中心党组及中心重要会议和会务筹备工作。

（4）负责单位公章的保管、使用及用印登记工作。

（5）负责中心重要文字材料的草拟、审核工作。

（6）负责做好重要公务接待工作。

（7）做好上级部门及市内信息报送工作。

（8）做好“荣成民心网”的日常监看及涉中心事项的答复派发、上报等工作。

（9）牵头单位内部各项考核工作。

（10）做好文书档案、图书管理、中心史志编写工作。

（11）负责办公、劳保用品采购，物品领用登记、归档等工作。

（12）负责中心公务车辆的调配、使用、停放和维护保养及交通安全管理等工作。

（13）负责食堂管理工作。

（14）组织开展文体等活动。

（15）负责招商引资和包村工作。

（16）完成中心和行管会交办的其他工作。

2.人力资源部

（1）负责中心的人力资源规划、员工招聘选拔、员工培训安排。

（2）负责组织拟订中心人力资源管理规章制度及实施细则。

（3）负责组织安排员工的继续教育。

（4）负责做好中心内部人力资源合理调配。

（5）负责中心薪酬管理工作，编制中心年度薪酬计划及薪资调整方案。

（6）负责办理中心人员调动、组织关系接转、职称晋升申报、职工医疗保险、养老金保险、工资增资、职工退休等手续的办理。

（7）负责有关人员劳动合同签订等工作。

（8）负责落实单位内部考核工作。

（9）负责请销假管理工作。

（10）牵头单位内部各项评先选优工作。

（11）负责中心各类事业法人证书、组织机构代码证等的年检年审工作。

（12）完成中心和行管会交办的其他工作。

3.党建工作部

（1）负责拟订中心党建及意识形态工作的实施意见、实施方案、目标要求及工作计划等，并督导落实。

（2）做好中心党组党建及意识形态工作，党风廉政建设工作，意识形态领域、“三重一大”等专题会议及中心党总支会议的记录工作。

（3）负责拟订中心月度党建工作清单和党费收缴工作。

（4）负责中心党组理论中心组民主生活会方案制定，党组材料撰写，民主生活会材料整理、上报等工作。

（5）负责党建统领实施意见和方案的修订、督导、检查、落实。

（6）负责各党支部“三会一课”、党员活动日等组织活动的统筹调度及督导、落实。

（7）负责统筹指导各党支部发展党员工作。

（8）负责督导检查考核各党支部簿册记录和党员学习笔记等。

（9）对接市委组织部和市直机关工委，做好党建工作的上传下达。

（10）对接社区，做好单位进社区和党员进社区工作。

（11）负责中心贯彻落实市委专项教育活动的方案拟订、督导落实工作。

（12）完成中心和行管会交办的其他工作。

4.财务部

（1）负责中心财务、预决算、固定资产管理等。

(2)负责中心资金筹措和核对工作。

(3)负责配合审计、财政税收等部门检查和督查工作。

(4)负责中心内部财务审计工作。

(5)负责中心固定资产的登记管理,协调物资器材的处置工作。

(6)负责中心税金的计算、申报等工作。

(7)做好中心债权、债务的清理结算工作。

(8)负责中心各类财务统计申报工作。

(9)负责中心各类票据的清核管理工作。

(10)负责保管有关印章、空白收据和空白支票的安全与完整。

(11)负责中心干部职工工资、奖金等的核对造册、发放。

(12)完成中心和行管会交办的其他工作。

二、编辑委员会(编委会)

负责中心新闻宣传、节目栏目、编务出版等工作,下设13个部室。

1.总编室

(1)负责中心广播、电视、报纸、网站、新媒体等新闻宣传的统筹协调管理。

(2)制定年度和阶段性宣传报道计划,负责重大活动的宣传策划、新闻宣传工作的总结以及信息报送。

(3)牵头负责中心所属媒体的形象包装和改版实施,提出节目编排和节目采购建议,定期征集社会意见或建议。

(4)牵头拟订新闻采编岗位的绩效考核办法和节目栏目创优等激励措施。

(5)负责相关节目的审查把关和外购节目的审查、上载。

(6)负责组织月度好稿评比和每周报评工作。

(7)牵头做好精品创优。

(8)负责对外编务工作的沟通联系工作。

(9)负责通讯员的业务联系及培训等工作。

(10)负责电视、报纸等新闻及节目等媒体资料管理。

(11)完成中心和编委会交办的其他工作。

2.全媒体采编部

(1)负责中心辖属媒体的时政、民生等新闻的采编工作。

(2)负责主题报道的策划。

(3)负责电视、报纸和新媒体的外宣报道。

(4)负责《时事解读》《看今朝》等电视时政栏目的采编工作。

(5)完成中心和编委会交办的其他工作。

3.新闻编辑部

(1)负责电视、报纸新闻的文字编辑、节目编排和初审工作。

(2)完成中心和编委会交办的其他工作。

4.新媒体发展部

(1)负责中心各网站、微信、微博以及手机App等新媒体的内容采编、制作、发布工作。

(2)负责做好重大活动的新媒体直播;配合产业经营部做好创收活动的新媒体宣传。

(3)负责短视频的策划、创作;拓展镇街、部门微信公众号的代理运营业务。

(4)完成中心和编委会交办的其他工作。

5.报刊部

(1)关注人民日报、新华社、大众日报、威海日报等上级主流党媒发布的重大新闻,及时作出反应。

(2)组织实施编务出版流程,会同编务部室衔接好各编务环节。

(3)负责各版面大样校对、二审。

(4)负责管理和使用“《荣成时讯》编辑部”印鉴。

(5)负责头题和重点稿件的策划、采访、撰写和编辑。

(6)落实好时讯要闻版上稿计划,按编务出版流程要求,负责版面编辑、校对工作。

(7)根据掌握的新闻线索,精心编写策划方案和报道计划并及时向编务会汇报。

(8)严格遵守编务流程相关规定,按时高质量完成版面编排工作。

(9)完成中心和编委会交办的其他工作。

6.评论部

围绕市委、市政府中心工作和重大会议活动,组织撰写社论、评论员文章等重要评论。

7.节目部

(1)负责《为了新中国》《开票有奖》《快乐成长》等电视节目(非广告文艺类)的采、编、播工作。

(2)做好栏目创收工作。

(3)完成中心和编委会交办的其他工作。

8.专题部

(1)负责政务类专题片、形象片、公益广告的拍摄制作。

(2)负责《风雅荣成》的采编及审查。

(3)负责《榜样》的采编及审查。

(4)负责短视频的策划、创作。

(5)完成中心和编委会交办的其他工作。

9.电教部

(1)负责《党建视界》栏目的采编及审查。

(2)完成市委组织部下达的其他工作任务。

10.播音部(将电视时政类栏目播音主持人合并)

(1)负责广播电视新闻的播音工作。

(2)负责大型活动、重要会议、现场观摩的解说工作。

(3)协调做好播音主持人中心内部兼职服务工作。

(4)完成中心和编委会交办的其他工作。

11.制作部(将电视时政类栏目制作人员合并)

(1)负责《荣成新闻》《民生360°》的制作和上载。

(2)负责电视新闻等栏目包装和改版的实施。

(3)完成中心和编委会交办的其他工作。

12.视频创作部

(1)负责收费类专题片、形象片、微电影等的拍摄制作。

(2)负责创作向上级媒体报送的视频宣传片和摄影作品。

(3)负责视频业务的创作、经营与拓展。

(4)完成中心和经管会交办的其他工作。

13.网络信息部

(1)负责媒体购物、合作经营等项目的承接。

(2)拓展媒体广告及文艺活动创收之外的产业经营。

(3)负责《荣成在线》网站的创收工作。

(4)负责《直播荣成》手机台等平台创收类活动的承揽、策划。

(5)负责中心所属房屋租赁相关工作。

(6)完成中心和经管会交办的其他工作。

三、经营管理委员会(经管会)

负责整个中心广告营销、活动承办、社会培训和产业拓展等工作,下设5个部室。

1.广告监审部

(1)负责广告、活动及产业经营的监督管理工作。

(2)负责经营创收政策的拟订。

(3)负责核算各经营主体的播量、创收指标的完成情况及款项到账情况。

(4)负责上门广告承接。

(5)负责中心承担的各类大型活动的统筹协调工作。

(6)完成中心和经管会交办的其他工作。

2.广告运营部

(1)负责中心电视、报纸的广告营销、策划和创收。

(2)完成中心下达的创收任务。

(3)负责中心电视、报纸的广告拍摄、制作等工作。

(4)负责广告词审查、合同盖章、活动立项、活动结算等工作。

(5)负责天气预报的审查、上载工作。

(6)完成中心和经管会交办的其他工作。

3.大型活动部

(1)负责中心各媒体主办和承办的大型活动。

(2)负责文艺类活动的承揽、创收工作。

(3)负责《走进荣成非遗》等栏目的策划、采编及审查。

(4)完成中心和经管会交办的其他工作。

4.广播部

(1)负责除自办新闻类节目以外所有广播节目的策划、制播、交流管理和广告、活动等创收工作。

(2)完成中心和经管会交办的其他工作。

5.艺术培训部

(1)负责面向社会各界的艺术培训工作,并结合社会需求积极拓展经营项目。

(2)完成中心和经管会交办的其他工作。

四、技术保障委员会(技委会)

负责中心的技术发展规划,专业技术设备的招标采购,中心技术系统的管理维护,演播室、转播车的管理维护;负责安全播出发射、安全生产和安全保卫等工作。下设4个部室。

1.技术部

(1)负责技术事业发展规划,中心工程技术方案论证并组织实施。

(2)负责中心广播电视采编播、报刊、新媒体及办公网络等专业设备采购维护和保障工作。

(3)负责全景高清直播演播室的管理维护。

(4)负责摄像摄影等外采设备的统一管理维护。

(5)负责重要会议和重大活动的技术服务工作。

(6)负责各类直播录制活动的技术保障等相关工作。

(7)负责中心内部网络安全工作。

(8)完成中心和技委会交办的其他工作。

2.播出部

(1)负责电视安全播出工作。

(2)负责电视播出设备的日常检修和维护等技术性工作。

(3)负责滚动字幕制作、播出。

(4)完成中心和技委会交办的其他工作。

3.发射部(原发射台、转播台)

(1)负责广播电视信号安全发射工作,确保广播、电视无线信号有效覆盖。

(2)负责广播电视发射设备的日常检修和维护等技术性工作。

(3)负责广播电视发射台安全保障工作。

(4)完成中心和技委会交办的其他工作。

4.安全保障部

(1)负责中心物资管理、公用设施维护、后勤保障等工作。

(2)负责大楼的安全生产工作,做好消防人员培训、用电安全及相关设施的日常维护、保养、更新工作。

(3)负责办公场所的安全保卫工作。

(4)负责相关图纸管理、证照办理、保管等工作。

(5)负责中心各类房产的监护、维修工作。

(6)负责电梯、空调等设备的维修管理。

(7)负责中心办公场所的物业管理及室内外绿化养护工作。

(8)负责中心大型活动的后勤保障工作。

(9)负责废旧物资的管理。

(10)完成中心和技委会交办的其他工作。

中心(台)领导分工情况

2011 年

周广金同志负责广电系统全面工作,分管财审科。

王宏伟同志负责行政管理和宣传考核工作,分管办公室、总编室、经营管理科、电台、编辑委员会、广告管理委员会,协助周广金同志抓好全台工作。

秦铁军同志负责广电系统技术保障、手持电视及广播电视台后勤和安全保障工作,分管光电传媒公司、技术委员会。

宋忠强同志负责组织、纪检、政法、政工、包村、督查考核等工作,分管政工科、团委、工会。

刘健、徐淑梅同志负责宣传、创收及广电系统营销策划工作,刘健同志分管新闻中心、媒资室,徐淑梅同志分管广告中心、妇委会。

梁伟同志协助秦铁军同志抓好后勤及安全保障,具体负责后勤服务、安全保卫相关工作,分管物业中心、安全保卫科。

刘青同志协助秦铁军同志抓好技术保障,具体负责技术中心相关工作,分管技术中心。

孙明同志负责广电网络公司安全生产相关工作。

2012 年 1—7 月

周广金同志负责全面工作,分管财审科。

王宏伟同志负责行政管理和宣传考核工作,分管办公室(车辆管理科、伙食管理科)、总编室、经营管理科、电台、编辑委员会、广告管理委员会,协助周广金同志抓好全台工作。

秦铁军同志负责技术安全保障及手持电视工作,分管技术安全保障中心、光电传媒公司、技术委员会。

宋忠强同志负责组织、纪检、政法、政工、包村、督查考核等工作,分管政工科、团委、工会。

刘健同志负责宣传、创收及广电系统营销策划工作。

徐淑梅负责宣传、创收及广电系统营销策划工作,分管广告中心、妇委会。

刘青同志协助总工抓好技术安全保障工作,具体负责电台、电视台技术安全保障工作。

孙明同志负责广电网络公司安全生产及台技术安全保障相关工作,主持石岛中心站工作。2012 年 4 月因网络整合回台工作,涉及网络工作,不再分管主持石岛中心站工作。

2012 年 7—12 月

姜旭明同志负责全面工作,分管财审科。

2012 年 11 月,下达《关于调整部分党组成员工作分工的通知》(荣广字〔2012〕17 号),具体通知如下:

秦铁军同志负责技术保障、安全播出、宣传考核、招商引资及后勤消防工作,分管技术中心、总编室、新技术开发部,协助姜旭明同志抓好全台工作。

徐淑梅同志负责广告创收及营销策划工作,分管广告中心、广播电台、女工委。

孙明同志负责行政管理工作,分管办公室(车辆管理科、安全保卫科、图书室)、经营管理科。

2013 年

姜旭明同志主持台全面工作,分管财审经管中心。

秦铁军同志负责技术后勤保障、安全生产、

防火防汛、招商引资工作,分管技术委员会、技术保障中心,协助姜旭明同志抓全台工作。

刘健同志负责宣传、策划、创收、新闻和节目监督考核工作,分管编辑委员会、总编室,协助抓新闻中心、节目中心。

徐淑梅同志负责广告和活动创收、营销策划工作,分管广告委员会、广告中心、活动中心、广播中心、女工委。

刘青同志协助秦铁军同志抓技术和安全保障工作,分管技术委员会相关工作和播控中心。

孙明同志负责行政管理及组织、纪检、包村、包企,分管经营管理委员会、产业发展中心、行政中心、团委、工会。

张明同志负责时政宣传工作,分管新闻中心。

刘昌涛同志负责民生宣传和节目策划、运营管理、栏目创收工作,分管节目中心。

2014 年

张　波:市广播电视台党组书记、台长。主持台全面工作,分管财审经管中心。

秦铁军:市广播电视台党组成员。负责技术后勤保障、安全生产、防火防汛、招商引资工作,分管技术委员会、技术保障中心,协助张波同志抓全台工作。

刘　健:市广播电视台党组成员、总编辑、副台长。负责宣传、策划、创收、新闻和节目监督考核工作,分管编辑委员会、总编室,协助抓新闻中心、节目中心。

徐淑梅:市广播电视台党组成员、副台长。负责广告和活动创收、营销策划工作,分管广告委员会、广告中心、活动中心、广播中心、女工委。

刘　青:市广播电视台党组成员、副台长。协助秦铁军同志抓技术和安全保障工作,分管技术委员会相关工作和播控中心。

孙　明:市广播电视台党组成员、副总工。负责行政管理及组织、纪检、包村、包企,分管经营管理委员会、产业发展中心、行政中心、团委、工会。

张　明:市广播电视台副总编辑。负责时政宣传工作,分管新闻中心。

刘昌涛:市广播电视台副总编辑。负责民生宣传和节目策划、运营管理、栏目创收工作,分管节目中心。

2015 年

张　波:市广播电视台党组书记、台长。主持台全面工作,分管财审经管中心。

刘　健:市广播电视台党组成员、总编辑、副台长。负责宣传、策划、创收、新闻和节目监督考核工作,分管编辑委员会、总编室,协助抓新闻中心、节目中心。

徐淑梅:市广播电视台党组成员、副台长。负责广告和活动创收、营销策划工作,分管广告委员会、广告中心、活动中心、广播中心、女工委。

刘　青:市广播电视台党组成员、副台长。负责技术和安全保障工作,分管技术委员会相关工作和播控中心。

孙　明:市广播电视台党组成员、副总工。负责行政管理及组织、纪检、包村、包企,分管经营管理委员会、产业发展中心、行政中心、团委、工会。

张　明:市广播电视台副总编辑。负责时政宣传工作,分管新闻中心。

刘昌涛:市广播电视台副总编辑。负责民生宣传和节目策划、运营管理、栏目创收工作,分管节目中心。

2016 年

张波同志主持台全面工作,分管财审经管中心。

刘健同志负责行政管理及组织、纪检、包村、包企、招商引资工作，分管经营管理委员会、产业发展中心、行政中心、团委、工会，协助张波同志抓全台工作。

徐淑梅同志负责广告和活动创收、新闻及节目监管工作，分管编辑委员会、广告委员会、总编室、广告中心、活动中心、广播中心、女工委。

刘青同志负责技术后勤保障、安全生产、防火防汛、安全播出工作，分管技术委员会、技术保障中心、播控中心。

张明同志负责时政宣传工作，分管新闻中心。

刘昌涛同志负责民生宣传和节目策划、运营管理、栏目创收工作，分管节目中心。

2017 年 1—11 月

张波同志主持台全面工作，分管财审经管中心。

刘健同志负责行政管理、宣传管理及组织、纪检、包村、包企、招商引资工作，分管编辑委员会、产业发展中心、行政中心、总编室、团委、工会，协助张波同志抓全台工作。

徐淑梅同志负责广告和活动创收及经营管理工作，分管经营管理委员会、广告委员会、广告中心、活动中心、广播中心、女工委。

刘青同志负责技术后勤保障、安全生产、防火防汛、安全播出工作，分管技术委员会、技术保障中心、播控中心。

张明同志负责时政宣传工作，分管新闻中心。

刘昌涛同志负责民生宣传和节目策划、运营管理、栏目创收工作，分管节目中心。

2017 年 12 月

邹积军同志主持台全面工作，分管财审中心。

刘健同志负责行政管理、宣传管理及组织、纪检、包村、包企、招商引资工作，分管编辑委员会、产业发展中心、行政中心、总编室、团委、工会，协助邹积军同志抓全台工作。

徐淑梅同志负责广告和活动创收及经营管理工作，分管经营管理委员会、广告委员会、广告中心、活动中心、广播中心、女工委，协助分管经营管理科。

刘青同志负责技术后勤保障、安全生产、防火防汛、安全播出工作，分管技术委员会、技术保障中心、播控中心。

张明同志负责时政宣传工作，分管新闻中心。

刘昌涛同志负责民生宣传和节目策划、运营管理、栏目创收工作，分管节目中心。

各位班子成员按照“一岗双责”要求，抓好分管领域的廉政建设、安全生产、信访稳定工作。新闻中心的党风廉政工作由刘昌涛同志负责。

2018 年

邹积军同志主持台全面工作，分管财审中心。

刘健同志负责行政管理、宣传管理及组织、纪检、包村、包企、招商引资工作，分管编辑委员会、产业发展中心、行政中心、总编室、团委、工会，协助邹积军同志抓全台工作。

徐淑梅同志负责广告和活动创收及经营管理工作，分管经营管理委员会、广告委员会、广告中心、活动中心、广播中心、女工委，协助分管经营管理科。

刘青同志负责技术后勤保障、安全生产、防火防汛、安全播出工作，分管技术委员会、技术保障中心、播控中心。

张明同志负责时政宣传工作，分管新闻中心。

刘昌涛同志负责民生宣传和节目策划、运营管理、栏目创收工作，分管节目中心。

各位班子成员按照“一岗双责”要求，抓好分管领域的廉政建设、安全生产、信访稳定工作。新闻中心的党风廉政工作由刘昌涛同志负责。

2019年

邹积军同志主持中心全面工作。

宋业亭同志协助邹积军同志工作。

徐淑梅同志负责经营创收及管理工作,分管经营管理委员会、广告监审部、广告运营部、大型活动部、广播部、艺术培训部、妇委会。

刘青同志负责技术后勤保障、安全生产、防火防汛、安全播出、安全保卫工作,分管技术保障委员会、技术部、播出部、发射部、安全保障部。

王华丽、王洪臣同志负责纸媒宣传及管理工作,分管报刊部、评论部。

张明同志负责电视、新媒体宣传及管理工作,分管编辑委员会、总编室、新闻编辑部、全媒体采编部、新媒体发展部、网络信息部、视频创作部、节目部、专题部、电教部、播音部、制作部。

王志超同志负责党务、行政、包村、招商引资工作,分管行政管理委员会、办公室、人力资源部、党建工作部、团支部、工会。

各位班子成员按照“一岗双责”要求,抓好分管领域的意识形态、廉政建设、安全生产、信访稳定等工作。

2020年

邹积军同志主持中心全面工作,分管财务部。

徐淑梅同志负责经营创收及管理工作,分管经营管理委员会、广告监审部、广告运营部、大型活动部、广播部、艺术培训部、妇委会。

刘青同志负责技术后勤保障、安全生产、防火防汛、安全播出、安全保卫工作,分管技术保障委员会、技术部、播出部、发射部、安全保障部。

王华丽同志负责纸媒宣传及管理工作,分管报刊部、评论部。

张明同志负责电视、新媒体宣传及管理工作,分管编辑委员会、总编室、新闻编辑部、全媒体采编部、新媒体发展部、网络信息部、视频创作部、节目部、专题部、电教部、播音部、制作部。

王志超同志负责党务、行政、包村、招商引资工作,分管行政管理委员会、办公室、人力资源部、党建工作部、团支部、工会。

荣成市广播电视台下属企业历史

企业名称	注册时间	注销时间
荣成市电视网络技术开发服务中心	1999.06.18	2016.07.19
荣成光电文化传媒有限公司	2010.06.09	2018.07.18
荣成市广嘉贸易有限公司	2012.11.30	2017.05.08
荣成华广文化传播有限公司	2013.02.22	2018.07.18

中心(台)内部机构设置及中层干部任职情况

一、2011年1月至2013年6月

<table>
<tr><th colspan="2">单位</th><th>人员</th><th>职务</th><th>任职年月</th><th>级别</th></tr>
<tr><td colspan="2" rowspan="2">办公室</td><td>车强</td><td>工会主席</td><td>2011.9—2013.6</td><td>正股</td></tr>
<tr><td>于景波</td><td>副主任</td><td>2011.5—2013.6</td><td>副股</td></tr>
<tr><td colspan="2" rowspan="2">年鉴编辑办公室
(2011.5.16—)</td><td>林乐义</td><td>主任</td><td>2011.5—2013.6</td><td>正股</td></tr>
<tr><td>王曼丽</td><td>副主任</td><td>2012.1—2013.6</td><td>副股</td></tr>
<tr><td colspan="2">政工科</td><td>林乐义</td><td>副科长</td><td>2011.7—2013.6</td><td>正股</td></tr>
<tr><td colspan="2">总编室业务培训部
(2010.2—)</td><td>于军</td><td>主任</td><td>2010.3—2013.6</td><td>正股</td></tr>
<tr><td colspan="2" rowspan="3">总编室</td><td>于军</td><td>主任</td><td>2011.7—2013.6</td><td>正股</td></tr>
<tr><td>林乐义</td><td>副主任</td><td>2010.3—2011.7</td><td>正股</td></tr>
<tr><td>董晓玉</td><td>副主任</td><td>2009.3—2011.5</td><td>副股</td></tr>
<tr><td colspan="2" rowspan="3">经营管理科</td><td>樊景云</td><td>科长财审科副科长(2003.10—)
伙食管理科科长(2010.3—)</td><td>2011.7—2013.6</td><td>正股</td></tr>
<tr><td rowspan="2">张娟</td><td>副科长</td><td>2008.4—2011.5</td><td>副股</td></tr>
<tr><td>副股级</td><td>2011.5—2013.6</td><td>副股</td></tr>
<tr><td colspan="2">伙食管理科</td><td>陈红霞</td><td>副科长</td><td>2012.1—2013.6</td><td>副股</td></tr>
<tr><td colspan="2" rowspan="2">新闻中心</td><td rowspan="2">张明</td><td>副主任</td><td>2010.3—2011.5</td><td>非党副科</td></tr>
<tr><td>主任</td><td>2011.5—2013.6</td><td>非党副科</td></tr>
<tr><td rowspan="6">新闻中心</td><td>新闻部</td><td>李振宇</td><td>副主任</td><td>2011.5—2013.6</td><td>副股</td></tr>
<tr><td rowspan="2">新闻部
制作部</td><td>王涛</td><td>副主任</td><td>2010.3—2011.5</td><td>副股</td></tr>
<tr><td>董鹤东</td><td>副主任</td><td>2011.5—2013.6</td><td>副股</td></tr>
<tr><td rowspan="3">媒资室</td><td rowspan="2">李冰</td><td>副主任</td><td>2010.6—2011.5</td><td>副股</td></tr>
<tr><td>主任</td><td>2011.5—2013.6</td><td>正股</td></tr>
<tr><td>于景波</td><td>副主任</td><td>2011.5—2013.6</td><td>副股</td></tr>
</table>

续表

单　位		人　员	职　务	任职年月	级别
广告中心		王丽荣	广告中心副主任兼经营管理科科长	2010.3—2011.5	正股
		滕京文	广告中心副主任兼医疗通信部主任	2010.3—2011.5	正股
		刘海英	广告中心副主任兼金融保险部主任	2010.3—2011.5	正股
		刘洪斌	广告中心副主任兼石岛一部主任	2010.3—2011.5	正股
		王爱科	广告中心副主任兼房产企业部主任	2010.3—2011.5	正股
		王丽荣	广告中心副主任	2011.5—2013.6	正股
		许春静	广告中心副主任	2011.5—2013.6	正股
		滕京文	广告中心副主任	2011.5—2013.6	正股
		刘海英	广告中心副主任	2011.5—2013.6	正股
		刘洪斌	广告中心副主任	2011.5—2013.6	正股
		王爱科	广告中心副主任	2011.5—2013.6	正股
	汽车部	王英杰	主任	2010.3—2011.5	副股
	工商一部	林治武	主任	2010.3—2011.5	副股
	工商二部	赵　明	主任	2010.3—2011.5	副股
	石岛二部	刘军亭	主任	2010.3—2011.5	副股
	娱乐碰碰碰栏目组	张志杰	主任	2010.3—2011.8	副股
	广告仲裁委员会办公室	王丽荣	主任	2011.5—2013.6	正股
	综合管理部	许春静	主任	2011.5—2013.6	正股
		董晓玉	副主任	2011.5—2013.6	副股
	策划制作部	金文武	副主任	2011.5—2013.6	副股
	广告一部	滕京文	广告一部主任兼医疗通信部主任	2011.5—2013.6	正股
		王英杰	广告一部副主任兼金融汽车部主任	2011.5—2013.6	副股
	广告二部	王爱科	广告二部主任兼房产部主任	2011.5—2013.6	正股
	广告二部	林治武	广告二部副主任兼工商一部主任	2011.5—2013.6	副股
	广告二部	赵　明	广告二部副主任兼工商二部主任	2011.5—2013.6	副股
	广告三部	刘洪斌	广告三部主任兼石岛一部主任	2011.5—2013.6	正股
	广告三部	刘军亭	广告三部副主任兼石岛二部主任	2011.5—2013.6	副股
	广告四部	刘海英	主任	2011.5—2013.6	正股

续表

单　位		人　员	职　务	任职年月	级别
物业中心（2010.3—）		周洪波	物业中心副主任	2011.5—2011.6	正股
	后勤保障科	周洪波	科长	2010.3—2013.6	正股
	安全保卫科	殷述峰	副科长	2010.3—2011.9	副股
	安全保卫科	许民道	副科长	2011.5—2013.6	正股
技术中心（2009.3—）		肖向辉	技术中心副主任、事业部主任	2010.3—2011.9	正股
技术安全保障中心		周洪波	副主任	2011.9—2013.6	正股
		肖向辉	副主任	2011.9—2013.6	正股
技术安全保障中心（2011.6.2—）	安全保卫科	殷述峰	科长	2011.9—2013.6	正股
	事业部	张峰滔	非线性编辑技术主管	2011.9—2013.6	副股
	新技术开发部（2012.2）	孙相辉	主任	2012.3—2013.6	正股
手持电视（2011.5.10—）		孙相辉	营销市场一部主任	2011.5—2013.6	正股
		刘昌毅	营销市场一部副主任	2011.5—2013.6	副股
		初明春	营销市场二部主任	2011.5—2011.6	副股
		张文振	营销市场二部副主任	2011.5—2013.6	副股
光电传媒有限公司		孙相辉	副经理	2011.9—2013.6	正股
广播电台		金　锐	总监	2011.3—2013.6	正股
		王　涛	副总监	2011.5—2013.6	副股
妇女工作委员会		王彩玲	妇女工作委员会主任	2008.6—2012.1	正股
		连桂青	妇女工作委员会副主任	2010.10—2012.1	副股
			妇女工作委员会主任	2012.1—2013.6	正股
		陈红霞	妇女工作委员会副主任	2012.1—2013.6	副股
团委		许春静	书记	2005.12—2011.7	正股
		杨　杰	书记	2011.7—2013.6	正股
		夏　亮	副书记	2011.7—2013.6	副股

二、2013年6月至2019年11月

中心（部门、栏目）		姓　名	现职务及岗位	级　别	任职时间	备　注
行政中心	办公室	车　强	工会主席 办公室主任 主持行政中心工作	正股	2013.6— 2015.5	大疃中东窑村第一书记
	办公室	于景波	具体负责中心工作	代理主持 工作（副股）	2013.6— 2015.6	现具体负责行政中心工作 原媒资室副主任 原主持办公室工作
	办公室	王少飞	工会主席 具体负责中心工作	代理主持 工作（副股）	2015.6— 2019.11	
	办公室	连桂青	妇女主任 办公室干事	正股	2013.6— 2017.12	妇女工作委员会主任
	政工科	林乐义	政工科副科长兼 年鉴办主任	正股	2013.6— 2014.9	
	政工科	杨　杰	团委书记 主持政工科工作	正股	2013.6— 2016.4	
	政工科	宋传峰	主持政工科工作	副股	2016.4— 2019.11	原专题部副主任
	车辆管理科	张永平	科长	正股	2013.6— 2017.12	
	车辆管理科	毕见喜	副科长	副股	2013.6— 2019.11	
	伙食管理科	刘丽华	副科长	副股	2013.6— 2017.12	
总编室		金　锐	主持总编室工作	正股	2013.6— 2019.11	原电台总监
	总编室	张　娟	节目编辑、节目管理	副股	2013.6— 2017.12	原副股级待遇
	总编室	王忠澎	宣传、管理	正股	2013.6— 2019.11	原民生新闻部主任
	媒资室	李　冰	媒资管理	正股	2013.6— 2019.11	原媒资室主任
	董晓玉	审片室	审片、远教 频道上载	副股	2013.6— 2019.11	原广告综合管理部副主任
	网站办	王丽荣	广告上载、审片	正股	2013.6— 2015.7	原广告中心副主任兼广告仲裁委员会办公室主任

续表

中心(部门、栏目)		姓　名	现职务及岗位	级　别	任职时间	备　注
新闻中心		李振宇	主持中心工作	副股	2013.6—2017.3	原新闻部副主任
广告中心	综合管理部	许春静	综合管理	正股	2013.6—2016.11	原广告中心副主任兼综合管理部主任
	创收	刘军亭	广告创收	副股	2013.6—2017.12	原广告四部副主任兼石岛二部主任
	创收	赵　明	广告创收	副股	2013.6—2017.12	原广告二部副主任兼工商二部主任
	创收	林治武	广告创收	副股	2013.6—2017.12	原广告二部副主任兼工商一部主任
节目中心		潘建明	主持中心工作	主持工作（正股）	2013.6—2019.11	原新闻中心副主任
	民生 360°	夏　亮	团委副书记主持人	副股	2013.6—2019.11	团委副书记
	今日荣成	宋传峰	栏目负责人	副股	2013.6—2014.12	原专题部副主任
	今日荣成	张少华	栏目负责人	副科	2015.1—2018.12	非党副科 原专题部副主任
	今日荣成	董鹤东	栏目负责人	副股	2019.1—2019.11	原新闻制作部副主任
	三农天地	滕京文	栏目负责人	正股	2013.6—2015.2	原广告中心副主任兼广告一部主任、医疗通信部主任
	三农天地	张少华	主持人	非党副科（副股）	2013.6—2015.2	非党副科 原专题部副主任
	时事解读	于　军	栏目负责人	正股	2013.6—2019.11	原总编室主任
	时事解读	王　涛	主持人	副股	2013.6—2019.10	原电台副总监
	广电艺术培训中心	刘海英	主持工作	正股	2013.6—2019.11	原广告中心副主任兼广告三部主任、拓展部主任
	滨城外传	李冻冰	栏目负责人	正股	2012.1—2015.1	原发射部副主任

续表

中心(部门、栏目)		姓　名	现职务及岗位	级　别	任职时间	备　注
广告中心	广告经营责任主体	王爱科	中心主任	副科	2013.6—2019.11	广告中心主任
广告中心	创收	金文武	策划、广告创收	副股	2013.6—2019.11	原策划制作部副主任
广告中心	创收	刘洪斌	广告创收	正股	2013.6—2019.11	原广告中心副主任兼广告四部主任、石岛一部主任
广告中心	创收	王英杰	广告创收	副股	2013.6—2019.11	原广告三部副主任兼金融汽车部主任
广告中心		郭中华	审片	正股	2013.6—2019.11	原总编室副主任
活动中心		刘爱民	主持中心工作	非党副科（正股）	2013.6—2019.11	非党副科主持活动中心工作 原新闻中心副主任
活动中心		王曼丽	策划	副股	2013.6—2017.12	原年鉴办公室副主任
技术保障中心	事业部	肖向辉	主持中心工作	正股	2013.6—2019.11	主持技术保障中心工作 原技术安保中心副主任、事业部主任
技术保障中心	事业部	陈红霞	技术维护管理	副股	2013.6—2014.11	妇女工作委员会副主任 原主持伙食管理科工作、伙食管理科副科长
技术保障中心	事业部	张峰滔	技术维护管理	副股	2013.6—2017.12	原非线性编辑技术主管
技术保障中心	安全保卫科	殷述峰	安全保卫	正股	2013.6—2019.11	原安全保卫科科长
技术保障中心	安全保卫科	许民道	安全保卫	正股	2013.6—2017.2	原安全保卫科副科长
技术保障中心	安全保卫科	汤恩凤	安全保卫	副股	2013.6—2017.12	原安全保卫科副科长
技术保障中心	后勤保障科	周洪波	消防后勤维护管理	正股	2013.6—2019.11	原技术安保中心副主任、后勤保障科科长
技术保障中心	后勤保障科	孙玉仁	工会副主席 消防后勤维护管理	副股	2013.6—2017.12	工会副主席
播控中心		岳德晓	主持中心工作	正股	2013.6—2019.11	原播出部主任
播控中心	播出部	周文永	电视播出	副股	2013.6—2019.11	原播出部副主任
播控中心	播出部	张忠英	电视播出	副股	2013.6—2019.11	原发射部副主任
播控中心	播出部	周维东	电视播出	副股级待遇	2013.6—2017.12	原副股级待遇
播控中心	播出部	刘昌毅	电视播出	副股	2013.6—2017.12	原手持电视营销市场一部副主任
播控中心	发射部	刘增志	电视发射	正股	2013.6—2019.11	原发射部主任

续表

中心(部门、栏目)		姓　名	现职务及岗位	级　别	任职时间	备　注
财审经管中心		樊景云	主持中心工作	正股	2013.6—2017.8	原财审科副科长兼经营管理科科长
广播中心		毕艳春	主持中心工作		2013.6—2019.11	
产业发展中心		常鸿冰	主持中心工作	正股	2013.6—2019.11	原新闻中心副主任
		孙相辉	销售	正股	2013.6—2019.11	原光电传媒有限公司副经理 手持电视营销市场一部主任 新技术开发部主任

三、2019 年 11 月至 2020 年 12 月

委员会	部　室	姓　名	现职务及岗位	职　级	任职时间	备　注
行政管理委员会	办公室	王少飞	办公室主任（兼工会主席）	正股	2019.11	
		毕国斌	工会副主席	副股	2019.11	
		连桂青	妇委会副主任	副股	2019.11	
		徐建军	办公室副主任	副股	2019.11	
		张军永	车队队长	副股	2019.11	
		刘丽华	伙食科科长	副股	2019.11	
	人力资源部	宋传峰	主任	正股	2019.11	
		宁　蕾	副主任	副股	2019.11	
	党建工作部	李冻冰	主任	正股	2019.11	
	财务部	李建献	主任	正股	2019.11	
		连业霞	副主任	副股	2019.11	

续表

委员会	部　室	姓　名	现职务及岗位	职　级	任职时间	备　注
编辑委员会	总编室	王妮娟	主任	正股	2019.11	
		张　娟	副主任	副股	2019.11	
	全媒体采编部	于军鹏	副主任(主持工作)	副股	2019.11	
		付振宇	副主任	副股	2019.11	
	新闻编辑部	于军涛	副主任(主持工作)	副股	2019.11	
		王树敢	副主任	副股	2019.11	
	新媒体发展部	张文杰	副主任	副股	2019.11	
	报刊部	张世松	主任	正股	2019.11	
		常丽君	副主任	副股	2019.11	
		赵海超	副主任	副股	2019.11	
	评论部	王璐	主任	正股	2019.11	
		于清	副主任	副股	2019.11	
		胡思慧	副主任	副股	2019.11	
	节目部	潘建明	主任	正股	2019.11	
		刘海英	副主任	正股	2019.11	艺术培训部主任兼节目部副主任
		滕　彬	副主任	副股	2019.11	
	专题部	董鹤东	主任	正股	2019.11	
	电教部	刘洪斌	主任	正股	2019.11	刘宏伟主持工作
	播音部	夏　亮	主任	正股	2019.11	播音部主任兼团总支书记
	制作部	李　冰	主任	正股	2019.11	
		牛菲菲	副主任(主持工作)	副股	2019.11	

续表

委员会	部　室	姓　名	现职务及岗位	职　级	任职时间	备　注
经营管理委员会	广告监审部	张晓宁	副主任(主持工作)	副股	2019.11	
		姚彩霞	副主任	副股	2019.11	
	广告运营部	王爱科	主任	副科	2019.11	
		赵晓辉	副主任	副股	2019.11	
		刘军亭	副主任	副股	2019.11	
	大型活动部	刘爱民	主任	副科	2019.11	非党副科
	广播部	毕艳春	主任	正股	2019.11	
		王绍楠	副主任	副股	2019.11	
	视频创作部	王福东	主任	正股	2019.11	
		李洪明	副主任	副股	2019.11	
	艺术培训部	刘海英	主任	正股	2019.11	兼节目部副主任
	网络信息部	张峰滔	副主任(主持工作)	副股	2019.11	
		金文武	副主任	副股	2019.11	
技术保障委员会	技术部	肖向辉	主任	正股	2019.11	
		宋　伟	副主任	副股	2019.11	
	播出部	岳德晓	主任	正股	2019.11	
		李宝强	副主任	副股	2019.11	
		周卫东	副主任	副股	2019.11	
	发射部	邓　波	副主任(主持工作)	副股	2019.11	
		张曙光	副主任	副股	2019.11	
	安全保障部	周洪波	主任	正股	2019.11	
		周文永	副主任	副股	2019.11	
		丁庆安	副主任	副股	2019.11	

荣成市广播电视台
关于成立编辑委员会、广告管理委员会和技术委员会的通知

台属各单位：

为切实加强广播电视新闻宣传、广告创收和技术设备的规范管理，推动广电各项工作健康有序开展，根据我台实际，经台党组研究，决定成立编辑委员会、广告管理委员会、技术委员会。现将各委员会人员组成名单公布如下：

一、编辑委员会

主　任：王宏伟

副主任：刘健、徐淑梅

成　员：于军、张明、刘昌涛、潘建明、杨春宁

编辑委员会办公室设在总编室，刘健兼任办公室主任，于军兼任办公室副主任。

二、广告管理委员会

主　任：王宏伟

副主任：刘健、徐淑梅

成　员：刘明俊、许春静、樊景云、王丽荣

广告管理委员会办公室设在广告中心，徐淑梅兼任办公室主任，王丽荣、许春静兼任办公室副主任。

三、技术管理委员会

主　任：秦铁军

副主任：刘青

成　员：肖向辉、鞠志明、曲华平

技术委员会办公室设在技术中心，刘青兼任办公室主任，肖向辉、鞠志明兼任办公室副主任。

各委员会要结合广电实际，分别制定出具体职能和工作要求，经台党组研究后组织实施。

2011 年 2 月 17 日

荣成市广播电视台关于成立广告仲裁委员会的通知

为规范广告管理，促进广告创收，根据工作需要，经台党组研究决定成立广告仲裁委员会。

一、人员组成

主　任：徐淑梅

副主任：樊景云、王丽荣、许春静

成　员：滕京文、刘海英、刘洪斌、王爱科、杨春宁

二、工作职责

1.负责了解广告价格执行中存在的问题，并提出价格调整方案报广告管理委员会审定。

2.负责广告管理委员决定事项的贯彻落实、日常协调。

3.负责对广告创收中出现的问题进行仲裁。

广告仲裁委员会办公室设在广告中心。

2011 年 5 月 16 日

荣成市广播电视台关于成立“诚信建设创新年”活动领导小组的通知

台属各部门：

为切实加强“诚信建设创新年”活动的组织领导，确保“诚信建设创新年”活动扎实有效的开展，经台党组研究决定，成立广播电视台“诚信建设创新年”活动领导小组，现将小组成员名单公布如下：

组　长：姜旭明

副组长：秦铁军、宋忠强

成　员：刘健、徐淑梅、刘青、孙明

领导小组下设活动办公室，负责对整个活动进行组织协调、日常调度和督促检查。办公室设在政工科，宋忠强兼任办公室主任。

荣成市广播电视台

2013 年 2 月 17 日

荣成市广播电视台关于成立物资采购领导小组的通知

台属各单位：

为加强物资采购管理，规范采购程序，实行阳光采购，最大限度节约费用支出，经台党组研究决定，成立广播电视台物资采购领导小组，撤销比价采购领导小组。现将领导小组成员名单公布如下：

组　长：秦铁军

副组长：孙明

成　员：财审经管中心、行政中心、技术保障中心负责人

领导小组负责全台物资采购工作的统一领导、管理，领导小组下设采购办公室，负责具体采购工作的组织、协调和日常事务的运作实施。采购办公室与财审经管中心合署办公，樊景云任办公室主任。

荣成市广播电视台

2013 年 10 月 16 日

荣成市广播电视台关于推行 5S 规范化管理的通知

各中心：

现将市直机关工委荣直工发〔2015〕11 号文件《关于倡导推行 5S 规范化管理的实施意见》转发给你们，结合我台实际，现就有关事宜通知如下：

一、提高对推行 5S 规范化管理重要性的认识

推行 5S 管理活动（5S 管理是指整理、整顿、清扫、清洁、素养 5 个方面）是营造良好环境、养成良好习惯、培植良好风气的有力措施。从我台

实际情况来看,大楼环境、宿舍卫生、办公区域都存在这样那样的问题,距离5S管理标准差距很大。各中心都从改进机关作风、提升机关执行力的高度,充分认识推行5S规范化管理的重要性和迫切性,通过抓好5S规范化管理,形成广电各项工作发展的正能量。

二、认真开展自查,切实抓好整改

市直机关工委对5S管理的内容、标准及目标提出了明确要求。各中心要组织职工认真学习,熟知标准,自觉投入到整改当中。要对照总体要求,一项一项地抓整改,一条一条地抓落实,对不达标的进行问责。初步确定,各中心自查整改时间为一个周。

三、加强督导检查,确保收到实效

台里成立由张台长任组长、孙明副总工为副组长的领导小组,各中心负责人是第一责任人,行政中心具体负责相关工作的组织、协调和督导。领导小组要注重协调解决面上存在的突出问题,按照5S管理要求,加大对各中心执行落实的检查力度,对思想不重视、落实不到位的中心要全台通报。各中心要将推行5S管理纳入动态绩效考核,作为年度考核、评先选优的依据,调动各个层面职工参与5S管理的积极性。

附件:荣成市广播电视台推行5S管理活动领导小组名单

2015年3月19日

附件

荣成市广播电视台推行5S管理活动领导小组名单

组　长:张波

副组长:孙明

成　员:各中心负责人

领导小组办公室设在行政中心,车强同志兼任办公室主任。

荣成市广播电视台关于成立爱国卫生领导小组的通知

各中心:

为积极响应全市开展爱国卫生运动的活动,确保工作取得实效,推进我市爱国卫生工作的深入开展,经研究,决定成立爱国卫生运动工作领导小组,成员名单如下:

组　长:邹积军

副组长:刘健、徐淑梅、刘青、张明、刘昌涛

成　员:王爱科、刘爱民、金锐、潘建明、李建献、岳德晓、肖向辉、毕艳春、王少飞、李冻冰、于军鹏、张晓宁

领导小组下设办公室,设在单位行政中心办公室,负责全局爱国卫生的具体工作。办公室主任由王少飞兼任。

特此通知。

荣成市广播电视台

2018年1月17日

荣成市广播电视台
关于成立禁烟工作领导小组的通知

各中心：

为切实抓好全台禁烟工作，经研究决定成立禁烟工作领导小组，下设办公室，并明确专人负责，具体如下：

一、禁烟领导小组人员组成

组　长：刘健

副组长：刘昌涛

成　员：李建献、岳德晓、王少飞、张少华、刘增光、刘洪斌、于军、王涛、宋伟

领导小组下设办公室，王少飞同志兼任办公室主任。

禁烟工作领导小组成员要以身作则，认真履职尽责，做好常态巡查，及时劝阻吸烟人员。全台人员要自觉遵守禁烟规定，积极创建无烟机关。

二、领导小组工作职责

（一）领导小组职责

1.为促进我台禁烟活动的开展，台领导起带头作用，率先戒烟、禁烟，并定期召开禁烟工作会议，对本台禁烟工作进行指导和监督。

2.禁烟领导小组的成员为各科室禁烟工作第一责任人，负责对本科室人员进行禁烟工作重要意义的宣传与教育，不定期组织检查、培训和考核等。

3.严格执行各项禁烟制度。

（二）禁烟办公室职责

1.在禁烟领导小组的领导下，严格执行禁烟各项规章制度。

2.负责定期召开禁烟工作会议。

3.负责定期组织机关人员培训。

4.负责定期对本局禁烟情况进行检查和考核，并记录。

5.利用多种形式进行禁烟宣传。

6.配合上级部门的各项禁烟工作的实施。

（三）禁烟监督员职责

禁烟监督员由李冻冰、宋传峰、肖向辉、毕艳春、于军鹏、王曼丽同志担任，其职责为：

1.定期对无烟环境进行监督检查。

2.对本科室人员进行监督检查，确保本科室无吸烟者、无烟蒂。

3.监督员应将检查情况进行记录并及时上报，以利于考评和奖惩。

4.监督员还应对存在的问题提出整改措施。

（四）禁烟巡查员职责

禁烟巡查员由连桂青、徐建军同志担任，其职责为：

1.严格执行各项禁烟规章制度。

2.对机关工作人员进行不定期检查，有问题及时上报。

3.开展经常性巡查，负有劝阻来访者吸烟的责任。

4.看到烟蒂及时主动捡拾，并有宣传禁烟的责任。

5.积极参加禁烟知识培训。

（五）机关人员禁烟职责

1.严格执行各项禁烟规章制度。

2.作禁烟表率，严禁在工作场所及室内吸烟，不接受旁人敬烟。

3.吸烟人员应主动戒烟，并制定自己的戒烟计划。

4.机关人员负有劝阻旁人吸烟的责任。

5.做禁烟的义务宣传员。

6.积极参加禁烟知识培训。

7.落实本科室无烟环境，看到烟蒂主动捡拾。

荣成市广播电视台

2018 年 5 月 15 日

党　建

党组织建设、换届、调整及成员组成

(一)2011年5月10日,中共荣成市委市直机关工委《关于调整党(总)支部成员分工的批复》(荣直工批字〔2011〕19号)内容如下:

荣成市广播电视台党总支部委员会由7人组成:周广金同志任书记,王宏伟同志、秦铁军同志、宋忠强同志任副书记,徐淑梅同志任组织委员,刘健同志任宣传委员,刘青同志任纪检委员。

机关党支部由5人组成:宋忠强同志任书记,车强同志任副书记,林乐义同志任组织委员,樊景云同志任宣传委员,肖向辉同志任纪检委员。

广电宽带网络党支部由5人组成:秦铁军同志任书记,孙明同志任副书记,郭黎明同志任组织委员,许善鹏同志任宣传委员,鞠志明同志任纪检委员。

(二)2013年7月30日,中共荣成市委市直机关工委《关于党总支部成员调整的批复》(荣直工批字〔2013〕16号)内容如下:

1.中共荣成市广播电视台党总支部委员会:

书记:姜旭明;副书记:秦铁军;组织委员:刘健;宣传委员:徐淑梅;纪检委员:刘青。

2.中共荣成市广播电视台行政支部委员会:

书记:孙明;组织委员:樊景云;宣传委员:于景波。

3.中共荣成市广播电视台新闻中心支部委员会:

书记:刘健;组织委员:夏亮;宣传委员:崔岩。

4.中共荣成市广播电视台广告中心支部委员会:

书记:徐淑梅;组织委员:许春静;宣传委员:王青。

5.中共荣成市广播电视台技术中心支部委员会:

书记:刘青;组织委员:肖向辉;宣传委员:岳德晓。

(三)2014年9月11日,中共荣成市委市直机关工委《关于党总支部成员调整的批复》(荣直工批字〔2014〕20号)内容如下:

张波同志任党总支书记。

(四)2016年5月24日,中共荣成市委市直机关工委《关于党(总)支部成员调整的批复》(荣直工批字〔2016〕19号)内容如下:

1.中共荣成市广播电视台党总支部委员会:

书记:张波;副书记:刘健;组织委员:刘昌涛;宣传委员:徐淑梅;纪检委员:刘青。

2.中共荣成市广播电视台行政支部委员会:

书记:刘健;组织委员:车强;宣传委员:樊景云。

3.中共荣成市广播电视台新闻中心支部委员会:

书记:刘昌涛;组织委员:夏亮;宣传委员:崔岩。

4.中共荣成市广播电视台广告中心支部委

员会：

书记：徐淑梅；组织委员：王爱科；宣传委员：许春静。

5.中共荣成市广播电视台技术中心支部委员会：

书记：刘青；组织委员：肖向辉；宣传委员：岳德晓。

（五）2018年4月11日，中共荣成市委市直机关工委《关于党总支部成员分工调整的批复》（荣直工批字〔2018〕10号）内容如下：

邹积军同志任中共荣成市广播电视台总支部书记。

（六）2019年3月30日，中共荣成市委市直机关工委批复（荣直工批字〔2019〕03号），同意将中共荣成市广播电视台总支部委员会更名为中共荣成市融媒体中心总支部委员会，邹积军同志任中共荣成市融媒体中心总支部书记。

（七）2019年7月2日，中共荣成市融媒体中心总支部委员会进行换届选举，选举结果经中共荣成市委员会宣传部机关工委员会批复如下：

邹积军同志任中共荣成市融媒体中心总支部书记；王志超同志任副书记；徐淑梅同志任组织委员；王华丽同志任宣传委员；刘青同志任纪检委员；王洪臣同志任统战委员；王少飞同志任保密委员。

（八）2019年7月，中共荣成市融媒体中心总支部组织下属党支部进行换届，选举产生新一届党支部委员会，选举结果经中共荣成市委员会宣传部机关工委员会批复如下：

1.中共荣成市融媒体中心第一支部委员会：

书记：王华丽；副书记：王洪臣；组织委员：王璐；宣传委员：夏亮；纪检委员：刘宏伟。

2.中共荣成市融媒体中心第二支部委员会：

书记：王志超；副书记：徐建军；组织委员：李冻冰；宣传委员：宁蕾；纪检委员：王少飞。

3.中共荣成市融媒体中心第三支部委员会：

书记：徐淑梅；副书记：王曼丽；组织委员：王爱科；宣传委员：张文杰；纪检委员：姚彩霞。

4.中共荣成市融媒体中心第四支部委员会：

书记：刘青；副书记：邓波；组织委员：岳德晓；宣传委员：肖向辉；纪检委员：周洪波。

主题教育开展情况

荣成市广播电视台党的群众路线教育实践活动专项整治工作方案

按照上级关于开展党的群众路线教育实践活动的部署要求，现就开展“四风”突出问题专项整治工作，制定如下方案。

一、总体要求

以市委教育实践活动相关会议精神为指导，以事关全台发展的重点事项为抓手，以转变作风，提高效能为主线，坚持边查边找与边整边改相结合，坚持纠正问题与建章立制相结合，全面开展专项整治活动，不断完善促进党员干部为民务实、清廉干事的长效机制，推动党员干部工作作风、履职效能和整体形象根本好转。

二、重点任务分工

1.在宣传市委、市政府中心工作上跟得不紧，措施不到位，社会舆论氛围不高。主要措施：（1）加大主题策划力度，组织好深度报道和跟踪报道。（2）通过开设专栏、典型报道等形式，对全市重点工作强化报道。（3）加强与“两办”的沟通对接，建立新闻联系制度和信息通报制度。（分管领导：刘健；牵头科室：总编室；完成时限：贯穿全年）

2.解决时政宣传关注领导多、关注基层少，政务报道多、群众报道少的问题。主要措施：（1）认真落实《关于改进宣传报道的意见》，压缩会议报道和领导活动报道篇幅。(2)加强新闻播出审查,高度重视头题报道质量。(3)重视好稿评比,通过好稿评比来提升新闻节目质量。(分管领导:张明;牵头科室:新闻中心;完成时限:贯穿全年)

3.对上宣传片面追求数量,重稿、好稿比例偏小;电台稿件与电视稿件差距较大,影响宣传效果。主要措施:(1)完善上发稿考核办法,调动记者上发稿的积极性。(2)加强与中央、省、市台的沟通对接,根据需要邀请上级台记者来荣采访报道。(分管领导:张明、刘昌涛;牵头科室:新闻中心、节目中心;完成时限:贯穿全年)

4.服务意识不强,在为电视观众和广告客户服务方面不够到位。主要措施:(1)通过召开座谈会、上门走访、发放征求意见函等形式,深入了解社会各界对电视宣传和广告宣传的意见、建议。(2)倡导媒体关怀,加强公益宣传,把镜头更多地聚焦基层群众和弱势群体,提高媒体的社会公信力和亲和力。(3)与客户建立合作利益共同体,通过举办活动、比赛、团购等,实现互利双赢、共同发展。(分管领导:刘健、徐淑梅;牵头科室:总编室、广告中心;完成时限:2014年年底)

5.由于管理滞后、缺乏活力,影响到栏目的健康运行。主要措施:借鉴外地成功经验,探索试行栏目制片人制,完善制片人制考核管理办法,争取及早破题,增强各个栏目的运行活力。(分管领导:刘健、刘昌涛;牵头科室:总编室、节目中心;完成时限:2014年年底)

6.由于设施设备老化陈旧,非编系统故障频出,影响了播出安全和新闻制作安全。主要措施:打算投资400万元,建设全台网系统,对老化设备进行更新改造。目前,全台网建设方案已经确定,设备采购正在通过政府招标程序进行当中。(分管领导:秦铁军;牵头科室:技术保障中心;完成时限:2014年年底)

三、保障措施

1.开展专项整治工作是确保教育实践活动取得实效的重要抓手,各相关领导和责任科室要提高思想认识,真正把专项治理和制度建设工作摆上突出位置,纳入重要日程,下大力气抓实抓好。

2.各责任领导要切实担负责任,严格按时限要求完成整治工作任务。各责任科室要不定期将专项治理工作完成情况以书面材料报台党组。

3.要加强对专项整治工作进展情况的督办检查,对推进力度不大、专项整治效果不明显、职工不满意的,要跟踪督办,实行责任问究,确保专项整治工作取得实效。

2014年9月20日

荣成市广播电视台党的群众路线教育实践活动总结报告

按照中央和省市委的统一安排部署,在市委教育实践活动第七督导组的直接指导下,我们紧紧聚焦“四风”问题,认真开展学习教育、听取意见,查摆问题、开展批评,整改落实、建章立制三个环节工作,坚持聚集“四风”不打折扣、查摆剖析毫不含糊、开展批评实事求是、整改落实抓铁有痕,推动电视台教育实践活动稳步开展,达到了改进作风、提升能力、促进发展的作用。现将活动开展情况报告如下:

一、主要做法

电视台教育实践活动自今年3月20日正式启动,全台党员干部78人全部参加活动,按照规定动作不走样、规定内容不漏项的要求,正确处理学习教育与业务工作、实践活动与作风建设的关系,圆满完成了各项既定目标任务。

1.领导高度重视,精心组织部署

开展党的教育实践活动是新一届中央领导集体作出的重大战略部署,必须在政治上、思想上、行动上与党中央保持高度一致,全力以赴抓好教育实践活动。为确保教育实践活动高质量开展,我们先期向党员干部下发了征求意见表,广泛征求对领导班子的总体评价、对“四风”方面存在问题的意见建议以及对做好教育实践活动的建设性意见,在此基础上研究制定了《广播电视台深入开展党的群众路线教育实践活动实施方案》。成立了由主要负责人任组长,相关职能科室负责人为成员的电视台教育实践活动领导小组,具体负责电视台教育实践活动的组织、协调、督导和实施工作。7月20日,召开了由全体干部职工参加的教育实践活动动员大会,阐述了教育实践活动的重大意义,对开展教育实践活动的指导思想、总体要求、目标任务、方法步骤等进行了具体部署。活动开展以来,电视台党组共9次对教育实践活动进行专题研究,具体研究每个环节的推进举措和每项工作的落实要求,从组织领导、时间安排、督导落实上保证教育实践活动的深入开展。

2.认真学习研讨,广泛听取意见

一是学习领会“深入”。根据我台实际,制定了集中学习配当表,以支部为单位,拿出四个半天的时间,组织13次集中学习,通读了《论群众路线——重要论述摘编》等3本书目,重点学习习总书记一系列重要讲话精神和中央、省、市委有关文件精神,观看了《苏联亡党亡国20年祭》等警示教育片,深入开展党的群众路线专题讨论,开展了全体党员学习心得交流会。严格学习纪律,做到三不:不准请假、不准中途离场、不准谈论无关的事,对因值班不能参加正常学习的3名党员实行补课学习。每人撰写笔记在4000字以上,心得体会2000字以上。在抓好规定学习内容的同时,结合诚信建设提升年,还印制了诚信建设提升年专项学习资料;结合查摆问题,制定了《班子成员和中心负责人对照检查标准》;结合中层干部评价,开展了民主评议中层干部活动。通过开展系列学习,党员干部充分认识到转变工作作风、密切联系群众的极端重要性,增强了宗旨意识和群众观念。二是征求意见“广泛”。重点围绕落实为民务实清廉要求、落实中央“八项规定”和“三严三实”要求,采取面对面、背靠背的方式,通过群众提、自己找、上级点、互相帮,广泛征求意见。电视台党组先后召开4次座谈会征求意见,向党员干部发放征集意见表170多份,征集意见和建议26条。深入开展面对面走访活动,先后对30个广告客户进行上门走访,向党政机关、企业社区和农村群众下发问卷调查200多份,还开展领导干部联系困难家庭走访及第一书记走访活动,全方位征求意见建议,共计征求意见建议65条。通过梳理汇总,共查摆出领导班子“四风”方面存在的14个主要问题,班子成员104条“四风”方面的主要问题。

3.深刻对照检查,严肃开展批评

一是谈心交心“坦诚”。围绕征求意见和查摆的问题,坦诚开展谈心交心活动,做到“三个必谈”:主要领导和班子成员之间“必谈”,班子成员之间“必谈”,班子成员与分管科室负责人之间“必谈”。谈心的主要内容是:征求对自己存在问题的意见和改进建议,领导班子的主要问题是什么,电视台的突出问题是什么。谈话中,大家坦诚相见、推心置腹,既肯定成绩,更讲了问题,既开展自我批评,又敢于批评,努力做到“谈开谈透”,实现了沟通思想、交换意见、达成共识、增进团结的目标。二是对照检查“深刻”。按照查摆问题准、原因分析深、整改措施实的要求,领导班子和班子成员都把撰写好对照检查材料作为自我再提升的重要过程。台党组多次召开会议,讨论、修改完善班子对照检查材料。各位班子成员都亲自动手,按照“为民、务实、清廉”的要求,从“四风”方面存在的主要问题入手,认真作出深刻剖析,并以普通党员身份参加所在党支部组织生活会,虚心听取和采纳党员提出的意见和建议,补充完善个人对照检查材料。在督导组的指导帮助下,班子和个人对照检查材料几经修改,数易其稿,反复锤炼,每位同志的对照检查材料至少作了6—7次修改,真正触及了问题实质,触动了思想灵魂,最终形成了质量较高、剖析深刻的对照检查材料,三是批评和自我批评“严肃”。7月23日下午,台党组召开了广播电视台专题民主生活会,严肃认真地开展批评和自我批评。大家都能开门见山,不评功摆好,不绕弯子,本着对自己、对同志、对事业高度负责的精神开展批评和自我批评,实事求是地指出主要问题,共提出了72条意见建议。大家相互帮助、真心坦诚,提出了具体、实在、中肯的批评意见,并且都能虚心诚恳地接受批评,提出改进的思路,真正达到了改进作风、增强团结的目的。市委第七督导组对我台专题民主生活会给予充分肯定。

4.狠抓整改落实,建立长效机制

一是整改落实务求"实效"。按照"逐项研究、统筹联动、突出重点、整体推进"的要求,围绕查找出的14个主要问题和70多条意见建议,进一步理顺归纳出4个方面28项具体整改措施。本着高标准、严要求的原则,针对每一整改项目,制定明确的整改落实措施、任务书和时间表,定责任部门、定责任人员、定工作目标、定完成时间,做到责任清晰、要求明确。这些整改举措都直面问题,重点解决职工反映强烈的突出问题。坚持进度服从质量,先易后难,边学边改,28项具体举措中17项已于近期整改完成,8项到年底前完成,3项到2015年完成。这样安排的目的就是要确保各项整改措施落地生根、取得实效。二是建章立制力求"长效"。坚持把教育实践活动取得的成果和解决问题的措施用制度固定下来,通过建章立制,推动标本兼治。整改落实方案28项具体举措中,有16项属建章立制范畴,占到整改措施总数的57%。对整改过程中新发现的问题,台里及时将其列入整改事项,迅速跟进,即知即改,同时建立健全作风建设的具体制度,努力形成长效机制。

二、主要成效

在推进教育实践活动的过程中,坚持把加强作风建设作为切入点,把提升能力作为首要目标,把边学边改贯穿始终,取得了一些思想成果、实践成果和制度成果,有效推动了广电事业的健康发展。主要有四个方面的明显变化:

一是思想认识普遍提高。通过学习,广大党员干部的思想认识得到进一步提高,党的宗旨意识和群众观念得到进一步增强。通过学习,大家普遍深刻认识到开展教育实践活动的重大意义和目标要求,深刻理解马克思主义群众观点的基本内容和党的群众路线的丰富内涵,有力把握新形势下做好群众工作的基本方法和要求。通过学习,大家紧紧围绕世界观、人生观、价值观这个"总开关",自觉加强党性锻炼,理想信念进一步坚定,权力观和事业观进一步树立,在思想上、行动上自觉与党中央保持高度一致。

二是作风形象明显改进。围绕推进重点工作落实,立足解决重点、难点问题,先后两次下发了《关于征求栏目创新的建议》和《关于征求技术创新的建议》,广泛征求职工对栏目设置、栏目管理及技术革新、技术改造方面的建议,共征集到合理化建议30多条,使领导决策建立在职工的合理诉求基础上,增强了决策的科学化和实效性。围绕厉行节约、反对浪费,严格执行《党政机关厉行节约反对浪费条例》的相关规定,从压缩办公用品、强化设备管理入手,严格采购程序,实行比价采购,对设施设备全部通过政府采购程序进行,增强采购环节的透明度,最大限度降低采购成本。围绕加强作风建设,各分管领导先后10多次到基层一线调研了解情况,就做好当前工作和谋划明年工作掌握第一手资料;约束和规范自身行为,自觉遵守挂牌上岗、集体学习、考勤管理等相关规章制度,树立了严于律己、带头示范的良好形象,促进全台服务意识和工作作风进一步提升。

三是突出问题有效解决。本着"即知即改、边学边改"的原则,下大气力解决职工关心的突出问题和发展的瓶颈问题。根据全台实际和工作需要,台里筛选了频道栏目重新定位编排、栏目制片人制、年轻员工系统培训、规范合同管理、村村响、设备管理、考勤及请销假、岗位绩效考核等突出问题29项,分别落实到分管领导和职能科室。对具备解决条件的问题,立即解决,尽快取得看得见、摸得着的实际效果;对一时不具备解决条件的问题,积极创造条件,制定明晰的整改路线图和时间表。这些问题事关今后一个时期广电发展的走向和成效，要求以教育实践活动抓铁有痕的精神和敢于碰硬的锐气，抓紧制定实施方案，经台党组研究后组织实施。到目前，规范合作经营管理、考勤及请销假管理等5项工作已经完成，频道栏目定位编排、制片人制、岗位绩效考核等8项工作正在有条不紊地论证当中，其他重点事项也在跟进落实，广大干部职工想事、干事的氛围浓厚。

四是长效机制初步建立。按照"先易后难，直面问题，立足长效"的要求，建立健全反对"四风"的规章制度。在制度建设中，我们坚持完善已有制度，制定新的制度，废止不适用的制度，把建立健全工作制度、管理制度、考核制度和督促检查制度等作为重要内容。活动开展以来，制定出台7项新制度，废止8项制度，修订15项制度。比如，制定出台了《关于置换物资的管理意见》《广播电视台内部审计工作制度》《关于推行无纸化办公的意见》等制度，修订出台了《广播电视台安全生产应急预案》《关于多元化创收激励办法》《关于完善合作经营管理的意见》等。下一步还将研究出台学习调研、联系群众、议事规则、规范管理等方面的规章制度，用制度管事、用政策激励，促进广电各项工作步入制度化、科学化、有序化轨道。

在抓好集中学习的过程中，我们注重贴近群众，贴近广电实际，创造性开展工作，用工作的实效检验活动开展的成效。

第一，坚持新闻创新，服务全市工作大局。

以教育实践活动为动力，改进宣传报道方式，主动转变作风，找准服务大局的切入点和着力点。一是做好市里重大决策和政策文件的宣传。对市里召开的重大会议和出台的政策文件，通过开设专栏、深度解读、编发评论等形式，第一时间跟进报道。今年以来，重点就科技创新、电子商务、服务业发展以及民生政策进行宣传，提高社会的知晓度。二是做好重点工作的宣传。实行新闻宣传月例会制度，超前做好各个重点领域的宣传。今年以来，紧扣企业转型发展、新型城市化、征信体系建设等开展了系列主题宣传活动；围绕森林防火、液氨整治、扬尘腥水治理等方面，通过新闻、公益广告等形式加大宣传力度，营造了良好氛围。三是做好创新性宣传。发挥好各特色栏目的作用，增强服务大局的成效。《时事解读》栏目重点就市委、市政府关注的重点事项进行解读宣传；《今日荣成》栏目及时跟踪报道各级贯彻市委决策部署的落实情况；新上的《三农天地》栏目开设致富经、农业知识、种养技术等专栏，为培育特色农民、发展现代农业起到了积极引导作用。

第二，坚持公益宣传，提高媒体社会影响力。

把握诚信建设这个主题，搭建公益宣传平台，让群众参与。围绕诚信建设提升年活动，策划了"你眼中的诚信是什么""寻找最美荣成人"等系列宣传活动，将群众海采、典型报道、记者点评、微信互动相结合，参与海采的有160多人，有3500多人参与微信互动，收到了较好宣传效果。围绕帮扶社会弱势群体，开设《民生360°帮你忙》栏目，加大对社会弱势群体的宣传、帮扶力度。通过栏目宣传，发动社会爱心人士为寻山街道患白血病的孙梦瑶募集善款10万多元，为人和镇身患白血病的连婕募集善款7万多元。到目前，通过《民生360°帮你忙》栏目，共募集善款30多万元。围绕为民服务主题，先后举办"诚信崖头幸福社区首届社区文化节""诚信崂山首届草莓采摘节""海神丰"杯全市首届草莓大赛、"民生360°"栏目组进社区以及"爱在后备厢"爱心义卖、群众卡拉OK大赛等活动，丰富了居民文化生活。

第三，坚持典型带动，调动干部职工积极性。

我们着眼长远发展，通过扎实开展教育实践活动，提高干部职工整体素质。一是通过典型示范带动。以"树典型、扬正气、传递正能量"活动为契机，围绕新闻宣传、经营创收、行政管理、技术服务等4大类、17个方面，在推进工作中挖掘典型、培植典型、用好典型；对评选出来的典型，每月在全台范围内进行交流。到目前，已经培植17个方面35个典型，通过典型带动干部职工抓好工作落实。二是通过机制激发活力。修订了

《新闻记者绩效考核办法》,制定了《活动、电台经营创收管理办法》,完善了《合同管理规定》,推行了广告经营招投标,正在探索试行栏目制片人制,力求通过客观公正的考评奖惩,调动干部职工的工作积极性。三是通过学习提高能力。重视加强业务学习,邀请同业先进电视台来荣讲课9次,每半月组织新闻记者进行一次集体学习,每季度开展一次好新闻、好节目和优秀公益广告评选,提高干好本职工作、服务中心大局的能力和水平。

荣成市广播电视台开展“三严三实”专题教育实施方案

根据上级党组织工作安排,经台党组研究,我台决定从6月开始,在全台党员干部中开展“三严三实”专题教育活动,具体方案如下:

一、指导思想和总体要求

认真贯彻习近平总书记“作风建设永远在路上,各级领导干部都要既严以修身、严以用权、严以律己,又谋事要实、创业要实、做人要实”讲话精神,教育引导党员干部深刻认识“三严三实”的重大意义、丰富内涵,自觉按照“三严三实”要求加强党性修养、改进工作作风,把“三严三实”作为修身做人的基本遵循,作为干事创业的行为准则,对存在的顽疾进行大排查、大扫除,对存在的突出问题进行重点整治,使党内政治生活真正严肃起来,使党的作风全面纯洁起来。确保以严求实、以实促严,推动教育实践活动取得满意实效。

二、具体方法和措施

开展这次专题教育,要坚持突出问题导向、坚持教育与实践并重、坚持领导带头、坚持上下联动、坚持从严从实、坚持以整风精神开展批评和自我批评、坚持依靠群众,着力抓好以下工作。

(一)党组书记带头讲专题党课

台党组书记结合专题教育动员部署工作,紧扣“三严三实”主题,联系我台实际,联系党员干部思想、工作、生活和作风实际,带头讲一次党课,于6月初进行。党组书记通过亲自撰写党课讲稿和深入浅出、通俗易懂的讲解,切实讲清楚“三严三实”的重大意义和丰富内涵,讲清楚“不严不实”的具体表现和严重危害,讲清楚落实“三严三实”的实践要求。

(二)开展专题学习研讨

党员干部要坚持个人自学和集中学习相结合,重点分3个专题开展学习研讨,把专题学习研讨与平时的集中学习结合起来,与解决突出问题结合起来,每个专题至少组织2次集中研讨。

专题一:严以修身。6—7月,通过重点研读《习近平总书记系列重要讲话读本》《习近平谈治国理政》等学习资料,切实提高党性修养,坚定理想信念,把牢思想和行动的“总开关”。集中研讨主要围绕以下内容:一是如何坚守马克思主义和中国特色社会主义信念,增强道路自信、理论自信、制度自信、文化自信;二是如何站稳党和人民立场,牢固树立正确的世界观、人生观、价值观和公私观、是非观、义利观,忠于党、忠于国家、忠于人民;三是如何保持高尚的道德情操和健康的生活情趣,自觉远离低级趣味,树立良好家风,坚决抵制歪风邪气,坚守共产党人精神家园。

通过本专题学习研讨,深入查找和着力解决修身不严方面的表现和存在的问题,重点是理想信念动摇、在党不言党、在党不跟党,作风庸俗甚至沉迷于烧香、拜佛、看风水,以及宗旨意识淡薄、工作敷衍、学风浮躁、品行不端、言行失范等问题。教育引导干部职工坚定理想信念,提升道德境界,自觉做中国特色社会主义的坚定信仰者和忠实实践者,忠诚党和人民的广电事业,言传身教,身体力行,树立做人、做事、做学问的榜样和标杆。

专题二:严以律己。8—9月,重点学习《党章》《习近平关于党风廉政建设和反腐败斗争论述摘编》《优秀领导人员先进事迹选编》《领导人员违纪违法典型案例警示录》,教育引导党员干部严守党的政治纪律和政治规矩,自觉做政治上的"明白人"。集中研讨主要围绕如何严格遵守党章、如何落实习近平总书记在十八届中央纪委五次全会上提出的"五个必须"要求、如何强化政治纪律和规矩意识进行。

通过本专题学习研讨,深入查找和着力解决律己不严方面的表现和存在的问题,重点是无视党的政治纪律和政治规矩,违反中央"八项规定"、"四风"根治不到位等问题。重点抓"三个一":一是参加一次专题党日活动。落实"三会一课"制度,党员领导都要参加一次所在党支部围绕"三严三实"组织的专题党日活动。二是接受一次法治教育。国家宪法日前后,采取多种形式接受一次法治教育。三是严肃查处公款吃喝、出入会所等违反中央"八项规定"的问题,严肃查处在公共场合发表违反政治纪律言论、诋毁党的形象等问题。

专题三:严以用权。10—11月,重点学习"四大法宝"(坚持民主集中制、开展批评与自我批评、严格党内生活、加强党的团结统一)、相关法律和创新发展典型案例,做到真抓实干和实实在在谋事创业做人,当忠诚干净担当的好干部。集中研讨主要围绕如何坚持民主集中制、如何按规则制度行使权力、如何破解发展难题进行。

通过本专题的学习研讨,深入查找和着力解决用权不严及谋事创业做人不实方面的表现和存在的问题,重点是决策不科学、不民主,"三重一大"事项不经集体讨论决定;滥用职权,财务管理、项目经费管理、干部选任、人员招录、职称评审等不规范的问题;懒政惰政,缺乏担当、不思进取,自律不严、作风不实和当面一套背后一套、做"两面人"等方面的问题。加强党风廉政教育和"官德"教育,建立领导人员作风纪实档案,把考核考察、举报受理、个人有关事项报告等情况纳入档案,加强日常管理监督。落实干部使用"八个坚持、八个反对"要求,把"三严三实"作为干部考察考核的重要内容和选拔任用的重要依据。

(三)召开专题民主生活会和组织生活会

台党组要根据上级安排,以践行"三严三实"为主题,召开一次高质量的专题民主生活会,以进一步推动领导干部严格遵守党内政治生活准则,增强党内生活的政治性、原则性、战斗性,切实解决好自由主义、分散主义、好人主义、个人主义的问题,解决好平淡化、随意化、庸俗化的问题,使党内生活进一步严肃起来。

一是深入查摆问题。紧扣"三严三实"主题,采取自己找、群众提、上级点、互相帮、集体议的方式,把"不严不实"问题找准找实找具体。

二是充分谈心谈话。党组书记同每名班子成员、班子成员之间都要谈心,做到"四必谈",即问题必谈、原因必谈、措施必谈、建议必谈。

三是认真撰写对照检查材料。

四是召开专题民主生活会。会上要开展严肃的批评和自我批评,批评要有具体意见和案例,做到辣味十足、红脸出汗。

五是通报评议民主生活会情况。民主生活会后召开专门会议,对会前准备、开展批评和自我批评、制定整改措施情况,在一定范围内进行通报。会上组织参会人员对领导班子民主生活会情况进行评议。

专题民主生活会召开完之后,各党支部要以践行"三严三实"为主题,组织党员干部召开一次高质量的组织生活会,以进一步推动党员干部严格遵守党内政治生活准则,增强先锋模范作用,发挥"六个服务"作用,切实解决好自由主义、分散主义、好人主义、个人主义的问题,进一步严肃党内生活。

(四)深化整改落实

坚持边学边查边改,每名台中层干部都要结合党的群众路线教育实践活动整改的问题、上级督导指出的问题、新查找出来的问题,特别是干部职工意见集中的问题,列出清单、建立台账,明确时限,进行专项整治。台党组建立整改跟踪督查机制,对整改不力的约谈提醒,对态度消极、搪塞应付的严肃批评。围绕严肃党内政治生活、加强干部教育管理、加强权力运行制约监督等,制定和完善相关制度办法,探索建立践行“三严三实”长效机制。严格正风肃纪,对存在“不严不实”问题的人员,立足教育提高,促其改进;对干部职工和群众意见大、不能认真查摆、没有明显改进的,将予以调整。把整改落实情况作为检验专题教育成效的重要内容。

三、组织领导

把深入开展“三严三实”专题教育作为当前一项重大而紧迫的政治任务,树立高度的政治责任感和强烈的大局意识,切实加强领导,统筹推进落实,强化督促检查,注重舆论宣传,确保取得实效。

1.强化领导、落实责任。台党组成立以班子成员为主体的“三严三实”专题教育领导小组,下设办公室,负责专题教育日常工作。台党组书记将切实承担起第一责任人责任,做到高度重视,亲自研究部署、带头研究制定实施方案和参加专题教育。

2.督促指导,加强考核。台党组书记要抓好工作的重点和关键,把好方案制定关、把好学习教育关、把好听取意见关、把好党性分析关、把好专题民主生活会质量关、把好解决问题关、把好专项整治关,推动专题教育深入开展。将开展专题教育情况纳入领导班子和领导干部考核内容,纳入党建责任制考核内容,纳入领导干部述职述廉内容,作为干部选拔任用的重要依据。

3.强化宣传,营造氛围。要切实做好专题教育宣传工作,按照“做深、做实、出彩、出新、出特色”要求,提前谋划、高位启动,形成舆论强势。要正确把握舆论导向,充分运用广播、电视、网络等媒体,抓舆论引导、抓选题策划、抓典型案例、抓理论评论、抓舆论监督,大力宣传深入开展专题教育的重要意义、目标任务、工作成效,为市广播电视台专题教育健康有序开展营造良好舆论氛围。

荣成市广播电视台关于“三严三实”专题教育开展情况“回头看”的汇报

自“三严三实”专题教育活动开展以来,市广播电视台严格按照各项要求,认真学习,总结反思,查找不足,努力整改,党员干部的政治素养和业务能力有了新的提升。根据《关于对“三严三实”专题教育开展情况进行“回头看”的通知》要求,现将有关情况汇报如下:

一、思想高度重视,强化责任落实

班子成员对专题活动高度重视,主要领导多次主持召开会议进行专题部署。6月4日,台党组书记张波台长为全体党员干部上了一堂生动的党课,围绕对“三严三实”学习理解,结合自身实际,畅谈如何进一步贯彻好、落实好“三严三实”的若干规定,同时要求全台党员干部加强学习,严以律己,敢于担当。各班子成员参加所在党支部统一学习,根据各中心的实际工作,每月合理安排时间进行一次集中学习,时间不少于2天,相互交流时间不少于1天。围绕“严以修身、严以用权、严以律己”,重点学习研讨如何在日常工作中认真履行责任,为活动的深入开展奠定了坚实的理论基础。

二、合理谋划活动方案,加强学习研讨

台党组围绕“严以修身、严以用权、严以律己”三个专题,制定了详细的学习计划。先后开展了5次集体学习,原汁原味地学习了党章、习近平十八届中央纪委五次全会讲话精神、《优秀领导干部先进事迹选编》《领导干部违纪违法典型案例警示录》等相关文件材料，观看了《筑梦中国》《风雨如磐》《中华民族复兴之路》（第1集）等教育影片，参观了沈秀芹纪念馆，重温了党的奋斗历史，学习了榜样典型的先进事迹，引导全台党员干部深刻领会、自觉践行“三严三实”精神，进一步形成干事创业的正气正风，切实把“三严三实”专题教育活动的各项要求落到了实处。

三、建立整改台账，坚持边学边查边整改

台党组和班子成员以集体学习为契机，通过自己找、别人提等方式认真查摆了自身问题，并进行了深度剖析。台主要领导和班子成员建立了问题清单和整改台账，按照量质期的各项要求，逐条整改，抓紧落实，进一步强化了班子成员的廉洁意识、示范引领意识和责任意识，真正做到了心存敬畏、手握戒尺，慎独慎微、勤于自省。

四、狠抓日常工作，做到“两手抓”“两促进”

将“三严三实”专题教育与诚信建设深化年活动有机结合，塑造好“用心传播　情动万家”广电品牌，全体党员干部按照实施方案的要求，精心组织好各党支部各项活动的开展，围绕转作风、重规范、提效能、促发展，认真查找思想理念、工作作风、目标思路、工作成效等方面的差距和不足，通过落实、抓好、整改、提高，推动全台工作再上新台阶。

五、下一步工作打算

一是进一步细化专题学习研讨方案。积极落实市委组织部的各项要求，进一步细化“三严三实”专题教育学习研讨活动方案，增强学习研讨效果。确保每月开展一次专题集中学习研讨，时间不少于2天，相互交流时间不少于1天。二是坚持与日常工作相结合。紧紧围绕诚信建设深化年、“树典型、扬正气、传递正能量”、征信体系建设、“三严三实”等活动开展主题宣传报道，在全市上下营造良好舆论氛围。三是加强问题整改。落实好各党支部每月集中学习活动，做好相关台账的整理上报。

市广播电视台

2015年8月6日

荣成市广播电视台开展“两学一做”学习教育实施方案

根据《中共荣成市委办公室印发〈关于在全体党员中开展“学党章党规、学系列讲话，做合格党员”学习教育实施方案〉的通知》（荣办发〔2016〕19号）的精神，结合我台实际，现就2016年开展“两学一做”学习教育，提出如下实施方案。

一、目标要求

教育引导党员尊崇党章、遵守党规。以习近平总书记系列重要讲话精神武装头脑、指导实践、推动工作。促使全台党员干部思想认识进一步提高，作风进一步转变，党群干群关系进一步密切，努力建设党和人民满意的广播电视队伍，不断提高广播电视工作服务基层、服务群众的科学化水平，凝聚起全台上下团结一心、转型发展的合力，为建设生态宜居幸福荣成提供坚强舆论支撑。

二、学习教育内容

（一）学党章党规

全体党员逐字逐句全面理解党的纲领，牢记入党誓词，牢记党的宗旨，牢记党员义务和权利；认真学习《中国共产党廉洁自律准则》《中国共产党纪律处分条例》等党内法规，牢记党规党纪，明确党员干部该做什么、不该做什么，守住为人、做事的基准和底线。

（二）学系列讲话

认真学习《习近平总书记系列重要讲话读本（2016）》，及时跟进学习最新讲话精神。新闻媒体要持续深化对习近平总书记关于新闻舆论的两个重要讲话的学习。一是2016年2月19日在党的新闻舆论工作座谈会上的重要讲话。二是2016年4月19日在网络安全和信息化工作座谈会上的重要讲话。对照讲话要求,结合实际,找出差距不足,有针对性地提出加强和改进工作的具体措施。

(三)做合格党员

引导党员强化政治意识,保持政治本色,把理想信念时时处处体现为推动广播电视台发展的行动力量;结合"每月之星"的评选与交流,鼓励先进,发掘身边党员榜样,激励党员及干部职工立足岗位作奉献。坚定自觉地在思想上、政治上、行动上同以习近平同志为核心的党中央保持高度一致,牢固树立看齐意识,做政治上的明白人;始终保持干事创业、开拓进取的精气神,为实现广播电视事业的发展作出积极贡献。

三、措施方法

(一)做好活动部署

1. 制定实施方案。根据上级精神,制定全台《关于在全体党员中开展"学党章党规、学系列讲话,做合格党员"学习教育实施方案》和配档表。

2.起草党课讲稿。班子中党员领导干部都要讲党课,要抓紧起草党课讲稿,于5月19日下午报政工科,由政工科汇总并于5月20日前报市委组织部审核。

(二)抓实专题学习

1.集中学习。以党支部为单位,每月组织党员进行一次集中学习。按照市委组织部的要求,领导班子中的党员领导干部也要参加。学习后,每个支部、每名党员都要对找出的问题进行梳理汇总,形成问题清单和整改清单。

2.集中讨论。每季度组织党员进行一次集中讨论。讨论后,每个支部、每名党员都要对找出的问题进行梳理汇总,形成问题清单和整改清单。

3.班子学习。领导班子每月进行一次集中学习研讨。

(三)讲好优质党课

1.第一书记、党组书记和党校老师上党课。在建党95周年之际,邀请我台帮扶村第一书记结合自己的亲身经历和感受,为全台党员上一次接地气的生动党课;邀请党校老师为全台党员上党课;台党组书记为全台党员干部上党课,对学习贯彻习近平总书记系列重要讲话精神作辅导报告。

2.支部书记上党课。七一前后,结合纪念建党95周年,支部书记要讲一次党课。讲党课一般在党支部范围进行。党支部要结合专题学习讨论,对党课内容、时间和方式等作出具体安排。

(四)让党徽在岗位上闪光

1.开展红色微信传递、红色宣讲活动,拍摄党员"闪光言行",开展红色义工活动。

2.继续做好"每月之星"评选与交流。为鼓励先进,发掘身边党员榜样,激励党员及干部职工立足岗位作奉献,继续做好"每月之星"评选活动,每季度组织一次典型交流。

(五)全面落实党员教育管理基本制度

从严从细抓好党员组织关系转接、组织生活会、民主评议党员、党员缴纳党费、流动党员管理等制度,提升党员队伍规范化管理水平。

(六)建设过硬支部

以网格化党建为主抓手,强化政治引领功能和服务功能,让党旗在网格中飘扬,让党徽在网格中闪耀。

(七)召开专题组织生活会

年底前,党支部要召开一次专题组织生活会,组织全体党员对支部班子的工作、作风等进行评议。

(八)开展民主评议党员

结合召开专题组织会,以党支部为单位召开全体党员会议,组织开展民主评议党员工作。

四、加强组织领导

成立领导小组,台党组负责全台党员"两学一做"的组织领导、督查指导、推动落实。台各支部结合实施方案和学习配档作出具体安排,确保组织到位、措施到位、落实到位。行政中心定期对各支部学习情况进行督导。

2016年5月6日

附件:荣成市广播电视台党组"两学一做"学习教育配档表

附件

荣成市广播电视台党组“两学一做”学习教育配档表

推进措施	时间	主要活动	参加人员范围	落实部门	备注
活动部署和展开	4 月 29 日	召开全台党员大会，进行“两学一做”学习辅导。4 月 29 日召开全台党员会议，传达市委办“两学一做”学习教育方案；台党组书记、台长张波作动员讲话，为全台党员干部上党课，针对学习贯彻习近平总书记系列重要讲话精神作辅导报告	全体党员	行政中心、党组书记主持	
	5 月 4 日	参加全市“两学一做”学习教育培训工作会	台党组副书记、政工负责人	行政中心	
	5 月 5 日	制定实施方案。根据上级精神，制定全台《关于在全体党员中开展“学党章党规、学系列讲话，做合格党员”学习教育实施方案》和配档表	王少飞、宋传峰、张晓宁	行政中心	
	5 月 9 日	召开党组(扩大)会。传达中央要求和省市委部署，研究、讨论台“两学一做”学习教育实施方案和进展安排等工作，提出具体要求	党组成员、不是党组成员的班子成员、中心负责人	台党组、行政中心	
	5 月 10 日	拟订学习讨论内容。按要求，以支部为单位，每月组织一次党员集中学习，每季度组织一次集中讨论；领导班子每月也要组织一次集中学习，班子中的党员干部还要参加所在支部的学习研讨；班子及支部逐月逐季度列出学习讨论内容，5 月 10 日 10 点前报政工科，由政工科汇总并于当日下午下班前报市委组织部备案	党组(扩大)会上部署	台党组、各党支部、政工科	
	5 月中旬	建立档案。台党组和台各支部都要建立“两学一做”专门档案，对学习计划、学习讨论内容及围绕“两学一做”开展的各项活动的文字、影像资料归档。行政中心负责统一设定档案表样和台党组的“两学一做”档案记录；各支部自行建档并将每次学习、活动的档案复印一份交行政中心建立总的档案	各支部组织委员	行政中心	
	5 月 20 日	党课讲稿审查。班子中党员领导干部都要讲党课，要抓紧起草党课讲稿，于 5 月 19日下午报政工科，由政工科汇总并于 5 月 20 日前报市委组织部审核	班子中党员领导干部	政工科	
	5 月下旬	购买印发学习材料。为每名党员发放《习近平总书记系列重要讲话读本(2016)》，印发《习近平总书记关于宣传思想文化工作重要讲话学习读本》等辅导材料		行政中心	

续表

推进措施	时间	主要活动	参加人员范围	落实部门	备注
抓实专题学习讨论	5月中旬	学习贯彻2月19日讲话。2月19日习近平总书记在党的新闻舆论工作座谈会上作重要讲话,各支部要把学习贯彻讲话精神作为“三会一课”的重要内容,学讲话、谈体会,实现全覆盖	各支部党员、不是党员的班子成员及业务部门中层干部	各支部、行政中心	重点围绕坚定理想信念,强化政治意识、大局意识、核心意识、看齐意识,讲政治、有信念;围绕尊崇党章、遵守党规,严守纪律规矩,加强道德修养,讲规矩、有纪律,讲道德、有品行;围绕践行党的宗旨,干事创业、积极作为、担当奉献,发挥好先锋模范作用开展专题讨论。要围绕如何建设过硬支部开展专题讨论。通过学习讨论,真正提高认识,找到差距,明确努力方向
	5月16日	学习贯彻4月19日讲话。2016年4月19日习近平总书记在网络安全和信息化工作座谈会上发表重要讲话。5月16日,召开党组扩大会,学习讲话精神,要求做好互联网和媒体融合工作;各支部要将学习贯彻会议精神作为“三会一课”重要内容,各业务部门负责同志要在支部集中学习会上带头谈体会、找差距、补短板	党组成员、不是党组成员的班子成员、中心负责人	行政中心	
	6—8月	学习党章党规。组织党员逐条逐句通读党章,深入领会党的性质、宗旨、指导思想,深入领会党员权利和义务,明确做合格党员的标准和条件。学习《中国共产党廉洁自律准则》《中国共产党纪律处分条例》《中国共产党党员权利保障条例》,严守党规党纪,划出为人做事的底线	各支部党员	各支部、行政中心	
	5月起	学系列讲话。认真学习习近平总书记系列重要讲话,深刻领会系列讲话基本精神,深刻领会中央治国理政的新理念新思想新战略,自觉以系列讲话精神武装头脑、指导实践、推动工作	各支部党员	各支部、行政中心	
	5—12月	严格“三会一课”制度。认真制定学习讨论计划,突出主题,精心设计,细化安排。综合采取个人学、集中学、专家辅导学、典型示范学等方式,确保学习质量和效果。集中学习以党支部为单位,每月至少组织一次。每季度组织党员进行一次专题学习讨论	各支部党员	各支部、行政中心	

续表

推进措施	时间	主要活动	参加人员范围	落实部门	备注
讲好高质量党课	6月	第一书记、党组书记和党校老师上党课。在建党95周年之际，邀请我台帮扶村第一书记，结合自己的亲身经历和感受，为全台党员上一次接地气的生动党课；邀请党校老师为全台党员上党课；台党组书记、台长张波为全台党员干部上党课，对学习贯彻习近平总书记系列重要讲话精神作辅导报告	全台党员	行政中心	党课要紧扣主题，重点讲清楚党章党规和习近平总书记系列重要讲话的核心要求，讲清楚党员队伍中存在的突出问题及危害，讲清楚做合格党员的基本要求和实践途径，活化党课形式，运用身边事例，强化互动交流，增强党课教育的吸引力和感染力
	7月	支部书记上党课。“七一”前后，结合纪念建党95周年，支部书记要讲一次党课。讲党课一般在党支部范围进行。党支部要结合专题学习讨论，对党课内容、时间和方式等作出具体安排	各支部党员	各支部、行政中心	
引导党员立足岗位作奉献、当先锋	5月中旬	选派一名选手参与“两学一做”演讲比赛	新闻中心党支部	新闻党支部、政工科	围绕“受教育、强党性、当先锋、促发展”，弘扬正气，激励先进，让党徽、党旗在全台各个岗位闪光、飘扬
	5—12月	继续做好“每月之星”评选与交流。为鼓励先进，发掘身边党员榜样，激励党员及干部职工立足岗位作奉献，继续做好“每月之星”评选活动，每季度组织一次典型交流	各中心	行政中心	
	5—12月	开展红色义工活动。组织党员积极主动参与志愿服务活动，入党积极分子、党员发展对象和预备党员每年累计参加志愿服务活动不少于3次、6个小时，才能进入发展党员流程下一个环节	全体党员、入党积极分子、党员发展对象、预备党员	政工科负责组织并建档	
	5—12月	开展红色微信传递活动。各支部每月至少提报一条代表党的精神、时代的要求的正面舆论与思想教育微信内容，由政工科负责汇总上报机关工委	各支部党员	各支部、政工科	
	5—12月	拍摄党员“闪光言行”微视频。有采编条件的支部，可以将支部基层党员的先进事迹和“闪光言行”等编成微故事，摄制成微视频，引导党员学先进、当示范。由政工科负责上报机关工委，对优秀的微视频，市委组织部将给予加分	各支部	新闻、广告支部政工科	

续表

推进措施	时间	主要活动	参加人员范围	落实部门	备注
健全落实党员教育管理基本制度、党员管理教育制度,建设过硬支部	5月	规范补缴党费。按照上级要求,进一步规范党费收缴工作,对部分党费进行补缴	全台党员	政工科	切实加强基层党建工作,着力破难题补短板,激活基层党组织、增强基层组织力。认真开展党员组织关系集中排查,理顺党员组织关系,努力使每名党员都纳入党组织有效管理,参加学习教育。深入推进学习型服务型、创新型党组织建设,使每个党支部都成为坚强战斗堡垒,推动基层党建全面进步、全面过硬
	全年	健全落实党建工作制度。进一步严肃党的组织生活、严格党员教育管理、严明党建工作责任制,坚持边落实、边探索、边完善,及时把好的经验做法提炼上升为制度,不断提升党建工作制度化水平	各支部	行政中心	
	7月	党员入党宣誓。在“七一”前后,以支部为单位,组织党员开展面向党旗宣誓、重温入党誓词活动	各支部	政工科	
	11—12月	强化立规执纪。健全跟踪督查机制,严格正风肃纪,对各支部开展“两学一做”学习教育情况进行督导检查,确保各项整改任务落实、落地	各支部	行政中心、政工科	
开好专题组织生活会	11—12月	认真查摆问题。年底前,各支部要召开一次民主生活会。会前,支部班子及其成员面向党员群众广泛征求意见,认真查摆在思想、组织、作风、纪律等方面存在的突出问题	各支部党员	各支部、政工科	每名党员实事求是地对自己作出评价,党员之间相互提出批评意见。党支部综合民主评议党员日常表现,对每个党员提出评价意见,确定评议等次。对表现优秀的党员予以表扬,对不合格的党员,按照党章和党内有关规定,区别不同情况,稳妥慎重给予组织处置。结合民主评议,支部班子成员要与每名党员谈心谈话,有针对性地做好思想政治工作
	11—12月	撰写党性分析材料。支部班子成员结合学习讨论、征求意见、谈心交心等情况,对照党章党规和系列重要讲话,对照正反典型,对照职能职责,联系思想、工作和生活实际,认真查摆问题,深入进行党性分析,撰写简要发言提纲	各支部党员	各支部、政工科	
开展民主评议党员	11—12月	开展批评和自我批评。党支部书记首先代表支部班子对照检查,然后带头开展批评和自我批评,剖析自身存在的问题及原因,提出整改措施,其他班子成员逐一对其提出批评意见。其他班子成员依次进行	各支部党员、政工科		
	11—12月	抓好整改落实。对查摆出的突出问题和薄弱环节,要逐项梳理分析,制定整改措施,明确完成时限,认真抓好落实;支部班子整改落实情况要向党员群众公示,自觉接受监督。要组织全体党员对支部班子的工作、作风等进行评议	各支部党员	各支部、行政中心	
	12月	进行民主评议党员。结合召开专题组织生活会,以党支部为单位召开全体党员会议,组织开展民主评议党员工作。要组织全体党员对照党员标准,按照个人自评、党员互评、民主测评、组织评定的程序进行	各部党员	各支部、行政中心	

注:各支部结合全台“两学一做”学习教育配档,根据各自实际情况,内容可作适当调整。

荣成市广播电视台关于推进“两学一做”学习教育常态化制度化的实施方案

为深入贯彻落实习近平总书记关于推进“两学一做”学习教育常态化制度化重要指示精神，坚持思想建党、组织建党、制度治党紧密结合，持续推动全面从严治党向基层延伸，根据市委组织部的部署要求，现就推进我台“两学一做”学习教育常态化制度化制定如下实施方案。

一、总体目标和基本要求

（一）深刻认识重大意义

推进“两学一做”学习教育常态化制度化，是坚持思想建党、组织建党、制度治党紧密结合的有力抓手，是不断加强党的思想政治建设的有效途径，是全面从严治党的战略性、基础性工程。我台将进一步加强习近平总书记系列重要讲话学习，教育引导全体党员牢固树立“四个意识”，更加紧密地团结在以习近平同志为核心的党中央周围，严明党的政治纪律和政治规矩，把全面从严治党落实到每个支部、每名党员，以保持党的先进性和纯洁性，增强党的生机活力，激励全体党员凝心聚力、干事创业。落实好“两学一做”学习教育常态化制度化，对我台健康有序发展具有重大的意义。

（二）明确目标要求

推进“两学一做”学习教育常态化制度化，必须紧密联系实际，把思想教育作为首要任务，坚持用党章党规规范党组织和党员行为，用习近平总书记系列重要讲话武装头脑、指导实践、推动工作。要坚持学思践悟、知行合一，坚持全覆盖、常态化、重创新、求实效，着力解决学习教育政治性、针对性不强，娱乐化、表面化、形式化等问题；着力解决党的组织生活不落实、不经常、不规范、不严肃等问题；着力解决党组织功能弱化、运行不畅、作用发挥不到位、软弱涣散等问题；着力解决有的党员不在组织、不像党员、不起作用、不守规矩等问题；着力解决有的党员干部政治站位不高、大局意识不强、不敢担当、不会担当等问题，确保党的组织充分履行职能、发挥核心作用，确保党员领导干部忠诚干净担当、发挥表率作用，确保党员党性坚强、发挥先锋模范作用。

（三）把握基本原则

1.融入中心，服务大局。以“自由呼吸·自在荣成”为引领，以“创新型城市建设”为主线，将“两学一做”学习教育常态化制度化与我台中心工作紧密结合起来，为推动我台整体工作和全市经济社会持续健康发展提供坚强保证。

2.突出重点，注重长效。坚持以尊崇党章、遵守党规为基本要求，以用习近平总书记系列重要讲话精神武装全党为根本任务，以“两学一做”为基本内容，以“三会一课”为基本制度，以党支部为基本单位，以解决问题、发挥作用为基本目标，充分发挥党支部教育管理党员的主体作用，把学习教育融入日常、抓在经常，长期坚持、形成常态。

3.聚焦问题，精准施策。把问题导向贯穿学习教育全过程，建立完善及时发现和解决问题的有效机制，推动各党支部和党员自觉主动地修正错误、改进提高。针对不同层面不同部门不同工作的实际情况，明确要求、制定措施，体现具体化、精准化、差异化，防止和克服照抄照转、平推平拥、“一个方子吃药”等简单做法。

4.示范带动，整体推进。突出班子成员、领导干部的示范带动作用，带头增强自律意识、标杆意识、表率意识、担当意识，严格和规范双重组织生活制度，带动各党支部和每名党员、干部深入学、扎实做、持续改。

5.鼓励创新，激发活力。探索创新党内教育和组织生活的有效方法，充分调动各党支部积极性主动性创造性，防止和克服措施老化、方式僵化、不接地气、脱离实际等固化思维。创新学习形式和理念，拓宽学习渠道，突出经常性、参与性和互动性，以提高学习教育质量。

6.常抓不懈，务求实效。健全督导评估长效机制，推动党员教育经常化、组织生活正常化、作用发挥常态化，防止和克服紧一阵松一阵、表面化形式化、学习教育与思想工作实际“两张皮”等不良倾向。经常性引导党员、干部对标先进典型见贤思齐，通过开展警示教育举一反三、引以为戒，坚决防止和克服搞形式、走过场，着力提升学习教育成效。

二、主要内容

1.学党章党规。全体党员要逐条逐句通读党章，深入领会党的性质、宗旨、指导思想、奋斗目标、组织原则、优良作风，正确认识党员的权利和义务，牢记入党誓词，明确做合格党员的标准和条件。学习《中国共产党廉洁自律准则》《中国共产党纪律处分条例》《中国共产党党员权利保障条例》等，掌握廉洁自律准则规定的“四个必须”“四个坚持”，掌握各类违纪行为的情形和处分规定。认真学习党的历史，学习革命先辈和先进典型，引导党员牢记党规党纪，牢记党的优良传统和作风，树立崇高道德追求，养成纪律自觉，守住为人、做事的基准和底线。

党员领导干部要带头学习党章，全面把握基本内容，深刻把握“两个先锋队”的本质和使命，进一步明确“四个服从”的要求，掌握党的领导干部必须具备的六项基本条件。深入学习《中国共产党廉洁自律准则》《中国共产党纪律处分条例》《中国共产党党组工作条例(试行)》《党政领导干部选拔任用工作条例》等党内重要法规制度。重点掌握廉洁自律准则规定的“四个廉洁”“四个自觉”，掌握党纪处分工作原则以及各类违纪行为的情形和处分规定，掌握党政领导干部选拔任用原则、条件、要求。

2.学系列讲话。全体党员要认真学习《习近平总书记系列重要讲话读本(2016年版)》，主要领会掌握以下方面内容：(1)理想信念是共产党人精神上的“钙”，树立正确的世界观、人生观、价值观。(2)中国梦是国家的梦、民族的梦、人民的梦，是中华民族近代以来最伟大的梦想，核心要义就是国家富强、民族振兴、人民幸福。(3)中国特色社会主义是实现中华民族伟大复兴的必由之路，增强道路自信、理论自信、制度自信。(4)“四个全面”战略布局是新的历史条件下治国理政总方略，自觉用“四个全面”引领各项工作。(5)坚持创新、协调、绿色、开放、共享发展是关系我国发展全局的一场深刻变革，按照新的发展理念做好各项工作。(6)践行社会主义核心价值观，弘扬社会主义思想道德和中华传统美德。(7)全面从严治党是全体党员共同责任，必须落实到每个支部和每名党员。通过学习，深刻领会习近平总书记系列重要讲话的基本精神，深刻领会党中央治国理政新理念新思想新战略的基本内容，切实掌握与增强党性修养、践行宗旨观念、涵养道德品格等相关的基本要求，自觉以系列重要讲话精神武装头脑、指导实践、推动工作。

新闻媒体要持续深化对习近平总书记四个重要讲话的学习：一是2014年8月19日在宣传思想工作会议上的重要讲话，二是2015年10月15日在文艺工作座谈会上的重要讲话，三是2016年2月19日在党的新闻舆论工作座谈会上的重要讲话，四是2016年4月19日在网络安全和信息化工作座谈会上的重要讲话。对照讲话提出的各项要求，结合实际，找出差距和不足，有针对性地提出加强和改进工作的具体措施，确保各项任务落到实处。

3.做合格党员。最根本的是增强政治意识、大局意识、核心意识、看齐意识，主动向党中央看齐，向党的理论和路线方针政策看齐，做讲政治、有信念，讲规矩、有纪律，讲道德、有品行，讲奉献、有作为的合格党员。要立足岗位，激发党员干部在推动改革发展、建设一流强台中建功立业。适应互联网发展迅猛、媒体生态动荡调整的新格局，继续深化体制机制改革，始终保持干事创业、开拓创新的激情和锐气，发挥先锋模范作用，立足本职岗位敬业奉献，关键时刻冲锋在前，不惧困难、不辱使命，在全台改革发展的宏伟事业中，奋发有为、建功立业。

三、推进措施

1.抓实专题学习讨论。各党支部要按照“三会一课”制度要求，各支部要根据部署和要求认真制定学习讨论计划及实施方案，要突出主题，精心设计，细化安排。综合采取个人学、集中学、典型示范学等方式，确保学习质量和效果。集中学习以党支部为单位，每次围绕一个专题组织讨论。重点围绕坚定理想信念，强化政治意识、大局意识、核心意识、看齐意识，讲政治、有信念；围绕尊崇党章、遵守党规，严守纪律规矩，加强道德修养，讲规矩、有纪律，讲道德、有品行；围绕践行党的宗旨，干事创业、积极作为、担当奉献，发挥好先锋模范作用，讲奉献、有作为等开展专题讨论。支部班子成员还要围绕如何建设过硬支部开展专题讨论。通过学习讨论，真正提高认识，找到差距，明确努力方向。

2.讲好高质量的党课。党总支书记要为全体党员上党课，班子成员要到所在支部为党员上党课。讲党课要紧扣主题，重点讲清楚党章党规和习近平总书记系列重要讲话的核心要求，讲清楚党员队伍中存在的突出问题及危害，讲清楚做合格党员的基本要求和实践途径，有针对性地解疑释惑。要活化党课形式，运用身边事例现身说法，强化互动交流，增强党课教育的吸引力和感染力。“七一”前后，结合纪念建党 96 周年，各支部集中安排一次党课。

3.开好专题组织生活会。召开专题组织生活会之前，支部班子及成员要面向党员群众广泛征求意见，班子成员之间深入谈心交心；结合学习讨论、征求意见、谈心交心等情况，对照党章党规和系列重要讲话，对照正反典型，对照职能职责，联系思想、工作和生活实际，认真查摆在思想、组织、作风、纪律等方面存在的突出问题，深入进行党性分析，撰写发言提纲。会上，党支部书记首先代表支部班子对照检查，然后带头开展批评和自我批评，剖析自身存在的问题及原因，提出整改措施，其他支部成员逐一对其提出批评意见。对查摆出的突出问题和薄弱环节，要逐项梳理分析，制定整改措施，明确完成时限，认真抓好落实。

4.认真开展民主评议党员。结合召开专题组织生活会，以党支部为单位组织开展民主评议党员工作。要组织全体党员对照党员标准，按照个人自评、党员互评、民主测评、组织评定的程序进行。党支部综合民主评议情况和党员日常表现，对每个党员提出评价意见、确定评议等次，并与党员本人见面。结合民主评议，支部班子成员要与每名党员谈心谈话，有针对性地做好思想政治工作。

5.引导党员立足岗位作奉献当先锋。围绕“受教育、强党性、当先锋、促发展”，开展好“岗位小创新”和“每月之星”评选活动，在全台树立标准标杆，发掘身边的榜样，营造创先争优的浓厚氛围。

6.健全落实党员教育管理基本制度。着眼从根本上解决党员队伍中存在的突出问题，认真落实党员组织关系转接、组织生活会、民主评议党员、党员缴纳党费、“三会一课”等制度。围绕进一步严密党的组织体系、严肃党的组织生活、严格党员教育管理、严明党建工作责任制，坚持边落实、边探索、边完善，及时把好的经验做法总结提炼，形成制度，认真坚持下去，不断提升党员日常教育管理工作制度化水平。

7.建设过硬支部。要以“两学一做”学习教育为带动,切实加强基层党建工作,着力破难题、补短板,激活基层党组织,增强基层组织力。对于问题突出的党支部,先整顿到位再开展学习教育,使整顿转化和学习教育相互促进。深入推进学习型、服务型、创新型党组织建设,使每个党支部都成为坚强战斗堡垒,推动基层党建全面进步、全面过硬。

台党总支成员要带头参加学习讨论,带头谈体会、讲党课,带头参加组织生活会、民主评议,为普通党员作表率。要严格执行双重组织生活制度,既要以普通党员身份与所在支部党员一起学习讨论,也要参加党总支集中研讨,深化学习效果。要认真参加所在支部的专题组织生活会,与党员一起查摆解决问题,一起参加党员民主评议,还要参加党总支班子的民主生活会。年度民主生活会要以“两学一做”为主题,领导班子和领导干部把自己摆进去,查找存在的问题,抓好整改落实,示范推动学习教育开展。

四、加强组织领导

为加强领导,成立台“两学一做”学习教育领导小组,张波为组长,刘健为副组长,徐淑梅、刘青、刘昌涛为成员,日常工作由行政党支部承担。学习教育在台党组统一领导下进行,由行政支部牵头协调组织,各支部具体落实。

附件:荣成市广播电视台推进“两学一做”学习教育常态化制度化工作实施方案

附件

荣成市广播电视台推进“两学一做”学习教育常态化制度化工作实施方案

推进措施	时间	主要活动	参加人员范围	落实部门	备注
推进“两学一做”学习教育常态化制度化工作实施方案的部署和展开	6月2日	召开全台党员大会，针对“两学一做”学习教育常态化制度化工作进行学习辅导。传达了市委十四届委员会第九次常委会议精神、市委十四届二次全体会议精神，认真学习了市委书记江山同志关于“两学一做”学习教育常态化制度化的讲话；台党组书记、台长张波对推进“两学一做”学习教育常态化制度化工作作辅导报告	全体党员	行政中心，党组书记主持	
	6月7日	参加全市“两学一做”学习教育培训工作会	台党组副书记、政工负责人	行政中心	
	6月8日	制定实施方案。根据上级精神，对照2017年基层党建工作重点任务台账，结合台实际情况，列出广播电视台推进“两学一做”学习教育常态化制度化工作的总体实施方案和对各支部的具体要求	王少飞、李冻冰、宋传峰	行政中心	
	6月9日	建立党员不合格表现负面清单。结合台各党支部的实际情况和党员现状，在对党员“四个合格”作出细化规定、划出行为标杆的基础上，建立党员不合格表现负面清单，并于6月9日下午下班前上报党组	王少飞、李冻冰、宋传峰	行政中心	
	6月12日	召开党组(扩大)会。传达中央要求和省市委部署，研究、讨论推进“两学一做”学习教育常态化制度化工作的总体实施方案和党员不合格表现清单，并要求各支部拟定“两学一做”学习教育常态化制度化工作内容、建立支部党员负面清单	党组成员、不是党组成员的班子成员、中心负责人	台党组、行政中心	
	6月12日	各支部拟定“两学一做”学习教育常态化制度化工作内容、建立支部党员负面清单。按要求，以支部为单位，结合支部工作实际，对照2017年基层党建工作重点任务台账，按月按制度列出“两学一做”学习教育常态化制度化工作内容；以党组的负面清单为蓝本，组织支部进一步细化完善，建立支部党员负面清单。6月12日上午下班前报政工科，由政工科汇总并于当日下午下班前报市委组织部备案	党组(扩大)会上部署	台党组、各党支部、政工科	
	6月20日	完善档案。台党组和台各支部都要进一步完善“两学一做”专门档案，对学习计划、学习讨论内容及围绕“两学一做”开展的各项活动的文字、影像资料归档建立“两册两簿两台账”。“两册”指党员名册、入党积极分子名册，“两簿”指党内生活纪实簿、党费缴纳明细簿，“两台账”指年度党建工作台账、党员组织关系台账。实行支部工作全程纪实机制，利用簿册详细记录党内生活开展情况，并上传基层党建管理服务平台，重大事项要录像存档。6月20日，行政中心负责督导检查	各支部组织委员	行政中心	
	6月20日前	完善党员活动场所。在7楼会议室设置党建工作室，党员活动室配备有党旗、刊板(包括入党誓词、党员权利和义务、发展党员流程图、“三会一课”基本制度等)、办公设施、学习资料等	行政中心负责人	行政中心	
	6月20日前	印发创建文明城市学习材料。为每名党员发放《全国文明城市创建动态管理措施》等辅导材料，将党建工作和中心工作结合起来	各支部组织委员	行政中心	
	6月30日	党组书记讲党课。全体党员参加	全体党员	行政中心，党组书记主持	
	7月1日前	班子成员讲好党课。班子中党员领导干部抓紧起草党课讲稿，并在“七一”前完成党课的宣讲，课件需交各自的支部存档	班子中党员领导干部	各党支部	
	7月1日前	召开组织生活会。召开组织生活会，会前深入谈心交心，逐人形成对照检查材料，会上要对照负面清单，认真开展批评与自我批评；结合组织生活会，组织开展民主评议党员；根据评议情况，综合分析党员日常表现，给每名党员评定等次	各支部党员	各党支部	

续表

推进措施	时间	主要活动	参加人员范围	落实部门	备注
活动部署和展开	7月1日	过好政治生日。通过书信等方式对台里党龄30年及以上的老党员进行慰问,让他们过好政治生日	各支部组织委员	各党支部	
“三会一课”制度,深入学习系列文件	6—8月	学习贯彻2月19日讲话。2月19日习近平总书记在党的新闻舆论工作座谈会上作重要讲话,各支部要把学习贯彻讲话精神作为“三会一课”的重要内容,学讲话、谈体会,实现全覆盖	各支部党员、不是党员的班子成员及业务部门中层干部	各支部行政中心	重点围绕坚定理想信念,强化政治意识、大局意识、核心意识、看齐意识,讲政治、有信念;围绕尊崇党章、遵守党规,严守纪律规矩,加强道德修养,讲规矩、有纪律,讲道德、有品行;围绕践行党的宗旨,干事创业、积极作为、担当奉献,发挥好先锋模范作用开展专题讨论。要围绕如何建设过硬支部开展专题讨论。通过学习讨论,真正提高认识,找到差距,明确努力方向
	6—8月	学习贯彻4月19日讲话。2016年4月19日习近平总书记在网络安全和信息化工作座谈会上发表重要讲话。5月16日,召开党组扩大会,学习讲话精神,要求做好互联网和媒体融合工作;各支部要将学习贯彻会议精神作为“三会一课”重要内容,各业务部门负责同志要在支部集中学习会上带头谈体会、找差距、补短板	党组成员、不是党组成员的班子成员、中心负责人	行政中心	
	6—8月	学习党章党规。组织党员逐条逐句通读党章,深入领会党的性质、宗旨、指导思想,深入领会党员权利和义务,明确做合格党员的标准和条件。学习《中国共产党廉洁自律准则》《中国共产党纪律处分条例》《中国共产党党员权利保障条例》,严守党规党纪,划出为人做事的底线	各支部党员	各支部、行政中心	
	8月起	学系列讲话。认真学习习近平总书记系列重要讲话,深刻领会系列讲话基本精神,深刻领会中央治国理政的新理念新思想新战略,自觉以系列讲话精神武装头脑、指导实践、推动工作	各支部党员	各支部、行政中心	
	6—12月	严格“三会一课”制度。认真制定学习讨论计划,突出主题,精心设计,细化安排。综合采取个人学、集中学、专家辅导学、典型示范学等方式,确保学习质量和效果。集中学习以党支部为单位,每月至少组织一次。每季度组织党员进行一次专题学习讨论	各支部党员	各支部、行政中心	
	6—12月	开展党员创新活动,激发基层组织活力。继续做好“每月之星”评选与交流,鼓励先进,发掘身边党员榜样,激励党员及干部职工立足岗位作奉献,每季度组织一次典型交流,将支部基层党员的先进事迹和“闪光言行”等摄制成微视频,在一楼大厅电视上循环播放;引导党员学先进、当示范;出台“关于岗位创新”费用申请及月度绩效考核加分项的意见,鼓励党员结合本职工作,开展创新活动	各中心	行政中心	
推进和创新机制,提高党员综合素质	6—12月	深化社区共建,提高服务社区质量。台各党支部有组织到社区报到,认领服务项目,服务社区建设。同时督促党员到社区报到,积极认领志愿服务项目。行政中心定期和社区联系,落实党员社区服务情况,通过电子公告等形式颂扬先进,批评后进	各党支部	行政中心	
	6—12月	全面推进“4+2”基层干部管理考评体系。结合台请销假管理规定等各项制度,严格落实月考核制度,出台月绩效补充意见,从企事业员工的月绩效工资中拿出500元进行考核,按照“2∶6∶2”的比例,实施“550、500、450”三档考核,对管理考核情况实行全程痕迹管理	各中心	行政中心	
	11—12月	强化立规执纪。健全跟踪督查机制,严格正风肃纪,对各支部开展“两学一做”学习教育情况进行督导检查,确保各项整改任务落实、落地	各支部	行政中心、政工科	

续表

推进措施	时间	主要活动	参加人员范围	落实部门	备注
“两学一做”学习教育工作的总结和整改	11—12月	认真查摆问题。年底前，各支部要召开一次民主生活会。会前，支部班子及其成员面向党员群众广泛征求意见，认真查摆在思想、组织、作风、纪律等方面存在的突出问题	各支部党员	各支部、政工科	每名党员实事求是地对自己作出评价，党员之间相互提出批评意见。党支部综合民主评议情况和党员日常表现，对每个党员提出评价意见、确定评议等次，并与党员本人见面。对表现优秀的党员予以表扬，对不合格的党员，按照党章和党内有关规定，区别不同情况，稳妥慎重给予组织处置。结合民主评议，支部班子成员要与每名党员谈心谈话，有针对性地做好思想政治工作
	11—12月	撰写党性分析材料。支部班子成员结合学习讨论、征求意见、谈心交心等情况，对照党章党规和系列重要讲话，对照正反典型，对照职能职责，联系思想、工作和生活实际，认真查摆问题，深入进行党性分析，撰写简要发言提纲	各支部党员	各支部、政工科	
	11—12月	开展批评和自我批评。党支部书记首先代表支部班子对照检查，然后带头开展批评和自我批评，剖析自身存在的问题及原因，提出整改措施，其他班子成员逐一对其提出批评意见。其他班子成员依次进行	各支部党员	各支部、政工科	
	11—12月	抓好整改落实。对查摆出的突出问题和薄弱环节，要逐项梳理分析，制定整改措施，明确完成时限，认真抓好落实；支部班子整改落实情况要向党员群众公示，自觉接受监督。要组织全体党员对支部班子的工作、作风等进行评议	各支部党员	各支部、行政中心	
召开组织生活会、开展民主评议党员	12月	进行民主评议党员。召开专题组织生活会，结合组织生活会以党支部为单位召开全体党员会议，组织开展民主评议党员工作。要组织全体党员对照党员标准，按照个人自评、党员互评、民主测评、组织评定的程序进行	各支部党员	各支部、行政中心	

荣成市融媒体中心领导班子开展“不忘初心、牢记使命”主题教育实施方案

根据中央和省市委关于开展“不忘初心、牢记使命”主题教育工作要求，现就市融媒体中心领导班子开展“不忘初心、牢记使命”主题教育作出如下安排。

一、总体安排

市融媒体中心领导班子“不忘初心、牢记使命”主题教育从2019年9月开始，11月底基本结束。市融媒体中心领导班子认真贯彻“守初心、担使命、找差距、抓落实”的总要求，牢牢把握深入学习贯彻习近平新时代中国特色社会主义思想，锤炼忠诚干净担当的政治品格，围绕市委、市政府中心工作，推动解决党的建设面临的紧迫问题、融媒体建设发展瓶颈问题，把学习教育、调查研究、检视问题、整改落实贯穿全过程，将力戒形式主义、官僚主义作为重要内容，从严从实抓好主题教育各项任务落实，确保达到理论学习有收获、思想政治受洗礼、干事创业敢担当、为民服务解难题、清正廉洁作表率的目标，把主题教育成效体现到实施集成式改革、推进高质量发展上，体现到提升领导班子成员本领、持续转变工作作风上，体现到推动全面从严治党向纵深发展、推进基层党组织全面进步全面过硬上，以实际行动为市融媒体中心全体党员作出表率，推动市融媒体中心主题教育深入开展、取得实效。

二、主要任务

1.以上率下带头示范。从市融媒体中心领导班子、领导班子成员做起，先学一步、多学一些、学深一层，带头调查研究、检视剖析、推动整改，走在前、作表率，为中心党支部和全体党员树好榜样，以上率下，高质量推进主题教育。

2.专题研究实施意见和实施方案。9月12日，市融媒体中心召开专题会议，研究市融媒体中心“不忘初心、牢记使命”主题教育实施意见；9月16日，市融媒体中心召开专题会议，研究修改完善市融媒体中心“不忘初心、牢记使命”主题教育实施意见，并研究制定市融媒体中心开展“不忘初心、牢记使命”主题教育实施方案等文件。(责任单位：中心办公室、党建工作部)

3.开展动员部署。9月16日，召开市融媒体中心“不忘初心、牢记使命”主题教育工作会议，安排部署市融媒体中心主题教育工作，市融媒体中心领导班子成员参加，邀请市委第十二巡回指导组派员参加。(责任单位：中心办公室、党建工作部)

4.扎实搞好自学。根据上级要求，中心领导班子成员制定个人自学计划，认真学习党的十九大报告和党章、《习近平关于“不忘初心、牢记使命”论述摘编》《习近平新时代中国特色社会主义思想学习纲要》以及习近平总书记在“不忘初心、牢记使命”主题教育工作会议、中央政治局第十五次集体学习、中央和国家机关党的建设工作会议、内蒙古考察并指导开展“不忘初心、牢记使命”主题教育、中央党校(国家行政学院)中青年干部培训班开班式的重要讲话和习近平总书记视察山东重要讲话、重要指示批示精神，通读《中国共产党的九十年》，逐句逐段学习《关于新形势下党内政治生活的若干准则》《中国共产党纪律处分条例》《中国共产党问责条例》等党内法规，跟进学习习近平总书记最新重要讲话文章，结合各自分管领域的工作，深入学习习近平总书记有关重要论述。(责任单位：各班子成员)

5.集中学习研讨。研究制定市融媒体中心学习教育计划，采取理论学习中心组、读书班等形式，围绕党的政治建设、全面从严治党、理想信念、宗旨性质、担当作为、政治纪律和政治规矩、党性修养、廉洁自律等8个专题进行学习研讨，班子成员分别交流发言。在市委“不忘初心、牢记使命”主题教育10月上旬读书班结束后，市融媒体中心将于10月中旬举办“不忘初心、牢记使命”主题教育读书班，由中心党总支书记、主任

邹积军同志作开班讲话，市融媒体中心全体班子成员参加，邀请市委第十二巡回指导组派员参加。（责任单位：中心办公室、党建工作部）

6.开展专题教育。制定市融媒体中心专题教育计划。9月30日，组织部分领导班子成员和党员干部到革命烈士陵园举行革命烈士公祭活动，到郭永怀事迹陈列馆等党性教育基地，接受革命传统教育、党性教育。10月1日，市融媒体中心领导班子成员、各党支部党员代表（不少于支部党员总数的三分之一）统一参加升国旗仪式，集中收看收听庆祝中华人民共和国成立70周年大会。中心领导班子成员还将适时组织开展廉政教育、警示教育、形势政策教育、先进典型教育。（责任单位：中心办公室、党建工作部、人力资源部、中心各党支部）

7.参加主题党日。中心领导班子成员以普通党员身份参加所在党支部的主题党日，集中开展“三重三亮”活动，重温入党誓词、重忆入党经历、重问入党初心，亮党员身份、亮工作标准、亮担当作为，激励引导党员牢记使命、砥砺前行。（责任单位：党建工作部、中心各党支部）

8.深入调查研究。中心领导班子成员制定调研工作方案，围绕贯彻落实习近平总书记重要指示批示精神，立足职责职能和当前正在做的事情，从新旧动能转换、经略海洋、精致城市建设、乡村振兴、保障和改善民生、干部队伍建设、全面从严治党等方面，确定调研课题，采取现场办公等方式，到基层蹲点调研，听取基层意见建议。每月月底前，中心领导班子成员将调研发现的问题和意见建议、改进工作的具体措施，提交中心办公室汇总。市融媒体中心领导班子将适时召开会议，交流调研成果。（责任单位：中心办公室、各班子成员）

9.广泛征求意见。市融媒体中心领导班子制定征求意见工作方案，广开言路、畅通渠道，采取多种方式，开展“三听两问”活动，充分听取工作服务对象、基层党员群众对领导班子、领导干部存在突出问题的反映，对改进作风、改进工作的意见和建议。（责任单位：中心办公室、各班子成员）

10.深刻检视剖析。坚持问题导向，梳理近年来省市委在巡视巡察等工作中发现的问题，提交中心领导班子成员主动认领，深刻检视剖析。市融媒体中心领导班子及班子成员对照习近平新时代中国特色社会主义思想和党中央决策部署，对照党章党规，对照初心使命，对照习近平总书记视察山东重要讲话、重要指示批示精神，认真检视反思，结合学习研讨、调查研究、征求意见、谈心谈话和问题梳理情况，拿出实招硬招，立查立改、即知即改，能够当下改的明确时限和要求，按期整改到位；一时解决不了的明确阶段性目标，持续整改。（责任单位：中心办公室、各班子成员、党建工作部）

11.对照党章党规找差距。市融媒体中心领导班子安排专门时间学习党章、《关于新形势下党内政治生活的若干准则》《中国共产党纪律处分条例》，对照“十八个是否”进行自我检查，召开对照党章党规找差距专题会议，中心领导班子成员逐一对照，全面查找差距，把自己摆进去、把职责摆进去、把工作摆进去，推动主题教育取得实效。（责任单位：中心办公室、各班子成员、党建工作部）

12.帮助解决问题。中心领导班子成员严格落实党员到社区报到工作规定，至少参加1次志愿服务。（责任单位：中心办公室、各班子成员、党建工作部）

13.对标学习赶超。中心领导班子成员指导分管部门，深入推进寻标对标、比学赶超活动，放大坐标找不足，拉高标准找差距，列出差距清单，制定学改措施，健全学赶长效机制，形成解放思想、比学赶超的浓厚氛围，真正把学习教育的成效体现到干事创业、推动工作上来。（责任单位：各班子成员）

14.牵头攻坚破难。中心领导班子成员按照上级要求，结合荣成精致城市建设，结合市融媒体中心工作要点和集成式改革任务推进落实情况，客观分析研判分管工作现状，确定至少1个突出问题作为攻坚突破项目，细化措施、带头推

进,组织精兵强将快速行动、强力突破、决战决胜,力争较短时间内取得明显成效。(责任单位:各班子成员)

15.推动整改落实。对“不忘初心、牢记使命”主题教育中开展的专项整治,中心领导班子成员分工抓好落实。带头推动解决分管领域内的问题,带头深入推进精文简会,坚决纠治工作中的形式主义问题。中心领导班子、领导班子成员列出问题清单、整改清单、责任清单,以彻底的革命精神即查即改、立行立改。整改落实情况,适时在一定范围内公开。(责任单位:中心办公室、各班子成员、党建工作部)

16.加强干部队伍建设。坚持新时代好干部标准,树立正确选人用人导向,坚决发现和查处选人用人领域不正之风,激励干部担当作为、狠抓落实。(责任单位:中心办公室、人力资源部)

17.推进全面从严治党。市融媒体中心领导班子以更高标准,带头落实主体责任,坚持党要管党、全面从严治党,坚持问题导向、标本兼治,聚焦政治生态建设、作风建设和惩治腐败,强化监督执纪问责和监督调查处置,推动全面从严治党向纵深发展。(责任单位:市融媒体中心党总支、中心所属各党支部)

18.加强工作统筹谋划。把开展主题教育同落实市委、市政府中心工作及各项任务结合起来,认真落实习近平总书记视察山东重要讲话、重要指示批示精神,深入推动集成式改革和融媒体建设发展任务落实。(责任单位:中心办公室、中心所属各部门)

19.开展自查评估。市融媒体中心领导班子紧扣抓思想认识到位、抓检视问题到位、抓整改落实到位、抓组织领导到位的要求,聚焦主题教育的目标任务和重点措施,采取多种方式开展主题教育自查评估工作,深刻剖析和总结主题教育的成果、经验和不足,进一步找差距、抓落实,不断强化主题教育效果。(责任单位:中心办公室、党建工作部、各班子成员)

20.落实双重组织生活。主题教育结束前,召开市融媒体中心专题民主生活会,同时,中心领导班子成员以普通党员身份参加所在支部专题组织生活会。(责任单位:中心办公室、党建工作部、各班子成员、各党支部)

21.召开总结大会。召开市融媒体中心“不忘初心、牢记使命”主题教育总结大会,对市融媒体中心主题教育开展情况进行总结,明确工作思路举措,不断巩固扩大主题教育成果。(责任单位:中心办公室、党建工作部、人力资源部、各党支部、各部门)

三、相关要求

1.市融媒体中心开展“不忘初心、牢记使命”主题教育,由中心办公室、党建工作部统筹协调,各党支部、各部门根据分工配合做好相关工作。市融媒体中心开展主题教育情况,及时向市委第十二巡回指导组报告。

2.中心领导班子成员结合工作职责,加强对分管领域和部门开展主题教育的具体指导。

3.中心领导班子成员在认真落实市融媒体中心开展主题教育工作安排的同时,带头参加所在党支部开展的主题教育。

4.根据上级安排和市融媒体中心开展“不忘初心、牢记使命”主题教育工作需要,中心办公室会同党建工作部适时提出深化主题教育的措施建议,提交中心党总支会议研究决定。

荣成市融媒体中心“不忘初心、牢记使命”主题教育工作总结

按照市委“不忘初心、牢记使命”主题教育工作部署和要求,市融媒体中心领导班子结合工作实际,以高度的政治责任感,紧紧围绕“守初心、担使命,找差距、抓落实”的总要求,探索方法、创

新形式，不划阶段、不分环节，以深化学习研讨为基础，以深入检视问题为契机，以狠抓整改落实为驱动，力求主题教育高质量推进，真正将主题教育的效果转化为推动发展的强大动力。现将主题教育情况总结如下：

一、主要工作与成效

此次主题教育，市融媒体中心领导班子坚持以习近平新时代中国特色社会主义思想为指导，坚持把主题教育作为检验政治觉悟和工作能力的重大政治任务抓牢抓实，在做好规定动作的基础上，结合自身实际，努力寻求针对性和可操作性强的工作方法，抓牢学习教育、抓实检视问题、抓严整改落实，将学习教育、检视问题和整改落实贯穿主题教育始终，在学习教育中炼忠心、在检视问题中守初心、在整改落实中有恒心，推进主题教育高质量开展，主要做法有：

（一）突出顶层设计，做好思想发动

市融媒体中心党总支从活动开始，就注重强化组织领导，优化顶层设计，强力推动落实。一是以更高站位把牢方向。9月20日，主题教育部署会后，中心领导班子迅速组织专题研讨，深刻领会会议精神，吃透“上情”。组建主题教育领导小组，明确主题教育工作部门，进一步强化组织领导。二是以更高起点谋划布局。在认真学习领会基础上，研究制定主题教育实施方案，明确工作安排，各班子成员主动认领任务，带头参与活动，并结合工作实际，进一步完善了学习教育、检视问题、整改落实三个活动计划，进一步细化任务和明确方向。三是以更高效率推动落实。及时学习贯彻习近平总书记在全国“不忘初心、牢记使命”主题教育工作会议上的重要讲话精神，传达市委书记在我市主题教育动员部署大会上的讲话精神，制定下发学习教育工作安排，使全体党员干部党性增强、认识提高和思想统一，有效凝聚共识，为下一步工作奠定坚实基础。

（二）强化理论学习，夯实主题教育基础

抓好理论学习，把稳思想之舵，是做好此次主题教育的基础。坚持把学习贯彻习近平新时代中国特色社会主义思想和习近平总书记系列重要讲话、重要论述作为重中之重，制定学习方案，研究细化学习教育安排，多形式、分层次、全覆盖加强学习教育。一是班子成员带头学。扎实开展理论中心组集体学习和交流研讨，先后开展专题学习22次，带头领学《习近平关于“不忘初心、牢记使命”论述摘编》《习近平新时代中国特色社会主义思想纲要》《党章》《中国共产党政法工作条例》《中共中央关于加强新时代党的工作的意见》等重点篇目，示范引领党员干部在读原文上用心，在悟原理上聚力。二是支部组织持续学。党支部坚持每周学习日和每月党员活动日集体学习，督促党员干部利用“学习强国”开展自学，推动学习教育往深里走、往心里走、往实里走。三是创新载体深入学。班子成员分别于10月8日、12月20日，两次参加“不忘初心、牢记使命”主题教育读书班集中培训和党的十九届四中全会专题学习培训，通过开展升国旗、集体收看庆祝中华人民共和国成立70周年阅兵式、参观谷牧故居和郭永怀纪念馆、重温入党誓词等形式，拓宽学习渠道，接受革命传统教育和爱国主义教育，增强学习教育感染力；通过组织领导班子成员、党支部书记讲党课，营造浓厚氛围、提升学习实效。

（三）深入检视问题，紧抓主题教育核心

市融媒体中心领导班子始终将检视自身存在的问题，作为主题教育的“动员令”和“风向标”，坚持把自己摆进去、把责任担起来，扎实有序推进问题查摆，深刻检视剖析。一是广泛征求意见。深入开展谈心谈话活动，通过向全体职工发放意见表，从政治建设、思想建设、作风建设和融媒体建设发展等方面，充分征求广大职工群众对领导班子和个人的意见和建议，共征集到各类意见建议72条，经分类汇总形成《主题教育检视问题清单》，其中领导班子11条、领导班子成员61条；实行“四必谈”，谈参加主题教育的收获体会，谈守初心、担使命方面的差距不足，谈对整改落实的具体措施和意见建议，充分沟通思想，消除隔阂，增进共识，营造民主团结的和谐氛围。二是对标对表自查问题。按照习近平总书记关于“四个对照”“四个找一找”的要求，特别是对照党章党规，围绕“理论学习有收获、思想政治受洗礼、干事创业敢担当、为民服务解难题、清正廉洁作表率”五个方面，班子成员不怕出丑、不怕揭短，把自己摆进去、把职责摆进去、把工作摆进去，一条一条梳理归类，纳入检视问题清单，并在此基础上认真撰写个人检视剖析材料。三是专题研究。召开市融媒体中心领导班子专题民主生活会，严肃检视剖析问题原因，组织班子成员结合各自工作实际和前期学习教育、检视问题深入开展批评与自我批评，从党的政治建设、思想建设、作风建设上找根源，切实以“刀刃向内”的勇气，抓好自我革命，取得了“红脸出汗、扯袖提醒、加油鼓劲”的良好效果，为下一步整改奠定了坚实基础。

(四)狠抓整改落实，确保工作实效

市融媒体中心领导班子坚持把现实问题的整改作为主题教育落地见效的重要指标，坚决做到边学边改、边查边改、边议边改、即知即改。一是建立整改清单。根据对照党章党规找差距中找出的问题和专题民主生活会上查摆出来的问题以及相互批评的意见进行了进一步梳理，分别建立了班子和个人整改清单，细化完善整改措施，明确整改时限，做到前后接续、力度不减，对准焦距、找准穴位，责任到人、整改到位。二是确保整改实效。市融媒体中心领导班子聚焦融媒体建设总目标，结合广大职工反映比较突出的问题，坚持落细落小落实的整改工作导向，能够当下改的，立行立改、即知即改，制定有针对性的详细措施，积极开展各项整治活动：针对理论学习不到位，通过加强政治理论学习，认真开展庆祝新中国成立70周年“我和我的祖国”主题系列活动，以及开展专题讲座、邀请专家讲课等形式，深入学习贯彻习近平总书记系列重要讲话精神，深入持续开展警示教育和先进典型教育，牢固树立“四个意识”、坚定“四个自信”、做到“两个维护”；针对纪律作风懒散等问题，开展纪律作风专项整治活动，严格执行荣成市融媒体中心各项管理制度，加强《党章》《准则》《条例》学习，重视党性教育，树立党章党规党纪的权威性、严肃性，加强纪律作风建设；针对一时解决不了的问题，紧盯不放，明确阶段目标，持续推动整改；在此基础上建立问题整改督查机制，自觉接受党员干部监督，确保整改落地生根。目前还有1项工作基本完成，正在收尾，12月底完成。

二、存在的主要问题

主题教育开展以来，市融媒体中心领导班子着力聚焦根本任务，牢牢把握“十二字”总要求，紧扣五大目标，坚持四个“贯穿始终”，以优良作风抓好主题教育各项工作落实，班子凝聚力、战斗力进一步增强，精神状态和工作状态进一步转变，主题教育的成效在业务工作、党建工作等方面开始显现，为圆满完成各项工作任务提供了强有力的组织保证。但是，经过回头审视，全面自查，还存在一些差距和不足。

(一)学习深度和效果上有差距

我们以主题教育为契机，狠抓了学习研讨，党员的理论水平得到了明显提升，但是研讨的深度和广度不够，对习近平新时代中国特色社会主义思想理解不够全面深入，与“往深里走、往心里走、往实里走”的要求还有一定差距，运用习近平新时代中国特色社会主义思想武装头脑、指导实践、推动工作的能力水平还不高。

(二)全面检视问题上有差距

习近平总书记明确指出：“检视问题要防止大而化之、隔靴搔痒，避重就轻、避实就虚。”在自我剖析、检视问题的时候，有些同志怕自我批评“跌份儿”、他人批评“伤面子”，检视问题挖得不深、不够彻底；在原因剖析上，存在以实际问题代替思想根源的现象，没有完全做到见人见事见思想。

(三)整改落实方面有差距

整改落实方面，有些整改措施制定得不够详尽具体，整改进度节点不够细化明确，整改工作的方式方法比较粗放，整改精细化程度有待进一步提高。

三、下一步工作计划

下一步，我们将坚持做到以下三个方面，不等不靠，主动作为，着力推动主题教育往深里走、往心里走、往实里走，改进主题教育工作中不足之处，进一步提高主题教育成果。

（一）常抓政治理论学习不松劲

我们将始终坚持把学习贯穿于党建工作的全过程，进一步增强学习自觉性和紧迫性，一方面，坚持“温故而知新”，重温原有所学，做到经常学、反复学，并跟进学习习近平总书记最新重要讲话精神，强学强记，常学常新，真正做到学有所悟、学有所获、学有所成；另一方面，发扬理论联系实际的学风，坚持学习必研讨、研讨必切合实际，确保发言的广度和深度，达到学习入脑入心入行，确保党员干部在学深悟透、融会贯通、真信笃行上下功夫。

（二）持续抓好整改落实不走样

继续坚持严标准、严措施、严纪律，以严促深入、以严求实效。加强对主题教育的督促和指导，着重抓好专题学习研讨、民主生活会、整改落实等关键动作是否到位，确保重要节点步步衔接、工作责任传递到位。针对主题教育期间已经解决的问题，抓好巩固提高，做到问题不解决不松劲、解决不彻底不放手、群众不认可不罢休。同时，通过健全完善制度，做到常态、长效。

（三）坚持统筹推进齐步走

把开展主题教育作为一项重大政治任务，与扎实做好当前各项工作紧密结合起来，坚持统筹兼顾、合理安排，做到主题教育与业务工作相互贯通、相互促进，把主题教育激发出的干事热情和进取精神转化为推动融媒体事业建设更快更好发展的内生动力，以高质量完成各项工作任务来推动主题教育总目标落地见效。

荣成市融媒体中心

2019年12月28日

荣成市广播电视台关于开展“听民声、转作风、促发展”大走访活动的实施方案

根据《市委办公室、市政府办公室印发〈关于开展“听民声、转作风、促发展”大走访活动的实施方案〉的通知》要求，结合我单位实际，现就开展好大走访活动，制定如下方案：

一、走访时间安排

2011年9月5日至9月30日

二、走访工作领导小组名单

组　长：

周广金　市广播电视台党组书记、台长

副组长：

王宏伟　市广播电视台党组副书记、副台长

秦铁军　市广播电视台总工

宋忠强　市广播电视台副台长

成　员：

刘　健　市广播电视台副台长

徐淑梅　市广播电视台副台长

梁　伟　市广播电视台党组成员

刘　青　市广播电视台党组成员

孙　明　市广播电视台副总工

林乐义　市广播电视台政工科副科长

杨　杰　市广播电视台团委书记

其中：宋忠强为分管负责人，杨杰为联系人（联系电话：13563118733）

三、走访对象及分工

1.走访村居：城西街道鸭湾村，共130户，拟走访130户。科级领导干部走访结对联亲户；驻村蹲点干部王鹏飞走访其他农户。

2.单位内部谈心：在岗人员150人，离退休人员83人。单位共有9名科级领导干部，谈心分组原则上按分管部门进行划分，情况如下：

周广金台长谈心对象：10人，分别是车强、樊景云、于军、张明、王爱科、肖向辉、金锐、孙相辉、刘爱民、滕京文。

王宏伟副台长谈心对象：30人，分别是张永平、毕见喜、连桂青、王涛、于景波、郭中华、冯宇、张卫强、王伟、毕旭君、张军永、梁德新、沈爱琴、

齐馨、孙燕妮、于慧萍、张娟、李玲、陈雪飞、张志杰、刘少华、王玉芳、陈颖红、周亚光、姜斌、毕艳春、王少楠、王越、柴德霖、毕天剑。

秦铁军总工谈心对象:15人,分别是岳德晓、周文勇、张曙光、肖华艳、吴芳、张颖、林建峰、房英丽、王元海、周维东、刘志胜、邱方、蔡雪颖、张春雨、原宗泽。

宋忠强副台长谈心对象:87人,分别是林乐义、杨杰、连业霞、李学涛及离退休人员83人。

刘健副台长谈心对象:38人,分别是潘建明、王忠澎、常鸿冰、宋传锋、张少华、董鹤东、李冰、李振宇、夏亮、张华刚、金泰松、金美蕙、安锡基、于军鹏、林海珍、丛珊、于军涛、刘宏伟、李勤、张晓燕、许峻峰、王少飞、赵洁、姜林琳、齐赛、刘媛媛、姚彩霞、孙珊珊、闫冬、龙国栋、马瑛、赵晓辉、李洪明、林治淦、崔岩、张乐、李振华、刘增光。

徐淑梅谈心对象:21人,分别是王丽荣、刘海英、刘洪斌、王英杰、杨春宁、金文武、董晓玉、林治武、赵明、刘军亭、许春静、毕丽君、王青、刘晓红、王蓉、李洪英、李金华、马琳、张宇、胡玲玲、郭泰然。

梁伟谈心对象:10人,分别是刘昌毅、张文振、闫承艳、张强、王玉秀、于佳彤、张彩丽、伯少东、张秀燕、张绍辉。

刘青谈心对象:11人,分别是刘增志、张忠英、李冻冰、张逊、王枝勇、初明春、邓波、孙刚、陈红霞、张峰涛、宋伟。

孙明谈心对象:11人,分别是周洪波、孙玉仁、殷述峰、许民道、吴高毅、李志强、许晓军、蔡一楠、丁庆安、汤恩凤、梁永军。

四、走访形式

1.入户走访,逐户挨家走访,每到一户仔细询问家庭基本情况,重点了解个人生产生活中存在的难题;村居需要解决的重点难点问题;宣传市委、市政府近年来保障和改善民生的重大举措和成效。听取对市委、市政府各项工作的意见建议;新一任农村班子运行情况;新农村建设和环境综合整治中存在的问题等。发放宣传材料。

科级干部走访联亲户,同时帮助解决生产生活中的实际困难。

2.召开座谈会,参加人员含离退休老干部83人,座谈内容是报告台里工作情况,宣传市委、市政府保障和改善民生的重大举措和成效,征求意见建议,了解个人家庭生活有哪些困难。

3.发放调查意见表和宣传材料:(1)入户发放《2011年全市十项民生重点工程》《村居走访征求意见表》;(2)向在岗职工发放对台党组总体评价和对台党组成员评价征求意见表。

荣成市广播电视台

2011年9月5日

附件

1.广播电视台开展“听民声、转作风、促发展”大走访活动的详细配档表

2.村居走访征求意见表

3.荣成市广播电视台征求意见表

附件 1

广播电视台开展“听民声、转作风、促发展”大走访活动的详细配档表

时间	内容	参加人员
9月5日	走访村居	王鹏飞
9月6日	走访村居	王鹏飞
9月7日	帮助村修山路	王鹏飞
9月8日	发放征求意见表	台全体干部职工
	走访村居	王鹏飞
9月9日	走访村居	王鹏飞
9月13日	协调解决群众反映的问题	杨杰、王鹏飞
	走访村居	王鹏飞
9月14日	走访结对联亲户	台党组全体成员
	清理广场杂草	王鹏飞及部分村民
9月15日	与村民谈心	王鹏飞
9月16日	与村民谈心	王鹏飞
9月19日	周广金与职工谈心	车强、樊景云、张明、王爱科、肖向辉、金锐
	王宏伟与职工谈心	张永平、毕见喜、连桂青、王涛、于景波、郭中华、冯宇、张卫强、王伟、毕旭君、张军永、梁德新
	秦铁军与职工谈心	岳德晓、周文勇、张曙光、肖华艳、吴芳、张颖、林建峰、房英丽、王元海
9月20日	帮助村民秋收	王鹏飞
	宋忠强与职工谈心	林乐义、杨杰、连业霞、李学涛
	周广金与职工谈心	于军、孙相辉、刘爱民、滕京文
	刘健与职工谈心	孙珊珊、闫冬、龙国栋、马瑛、赵晓辉、李洪明、林治淦、崔岩、张乐、李振华、刘增光
9月20日	徐淑梅与职工谈心	王丽荣、刘海英、刘洪斌、王英杰、杨春宁、金文武、董晓玉、林治武、赵明、刘军亭、许春静、毕丽君
9月21日	秦铁军与职工谈心	周维东、刘志胜、邱方、蔡雪颖、张春雨、原宗泽
	梁伟与职工谈心	刘昌毅、张文振、闫承艳、张强、王玉秀、于佳彤、张彩丽、伯少东、张秀燕、张绍辉
	刘青与职工谈心	刘增志、张忠英、李冻冰、张逊、王枝勇、初明春、邓波、孙刚、陈红霞、张峰涛、宋伟
	帮助村民秋收	王鹏飞

续表

时间	内容	参加人员
9月22日	王宏伟与职工谈心	沈爱琴、齐馨、孙燕妮、于慧萍、张娟、李玲、陈雪飞、张志杰、刘少华、王玉芳、陈颖红、周亚光、姜斌、毕艳春、王少楠、王越、柴德霖、毕天剑
9月22日	刘健与职工谈心	潘建明、王忠澎、常鸿冰、宋传锋、张少华、董鹤东、李冰、李振宇、夏亮、张华刚、金泰松、金美蕙
	徐淑梅与职工谈心	王青、刘晓红、王蓉、李洪英、李金华、马琳、张宇、胡玲玲、郭泰然
	帮助村民秋收	王鹏飞
9月23日	刘健与职工谈心	安锡基、于军鹏、林海珍、丛珊、于军涛、刘宏伟、李勤、张晓燕、许峻峰、王少飞、赵洁、姜林琳、齐赛、刘媛媛、姚彩霞
	孙明与职工谈心	周洪波、孙玉仁、殷述峰、许民道、吴高毅、李志强、许晓军、蔡一楠、丁庆安、汤恩凤、梁永军
	帮助村民秋收	王鹏飞
9月26日	帮助村民秋收	王鹏飞
9月27日	帮助村民秋收	王鹏飞
9月30日	老人节座谈会	离退休老干部83人

附件2

村居走访征求意见表

村　居		姓　名		年　龄	
政治面貌		职　务		联系方式	

调查内容	满意	基本满意	不满意
1.您对目前“两委”干部工作能力和具体表现是否满意?			
2.你对本村新农村建设及环境整治效果是否满意?			
3.您对村务财务公开是否满意?			
4.您对今年市里出台的十项民生重点工程及落实情况是否满意?			

1.您个人或家庭目前生产生活方面还存在哪些困难和问题?	
2.您认为目前村里存在的突出问题有哪些?有什么意见建议?	
3.您认为市里在民生方面还应出台哪些政策?对今后全市工作思路有什么意见建议?	
4.其他意见和建议	

非常感谢您的合作!

附件 3

荣成市广播电视台征求意见表

根据《市委办公室、市政府办公室印发〈关于开展“听民声、转作风、促发展”大走访活动的实施方案〉的通知》要求，及市纪委、市委组织部关于开好党员领导干部民主生活会的通知要求，经台党组研究，向在台在岗职工征求意见建议。

征求意见建议包括两方面：一是对台总体评价，二是对台党组成员个人评价。请在相应栏内打“√”，有关意见建议填在相应栏内。

调查内容	满意	基本满意	不满意
1.你对单位领导班子工作能力整体水平评价如何？			
2.你对单位干部职工工作作风评价如何？			
3.你对单位工作思路和工作推进开展情况评价如何？			
4.您对本单位整体氛围评价如何？			
1.您认为本单位当前存在的突出问题有哪些？哪些地方需要改进？			
2.其他意见和建议			

关于开展“争创一流窗口，争当服务标兵”活动实施方案

根据创先争优活动办公室的通知要求，全市将在窗口单位和服务行业开展“争创一流窗口，争当服务标兵”活动，结合我台工作实际，提出以下方案：

一、创建原则

贯彻落实胡锦涛总书记“七一”重要讲话和市委十二届十六次全体会议精神，把服务群众作为一切工作的出发点和落脚点，紧扣窗口单位、服务行业的性质特点和职责任务，以“服务意识明显增强、服务作风明显改进、服务效能明显提高、服务水平明显提升”为着力点，努力把服务窗口办成优化发展环境的示范窗口、服务人民群众的便民窗口、展示精神风貌的形象窗口，引导党员和其他员工争做为民服务的标兵，争当群众称赞的模范。

二、创建内容

以“四亮四比四评”为载体，结合原来的“五比两诺三评议”“争当五个先锋”等主题活动，在出实招、办实事、求实效上狠下功夫，努力把活动打造成为群众工程。

1.亮身份、亮职责、亮承诺、亮形象，主动接受群众监督。亮身份：佩戴党徽、胸牌，设立党员公开栏、监督台。亮职责：各科室要将业务职能公示，有行政审批权限的窗口单位和涉及民生的服务行业，要通过发放便民服务手册、联系卡、业务流程明白纸等形式，将窗口单位的工作职责、收费标准、办事时限、办事程序、办事人员等进行公开。亮承诺：着力改进工作作风、转变工作态度、提高服务质量等方面，开展“三诺”活动，要具体化、量化、可操作、可检查、可评价。亮形象：广泛开展巾帼示范岗、青年文明号等各类活动，亮出服务品牌。

2.比作风、比效率、比技能、比业绩，自觉提

升服务质量。比作风：自觉把服务对象当主人、当亲人，做到主动服务不推诿、协调服务不扯皮、高效服务不拖拉、廉政服务不设卡，坚决杜绝“门难进、脸难看、事难办”和“冷、横、硬、拖”等问题。比效率：开辟绿色通道，实行“AB”角工作制和“一窗式”并联审批等形式，做到急事急办、特事特办，切实让群众少跑腿、少费时、办成事。比技能：开展技能比武、服务竞赛、标兵评比等活动，努力提升窗口单位工作人员的业务素质和履职能力，做到咨询服务一口清、发放资料一手清、受理登记一次清。比业绩：窗口单位和服务行业推行全程代办服务、上门服务、预约服务、委托服务、延时服务、服务回访等模式。

3.建立自评、互评、点评、测评相结合的综合评价体系，确保群众满意。自评：党员职工每月定期向全体员工作自我评价。互评：每季度组织党员和员工面对面查不足，提建议，取长补短，相互借鉴。点评：窗口单位和行业主管部门领导同志对活动开展情况进行点评，肯定成绩，指出问题，提出改进意见。测评：安排服务评价器、发放服务评价表，设立投诉电话等，实现服务对象即时评，至少每半年组织一次社会群众测评。要科学运用考核结果，与评先选优、提拔使用及奖惩兑现直接挂钩。

三、相关要求

台属相关部门及网络公司要紧密结合自己的工作实际，规范为民服务水平，本着是荣誉就要抢的原则积极开展创建活动，进一步促进工作的开展，塑造全新的广电形象。

台创先争优活动办公室

2011 年 9 月 21 日

关于台党(总)支部和党员开展第二轮承诺、践诺、评诺活动的通知

台属各部门：

根据市创先争优领导小组关于开展第二轮承诺、践诺、评诺(以下简称“三诺”)活动通知要求，结合我台工作实际，现提出活动方案如下：

一、活动主题、时间

本轮“三诺”活动以“作贡献创佳绩，喜迎党的十八大”为主题。从今年 9 月开始，到明年“七一”前结束。

二、活动重点

台党(总)支部和广大党员要深入学习贯彻胡锦涛总书记“七一”重要讲话精神，重点围绕全市中心工作，结合我台工作实际，扎实开展“三诺”活动。

一是要重点围绕台党组的中心工作，各部门结合自己的职责特点，以加快广播电视事业发展为己任，找准创先争优的着力点和切入点，特别是在市里重大宣传活动、重大项目工程任务和我台重大活动中，勇于担当、冲锋在前，充分发挥战斗堡垒和先锋模范作用。

二是重点围绕“听民声、转作风、促发展”大走访活动开展“三诺”。突出为民服务重点，不断转变工作作风，深入了解客户、用户及采访对象诉求，把群众所思、所想、所盼及对我们的意见建议融入自己的承诺当中，有针对性地制定解决方案和措施。服务窗口要以“争当五个先锋”“争创一流窗口，争当服务标兵”等主题活动为载体，以群众满意为最高标准，改进服务作风，提高服务效能，提升服务水平。

三是重点围绕个人岗位实际开展“三诺”活动。党员个人要结合自己岗位目标要求，明确承诺事项、目标任务、完成时限，在实际工作中发挥党员先锋模范作用。

四是重点围绕县乡领导班子换届工作开展“三诺”。党员领导干部要深入开展“换届我承诺”活动，围绕“5 个严禁、17 个不准、5 个一律”的纪律要求，坚持公道正派、认真作出承诺。

三、方法步骤

1.公开承诺。年初党(总)支部、各部门和党

员立足本职、立足岗位已经分别作出承诺。本轮承诺中，要结合新形势、新要求，对之前承诺事项进行充实完善，党(总)支部、部门承诺事项一般不少于5项，党员承诺事项不少于3项。党员领导干部和各部门负责人要带头承诺。党员提出的承诺事项，由所在部门负责人、分管领导审定把关，做到承诺事项、责任人、标准要求、践诺措施、完成时限"五明确"，确保具体实在、符合实际、切实可行。对联系实际不紧密、岗位特点不突出、可操作性不强的，要督促修改完善或重新提出承诺事项。承诺事项确定后，要通过一定形式进行公开，接受群众监督，切实增强践诺履责的公开性和透明度。

2.认真践诺。党(总)支部、各部门及党员承诺事项要建立台账。分管领导、部门负责人对所分管部门及党员的"三诺"活动进行跟踪督导考核，每月一调度，每季度一通报，每半年一考核汇总，并审核签字。

3.广泛评诺。以各党组成员分管部门为单位，各部门及党员集中对参与"三诺"活动进行述职。在此基础上，以支部为单位进行述职，通过述职肯定成绩，查找出不足，提出努力方向，最后组织党员互评。评议结果通过适当方式进行公开。

四、组织领导

各部门负责人是各部门开展"三诺"活动的直接责任人，要深刻认识开展"三诺"活动的重要性和必要性，将其作为推进创先争优活动深入开展的重要抓手，紧密结合实际，认真组织实施，确保不走过场、取得实效。各分管领导要加强具体指导，深入到部门、党员中了解情况，强化督促检查。广大党员要进一步增强责任感和使命感，坚持有责必诺、有诺必践，努力做到承诺事项件件有着落、事事有回音。

要强化考核，将各部门和党员开展"三诺"活动情况纳入岗位责任制考核，作为年终评先选优的重要依据。市委组织部今年12月和明年6月将对基层党组织和党员承诺情况进行集中评议，评议结果纳入基层党建考核。对影响评议结果的部门和党员，要按照岗位责任制相关规定追究相关责任人的责任。

要加强宣传引导，对于各部门开展"三诺"活动的好经验、好做法，要及时总结报台创先争优领导小组予以表彰，以身边事教育身边人，用身边人影响带到一批人，推动"三诺"活动深入开展。

台创先争优领导小组

2011年9月30日

附件

1.各部门第二轮承诺践诺台账

2.党员第二轮承诺践诺台账

附件1

各部门第二轮承诺践诺台账

部门名称：

承诺事项	践诺措施	完成时限	责任部门(责任人)	践诺进度

注：从10月份开始，此表以部门为单位每月汇总一次，报政工科，本部门留存一份。

附件 2

党员第二轮承诺践诺台账

部门名称：

姓名	承诺事项	践诺措施	完成时限	践诺进度

注：从 10 月份开始，此表以部门为单位每月 25 日前汇总一次，报政工科，本部门留存一份。

荣成市广播电视台“机关作风建设月”活动总结

“机关作风建设月”活动自启动以来，我台根据当前广播电视工作面临的新形势、新任务、新要求，采取强力措施加强机关作风建设，努力营造求真务实、团结进取、干事创业、廉洁高效的机关作风。现将有关情况汇报如下：

一、宣传发动

召开机关作风建设月活动动员大会，制定详细的“机关作风建设月”工作计划，要求每一名机关干部严格按照计划学习贯彻党的十八大重要精神，并对照机关作风建设月的要求，查摆不足，落实整改，解决业务素质、工作效能、服务态度等方面存在的突出问题，确保职工队伍面貌有新变化、作风建设水平有新提升，树立广播电视台的良好形象。

二、加强学习教育

组织干部职工认真收听收看党的十八大直播，学习各级关于机关作风建设月的文件精神，切实增强机关干部转变作风、改进工作、服务发展的主动性和自觉性；聘请市委党校、哈尔滨理工大学荣成学院、市广播电视大学及威海公交公司等单位教师、爱心人士及我市诚信典型就职业道德、爱岗敬业、诚信建设等主题讲课，提高职工队伍职业道德、责任意识、团队意识和奉献精神。

三、深刻查找问题

按照职能要求，我台重点从强化顾大局、令行禁止的作风；强化干事创业、奋发有为的作风；强化勤奋好学、开拓创新的作风；强化真抓实干、务求实效的作风；强化艰苦奋斗、廉洁从政的作风；强化心系群众、服务人民的作风六个方面进行了问题查摆。一是向职工发放征求意见表，征求职工对台发展意见建议和个人工作岗位选择意向。二是对外面向市级人大代表、政协委员、党代表发放行风征求意见函，在市走访过程中面向市民发放征求意见函，制作播出面向广大受众征集办台办栏意见的形象片，通过广泛征集社会各界的意见和建议查找自身不足。三是组织班子成员和中层干部外出考察学习。先后到江苏省丹阳、常熟等地电视台及省内寿光、胶州及威海县级台学习，并聘请济南、威海、胶州等地有关单位到我台讲座。四是组织班子成员走访重点企业商业客户及街道市直部门。

四、深入落实整改

针对查找的问题，我台积极落实整改。栏目改版创新。对频道栏目进行整改包装，目前正在调研设计中，预计春节前可完成。对栏目内容进行编排更新，使其更加贴近实践，贴近基层。增强职工学习业务技能，引导职工到一线锻炼，展示才华。组织职工到新闻中心跟班学习，为下一步工作打基础。强化公仆意识，牢固树立执政为民思想。增强法律意识，严格依法办事。强化服务意识，增强群众观念。履行职责，求真务实，改进工作作风。要求各科室及机关每一位工作人员增强事业心和责任感，以对党和人民高度负责的态度，求真务实，扎实工作。从有利于提高服务质量、有利于提高工作效率出发，进一步明确工作责任，按照职责制定并健全规范、科学、严谨的管理制度。戒骄戒躁，谦虚谨慎，营造良好学风。重视政治理论学习，重视业务知识和相关知识的学习，拓宽知识面，努力使自己成为本职岗位的行家里手。注意理论联系实际，把掌握的理论知识与工作实际结合起来，不断提高自己处理问题的能力。

荣成市广播电视台

2012 年 11 月 19 日

荣成市广播电视台“诚信建设年”活动总结

今年以来，我们把开展“诚信建设年”活动贯穿广电工作的始终，把建设诚信广电、提升广电形象作为活动开展的总抓手，积极推进宣传创新、载体创新、服务创新，收到明显成效。

一、强化新闻宣传，营造“诚信建设年”活动的舆论氛围

一是跟踪报道抓典型。先后开设“建设诚信荣成”“学雷锋　讲诚信　做好人”等专栏，跟踪报道各部门、各单位诚信建设活动开展情况，以典型经验和典型人物引领全市诚信建设活动向纵深延伸，共播发典型经验报道 50 篇、典型人物报道 20 多篇。二是主题报道造环境。围绕开展“创文明机关，做诚信公仆”“诚信做事，文明做人”主题活动，加大对不诚信行为的监督力度，以守信的典型激励人，以失信的案例警示人，形成共建“诚信荣成”的整体合力，共播发各类新闻 90 多篇。三是对外报道造声势。搞好与上级媒体沟通协调，及时把我市在诚信建设活动中探索出的经验做法和涌现出的典型人物在上级媒体宣传，扩大我市“诚信建设年”活动开展的影响力。活动开展以来，共在威海以上新闻媒体播发新闻稿件 40 多篇。

二、提速工作效能，推进诚信建设年活动纵深开展

一是精心组织，稳步推进广电网络整合。按照市委的统一部署，广电网络整合从 3 月 30 日正式启动，历时半个月时间，通过思想发动、解读政策、岗位确认等步骤措施，我市广电网络整合工作得以平稳、有序进行。网络整合后，电视台人员将由 2007 年的 213 人减少到本年度末 193 人。到目前，台、网职工人心稳定、情绪高涨，充满竞争活力，台、网未来发展必将取得互促共赢的新局面。

二是立足民生民情，开展公益实践活动。在学雷锋树新风活动中，台团委组织 18 名青年志愿者到城西敬老院，为 70 多名老人送去了米、面、牛奶、水果等慰问品。3 月 12 日，青年志愿者们来到城西街道鸭湾村与村民们一起参加植树活动，绿化面积 3000 多平方米。为解决村民忙割忙种难的问题，出资 10 多万元，为鸭湾村购买了一台收割、耕作和播种于一体的大型机械，受到老百姓的欢迎。

三是加强诚信公益宣传，在已经制作播出《植绿更需护绿》等 10 多条公益广告的基础上，又相继制作播出了《构建和谐社会诚信篇》《学雷锋树新风》以及“诚信中国人”MV 等 3 条公益广告和歌曲，同时在电台制作播出了“曾子杀猪”“和谐社会”“成功之魂”等 5 条诚信公益广告，营造了很好的社会氛围。

三、优化服务职能，为全市经济发展推波助力

一是深入开展干部大走访活动。为确保走

访工作顺利开展,采取三条措施:一是邀请崖头街道办事处领导来我台现场培训,集中讲解走访工作中的注意事项。二是根据广电系统工作特点印发了解答有线电视相关问题的"明白纸",做好有线电视政策解释说明。三是坚持文明走访,采取男职工与女职工结对的方式,并购买了1500副鞋套,分发到每组人员,方便入户。目前,3800多户联系户全部走访了一遍,群众反映的问题共有57个,其中有线电视安装的9个问题电视台已全部答复。对其他问题,我们已全部反馈给镇街和市社调中心加以解决,确保让百姓满意。

二是全力服务大项目建设。对市里确定的重点工程和大项目建设,实行资金和责任双落实,确保大项目建设到哪有线电视管线就铺设到哪。上半年累计投入大项目建设配套资金700多万元,铺设光缆2万多米,为我市经济发展创造了良好环境。

典型引领,机制驱动

荣成市广播电视台着力提升活动开展与工作推进质量

市广播电视台把抓落地、求实效作为推进"诚信建设提升年"活动开展的重要推手,突出活动主题,夯实活动基础,促使活动开局收到明显成效。

一、强化三项学习,全面提升干部职工素质

结合解放思想、信用广电建设、树典型扬正气活动,启动系统教育工程,打造新型广电队伍。一是强化业务学习。围绕广电形势、工作理念、敬业精神,台里统一编印了近8万字的《电视台诚信建设提升年学习资料》,不定期座谈讨论,职工撰写读书笔记3000字以上。二是强化形势教育。台里购买了《解码电视湘军》和《魏文彬和他的电视湘军》两本图书,从湖南电视台创新、发展的历程,洞悉广播电视的发展大势,增强做好新形势下传统媒体的使命感。三是强化借智发展。一方面抓好岗位轮训,一方面聘请专业人士来台授课,年内拟举办10场讲座,2月份围绕新媒体运营和栏目改版组织2场学习,以此提升经营创收水平和栏目改版质量。

二、开展三项活动,激发干部职工的干事激情

精心策划和组织活动载体,通过开展问题解剖、解放思想讨论和传递正能量活动,夯实活动开展的内在基础。一是以重点工作为抓手促进问题剖析。围绕反对"四风"和工作方面的问题,分管领导和中心负责人分别汇报交流,主要负责人逐一点评,特别就做好2014年部门重点工作,提出明确的要求和方向,把问题剖析的过程当作工作推进的动力。二是以推进转型发展为重点开展大讨论。围绕加快新形势下广电转型创新发展,在分管领导和中心负责人这个层次开展集体座谈讨论;在职工这个层次开展"我为转型创新发展献一策"活动,共征集各种合理化建议60多条,有20多条被采纳实施。三是以弘扬正风正气为目标推进典型创优。围绕新闻宣传、经营创收、行政管理、技术服务四项重点工作,在职工中广泛开展敬业奉献之星、创意策划之星、新闻宣传之星等17项典型争创活动,发挥典型的示范引领作用,以典型带动转作风、扬正气、促工作。

三、紧扣三项重点,推动广电转型创新发展

坚持把活动开展与推进广电重点工作相结合,在广电创新发展上取得新进展。一是与广告经营竞标相结合。针对医疗药品广告停播对广告经营造成的冲击,大胆引入市场竞争机制,在全台推行广告经营竞标,为广告经营注入新的活力，为经营创收的持续性发展提供机制保障。二是与频道改版和栏目调整相结合。按照精办本土节目为主、外购精品节目补充的思路，对各频道节目进行调整，现自办12档节目，引进和外购10档节目，使各频道节目更加丰富、更有品位。三是与机关精细管理相结合。积极探索适合发展的新型运行机制，实行创新创造性事项每月申报制，以创新思维带动整体工作；试行制片人制，促进栏目良性运转；强化分级管理，逐步建立以科室为单位的绩效管理框架；坚持制度管事，完善末尾管理、待岗培训、解聘辞退等制度，以精细化管理的举措保障和推动广电又好又快发展。

荣成市广播电视台全力推动转型创新发展

面对频道改版、机制调整等工作任务，市广播电视台把开展“树典型、扬正气、传递正能量”活动与推进当前重点工作相结合，坚持培植典型与解决突出问题相统一，在全台上下营造风清气正、干事创业的良好氛围。

一、以服务工作大局为重点，全面提高新闻宣传质量

紧紧围绕市委、市政府中心工作组织策划新闻宣传，通过在新闻记者中开展“新闻宣传之星”“对上发稿之星”“创意策划之星”争创活动，培植一批精心策划提质量、统筹调度保运行、团结协作提效率的新闻宣传先进典型，主要实现三个方面的跃升：一是在全市重大活动、重要会议宣传上，提前拟订宣传方案，统筹做好活动前期、中期及后期宣传，确保整个宣传活动的前瞻性、连续性、实效性。二是在全市中心工作的宣传上，强化主题报道的宣传策划，安排好阶段性主题报道与全年性主题报道；对事件性新闻宣传，突出新闻策划，加大深度报道力度，使事件性新闻报道有始有终。三是在对上对外宣传上，坚持数量与质量并重，加强与上级台的沟通对接，将上级台阶段性宣传重点与我市中心工作相结合，把市委、市政府的决策部署和我市经济社会取得的成就及时宣传出去。今年以来，高质量完成了市里工作总结表彰暨诚信建设提升年动员大会、全市经济工作会、人大和政协“两会”等重大会议的宣传报道；紧扣市里重点工作，开设10多个主题专栏；制作10多条公益广告宣传，有力配合了市委、市政府的中心工作。

二、以增创发展优势为抓手，着力提升广电综合竞争力

针对新媒体对传统电视媒体的冲击和挑战，通过在职工中开展“栏目创新之星”“广告创收之星”“技术创新之星”争创活动，培植一批广告业绩突出、栏目整合有效、技术服务到位等方面的先进典型，促进经营创收更加活跃、栏目调整更加成熟、技术保障更加有力。主要实现三个方面的突破：一是在拓展创收渠道上实现突破。一方面强抓主业经营，稳定广告经营竞标政策，从多方面提供服务支持，调动竞标者的积极性，促使创收总量稳中有升。另一方面发挥电视媒体优势，利用社会资源，积极拓展全员创收、活动创收、合作创收等渠道，培植新的经济增长点，到2月份，累计实现副营业收入80多万元。二是在栏目改版上实现突破。围绕打造“荣成人身边的电视台”，采取“精办本土节目为主”与“外购精品节目补充”相结合，在新闻综合频道、生活资讯频道、影视娱乐频道3个频道调整开设8档自办节目，引进外购10档节目，在满足不同观众收视要求的同时，提升了荣成广电媒体的社会影响力和公信力。三是在技术保障上实现突破。广电设施设备大部分处于更新改造临近点，围绕全台采、编、播系统升级转型，加大技术改造、成果转化和技术研发的力度，整合设备资源，节约投资成本，保证设备安全运行。同时，进一步做好为市里重大活动、重要会议提供值机、解说和现场直播服务工作，确保万无一失、优质高效。

三、以精细高效管理为基础,推动广电转型创新发展

当前,广电媒体处于机制转型、创新发展的关键时期,通过在职工中开展"敬业奉献之星""管理创新之星""团结协作之星""综合服务之星"争创活动,培植一批敬业爱岗、无私奉献、服务优质、勇于创新的先进典型,充分释放干部职工的创造活力,以机制营造良好生态,推动广电事业健康发展。重点优化三个机制:一是实行创新事项申报制。结合市里开展的"树典型、扬正气、传递正能量"活动,重点抓创新性、创造性事项,每月对创新性、创造性事项进行一次公示和交流,以典型引导带动整体工作。二是实行分级管理考核制。将原有绩效考核下放到中心和科室,由各中心和科室制定能够体现工作强度和岗位差别、打破大锅饭的具体考核办法,逐步建立以中心和科室为单位的绩效管理框架,通过考核前置,调动基层一线的积极性。三是实行问题责任查究制。健全完善末位管理、待岗培训、解聘辞退等相关制度,疏通出口,优胜劣汰,激励员工想事干事。对上级部署的重点工作和台里议定的重大事项,落实责任和完成时限,严肃责任查究;各层级领导着力抓大事、抓规范,各中心负责人抓细节、求实效,以创新的魄力和实干的作风推动荣成广电转型创新发展。

荣成市广播电视台关于落实"双提"工程的实施意见

为深入贯彻落实党的十九大精神和习近平新时代中国特色社会主义思想、中共十四届荣成市委关于加强党建工作的有关决定决议精神以及"提素质、提状态"的相关要求,着力打造一支高素质、专业化干部队伍,切实提高荣成市广播电视台新闻舆论传播力、引导力、公信力,特制定如下意见。

一、指导思想

深入贯彻落实党的十九大精神和中共荣成市委十四届二次、三次会议精神,以习近平新时代中国特色社会主义思想为指导,以"自由呼吸·自在荣成"为引领,以抓党建工作为统领,以"提素质、提状态"为抓手,以体制机制创新为动力,坚持问题导向,创新工作方法,着力破解当前面临的干部能力不足、精神状态不佳、政治站位不高、内部机制不活、宣传发展滞后等突出问题,着力提升全台干部职工的精气神,培养造就一支政治坚定、业务精湛、作风优良,让市委、市政府和全市人民放心的新闻舆论工作队伍,全面提升党领导下的荣成广电新闻舆论引导水平。

二、基本原则

(一)坚持党建统领

强化党的领导,始终坚持正确的政治方向和舆论导向,把党建统领理念贯穿于各项工作全过程,以党建统领业务创新开展,以党建统领提升干部队伍素养,以党建统领强化"四个意识",通过开展系列活动,凝聚全员干事创业动力。

(二)坚持"双提促动"

强化问题导向,着力提升"一把手"的政治站位、履职担当、业务水平、精神状态和创新能力,发挥头雁效应,抓好班子、带好队伍;坚持正推倒逼,以负面清单台账为抓手,以共性化考核与差异化考核为手段,促动干部职工想干事、会干事、干成事、好共事。

(三)坚持奖惩并重

强化结果应用,健全完善相关奖惩制度,岗位责任制考核办法,以奖励、问责为抓手,以精细化考核为手段,倒逼干部职工能力提升,切实解决干部职工在爱岗敬业、履职尽责方面存在的问题。

三、基本内容

(一)强化问题导向,突出"一把手"头雁效应

通过抓班子、带队伍,争创年度市级机关考核优秀;民主测评班子总体优秀率比上年度提升10个点,达到90%,班子成员总体优秀率比上年

度提升10个点，达到80%；争当全省县级台改革发展的标兵。

1.旗帜鲜明讲政治，着力破解站位不高问题。针对党组缺乏长远规划，推动县级台改革进展缓慢；党的组织生活不健全，部分党建工作制度没有按规定落实；"一岗双责"落实不到位，没有逐级压实管党治党责任等问题，主要采取如下措施：一是台党组书记邹积军带队，分批到山东台、威海台及周边的文登、乳山、环翠台考察学习，围绕"推进体制机制创新，破解内部机制不活"等突出问题进行探讨交流，为我台的改革发展做好准备，争当全省县级台改革发展的标兵（3月20日前完成）。二是成立党建工作部，专职负责全台党建工作的组织开展、制度制定、督导检查。拟定《荣成市广播电视台关于坚持党建工作统领　努力提升综合素养的实施意见》，建立党建工作月清单制度，以争创先进党支部为抓手，严格规范党内政治生活，不断增强党支部的凝聚力、战斗力，先进党支部每半年评选一次（相关意见、制度3月份已实施）。三是切实履行主体责任，把党风廉政建设纳入台党组总体部署，健全完善工作机制，严格履行"一岗双责"，促进"两个责任"向基层党组织延伸覆盖，切实压实支部书记全面从严治党主体责任。对党的观念淡漠、党建制度不落实、支部问题较多的班子成员，由党组书记在授权范围内对其进行约谈提醒或诫勉谈话。

2.履职担当抓队伍，着力破解好人主义问题。针对班子凝聚力不强，部分班子成员各自为政，缺乏全局意识；班子公信力不强，班子成员测评优秀率不高；履职担当不到位，执行工作差错惩戒制度个别打折扣等问题，主要采取如下措施：一是充分发挥党组的领导作用，严肃认真开好党组会和民主生活会，查摆问题、统一思想，要求班子成员牢固树立全局意识和看齐意识，强化班子之间、部门之间的团结协作意识。班子之间因协作不力、推诿扯皮影响工作的，由党组书记在授权范围内对班子成员进行约谈提醒或诫勉谈话。二是利用每周五集体学习，把一些班子会议定的党务、政务需要公开的事项，向全体干部职工公开说明，增强干群互信。三是结合"双提"工程，面向全台干部职工发放征求意见函，汇总后建立台账清单，实行销号管理，能办的事马上办，暂时不能办的和职工说明白，每周五都要在全体会上向职工公开已办理的事项，增强班子公信力。对在规定期限内无故未办结的，按不作为、慢作为由党组会讨论确定后，对相关责任人予以约谈提醒或诫勉谈话或调离岗位。四是修订出台《市广播电视台2018年规章制度汇编》，用制度管人、管事；根据广播电视台实际，制定本单位提醒、函询、诫勉实施细则（3月底前完成），严格落实考核、监督和惩戒制度，敢抓真管、奖优罚劣，不搞一团和气，不当老好人。

3.鼓足劲头钻业务，着力破解能力不足问题。针对新闻宣传引导力不强，"紧跟"和"跟紧"的质量还需进一步提高；部分节目质量不高，自办节目深度与内涵还需进一步提升；行业发展新趋势、新技术掌握不及时，采、编、播设施还需进一步改进等问题，主要采取如下措施：一是"走出去"学习提升。采取小分队的方式，班子成员分行业带队到先进台有针对性地学习取经，年内不少于5批次；组织优秀采编业务骨干到中国传媒大学、省市电视台等地进行业务培训，年内不少于3人次；定期安排人员参加国内高端论坛、展会，年内不少于5人次。二是传帮带学习提升。采编业务部门利用晨例会，由中层干部点评头天新闻的优点与缺点，时政新闻要实施"头条工程"，提前研究策划好下周的头条新闻。出现较大宣传差错、事故或因宣传工作不力被市委领导批评的，在全台通报批评、扣罚绩效工资，由台党组对相关责任人予以约谈提醒或诫勉谈话或调离岗位。三是全员利用每周五集体学习机会，学习中央、省、市委重要会议精神，摸准宣传"脉搏"；在全台实施党员帮党员、党员帮群众"一帮一"活动，根据负面清单，重点解决业务不精、能力不足的问题，帮扶效果与双方的机关云平台考核挂钩。

4.勇于争先创一流，着力破解精神懈怠问题。针对工作标准不高，缺乏争先创一流的精气神；精神状态不佳，缺乏坐不住、等不起的紧迫感和危机感等问题，主要采取如下措施：一是新闻宣传对标中央电视台《新闻联播》，以“紧跟”和“跟紧”市委、市政府的中心工作作为新闻宣传重点，精心策划好头题报道、主题报道，做到重大活动、重要会议的宣传提前介入作铺垫，现场报道造声势，后续报道有反响。二是对上宣传努力做到市级台天天有、省级台月月有、中央台旬旬有，争取对上宣传工作走在威海、山东县级台前列。拟定《荣成市广播电视台上发稿绩效考核办法》，定目标、定任务，奖优罚劣、优绩优酬。三是树立“是红旗就扛、是荣誉就争”的理念，争取各项工作走在全市前列，争创年度市级机关考核优秀。

5.锐意创新求突破，着力解决平庸无为问题。针对自办节目较少，社会影响力还需进一步增强；宣传渠道单一，舆论引导力还需进一步提升；体制机制老化，干部职工创新力还需进一步激发等问题，主要采取如下措施：一是拟定《市广播电视台栏目创新管理办法》，鼓励业务骨干策划创办新栏目，筹备期间给予一定的孵化基金，年内推出 4 档以上新栏目。二是成立全媒体中心，与山东电视台对接，增上手机电视 App，把荣成电视台播出的节目导入平台，让受众通过移动媒体即可实时收看，年内形成以广播电视为主体，以微信、微博、网站、手机客户端、广播电视报为补充，搭建“两台、两微、一网、一端、一报”的全媒体宣传平台(6 月底前完成)。三是创新对上宣传方式，对接山东电视台，在山东公共频道开设《我们的山东　直通荣成》栏目，每周六播出，开创山东县级在山东电视台开办新闻专栏的新河。对稿件质量实行每条量化赋分，纳入部门机关云平台月度考核。四是结合省委、省政府办公厅《关于促进县级广播电视台改革发展的意见》精神，讨论拟定适合县级电视台发展的体制机制，打破身份界限，实现同岗同酬、优绩优酬，充分调动干部职工锐意创新的积极性、主动性(年底前完成)。

(二)坚持正推倒逼，促动干部职工履职担当尽责

通过干部竞聘轮岗和惩戒机制的实施，提升干部职工的精气神和岗位业务技能，实现一人多能和干部能上能下。

1.以层级化管理强化压力传导。针对中层干部不担当、不作为，工作推诿扯皮；精神状态低迷，履职不尽责；故步自封、吃老本，工作常年无创新，一般干部业务技能不精，满足不了岗位技能需要；工作不在状态，“庸懒散”现象严重等问题，主要采取如下措施：一是以“履职尽责负面清单”为基础，分层级组织中层干部、一般干部进行“双提”思想解放大讨论，认真查摆自身在政治站位、担当履职、业务能力、精神状态等方面存在的问题，结合党员“一帮一”活动，列出个人问题台账，制定整改计划措施和完成时限，倒逼干部职工履职尽责。问题台账按层级分别由分管领导和中层干部审核签字确认后存档并实施。二是按层级进行督导，对照个人问题台账，“一把手”督导班子成员、班子成员督导分管部室负责人、部室负责人督导一般干部，整改效果与绩效工资和评先选优挂钩，确保“双提”落地生效。三是建立惩戒机制，着力用好提醒、函询、诫勉等抓手，倒逼干部职工严守底线、履职尽责，对整改态度不积极的、整改效果不明显的，分别给予相应的问责、免职、调离岗位或待岗培训，确保整改效果。

2.以专业化杠杆倒逼能力提升。针对专业技能不精，在全省同行业业务评比中没位次；创新能力不强，常年工作无创新或“穿新鞋走老路”；工作标准不高，只求过得去不求过得硬等问题，主要采取以下措施：一是大兴学习之风，以中心(室)为单位制定岗位人员年度集体学习和自学安排计划；对专业岗位，以编辑委员会、技术委员会、广告委员会为牵头部门，每年组织两次专业能力考试；对行政、财审岗位，由部门自行安排，每年组织两次专业能力考试。达不到合格线的，是中层干部的，由台党组约谈提醒或通报批评，是一般干部的，扣罚月度绩效工资，进行补考。两次达不到合格线的，调离岗位。二是对关键岗位实行持证上岗制度，要求新闻采编、播音、消防安全等关键岗位人员，无上岗证的年内必须

参加相关专业机构组织的专业资格考试，取得资格证书。不过关的，待岗降薪或调离岗位。三是采取“请进来”的方式，邀请省台或威海台的资深记者、索尼技术专家来我台进行专业讲课，提高从业者的专业技术水平。四是按照市里的相关要求，在全台分批推行中层干部竞聘轮岗制度，彻底解决中层干部常年在一个岗位上逐渐养成的“惰性”和只会“一手活”的问题，6 月底前完成首批次竞聘轮岗。

3.以刚性化考核推进能上能下。针对中层干部只能上不能下；因“身份”制约，同岗不同酬；平均主义严重，优绩不优酬等问题，主要采取以下措施：一是重新理顺完善部门职责设置、人员定岗分工和内部考核细则，依托机关云平台进行分类评比、量化考核，打破身份界限，每人每月拿出 500 元用于绩效考核，拉开差距，当月公示、兑现。二是出台相关办法，对年度部分精神文明奖依托全年云平台考核结果进行绩效分配；将“双提”台账清单落实情况量化打分，纳入机关云平台月度考核，与绩效工资挂钩。三是强化结果应用，对在中心（室）考核年度平均位次排名后 1/4 的，不得参加评先选优，不予提拔重用；对在中心（室）考核中连续3 个月排在末位的，予以诫勉谈话或调离岗位。

4.加强正面引导，促进年轻干部素质能力提升。针对青年干部理想信念不强、政绩观偏差、社会责任感缺失、吃苦耐劳意志薄弱等问题，主要采取以下措施：一是将《习近平的七年知青岁月》纳入青年的年度学习计划，必须研读。二是分批组织青年干部到党性教育基地、廉洁教育基地接受教育。三是组织青年干部积极参加社会公益活动。四是设立青年干部能力培训基金，每年选派部分业务骨干到大专院校培训。五是建立青年干部培养机制，强化跟踪培养管理，对素质好、实绩突出的，大胆选拔任用。

四、活动安排

（一）宣传发动阶段（3 月份）

1.3 月 2 日，召开台领导班子会议、台办公会议及全体职工会议，台主要负责人传达 2017 年度总结表彰大会上江书记重要讲话精神和市委办公室《关于实施“双提”工程　加强干部队伍建设的意见（试行）》，向广大职工传达实施“双提”工程的现实意义和相关要求。

2.3 月 6 日，召开台党组（扩大）会议，研究制定《荣成市广播电视台关于坚持党建工作统领　努力提升综合素养的实施意见》，开展“一个帮扶、两个争创、三个标兵、四个提升”系列活动，进一步动员全台干部职工以党建工作为统领，将“双提”工程落实。

3.3 月 20 日，召开台领导班子和中心负责人会议，研究《关于开展“解放思想大讨论”活动实施方案》，再次集中研讨学习《关于实施“双提”工程　加强干部队伍建设的意见（试行）》，要求各中心切实将“提素质 提状态”融入日常工作，将“双提”工程落地见效。

4.3 月 23 日，利用周五集中学习机会，再次向全体干部职工传达学习《关于实施“双提”工程　加强干部队伍建设的意见（试行）》《关于对“双提”工程实施情况进行督导检查的通知》。

（二）工作实施阶段（3 月份）

1.深入开展“双提”征求意见活动（3 月 9—12 日）。

市广播电视台通过印发“双提”征求意见表，广泛征求全台干部职工对广电发展的意见和建议，为下一步县级台改革工作打下良好的基础（3 月 12日已完成）。

2.深入开展“解放思想大讨论”活动（3 月 9 日至 3 月底）。班子成员要坚持问题导向，组织分管干部职工，围绕“提素质、提状态”、围绕县级台改革、围绕服务中心和大局，围绕广电发展的辉煌过去，围绕转变作风、提升效能等方面，广泛深入地开展大讨论活动，认真查找制约广电创新发展的问题，进一步统一实施“双提”的思想认识，坚定参与县级台改革的信心和决心（3 月底前将书面材料报政工科）。

3.认真开展自查自纠活动（3 月份）。班子成员结合“双提”征求意见、解放思想大讨论、党员“一帮一”活动，对照履职尽责负面清单，组织每名干部职工认真查摆自身工作作风、精神状态、工作能力等方面存在的不担当、不作为、“慵、懒、闲”等问题,列出个人问题台账,制定整改计划措施,分层级签字确认后组织实施(3月29日前将干部职工整改台账报政工科)。

4.认真落实机关管理机制(4月初)。各中心要根据本中心业务特点,对岗位职责进行进一步细化,明确每一个岗位的人员、业务职责和工作标准,制定“定岗定责一张表”;对外办理业务的部门要结合“首问负责制”明确各项业务办理的具体人员和流程,建立“办事流程一张图”。各中心要结合机关云平台考核,对现有的考核细则进行进一步细化、量化,让考核结果更加有操作性(表、图于4月初报办公室)。

(三)督导检查阶段

1.建立“双提”工程长效机制(4—12月)。台各分管领导要切实加强对“双提”工程的督导和落实,每月末要召开专题会议,听取分管部门“双提”工程进展汇报。每月末台办公例会上,各中心负责人要汇报落实“双提”工程工作落实及创新情况。台里将不定期组织对各中心落实“双提”工程情况进行检查,重点检查是否措施得力,是否落到实处,精神状态是否有大的提升,工作能力是否有大的改进,对检查情况进行全台通报,落实考核措施。

2.建立“双提”工程“回头看”机制(12月)。各中心要对照整改台账认真查看干部职工整改的问题是否落实到位,认真查看员工的素质和状态是否有真正提高,认真查看创新性工作开展了多少,将整改进度、效果进行量化评分。通过“回头看”,真正把“双提”的实际成效落在实际工作上。

五、奖励奖惩机制

对“双提”工程实行动态考核,将其纳入各中心每月机关云平台“重点工作”,每月末各中心汇报“落实‘双提’创新工作”事项,由台主要负责人点评,对承担创新性工作成绩突出、效果显著的个人,当月中心工作加1分。对态度不端正、工作不扎实、存在问题较多的中心和个人,严肃问责,取消中心和个人年终评先选优资格,并给予经济处罚。

六、机构保障

加强组织领导。实施“双提”工程是推动广电突破式、创新发展的首要任务和根本保障,市广播电视台成立由主要负责人任组长、分管领导任副组长、中心负责人为成员的“双提”工程领导小组,办公室设在党建工作部,具体负责活动的组织、协调和督导。

荣成市广播电视台

2018年3月6日

附件:荣成市广播电视台“双提”工程领导小组名单

附件

荣成市广播电视台“双提”工程领导小组名单

组　长:邹积军

副组长:刘　健　徐淑梅　刘　青　张　明　刘昌涛

成　员:王爱科　刘爱民　金　锐　岳德晓　肖向辉

毕艳春　潘建明　王少飞　李冻冰

领导小组下设办公室,李冻冰同志兼任办公室主任。

荣成市广播电视台关于党支部评星定级和党员量化积分管理的实施意见

为深入贯彻落实习近平新时代中国特色社会主义思想和党的十九大精神，根据市委组织部和机关工委工作部署，进一步推进我台属各党支部晋位升级、整体提升，达到过硬支部建设标准，落实上级关于开展党支部评星定级和党员量化积分管理的要求，制定如下实施意见。

一、指导思想

深入学习贯彻习近平新时代中国特色社会主义思想和党的十九大精神，紧紧围绕新旧动能转换和乡村振兴，以实施党支部评星定级和党员量化积分管理为载体，建立科学有效的党支部和党员考评体系，引导台属各党支部担负好教育党员、管理党员、监督党员和组织群众、宣传群众、凝聚群众、服务群众的职责，落实坚持党建统领的工作要求，引导广大党员发挥先锋模范作用，为开创荣成突破式发展新局面、争当全省县域践行新发展理念排头兵提供坚强组织保证。

二、基本原则

1.围绕中心，服务大局。紧扣中心工作、重点工作，结合“双提”工程，将任务分解到支部、责任落实到个人，以考评激励各党支部、广大党员立足本职，干事创业，推动工作开展。

2.动态管理，激励争先。结合党建统领实施意见中的争创优秀党支部、党员示范岗的实施方案和争当优秀党员的实施办法，合理设置考评项目和标准，并适时予以调整，科学运用考评结果，奖惩并举，激励争先。

3.民主公开，群众公认。坚持开门评议，支部星级、党员等次每年评定一次，考核情况全面公开，提高工作透明度，确保结果公正、群众认可。

三、考评内容和标准

(一)党支部评星定级

评星定级包括基础项目和附加项目两部分。基础项目包括班子建设、党员队伍管理、规矩纪律遵守、重点工作落实等方面，分值100分，为扣分项；附加项目包括亮点工作和一票否决项(具体细则见附件1)。

(二)党员量化积分管理

基础分值100分，分为加分项、扣分项、征信考评、一票否决项等四个考评内容(具体标准见附件2)。各支部可在考核标准的基础上，根据实际情况适当增加考核内容)。

1.扣分项。围绕学习贯彻习近平新时代中国特色社会主义思想和党的十九大精神，针对政治合格、执行纪律合格、品德合格、发挥作用合格等四个方面进行扣分，引导党员争当合格党员。

2.加分项。根据党员在设岗定责、推进重点任务落实等工作中发挥带头作用情况进行奖分，激励党员发挥先模作用。

3.征信考评。结合我市征信体系建设，将党员征信加减分按照30%的比例折算，纳入量化积分管理中，实行联合奖惩。

4.一票否决项。出现否决项所列情形之一的，直接定为不合格等次。

四、考评程序

(一)党支部评星定级

党支部等级从好到差共分为五星、四星、三星、二星、一星五个等级，每年年底评定一次。具体程序为：

1.初评。结合党支部月度督导检查，台党组每季度对党支部进行考核打分通报。每年12月底前，综合季度考评、日常检查等方面情况，经台党组集体研究后，确定初步的评星意见。其中季度考核平均成绩95分以上才能评为五星级，每5分为一个星级差，五星级党支部数量原则上不超过支部总数的50%。出现不合格党员的，不能评为五星级。

2.公示。通过专题会议、台总支文件、电子公告等形式，对初评结果进行公示。党支部对初评结果有异议的，可以向台党组提出异议，由台党组进行调查、答复。

3.公开。公示无异议后的评定结果,以台党总支正式文件形式报市直机关工委。

(二)党员量化积分管理

各党支部对照考评标准,结合机关云平台"4+2"管理考评体系、党员活动日、党员日常教育管理考核,每月对党员进行考核,并做好记录。每年年底,根据全年量化积分情况,各党支部召开支委会,按照优秀、合格、基本合格(警示)、不合格四个等次,确定量化积分管理等次,上报台党组审核通过后,召开支部党员大会,公布量化积分成绩及等次。其中月度考核平均成绩100分以上,才能评为优秀等次。

五、结果运用

1.党支部评星定级、党员量化积分考核结果与评先选优等挂钩,被机关工委和市委组织部确定为五星级党支部、优秀党员的,作为各级典型宣传、表彰奖励等的基础条件。

2.党支部评星定级结果与征信体系挂钩,对确认为五星级党支部及支部书记的给予征信加5分的奖励,一星级党支部及支部书记,扣5分。

3.台党组将确定为二星级、一星级党支部的纳入软弱涣散党组织范围,进行集中整治,责令其党支部书记在组织生活会上作出深刻检讨,并视情况对支部书记进行调整。

4.对基本合格(警示)党员,通过谈心谈话、专人帮带等措施督促整改。连续两年被评为警示党员的,认定为不合格党员。对不合格党员,给予半年的整改期,到期仍不整改的,依规依纪进行组织处置。

六、工作要求

一是加强组织领导。台党总支书记邹积军同志作为第一责任人牵头管理,台党总支副书记刘健同志作为分管党建工作直接责任人,负责牵头制定具体的实施方案和考评细则,并与"4+2"干部管理考评体系、党员日常教育管理等紧密结合,确保指标体系科学合理、务实管用,工作任务落到实处。

二是加强督促指导。台党组将采取日常调度、实地检查等方式,对工作推进情况跟踪督导,结果纳入党建工作考核,对敷衍应付、不扎实不认真的,予以约谈问责。台党组将认真抓好具体指导,加强督促检查,在支部星级、党员等次评定中不"搞平衡""抹桌子",确保充分发挥激励引导作用。

三是加强宣传引导。根据市委要求,结合"不忘初心、牢记使命"主题教育,台党组将根据考评结果,对优秀党员典型和工作中涌现的先进典型进行通报表扬、宣传,营造浓厚的工作氛围,提升工作实效。

附件

1.荣成市广播电视台党支部评星定级考核标准

2.荣成市广播电视台党员量化积分管理考核标准

附件 1

荣成市广播电视台党支部评星定级考核标准

类别	考核项	工作要求	考核标准
基础项目	支委会班子建设	(1)坚决服从上级党组织的领导安排。(2)党支部班子健全完善，书记由分管负责人担任，有专人负责党建工作。(3)认真组织党支部的换届选举、调整工作，程序严密，操作规范，资料齐全。(4)按照“十有”标准，加强党建阵地建设，有党建活动的各项规章制度、学习资料，有必要的档案柜、刊板等设施，满足开展活动要求。(5)认真抓好党员教育管理、严格发展党员程序，加强对入党积极分子的培养教育和考察，坚持民主测评、票决、公示、备案等制度。(6)能够做到每年到城市社区服务 4 次以上。(7)年初研究制定党建工作年度计划，年终形成总结报告，每年至少一次在支部党员大会上通报工作情况。(8)党支部每季度至少召开一次专题会议研究党建工作。(9)根据上级部署，认真组织召开组织生活会，认真开展民主评议党员工作，党员参评率达 90%以上	每次发现问题扣 2 分，其中(5)(6)(9)每次扣 5 分
	党员队伍管理	(1)领导班子成员严格落实双重组织生活制度。(2)认真开展“不忘初心、牢记使命”主题教育，党员活动日、“三会一课”等机制落实到位。(3)除申请不参会党员外，党内政治生活党员到会率 100%，因故请假的党员按时补课。(4)严格执行党费收缴管理规定。按时按标准上报党费预算，党费收缴工作有专人负责，每月按时足额收缴党费，按规定时间向台党总支上缴。(5)党建档案资料记录全面准确、保存完善，各级巡察无问题。(6)认真开展党员设岗定责、志愿服务等活动，党员作用发挥突出。(7)按时做好党员年报工作。(8)党员组织关系接转及时，《党员信息采集表》填写准确，确保党员不失联。(9)做好预备党员的跟踪教育考察工作，及时办理转正手续。(10)结合“双提”要求，健全党员学习和培训机制，学习教育有考勤、有记录、有笔记；有计划地开展学习讨论、体会交流、相关考试等活动	每次发现问题扣 2 分
	规矩纪律遵守	(1)支委会成员和党员模范遵守廉洁自律、首问负责、负面清单等制度，不存在违规违纪现象。(2)坚持民主集中制，按规定实行党务公开。(3)抓好党风廉政教育，支部书记每年至少为支部党员上一次廉政党课。(4)每年至少召开两次研究意识形态工作支委会议，研究分析本部门思想政治工作和党员队伍状况，有针对性地提出下一步教育计划。(5)按照标准要求，按时认真完成上级部署的党建工作任务。(6)党员严格遵守党规党纪	每次发现问题扣 2 分
	重点工作落实	(1)认真按照上级部署要求，落实各项中心工作。(2)围绕部门职能，开展有特色的党建品牌创建活动，有创建档案、有活动影像、按时完成品牌提报工作。(3)按照标准要求，组织开展规范化党支部(过硬党支部)创建活动，有方案、有行动、有成效。(4)根据软弱涣散问题整改要求，制定专门的整改方案，明确问题清单、任务清单、责任清单，措施到位，认真整改	每次发现问题扣 2 分，其中(2)(3)(4)完不成，扣 10 分
附加项目	亮点工作	(1)积极探索，大胆创新，有关工作得到上级领导、部门的肯定及推广。(2)工作经验得到有关党建刊物或新闻媒体宣传报道。(3)党支部受到上级部门表彰。(4)宣传信息：积极向工委上报党建工作信息并被采用转发。(5)党建调研：加强党建理论研究和课题调研，能够提出建设性党建工作意见，提交高质量党建调研报告	酌情加分
	一票否决项	(1)对上级党组织安排的工作说三道四、不落实。(2)党员教育管理不到位，支委会成员出现违纪违法现象或巡察出现严重问题。(3)因工作不力导致到省进京上访，或有历史积案但不主动化解，或重要会议活动期间出现上访。(4)发生重大事故。(5)未组织开展过硬党支部创建活动或未开展党建品牌创建活动	直接定为二星或一星

附件 2

荣成市广播电视台党员量化积分管理考核标准

<table>
<tr><th>类别</th><th>考核项</th><th>具体事项</th><th>考核标准</th></tr>
<tr><td rowspan="4">扣分项</td><td>政治合格</td><td>(1)对上级党组织作出的决定说三道四,或传播谣言、发表违背党的理论方针政策的言论。(2)对党组织安排的工作不执行或消极执行。(3)信奉宗教,搞封建迷信活动,甚至支持或参与邪教组织。(4)上访或参与上访。(5)台党组(总支)根据实际确定的其他量化考核项</td><td rowspan="4">每次扣 1 分,其中抄袭或复制他人学习资料扣 5 分</td></tr>
<tr><td>执行纪律合格</td><td>(1)不按时参加党内政治生活或党组织开展的活动。(2)网络抄袭或复制他人学习资料。(3)不按时、不足额缴纳党费。(4)违反“八项规定”,或在工作中存在脸难看、门难进、事难办、吃拿卡要等情形。(5)参加党组织召开的会议、活动,迟到早退或扰乱会场秩序。(6)台党组(总支)根据实际确定的其他量化考核项</td></tr>
<tr><td>品德合格</td><td>(1)生活奢靡,大操大办红白喜事,违背社会公序良德。(2)不赡养老人、不管教子女。(3)不团结同事,邻里不和,存在矛盾纠纷。(4)欠债不还,被法院列为被执行人。(5)台党组(总支)根据实际确定的其他量化考核项</td></tr>
<tr><td>发挥作用合格</td><td>(1)对从事的工作拈轻怕重、消极怠工、疲沓拖拉。(2)不按时到社区报到、参加活动,全年积分少于 60 分。(3)不认真落实党员联四邻、设岗定责工作。(4)在重点工作部署、重要任务落实等工作中,不带头甚至拖后腿。(5)民主评议满意率低于 60%。(6)台党组(总支)根据实际确定的其他量化考核项</td></tr>
<tr><td colspan="2">加分项</td><td>(1)积极向党组织提出合理化的意见建议,日常表现突出,党员群众公认。(2)在服务中心工作或急难险重任务中,冲锋在前,模范作用突出。(3)工作业绩突出,受到上级或业务主管部门表彰。(4)台党组(总支)根据实际确定的其他量化考核项</td><td>酌情加分</td></tr>
<tr><td colspan="2">征信考评</td><td>根据征信加减分情况,按照 30%的比例折算,纳入量化积分管理中</td><td>—</td></tr>
<tr><td colspan="2">一票否决项</td><td>(1)违纪违法,被追究刑事责任,或者受到党纪处分。(2)违反计划生育政策。(3)吸毒、嫖娼、赌博。(4)组织煽动群众集体上访闹事,参与无理上访,或为上访提供便利。(5)无正当理由连续 6 个月不参加组织生活,或连续 6 个月不缴纳党费。(6)台党组(总支)根据实际确定的其他量化考核项</td><td>直接定为不合格等次</td></tr>
</table>

荣成市广播电视台关于争当优秀党员、优秀团员、优秀员工的实施方案

一、指导思想

为落实《荣成市广播电视台坚持党建统领努力提升综合素养的实施意见》，以开展争当优秀党员、优秀团员、优秀员工活动为载体，带动党员干部立足岗位、展示才干，内强素质、外塑形象，促进我台员工队伍素质稳步提高，促进工作效能持续提升，促进创新活力不断增强。

二、实施步骤

（一）争当优秀党员

优秀党员评选每季度一次，与组织生活会民主评议党员工作相结合。由各党支部党员之间互相进行民主评议（见附件1，占50%），各党支部书记根据党员参加组织生活及其他党支部活动的情况进行赋分（占30%），党员“一帮一”帮扶整改工作（占20%），按照得分高低排序最终确定推荐人选。评选比例为支部党员总数的10%，班子成员不参加评选，由各党支部负责具体实施。

（二）争当优秀团员

优秀团员评选每季度一次，由台所有团员互相进行民主评议（见附件2，占70%），台团委书记根据团员青年参加台团委活动的情况进行赋分（占30%），按照得分高低的方式评选。评选人数不超过5人，由台团委负责具体实施。

（三）争当优秀员工

优秀员工评选每季度一次，由各中心根据本中心本季度云平台考核平均分（占70%），各中心负责人根据职工日常表现进行赋分（占30%），按照得分高低的方式确定人选。评选人数不超过本中心人数的10%，由各中心负责组织实施。

每季度末各党支部、台团委、各中心负责评选，于次月2日前将评选结果分别报党建工作部和政工科。

三、评选标准

（一）优秀党员的评选标准主要是群众认可、实绩突出、作用明显

考核重点：是否讲政治、讲规矩、守纪律，是否认真执行党组织的决议、决定，是否积极参加组织生活，是否发挥党员先锋模范作用，在党员“一帮一”活动中表现突出等。

（二）优秀团员的评选标准主要是勇于担当、甘于奉献、善于创新

考核重点：是否讲政治、讲规矩、守纪律，是否积极参加团的组织生活并起到先锋模范作用，是否有优良的品德和良好的专业知识水平等。

（三）优秀员工的评选标准主要是爱岗敬业、遵规守纪、工作突出

考核重点：是否有娴熟的岗位技能，是否工作无差错，是否遵守台里的规章制度和劳动纪律，是否正常出勤，是否较好完成工作任务，是否考评在前列等。

优秀党员、优秀团员、优秀员工评选需将机关云平台季度考核总分作为重要依据，被评选的人员要在本中心云平台民主评议季度排名前40%位次，并与台“每月之星”“小创新”评选相结合，采取流动授牌的方式进行表彰（机关云平台季度考核结果由各中心提供；“每月之星”名单由政工科提供；“小创新”名单由各委员会提供）。

四、结果应用

每季度获得优秀党员、优秀团员、优秀员工的人员，在被评选次月的个人绩效考核总分上加0.5分，并与干部提拔、职称评定挂钩，在年终评先选优中予以加分奖励。

中国共产党荣成市广播电视台
总支部委员会
2018年3月6日

附件 1

优秀党员评选表

党支部：　　　　　　　　　　　　姓名：

评选标准	优秀(25 分)	良好(20 分)	一般(15 分)	备注
是否讲政治、讲规矩、守纪律				
是否认真执行党组织的决议、决定				
是否积极参加组织生活				
是否发挥党员先锋模范作用,在党员“一帮一”活动中表现突出				
“每月之星”(每次加 5 分)				
“小创新”(每次加 5 分)				
总　分				

附件 2

优秀团员评选表

姓名：

评选标准	优秀(25 分)	良好(20 分)	一般(15 分)	备注
是否讲政治、讲规矩、守纪律				
是否积极参加团的组织生活				
是否起到先锋模范作用				
是否有优良的品德和良好的专业知识水平				
“每月之星”(每次加 5 分)				
“小创新”(每次加 5 分)				
总　分				

荣成市广播电视台 2018 年度“双提”工作总结

2018 年,荣成市广播电视台紧跟市委、市政府“双提”工程部署,全面推进“双提”意见的落实,较好地完成“双提”工作任务,干部队伍想事干事热情高,事业建设迈上新台阶,新闻宣传等工作成绩优异。整体看,“提素质　提状态”效果明显。详细情况总结如下：

一、工作完成情况

1.重点工作包括创新性重点工作、《市委市政府 2018 年工作要点》当中安排的重点工作、其他重点工作等三大项,共分七小项。其中创新性重点工作包括创新信息发布途径、创新栏目开办形式、创新对外宣传媒介等四项。《市委市政府 2018 年工作要点》当中安排的重点工作包括两项:一是增强舆论宣传效果,二是加强传统媒体创新,稳妥推进广播电视台改革。其他重点工作是指紧紧围绕市委、市政府工作中心,以党建工作为统领,全面落实“双提”实施意见。

2.创新性工作包括三项:一是创新信息发布

平台，实现全媒体发展；二是创新自办栏目形态，打造百姓喜欢的本土节目；三是创新对上宣传激励机制，加大对外宣传荣成力度。

3.对标争先工作是指对标山东广播电视台"闪电新闻手机客户端"。

工作开展具体办法是，新上手机电视 App，以"先小屏后大屏"为理念，以权威发布、手机直播、可视化表达为特色，突出新闻发布的快速、准确、权威、多样，积极占领移动互联网舆论阵地，打造推介"自由呼吸 · 自在荣成"的新媒体平台。

工作目标定位是，做到山东省内县级台技术最先进、传播速度最快、点击率最高。

截至目前，三方面的工作已全部完成。

二、本年度亮点工作

1.2018 年 11 月，我台荣获全省 2018 年度县级广电融媒体主流影响力奖。

2.2018 年在央视发稿 24 篇，在山东广播电视台发稿 92 篇，"大美荣成"系列《春之荣》《夏之兴》《秋之成》，通过央视平台播出，进一步提升了"自由呼吸 · 自在荣成"城市品牌影响力。

3.2018 年 3 月，我们联手山东电视台，在公共频道开通了《我们的山东　直通荣成》新闻栏目，每周一期，每期 7 分钟，把荣成市委、市政府落实上级重要部署的创新性工作，第一时间在省台播出，充分展示了新时代新荣成的新形象、新风貌、新作为。

4.2018 年 4 月，我们与山东电视台合作搭建的"直播荣成"手机 App 正式上线，实现了电视电台节目的同步直播和自办栏目、热点资讯的随时点播，并与市智慧平台对接，为市民获取主流媒体信息提供了方便。

5.2018 年出台了《关于栏目创新管理办法》，设立栏目孵化基金，鼓励创新创优，推出了《看今朝》《身边的榜样》两档栏目，新开办了《风雅荣成》《快乐成长》《走进荣成非遗》三档本土栏目；《开票有奖》等栏目正在筹办中，实现了节目内容本土化、栏目特色化，达到了接地气的效果。

6.2018 年，我们围绕诚信建设和扫黑除恶斗争，以动漫的形式先后制作播出了《真诚守信　人人尊敬》《诚信荣成　我在行动》等公益广告，加大荣成"信用建设"的宣传力度；以图片＋动漫＋文字解说相结合等形式，把涉黑、涉恶的种种表现直观进行展示，分集分期不间断地在黄金时段播放，达到了较好的宣传效果。我们通过公益宣传服务中心工作的做法，多次得到市委、市政府的表扬和肯定。在今年 2 月份省局召开的改革推进会议上，我们就此作了典型交流。

7.事业建设也取得长足进步。投资 600 万元的电视转播车项目已进入收尾阶段，即将交付使用，可实现各类会议及中、小型活动演出的现场高清直播及录制；投资 720 万元建设的综合性标准化演播室目前正在施工，计划元旦前投入使用；投资 200 多万元，对原有广播、电视附属设备等进行了综合改造提升，进一步提高了硬件自动化水平。

三、存在的问题

主要有以下四个方面：

1.思想观念、思想认识有待进一步提升，融媒体意识需进一步增强。主要表现在学习的深度和广度还不够，与实际工作结合不够紧密，存在"本领恐慌"、学习"应景化"等问题。主动学、钻进去学的意识不强，班子成员与职工之间在如何进一步做好新形势下融媒体建设工作深层次互动和思想交流方面还不充分、不深入。

2.工作机制有待进一步健全。一是存在工作任务交办不明确，责任目标不清晰问题，导致工作责任、压力传导有时不到位的现象。二是存在责任考评体系不健全问题。目前，我们的考核细则中相关量化考核方面操作性有待提高。

3.新闻宣传阵地有待进一步加强。一是"紧跟"和"跟紧"处理不平衡。在紧跟市委、市政府中心工作方面基本到位，但在"跟紧"方面还有差距，局部存在"慢半拍"问题。主要原因首先是新闻宣传策划水平不高，对重要宣传活动没有做到认真思考,深入剖析,策划方案内容浮浅,千篇一律,缺乏创意,有的宣传工作虎头蛇尾,没有及时跟踪和反馈。其次是从业能力水平、专业技能和知识面有待进一步提高和拓展。缺乏独特的视角,缺乏有影响力的深度报道。比如,一些很好的新闻题材,由于没有做好提前策划,失去了在上级媒体展示和播出的机会。二是新闻精品力作不多。虽然业务培训和业务点评活动经常开展,"每月之星"评选、好稿评比等活动也按期组织,但在一定程度上存在形式主义现象,主要表现在有影响力的精品力作少,让人"眼前一亮"的作品少。三是节目质量需要进一步提高。节目内容单一,几档节目信息重复使用;会议报道多,反映基层活动少;一般性的跟风报道多,贴近实际的特色新闻少,这些都与基层群众的需求和期望存在差距。比如报道"海洋食品博览会""航空模型大赛""市两会"等重要活动的新闻稿件,存在偏向"求大""求长"问题,缺乏应有的深度和温度。四是节目审查制度落实不到位。比如在新闻宣传报道方面,虽然实施了三级审查制度,但有时仍出现字幕错误、镜头不到位等低级失误。五是传播内容不丰富。目前开通微信、微博、手机 App 等新媒体传播平台以及抖音、快手等新兴传播渠道,过多地倾向于城市形象、风土人情传播,真正吸引观众眼球、触动思想的正能量作品少,传统媒体与现代传输传播手段融合程度不够。

4.新闻队伍建设亟待加强。主要表现在人员培训计划不全面、不系统,业务骨干外出培训期限短、"小分队"行动多,业务技能很难有大的提升;体制机制灵活性不足,存在同岗不同酬问题,一定程度上影响了新闻采编从业人员的工作积极性和主动性。

荣成市广播电视台关于开展"解放思想大讨论"活动实施方案

为认真落实全市 2017 年度总结表彰大会精神,推进市委"双提"工程实施意见落地见实效,切实把"提素质提状态"融入广电实际工作中,为全面深入贯彻落实市委"以'自由呼吸·自在荣成'为引领,扎实推进创新型城市建设,争当全省县域践行新发展理念排头兵"的奋斗目标提供更加强有力的思想保证和舆论支持,台党组决定在全台范围内开展"解放思想大讨论"活动。现制定如下实施方案。

一、总体要求

深入学习贯彻落实党的十九大和十九届三中全会精神,以习近平新时代中国特色社会主义思想为指导,以市委十四届三次全会精神为指引,高举"党建统领全台工作"这面旗帜,紧紧围绕全市"开创荣成突破式发展新局面"的奋斗目标,主动适应突破式发展新常态,牢固树立突破式发展新理念,努力促进干部思想素质明显提高、工作状态明显提升。

二、主要任务

(一)凝聚合力,统一思想

围绕全市突破式发展的目标,全台每一位干部职工要深入解放思想,围绕全市中心工作,结合全台总体工作,联系自身工作,坚定广电创新发展的信心和决心,切实把全台广大干部职工的思想和行动统一到中共荣成市委十四届三次会议及全市 2017 年度总结表彰大会精神上来。

(二)突出重点,做好结合

针对广电改革发展的新形势,各中心要紧密结合实际,围绕提升素质和状态,突出责任意识和担当意识,区分业务部门和服务部门,重点围绕以下几方面开展学习讨论。一是围绕服务"全市突破式发展"这一主题,我们在思想观念、工作作风上还存在哪些差距,对照全市中心工作应当强化哪些措施,如何克服素质不高、状态不好的问题。二是围绕广电改革发展，我们如何创新思维，找准定位，在个人能力方面还存在哪些差距。三是围绕服务中心和大局，新闻宣传还存在哪些问题，新闻工作者应该如何加强个人能力建设，切实提升新闻宣传的影响力和引导力。四是围绕增收节支，产业发展还存在哪些问题，面对新形势，如何更好地创新思维，促进产业突破式发展。五是围绕转变作风提升效能，着重查找自己是否存在“庸、懒、闲”等问题。针对查找出的问题，研究制定切实可行的整改办法，使工作作风有新的提升。六是围绕广电发展的辉煌过去，自己在各项工作上存在哪些差距，广电人的精气神靠什么来振奋。七是围绕县级台改革，联系全台工作和自身实际，个人哪些方面需要改进和提升，为全台工作提出合理化建议。

（三）树立标杆，攻坚克难

各中心要联系自身实际，瞄准同行业的标杆，敢与强手争高低，努力实现领先发展，在全省全市争先进位。各中心都要从思想到工作，从思路到措施，敢于跨越赶超，重振广电人的辉煌。每名干部职工都要自觉把自己摆进去，深入剖析，树立以创新发展、勇争一流为荣，以“庸人、懒人、闲人”为耻的理念，使自己的素质和状态来一次大的提升。

（四）激发活力，提高效率

针对县级台改革发展中的新情况新问题，勇于改革，敢于创新，把创新创优摆在全台发展的核心位置。牢牢把握发展的重点、难点和职工关注的热点，加大县级台改革力度，进一步调动广大干部职工关心改革、支持改革、参与改革的热情，最大限度地激发全台创新发展的活力。

（五）转变作风，担当奋进

台班子成员要带头解放思想、转变作风，带头真抓实干、敢于负责。要突出干部作风转变和机关效能建设这个重点，切实解决“庸懒散慢”问题，弘扬“马上落实”的作风，进一步把作风效能建设引向深入。各中心都要认真开展遵规守纪大教育、干部作风大提升活动，持续整治不良之风，坚决纠正不正之风，以良好作风推动各项任务的顺利完成。

三、方法步骤

这次“解放思想大讨论”活动，以党员干部为重点，从3月中旬开始到12月底结束，分四个阶段进行。

（一）宣传发动阶段（3月中旬）

制定工作方案，对大讨论活动进行安排部署。各中心要紧密结合干部群众思想实际和工作实际，广泛宣传发动，组织动员广大干部职工积极主动地参与到活动中来。

（二）学习讨论阶段（3月中旬至3月底）

职工层面：组织开展学习讨论活动，干部职工围绕全台工作和个人实际，以负面清单为基础，认真查摆自身不担当、不作为问题，列出个人整改台账，制定整改计划。领导层面：台领导班子成员要带头开展调查研究，采取“走出去”的方式，广泛学习先进地区和兄弟单位在广电改革、新闻宣传、新媒体发展等方面的先进经验和做法，为县级台改革打下良好基础。

各中心于3月29日前将职工个人整改台账及本中心讨论情况（书面材料）报政工科。

（三）总结提高阶段（4月）

从立足解决问题出发，将大讨论中征集到的问题逐条理顺，形成汇总台账。能立即解决的立即解决，不能立即解决的，排出时间表，妥善解决。

（四）“回头看”阶段（12月）

要认真查看存在问题的整改落实情况，是否措施有力，整改到位；认真查看今年以来推出的一系列改革创新措施是否落实到位，是否按要求和时间节点完成。通过“回头看”，引导广大干部在改进工作、改进作风上来一次大的提升，真正把解放思想的实际成效体现在良好精神状态、工作作风上，体现在加大工作措施、创新工作实践上，体现在求真务实抓落实，圆满完成市委、市政府确定的目标任务上。

四、保障措施

(一)加强组织领导

成立“思想解放大讨论”活动领导小组,制定实施方案,对大讨论活动进行安排部署,确保活动扎实开展,取得成效。

(二)做好督导检查

台里将不定期对各中心活动开展情况进行督导检查,对工作不到位、措施不得力、成效不明显的中心全台通报,并落实相关考核措施。

荣成市广播电视台

2018年3月19日

附件

1.荣成市广播电视台“解放思想大讨论”领导小组名单

2.讨论提纲(参考)

附件1

荣成市广播电视台“解放思想大讨论”领导小组名单

组　长:邹积军

副组长:刘　健　徐淑梅　刘　青　张　明　刘昌涛

成　员:金　锐　潘建明　刘爱民　王爱科　肖向辉

　　　　岳德晓　毕艳春　王少飞　李冻冰　宋传峰

领导小组下设办公室,宋传峰同志兼任办公室主任。

附件2

讨论提纲(参考)

“解放思想大讨论”活动主要围绕“目前新闻宣传、产业发展存在的突出问题,与广电以往的辉煌相比存在的差距,对县级台改革的意见和建议”等方面组织开展大讨论。

(1)围绕服务“全市突破式发展”这一主题,我们在思想观念、工作作风上还存在哪些差距,对照全市中心工作应当强化哪些措施,如何克服素质不高、状态不好的问题。

(2)围绕广电发展,我们如何创新思维,找准定位,在个人能力方面还存在哪些差距。

(3)围绕服务中心和大局,新闻工作者应该如何加强个人能力建设,切实提升新闻宣传的影响力和引导力。

(4)围绕增收节支,面对新形势,如何更好地创新思维,促进产业突破式发展。

(5)围绕转变作风提升效能,着重查找自己是否存在“庸、懒、闲”等问题。针对查找出的问题,研究制定切实可行的整改办法,使工作作风有新的提升。

(6)围绕广电发展的辉煌过去,自己在各项工作上存在哪些差距,广电人的精气神靠什么来振奋。

(7)围绕县级台改革,联系全台工作和自身实际,个人哪些方面需要改进和提升,对全台工作提出合理化建议。

荣成市融媒体中心关于争创先进党支部和党员示范岗的实施方案

一、指导思想

为进一步贯彻习近平新时代中国特色社会主义思想和党的十九大精神，全面深入落实“工作落实年”“双提”工程要求，按照《荣成市融媒体中心坚持党建统领　努力提升综合素养的实施意见》，深入推进“两学一做”学习教育常态化制度化，更有效提高我中心党建工作水平，以建设过硬党支部为引领，切实加强中心各基层党支部的战斗堡垒作用，充分发挥党员先锋模范、示范带动作用。

二、实施步骤

1.争创先进党支部：每半年评选一次，每次不超过 2 个名额，采取流动授牌的方式进行表彰。

2.争创党员示范岗：以各支部组织所涵盖的中心、部(室)进行争创，每半年评选一次，与台“每月之星”“小创新”评选结果以及《工作奖惩办法》相结合，每次不超过 4 个名额，采取流动授牌的方式进行表彰。

三、量化考核

1.争创先进党支部：采取党建工作评比打分(由党建工作部负责)＋中心党组审定的原则。

2.争创党员示范岗：根据党员示范岗评比标准进行打分。

四、组织实施

(一)加强组织领导

评选活动在中心党组领导下，成立领导小组，组长由中心党组书记担任，具体工作由党建工作部、政工科、各党支部负责组织实施，每位党员积极参与。各党支部书记和党建工作部、政工科负责人为工作责任人，负责做好具体工作。各党支部及党建工作部、政工科要精心组织实施，认真开展工作，确保活动实效。

(二)具体实施步骤

1.先进党支部评选步骤

(1)党建工作部每月对各党支部进行考核打分，各党支部书记无异议，签字确认。

(2)党建工作部每月将各支部打分情况整理汇总成台账存档。

(3)每半年，党建工作部向中心党组汇报各党支部打分汇总情况，由中心党组审议。

2.党员先锋岗评选步骤

(1)先由各党支部负责按照党员先锋岗的评分标准(奖罚分项除外)，组织对本党支部所涵盖的中心(部)室进行打分，推选其中的 1—2 个部室作为党员先锋岗备选单位，按照要求报党建工作部备案。

(2)党建工作部负责对各党支部所报部室进行审查，并根据其日常考核台账再次赋分(奖罚分项)，两次得分结果相加，得出最后总分，按总分数高低进行排序，并及时向中心党组汇报排序结果。

(3)由中心党组审定党员先锋岗名单。

(三)科学准确评选

评选活动要严格比照相应的标准、条件进行，严格按程序操作，坚持民主集中制原则，切实体现评选结果的科学性、民主性、公正性和示范典型的先进性、引领性。确保评选的示范典型叫得响、立得起、经得住检验和考验。

(四)着力引导鼓励

党建工作部要着力引导和鼓励每个党支部和每位党员积极踊跃参与先进党支部、党员示范岗评选活动，各党支部也要做好引导鼓励工作，促使每个党支部和每位党员积极参与到活动中来，在学习和工作中不断地比、学、赶、超，争先进、创一流、当标兵，展示市融媒体中心党员政治坚定、爱岗敬业、积极进取、不甘落后、争创佳绩的良好精神状态。

(五)搞好宣传总结

各党支部、政工科和党建工作部要大力宣传评选出的先进典型，不断扩大先进典型的积极影响，带动广大党员对评选活动的积极参与，营造全中心党员学习先进、争当先进、赶超先进的浓厚氛围。要不断总结完善创新评选活动的机制办法,切实发挥评选活动的正向效应。

五、结果应用

(一)进行通报表彰

对评选出的先进党支部、党员示范岗,中心党组予以通报表彰。

(二)评先选优参考

在各类评先选优中,获评先进党支部、党员示范岗作为各级评先选优的重要依据。对获得先进党支部的,在市级优秀基层党组织评选中优先推荐;对获得两次及以上党员示范岗的部室,优先推荐为台创先争优先进集体。

(三)建立专门档案

先进党支部、党员示范岗评选结果存档保管,评选结果定期公示。

荣成市融媒体中心党组

2019年2月20日

荣成市融媒体中心关于进一步深化党建工作统领 加快推进媒体融合发展的实施意见

为深入学习贯彻习近平新时代中国特色社会主义思想,全面落实"举旗帜、聚民心、育新人、兴文化、展形象"新闻宣传使命任务要求,充分发挥党支部战斗堡垒和党员先锋模范作用,进一步强化党建工作统领效能,牢牢坚守荣成意识形态工作主阵地,结合工作实际,制定具体实施意见如下。

一、指导思想

以习近平新时代中国特色社会主义思想和习近平总书记关于加快媒体融合发展的重要指示为根本遵循,全面加强党的建设,切实增强党支部组织力、凝聚力和战斗力,强化党员队伍管理,深入推动荣成市融媒体中心建设,打造新闻传播新格局,着力提升新闻舆论传播力、引导力、影响力和公信力,切实增强意识形态工作主阵地效能。

二、基本原则

(一)突出讲政治的鲜明导向

荣成市融媒体中心作为意识形态工作主阵地,讲政治是第一位的,以党建工作为统领,抓好政治建设是重中之重。因此,一要坚持以习近平新时代中国特色社会主义思想为指导,坚持学思用贯通、知信行统一,树牢"四个意识"、坚定"四个自信"、做到"两个维护"。二要紧紧围绕市委、市政府中心工作,做好"紧跟"和"跟紧"文章,牢固树立"党管宣传、党管意识形态、党管媒体"原则不动摇。始终坚持党对新闻舆论工作的绝对领导,讲政治、讲党性,牢牢掌握媒体话语权和舆论主导权,确保导向正确、方向不偏。

(二)突出党建工作与业务工作"同频共振"的目标要求

党建工作和业务工作要统筹协调、深度融合、同频共振。开展业务工作要以党建工作为统领和引领,从讲政治高度统筹考虑如何开展和推进各项工作,知底线明红线。同时,开展党建工作,要充分依托业务工作为载体、为抓手,言之有物、实实在在。

(三)突出党支部战斗堡垒和党员先锋模范作用发挥

党支部在具体工作推进中肩负着重大责任。党支部的战斗堡垒作用要发挥好,必须紧紧依靠支部全体党员的力量,每个党员发挥作用越好,支部力量就越强。因此,要发挥好党支部的战斗堡垒作用,就必须进一步加强对支部党员的教育管理,充分调动支部党员的积极性,尽可能让支部每名党员的先锋模范作用得以充分发挥,促进其守正创新、勇于担当、敢于作为,大力营造想事、干事、成事的浓厚氛围。

三、具体内容和标准

结合支部星级评定和党员量化积分管理工作，中心党总支围绕主责主业，紧扣中心工作、重点工作，本着标准明确、赋分合理、奖罚分明和便于操作的原则，设置了中心统一模板，对争创先进党支部、党员示范岗和争当优秀党员等工作目标、要求逐一进行细化明确。

（一）争创先进党支部

先进党支部按季度评选，名额为2个，由党建工作部对照考核标准，综合各党支部每月工作开展情况进行打分和排序，相关结果于次月10日前报中心党总支批准。年度内获得先进党支部次数较多的，在上级党组织年终考核时，优先推荐为优秀。

先进党支部要切实履行党建工作责任，出色完成各项任务，达到领导班子好、党员队伍好、服务群众好、工作业绩好、遵守纪律好的“五好”标准，战斗堡垒作用发挥充分，没有任何违法违纪行为。考核项目包括基础项目和附加项目两部分。基础项目主要涵盖班子建设、党员队伍管理、遵规守纪、重点工作落实等方面，分值100分，为扣分项；附加项目包括亮点工作加分和一票否决项。

（二）争创党员示范岗

“党员示范岗”按季度评选，每次评选名额不超过2个，由中心党总支成员、党建工作部、各党支部共同完成。每季度上旬完成对上季度“党员示范岗”评选，结果报中心党总支批准并公示，党建工作部备案。

“党员示范岗”突出工作实际业绩，以“立足主责主业，争当岗位标兵”为主题，明确标杆标尺，党员先锋模范作用发挥明显。“党员示范岗”既可以是党员作用发挥明显的优秀团队，也可以是党员个体。

“党员示范岗”评选流程：(1)每季度末，各党支部根据评选“党员示范岗”考核评选标准，确定推荐名单，交党建工作部审核、遴选、汇总，形成初审名单。(2)初审名单提交中心党总支成员进行票推，票推结果汇总后，按得票多少排序后，报中心党总支。(3)“党员示范岗”最终名单由中心党总支研究确定。

其中“党员示范岗”中的党员，要在支部月度党员量化积分考核中排名位于前20%（四舍五入），在支部月度党员民主测评或优秀党员评比中位于前20%。获得“党员示范岗”称号的党员，根据获评次数多少排序，位置靠前的原则上优先推荐为上级党组织年度优秀党员。

（三）争当优秀党员

优秀党员由各党支部按月度测评，由各党支部书记主导完成，按照不超过支部党员总数10%（四舍五入）的比例推荐，中心每季度优秀党员和上级党组织年度优秀党员推荐以此为基础依据，综合测评分数靠前的，优先推荐。

优秀党员考核评选依照《荣成市融媒体中心党总支党员积分考核管理办法》进行。每月末，积分排名位于前10%的，为支部月度优秀党员。月度优秀党员评选结果由党建工作部备案，由办公室负责公示。各党支部要切实加强党员教育管理，及时调度党员积分考核工作，避免出现“不合格”等次党员。

党建工作部定期抽查打分情况，抽查结果报告中心党总支。

四、衍生项目

1.争当优秀团员。由中心团总支负责，分季度和年度评选，名额为团员总数的20%。中心团总支每季度组织全体团员进行打分测评，推选优秀团员。年度优秀团员评选以季度评选为基础依据，由中心党总支综合确定。每季度推选结果要及时报中心党总支研究批准，党建工作部备案，由办公室负责公示。

2.“每月之星”评选。由各委员会按月度提报到人力资源部，汇总后，交由各班子成员进行测评，测评结果提报中心党总支研究批准。

五、工作要求及目标

1.加强组织领导。市融媒体中心党总支书记、主任邹积军同志作为第一责任人，牵头抓总；市融媒体中心党总支副书记、副主任王志超同志作为分管领导、直接责任人，负责各项工作整体推进；各党支部书记、各分管班子成员作为具体责任人，负责抓好工作落实；办公室、党建工作部、人力资源部等部室负责统筹协调、材料汇总和提报备案等工作。

2.加强督促指导。党建工作部负责相关工作调度、检查、汇总和备案，对工作推进情况跟踪督导，考核评选结果纳入月度、年度绩效考核，杜绝“搞平衡”“抹桌子”。

3.加强激励引导。每次评选结果由办公室、党建工作部负责公示，在全中心营造“比学赶帮超”浓厚争创氛围，达到正面激励引导的目的效果。

六、结果运用

1.先进党支部、党员示范岗和优秀团员评定在每季度最后一个月内完成；每月月末前，各党支部要完成优秀党员评选。

2.为激发党员先锋模范作用，将党员积分考核结果纳入其月度绩效考核中，增加一项党员月度考核项，以党员积分考核为基础数据，折算比为20%，其他考核项目总得分按80%进行折算。党员月度积分由各党支部负责提供，各委员会统一考核；月度考核得分结果报党建工作部备案。

3.被评为季度先进党支部和年度优秀党员、年度优秀团员的，将与征信体系挂钩，及时提报市社会信用中心。对季度被评定为先进党支部的，年度末将提报市社会信用中心，给予党支部书记征信加5分奖励；年度被评选为优秀党员、优秀团员的，年度末将提报市社会信用中心，给予征信加5分奖励。具体加分额度，根据市社会信用中心相关信用政策变化适度调整。

对被评为“党员示范岗”个人，给予公布月党员月度考核项加10分奖励。

4.对月度支部党员评分排在后10%的党员，扣减当月绩效考核总分5分。对半年内排名三次位于支部后10%的党员，由所在支部的党支部书记进行谈话；同时，提报信用中心，扣减信用分10分，并确定一名支委会成员进行帮带，督促整改，整改不到位的或拒绝整改的，由党组织对其进行问责，并提报信用中心，扣减信用分20分。

荣成市融媒体中心党员积分考核管理办法

为深入贯彻落实全面从严治党和持续深化“不忘初心、牢记使命”主题教育成果，进一步加强党员队伍教育管理和监督，激励和引导党员做到政治合格、执行纪律合格、品德合格、发挥作用合格，结合工作实际，制定本办法。

一、适用范围

市融媒体中心党总支所属全体党员。

二、目标要求

亮身份、强考核，促党员作用发挥。

三、基本原则

坚持党建工作为统领，以习近平新时代中国特色社会主义思想为指导，围绕中心、服务大局，立足岗位、重在日常，结合实际、动态调整，简便易行、民主公开的原则。

四、积分内容

(一)基础分(70分)

主要考核党员履行党员义务、完成党组织分配工作，参加党内活动以及参加志愿服务、社会公益活动等综合情况。按照党章规定的党员基本义务和党组织对党员的基本要求，围绕“四个合格”要求，分别设定四个积分项目并赋予相应的分值。基础分是对一名党员的基本要求。

（二）履职及发挥作用分（30 分）

主要考核党员立足岗位，履行岗位职责、发挥先锋模范作用的情况。履职及发挥作用分是对党员完成岗位职责任务情况的客观评价。

（三）激励分（5 分）

激励分既是对工作业绩突出或表现优异党员的褒奖，也是评价党员发挥先锋模范作用的指标之一。

（四）扣分

主要根据党员不落实和未完成基础分相应的项目，在工作中出现不到位、不尽责、不作为等情况，由党支部核实、认定并据实扣分。对主观原因造成的疏漏，或明知党员存在扣分行为而不作为的，一经发现，严肃追究相关人员责任。

（五）一票否决

党员因违反《党章》等党规党纪和有关法律而被处分的，对其年度评先评优资格实行一票否决。

五、积分规则

积分考核周期为 12 个月（根据单位年度工作要求实际确定）。周期开始时，党员的初始基准分均为 100 分。周期内，党支部每月依据党员积分考核管理标准进行加减分，每月一记，次月以上月党支部核定并公示的积分作为基数计算当月积分。以此类推，周期末积分即为党员年度积分。新一轮积分周期开始时，基准分将回归到 100 初始分。

六、积分流程

党员积分考核以党支部为单位，按月度进行，具体步骤如下：

（一）党员个人申报

党员个人对照党员积分制考核项目的标准要求，每月如实向所在党支部申报积分事项和积分。党员在申报个人积分事项时，有义务向党支部报告涉及其他党员积分考核的事项。

（二）支委会初核

党支部每月召开支委会，根据党员履行义务、履职情况，对照积分项目、计分标准和考评标准，核实每名党员上报的积分事项和积分。

（三）公示并报送积分

党支部每月将党员积分进行公示，接受党员和干部职工监督。党员对本人或他人积分有异议的，可向党支部反映，党支部应调查核实，并将核实情况及时向党员反馈，确需纠正的，应在下一次支部党员大会上通报。党员积分经公示无异议后，由支部宣传委员填写《党员积分考核登记表》，报党建工作部复核。

（四）党建工作部复核

党建工作部每月对各支部上报党员积分情况进行复核，无误后进行汇总备案。

（五）年度积分

原则上每年最后一个月的党员积分数值即为该党员的年度积分（可根据年度工作要求调整）。党支部要将每位党员的年度积分填入《党员积分考核管理汇总表》，并报党建工作部复核备案。

（六）积分审核

中心党总支根据工作需要，不定期对各党支部上报的党员积分事项进行抽查。如发现党员存在扣分情况而党支部未进行扣分的，将按照标准给予扣分，并将扣分情况反馈党支部，由党支部反馈党员本人，并视情节轻重追究相关人员责任，同时以适当方式进行通报。

七、积分运用

（一）“优秀党员”“党员示范岗”评选依据

党支部每月开展“优秀党员”评选，每季度开展“党员示范岗”评选，党员月度和季度积分作为评选主要依据，党员积分排名靠前的，作为首推人选。

（二）与年度优秀党员评选和民主评议党员挂钩

党员年度积分作为年度优秀党员评选和民主评议党员等次评定的重要依据。在开展民主评议前,党支部向党员公布积分情况。年度积分在90分(含90分)以上且排名靠前的党员,确定为“优秀”等次;年度积分在89—80分(含80分)的党员,确定为“良好”等次;年度积分在79—70分(含70分)的党员,确定为“合格”等次;年度积分在69—60分(含60分)的党员,确定为“基本合格”等次;60分(不含)以下且排名靠后的党员,确定为“不合格”等次。原则上,被确定为“优秀”等次的,方可推荐为年度优秀党员;被确定为“良好”以上等次的,在民主评议党员等次时,方可评为“优秀”等次。“合格”“基本合格”“不合格”等次,直接对应民主评议党员“合格”“基本合格”“不合格”等次。对“不合格”等次党员,相关党支部负责人要按照全面从严治党及监督执纪“四种形态”相关工作要求,进行组织约谈,督促限期整改提高,同时,在绩效考核方面,给予一次性扣罚200元月度绩效,并在年度精神文明奖和考核奖中予以兑现。

(三)与年度评先评优挂钩

对积分排名靠前的党员以及年度内被评为“优秀党员”“党员示范岗”的,优先作为评先评优推荐对象。对积分低于80分(不含80分)的党员,取消评先评优资格。

(四)与个人年度考核挂钩

党员年度积分将作为个人年度考核的重要参考。年度积分达到80分(含80分)以上的党员,方可在年度考核中参与“优秀”等次评选。

(五)与年度绩效考核挂钩

党员年度积分达到80分(含80分)以上的,方可全额领取年终个人激励性绩效。年度积分在79—70分(含70分)的,个人激励性绩效扣减8%。年度积分在70分以下的,个人激励性绩效扣减12%。

八、有关要求

(一)加强组织领导

各党支部书记作为支部党建工作第一责任人,要把开展党员积分考核管理作为落实全面从严治党责任和加强党员教育管理的重要抓手,通过精心组织和有效督导,确保考核办法落实到位和取得实效。

(二)建立管理档案

各党支部宣传委员负责做好本支部党员积分考核管理的记录和初核、档案管理等工作,要及时完善更新相关数据,确保积分管理工作精准高效。

(三)坚持阳光操作

党建工作部要定期对各党支部党员积分管理情况予以公示,确保每位党员全过程参与积分管理,清楚个人考核结果并适时监督,确保党员积分考核管理工作公开、公平、公正。

(四)加强统筹协调

党员积分考核管理工作要与年度考核、民主评议党员、绩效考核、评先评优等具体工作紧密结合起来,避免出现“两张皮”现象。

(五)强化督促检查

中心党总支要定期检查各支部开展党员积分考核管理工作情况。同时,通过随机抽查等方式加强督导检查,及时发现、改进和解决党员积分考核管理工作中存在的问题。

(六)突出严的要求

党员积分考核的目的是加强对党员的日常教育管理,充分体现“纪在法前、纪严于法”的全面从严治党要求。因此,党员日常考核中出现扣分行为同时适用于融媒体中心相关规章制度处罚标准要求的,分别处罚、合并执行。

(七)特殊情况处理

原则上全体党员均被纳入党员积分考核管理,做到应管尽管。确实因患病、行动不便和其他特殊原因不能正常履行党员权利义务的党员,经个人申请,支委会研究,并经支部党员大会讨论通过后,以书面形式报中心党总支审批备案。

群　团

工会工作情况

2019 年 6 月，根据《中华人民共和国工会法》和《中国工会章程》相关规定，将荣成市广播电视台工会委员会更名为荣成市融媒体中心工会委员会。2019 年 7 月 12 日，荣成市融媒体中心组织召开职工大会，选举王少飞同志为荣成市融媒体中心工会委员会主席，毕国斌同志为荣成市融媒体中心工会委员会副主席，相关结果已向上级党组织和荣成市工会委员会报备。

团委工作情况

2019 年 6 月，根据《中国共产主义共青团章程》规定，为方便开展工作，撤销共青团荣成市广播电视台委员会，成立共青团荣成市融媒体中心总支部委员会，隶属于共青团荣成市委员会宣传部机关委员会。2019 年 7 月 12 日，荣成市融媒体中心党总支组织召开团员大会，推选夏亮同志为团总支书记，宋伟同志为团总支副书记。相关结果已向市直机关工委和共青团荣成市委员会报备。

妇委会工作情况

2019 年 6 月，根据妇女联合会相关管理规定和工作需要，将荣成市广播电视台妇女委员会更名为荣成市融媒体中心妇女委员会。2019 年 7 月 12 日，荣成市融媒体中心组织召开女职工代表大会，选举王妮娟同志为荣成市融媒体中心妇女委员会主任，连桂青同志为荣成市融媒体中心妇女委员会副主任，相关结果已向上级党组织和荣成市妇联报备。

活　动

关于开展以“认真履行岗位职责　争当敬业实干模范”为主题的创先争优活动方案

台属各单位：

根据市创先争优活动领导小组关于开展“争当五个先锋”主题活动的通知要求，结合我台岗位责任制考核办法的制定实施，决定开展“认真履行岗位职责　争当敬业实干模范”主题活动。现提出活动方案如下：

一、活动范围

台属各部门及网络公司各部门。

二、主要内容

以《2011年岗位责任制考核办法》确定的各部门岗位职责为依据，责任细化到人，部门加强调度，建立台账跟踪记录，督促职工认真履行岗位职责，争当敬业实干模范。此项活动是长期性基础工作，关键在于部门管理要细致规范，活动落实情况作为年终岗位责任制考核推选敬业实干标兵的重要依据。

三、相关要求

1.定责任、抓落实。各部门岗位职责要细化分解，责任到人，明确目标任务、完成时限。部门负责人、分管领导审核把关，与职工签订责任书。责任书一式两份，部门留存一份，报政工科一份。

2.建台账、抓调度。各部门结合实际工作的安排部署，每周进行一次调度，调度情况记录于台账，每月进行一次汇总，由部门负责人、分管领导审核签字。

3.汇情况、抓督导。政工科要做好活动档案的收集整理工作，抓好督导落实，每季度汇总台账备案。

四、加强组织领导

台里成立领导小组，台长任组长，分管领导为成员，各分管领导是分管部门主要负责人，部门负责人是直接责任人。各部门要以开展主题活动为抓手，将工作抓紧抓实，抓出成效，培植挖掘敬业实干标兵，促进职工干有目标、学有榜样，全台形成积极向上的良好氛围。

2011年3月14日

荣成市广播电视台关于中层干部竞争上岗的实施意见

为进一步加强中层干部管理，优化干部队伍结构，激发干部干事创业活力，提高工作效能，确保干部健康成长，根据市委组织部《关于加强市直部门中层干部管理的办法》等有关规定，结合我台实际情况，经台党组研究，报请市组织部门同意，决定对有关中层干部岗位实行公开竞争上岗，提出如下实施意见。

一、指导思想和原则

以党的十七大和十七届四中、五中全会精神为指导，认真贯彻执行上级关于干部选拔任用制度，让优秀人才脱颖而出。选拔任用干部坚持党管干部的原则；任人唯贤、德才兼备的原则；民主集中制的原则；公开、平等、竞争、择优的原则和依法办事的原则。

二、设岗竞争范围和条件

（一）岗位

1.市编委批准设立的行政事务管理科室部分岗位

总编室主任、副主任（2 名）、经营管理科科长、政工科副科长。

2.结合广播电视台工作特点，台党组研究设立的科室部分岗位

新闻中心主任、新闻部副主任、民生新闻部副主任、新闻制作部副主任、媒资室主任、媒资室副主任、电台副总监。

（二）参与岗位竞争应具备以下条件：

1.政治条件。

拥护中国共产党的领导，自觉贯彻执行党的路线方针政策和台党组决策部署，有较强的事业心和责任感；开拓创新，敢于负责，团结同志，廉洁自律，作风正派，联系群众。具有胜任岗位工作的组织协调能力。

2.资格条件。

（1）竞争中层正职岗位的，需担任副职以上满 2 年；竞争中层副职岗位的，需在台工作满 3 年。（参与人员范围是在台在岗人员）（2）行政科室岗位应是事业编制人员，原则上是干部身份；台确定设立的科室岗位不受事业编制身份限制。（3）近三年来年度考核被确定为合格以上等次，未受过党纪、政纪处分。（4）原则上大专以上文化程度。（5）身体健康，能坚持正常工作。

3.业务条件。根据岗位需要设定不同条件：

总编室主任：懂节目管理、制作策划和影视分析评价。

总编室副主任：

（1）远教节目管理岗位：能够严格审核把关、上载编排远教频道节目，有丰富的开发、推介远教频道经验。

（2）影视剧片管理岗位：有良好的影视审核、欣赏、引进推介水平和丰富的影视剧编排、上载经验。

（3）经营管理科科长：掌握有关经济合同政策与法规，有财务工作经验，能够做好账务处理及统计工作。

（4）政工科副科长：善于学习，政策性、纪律性强，有一定的文书写作能力和行政事务管理经验。

（5）新闻中心主任：有新闻从业经验和较强的策划、制作和创作能力的正股级中层干部。

（6）新闻部副主任：从事新闻记者工作，发稿量年度考核排在前列，对新闻工作发挥领头羊作用。

（7）民生新闻部副主任：发稿量年度考核排在前几位；具有独立策划主题报道的能力；能对栏目发展或改版提出建设性意见，并拟订可行性方案；在省市新闻节目评比（政府奖）中取得部门突破。

（8）新闻制作部副主任：有新闻制作能力和新闻采编经验。

（9）媒资室主任：责任心强，原则性强，敢于负责，有媒资管理经验，对媒资出入库能够严格

审核把关。

(10)媒资室副主任:对台里工作有全面了解,有行政事务管理经验,较高的文书写作能力和对外沟通能力。

(11)电台副总监:有丰富的播音、主持经验,能对电台播音员、主持人进行岗位培训与辅导。

三、方法步骤

1.成立竞争上岗领导小组:为保证此次竞争上岗顺利完成,成立竞争上岗领导小组,主要负责人为组长,分管政工负责人为副组长,其他党组成员为成员。

2.动员部署:召开职工大会,传达学习我台竞争上岗实施意见,对竞争上岗工作进行思想动员和安排部署。

3.个人报名:符合竞争上岗资格条件的人员,根据竞争岗位和本人情况,自愿到政工科报名参加,并填写申请登记表,每人只能申请竞争一个岗位。

4.资格审查:按照竞争条件,竞争上岗领导小组对报名人员进行资格审查,由党组会议研究确定参加竞争上岗人员初步名单,报市委组织部审查后确定正式参加竞职人员名单。

5.竞岗演讲:演讲顺序按照上述设岗顺序,先行政事务管理科室后业务科室;竞争同一岗位的,按姓名笔画确定。每人演讲时间10分钟左右。内容包括个人基本情况介绍、竞争条件、工作目标思路、对照岗位职责表态等。

6.测评打分:由台党组成员、正股职级及以上职级中层干部和部分职工参加,竞争人员不参加打分。根据竞岗人员演讲水平及日常工作表现进行打分。打分票实行百分制,采取无记名方式进行,赋分比重按台党组成员、中层干部、职工4∶3∶3比例汇总个人得分。现场打分、记分并公布结果。

7.征求意见:根据得分情况,择优拟定竞争上岗人选,征求与会人员对上岗人选的评价和意见。

8.党组研究,确认结果。根据测评得分和征求意见情况,台党组会议研究确定上岗人选,并根据干部管理权限,行政事务科室中层干部报市委组织部审核批准。台确定设立业务科室中层干部直接公布上岗人员,报组织部备案。

四、上岗人员试用期一年

2011年5月9日

荣成市广播电视台
“活力初夏日,健康我快乐”乒乓球比赛活动方案

为响应全民健身活动,倡树积极向上、健康文明的生活理念,提高团队意识,增强职工体质,激发广大青年职工青春活力,经台党组同意,由团委牵头,举办“活力初夏日,健康我快乐”乒乓球比赛活动,具体安排如下:

一、活动组织方式

1.原则上以45周岁以下职工为主,同时也欢迎大龄职工参加。分管领导原则随所分管部门代表队参赛。本次比赛以各代表队为单位先行组织训练比赛,筛选出优秀选手后统一参加台里比赛。每个代表队安排一名青年职工负责组织,比赛地点设在一楼活动室。

2.参赛代表队划分与训练时间安排。

按部门划分为6支代表队:

(1)行政代表队(包括办公室、电台、财审科、总编室、政工科、经营管理科)。

责任人:孙燕妮。

时间:5月17—18日12:00—14:20。

(2)新闻中心代表队(包括媒资室、新闻中心各部门)。

责任人:夏亮。

时间:5月18—19日12:00—14:20。

(3)技术中心代表队(包括事业科、播出部、发射部)。

责任人:宋伟。

时间:5月19—20日12:00—14:20。

(4)物业中心代表队(包括后勤保障科、伙食管理科、安全保卫科、手持电视)。

责任人:许晓军。

时间:5月20—23日12:00—14:20。

(5)广告中心代表队(包括广告中心各部门)。

责任人:胡玲玲。

时间:5月23—24日12:00—14:20。

(6)网络公司代表队(包括在大楼办公的网络公司各部门)。

责任人:王群亮。

时间:5月24—25日12:00—14:20。

二、比赛办法

各代表队由责任人负责推选4名男选手,3名女选手参加比赛,名单于5月25日前报团委(地点设在政工科)。

1.比赛分男子单打、女子单打。

2.比赛方式采用11分,五局三胜制。

三、奖项设置

1.单项奖,男女单打分别取前三名。

2.组织奖,取前三名(各代表队队员前三名成绩相加后为该队总得分,第一名5分,第二名3分,第三名2分。分管领导参加比赛可为所在代表队团体最多增加3分)。

四、有关要求

此次活动是丰富职工业余文化生活、提升职工身体素质的良好平台,希望各代表队责任人组织广大职工踊跃参与到活动中,抓好训练,赛出水平,赛出友谊,展现出广电青年职工昂扬向上的精神风貌。同时鼓励分管领导参加比赛,增进团队交流,增强团队凝聚力。

2011年5月16日

2011年庆祝记者节活动方案

台属各单位:

今年11月8日是我国第12个记者节。为充分展示我台创先争优精神风貌,促进广电事业又好又快发展,经台党组研究决定,在台内开展“牢记神圣使命　谱写盛世华章”为主题的节日庆祝活动。具体方案如下:

一、书画摄影比赛

作品范围包括摄影、书法、绘画、剪纸等。内容以“和谐荣成　幸福生活”为主,以工作、生活、学习所见所闻所思、荣成人文、自然、历史变迁为题材,展示广电干部职工的业务技能与精神风貌。

责任部门:台团委;分管领导:宋忠强;责任人:杨杰。

二、评先选优

在全台干部职工中开展评先选优活动,人人参与,分档评奖。共设3个奖项:一是特别贡献奖;二是创新实干奖;三是爱岗履责奖。

评奖采取自荐与推荐相结合的方式。

(1)从三个奖项中自荐一个奖项。(2)以自己所在部门的其他人员中推荐特别贡献奖、创新实干奖各一名(业务部门以中心为单位;行政科室以行政部门为单位,包括办公室、政工科、财审科、总编室、经管科)。由政工科负责汇总,台党组最终审定。

责任部门:政工科及相关部门。

分管领导:宋忠强。

责任人:林乐义。

三、文艺联欢

举办市广播电视台第12个记者节文艺联欢会。

1.时间地点:11月6日上午9:00,八楼演播大厅。

2.与会人员:有关市领导、市直部门负责人,台党组成员、授奖人员及其他部分职工,共计约140人。

拟邀请部分市级领导及纪检组、文广新局、文化市场综合执法局、农村商业银行负责人、参演单位负责人。

责任部门:广告中心及新闻中心、技术安保中心、办公室、政工科。

分管领导:刘健、徐淑梅。

责任人:刘海英、张明、周洪波、肖向辉、车强、于景波、林乐义、杨杰。

四、领导小组

组　长:周广金。

副组长:王宏伟、秦铁军、宋忠强、刘健、徐淑梅、梁伟、刘青、孙明。

宋忠强兼任办公室主任。

成　员:(按部门排列)许春静、张明、周洪波、肖向辉、车强、于景波、林乐义、杨杰。

关于成立学雷锋志愿服务队的通知

各部门:

根据荣成市委组织部、宣传部关于在全市各级党组织成立学雷锋志愿服务队的通知要求,台党组决定成立学雷锋志愿服务支队,现将有关事项通知如下:

一、组建方法

倡导职工自愿加入学雷锋志愿服务队,党员干部要发挥模范作用,带头参加,志愿者人数应不低于各部门职工数的20%。以各科室、中心为单位组织职工报名,并按要求填写《威海市志愿者注册登记表》。

学雷锋志愿服务队设支队长、联络员,原则上分管政工的负责人任支队长、政工科长任联络员。

二、活动内容、方式

以关爱他人、关爱社会、关爱自然为主题开展志愿服务活动。关爱他人重点是开展关爱空巢老人、农民工、留守儿童和残疾人等重点群体志愿服务活动。关爱社会重点是开展普及文明礼仪知识、维护社会秩序、网络文明传播、服务大型赛会、引领文明交通及文化建设志愿服务等志愿服务活动。关爱自然重点是开展普及低碳生活理念,开展生态环境保护、保护山川河流、植树种绿、清洁环境卫生等志愿服务活动。

台学雷锋志愿服务支队根据志愿者志愿服务内容划分若干小分队,机动灵活地开展活动。具体志愿服务活动方案根据实际情况研究制定。

三、相关要求

1.制作队旗。制作印有"荣成市广播电视台党组织学雷锋志愿服务支队"字样的队旗。

2.政工科需指定专人建立全台志愿服务活动台账。台账包括:注册志愿者登记表汇总,志愿服务队名册,每次开展活动的方案汇总、通知、活动情况(文字和图像)、活动总结等。

3.志愿服务时间要求。每位志愿者每年参加服务的时间应不少于48小时。

依托党组织成立学雷锋志愿服务队是上级的明确要求,是全国文明城市测评的重要内容,是推动学雷锋活动常态化的组织保证,是发挥党员先锋带头作用的具体体现。望各部门高度重视,积极配合,推动学雷锋志愿服务活动常态化。

荣成市广播电视台

2012年7月9日

关于社会征信管理相关文件学习宣传方案

各中心：

根据市委办公室、市政府办公室《关于加强社会征信管理文件学习宣传的通知》要求，结合我台实际，现制定学习宣传方案如下：

一、学习目的

社会信用体系建设是发展社会主义市场经济、加强社会治理的重要制度安排，也是深化诚信荣成建设的重要内容。做好社会征信管理规范性文件的学习宣传，推进社会信用体系建设，切实把思想和行动统一到市委、市政府的部署上来，对于提高全社会诚信水平，维护市场经济秩序，促进社会和谐稳定，塑造诚信荣成形象，具有重要意义。

二、学习内容

主要学习以下内容：《关于加快推进社会信用体系建设的实施意见》《荣成市社会法人和自然人征信管理试行办法》《荣成市社会法人和自然人守信激励与失信惩戒试行办法》《荣成市社会法人和自然人信用信息评价试行规定》《关于在社会管理中使用信用产品有关事项的试行规定》。

三、时间安排

从2014年1月1日到5月31日结束，历时5个月。

四、搞好宣传

1.《荣成新闻》栏目：对四个文件进行分期解读，计划播出至春节；做好对社会征信体系建设相关会议、平台建设、专家解读等动态消息的宣传报道。从1月中旬开始，对全市各区、镇，行业主管部门在各自领域内如何推进征信体系建设、制定规范性文件、征集信息以及诚信等级评价等进行采访，结合具体事例进行报道，让市民更加具体地了解征信体系的相关内容。

2.《民生360°》栏目：采取街头采访的形式，让市民阐述诚信对自己生活、工作等方面的影响以及社会征信的重要性、必要性，烘托全市加快构建社会征信体系的浓厚氛围。推出“社会征信体系一百问”板块，采取提问加解答的形式，更好地向市民解读我市构建社会征信体系的政策内容。

3.《时事解读》栏目：分三期对我市构建社会征信体系的目的、内容、意义等进行深度剖析。

五、学习培训

1.利用每周四学习日，组织职工集中学习四个文件精神，全面领会文件内容，让征信体系管理入脑入心。

2.利用“为民服务大家谈”这一平台，组织职工畅谈对学习四个文件的感悟和体会，增强践行社会征信管理的自觉性。

3.采取座谈讨论、撰写心得体会等方式，用典型案例讲解社会征信管理的重要性和必要性，在全台营造征信管理的氛围。

4.对职工学习情况进行阶段性考试，把学习成绩纳入目标责任制考核。

5.结合“两个全覆盖”入户走访，组织机关干部深入联系户，一方面发放征信管理相关资料，一方面现身说法进行讲解，让社会征信管理精神家喻户晓。

六、几点要求

一是加强领导。台里成立由姜台长任组长、分管领导任副组长、各中心负责人为成员的电视台社会征信管理学习宣传工作领导小组，具体负责整个学习活动的组织、协调工作。各中心要按照学习方案的要求，精心组织好本部门的学习活动，确保不走过场。

二是注重实效。各中心要结合实际，研究制定具体的学习实施细则，明确专人落实。各中心负责人要带头参加学习活动，并要加强督促检查，确保学习宣传活动落到实处。

三是严格检查。领导小组要组织好对各部

门学习宣传活动的随机检查和专项督查,把开展集中学习宣传活动情况作为年度责任制考核和绩效考评的一项内容,从机制上保证学习宣传活动扎实开展。

2014 年 1 月 8 日

广播电视台关于开展“树典型、扬正气、传递正能量”活动的推进情况

按照《市委办公室、市政府办公室关于印发〈“树典型、扬正气、传递正能量”活动 2013—2014 年度实施方案〉的通知》要求,自 2014 年 2 月份起在全台深入开展“树典型、扬正气、传递正能量”活动。现将相关情况汇报如下:

一、推进情况及下月工作打算

我们成立了“树典型、扬正气、传递正能量”活动领导小组,印发了《关于开展“树典型、扬正气、传递正能量”活动实施方案》,对整个活动进行发动、安排和部署。

本着“统一调度、分工负责、优中选优”的原则,由各分管领导、中心(室)在培植的典型中进行初选推荐,2 月份拟推荐 19 名不同层面的典型,通过电子屏幕、内部网站、宣传栏等媒介进行展示,每个月组织一次先进典型的交流会,让先进者谈思路谈经验谈感受,充分发挥带动作用。评选结果与年终评先选优挂钩,并择优推荐至市活动领导小组办公室参评市级先进个人。

二、分管领导及联络员情况

分管领导为孙明同志,职务为副总工程师;联络员为于景波同志,工作电话 7858049,邮箱 rcgdzgk@163.com。

三、年度典型培植工作计划

(一)培植重点

1.新闻宣传方面。培植一批精心策划出效果、统筹调度提质量、精诚协作促效率、严细认真保安全的新闻宣传先进典型。在全市重大活动、重要会议的宣传上,进一步加强提前拟定上报宣传方案制度安排,统筹做好活动前期、中期及后期宣传。在围绕全市中心工作开展宣传上,进一步强化主题报道的宣传策划,统筹安排好阶段性主题报道与全年性主题报道。在事件性新闻的宣传上,要突出新闻策划,不要仅仅局限于事件本身,要从广度和深度扩展开去,使事件性新闻报道做到及时、连续,有始有终。在对上宣传上,要做到数量与质量并重,进一步加强与上级台的沟通对接,相对固定专人负责,将上级台阶段性的宣传重点与我市中心工作相结合,使对上宣传有声势、有效果。

2.经营创收方面。围绕全员创收,重点推出一批心系大局、爱台敬业,圆满完成全员创收任务的先进典型。围绕广告创收,重点推出一批积极作为、业绩突出的先进典型。围绕活动创收,重点推出一批在品牌培植、业务拓展等方面的先进典型。围绕经营创收,重点推出一批在开发经营、市场营销等方面的先进典型。

3.行政管理方面。围绕完善内部精细化管理制度体系建设,提高管理队伍业务水平,增强管理人员岗位责任意识,重点培植一批懂管理、好钻研、精操作、明责任的行政管理先进典型。围绕提升个人综合素质,强化岗位责任意识,培植一批无私忘我、坚持原则、敢于担当、不上推下卸的先进典型。围绕业务审批,健全完善审批管理制度,培植一批审批办理迅速、服务质量高、业务部门满意的先进典型。围绕服务群众,对“民心网”“民生 110”等渠道反映的问题,切实抓好整改落实,培植一批整改到位、回复认真的先进典型。围绕“两个全覆盖”大走访活动,倾听群众呼声,吸纳百姓意愿,把基层百姓的所想所盼带上来,培植一批政策宣讲到位、问题解决到位、回

复反馈及时的先进典型。围绕提升我台社会形象，重点推出一批扶贫济困、热心社会公益事业、组织策划公益慈善活动的先进典型。

4.技术服务方面。围绕全台采编播系统升级转型，鼓励创新发展，在技术改造、成果转化、创新投入等方面推出一批懂技术、懂管理、善创新的先进典型。围绕设备、设施的维护、维修管理，把培植重点放在服务质量和服务速度上，推出一批服务及时、保障得力的先进典型。

（二）培植目标

评选类别分为先进集体和先进个人。

1.先进集体

（1）诚信建设示范单位（落实岗位责任制先进单位）：以中心（室）为评选单位，参照责任制考核标准。

（2）优质服务单位：评选对象为台确定为服务单位的中心（部门）。

2.先进个人

（1）敬业奉献之星。立足本职、爱岗敬业，长期在业务岗位尽职尽责、默默奉献、事迹突出的。

（2）管理监察之星。围绕全台重点工作，督导监察到位，保障重点工作正常推进的；围绕广告播出监管，认真负责，保障广告经营工作秩序的；围绕行政管理，坚持原则、敢于担当、不上推下卸的。

（3）综合服务之星。在服务部门、服务职工方面，能够想服务对象所想，主动超前，不断丰富服务形式和内容，显著提高服务质量的；围绕服务群众，对“民心网”“民生 110”等渠道反映的问题整改到位、回复认真的；围绕“两个全覆盖”大走访活动，政策宣讲到位、问题解决到位、回复反馈及时的。

（4）创意策划之星。围绕全市中心工作，主动策划主题报道，宣传效果较好的；围绕经营创收，策划整体的承揽方案，客户满意且数额较大的；围绕活动、晚会的策划，主题鲜明、亮点频出、客户满意且社会反响较好的；围绕提升我台社会形象，组织策划公益慈善活动且社会效果显著的；围绕事件性新闻的策划，注重扩展广度和深度，做到报道及时、连续，有始有终，且社会参与度较高的；围绕商业广告、形象广告、公益广告，创意鲜明、构思精巧、表现新颖的。

（5）全员创收之星。心系大局、爱台敬业，积极完成全员创收任务的。

（6）新闻宣传之星。围绕市委、市政府重要活动、全市中心工作，主动对接、提前策划、效果明显的。

（7）对上发稿之星。围绕我市中心工作，积极做好对上宣传，所发稿件分量重、效果好的。

（8）节目制作之星。圆满完成重要会议直播、活动及晚会的录播，且导播到位，构图合理，特技、音效运用得当，播后社会反响较好的；专题摄制较以往有较大突破的；在新闻、栏目、广告制作上有较大创新的；节目导视制作精良的。

（9）栏目创新之星。在栏目的形式、内容、市场推广上有较大创新的；栏目的市场认知度较高且承载广告较好的。

（10）广告创收之星。在广告创收上，积极作为、业绩突出的。

（11）活动创收之星。围绕活动创收上，在培植广电品牌、活动业务拓展上效果较好的。

（12）经营创收之星。围绕经营创收，在开发经营、市场营销上收益明显的。

（13）管理创新之星。在机制体制创新、管理制度建设上，有较大突破的。

（14）技术创新之星。围绕全台采编播系统升级转型，在技术改造、成果转化、创新发展上，有积极作为的。

（15）团结协作之星。围绕全台重点工作，工作主动、积极协作、创新性强、及时办结的。

（16）安全保障之星。围绕节目播出安全，认真履行监看职责，发现问题及时上报，避免或减轻社会影响的；围绕办公保卫安全，认真负责、保障得力，保障正常的办公秩序和公私财产安全的；围绕设备、设施安全，及时发现安全隐患并整改，及时维修设备、设施，保障工作正常开展的。

（17）招商引资之星。围绕招商引资，积极引进项目,成绩突出的。

要求各部门深入发掘见义勇为、助人为乐、孝老爱亲等典型模范事例,每月20日前申报;先进个人的评选,由编委会汇总、考评、确定。

荣成市广播电视台

2014年2月27日

关于开展“五·四”青年节活动的通知

台属各部门:

在“五·四”青年节到来之际,为响应团市委在全市开展纪念建团90周年系列活动的号召,台团委拟在4月底至5月期间,在全台青年职工中开展以下三项活动:

一、新闻记者诚信建设承诺宣誓

1.活动时间地点:4月28日,七楼会议室。

2.参加人员:新闻中心全体职工。

二、学习观摩文化活动

1.观摩“渔家傲—荣成与海洋”主题展馆。

时间地点:5月3日上午8点至9点,市博物馆。

2.组织青年职工看电影。

时间地点:5月中旬,阳光影院。

参加人员:35周岁以下青年职工。

三、诚信建设征文活动

1.征文内容:要立足本单位、本部门工作实际,撰写诚信建设经验做法或典型人物事迹,畅谈青年应如何发挥先锋作用,争做社会公德模范、青年岗位能手。

2.活动要求:征文字数2000字左右,一律个人手写。于5月4日前以部门为单位报团委(设在政工科),征文稿将在诚信建设活动公开栏展出,并择优推选1—2名稿件作者参加团市委演讲比赛。

3.参加人员:35周岁以下青年职工。

请各部门按照活动安排,认真组织人员参加。

荣成市广播电视台

2012年4月28日

关于我台官方网站及微信公众平台运营的竞聘意见

为了进一步提高我台官方网站及微信公众平台的社会影响力和关注度,更好地实现广播、电视、微信等与网站的有效互动,达到宣传与经营双丰收,现面向全台推行网站及微信公众平台负责人竞聘,现将竞聘有关事项公告如下。

一、竞聘资格的确定

具有较强的事业心和一定的专业技能,具有一定的组织协调和市场运营能力,身体健康,无违法违纪问题的在编在岗职工可参加竞聘。

二、经营范围确定

凡在我台官方网站或依托我台官方网站开发的新网站上承载的所有广告、开展的各类经营活动和附属收益,都属于网站经营范围。

三、经营期限及分成

经营期为三年。在台不新增加投入及网站人员控制在台核定的职数之内,第一年网站经营收入全部归网站负责人及网站员工。第二年网站经营收入按网站与台里6∶4分成;第三年网站经营收入按网站与台里5∶5分成。

四、网站人员设置及绩效工资等费用

(一)人员设置(2人)

1.网站负责人1人。负责网站及台微信公

众账号的总体规划、管理及运营。

2.节目摄制、上载1人。由台指定专人负责我台自办栏目的视频上载及其他内容的更新;负责网站广告的拍摄制作及上载。

3.其他人员。将根据网站的收益情况核定增设人员职数。

(二)绩效工资等费用

网站人员的固定工资、绩效工资及五险一金由台负担。网站负责人动态绩效基数为400元,由台依据今年当月与去年同期经营总收入增减幅度核定发放。

五、竞聘程序及规则

1.发布竞聘公告,向职工告知竞聘的岗位、经营范围、竞聘方式等。

2.符合竞聘条件的员工填写《网站负责人竞聘申报表》,同时递交网站改版及运营方案。

3.组织竞聘人进行竞聘。竞聘人须现场通过PPT向竞聘领导小组成员阐述网站改版及运营方案和经营期第二、三个年度的预期收入目标,对竞聘领导小组成员提出的问题现场回答。竞聘领导小组成员根据竞聘人对网站改版及运营的阐述同时参考预期收入目标,采取无记名投票的方式决定中标者。

4.台和中标者签订《网站经营责任书》。

六、对网站负责人的考核

1.网站负责人要按照《网站经营责任书》的要求,保证做好各项改版、节目更新及上载、创收等工作;做好我台微信公众账号建设的对接及建成后的信息更新、粉丝互动、视频的上载。如未按期完成网站改版及创收工作或网站、微信公众账号节目更新及上载等工作出现较大问题的,由网站竞聘领导小组成员根据实际情况拿出初步意见,由台办公会讨论确定是否终止合同。

2.网站负责人须于2015年12月31日和2016年12月31日前,缴纳经营期第二、三个年度的经营风险担保金。经营风险担保金分别按经营期第二、三个年度的预期创收额的2%(不计利息)一次性缴纳。年终如未完成预期创收,视为无能力承担经营责任,由台办公会审查后确定终止合同;须用经营风险担保金补足预期创收指标未完成部分,剩余经营风险担保金退还给网站负责人。

七、其他事项

1.签订年度合同时,严格按照统一制定的广告价格体系执行。

2.网站承揽的广告、活动等,一律先交款后播出。

3.网站负责人应及时、准确地播出客户的广告节目。由于自身原因造成广告漏播、错播、多播,由网站负责人负责;造成损失的,网站负责人自行承担赔偿责任。

4.网站负责人严格遵守台里制定的广告经营政策、价格管理制度(客户如有特殊要求,需填写《特批广告审查表》,按规定程序执行)。

5.开展活动,若使用转播车、摇臂、演播室,则设备成本由台负担,人工及其他费用属于网站负责人成本费用。

6.网站应积极参加和配合台里组织的会议、重大活动及公益劳动,按时完成台里交给的临时性工作任务。

7.经营收入涉及个人所得税部分,网站负责人自行承担。

8.经营期从2015年1月1日至2017年12月31日。网站负责人所签订的广告合同,要以2017年12月31日前的播量为有效合同。

9.网站负责人任职期间享受中层正股待遇。

八、竞聘报名

有意竞聘的职工填写《网站负责人竞聘申报表》,于2015年1月16日上午8:30前到财审经管中心提交《申报表》及《网站改版及运营方案》。

九、竞聘时间

定于2015年1月19日上午9:30,在7楼电视会议室举行网站负责人竞聘会,参加人员有台网站竞聘领导小组成员、符合资格的竞聘人;竞聘者务必于当日9:20前到场,逾期视为中途退出竞聘程序。

十、组织领导

台里成立由张波台长任组长,秦铁军、刘健

任副组长,行政中心、财审经管中心、总编室、广告中心等为成员的广播电视台网站负责人竞聘领导小组,具体负责整个竞聘工作的组织、协调和领导。

十一、未尽事宜双方协商解决

荣成市广播电视台

2015年1月12日

关于2015年“两个全覆盖”走访安排的通知

根据市主题办的部署要求,今年分配给我台的走访村是12个,走访户是1744户,联系村是19个。经台办公会研究,由台领导走访联系村,正科级领导每人联系3个村,副科级领导每人联系2个村;参加走访干部66人,事业人员安排主走访,企业、招聘人员安排副走访,每名走访干部联系户在30户左右。

本年度走访本着年轻优先、大龄辅助的原则,对女48岁、男57岁以上的职工不安排主走访;对2014年大病住院的职工不安排走访。新闻中心、《民生360°》的企业、招聘身份记者不安排陪同走访。如果走访人员因病或工作调动不能走访的,将从其他没有安排主走访或走访的人员中,按年龄排序安排走访(包括记者)。各中心负责人是本中心“两个全覆盖”大走访活动的第一责任人,具体负责本中心职工走访工作的资料发放、情况汇总和督促落实。各位联络员是走访村的联系人,具体负责对走访人员及走访村的联络通知和沟通对接工作。

今年市里对《民情日志》的发放不能达到人手一本,而是根据走访户数(每户4页,每户每次走访记录2页,须标明走访日期,初定4月、10月两次走访)进行发放。我台平均2个“主走访”使用1本《民情日志》本。走访前请到行政中心领取《民情日志》样表,以中心为单位,按照《民情日志》编号、起止页码填写走访内容,同时参照《“两个全覆盖”工作访问内容》,详细填写与群众交流情况。

2015年3月9日

台班子成员联系村坐班时间安排

根据《2015年“两个全覆盖”工作的实施方案》联村走访要求,强化单位联村职责,推行联村单位到村坐班制度。前期我们已经对班子成员联系村进行了分配,其中正科3个村,副科2个村。按照要求,联系村干部每月要到村坐班一次,不断强化服务基层意识;同时联村干部要根据单位服务职能、阶段性任务和群众需求,灵活安排开展有针对性的便民服务。各位联村干部要做好“联系村坐班笔记”以备市里检查(行政中心为每位科级干部发放“联系村坐班笔记本”)。

联系村坐班具体要求,参照荣主题办发〔2015〕1号文件《关于2015年“两个全覆盖”工作的实施方案》第四条工作职责。

联系村坐班时间拟定为3月20日,4月15日,5月15日,6月3日。市里将不定期检查。如台领导不能按时到村坐班,请提前与行政中心联系,行政中心将及时与主题班对接,调整坐班时间。

2015年3月16日

荣成市融媒体中心志愿服务访谈

荣成市融媒体中心人力资源部主任　宋传峰
爱心志愿者代表、融媒体中心总编室主任　王妮娟

1.市融媒体中心是今年整合组建的媒体单位，能不能简单介绍一下融媒体中心的基本情况以及在做好志愿服务方面做了哪些工作？

宋传峰：荣成市融媒体中心于2019年1月15日正式挂牌，是在原荣成市新闻中心和荣成市广播电视台的基础上整合成立的，中心现有干部职工203人。一年来，我们认真贯彻落实中央、省、市委部署要求，紧紧围绕荣成市委、市政府的中心工作，以“自由呼吸·自在荣成”为引领，新闻宣传工作取得了长足发展。我们的县级融媒体平台已建设完成，是全省首批投入使用的县级融媒体平台；我们在中央台、山东台发稿量目前稳居全省县级台首位；我们的全媒体采编部被团中央命名为“全国青年文明号”，是全国广电系统唯一获此殊荣的县级媒体单位。

市融媒体中心志愿者团队成立于2019年1月，整合了原市广播电视台志愿者团队、原市新闻中心志愿者团队，是我市首个以青年媒体从业人员为主体的专业化志愿服务团队。团队依托电视、广播、报纸、网站、新媒体等媒体资源，广泛开展媒体宣传、思想引领、文化惠民、困难帮扶等志愿服务活动，用真情传递温暖，用关爱孕育梦想。今年以来先后开展了29项志愿活动，招募青年志愿者200多人次。此外，我们融媒体中心干部职工还积极参与各类志愿捐助活动，参加社会妈妈捐助，共捐助8910元；参加“微心愿”活动，捐助3700元；参加全市“慈心一日捐”活动，捐款37000多元。同时，我们单位的在职党员还积极响应上级号召，开展驻区共建“双报到”。80多名在职党员结合自身职业特点和兴趣特长，每人认领至少1个服务岗位，开展了礼让斑马线、寒冬送温暖、家园哨兵夜巡等志愿活动，并深入居民家庭，开展入户信用宣传，上门为居民指导垃圾分类，宣讲防火、安全用电、防煤气中毒等安全知识。

2.我们的志愿服务开展得丰富多彩，请为我们列举几个比较有特点的志愿服务活动，以及这些活动都取得怎样的效果。

宋传峰：应该说我们开展的志愿服务活动还是比较多的，有特色的有下面几个：

一是开展“少年梦·中国梦”少儿春晚志愿服务活动。2019年荣成市少儿春晚是一台公益晚会，以“少年梦·中国梦”为主题，圆孩子们的艺术梦、爱国梦、强国梦。特别是针对社会特殊儿童群体给予特别的关注与关爱，让残疾儿童、贫困儿童、留守儿童在节日期间能像其他孩子一样感受到亲人般的呵护与大家庭的温暖。我们充分发挥媒体优势，通过广播、电视、报纸、微信公众号、“直播荣成”手机平台等展开全方位、立体化宣传，跟踪报道少儿春晚海选及现场录制活动，高密度播放信息，营造浓厚氛围。

二是开展“歌尔杯·2019世界喷气模型大会暨荣成航空嘉年华”活动。2019年10月14—21日，为期8天的“歌尔杯·2019世界喷气模型大会暨荣成航空嘉年华”活动在我市成功举办。赛事期间，融媒体中心的记者不辞辛苦、任劳任怨，全力做好赛事直播、图片拍摄、新闻采写等工作。《荣成新闻》《民生360°》两档新闻栏目分别发稿56篇、32篇，并及时制作微信链接广泛转发，有力提高了航模盛会的影响力。尤其是赛事直播方面，取得了点击量为50万的突破，让更多观众通过手机就能欣赏到顶尖选手的精彩表现，宣传覆盖面与传播效果显著提升。

三是开展“大海与星空的对话”七夕公益联

席诗会志愿服务活动。2019年8月6日,在传统的七夕节前夕,市融媒体中心联手UA城市书院、威海城市书院开展了一场“大海与星空的对话”七夕公益联席诗会志愿服务活动,为推动传统节日文化、诗词文化、少儿诵读等在荣成的推广起到了很好的示范引领作用。此次活动情况还通过UA城市书院全国性的线上网络,在全国的UA城市书院系统进行了宣传展示,对荣成的城市形象起到了很好的宣传作用。

王妮娟:这次活动应该说非常成功。为组织好此次活动,市融媒体中心的编辑记者、主持人等志愿者一早就到现场布置场地、维持秩序、安排家长和孩子就座。有的在上完晚间节目后就立即赶到现场,与小朋友们一起读诗、互动,现场气氛热烈。原定的38位家长和孩子的会场,被150多名家长和孩子挤得水泄不通。活动计划于晚上9点结束,但直到9点半“城市书房”熄灯,还有孩子坚持要在广场朦胧的灯光下读诗,嘉宾们也认真地点评着……

四是走进商超开展“开票有奖”宣传志愿服务活动。为维护税法权威,增强全民税收法治观念,充分发挥税收职能作用,为地方经济发展提供财力支撑,今年初,市政府决定在全市开展发票摇奖活动。

为了让更多的消费者了解并积极参与到发票摇奖活动中,市融媒体中心组织志愿者深入商超等人员集中地方开展“开票有奖”知识宣传,向消费者宣传“开票有奖”活动的意义,以及如何开电子发票、如何输入发票参加摇奖活动等细节知识,共发放宣传单5000多份。

3.咱单位在做好相关志愿活动的同时,还开展了“汉藏一家亲”志愿服务活动,为千里之外的藏区群众开展爱心捐助,这在我们荣成还是第一次吧?能简单介绍一下这个活动的情况吗?

王妮娟:这个活动最初是由我们原来新闻中心的职工范丽娜发起的。2015年从西藏回到荣成工作后,她开始搜集家里的一些旧衣服捐给藏区需要的群众,后来又发动自己的亲戚朋友为藏区群众捐助旧衣物。再后来,由于数量不够,范丽娜便利用休息时间去村居等地方购买一些质量不错的旧衣物。一个偶然的机会,现在融媒体中心的邹积军主任,那时刚到任新闻中心主任,听说了这件事,觉得为藏区群众捐助旧衣物这件事情很有意义,便发动单位的全体职工都参与进来,大家共同努力帮助藏族群众。2019年,新闻中心和电视台合并成立了融媒体中心,这项活动也被很好地坚持了下来,并成为我们融媒体中心志愿服务的一个品牌。

“汉藏一家亲”志愿服务活动自2015年启动以来,已经连续5年为西藏自治区昌都市八宿县林卡乡和日喀则江孜县康卓乡等地群众捐赠衣物近4000件。2018年,市融媒体中心还联合三环社区党总支,共同发起“汉藏一家亲”志愿服务活动,发动社区党员群众为藏区群众捐助衣物1000多件。市融媒体中心希望通过媒体人的行动,带动更多市民积极参与志愿活动,奉献爱心,温暖他人,让文明城市更有温度,让“自由呼吸·自在荣成”更具内涵。

4.王主任,听说您曾经在创建全国文明城市工作中被评为优秀志愿者。作为融媒体志愿服务队的一分子,您参加志愿服务的初衷是什么?在参加志愿服务中有什么令您难忘的故事吗?

王妮娟:作为一名新闻工作者,我参加的志愿服务多与新闻报道相关,尤其是近年来我市先后举办了“荣马”“歌尔杯航模大赛”“环樱花湖全国自行车精英赛”等一些大型赛事。我和单位的同事共同参加了赛事志愿服务,并有幸见证了赛事经济对荣成城市形象的提升作用。

在我参加的这些赛事志愿服务中,印象最深的是今年的“歌尔杯·2019世界喷气模型大会暨荣成航空嘉年华”活动。我们融媒体中心除了进行常规的报纸、电视、广播报道外,还通过新华社“现场云”、“直播荣成”手机台等新媒体平台进行了持续8天的全赛程直播报道。融媒体中心投入大型现场直播车、无人机等设备,40多名记者、主持人、摄像师、导播等对赛事进行全天候、多点位报道,并实现报纸、电视、广播、微信公众号、直播平台的全渠道即时发布,取得了非常好的宣传效果。记得比赛中有几天是寒流天气，北风呼啸，我们的5名定点执机人员从早上8点多到位，操控摄像机拍飞机，在寒风中一直仰着脖子拍到下午5点多钟。技术人员到现场更早，结束更晚，热气球节的两个晚上还要赶场。航模赛一结束，还要赶紧收拾设备，将直播车开到樱花湖指定地点布线、开机等，做好直播准备工作。主持人夏亮、王绍楠8天一直站在赛道旁在寒风中解说，嗓子都哑了……还有我们的导播们，虽然是坐在直播车里，但因为车上设备多，需要送风降温，所以脚下一直在吹着冷风，一场导播下来，也冻得手脚冰凉……这样8天的连续直播，对于我们来说是第一次。虽然辛苦，但大家都觉得非常值得，因为能为宣传我们的大美荣成贡献自己的一分力量，我们也很自豪。

在工作之余，我还与市户外登山协会联合发起了“情满高铁　文明荣成”志愿服务。

2014年12月28日，青荣城铁正式通车，荣成一步跨入“高铁时代”。荣成首次开通高铁，很多市民不熟悉高铁出行的程序和规定，加上高铁与普通列车在检票、进出站等方面大有不同，这无疑增加了部分市民乘高铁出行的困难，也向荣成站的服务发出了挑战。

我在采访过程中了解这一情况后，与市户外登山协会王艺桦会长取得联系，联手开展高铁志愿服务活动。双方组织新闻记者、志愿者在元旦、春运、五一、十一等客流高峰期到城铁站进行志愿服务活动，帮助不会自助买票的旅客购票，为搞不懂车次的中老年人提供咨询，向行李过多的旅客伸出援手，在安检口、候车厅维持秩序。通过我们，将文明荣成的友善、和谐、温暖、关爱传递给每一位途经青荣城铁的旅客，让来自四面八方的旅客感受到荣成文明城市的风范与温度，也让“自由呼吸·自在荣成”的城市形象随高铁广为传播。

在市志愿服务联合会的指导下，2017年2月11日（正月十五）市新闻中心、市户外登山协会与青荣城铁荣成站达成协议，建立长期志愿服务关系，并将志愿服务定名为“情满高铁 文明荣成”，城铁志愿服务活动正式进入常态化、规范化轨道。“情满高铁　文明荣成”志愿服务项目被评为2017年度“威海市最佳志愿服务项目”“2018年度山东省最美志愿服务项目”。我们的团队中有10多名志愿者荣获“荣成市优秀志愿者”称号、1名志愿者荣获“山东省道德模范”称号。

“情满高铁　文明荣成”志愿服务活动是我市打造品牌志愿服务的一个缩影，见证了荣成市志愿服务事业从自发自愿到健全组织、建章立制，再到项目化、规范化运作的过程，也见证了志愿服务活动在荣成大地蓬勃发展，花开满枝，硕果累累的成长与收获。

应该说，通过开展志愿服务活动，市融媒体中心干部职工的精神面貌焕然一新，向上向善的正能量高涨，见贤思齐的进取精神普遍增强，队伍凝聚力、向心力大幅提升。市融媒体中心志愿者团队将积极响应市委、市政府号召，立足媒体优势，大力弘扬奉献、友爱、互助、进步的志愿服务精神，用实际行动为我市经济社会发展贡献我们融媒体人的力量！

荣成市广播电视台“双提”征求意见汇总情况说明

今年上半年我们发起“双提”征求意见活动，共收到67条意见和建议。截至6月份，这些意见都得到了有效解决和合理答复。7月27日，我台启动下半年“双提”征求意见活动，向全体干部职工印发了“双提”征求意见表，截至目前共收到纸质版征求意见表163份（除产假、病休假人员外，其他公休假在外地的人员均予以电话告知，并要求他们按照意见表的内容进行了答复）。

具体的汇总情况如下：

此次“双提”征求意见共收到299条意见和建议。具体为：“双提”征求意见的第一项内容“您对全台目前的工作氛围总体评价”，除了12人填写了“基本满意”，2人填写了“不满意”外，其他人员均填写“满意”。

“双提”征求意见的第二项内容“结合本职岗位，您有哪些工作意见和建议”，共收到154条意见和建议，共整合归并为14个大项的意见和建议。具体为：19人提出加强学习和培训；25人提出部门设置、栏目创办及维护；20人提出人员短缺和需求；52人提出维修或更新设备；35人提出工资及其他待遇相关事宜；6人提出食堂就餐事宜；3人提出少儿培训相关事宜；3人提出广告创收新思路；4人提出简化公章审批相关事宜；3人提出党建相关问题；4人提出外出公务用车问题；8人提出规范停车及维修问题；5人提出其他相关问题；38人提出立足岗位，尽职尽责，无其他建议。

“双提”征求意见的第三项内容“放眼全台，您有哪些工作意见和建议”，共收到145条意见和建议，整合归并成37项代表性意见和建议，涉及节目管理、绩效考核、职工待遇、文体活动、节能增效、栏目推广、部门设置、机制创新、体制改革等内容。

下一步行政中心将按照台党组的要求，将上述意见和建议逐一分解，落实到具体责任人，制定出具体的工作措施和时间表，按照规定时限实行销号管理。

行政中心

2018年8月7日

2014年记者节职工运动会(个人项目)比赛成绩汇总

一、3米飞镖投掷

姓名	张 波	秦铁军	刘 健	孙 明	刘昌涛	刘 青	徐淑梅	张 明
成绩	34米	30米	19米	18米	18米	17米	13米	
备注								出差

二、30米单足跳(男子)

名次	一等奖	二等奖		三等奖				
姓名	许晓军	宋传峰	车晓光	李振华	丁庆安	毕旭军		
成绩	5.79秒	5.98秒	6.16秒	6.17秒	6.81秒	6.93秒		
备注								

三、30米单足跳(女子)

名次	一等奖	二等奖		三等奖				
姓名	孙美佳	刘爱民	赵 洁	王晓杰	李 玲	孙珊珊		
成绩	8.37秒	8.76秒	8.77秒	8.88秒	9.84秒	10.50秒		
备注								

四、50 米托球跑(男子)

名次	一等奖	二等奖		三等奖				
姓名	李志平	金文武	张曙光	刘增光	王军刚	金泰松		
成绩	7.02 秒	7.21 秒	7.23 秒	7.61 秒	7.69 秒	7.74 秒		
备注								

五、50 米托球跑(女子)

名次	一等奖	二等奖		三等奖				
姓名	杨 杰	李 勤	崔 岩	许春静	连业霞	刘媛媛		
成绩	8.56 秒	8.9 秒	9.08 秒	9.26 秒	9.54 秒	9.6 秒		
备注								

2014 年记者节职工运动会(集体项目)比赛成绩汇总

一、跳绳

名次	姓名	姓名	姓名	姓名	姓名	姓名	姓名	成绩	队长
一等奖	宋 伟	张曙光	许晓军	周文勇	丁庆安	张 颖	蔡雪颖	61 次	岳德晓
二等奖	张少华	夏 亮	张文杰	董鹤东	李冻冰	许 洁	李 勤	50 次	潘建明
三等奖	常鸿冰	王军刚	毕旭军	王 伟	张军勇	连业霞	张彩丽	49 次	常鸿冰

二、50 米十人九足

名次	姓名	姓名	姓名	姓名	姓名	姓名	姓名	姓名	姓名	姓名	成绩	队长
一等奖	周洪波	李志强	张曙光	许晓军	刘志胜	陈红霞	吴 芳	蔡雪颖	张秀燕	张 颖	19″98	岳德晓
二等奖	毕旭军	王 伟	张军勇	王枝勇	于佳彤	张晓燕	王军刚	孙美佳	连业霞	连桂青	20″87	常鸿冰
三等奖	柴德林	张绍辉	张少华	潘建明	张卫强	赵 洁	牛菲菲	张 乐	韩 璐	于 琦	23″58	潘建明

三、拔河比赛

名次	姓名	姓名	姓名	姓名	姓名	姓名	姓名	姓名	姓名	姓名	队长
一等奖	毕旭军	王枝勇	刘丽华	张永平	初明春	陈影红	张晓燕	宁兰香	孙福红	王军刚	常鸿冰
二等奖	王爱科	刘爱民	金文武	刘洪斌	伯少东	王 坤	宋业丰	王玉秀	李大全	桑 栋	王爱科
三等奖	李志强	周洪波	周文勇	孙 刚	许晓军	丁庆安	陈红霞	吴 芳	蔡雪颖	张秀燕	岳德晓

2015年记者节职工运动会(个人项目)比赛成绩汇总

一、3米飞镖投掷

姓名	孙 明	刘 健	刘昌涛	张 明	徐淑梅	张 波	秦铁军	刘 青
成绩	32米	23米	23米	21米	18米	13米		
备注							出差	出差

二、30米单足跳(男子)

名次	一等奖	二等奖		三等奖				
姓名	许晓军	车晓光	宋传峰	宋业丰	王龙超	李宝强		
成绩	6.03秒	6.22秒	6.28秒	6.52秒	6.65秒	6.66秒		
备注								

三、30米单足跳(女子)

名次	一等奖	二等奖		三等奖				
姓名	王曼丽	赵 洁	陈影红	李 玲	连业霞	刘爱民		
成绩	8.88秒	9.27秒	9.28秒	9.3秒	10.62秒	10.72秒		
备注								

四、50米托球跑(男子)

名次	一等奖	二等奖		三等奖				
姓名	王军刚	张晓宁	肖向辉	刘宏伟	朱振江	金泰松		
成绩	7.1秒	7.3秒	7.31秒	7.48秒	7.74秒	7.87秒		
备注								

五、50 米托球跑(女子)

名次	一等奖	二等奖		三等奖				
姓名	周岩峥	许春静	姚彩霞	赵晓辉	胡玲玲	王 青		
成绩	9.5 秒	10.25 秒	10.53 秒	10.66 秒	11.1 秒	11.48 秒		
备注								

2015 年记者节职工运动会(集体项目)比赛成绩汇总

一、跳绳

名次	姓名	姓名	姓名	姓名	姓名	姓名	姓名	成绩	队长
一等奖	张少华	李洪明	夏 亮	牛菲菲	刘增光	张华威	许 洁	66 次	潘建明
二等奖	王 伟	张军勇	丁庆安	王军刚	张晓宁	马朝霞	连业霞	63 次	车 强
三等奖	宋 伟	张曙光	许晓军	周文勇	蔡一楠	张颖	蔡雪颖	60 次	岳德晓

二、50 米十人九足

名次	姓名	姓名	姓名	姓名	姓名	姓名	姓名	姓名	姓名	姓名	成绩	队长
一等奖	王军刚	王 伟	张军勇	张晓宁	王龙超	连业霞	张晓燕	张彩丽	陈影红	马朝霞	19″04	车 强
二等奖	刘军亭	王 坤	李大全	桑 栋	宋业丰	于佳彤	王 越	王晓洁	马 琳	周岩峥	21″01	王爱科
三等奖	张少华	夏 亮	张文杰	柴德霖	许俊峰	初元思	牛菲菲	赵 洁	许 洁	于 琦	21″28	潘建明

三、拔河比赛

名次	姓名	姓名	姓名	姓名	姓名	姓名	姓名	姓名	姓名	姓名	队长
一等奖	张永平	王枝勇	刘少华	王军刚	毕见喜	丁庆安	樊景云	宁兰香	房英丽	孙福红	车 强
二等奖	董鹤东	宋传峰	刘增光	张绍辉	朱振江	张华威	姚彩霞	马 瑛	许 洁	孙一平	潘建明
三等奖	赵 明	郭泰然	李大全	王 坤	张卫强	桑 栋	伯少东	王玉秀	王绍楠	王 青	王爱科

2018 年记者节运动会比赛成绩汇总

一、个人项目

1. 3 米飞镖投掷

一等奖:邹积军

二等奖:刘　青

三等奖:刘　健

2. 50 米钓鱼跑(男子组)

一等奖:刘宏伟

二等奖:车晓光

三等奖:王少飞

50 米钓鱼跑(女子组)
一等奖:张春雨
二等奖:孙美佳
三等奖:张　宇
3. 10 米垒球掷准(男子组)
一等奖:王　涛
二等奖:王海峰　于军涛
三等奖:郭泰然　张华威
10 米垒球掷准(女子组)
一等奖:毕艳春
二等奖:伯少东
三等奖:阎成艳　荣亚男
4. 30 米"心心相印"(男子组)
一等奖:蔡一楠　许晓军
二等奖:张文杰　梁勇军
三等奖:杨晓晨　张　林
30 米"心心相印"(女子组)
一等奖:刘爱民　王曼丽
二等奖:牛菲菲　初元思
三等奖:刘海英　李　勤

二、集体项目
1.集体跳绳
一等奖:4 队
二等奖:1 队
三等奖:5 队
2.拔河比赛
一等奖:1 队
二等奖:3 队
三等奖:5 队
3. 50 米十人九足
一等奖:3 队
二等奖:5 队
三等奖:4 队

其中一等奖 36 人、二等奖 37 人、三等奖 38 人。

2019 年记者节趣味运动会比赛成绩汇总

一、个人项目
1. 50 米钓鱼跑(男子组)
第一名:周洪波
第二名:毕国斌　夏榕基
第三名:蔡一楠　宋传峰　车晓光
50 米钓鱼跑(女子组)
第一名:齐　馨
第二名:张　宇　王　越
第三名:于慧萍　马朝霞
2. 25 米托球跑(男子组)
第一名:于　军
第二名:孟庆波　宁　蕾
第三名:孙宝乐　张军永　孙源华
25 米托球跑(女子组)
第一名:王若凝
第二名:李　勤　曲莉莎
第三名:王东霞　齐　馨　崔　岩
3. 30 米"抢收抢种"(男子组)
第一名:王少飞
第二名:张曙光　毕旭君
第三名:许晓军　曲泽仁　宋传峰
30 米"抢收抢种"(女子组)
第一名:王若凝
第二名:胡玲玲　初元思
第三名:徐雪燕　王　越　李梦怡
4.单人跳绳
第一名:张文杰

第二名：齐　馨　王妮娟

第三名：濮　瑜　桑　栋　张君好

二、集体项目

1.集体跳绳

第一名：行政管理委员会

第二名：编辑委员会

第三名：经营管理委员会　技术委员会

2.拔河比赛

第一名：行政管理委员会

第二名：编辑委员会

第三名：经营管理委员会　技术委员会

3.掷沙包比赛

第一名：行政管理委员会

第二名：编辑委员会

第三名：经营管理委员会　技术委员会

2019年市融媒体中心春节联欢会节目单

	节目形式	节目名称	参演人员	演出中心
1	舞蹈	开场舞	王若凝、韩纪霖等	团委
2	歌曲独唱	欢天喜地	丁庆安	行政中心
3	诗朗诵	我们自豪　我们是新闻人	崔岩、王涛等	新闻中心
4	声乐类	望乡	宋伟	技术中心
5	独唱	万事如意	齐馨	总编室
6	舞蹈	金凤来仪	高梓齐	总编室
7	朗诵	我们的呼号	徐淑梅、刘爱民等	活动中心
8	小品	三句半	肖向辉、许晓军等	技术中心
9	独唱	再一次出发	桑栋	节目中心
10	合唱	歌曲串烧	刘健、刘昌涛等	节目中心
11	吉他独奏	民谣串烧	李振华	新闻中心
12	独唱	鼓楼先生	于谦	新闻中心
13	朗诵	不为什么	刘海英等	节目中心
14	独唱	醉相思	张曙光	播控中心
15	独唱	亲密爱人	赵晓辉	广告中心
16	小品	双簧	车晓光、王绍楠等	广播中心
17	朗诵	记者，永远在路上	夏亮、桑栋等	节目中心
18	情景剧	小话西游	全体职工	荣成时讯
19	合唱	相亲相爱一家人	刘青、张明等	新闻中心
20	独唱	《八仙过海》主题曲	邹积军	

庆祝第20个记者节“职工趣味运动会”成绩汇总

一、个人项目

1.领导干部3米飞镖掷准

	姓名	成绩
第一名	王志超	36
第二名	刘　青	27
	王洪臣	23
第三名	徐淑梅	16
	王华丽	16

2.男子30米托球折返跑

	姓名	成绩
第一名	毕国斌	4″94
第二名	毕旭君	5″16
	朱振江	5″28
第三名	刘增志	5″31
	张军永	5″60
	李宝强	5″61

3.女子30米托球折返跑

	姓名	成绩
第一名	周岩峥	7″22
第二名	姚彩霞	7″40
	刘媛媛	7″50
第三名	彭颖仪	8″21
	崔莹	8″53
	王莹	8″85

4.男子30米插红旗

	姓名	成绩
第一名	毕旭君	9″75
第二名	孙宝乐	10″00
	徐建军	10″59
第三名	李伟	10″72
	曲泽任	11″07
	刘增光	11″09

5.女子 30 米插红旗

	姓名	成绩
第一名	王曼丽	10″97
第二名	刘海英	11″28
	张秀燕	11″41
第三名	林海珍	11″68
	周岩峥	11″72
	姚彩霞	11″88

6.男子 30 米“抢收抢种”

	姓名	成绩
第一名	王少飞	17″88
第二名	车晓光	18″66
	许晓军	19″90
第三名	张曙光	20″70
	刘洪斌	21″00
	孙刚	21″19

7.女子 30 米“抢收抢种”

	姓名	成绩
第一名	王绍楠	23″85
第二名	周岩峥	23″88
	徐雪燕	24″03
第三名	王曼丽	29″75

8.单人跳绳

	姓名	成绩(个)
第一名	张晓燕	167
第二名	蔡雪颖	163
	于佳彤	157
第三名	王妮娟	152
	房英丽	135
	刘爱民	127

二、集体项目

1.集体换球接力

	队伍名称
第一名	编辑委员会
第二名	行政管理委员会
第三名	经营管理委员会
第四名	技术保障委员会

2.集体跳绳

	队伍名称
第一名	行政管理委员会
第二名	经营管理委员会
第三名	技术保障委员会
第四名	编辑委员会

3.拔河比赛

	队伍名称
第一名	技术保障委员会
第二名	行政管理委员会
第三名	经营管理委员会
第四名	编辑委员会

2020年市融媒体中心春节联欢会节目单

	节目形式	节目名称	参演人员	演出部室
1	舞蹈	幸福花儿开	少儿艺术培训中心学员	艺术培训部
2	手语操	春天的故事	王妮娟、张娟等	总编室
3	诗朗诵	我们的名字叫记者	孙一平、沈智华等	全媒体采编部
4	独唱	裙角飞扬	宋伟	技术部
5	三句半	夸夸融媒新气象	王志超、王海峰等	办公室、技术部等
6	手语歌伴舞	感恩的心	徐淑梅、金文武等	广告运营部、广告监审部
7	独唱	梦中的额吉	张曙光	发射部
8	情景表演	鹅鹅鹅	少儿艺术培训中心学员	艺术培训部
9	亲子舞蹈	幸福加加油	王晓杰、刘媛媛等	大型活动部、节目部等
10	歌曲联唱	歌曲串烧	李振华、桑栋	播音部
11	小品	欢乐总动员	毕艳春等	广播部
12	合唱	风吹麦浪	张明、柳鹏飞等	制作部、全媒体采编部

续表

	节目形式	节目名称	参演人员	演出部室
13	相声	记者二三事	赵海超	报刊部、评论部
14	京剧	梨花颂	少儿艺术培训中心学员	艺术培训部
15	古典舞	花又开	梁鑫、张媛玮等	播出部
16	合唱	春天的芭蕾	张文杰、王春燕	新媒体发展部
17	竹板	说唱中国红	少儿艺术培训中心学员	艺术培训部
18	合唱	我和我的祖国	王华丽、王洪臣等	报刊部、评论部

频道　节目　栏目

荣成电视台

《荣成新闻》

一、栏目版块设置及节目形式

2011 年《荣成新闻》栏目设置《石岛连线》版块，主持人出镜形式为双人坐播。2013 年 2 月，主持人出镜形式调整为单人坐播。2013 年 4 月，《石岛连线》版块改版为《三区连线》。2017 年 12 月，取消《三区连线》版块，增上《上级媒体展播》版块。2018 年 1 月，《荣成新闻》栏目整体包装改版，新闻标题、新闻角标、字幕版参照央视《新闻联播》的样式。2019 年 1 月，启用高清演播室，主持人口播时以主屏幕为背景。2020 年 10 月《荣成新闻》栏目改版，主持人口播形式由单人坐播改为一人坐播＋一人站播的双播形式，坐播以主屏幕为背景，站播以侧屏为背景。

二、2011—2020 年宣传重点

2011 年，宣传工作始终紧跟全市重点工作和重大活动，开展了一系列有声势、有影响的宣传报道活动。围绕两个先行区建设、重点工程建设、大环境综合整治等重点工作，先后开设《聚焦大项目》《打造两个先行区建设》《科学发展和谐荣成》《大环境综合整治巡礼》等专栏；围绕党务公开、创先争优、建党 90 周年等重大活动，先后开设《党旗飘飘——庆祝建党 90 周年》《创先争优　促进发展》等专栏，全年开设主题专栏 12 个，播出相关新闻 400 多条。

2012 年，重点围绕市委、市政府中心工作和群众关心的热点难点问题抓宣传，在大项目建设、科技兴荣和重大节假日宣传上，注重筹划，争取主动。先后开设《建设诚信荣成》《聚焦大项目》《科技兴荣在行动》等 10 多个主题专栏，营造了强势宣传氛围。在海展会宣传上，我台被市政府授予“特殊贡献奖”称号；在科技兴荣宣传上，先后组织记者开展科技兴荣异地行采访，开设《科技兴荣在行动》《科技兴荣大家谈》栏目等等，把市委的科技兴荣决策不断推向深入。

2013 年，《荣成新闻》紧紧围绕全市“诚信建设创新年”这个总抓手，策划主题报道、系列报道，紧紧围绕“一个目标、两项战略、三项建设”发展思路，报道市委、市政府中心工作和全市经济社会发展取得的各项成绩。全年策划推出《推动诚信创新　感受发展变化》《科学发展　辉煌成就》等主题报道 60 多个，深度报道和系列报道 10 多个。2013 年，新闻中心获得“全省青年文明号”荣誉称号。

2014 年，围绕诚信建设提升年、教育实践活动、树典型扬正气传递正能量、征信体系建设等全市中心工作，有针对性地开设了 30 多个主题专栏，推动市委、市政府各项工作得到有效落实。《荣成新闻》时长由 15 分钟增加到 20 分钟，在《每周新闻回顾》中还增加了手语新闻。

2015 年，围绕诚信建设深化年、生态荣成建设、创建全国文明城市、大众创业万众创新、大兴学习之风等重大活动，积极创新新闻宣传方式，

注重策划和深度报道，进一步提升了主题宣传力度。一方面围绕全市中心工作做好宣传。先后策划了《诚信建设深化年》《推进征信体系建设、构建和谐社会》《创建全国文明城市》等主题专栏。以专栏为依托，采取多种形式进行多角度、全方位的深度报道，在全市营造了良好的舆论氛围。另一方面围绕全市重点工作做好宣传。针对全市重点工作推进落实会议、全市村居党员干部夏训、“三严三实”专题教育、科技活动周、首届中韩影视峰会等全市重点工作，推出连续报道，增强新闻报道深度，有力地配合了市委、市政府的重点工作开展。围绕创建全国文明城市活动，及时宣传报道创城工作正面的动态消息，同时开设了《不文明行为曝光台》专栏，通过与交警、城市管理等职能部门配合，创新报道形式，曝光了一批发生在市民身边的不文明行为，起到了教育警示作用，形成了有里有面、有大有小的宣传格局。

2016年，《荣成新闻》紧扣“建设创新型城市　争当走在前列排头兵”宣传主线，以打造“自由呼吸·自在荣成”城市品牌为宣传重点，不断创新宣传方式，进一步提高了《荣成新闻》的传播力和影响力。一是强化专栏支撑。新闻宣传有力配合中心工作开展。先后开设“建设创新型城市　争当走在前列排头兵”“创建全国文明城市”“和谐荣成民生行”等专栏，将创城、“自由呼吸·自在荣成”城市形象塑造、大众创业万众创新、招商引资等作为全年宣传重点，采取定期策划综合性头题报道和动态消息报道相结合的方式、正面宣传和曝光宣传相结合的方式、常态化宣传与阶段性集中宣传相结合的方式，中心工作宣传引导有力。二是强化主题宣传，进行多角度、全方位的深度报道。围绕创新型城市建设，在招商引资、项目建设、园区建设、产业发展等方面精准策划，播出主题报道70多期。着眼文明城市、智慧城市、健康城市、信用城市、生态城市、旅游城市建设，以及“自由呼吸·自在荣成”城市形象塑造，在主题策划上多管齐下，凝聚宣传合力，共策划播出主题报道100多期。针对大众创业万众创新工作，从“创新体制机制、优化创业环境”“资金支持创新创业”“提升创新创业服务水平”“鼓励重点群体自主创业”等方面入手，策划推出主题报道10多期。

2017年，聚焦中心工作抓宣传。以创新型城市建设为主线，把全面建设文明城市、智慧城市、信用城市、生态城市、旅游城市，提升“自由呼吸·自在荣成”城市形象等工作作为贯穿全年的宣传重点，策划“以‘自由呼吸·自在荣成’为引领　扎实推进创新型城市建设　争当全省科学发展排头兵”“创建全国文明城市”“争创全国社会信用体系建设示范城市”等选题，采取定期策划综合性头题报道、系列主题报道和动态消息报道相结合的方式、正面宣传和反面宣传相结合的方式，进行常态化不间断宣传，全年共播发专题新闻800多篇。围绕党的十九大精神专题，先后策划“喜迎十九大　争当排头兵”“深入学习贯彻党的十九大精神”和“百姓身边宣讲员”等选题。围绕创建全国文明城市工作，创新宣传形式，丰富宣传内容。始终紧紧围绕市委、市政府的安排部署，以传播共建共享创城理念和提升市民文明素质为重点，不断创新宣传方式方法，加强新闻策划，突出舆论引导。

2018年，坚持围绕中心，服务大局，在新闻策划上做文章。重点宣传了“撤县建市30周年”“扫黑除恶”“荣马”“全国航模大赛”等重大事件。同时，围绕全市项目建设、新旧动能转换、精致城市建设等重点工作，开设了《见证辉煌——庆祝改革开放40周年暨荣成撤县建市30周年系列报道》《大学习、大调研、大改进》《新时代文明实践》《坚决打赢扫黑除恶攻坚仗》《集成式改革》《建设美丽乡村　共享美好生活》等专栏，采取策划综合性主题报道、系列主题报道和动态消息报道相结合的方式，进行常态化不间断宣传，确保市委、市政府中心工作宣传到位。2018年全年共推出主题报道200多篇。对涉及全市的方针政策，如“好城市　怎样都要住下来”“深化提升百千万英才计划”“基础教育改革和创新发展的若干意见”；对市委、市政府安排的宣传重点，如

“扫黑除恶专项斗争”“新时代文明实践中心建设试点工作方案”等进行新闻解读,用通俗易懂的语句对相关政策措施进行诠释,传递市委、市政府声音,回应群众关切,有力配合市委、市政府中心工作开展。

2019 年,围绕市委、市政府中心工作,做好“紧跟”和“跟紧”文章。在做好时政报道的同时,优化会议报道,从领导调研、会议报道中挖掘新闻点,进行跟踪报道,推出了《以集成式改革为动力　加快推动突破式发展》《创建国家卫生城市》《聚焦精致城市建设》《美丽乡村综合提升在行动》等十几个专栏,刊播主题报道 300 余篇。做好典型宣传,倡树正能量。做好典型宣传、弘扬社会正能量是我们主流媒体的一项重要工作任务。我们先后制作了《“张福清”式英雄迟念佳》《一个人的升旗仪式　81 岁“国旗手”田兆亮的坚守》《拥军船》等一大批言之有物、鲜活生动的优秀新闻作品。共陆续刊播典型报道 60 余篇。围绕建国 70 周年这一重大选题,开设了《壮丽 70 年 · 奋斗新时代》《我和我的祖国》《与祖国同行》以及《我们都是奋斗者》4 个专栏,刊播各类新闻 180 余篇。

2020 年,继续“紧跟”“跟紧”市委、市政府中心工作,精心组织好专题、专栏,策划好头题报道、系列主题报道。重大活动、重要会议的宣传,做到全媒体提前报道营造声势,全平台现场报道立体宣传,全流程跟踪报道狠抓落实。先后开设了《高标准推动高质量发展》《企业风采》《聚焦精致城市建设》《农村环境综合整治提升在行动》《聚焦》等 10 多个专栏,播发主题报道 400 多篇。以深度报道和独特视角,全方位、立体式展现我市经济社会发展成就,营造了积极向上的干事创业氛围。根据市委主要领导批示,开设了《助推企业高质量发展》专栏,通过深入采访挖掘,报道企业在技改创新、产能扩张、外经外贸、开拓市场等方面的亮点工作,将部门挂包企业的好经验、好做法在全市推广。同时做好舆论监督。开设了《聚焦》栏目,先后对疫情防控、森林防火、渔船管控等热点问题进行采访,一篇篇能够引发思考的深度报道起到了警示震慑作用,促进了新闻监督与社会治理双向联动工作的常态化、长效化。

《民生 360°》

2011 年,《民生 360°》栏目分为《新闻报道》《生活风向标》《有问必答》《历史上的今天》4 个版块。主持人出镜形式为坐播+站播。

2013 年 4 月底,《历史上的今天》版块停播,增上《寻找最美荣成人》版块。2013 年 9 月份,增加了《荣成宝贝》版块。

2014 年 1 月,增设《玩微信　中大奖》微信抽奖互动版块以及《招工信息》版块。2014 年开设的《帮你忙》栏目,发挥媒体的舆论引导作用,通过我们的报道呼吁全社会关心关注弱势群体,几起典型报道在社会上引起了强烈反响。其中针对寻山街道白血病患者孙梦瑶,栏目组连续做了 7 篇报道,得到了社会各界广泛关注,只用了 10 天时间,就筹集善款近 10 万元。之后,又通过我们的报道,帮助白血病患者汤伟男、连捷渡过难关。上庄镇李灵超、李忠云姐妹,由于家境变故,生活困难上不起大学。栏目组对她们的境况进行了连续报道,在社会上引起很大的反响。爱心志愿者纷纷赶到这对姐妹家中以各种形式送去温暖。其中,威海一个好心人资助了姐姐李灵超的大学学费。我台全额资助妹妹李忠云的大学学费,直到毕业。2014 年 3 月,《荣成宝贝》版块停播,《生活风向标》改版为《天气预报》,同时增加了《生活资讯》《三农天地》和《聊暇吧》版块。2014 年 10 月,《聊暇吧》版块停播。

2015 年 1 月,《寻找最美荣成人》版块成为独立栏目,《民生 360°》又增设了《空中 148》法律援助版块。5 月,《生活资讯》版块取消。

2016 年,为配合我市创建文明城市工作顺利开展,提高市民的文明素养,《民生 360°》栏目组率先在全威海地区采用监控曝光不文明行为的方式进行警示报道,开设的《监控下的斑马线》《礼让行人拿大奖》等专栏发挥了较好的警示教育作用,让自觉礼让行人、自觉遵守交通规则等行为蔚然成风。

2018 年 1 月,《民生 360°》栏目整体包装改版,片头、栏目 Logo、新闻标题、新闻角标、字幕版、拉滚全部换新,颜色以暖黄色加白色为主。主持人口播采用蓝板抠像录制,后期合成以城市夜景为背景的虚拟演播室。

2019 年 1 月,启用高清演播室,增设了《域外新闻》版块。2 月,栏目整体包装改版换新,新闻标题、字幕版、拉滚等颜色以红色、白色为主。

2020 年,为配合市委、市政府开设的《助推企业高质量发展》栏目的播出,记者投入到新栏目的采访和制作中。《民生 360°》栏目于 2020 年 7 月 26 日暂停播出。

《今日荣成》

2013 年 6 月,《社会关注》和《直通新农村》栏目合并改版为一档新闻类联办栏目《今日荣成》,该栏目定位为:解读政策,传递信息,搭建平台,沟通交流,展示行业风采,纵览今日荣成。《今日荣成》为党政机关、镇街搭建宣传平台,以访谈、热线追踪和专题报道相结合的形式,深度报道各单位围绕全市工作大局,开展中心工作所取得的经验、成果;聚焦荣成建设,服务荣成发展。每期节目 10 分钟左右,与我市区镇街、科局联合开设了《警方报道》《红绿灯》《城建新视点》《卫生在线》《民生在线》《计生风采》《政通人和》《教育天地》《幸福俚岛》《蓝色家园》《走进开发区》《走进石岛管理区》等子栏目。

《时事解读》

2013 年是我市的诚信建设年,我台以此为契机开办《时事解读》栏目。栏目定位于对话时政,关注民生,沟通政务信息渠道,关注民生热点视点。栏目宗旨为构建政府与群众交流平台,架起政府部门与基层百姓的沟通桥梁,满足群众的知情权、参与权和监督权,及时诠释时政动态,解读政令法规,反映社情民意,传递创新思想。解读内容主要包括上级政策的落实动态、地方政策的出台背景、惠民政策的办理步骤、部门工作的集中展示以及社会关注的时下话题等。栏目自2013 年 4 月 26 日开播,到 2014 年 12 月 31 日每周推出 3 期,每期时长 20 分钟。2015—2020 年调整为每周 1 期,每期时长 10 分钟左右。至 2020 年年底,共制作播出节目 585 期。

《滨城外传》

《滨城外传》是 2013 年 4 月 26 日我台推出的一档方言栏目剧,是我台自办节目坚持“三贴近”原则的具体体现。该栏目演员全部从爱好表演的本地群众中挑选,从主持人讲述到演员表演全程使用荣成方言土语,演绎了一个个发生在我们身边的故事,或啼笑皆非或意味深长。拍摄场地均从荣成本地采景,通过摄像师的镜头,展示荣成优美风光和风土人情。荣成人说荣成话、讲荣成故事是《滨城外传》最大的亮点,每期时长 25 分钟左右,至 2014 年 5 月底共制作播出 179 期。

《看今朝》

《看今朝》是 2018 年荣成广播电视台开办的一档新闻类专题栏目。栏目组坚守“围绕中心服务大局”的工作理念,紧跟市委、市政府的中心工作,跟踪报道各区镇街、各部门工作落实进展情况。同时关注社会热点,关注民生实事,聚焦经济政策走势,解读统筹城乡发展,展示我市城乡风貌。时长 10 分钟左右。

《风雅荣成》

《风雅荣成》是荣成广播电视台2018年推出的一档原创文化类节目。荣成古谓腄东,享有朝舞之地、大东胜境之誉。汉初置不夜县,乃胶东之重镇;明始设成山卫,为东极之要塞;清帝裁卫复县,钦赐嘉名荣成,历民国而至今,绵延两千余载矣。其间文人墨客激扬文字,遗留诸多华章,时人辑为《风雅荣成》。为弘扬传承本土文化,荣成市融媒体中心、荣成电视台以《风雅荣成》为本,以电视散文情景再现的手法,择其百首,重点诠释,营造出优美真挚的意境和厚重的文化内涵。《风雅荣成》栏目至2020年年底共制作50期,结集为《风雅荣成》(上)出版发行。每期节目时长5分钟左右。

《寻找最美荣成人》

《寻找最美荣成人》栏目于2013年4月26日开播,旨在寻找我们身边的“最美荣成人”,发现和挖掘发生在他们身上的朴实感人故事,更好地弘扬主旋律,传播身边正能量,发挥典型人物的示范带动作用,引领和谐、温暖、积极向上的社会风尚。每期节目10分钟。

《身边的榜样》

2018年6月26日《寻找最美荣成人》改版为《身边的榜样》栏目,11月27日又更名为《榜样》。改版后的栏目突出互助、诚信、敬业、孝爱等重点,选取群众中的善人、善事、善举,把镜头对准孝老爱亲、助人为乐、见义勇为、爱岗敬业、诚实守信的好人,通过聚焦平凡人身上的道德闪光点,宣传他们点点滴滴的好事,发挥身边人身边事典型引路的榜样作用,助力文明荣成建设。时长10分钟。

《荣成大明星》

《荣成大明星》是荣成电视台推出的一档大型综艺选秀节目,旨在满足城乡群众文化需求,为有梦想、有才华的才艺达人创造展示自我、追逐梦想的舞台。2014年12月至2017年12月,《荣成大明星》栏目共举办了三季。

第一季《荣成大明星》由“中国人民财产保险公司荣成支公司”冠名,共举办海选、初赛、复赛、晋级赛、争冠赛等35场比赛,颁奖晚会1场,参赛选手近千人。

第二季《荣成大明星》由明顺大酒店冠名。第二季在赛制上进行了创新,针对特定节日、特定才艺、特定区域设计专场比赛,如乡镇专场、企业专场、妇女节专场、劳动节专场、青年节专场、少儿专场、京剧专场等共26场比赛,颁奖晚会1场,参赛选手近600组,参演人数达到1800人。

第三季《荣成大明星》由“中国好食品·泰祥鲅鱼水饺”冠名。第三季对赛制进行了改版,突出时效性、参与性和合理性。将参赛选手分为成人组与少儿组,每周选出周冠军,再从周冠军中投票选出月冠军,月冠军进入总决赛争夺年度冠军。参赛选手600多组,参演人数达到2000多人。共举办比赛18场，颁奖晚会1场，制作播出节目140多期。

围绕为民服务工作主题，以满足城乡群众文化需求为目标，《荣成大明星》作为荣成电视台一个深受广大群众喜爱的电视栏目，陪伴男女老少走过了3年多的岁月。《荣成大明星》走进乡镇、走进企业，走到观众的身边，传递正能量，服务城乡百姓，丰富了广大群众的业余文化生活。

《快乐成长》

《快乐成长》是荣成广播电视台开办的一档集娱乐、挑战、互动、趣味、综艺为一体的少儿栏目，于2018年2月16日开播。倾听孩子们的心声，关注孩子们的动态，给孩子们一个展示风采的舞台，是栏目的宗旨。栏目围绕“自由呼吸·自在荣成”城市品牌，以弘扬中华传统文化，宣扬社会主义核心价值观为重点，通过策划各类适合孩子参加的活动，以讲故事的方式进入儿童内心，挖掘有趣的故事，引起孩子的兴趣，让孩子在潜移默化中健康成长。每期20分钟。

《走进荣成非遗》

《走进荣成非遗》是荣成广播电视台推出的一档挖掘传统文化、展现非物质文化遗产的节目。结合习近平总书记在党的十九大报告中提出的“让中华文化展现出永久魅力和时代风采”这一要求，以情景描述、现场展示、记者体验及传承人自述等多样手法，展现我市非遗文化的历史变迁，挖掘非遗背后的文化价值，唤起大众对我市非物质文化遗产的保护意识、传承意识。该栏目自2018年6月开播，截至2020年12月共制作播出28期，每期节目10—20分钟。

《党建视界》

2018年6月29日《党建视界》栏目开播，每周播出3期，内容涵盖党建周报、理论政策宣传解读、先进工作经验和党建典型事迹。利用生动、形象的视频表达，宣传贯彻党的路线、方针、政策，聚焦党建工作新课题、新动态，介绍全国各地以及本市党建工作先进经验和创新成果，让党员教育电视片成为传达上级精神的有效载体和广大党员汲取营养的“精神食粮”。

《开票有奖》

荣成市“开票有奖”活动由市财政局、税务局、商务局、市场监管局、广播电视台、公证处联合举办。活动于2019年3月6日在高清演播室抽取第一期开票有奖电脑摇奖（入围奖）。3月16日，第一期“开票有奖”现场摇奖（入围奖）在金悦国际酒店举行。

发票摇奖每月一期，每期设置“场内奖、场外奖”共计355个，奖金总额为12万元，具体奖项设置如下：

1.每期设场内奖150个，奖金总额为91600元。其中：

（1）特等奖1名：奖50000元现金。

（2）一等奖1名：奖5000元现金。

(3)二等奖1名:奖3000元现金。

(4)三等奖4名:奖700元现金。

(5)幸运奖10名:奖金300元4名、奖金400元2名、奖金500元2名、奖金600元2名。

(6)场内入围奖133名:各奖200元现金或购物券。

2.场外奖205名(场外入围奖184名,活动现场抽取场外奖21名),奖金总额为28400元。

(1)活动前抽取:场外入围奖184名,各奖100元现金或购物券。

(2)活动现场抽取场外奖21名:

①一等奖1名:奖3000元现金。

②二等奖1名:奖2000元现金。

③三等奖3名:奖600元现金。

④场外幸运奖16名:各奖200元现金或购物券。

大型专题片《为了新中国——荣成英模》

2019年为庆祝中华人民共和国成立70周年,融媒体中心倾力打造70集大型专题片《为了新中国·荣成英模》。该片集中展现了从辛亥革命、抗日战争到民族独立和新中国建设过程中,忠于使命、前赴后继,英勇无畏、甘于奉献的荣成英模先进事迹,成为我市传承红色基因、激扬爱国热情的有效载体。该片从最初的创意策划到最终制作成片,历时近一年的时间。为打造好这一精品栏目,中心成立专门"栏目孵化室",给予资金保障,抽调骨干记者,配备精良设备。节目采制、整体包装、动画特效等工作,全部由我台独立完成,开创了立足荣成自有实力拍摄制作鸿篇巨制的先例,在全省县级台里也是独创。该片于2019年7月1日开播,报纸(刊发"解说词")、中国荣成政府网站、"掌上荣成"微信平台、"直播荣成"手机App同步跟进,扩大宣传效果。节目一经播出,社会各界给予很高评价,成为全市各部门学习的典型素材。70集专题片还在中宣部"学习强国"平台全部推出,2019年在第四届(2019)"TV地面频道"全国电视综合影响力指数发布中荣获"2018全国区县电视栏目影响力TOP10"的荣誉。获省广播电视局2020年省级广播电视和网络视听精品奖励项目。入选央视影音库。

大型专题片《为了民族的胜利——荣成抗战英雄谱》

2020年是中国人民抗日战争暨世界人民反法西斯战争胜利75周年。市融媒体中心策划制作了75集大型专题片《为了民族的胜利——荣成抗战英雄谱》,这是中心立足自有实力拍摄制作大型专题片的又一力作。该片以荣成抗日重大历史事件为主线,通过抗战老兵讲述亲身经历、抗战文物再现、战争情景模拟等手法,全景式重现荣成人民抗日战争的艰苦历程,弘扬以爱国主义为核心的民族精神,着力宣传中国共产党在全民族抗战中的中流砥柱作用和荣成儿女的英勇无畏、致力于民族胜利的精神风骨,以此教育和激励人民为中华民族的伟大复兴和促进世界和平与发展贡献力量。

栏目播出后即在荣成掀起一场铭记历史,关爱老兵的热潮,营造了崇尚英雄、学习英雄、捍卫英雄、关爱英雄的浓厚氛围。退役军人事务局、燕语春风志愿者协会、各街道志愿者协会相继组织各种活动走访慰问老兵,社会各界也积极加入弘扬伟大抗战精神的潮流中,继承先辈精神,凝聚奋进力量已经成为全社会的共识。

在中国广播电视大奖2019—2020年度广播电视节目奖初评中,被评为电视社教专题片类二等奖入围作品。

部分节目信息可参见附件1至附件7。

附件 1

《为了新中国——荣成英模》栏目目录

	名　称	时　长	编导、后期、包装	配　音	主　持	文　案
1	缅怀先烈　不忘初心 ——向先驱致敬　向英模学习	12 分	滕彬、牛菲菲	桑栋	桑栋	鞠彩云
2	辛亥百年　青山依旧 ——辛亥革命在荣成	11 分 17 秒	丛东旭、柴德林	桑栋	桑栋	鞠彩云
3	抗税斗争　声震胶东 ——石岛渔民的抗税斗争	10 分 13 秒	丛东旭、柴德林	桑栋	桑栋	鞠彩云
4	播撒火种　志在燎原(上) ——荣成第一位共产党员孙己太	10 分 45 秒	滕彬、牛菲菲	张少华	桑栋	鞠彩云
5	播撒火种　志在燎原(下) ——荣成第一位共产党员孙己太	11 分 26 秒	滕彬、牛菲菲	张少华	桑栋	鞠彩云
6	夙夜在公　改革先驱(上) ——谷牧同志的革命生涯	12 分 59 秒	丛东旭、柴德林	张少华	桑栋	丛东旭
7	夙夜在公　改革先驱(中) ——谷牧同志的革命生涯	15 分 54 秒	丛东旭、柴德林	张少华	桑栋	丛东旭
8	夙夜在公　改革先驱(下) ——谷牧同志的革命生涯	15 分 51 秒	丛东旭、柴德林	张少华	桑栋	丛东旭
9	追求真理　永葆本色 ——荣成早期党组织主要领导人之一曹漫之	12 分 31 秒	滕彬、牛菲菲	张少华	桑栋	鞠彩云
10	革命先驱　开国将领 ——李耀文同志的革命生涯	16 分 6 秒	滕彬、牛菲菲	张少华	桑栋	鞠彩云
11	深埋功名　不忘初心(上) ——优秀退役军人迟念佳	13 分 36 秒	丛东旭、柴德林	张少华	桑栋	鞠彩云
12	深埋功名　不忘初心(下) ——优秀退役军人迟念佳	8 分 40 秒	丛东旭、柴德林	张少华	桑栋	鞠彩云
13	暴动烈火　雷震胶东 ——“石岛药房”和“一一・四”暴动	12 分 47 秒	丛东旭、柴德林	桑栋	桑栋	鞠彩云

续表

	名　称	时　长	编导、后期、包装	配　音	主　持	文　案
14	听党指挥　抗击日寇 ——“三次起义”打响抗日枪声	14分38秒	滕彬、牛菲菲	张少华	桑栋	鞠彩云
15	听党安排　为党工作 ——青年职业革命家宋澄	12分11秒	丛东旭、柴德林	桑栋	桑栋	鞠彩云
16	忠心向党　宁死不屈 ——“葛家惨案”中的荣成三烈	12分32秒	丛东旭、柴德林	张少华	桑栋	鞠彩云
17	热血丹心　勇担重任 ——荣成第一任县委书记曲显明	17分37秒	滕彬、牛菲菲	张少华	桑栋	鞠彩云
18	百炼成钢　以身许国 ——第一任威海特支书记张铎	11分13秒	丛东旭、柴德林	张少华	桑栋	鞠彩云
19	矢志不渝　宋氏三杰 ——虎山早期党员中的宋干卿、宋子良、宋振国	15分13秒	滕彬、牛菲菲	张少华	桑栋	鞠彩云
20	英雄少年　血染沃土 ——少年抗日女英雄张晶麟	16分56秒	滕彬、牛菲菲	桑栋	桑栋	鞠彩云
21	同名双勇　英魂永驻(上) ——马石山十勇士王殿元	12分15秒	丛东旭、柴德林	桑栋	桑栋	鞠彩云
22	同名双勇　英魂永驻(下) ——马石山十勇士王殿元	11分41秒	丛东旭、柴德林	桑栋	桑栋	鞠彩云
23	浴血海疆　浩气长存 ——荣成汪口七壮士	11分55秒	滕彬、牛菲菲	桑栋	桑栋	鞠彩云
24	龙骧虎步　手刃佐藤 ——战斗英雄张干卿	12分26秒	丛东旭、柴德林	张少华	桑栋	鞠彩云
25	传奇英雄　浑身是胆 —— 虎胆英雄梁学福	14分43秒	滕彬、牛菲菲	张少华	桑栋	鞠彩云
26	人民战争　大显神威 ——金名和地雷战	12分48秒	滕彬、牛菲菲	张少华	桑栋	鞠彩云
27	青山葬骨　薪火相传(上) ——在外地抗日牺牲的荣成烈士	11分57秒	丛东旭、柴德林	桑栋	桑栋	鞠彩云

续表

	名　称	时　长	编导、后期、包装	配　音	主　持	文　案
28	青山葬骨　薪火相传(下) ——在外地抗日牺牲的荣成烈士	13 分 16 秒	丛东旭、柴德林	桑 栋	桑 栋	鞠彩云
29	服务人民　全心全意 ——荣成“张思德”王锡岐	12 分 54 秒	丛东旭、柴德林	桑 栋	桑 栋	鞠彩云
30	以鼓为器　以艺报国 ——荣成大鼓书艺人彭润之	16 分 53 秒	滕 彬、牛菲菲	张少华	桑 栋	鞠彩云
31	特务队长　侠肝义胆 ——东海特务队长王枝茂	16 分 5 秒	滕 彬、牛菲菲	张少华	桑 栋	鞠彩云
32	胶河壮士　荣成英烈 ——胶河战斗中牺牲的荣成英烈	11 分 54 秒	丛东旭、柴德林	桑 栋	桑 栋	鞠彩云
33	抗日先锋　情系旅大 ——旅大地区抗日联盟领导人李元绍	12 分 25 秒	滕 彬、牛菲菲	张少华	桑 栋	鞠彩云
34	年轻区长　文武双全 ——英勇无畏的年轻区长燕平	11 分 49 秒	丛东旭、柴德林	桑 栋	桑 栋	鞠彩云
35	心系群众　视死如归 ——复州人民的好区长张筠	12 分 12 秒	滕 彬、牛菲菲	张少华	桑 栋	鞠彩云
36	于无声处　屡建战功 ——“莱芜战役特殊功勋”解魁	11 分 2 秒	丛东旭、柴德林	张少华	桑 栋	鞠彩云
37	凝心聚力　献身使命 ——模范教导员刘永安	11 分 21 秒	滕 彬、牛菲菲	张少华	桑 栋	鞠彩云
38	荣成儿女　支援前线 ——胶东东海转运站	13 分 27 秒	滕 彬、牛菲菲	张少华	桑 栋	鞠彩云
39	豪情若虎　傲骨如松 ——独臂英雄曲光喜	11 分 18 秒	丛东旭、柴德林	张少华	桑 栋	鞠彩云
40	人民英雄　荣成先锋 ——荣成籍华东人民英雄	14 分 6 秒	滕 彬、牛菲菲	张少华	桑 栋	鞠彩云

续表

	名称	时长	编导、后期、包装	配音	主持	文案
41	铁血男儿　智勇双全 ——华东一级人民英雄程远超	12分30秒	丛东旭、柴德林	张少华	桑栋	鞠彩云
42	大智大勇　堪称楷模 ——华东二级人民英雄慕思荣	13分39秒	滕彬、牛菲菲	张少华	桑栋	鞠彩云
43	渡江侦察　名垂青史(上) ——侦察英雄齐进虎	14分29秒	滕彬、牛菲菲	桑栋	桑栋	鞠彩云
44	渡江侦察　名垂青史(下) ——侦察英雄齐进虎	16分30秒	滕彬、牛菲菲	桑栋	桑栋	鞠彩云
45	联通八方　决胜千里 ——华东二级人民英雄张华泰	12分41秒	丛东旭、柴德林	桑栋	桑栋	鞠彩云
46	鹰眼枪手　猎敌尖兵(上) ——战火练就的"神枪手"魏来国	17分58秒	丛东旭、柴德林	桑栋	桑栋	丛东旭
47	鹰眼枪手　猎敌尖兵(下) ——战火练就的"神枪手"魏来国	13分22秒	丛东旭、柴德林	桑栋	桑栋	鞠彩云
48	敢打硬仗　善于攻坚 ——开国少将张怀忠	11分46秒	滕彬、牛菲菲	桑栋	桑栋	鞠彩云
49	支前模范　开路先锋 ——支前特等功臣王吉珍	12分6秒	丛东旭、柴德林	张少华	桑栋	鞠彩云
50	英雄群体　勇立奇功 ——四位荣成籍团首长与"北极熊团"的覆灭	12分44秒	滕彬、牛菲菲	张少华	桑栋	鞠彩云
51	青春无畏　战场扬威 ——志愿军"二级战斗英雄"李耘田	11分52秒	丛东旭、柴德林	张少华	桑栋	鞠彩云
52	智勇双全　血铸雄关 ——志愿军"一级战斗英雄"周厚刚	9分58秒	滕彬、牛菲菲	张少华	桑栋	鞠彩云
53	鹰击长空　歼灭王牌 ——志愿军"一级战斗英雄"张积慧	12分1秒	丛东旭、柴德林	张少华	桑栋	鞠彩云

续表

	名　称	时　长	编导、后期、包装	配　音	主　持	文　案
54	无私奉献　尽心护理 ——志愿军"二级模范"车书琴	12分11秒	滕彬、牛菲菲	张少华	桑栋	鞠彩云
55	立足本职　服务群众 ——"党的好女儿"毕英兰	10分35秒	丛东旭、柴德林	张少华	桑栋	鞠彩云
56	忠于信仰　矢志奋斗(上) ——把一生交给党安排的沈秀芹	9分53秒	滕彬、牛菲菲	张少华	桑栋	鞠彩云
57	忠于信仰　矢志奋斗(下) ——把一生交给党安排的沈秀芹	11分9秒	滕彬、牛菲菲	张少华	桑栋	鞠彩云
58	开山跨河　豁命修路 ——革命路上永远打先锋的邹本经	11分44秒	丛东旭、柴德林	张少华	桑栋	鞠彩云
59	担当奉献　埋头苦干 ——"雷锋式的好干部"梁忠孟	11分37秒	丛东旭、柴德林	张少华	桑栋	鞠彩云
60	追求真理　勇于登攀 ——"两弹一星"元勋郭永怀	12分48秒	滕彬、牛菲菲	张少华	桑栋	鞠彩云
61	艰苦创业　锐意进取 ——"两弹一星"元勋郭永怀	13分49秒	滕彬、牛菲菲	张少华	桑栋	鞠彩云
62	心有大我　以身许国 ——"两弹一星"元勋郭永怀	16分12秒	滕彬、牛菲菲	张少华	桑栋	鞠彩云
63	创业先锋　开国少将 ——"两弹一星"创业者之一常勇	11分32秒	丛东旭、柴德林	张少华	桑栋	鞠彩云
64	军人风骨　朴实情怀 ——开国大校吕连义	10分40秒	丛东旭、柴德林	张少华	桑栋	鞠彩云
65	奋斗一生　尽心竭力 ——鞠躬尽瘁的战士马兆文	10分32秒	丛东旭、柴德林	张少华	桑栋	鞠彩云
66	执着追求　无私奉献 ——全国公安战线一级英雄模范张春雷	11分39秒	滕彬、牛菲菲	张少华	桑栋	鞠彩云

续表

	名　称	时　长	编导、后期、包装	配　音	主　持	文　案
67	驾舰驱涛　长风万里 ——海军原副司令员、海军中将张序三	13分31秒	丛东旭、柴德林	张少华	桑 栋	鞠彩云
68	凌云风华　劈波斩浪 ——“兵王”吕华卫和刘德波	10分21秒	丛东旭、柴德林	张少华	桑 栋	鞠彩云
69	硝烟已逝　忠心永驻 ——在乡退伍老兵张起明	11分31秒	丛东旭、柴德林	张少华	桑 栋	鞠彩云
70	继往开来　牢记使命 ——谱写辉煌中国梦的荣成篇章	12分37秒	滕 彬、牛菲菲、柴德林	张少华	桑 栋	鞠彩云
备注：	70集节目总时长14小时57分49秒,平均每集时长12分钟					

附件2

《为了民族的胜利——荣成抗战英雄谱》专题片目录

	标　题
1	第一集　抗战烽火　历史丰碑
2	第二集　荣成特支　星火燎原
3	第三集　抗日救亡　还我河山
4	第四集　听党指挥　武装抗日(一)——三大起义之埠柳乡校起义
5	第五集　听党指挥　武装抗日(二)——三大起义之黄山起义
6	第六集　听党指挥　武装抗日(三)——三大起义之古迹顶起义
7	第七集　热血丹心　勇担重任——中共荣成县委第一任书记曲显明
8	第八集　挥洒热血　铸就忠诚——抗战老兵迟念佳
9	第九集　从戎报国　舍生忘死——抗战老兵王之军
10	第十集　智夺敌枪　巧立战功——抗战老兵陈士元
11	第十一集　自力更生　制枪造炮——抗战老兵吴云璞
12	第十二集　少年参军　忠孝难全——抗战老兵王连奎
13	第十三集　灵活机动　团结制胜——抗战老兵孔庆仁

续表

	标　题
14	第十四集　踊跃参军　不负青春——抗战老兵鞠庆信
15	第十五集　文武双全　智取岗楼——抗战老兵邢忠信
16	第十六集　小小少年　勇击日寇——抗战老兵车仁德
17	第十七集　历经烽火　初心不改——抗战老兵颜景桥
18	第十八集　听党安排　为党工作 ——青年职业革命家宋澄
19	第十九集　后勤尖兵　做鞋高手——抗战老兵刘玉书
20	第二十集　苦练射击　英勇战斗——抗战老兵王万同
21	第二十一集　吹响军号　以计退敌——抗战老兵盛福云
22	第二十二集　唤醒民众　团结抗日——荣成抗战文化供应社
23	第二十三集　生在苦难　坚韧不拔——抗战老兵毕见岱
24	第二十四集　饱经风霜　本色依旧——抗战老兵刘述珍
25	第二十五集　乞食少年　忠勇老兵——抗战老兵栾汝臣
26	第二十六集　民主政权　抗日中坚——荣成县抗日民主政府
27	第二十七集　雨夜袭敌　武装自己——抗战老兵刘武林
28	第二十八集　苦难劳工　坚决抗日——抗战老兵陈保林
29	第二十九集　英勇顽强　百战成钢——抗战老兵张学亭
30	第三十集　救死扶伤　职责所在——抗战老兵姜学清
31	第三十一集　刻苦训练　准备打仗——抗战老兵刘忠有
32	第三十二集　日军暴行　血色记忆——崂山惨案
33	第三十三集　勇闯敌窝　智取情报——抗战老兵石曰孚
34	第三十四集　生死之间　使命召唤——抗战老兵林喜海
35	第三十五集　血洒海疆　千古流芳——汪口七烈士
36	第三十六集　善战民兵　勇保家乡——抗战老兵王仕林
37	第三十七集　听党的话　跟着党走——抗战老兵王初增
38	第三十八集　只进不退　拼死杀敌——抗战老兵吴田德
39	第三十九集　一心向党　无愧人民——抗战老兵车元庆

续表

	标　题
40	第四十集　赤胆忠魂　保家卫国——抗战老兵于德义
41	第四十一集　声东击西　寻机歼敌——抗战老兵李学孔
42	第四十二集　血洒庙院　气贯长虹——“战斗英雄”张干卿
43	第四十三集　九死一生　为国尽忠——抗战老兵周作升
44	第四十四集　拔点设伏　勇歼顽敌——抗战老兵姜志良
45	第四十五集　十子七兵　精忠报国——抗战老兵王井
46	第四十六集　英勇战斗　守护人民——抗战老兵王成洪
47	第四十七集　提前埋伏　击落日机——崖头八路军击落日军战机
48	第四十八集　光荣参军　奉献青春——抗战老兵周可宏
49	第四十九集　不畏强敌　英勇善战——抗战老兵李兹茂
50	第五十集　通讯尖兵　保障抗战——抗战老兵姜学洪
51	第五十一集　两次参军　衷心不改——抗战老兵张庆新
52	第五十二集　积极行动　敢打能胜——抗战老兵杨永刚
53	第五十三集　听党命令　就地抗日——抗战老兵郑培初
54	第五十四集　守住安全　支援前线——抗战老兵刘典让
55	第五十五集　血色战地　救死扶伤——抗战老兵汤吉安
56	第五十六集　不畏强暴　勇夺碉堡——抗战老兵宋增义
57	第五十七集　南征北战　为国杀敌——抗战老兵周大德
58	第五十八集　参军保家　战斗为民——抗战老兵鞠洪春
59	第五十九集　子承父愿　保家卫国——抗战老兵王基昌
60	第六十集　化装侦察　扛枪作战——抗战老兵刘华
61	第六十一集　为国负伤　终身不悔——抗战老兵尹厚卿
62	第六十二集　英勇奋战　血洒疆场——抗战老兵谭受宽
63	第六十三集　火线标兵　爆破精英——抗战老兵杨永晶
64	第六十四集　便衣侦查　机动灵活——抗战老兵张佩涛
65	第六十五集　赤子之心　勇者无畏——抗战老兵滕学元

续表

	标 题
66	第六十六集 正义少年 参军抗战——抗战老兵张启义
67	第六十七集 攻“顽固派” 打“投降派”——抗战老兵刘传生
68	第六十八集 坚定不移 消灭日寇——抗战老兵王信成
69	第六十九集 荣成男儿 铁血柔情——抗战老兵毕监玉
70	第七十集 出生入死 坚守初心——抗战老兵毕见岐
71	第七十一集 民兵英雄 精神永存——荣成民兵群体
72	第七十二集 热血男儿 信仰坚定——抗战老兵许云耀
73	第七十三集 血火淬炼 荣光岁月——抗战老兵刘玉刚
74	第七十四集 夜袭龙须 围歼日军——解放龙须岛
75	第七十五集 伟大胜利 美好未来

附件 3

《走进荣成非遗》栏目目录

项目名称	级 别	传承人	播放时间
渔民开洋、谢洋节	国家级(1项)	王巍岩	2018年6月
海参传统加工技艺	省级	唐传勤	2018年7月
赤山明神	荣成市级	邢利文	2018年8月
海草房民居制作技艺	省级	刘玉启	2018年9月
石岛渔家大鼓	省级	王远利	2018年10月
蜢子虾酱制作技艺	省级	唐进安	2018年11月
胶东回水咸鱼干传统制作技艺	省级	张 智	2018年12月
胶东饺子食俗	省级	于建洋	2019年1月
荣成渔民号子	省级	李永喜	2019年2月
秦始皇东巡的传说	省级	田文栋	2019年3月
桷蓬制造技艺	省级	王建法	2019年4月
海神娘娘祭祀仪式	威海市级	邢利文	2019年5月
成山忌日	省级	田文沪	2019年6月
荣成海带食俗	威海市级	唐文松	2019年7月

续表

项目名称	级　别	传承人	播放时间
盛家火烧	威海市级	盛元淑	2019 年 8 月
渔家锣鼓	威海市级	李永喜	2019 年 9 月
荣成民间剪纸	威海市级	席英爱	2019 年 10 月
槎山传说	威海市级	连桂江	2019 年 11 月
火中取宝的艺术	威海市级	王善本	2019 年 12 月
荣成面花传统制作技艺	威海市级	吕晓霞	2020 年 1 月
盏盏豆面灯　浓浓乡土情	威海市级	王林才	2020 年 2 月
荣成面塑　掌心上的艺术	威海市级	宋春永	2020 年 3 月
草编技艺　变废为宝	威海市级	孙彩荣	2020 年 4 月
“以刀代笔　游刃薄卵” ——荣成渔家蛋雕技艺	威海市级	于文政	2020 年 7 月
源于荣成的武术瑰宝——沙式武术	威海市级	赵文峰	2020 年 8 月
凉水泉村的传说	威海市级	宋业东	2020 年 10 月
胶东大秧歌　舞出渔家人的精气神	威海市级	李丽霞	2020 年 11 月
老鱼窠的传说	威海市级	杨洪丽	2020 年 12 月

附件 4

综合频道节目设置表(白天)

播出时间	节目名称	节目时长	广告段	广告时长
6:30(定时)	节目预告	2 分		
6:35	重播《荣成新闻》(周二到周日) 《新闻回顾》(周一)	23 分	《荣成新闻》前广告	5 分
7:00(定时)	《国歌》	48 秒		
7:03	《风雅荣成》	5 分	《风雅荣成》前广告	2 分
7:12	《荣成抗战英雄谱》(周一、二、四、六) 《助推企业高质量发展》(周三、五、日)	10 分	《助推企业高质量发展》前广告	2 分
7:20	《招工信息》	1 分 30 秒		

续表

播出时间	节目名称	节目时长	广告段	广告时长
7:30	《榜样》(周一) 《时事解读》(周二、周四) 《看今朝》(周三、周五) 《爱的蒲公英》(周六) 《走进荣成非遗》(周日)	10 分	栏目前广告	3 分
7:45	《欢乐喜剧人》			
7:50	《电视购物》	10 分		
8:05	动画天地＋快乐成长(周二、六)	30 分	《快乐成长》前广告	3 分
8:45	《党建视界》	15 分	前广告	2 分
9:00	《法治天下》	24 分		
9:25	《电视购物》	10 分		
9:40	《光影纵横》	45 分	前广告	3 分
10:30	纪录片	30 分	前广告	3 分
11:00	《乐享荣成》	6 分	前广告	2 分
11:08	《电视购物》	10 分		
11:20	《快乐生活一点通》	30 分		
12:00 (定时)	重播《荣成新闻》(周二到周日) 《新闻回顾》(周一)	23 分	前广告	5 分
12:25	《荣成抗战英雄谱》(周一、二、四、六) 《助推企业高质量发展》(周三、五、日)	10 分	《助推企业高质量发展》前广告	2 分
12:35	《招工信息》	1 分 30 秒		
12:40	《榜样》(周一) 《时事解读》(周二、周四) 《看今朝》(周三、周五) 《爱的蒲公英》(周六) 《走进荣成非遗》(周日)	10 分	栏目前广告	3 分

续表

播出时间	节目名称	节目时长	广告段	广告时长
13:00	《党建视界》	15 分	前广告	2 分
13:15	《电视购物》	10 分		
13:25	《欢乐喜剧人》			
13:35	纪录片	30 分	前广告	3 分
14:05	《电视购物》	10 分		
14:20	《光影纵横》	45 分	前广告	3 分
15:05	午夜剧场一	45 分		
15:55	《电视购物》	10 分		
16:05	午夜剧场二	45 分		
16:54	《风雅荣成》	5 分	前广告	2 分
16:59	垫片	1 分		

附件 5

综合频道节目设置表(晚间)

播出时间	节目名称	节目时长	广告段	广告时长
17:00(定时)	节目预告	2 分		
17:04	《光影纵横》	45 分	前广告	3 分
17:50	动画天地+ 快乐成长(周一至周五)	15 分×2	前广告	3 分
18:30 (定时)	《山东新闻联播》	25 分		
19:00 (定时)	《新闻联播》	37 分	前广告	3 分
19:45 (定时)	首播《荣成新闻》(周一到周六) 《新闻回顾》(周日)	20 分	前广告	5 分
20:05	《政府公告》	3 分		
20:13	《天气预报》	2 分	前广告	4 分

续表

<table>
<tr><th>播出时间</th><th colspan="2">节目名称</th><th>节目时长</th><th>广告段</th><th>广告时长</th></tr>
<tr><td>20:15</td><td colspan="2">《荣成抗战英雄谱》(周一、三、五、日)
《助推企业高质量发展》(周二、四、六)</td><td>10 分</td><td>《助推企业高质量发展》前广告</td><td>2 分</td></tr>
<tr><td>20:25</td><td colspan="2">《闲置资产》</td><td>1 分</td><td></td><td></td></tr>
<tr><td>20:26</td><td colspan="2">《招工信息》</td><td>1 分 30 秒</td><td></td><td></td></tr>
<tr><td>20:32</td><td colspan="2">《时事解读》(周一、三)
《看今朝》(周二、四)
《爱的蒲公英》(周五)
《走进荣成非遗》(周六)
《榜样》(周日)</td><td>10 分</td><td>前广告</td><td>3 分</td></tr>
<tr><td>20:50</td><td colspan="2">《风雅荣成》</td><td>5 分</td><td>前广告</td><td>2 分</td></tr>
<tr><td>21:00</td><td colspan="2">《党建视界》</td><td>15 分</td><td>前广告</td><td>2 分</td></tr>
<tr><td>21:20</td><td colspan="2">《乐享荣成》</td><td>6 分</td><td>前广告</td><td>2 分</td></tr>
<tr><td>21:30</td><td colspan="2">重播《荣成新闻》(周一到周六)
《新闻回顾》(周日)</td><td>21 分</td><td>前广告</td><td>5 分</td></tr>
<tr><td>21:57</td><td colspan="2">《天气预报》</td><td>2 分</td><td>前广告</td><td>4 分</td></tr>
<tr><td>22:00</td><td>纪录片</td><td rowspan="2">开票有奖
(周五)</td><td>25 分</td><td>前广告</td><td>3 分</td></tr>
<tr><td>22:30</td><td>《光影纵横》</td><td>45 分</td><td>前广告</td><td>3 分</td></tr>
<tr><td>23:30</td><td>节目结束</td><td></td><td></td><td></td><td></td></tr>
</table>

附件 6

生活频道节目设置表(白天)

播出 时间	节目名称	节目时长	广告时段	备注
6:30(定时)	节目预告	2 分		
6:31	《光影纵横》	45 分		
7:15	《招工信息》	1 分 30 秒		
7:20	《榜样》(周一) 《时事解读》(周二、周四) 《看今朝》(周三、周五) 《爱的蒲公英》(周六) 《走进荣成非遗》(周日)	10 分	前广告	
7:35	纪录片	30 分		
8:00	《电视购物》	10 分		
8:15	午夜剧场一	45 分	片头 3	
9:00	午夜剧场二	45 分		
9:50	《快乐生活一点通》	30 分	前广告	
10:20	《电视购物》	10 分		
10:35	《法治天下》	24 分	前广告	
11:00	《招工信息》	1 分 30 秒		
11:05	《党建视界》	15 分	前广告	
11:25	《风雅荣成》	5 分	前广告	
11:30	电视剧场一	45 分	片头 1	

续表

播出时间	节目名称	节目时长	广告时段	备注
12:15	《电视购物》	10 分		
12:30	电视剧场二	45 分	片头 2	
13:20	《电视购物》	10 分		
13:30	《荣成抗战英雄谱》(周一、二、四、六) 《助推企业高质量发展》(周三、五、日)	10 分	前广告	
13:40	《榜样》(周一) 《时事解读》(周二、周四) 《看今朝》(周三、周五) 《爱的蒲公英》(周六) 《走进荣成非遗》(周日)	10 分	前广告	
13:55	《乐享荣成》	6 分	前广告	
14:00	《健康有约》	6 分		
14:10	动画天地＋快乐成长(周二至周六)	30 分		
14:40	《电视购物》	10 分		
14:50	《快乐生活一点通》	45 分	前广告	
15:20	《法治天下》	24 分	前广告	
15:50	《电视购物》	10 分		
16:00	纪录片	30 分		
16:35	《党建视界》	15 分	前广告	
16:48	《电视购物》	10 分		
16:59	垫片			

附件 7

生活频道节目设置表(晚间)

<table>
<tr><th>播出时间</th><th colspan="2">节目名称</th><th>节目时长</th><th>广告时段</th><th>广告时长</th></tr>
<tr><td>17:00(定时)</td><td colspan="2">节目预告</td><td>2 分</td><td></td><td></td></tr>
<tr><td>17:05</td><td colspan="2">《快乐生活一点通》</td><td>30 分</td><td>前广告</td><td>3 分</td></tr>
<tr><td>17:55</td><td colspan="2">《法治天下》</td><td>25 分</td><td>前广告</td><td>3 分</td></tr>
<tr><td>18:20</td><td colspan="2">《风雅荣成》</td><td>5 分</td><td>前广告</td><td>3 分</td></tr>
<tr><td>18:30</td><td colspan="2">《招工信息》</td><td>1 分 30 秒</td><td></td><td></td></tr>
<tr><td>18:32</td><td colspan="2">《乐享荣成》</td><td>6 分</td><td>前广告</td><td>3 分</td></tr>
<tr><td>18:35</td><td colspan="2">《健康有约》</td><td>5 分</td><td></td><td></td></tr>
<tr><td>18:50</td><td colspan="2">《党建视界》</td><td>15 分</td><td>前广告</td><td>3 分</td></tr>
<tr><td>19:10</td><td>电视剧场一</td><td rowspan="2">开票有奖
(周三)</td><td>45 分</td><td>片头 1</td><td>3 分</td></tr>
<tr><td>19:55</td><td>电视剧场二</td><td>45 分</td><td>片头 2</td><td>3 分</td></tr>
<tr><td>20:42</td><td colspan="2">动画天地+
快乐成长(周一至周五)</td><td>30 分</td><td></td><td></td></tr>
<tr><td>21:10</td><td colspan="2">《荣成抗战英雄谱》
(周一、三、五、日)
《助推企业高质量发展》
(周二、四、六)</td><td>10 分</td><td>前广告</td><td>2 分</td></tr>
<tr><td>21:25</td><td colspan="2">《时事解读》(周一、三)
《看今朝》(周二、四)
《爱的蒲公英》(周五)
《走进荣成非遗》(周六)
《榜样》(周日)</td><td>10 分</td><td>前广告</td><td>3 分</td></tr>
<tr><td>21:35</td><td colspan="2">午夜剧场两集</td><td>90 分</td><td>片头 3</td><td>3 分</td></tr>
<tr><td>23:05</td><td colspan="2">节目结束</td><td>1 分</td><td></td><td></td></tr>
</table>

荣成人民广播电台

《行风热线》

《行风热线》是一档合办栏目，邀请全市各部门主要领导做客直播间，为百姓答疑解惑。开播以来，搭建了一条政府与百姓直接对话的通道，拉近了党群距离，增强了百姓对行政部门的信任，树立了党和政府的威信，并逐步形成严格、缜密、高效、配套的良性运行机制。为了进一步扩大影响，取信于民，提升热线关注度，增强热线公信力，节目开展大范围的深度挖掘，广开言路，增辟蹊径，征集更多的实际问题。每周日 8:00 会播出《行风热线》特别节目，综合每星期上线的三家单位所宣传的热点以及重点问题解决落实情况，起到了有效的监督作用。

《中华文明大学堂》

节目宗旨是解读中华文明的文化底蕴，揭秘中华文明的背后故事，感知中华文明的精神内涵，传承五千年历史文化，重新唤起大家的传统文化意识。让经典走向大众，让传统焕发新生。一起学习传统文化，领略圣贤教诲。

《青春早自习》

这是一档充满朝气的栏目，是一档针对青年的社教栏目，每周三期，播报机关、企事业单位团支部的各项工作，展示青年活动的成果，文字编辑、片花制作都非常精细。

这是一档推崇学习的栏目。《青春早自习》是一个学习的平台，有理论讲解、好书推荐、原创好文等版块，营造青年学习的氛围。

这是一个互动的舞台。依托栏目举办线下活动，如：全市青年联谊会、青年读书会，有广泛的听众基础。

《网罗天下》

《网罗天下》是一档新闻资讯服务节目，致力于网罗社会万象，关注天下百态。节目从复杂的网络世界中提炼出和观众日常生活相关的热点资讯和参考信息，和观众分享时下最 IN(in fashion，处于时尚尖端)，最潮，最新的生活态度。

《爱家小贴士》

“分享美好生活”“传播有态度的生活方式”，《爱家小贴士》是一档生活服务类节目，旨在为听众提供实用的健康养生资讯、生活小妙招，从而传达一种积极的生活理念。内容深入浅出，丰富有趣，突出节目轻松、实用、贴近百姓生活的主题风格。

《别出心“财”》

《别出心“财”》是一档以投资理财为主要内容的专业性理财节目，以说理财、爱理财为节目宗旨，坚持轻松理财的节目方针，突出专业性、权威性，为观众提供专业性的理财服务。

《健康荣成》

《健康荣成》是一档以教授健康养生知识为主的公益性节目，旨在引导受众形成养生保健意识，倡导积极正确的生活方式。另外，针对不同人群或需求邀请专家走进直播间，以平实易懂的讲解方式将时下最新养生保健资讯传递给大众。节目建立了忠实的受众群体。

《私家车爱音乐》

如果失去音乐，我们的生活将变得单调而乏味。戴上耳机，让你的驾乘体验不再孤单。音乐不断，快乐相伴。《私家车爱音乐》力求用温暖人心、轻松愉悦的风格，和你畅行一路。

《音乐风云榜》

《音乐风云榜》是一档音乐打榜类节目。通过“榜单+节目”的形式,每期节目揭晓一周内最受欢迎的10首金曲。节目风格为时尚、青春、动感。

《音乐在路上》

《音乐在路上》每期向听众推荐一些时下比较好的音乐和音乐人,对当红歌手的个人生活及演艺经历进行详细介绍,并播放热门音乐。听众通过该节目了解了更多歌坛上成功人士的奋斗历程。

《奔跑吧,下班族》

每周一到周五16:30至17:30,欢快的声音总会陪伴你在下班的路上,主持人和嘉宾聊聊热点新闻、“秒杀”特惠商品。节目互动性强,贴近荣成本土生活,深受受众欢迎,达到很好的试听效果。

《热辣朋友圈》

节目定位于“移动”人群,以“开车路上的快乐陪驾”为口号。每个人的“朋友圈”每天都上演着妙趣横生的生活故事,或幽默搞笑、或引人深思。主持人带领听友进入“朋友圈”轻松快乐的天地,在嬉笑中传递主流价值观,关怀社会民生。

《滨城夜归人》

《滨城夜归人》是一档针对都市人群的综合类电台节目。节目类型涵盖了时下最受城市青年关注的怀旧音乐、励志“鸡汤”、生活故事、旅行游玩、读书人文等内容。夜幕降临,华灯初上,带着满身的疲惫,坐在回家的车上,戴上耳机,打开温馨的电台,音乐顿时让每一位都市人找到心灵的共鸣,让你的身心暂时从喧嚣都市中跳脱出来,洗去一身疲惫。

《1075情报站》

《1075情报站》以新华网、人民网、新浪网、网易等为依托,快速准确播报即时新闻。

具体节目信息如附件所示。

附件

荣成人民广播电台(FM107.5)节目单(2020年前)

时间	栏目	类型	周末
5:00	开始曲+节目预告	录播	
5:05	广播剧	录播	
5:30	广播剧	录播	
6:00	音乐	录播	
6:30	转播《新闻和报纸摘要》	转播	
7:00	转播《山东新闻》	转播	

续表

时间	栏目	类型	周末
7:30	《荣成新闻》	录播	
7:50	《中华文明大学堂》	直播	《音乐无人驾驶》
8:00	《行风热线》(周二、周四、周六)	直播	
	《网罗天下》(周一、周三、周五)	直播	
8:30	《爱家小贴士》	直播	
9:00	《别出心“财”》《健康荣成》	直播	《私家车听天下》(周末版)
10:00	《保林叔叔讲故事》	录播	
10:30	《私家车爱音乐》	直播	
11:30	《房产时间》《能者在职》	直播	
12:30	广播剧	录播	
13:00	音乐＋公益专题	录播	
14:00	《音乐风云榜》	直播	《就听好歌不听话》
15:00	《中华德育故事》	录播	
15:30	《音乐在路上》	直播	
16:30	《奔跑吧，下班族》	直播	
17:00	《一秒当先》 《新时代文明实践之我的志愿故事》	直播	《中华德育故事》
17:30	音乐	录播	
18:00	音乐(周三、周五) 《行风热线》重播(周四、周六)	录播	

续表

时间	栏目	类型	周末
18:30	转播中央电台《全国新闻联播》	转播	
19:00	《热辣朋友圈》	直播	《滨城夜归人》(周末版)
20:00	《滨城夜归人》	直播	
21:00	广播剧	录播	
22:00	全天播音结束		
每个整点	整点报时+公益广告+商业广告		
每个半点	天气预报+新时代文明实践之主播领读		

报　刊

概　况

一、基本情况

1994年2月18日,荣成市报社由荣成市机构编制委员会下文设立,为市委机关报社。

报社定位为全民所有制正科级事业单位,隶属市委领导,由市委宣传部代管,编制暂定20人;内部机构设置“二室三部”,即总编室、办公室、经济部、政治文教部、广告信息部。经费由财政全额拨款。

下属机构:印刷厂、广告中心、图片中心、电脑服务中心。

代管机构:新华社荣成信息站。

1999年年底,荣成日报社共有干部职工46人,其中正副总编辑4人,辖设机构有:总编室、办公室、要闻部、经济部、政文部、副刊部、记者部、石岛工作站、摄影部、专题部、广告部、广告中心、新华社荣成信息站和荣成日报社印刷厂。

2003年12月,荣成市机构编制委员会下文撤销荣成日报社,收回事业编制41名,人员由组织、人事部门负责安排,资产由市政府办公室牵头,组织市财政局、国资局、审计局、行管局等部门负责清算。

2003年12月18日,荣成市机构编制委员会下文设立“荣成市新闻中心”,为财政全额拨款副科级事业单位,编制30名,隶属市委宣传部,所需人员由原荣成日报社及新华社荣成信息站转入。同时,撤销新华社荣成信息站,收回事业单位编制5名。

2007年5月,荣成市新闻中心规格由副科级明确为正科级。

2008年9月,荣成市新闻中心由隶属市委宣传部变更为隶属市委，归口市委宣传部管理。

2010年4月，机构设置：办公室、总编室、要闻部、经济部、政文部、副刊部、照排部、通联部。

2012年4月，荣成市新闻中心领导职数按主任1名、副主任2名、总编辑1名（正科级）配备。

2013年，荣成市新闻中心编制30人。内设：办公室、总编室、要闻部、经济部、政文部、副刊部、照排部、通联部。

2017年8月，荣成市新闻中心共有编制员额28人，其中：领导职数主任1名、总编辑1名（正科级）、副主任2名，内设机构14个，分别是办公室、总编室、要闻部、经济部、政文部、副刊部、通联部、照排室、摄影部、审读部、网络工作部11个部室和工会、妇委会、团支部3个群团部门。

二、领导班子更替情况

1.1994年4月至1996年2月

总编辑：张政利。

副总编辑：肖阳模（正科级）。

2.1996年2—11月

总编辑：张政利。

副总编辑：肖阳模（正科级）、王寒雁。

3.1996年11月至2001年11月

总编辑：张政利。

副总编辑：肖阳模（正科级，2001年11月离岗待休），王寒雁，王祖平。

4.2001年11月至2002年11月

总编辑：张政利。

副总编辑：王寒雁、王祖平（2002年11月离岗待休）、周云泰。

5.2002年11月至2003年12月

总编辑：张政利。

副总编辑：王寒雁、周云泰。

6.2003年12月至2004年12月

主任：卢培胜。

副主任：刘玉丽、周云泰。

（卢培胜暂接管一年，刘玉丽正式接管）

7.2004年12月至2005年6月

主任：刘玉丽。

副主任：周云泰。

8.2005年6月至2008年10月

主任：刘玉丽。

副主任：吴高军、张起帅。

9.2008年10月至2010年1月

主任：刘玉丽。

副主任：吴高军。

10.2010年1月至2012年8月

主任：刘玉丽。

总编辑：吴高军（正科级）。

副主任：肖宏伟。

副总编辑：王华丽。

11.2012年8月至2015年9月

主任：刘玉丽。

总编辑：吴高军（正科级）。

副主任：王华丽。

12.2015年9—12月

主任：邹积军。

总编辑：吴高军

副主任：王华丽。

13.2015年12月至2016年3月

主任：邹积军。

副主任：王华丽。

14.2016年3月至2017年11月

主任：邹积军。

副主任：王华丽、王洪臣。

副总编辑：王志超。

15.2017年11月至2019年1月

主任：宋业亭。

副主任：王华丽、王洪臣。

副总编辑：王志超。

工作综述

1994 年

为适应新时期经济建设和对外开放的需要,进一步推动荣成市经济高速发展,丰富人民的文化生活,经荣成市委研究决定,1994 年 2 月 18 日成立荣成市报社。报社定位为全民所有制正科级事业单位,隶属市委领导,由市委宣传部代管,编制暂定 20 人。内部机构设置“二室三部”,即总编室、办公室、经济部、政治文教部、广告信息部。经费由财政全额拨款。

5 月 1 日,《荣成市报》试刊,为四开四版,周二刊。一版是综合要闻版,二版是经济新闻版,三版是综合政文版,四版是副刊版。每周二、五出版。刊号:山东省报刊出版许可证报字第 152 号。时任江苏省人大常委、中国书协理事、中国书协江苏分会主席,著名书法家武中奇为本报题写报头。

7 月 1 日,《荣成市报》正式创刊,为四开四版,周二刊,每周二、五出版。新华社荣成信息站同日挂牌。新华社荣成信息站是为了充分发挥新华社的系统功能,为荣成改革开放和经济建设服务,经市委研究决定设立的全民所有制股级事业单位,编制暂定 3 人,隶属荣成市报社。

出席成立大会的有:中共威海市委常委、宣传部部长孙洁池,新华社山东分社副社长毛致存,荣成市委副书记、市长林乐信,荣成市委副书记宋厚宝、王洪钊,《威海日报》社总编辑金志涛,荣成市委常委、宣传部部长许运江。中共威海市委常委、荣成市委书记张立新作了题为《鼓舞全市人民建设现代荣成》的创刊词。中共威海市委常委、宣传部部长孙洁池,荣成市委副书记、市长林乐信为《荣成市报》揭牌。新华社山东分社副社长毛致存,中共荣成市委副书记宋厚宝为新华社荣成信息站揭牌。

国务委员、国家科委主任宋健,山东省委副书记、省长赵志浩,省委副书记李文全,威海市委书记臧海强,威海市委副书记、市长吴隆江,威海市委副书记崔曰臣,威海市委常委、荣成市委书记张立新,荣成市委副书记、市长林乐信分别为《荣成市报》题词。

山东省记者协会、新闻学会、威海市委宣传部、大众日报社党委、新华社山东分社等单位分别发来贺信、贺电,祝贺《荣成市报》创刊。荣成市报社总编辑张政利在发言中表示,决不辜负市委、市政府和全市人民的期望,按照党报要求,坚持正确导向和以正面宣传为主的原则,遵守宣传纪律,做广大群众的知心朋友,努力办出自己的特色,鼓舞全市人民,为建设现代化荣成而奋斗。

创刊之后的《荣成市报》相继报道了“荣成国际渔民节隆重开幕”“再打经济广告牌”“贵在魅力”“渔民节属于世界”“借节发财”“世界走进荣成”等渔民节系列话题。

重点栏目有:《成山论坛》《经济随笔》《铁槎山》《花斑彩石》。

1995 年

1 月 1 日,《荣成市报》为四开四版,周三刊,每周二、四、六出版。

3 月 21 日,《荣成市报》刊号变更为山东省内部报刊准印证报字第 152 号。

7 月 8 日,经新华社山东分社与荣成信息站通力合作,新华社荣成信息战并网开通,可为威海市各界提供高效率、高品质、高层次的新华社新闻信息、经济信息和信息反馈,为各级领导决策服务。

7 月 27 日,经国家新闻出版总署批准,《荣成市报》获得国内统一刊号,刊号为 CN37-0094。

这一年的重点稿件有:《港西:未来的独资镇》《女工刘春林》《猪会积压吗?》《“红富士”能红多久?》《无花果能长多大?》。重点栏目有:《走百姓访百户》《一线工人》《教坛纵横》《青年一代》《法与社会》《文化海岸》《抗日战士忆当年》等。

荣成市报社自 1994 年创刊至 1995 年,共招收编辑、记者 28 名,报社先后被山东省县市报纸研究会评为山东省县市报新闻宣传、经营管理等先进单位。先后有18件作品分获山东省县市报好新闻一、二、三等奖。

1996年

1月1日，《荣成市报》为四开四版，周四刊，每周二、三、四、六出版。刊号为CN37-0094，邮发代号为23-319。

4月4日，《荣成市报》编制由27人增加至33人，新华社荣成信息站编制由3人增加到5人。

报社和海洋与水产局联合举办“千里海岸行”大型采访活动，深入海洋生产第一线。在历时1年多的时间里，推出专稿100多篇，其中有40多篇在《中国海洋报》等威海级以上报刊发表，在社会上引起很大反响

7月6日，报社与山东社会科学院海洋经济研究所合作出版刊物《海洋经济》，为季刊，两年后结束。

8月3日，新华社荣成信息站并网开通一周年。

8月18日，国家新闻出版署副署长梁衡来市报检查指导工作，对市报的版面设计、栏目设置、工作效率等给予高度评价，认为市报坚持党性原则，格调清新高雅，起步晚，起点高，发展快，潜力大，同时还建议采取措施，提高印刷质量。

8月31日，全省县(市)报队伍建设座谈会在荣成市召开，会议期间，与会人员参观了市报社。

11月26日，市委组织部、市报社联合下发通知，在全市范围内公开招考6名编辑、记者。

12月21日，由于发展需要，《荣成市报》编制由20人增至27人，增编7人用于扩充编辑、记者队伍。内部机构增设要闻部、副刊部和通联部。

1994年至1996年1月，《荣成市报》由荣成市石岛印刷厂印制，通过荣成邮电局在全国范围内发行。1996年1月1日，《荣成市报》由周三刊改为周四刊后，仍由荣成市石岛印刷厂印刷，发行方式由邮局发行变为自办发行，即通过《威海日报》发行站面向全国发行。1996年年底，荣成市报社自筹资金，建成荣成市报社印刷厂，印刷厂占地2000多平方米、职工27人，拥有平板胶印机两台，年底试车成功。是年，《荣成日报》发行量达到15900份。

1996年，在山东省首次报纸质量分级评估中，《荣成日报》被评为优秀级报纸。

这一年的重点栏目有：《千里海岸行》《社会话题》《科技管理》《党旗飘飘》《红绿灯下》。

1997年

1月1日，《荣成市报》为四开四版，周五刊，每周二、三、四、五、六出版，刊号为CN37-0094，邮发代号为23-319。

1月8日，荣成市电脑服务中心成立，隶属荣成市报社。

1月21日，《荣成市报》改由荣成市报印刷厂印刷，每期印刷17653份，发行方式为邮发，通过荣成市邮电局向全国发行。

1月22日，山东画报社荣成市报社图片中心成立，设有摄影、婚庆等服务，隶属荣成市报社。

4月3日，《荣成市报》编制由33人增加到41人。

7月22日，推出1997年荣成国际渔民节专刊。

10月1日，经国家新闻出版署批准，《荣成市报》更名为《荣成日报》，仍为四开四版周五刊。书画家苏平为《荣成日报》题写刊头。

10月1日，荣成日报社印刷厂胶印轮转机投入使用，大大提高了报纸印刷质量。

重点栏目有：《平凡人生》《身边星光》《大市场》《生活立交桥》《道德与法制》《巾帼风采》《教育百汇》《书苑》《读书》《朝舞》。

1998年

1998年机构设置、人员、栏目无变化。

1999 年

1999 年,荣成日报社精心策划,利用图片新闻形式对建国 50 年来荣成的巨大变化进行了客观真实的报道,受到读者欢迎。

4 月,荣成日报社投资 20 万元,购进东信 CBTX11 激光照排机和台湾三英冲片机,报纸印刷质量有了质的飞跃。是年,《荣成日报》发行量达到 18099 份。

12 月底,策划、编辑、出版首个特刊(迎接新千年特刊)《潮起东方》。

2000 年

1 月 1 日,《荣成日报》变大报,由四开四版改为对开四版,同时出版元旦特刊,一、四版为彩版。

11 月 8 日是新中国首届记者节,《荣成日报》发表文章,题为《〈荣成日报〉在前进——记者节致读者》。

重点栏目有:《海上荣成》《他山之石》《商潮》《工会之窗》《体坛纵横》《关注时事》。

2001 年

1 月 1 日,《荣成日报》出版新世纪特刊,一、四版为彩报。

7 月 6 日,荣成日报社与韩国全南每日新闻社缔结友好合作关系。

9 月 8 日,《荣成日报》开始出版双面彩报。

重点栏目有:《房地产市场》《金土地　蓝土地》《咱们老百姓》《周末时光》。

2002 年

1 月 1 日,《荣成日报》为对开四版双面彩印,周五刊,每周二、三、四、五、六出版,国内统一刊号为 CN37-0094,邮发代号为 23-319。

2 月,荣成日报社由政府主楼搬至原老二轻局办公。

7 月 10 日,为增进中韩两国人民之间的了解,加强中韩文化交流合作,提高荣成在韩知名度,荣成日报社发起策划荣成籍书画家作品赴韩展出取得圆满成功。开幕仪式上,荣成日报社总编辑张政利宣读了市委副书记、市长汤光运,市委常委、宣传部部长盛元涛的贺词。

11 月 2 日,《荣成日报》大改版,本着“贴近中心,贴近群众,贴近生活”的原则,突出地方党报“党性”与“人民性”的统一。一版主要围绕市委、市政府的中心工作,不定期开辟专栏;二版以经济新闻为主,增加经济生活、经济热点内容;三版以文化、新闻、娱乐为主,突出关注市民生活,服务市民生活;四版围绕国家大政方针、国内外重大事件,突出时效性和新闻性。

11 月 11 日,荣成日报社与韩国大兴株式会社、平泽腌制株式会社两家韩国企业达成来荣投资意向。

重点栏目有:《民营经济》《老板故事》《金融证券》《教育大观》。

2003 年

5 月 14 日,与团市委、市教育局联合开展“爱心助学”活动,设立捐助热线,报纸于每周三三版定期公布贫困生档案。

11 月 7 日,荣成日报社开展“加快发展大擂台”专题活动。活动旨在展示新成就新成果,推进大跨越大发展;以镇域经济、支柱产业、工业园区、新增项目为主体,对照各镇各部门制定的发展规划,发展取得的成果、经验及今后的想法与措施;以通讯、照片为主,图文结合。

12 月 31 日,根据中央及省有关文件要求创办 10 年的《荣成日报》停刊。收回事业单位编制 41 名,人员由组织、人事部门负责安排,资产由市政府办公室牵头,组织市财政局、国税局、审计局、行管局等部门负责清算。至此,《荣成市报》《荣成日报》10 年共出版发行 2183 期。此后山东省县市报好作品评选停评直至 2009 年。

12 月 18 日,设立荣成市新闻中心,为财政全额拨款副科级事业单位,编制 30 名,隶属市委宣传部,所需人员由原荣成日报社和新华社荣成信息站转入。同时,撤销新华社荣成信息站,收回事业编制5名。

2004年

1月16日,《荣成时讯》创刊,为对开四版单面彩印(一、四版彩印),周三刊,每周二、四、六出版,无刊号,属内部赠阅。报头为隶书宋体。

9月18日,《荣成时讯》举行创刊百期座谈会,并向与会代表颁发了社会监督员和评刊员聘书。

重点栏目有:《坚持科学发展观,实施五个三战略》《社会关注》《干事创业　争先创优》《聚焦三农》《工艺现代化》《百姓故事》。

2005年

2月3日,为充分展示石岛撤镇设区后所拥有的活力、实力、魅力,突出石岛区域经济,实现更大、更快、更好发展,突出石岛在荣成市政治经济发展进程中的特殊地位,《荣成时讯》从本期起,在每周四的第四版开辟《今日石岛》专刊。

4月5日,组织中心人员跟随市委宣传部赴江浙考察学习。宋厚永部长带队,随行人员田宏耀、吴高军、张起帅、王妮娟。回来后刊发了《奔竞不息江浙风》《城市经营之美》等系列文章,被市委宣传部刊印成内部单行本。

重点栏目有:《时代先锋》《贯彻胡总书记讲话精神,全面推进和谐荣成建设》《保持共产党员先进性　干事创业争先创优》《做文明市民　创文明城市》。

2006年

重点栏目有:《开局"十一五"》《春风行动舞和谐》《实现新跨越》《市民眼中的变化》《走进新农村》。

2007年

1月16日,刊登文章《文载风云鉴辉煌——〈荣成时讯〉创刊三周年回眸》。

5月20日,市新闻中心规格由副科级明确为正科级。

7月12日,与教育局联合举办"马大哈"杯中小学生暑假主题作文大赛。

重点栏目有:《科学发展　共建和谐》《相约魅力荣成》《新农村纪行》《海韵》。

2008年

1月17日,中国书法家协会主席张海为《荣成时讯》题写报头,《荣成时讯》启用张海题写的报头。

4月10日,与市农村信用联合社举办"信合杯·科学发展共建和谐"新闻大赛。

4月22日,新闻中心策划了荣成建市20周年"丰荟杯"书画展,并于11月4日在市文博中心开展。共展出200余件美术、书法、摄影作品。

7月3日,推出《见证辉煌　祝福荣成——庆祝荣成撤县建市二十年》特刊。

9月25日,为进一步做好新闻宣传工作,经市机构编制委员会批复,市新闻中心由隶属市委宣传部更为隶属市委,归口市委宣传部管理。

重点栏目有:《学习贯彻十七大精神　实现富民强市新跨越》《辉煌2007》《辉煌二十年城市记忆》《辉煌二十年市民访谈》。

2009年

1月15日,《荣成时讯》举行创刊五周年座谈会。市委常委、宣传部部长张瑞英及来自社会各界的社会监督员出席座谈会,共话《荣成时讯》发展大计。

2月26日,《荣成时讯》为给荣成市的用工企业和求职者提供一个便捷的信息平台,在二版开设《招工信息》专栏。

7月2日,与山东泓达集团联合举办"'秦桥杯'我与月饼的故事"有奖征文。

8月15日,与摄影家协会共同主办"'黄海造船杯'庆祝建国60周年和谐荣成"摄影大赛。

8月15日,开展"庆祝建国60周年　共和国同龄人征稿"活动。

8月15日,与马大哈营养餐饮有限公司共同举办"庆祝建国60周年'马大哈杯'放歌60年征文”活动。收到稿件70多篇,刊登32篇,共有13名作者分获一、二、三等奖。

重点栏目有:《科学发展　富民强市》《服务科学发展大家谈》《走进新农村》。

2010年

3月,新闻中心由老二轻局搬至鑫鑫大厦六楼办公。

4月1日,经市编委会批复,中心内部机构设置为办公室、总编室、要闻部、经济部、政文部、副刊部、照排部、通联部。

重点栏目有:《效能大提速　推动大发展》《走进新农村》《朝舞春秋》。

2011年

1月15日,市新闻中心表彰2010年度十佳通讯员10名、优秀通讯员20名。

3月12日,与市文联共同举办纪念中国共产党成立90周年“颂歌献给党”征文活动。

9月10日,《荣成时讯》推出《辉煌“十一五”》一书。主任为张瑞英,主编为刘玉丽,副主编为吴高军、肖宏伟、王华丽,编委有王洪臣、王凤羽、吕冰峰、孟庆波、凌亚明、王志超。

重点栏目有:《辉煌“十一五”》《红色足迹》《渔家傲荣成人与海》《书画荣成》。

2012年

2月2日,与农村商业银行联合举办“荣成农商杯”诚信建设年征文活动。

3月,出版《时讯视点(2011年)》。自2012年起,每年年初对上一年见报优秀作品进行集结并予以出版。

4月19日,经市机构编制委员会核定,批复荣成市新闻中心主任1名,副主任2名,总编辑1名(正科级)。

7月2日,围绕首届“中国·威海荣成海峡两岸海洋食品展销会”,市新闻中心策划并编辑了《蓝色长虹》一书,主任为张瑞英,主编为刘玉丽,编委有吴高军、肖宏伟、王华丽、王妮娟,策划有吴高军、王妮娟。这是报社成立以来的第一本四开本宣传册,在海展会上赠送给中外来宾和各级领导,发挥了海展会“纸上展厅”作用。围绕诚信建设年活动,新闻中心策划了“诚信建设年活动成果展示”主题宣传活动并于2013年年初编辑成《诚信致远》一书(大16开本)。编委会主任为张瑞英,主编是刘玉丽,副主编是吴高军、王华丽,策划是王妮娟,图文统筹是王妮娟、王洪臣、王凤羽、吕冰峰、孟庆波、王福东、张世松、张艳、王璐、王唯娇、龙俊宇、黄丽雅、凌亚明、王志超。该书全面总结展示了荣成各级各部门在诚信建设方面的典型经验与做法。

2013年

4月13日,随着经济开发区、好运角旅游度假区的相继成立,在《今日石岛》版的基础上,刊发《直通三区》经济开发区、石岛管理区、好运角旅游度假区版面。每周四四版出版。

5月21日,由市委宣传部主编,市新闻中心承办的《荣成美术》一书出版,编委会主任是张瑞英,编委有许青、孟庆波、于永才、李先锋、邹积军、孙文东。收集了荣成籍48位画家的102幅作品。

8月10日,《荣成时讯》“百姓故事”专栏推出十年回顾《星光闪烁》一书。编委会主任是张瑞英,主编是刘玉丽,副主编是吴高军、王华丽,策划是吕冰峰,图文统筹是王唯娇、王璐,美编是常丽君。

9月,围绕中国海洋食品名城宣传,王妮娟提交了《海洋盛宴——巡礼中国海洋食品名城·荣成》大型新闻宣传活动策划方案,经中心和市领导审核通过,开始采编。整个采编过程历经18个月,先在报纸上以二、三通版的形式刊发,后于2014年9月由泰山出版社正式出版,在10月海洋食品博览会期间向中外来宾和各级领导赠阅。主编是张瑞英,执行主编是刘玉丽,副主编是吴高军,撰文为王妮娟,编排为王妮娟,摄影为王福东、王妮娟、马世民,顾问为王兴章。全书30万字、600多幅图片,首次深入细致地梳理了荣成海洋食品产业的发展脉络。该书以媒体视角，全景式展示了荣成在生态养殖、远洋捕捞、海洋食品精深加工等方面的历史渊源与生态优势，凸显了荣成作为中国首个“中国海洋食品名城”的综合实力。

重点栏目有：《诚信创新党建强县》《今日新农村》《民生关注》《新闻广角》《在一线》《生态文明乡村建设巡礼》《点击2013印象》。

2014年

重点栏目有：《新闻现场》《树典型扬正气　传递正能量》《今日新农村》《荣成民俗》《艺苑人物》。

4月8日，“掌上荣成”微信公众号发布第一篇文章。

2015年

9月，由新闻中心策划的《探访英雄足迹》一书由泰山出版社出版发行。主任是张瑞英，主编是刘玉丽，副主编是吴高军、王华丽，编委是王洪臣、王妮娟、吕冰峰、孟庆波、张世松、凌亚明、王志超，撰稿是孟庆波、赵世喜、范丽娜、李洋、殷汝金、张世松、陈峰、刘通、王锡健、闫新良、杨春江、赛绪强，摄影是王福东、孟庆波、范丽娜、李洋、张世松、陈峰、刘通，编辑是孟庆波、张世松、李洋，排版是李洋，封面设计是孟庆波、李洋。

10—11月，围绕传统农业在互联网时代的转型与升级，新闻中心经济部王妮娟、陈峰、王璐采写了两个系列报道：《无花果长大了》(3篇)、《红富士红了》(2篇)，获得了良好反响。

11月23日，市委书记江山对系列报道进行了批示：“《荣成时讯》近期积极创新版面设计，较好地体现了围绕市委、市政府的中心大局，希望今后再接再厉，继续发挥好新闻媒体的舆论引导作用。”这是自荣成市报社成立以来，新闻作品第一次得到市委书记批示。

重点栏目有：《探访英雄足迹》《抗战英雄忆当年》。

2016年

自2016年1月1日开始，《荣成时讯》刊期由每周三期增为每周四期，周一、周二、周四、周五出版，版式、栏目设置、报道方式等同步作出相应调整，发行量每期1.15万份。增期改版后的《荣成时讯》为对开四版大报、单面彩形式。同时，正式启用新闻中心形象标识，并将其广泛用于工作看板、信封、手提袋等文化衍生品中。

1月2日，时任市委书记、市长江山对改版后的《荣成时讯》作出批示：“祝《荣成时讯》越办越好。”

先后与《文登大众》《今日安丘》等县市报合作，采用互换版面形式，宣传我市成长型科技企业，共刊发专版5个。

“要闻版”坚持以“自由呼吸·自在荣成”为引领，进一步改进时政新闻报道。践行“政治家办报”理念，统筹做好党的大政方针和市委决策的深入宣传。围绕贯彻落实中共十八届六中全会精神、创新型城市建设、全国文明城市创建、“自由呼吸·自在荣成”城市品牌形象宣传、“两学一做”学习教育等重点工作，开设专栏12个。同时推出《时讯时评》《时讯关注》《记者在基层》3个全新栏目。在醒目位置开设《曝光台》栏目，对失信行为、污染企业、非法占地、不文明行为等负面现象加大曝光力度，全年刊发相关稿件60余篇，强化党报舆论监督作用。启动“千里海疆巡礼”大型采访活动。该活动跨时1年，于2016年9月28日开始，至2017年10月结束，采写相关稿件150篇以上，持续关注荣成千里海疆发展进程，综合反映荣成市全面贯彻五大发展理念、建设创新型城市和智慧城市的做法及成效，集中展现荣成市深厚的海文化底蕴和优美的人文环境。报道形式力求做活版面“加减法”和版式创新，强化权威性、及时性和独创性，用更加灵活的形式，把党和政府的声音传递到基层，使之更接地气、更具人气。

“经济版”关注全市经济建设和民生建设，进一步细化刊期版性。周一为“生态”专刊，侧重城乡统筹发展、生态环境建设;周二为“三农”专刊,侧重农业、渔业发展;周四为“创新”专刊,侧重产业转型、大众创业万众创新等方面;周五为“财经”专刊,侧重民生普惠、休闲旅游、财经动态、创业故事等。其中,《创新创业·财富故事会》先后刊发《袁博士的绿色农业梦》《冬夏兼收渔家乐》《“老公社”的“新社员”》等报道,受到读者好评。荣成市农村改厕报道得到省委领导亲笔批示,促成《大众日报》、山东电视台、山东广播电台对农村改厕工作的集中采访报道,在全省引起较好反响。

“政文版”深度聚焦文明城市创建,建设性开展社会监督,求证社会疑点和网络热点。周一、周二、周四、周五分别为“创城”“教育”“健康”“法治”专刊,保留《创城在行动》《百姓故事》《回音壁》《新闻观察》《政策(法律)直通车》《法庭内外》《检察官说法》等栏目,全面加大以人为本、创建文明城市的宣传报道力度,开设《名师风采》《教子有方》《健康新发现》等新栏目。其中,《百姓故事》先后刊发《她比亲闺女还亲!》《与天鹅相伴的日子》《美德传家》等报道,用图片“说话”,强调图片表现力,受到读者好评。

“副刊版”以“挖掘荣成历史、繁荣地方文化”为己任,提升报纸的文化品位和人文厚重感。周一为“海韵”专刊,设《凭海观澜》《书润心灵》《经典诵读》《书画荣成》《光影荣成》《芳草地》等栏目,重点刊发本地文学作品;周二为“文化”专刊,设《荣成民俗》《古代名人》等栏目,突出乡村记忆,反映荣成人文风情;周四为“三区”专刊,刊发经济开发区、石岛管理区、好运角旅游度假区经济社会新闻;周五为专刊,以专版形式反映各部门工作。围绕进一步叫响“自由呼吸·自在荣成”城市品牌形象,组织开展“我心中的荣成”主题征文活动,收到来自北京、河北、山西、新疆等10个省、市、自治区的6368篇来稿。在微信平台“掌上荣成”开展的为期5天的网络投票评选优秀作品活动中,收到186万次访问量、10.4万张有效投票,评出97名获奖者。

编辑出版《荣成时讯》208期,刊发各类新闻稿件3400多件,新闻照片300张。

重点栏目有:《时讯时评》《时讯关注》《记者在基层》《千里海疆巡礼》《创新创业·财富故事会》《百姓故事》。

2017年

自2017年1月1日开始,《荣成时讯》刊期由每周四期增为每周五期,周一、周二、周三、周四、周五出版,版式、栏目设置、报道方式等同步作出相应调整,发行量每期1.2万份。增期改版后的《荣成时讯》为对开四版大报、单面彩印刷。

“要闻版”紧跟市委、市政府部署要求,以“建设创新型城市,争当走在前列排头兵”为宣传主线,进一步创新时政报道形式。做优《时讯时评》《民生荣成》《曝光台》《生态环境整治在行动》《治理违法建设　共建美好家园》《争当全国社会信用体系建设示范城市》《千里海疆巡礼》《美丽荣成记者行》《喜迎十九大　争当排头兵》《新时代新气象新作为　深入学习贯彻党的十九大精神》《党的十九大精神宣讲在基层》《创城在行动》《文明城市全民共建　文明成果人人共享》等栏目,强化报道的导向性、权威性和及时性,用更加灵活的宣传报道形式,把党和政府的声音传递到群众中去,让时政新闻更接地气。

“经济版”侧重关注全市经济建设和创新创业,面向一线,更多报道基层经验,让新闻更具实用性、指导性。围绕生态建设、产业创新、大众创业、农村发展、经济新闻、工匠精神等内容,开设了“生态”“创新”“三农”“财经”“综合”专刊和《荣成工匠》《创新创业·财富故事会》《最美劳动者》《专家在线》《品牌荣成》等精品栏目。

“政文版”深度聚焦文明创建,建设性开展社会监督,关注社会疑点和网络热点。围绕文明建设、民生事业、社会热点、科教文卫、法治建设等内容,开设了“创城”“民生”“综合”“健康”“生活”专刊和《百姓故事》《身边好人》《志愿者在行动》《文明社区　幸福你我》《荣成民生110回音壁》《新闻观察》《政策直通车》《H型高血压与脑卒中防控惠民工程》等精品栏目。以重大主题策划为抓手，以百姓生活视角为切入点，推出了一系列弘扬主旋律、传播正能量的文章，让新闻报道更好地服务于中心工作和科学发展大局。

“副刊版”以挖掘荣成历史、繁荣地方文化为己任，提升报纸的文化品位和人文厚重感。围绕本土文化艺术、风土人情、乡村记忆、全民读书、三区经济社会新闻等内容，开设了“海韵”“人文”“读书”“三区”“休闲”专刊和《凭海观澜》《书画荣成》《民俗·记忆》《家乡百味》《经典诵读》《亲子共读》等精品栏目，做好文化传承，增强文化自信，服务中心工作。

编辑出版《荣成时讯》248 期，刊发各类新闻稿件 14000 多篇，新闻照片 1250 多张。

重点栏目有：《美丽荣成记者行》《新时代新气象新作为　深入学习贯彻党的十九大精神》《党的十九大精神宣讲在基层》《创城在行动》《文明城市全民共建　文明成果人人共享》《凭海观澜》《书画荣成》《家乡百味》。

2018 年

《荣成时讯》刊期为每周五期，周二、周三、周四、周五、周六出版，为对开四版大报，发行量为每期 1.2 万份。2018 年 1 月 1 日起，《荣成时讯》由单面彩改为双面彩色印刷，数字报于荣成人民政府网站首页上线，数字模块连接到“掌上荣成”App 及微信公众平台，“网上读报”“掌上读报”上线。

“要闻版”紧跟市委、市政府部署要求，开设“大学习、大调研、大改进”“提素质，提状态——开创突破式发展新局面”“谱写新时代乡村全面振兴新篇章”“我们一起走过——改革开放 40 周年暨荣成撤县建市 30 周年系列报道”“不忘初心，牢记使命”等专栏，采用政策解读、系列评论、经验介绍、典型报道、公益广告等宣传报道形式，强化报道的导向性、权威性和及时性，把党和政府的声音更加灵活地传递到群众中去。同时，深入报道全市各级贯彻落实中央和省市各项重大决策部署情况，让时政新闻更接地气、更具人气。

“经济版”侧重关注全市经济建设和创新创业，面向一线，更多报道基层经验，让新闻更具实用性、指导性。围绕生态建设、产业创新、大众创业、农村发展、经济新闻、工匠精神等内容，开设“生态”“创新”“三农”“财经”“综合”专刊，进一步巩固发挥《创新创业·财富故事会》等已有专栏作用，讲好各行各业的创新创业人才故事，为社会各界创新、创业树立榜样、提供参考。同时，开设《外眼看荣成》等专栏，以在荣成工作、生活的外乡人的视角，谈他们在荣成生活、工作的感受感想，抒发对荣成的热爱之情，进一步提升“自由呼吸·自在荣成”的影响力和美誉度。

“政文版”深度聚焦文明建设，建设性开展社会监督，关注社会焦点和网络热点。围绕文明建设、民生事业、社会热点、科教文卫、法治建设等内容，开设“文明”“民生”“综合”“健康”“生活”专刊并进一步办好《百姓故事》《身边好人》《志愿者在行动》《文明社区，幸福你我》《荣成民生 110 回音壁》《新闻观察》《政策直通车》等精品栏目。同时，开设“学习在路上”“坚决打赢扫黑除恶专项斗争攻坚仗”“创建国家卫生城市”“新时代文明实践”等专栏，推出一系列弘扬主旋律、传播正能量的文章，让新闻报道更好地服务于中心工作和发展大局。

“副刊版”以“挖掘荣成历史、繁荣地方文化”为己任，提升报纸的文化品位和人文厚重感。围绕本土文化艺术、风土人情、传统民俗等内容，开设“海韵”“海草房”“人文”“读书”“休闲”专刊并进一步办好《凭海观澜》《书画荣成》《民俗·记忆》《古诗文赏读》等精品栏目。开设《荣成文化实录》专栏，弘扬优秀地方传统文化，在做好文化传承、增强文化自信的同时，让读者记得住乡愁、留得住乡情。

编辑出版《荣成时讯》251 期，“网上读报”阅读量 15.3 万人次，“掌上读报”阅读量 34.8 万人次。

为进一步宣传推介“自由呼吸·自在荣成”城市品牌，与省级媒体《西藏商报》和县市级媒体《今日章丘》等合作，刊发图文专版《有一种美好生活叫“自由呼吸·自在荣成”》，合作媒体单期发行量累计 30 多万份。

利用新华社现场云平台直播 2018 荣成滨海国际马拉松赛事、“山东好人”发布仪式暨道德模范与身边好人现场交流活动、中国文联送欢乐下基层慰问演出活动、“歌尔杯”2018 全国航空模型公开赛(荣成站)暨涡喷大师编队邀请赛,点击量近 30 万人次。

9 月,由张世松主编,山东大学出版社出版的《“双创”者的脚步》一书出版。书中收录了 59 位典型人物的创新创业故事,旨在为荣成市“大众创业、万众创新”工作鼓劲加油。

举办的“改革开放 40 周年暨荣成撤县建市 30 周年 ·我的记忆”主题征文活动网络投票累计收到 22.4 万余张,阅读量 230.6 万人次。12 月,《“改革开放 40 周年暨荣成撤县建市 30 周年 ·我的记忆”主题征文优秀作品集》将见报优秀作品进行征集并予以编辑出版。

12 月,编辑出版 34 万字的《千里海疆巡礼》一书,展示荣成市经济社会各项事业发展新成就,歌颂“拼搏进取、勇争一流”的荣成精神。

重点栏目有:《大学习、大调研、大改进》《提素质,提状态——开创突破式发展新局面》《不忘初心,牢记使命》《学习在路上》《坚决打赢扫黑除恶专项斗争攻坚仗》《创建国家卫生城市》《新时代文明实践》。

报社获奖作品

1995 年

作品《请来钟馗抓鬼》获得由山东省新闻工作者协会、山东省新闻学会联合举办的 1994 年度山东新闻奖(消息类)作品评选二等奖。作者:孙丙祝。

作品《失算的“镰刀张”》获得由山东省县市报纸研究会主办的 1994 年度山东省县市报好新闻作品(消息类)作品评选一等奖。作者:肖志杰。

作品《于淮青:烧“科技”香　敬“科技”神》获得由山东省县市报纸研究会主办的 1994 年度山东省县市报好新闻(通讯类)作品评选二等奖。作者:张起帅。

作品《王廷理:当“羊倌”发“羊财”》获得由山东省县市报纸研究会主办的 1994 年度山东省县市报好新闻(通讯类)作品评选二等奖。作者:王军强。

作品《老板们:广告在呼唤》获得由山东省县市报纸研究会主办的山东省县市报好新闻作品评选(评论类)二等奖。作者:孟庆波。

作品《笑意写在脸上》获得由山东省县市报纸研究会主办的 1994 年度山东省县市报好新闻(摄影类)三等奖。作者:盛永福。

作品《赔本果农夸政府》《除假除劣一炬昭信治根本三省自身》分别获得由山东省县市报纸研究会主办的 1994 年度山东省县市报好新闻作品评选三等奖。作者:张震亚。

作品《王维兹的生意经》获得由山东省县市报纸研究会主办的 1994 年度山东省县市报好新闻(通讯类)作品评选三等奖。作者:王军强。

《荣成市报》1 月 7 日经济版面获得由山东省县市报纸研究会主办的 1994 年度山东省县市报作品评选版面编辑奖。编辑:孟庆波。

作品《锣儿响 · 鼓喧天　百姓送匾为哪般　水常青 · 海常蓝　感谢政府治污染》获得由山东省委宣传部、山东省人大办公厅联合举办的山东省 1995 年宣传人民代表大会制度好新闻作品评选二等奖。作者:孙丙祝。

1996 年

作品《“宇翔”翱翔俄罗斯》获得由山东省县市报纸研究会主办的 1995 年度山东省县市报好新闻(通讯类)作品评选二等奖。作者:张起帅。

作品《镇长买篓子》获得由山东省县市报纸研究会主办的 1995 年度山东省县市报好新闻作

品评选二等奖。作者:张可才、王妮娟。

作品《科技进农家》获得由山东省县市报纸研究会主办的山东省县市报好新闻作品评选三等奖。作者:孟庆波。

1997 年

消息《邱家农民网上"赶大集"》获得由中国县市报研究会主办的 1996 年度中国县市报新闻奖作品评选一等奖和山东省县市报纸研究会主办的山东省县市报好新闻作品评选一等奖。作者:肖志杰。

作品《二老汉百里取经记》获得由山东省县市报纸研究会主办的 1996 年度山东省县市报好新闻(通讯类)作品评选二等奖和中国县市报研究会主办的 1996 年度中国县市报新闻类作品评选二等奖;作品《政绩"明白纸"羞红庸官脸　党员"通气会"拉近干群心》获得由山东省县市报纸研究会主办的 1996 年度山东省县市报好新闻作品评选好标题奖;作品《特别晚宴》获得由山东省县市报纸研究会主办的 1996 年度山东省县市报好新闻(通讯类)作品评选三等奖。作者:张军。

作品《幼儿园里来了韩国娃》获得由山东省新闻工作者协会、山东省县市报纸研究会联合举办的山东省县市报好新闻(通讯类)作品评选二等奖;作品《大婶学法记》获得由中国县市报研究会主办的中国县市报新闻奖作品评选三等奖和山东省县市报纸研究会主办的山东省县市报新闻(通讯类)作品评选三等奖。作者:张执臣。

作品《王老汉的生意经》获得由山东省县市报纸研究会主办的山东省县市报好新闻作品评选三等奖。作者:王志超。

《荣成日报》11 月 29 日要闻版面获得由新华社中国记者杂志社、中国县市报研究会联合举办的全国县市报版式设计大赛三等奖。编辑:刘维兵。

作品《两个交警的故事》分别获得由山东省新闻摄影协会主办的 1996 年度山东省优秀新闻摄影作品评选优秀奖和 1996 年度山东省县市报作品评选一等奖;作品《政府送光明　百姓乐悠悠》《田间课堂》分别获得由山东省县市报纸研究会主办的 1996 年度山东省县市报作品评选二等奖和三等奖。作者:孙丙祝。

《荣成市报》7 月 18 日一版获得由山东省新闻工作者协会、山东省县市报纸研究会联合举办的山东省县市报 1996 年度好新闻(版面类)作品评选三等奖。编辑:凌亚明。

1998 年

作品《宣讲团为咱开心窗》获得由山东省新闻工作者协会主办的山东新闻奖(通讯类)作品评选三等奖、山东省县市报纸研究会主办的 1997 年度山东省县市报好新闻(通讯类)作品评选一等奖。作者:张军。

作品《闪光的勋章》获得中国县市报研究会主办的 1997 年度全国县市报作品评选金奖。作者:孙丙祝。

作品《滕家镇下回头村护住耕地生命线》获得由中国县市报新闻奖评选委员会主办的 1997 年度中国县市报新闻奖作品评选二等奖,获得由山东省县市报纸研究会主办的 1997 年度好新闻作品评选三等奖。作者:肖连模、汤光生。

作品《服务外商须贴心》获得由山东省新闻工作者协会、山东省县市报纸研究会联合举办的山东省县市报好新闻(言论类)作品评选一等奖。作者:蒲晓东。

《荣成日报》第 646 期一版获得由山东省县市报纸研究会主办的 1997 年度山东省县市报好新闻(版面类)作品评选二等奖。作者:张军。

作品《廿载丹心普法路》获得由山东省社会治安综合治理委员会、山东省新闻工作者协会、山东省新闻学会联合举办的第四届山东省社会治安综合治理好新闻作品评选二等奖。作者:彭文佳。

作品《公德姓公》获得由山东省新闻工作者协会、山东省县市报纸研究会联合举办的山东省县市报 1997 年度好新闻(言论类)作品评选二等奖。作者:凌亚明。

作品《咱们老百姓》获得由中国县市报研究会主办的中国县市报(专栏类)作品评选三等奖。

作者:张执臣。

作品《婚期有约》获得由国务院港澳办社文司、中国报纸副刊研究会联合举办的“侨兴杯”97香港“百年沧桑话回归”征文作品评选编辑奖。编辑:王华丽。

报告文学《碧海鲸鱼擎天手　非比寻常作画师》在中国报纸副刊研究会举办的1997全国报纸副刊作品评选中获得优秀作品奖、编辑奖。作者:吴高军,编辑:王华丽。

1999年

言论类作品《是梁就要正》获得由山东省新闻工作者协会、山东省新闻学会联合举办的山东省好新闻作品评选三等奖和山东省县市报纸研究会主办的山东省县市报好新闻作品评选一等奖两个奖项,作者:肖志杰。

作品《他乡奉献创佳绩　今朝喜报送回家》获得由山东省新闻工作者协会、山东省新闻学会联合举办的山东新闻奖(消息类)作品评选三等奖和由山东省县市报纸研究会主办的山东省县市报好新闻(消息类)作品评选二等奖两个奖项;编辑的《荣成日报》10月2日经济版面获得由山东省新闻工作者协会、山东省县市报纸研究会联合举办的山东省县市报好新闻(版面类)作品评选二等奖。作者:王妮娟。

作品《农民创办联合体》《养猪要养PIC》《村民选村官》均获得由山东省县市报纸研究会主办的1998年度山东省县市报好新闻作品评选二等奖。其中《农民创办联合体》《村民选村官》获得中国县市报研究会主办的1998年度中国县市报(新闻类)作品评选三等奖。作品《父子双摆擂台》获得由山东省新闻工作者协会、山东省县市报纸研究会联合举办的1998年度山东省县市报好新闻(编辑类)作品评选三等奖。作者:张军。

作品《王文章和他的打工妹扫盲班》获得由山东省新闻工作者协会、山东省县市报纸研究会联合举办的1998年度山东省好新闻作品评选一等奖,获得中国县市报研究会主办的1998年度全国县市报新闻摄影优秀奖和1998年度全国县市报作品评选二等奖。作者:孙丙祝。

作品《琴声跌宕扬国粹　弦底流韵寓乡情》获得由中国县市报研究会主办的1998年度中国县市报新闻奖好标题奖。作品《港西镇筑巢引凤招商忙》获得由山东省县市报纸研究会主办的山东省县市报好新闻作品评选二等奖。作者:王志超。

《荣成,有这样一条街》获得由共青团山东省委、山东新闻工作者协会、山东新闻学会、山东青年新闻工作者协会联合举办的山东青年新闻奖。作品《港西镇农民昔日街头晒太阳今日炕头插花忙》获得由山东新闻工作者协会、山东省县市报研究会联合举办的山东省县市报好新闻作品评选二等奖。编辑的《荣成日报》1998年11月25日一版获得中国县市报研究会主办的中国县市报好新闻版面奖。作者:闫新良。

作品《职工就是那定盘星》获得由中国县市报新闻奖评选委员会主办的1999年度中国县市报新闻奖好标题奖。作者:汤光生、王凤羽。

作品《孩子,你回来了》获得中国县市报研究会主办的中国县市报(通讯类)作品评选二等奖和中国记者协会主办的中国记协新闻奖作品评选三等奖两个奖项。作者:张执臣。

作品《最后一笔税款》获得由山东省新闻工作者协会、山东省县市报纸研究会联合举办的山东省好新闻作品评选一等奖。作者:于丽波。

作品《1913年日〈太阳增刊〉在我市发现》获得由山东省新闻工作者协会、山东省县市报纸研究会联合举办的山东省县市报1998年度好新闻(编辑类)作品评选一等奖。编辑:凌亚明。

作品《戎马半生吟风雨　丹青长伴写烟霞》和编辑的1998年8月1日《荣成日报》四版获得由中国报纸副刊研究会主办的1998全国报纸副刊作品年赛优秀奖。编辑:王华丽。

《多学本事出路多》获得由山东省新闻工作者协会、山东省县市报纸研究会联合举办的1998年度山东省县市报好新闻(编辑类)作品评选三等奖。编辑:张世松。

2000 年

作品《双向交流会——宁津镇民主政治建设见闻》获得由中国县市报研究会主办的 1999 年度中国县市报(新闻类)作品评选一等奖。作者:张军。

作品《爱洒天鹅湖》获得由中国县市报研究会主办的 1999 年度中国县市报新闻奖和由山东省新闻工作者协会、山东省县市报纸研究会联合举办的 1999 年度山东省县市报好新闻(通讯类)作品评选二等奖和两个奖项。作者:彭文佳、王妮娟。

作品《为时代而歌》《心似竹　虚且直》均获得中国报纸副刊研究会举办的 1999 全国报纸副刊作品年赛(编辑类)优秀奖。作者:吕冰峰。

作品《孩子,你回来了》获得由中国县市报研究会主办的 1999 年度全国县市报优秀新闻摄影作品评选优秀奖。作者:王福东。

作品《成山镇“淘金”渔业大世界》获得由山东省县市报纸研究会主办的山东省县市报好新闻作品评选一等奖;作品《“小字辈”大显身手》获得由山东省县市报纸研究会主办的山东省县市报好新闻作品评选二等奖;作品《引来泥蚶避暑　带来利润百万》获得由中国县市报新闻奖评选委员会主办的 1999 年度中国县市报新闻奖(消息类)作品评选二等奖。作者:王志超。

作品《昔日结网晒鱼　今日“上网”求知》获得由山东省县市报纸研究会主办的山东省县市报(摄影类)作品评选三等奖;作品《宁津镇出现 2 个长寿村》获得由山东省青年新闻奖协会主办的山东青年新闻奖(摄影类)作品评选三等奖。作者:盛永福。

作品《放下打渔网　走上互联网》获得由山东省新闻工作者协会、山东省县市报纸研究会联合举办的 1999 年度山东省县市报好新闻(消息类)作品评选三等奖。作者:王妮娟。

作品《欢庆澳门回归》获得由山东省县市报纸研究会主办的 1999 年度山东省县市报好新闻(摄影类)作品评选三等奖。作者:王福东。

作品《心似竹　虚且直》获得中国报纸副刊研究会主办的 1999 全国报纸副刊作品年赛优秀奖,编辑的《荣成日报》1999 年 6 月 5 日四版获得由中国报纸副刊研究会主办的 1999 全国报纸副刊作品年赛优秀奖。作者:王华丽。

作品《守住土地生命线》获得由山东新闻工作者协会、山东省县市报研究会联合举办的山东省县市报好新闻作品评选二等奖。作者:汤光生。

作品《祖国万岁》获得由山东省新闻工作者协会、山东省县市报纸研究会联合举办的山东省 1999 广告经营论文、创意评选三等奖。

作品《老彭办厂记》获得由中国作家协会、中国报业协会、中国广播电视学会联合举办的第六届“中华大地之光”征文(通讯特写)作品评选二等奖。作者:吕冰峰。

论文《如何发挥县市报在县城政治经济社会发展中的作用》入选山东省新闻出版局主办的《新闻出版导刊》。作者:张政利。

论文《找准贴近点　服务老百姓》入选山东省新闻出版局主办的《新闻出版导刊》。作者:肖阳模。

论文《浅谈版面编辑的形与神》入选山东省新闻出版局主办的《新闻出版导刊》。作者:王妮娟。

论文《浅谈副刊的策划》在中国县市报研究会主办的全国县市报首次副刊研讨会上被评为优秀论文;论文《谈地方性党报副刊在地方文化的作用》入选山东省新闻出版局主办的《新闻出版导刊》。作者:王华丽。

论文《立足实际开展思想政治工作》获得由山东省新闻出版总局主办的山东省先进理论征文二等奖;论文《同行是首歌——也谈报纸广告的情感效应》入选山东省新闻出版总局主办的《新闻出版导刊》。作者:孟庆波。

论文《策划热中的冷思考》入选山东省新闻出版局主办的《新闻出版导刊》。作者:闫新良。

2001 年

作品《束之高阁为哪般》获得由中国县市报新闻奖评选委员会主办的2000年度中国县市报新闻奖三等奖和山东省新闻工作者协会、山东省县市报纸研究会联合举办的2000年度山东省县市报新闻奖(通讯类)作品评选一等奖;作品《天道酬智》获得由中国县市报新闻奖评选委员会主办的2000年度中国县市报新闻奖三等奖;作品《"村官儿"冯江》获得由山东省新闻工作者协会、山东省县市报纸研究会联合举办的2000年度山东省县市报新闻奖(通讯类)作品评选二等奖。作者:王凤羽。

《荣成日报》2000年2月19日经济版面获得由山东省新闻工作者协会、山东省县市报纸研究会联合举办的2000年度山东省县市报好新闻(版面类)作品评选二等奖。编辑:王妮娟。

作品《韩国娃第二故乡过"六一"》获得由山东省县市报纸研究会主办的2000年度山东省县市报好新闻(摄影类)作品评选二等奖。作者:王福东。

《荣成日报》2000年9月16日十五版获得由中国报纸副刊研究会举办的2000全国报纸副刊作品年赛三等奖。编辑:王华丽。

专栏《咱们老百姓》获得由中国报纸副刊研究会主办的2000全国报纸副刊作品年赛三等奖,作品《老彭办厂记》获得优秀奖和编辑优秀奖。作者:吕冰峰。

论文《县市报副刊在建设地方文化中的作用》获得由山东省新闻工作者协会、山东省县市报纸研究会联合主办的2000年度山东省县市报新闻奖(论文类)作品评选一等奖,获得由中国报纸副刊研究会举办的2000年度全国报纸副刊论文评选优秀奖。作者:王华丽。

论文《浅谈版面编辑的形与神》获得由山东省新闻工作者协会、山东省县市报纸研究会联合举办的2000年度山东省县市报新闻奖(论文类)作品评选二等奖。作者:王妮娟。

论文《处理好五个关系　办好新时期县市报》发表于中国县市报研究会出版的《县市报研究》杂志;论文《浅谈县市报进市场》发表于中国报业协会出版的《中国报业》杂志。作者:刘维兵。

论文《如何面对网络技术挑战,拓展传统媒体的生存空间》刊发在黑龙江省委《奋斗》杂志社出版的《奋斗》杂志2001年第6期;论文《新闻媒体做群众利益的维护者》入选中国当代社科研究文库编辑委员会编辑的《中国当代社科研究文库》。作者:凌亚明。

2002 年

作品《风雪狂涛救渔民》获得由山东省新闻工作者协会、山东省新闻学会联合举办的2001年度山东新闻奖(摄影、编辑)作品评选三等奖。摄影:王福东,编辑:彭文佳。

《荣成日报》2001年4月26日一版获中国县市报研究会主办的2001年度中国县市报新闻奖(版面类)作品评选一等奖。编辑:彭文佳。

作品《风雪狂涛救渔民》获得由山东省县市报纸研究会主办的2001年度山东省县市报好新闻(摄影类)作品评选一等奖、山东省新闻摄影学会主办的山东省优秀新闻摄影作品评选二等奖。作品《二十六载天鹅情》获得由中国县市报研究会主办的2001年度中国县市报新闻奖(通讯类)作品评选一等奖。作者:王福东。

作品《宁津镇六万亩浅滩变金滩》《大疃镇服务做到家　外商招进家》分别获得由山东省新闻工作者协会、山东省县市报纸研究会联合举办的山东省县市报好新闻(消息类)作品评选二等奖和三等奖。作者:张永波。

论文《加强和改进党的基层组织建设》刊发在黑龙江省委《奋斗》杂志社出版的《奋斗》杂志2002年第7期。作者:凌亚明。

2003 年

作品《一中来了外教》获得由中国县市报研究会主办的中国县市报好新闻作品评选一等奖。作者:张永波。

作品《荣成有一支这样的普法队》获得由山东省新闻工作者协会、山东省新闻学会联合举办的山东新闻奖(通讯类)作品评选二等奖。作者:蒲晓东。

作品《喜摘丰收果》获得由山东省县市报纸研究会主办的2002年度山东省县市报新闻奖(摄影类)作品评选一等奖和中国县市报研究会主办的2002年度中国县市报好新闻(摄影类)作品评选优秀奖两个奖项。作者:王福东。

作品《品格,铸就辉煌》获得由人民日报市场报社、中国新闻出版报社等6家新闻单位联合举办的第三届"新世纪之声"《共和国颂歌》征文比赛(通讯类)作品评选二等奖。作者:凌亚明。

2004年

作品《荣成市"54321"社会治安防控体系架起平安网》获得由山东省社会治安综合治理委员会办公室、山东省新闻工作者协会联合举办的2003年度山东省社会治安综合治理好新闻作品评选一等奖。作者:刘健、王忠澎、彭文佳。

2005年

作品《"三联动"连起"天罗地网"》获得由山东省社会治安综合治理委员会办公室、山东省新闻工作者协会联合举办的2004年度山东省社会治安综合治理好新闻作品评选三等奖。作者:刘昌涛、王忠澎、彭文佳。

作品《旗帜》在中国新闻摄影学会举办的"魅力城市美荣成"全国新闻摄影采访活动中被授予银奖。作者:王福东。

2009年

作品《大润发给我们带来了什么》获得由山东省新闻工作者协会、山东省新闻工作者协会县级媒体工作委员会联合举办的山东省县市报好新闻(通讯类)作品评选三等奖。作者:王妮娟、王凤羽。

2010年

作品《妈妈,再爱我一次》获得由山东省新闻工作者协会县级媒体工作委员会主办的2009年度山东省县市报新闻奖(通讯类)作品评选二等奖,作品《小区路灯何时亮起来》获得由山东省新闻工作者协会县级媒体工作委员会主办的2009年度山东省县市报新闻奖(系列报道)作品评选一等奖。作者:王华丽。

作品《荫子镇"双薪"农民多》获得由山东省县市报纸研究会举办的2009年度山东省县市报好新闻(消息类)作品评选二等奖。作者:孟庆波。

作品《一杯酒"药"倒多少人》获得由山东省新闻工作者协会县级媒体工作委员会主办的2009年度山东省县市报新闻奖(通讯类)作品评选二等奖。作者:吕冰峰。

作品《合作共赢之路》获得由山东省县市报纸研究会主办的山东省县市报好新闻(通讯类)作品评选三等奖。作者:王妮娟、王凤羽。

作品《"妈,我回来了!"》获得由山东省新闻工作者协会、山东省县市报纸研究会联合举办的2009年度山东省县市报好新闻(通讯类)作品评选三等奖。作者:张世松。

作品《今年高考无新闻》获得由山东省县市报纸研究会主办的2010年度山东新闻奖县市报纸(通讯类)作品评选三等奖。作者:吕冰峰。

2011年

作品《穿行半个世纪的"拥军船"》获得由山东省新闻工作者协会、山东省县市报纸研究会联合举办的山东省县市报好新闻(通讯类)作品评选一等奖。作者:吴高军、张世松。

作品《10小时荣成海鲜"蹦"上韩国餐桌》《院外的事情政府办》分别获得由山东省新闻工作者协会、山东省县市报纸研究会联合举办的2010年度山东新闻奖县市报(消息类)作品评选一等奖和通讯类一等奖。作者:王洪臣。

作品《北川援建见闻》获得由山东省新闻工作者协会、山东省新闻工作者协会县级媒体工作委员会、山东省县市报纸研究会联合举办的2010年度山东新闻奖县市报(系列报道)作品评选一等奖。作者:吕冰峰。

作品《换个角度看待"民工荒"》获得由山东省新闻工作者协会、山东省新闻工作者协会县级媒体工作委员会、山东省县市报纸研究会联合举办的2010年度山东新闻奖县市报(评论类)作品评选一等奖。作者:王凤羽。

作品《泰祥集团的"顺风船"》分别获得由山东省新闻工作者协会、山东省县市报纸研究会联合举办的2010年度山东省县市报好新闻(通讯类)三等奖。作者:张世松。

作品《泰祥集团的"顺风船"》获得由山东省县市报纸研究会主办的山东省县市报(通讯类)作品评选三等奖。作者:孟庆波。

作品《放风筝的女孩》获得由山东省落实山东省国民休闲发展纲要领导小组主办的山东省2011年"我休闲　我快乐"摄影大赛三等奖。作者:王福东。

2011年7月,凌亚明担任黑龙江美术出版社出版的《杨生泉摄影作品集》主编。

2012年

作品《戴玉山自办"红色收藏展"》获得由山东省新闻工作者协会、山东省新闻工作者协会县级媒体工作委员会联合举办的2011年度山东新闻奖县级媒体作品评选一等奖、2011年山东省新闻奖县市报纸专项奖(报道类)作品评选三等奖。作者:王福东。

作品《撤离利比亚》获得由山东省新闻工作者协会、山东省新闻工作者协会县级媒体工作委员会联合举办的2011年度山东新闻奖县级媒体作品评选一等奖。作者:吕冰峰、王唯娇、宋佳禹。

作品《善良,不需见证》获得由山东省新闻工作者协会专项奖评审委员会、山东省新闻工作者协会县级媒体工作委员会、山东省县市报纸研究会联合举办的2011年度山东省新闻奖县市报专项评选(评论类)作品评选二等奖。作者:吕冰峰。

作品《1226份"经济护照"让企业获益1845万元》获得由山东省新闻工作者协会专项评审委员会、山东省新闻工作者协会县级媒体工作委员会会、山东省县市报纸研究会联合举办的2011年度山东省县市报好新闻专项奖三等奖。作者:王凤羽、王妮娟。

作品《"米雷",吹响抗灾集结号》获得由山东省新闻工作者协会、山东省新闻工作者协会县级媒体工作委员会、山东省县市报纸研究会联合举办的2011年度山东省新闻奖县市报纸专项奖(系列报道)作品评选三等奖、(消息类)作品评选三等奖。作者:王洪臣、王福东、王凤羽、王妮娟、王璐。

作品《撤离利比亚》获得由山东省新闻工作者协会、山东记协县级媒体工作委员会联合举办的2011年度山东新闻奖县级媒体作品评选一等奖和编辑类作品评选一等奖两个奖项。作者:王唯娇。

作品《雪中山村天鹅飞》获得由中国画报协会、山东省摄影家协会联合举办的"好运荣成"大天鹅全国摄影大赛铜奖,作品《放飞心情》《乐悠悠》均获得由山东省落实山东省国民休闲发展纲要领导小组组织的山东省2012年"我休闲　我快乐"摄影大赛佳作奖。作者:王福东。

2013年

作品《期待一个产业的雄心》获得由山东省新闻工作者协会、山东省新闻学会联合举办的2012年度山东新闻奖(评论类)作品评选二等奖和由山东省县市报纸研究会主办的山东省县市报好新闻(评论类)作品评选一等奖;作品《荣成高筑"招贤台"》获得由山东省新闻工作者协会、山东省新闻工作者协会县级媒体工作委员会联合举办的2012年度山东省县市报好新闻(消息类)作品评选三等奖。作者:王妮娟。

作品《彝族娃儿的新课堂》获得由山东省新闻工作者协会、山东省新闻工作者协会县级媒体工作委员会联合举办的2012年度山东新闻奖

(系列报道)县市媒体作品评选一等奖。作者:王福东。

作品《春风朝夕起　吹绿日日深》《抗击超强台风“布拉万”》获得由山东省新闻工作者协会、山东省新闻工作者协会县级媒体工作委员会联合举办的2012年度山东新闻奖(通讯类)和(系列报道)县市媒体作品评选二等奖。作者:王凤羽、张艳。

作品《抗击超级台风“布拉万”》获得由山东省新闻工作者协会、山东省新闻工作者协会县级媒体工作委员会联合举办的2012年度山东新闻奖(系列报道)县市媒体作品评选二等奖。作者:王璐、王唯娇、龙俊宇、张艳、王凤羽、王福东。

作品《风雪天鹅湖》被大众摄影编辑部评为佳作奖,作品《玉带绕贡嘎》入选大众摄影编辑部举办的亲情中华——世界华侨华人摄影展览。作者:王福东。

2014年

《荣成时讯》2013年1月24日二三通版获得由山东省新闻工作者协会、山东省新闻工作者协会县级媒体工作委员会联合举办的2013年度山东新闻奖县市报纸专项奖(版面类)作品评选一等奖。编辑:王璐。

《荣成时讯》2013年1月24日二三通版(民生篇)获得2013年度山东新闻奖县市报纸专项奖(版面类)作品评选一等奖。作者:王璐。

作品《雪中山村天鹅飞》《世界旅游小姐在好运角》《蒸腾的工地》均获得中国摄影报社主办的“那香海杯”行走好运角全国摄影大展铜奖,作品《爱荣成的洋女婿》获得由山东省新闻工作者协会、山东省新闻工作者协会县级媒体委员会联合举办的2013年度山东新闻奖县市报纸专项奖(新闻摄影类)作品评选二等奖。作者:王福东。

作品《春去春又回——〈“爱心夫妻”演绎党代传奇〉续篇》获得由山东省新闻工作者协会、山东省新闻工作者协会县级媒体工作委员会联合举办的2013年度山东新闻奖县市报纸专项奖(通讯类)作品评选二等奖。作者:王唯娇。

作品《中国海洋食品名城巡礼》获得由山东省新闻工作者协会、山东省新闻工作者协会县级媒体工作委员会联合举办的2013年度山东省县市报好新闻专项奖三等奖。作者:王妮娟。

2015年

系列报道《无花果长大了》《红富士红了》于2015年11月10日获得市委书记江山批示。作者:王妮娟、陈峰、王璐。

作品《荣成一步跨入“高铁时代”》获得由山东省新闻工作者协会、山东省新闻工作者协会县级媒体工作委员会联合举办的2014年度山东新闻奖县市报纸专项奖(消息类)作品评选一等奖。作者:王华丽、龙俊宇。

作品《一位农民工的舞台》《为什么农民工的利益会被“绑架”?》获得由山东省新闻工作者协会、山东省新闻工作者协会县级媒体工作委员会、山东省县市报纸研究会联合举办的2014年度山东省新闻奖县市报纸专项奖一等奖和三等奖。作者:吕冰峰。

作品《用“薪”更要用“心”》获得由山东省新闻工作者协会、山东省新闻工作者协会县级媒体工作委员会联合举办的2014年度山东省县市报好新闻专项奖(评论类)二等奖。作者:王妮娟、刘春梅。

作品《动检列车驶入荣成站》获得由山东省新闻工作者协会、山东省新闻工作者协会县级媒体委员会联合举办的2014年度山东新闻奖县市报纸专项奖(新闻摄影类)作品评选三等奖。作者:王福东。

作品《谁该为鱼粉污染“买单”》获得由山东省新闻工作者协会、山东省新闻工作者协会县级媒体委员会联合举办的2014年度山东新闻奖县市报纸专项作品评选(评论类)三等奖。作者:王洪臣。

作品《一信抵千金——1.2万名市民获无担保贷款资格》获得由山东省新闻工作者协会、山东省新闻工作者协会县级媒体工作委员会联合举办的2014年度山东新闻奖县市媒体专项奖(消息类)作品评选三等奖。作者:张艳。

《回眸"十二五"系列报道》获得由山东省新闻工作者协会、山东省新闻工作者协会县级媒体工作委员会、山东省县市报纸研究会联合举办的2015年度山东新闻奖县市报纸专项奖(系列报道)作品评选三等奖。作者:王洪臣、王唯娇。

作品《金枪鱼加工》《港湾暖阳》获得中国海洋摄影家协会举办的"刘公岛杯·蓝色威海"纪念甲午战争120周年摄影大赛优秀奖。作者:王福东。

2016年

系列报道《无花果长大了》《红富士红了》均获得由山东省新闻工作者协会、山东省新闻工作者协会县级媒体工作委员会联合举办的2015年度山东新闻奖县市报纸专项奖(系列报道)作品评选一等奖。作者:王妮娟、王璐、陈峰。

作品《大道至简》获得由山东省新闻工作者协会、山东省新闻工作者协会县级媒体工作委员会联合举办的2015年度山东新闻奖县市媒体专项奖一等奖(评论类)。作者:王妮娟、陈峰。

作品《有一种能量无处不在》分别获得由山东省新闻工作者协会、山东省新闻工作者协会县级媒体工作委员会联合举办的2015年度山东新闻奖县市媒体专项奖(通讯类)一等奖。作者:张艳。

作品《荣成开启中韩贸易新模式》获得由山东省新闻工作者协会、山东省新闻工作者协会县级媒体工作委员会、山东省县市报纸研究会联合举办的2015年度山东新闻奖县市报纸专项奖(系列报道)三等奖。作者:王璐。

2017年

"自由呼吸·自在荣成"系列报道获得由山东省新闻工作者协会、山东省新闻工作者协会县级媒体工作委员会联合举办的2016年度山东省新闻奖县市报纸专项奖(系列报道)作品评选一等奖。作者:王妮娟、张世松、杨青。

作品《今年我市农村改厕将惠及7万户》获得由山东省新闻工作者协会、山东省新闻工作者协会县级媒体工作委员会联合举办的2016年度山东省新闻奖县市报纸专项奖(消息类)作品评选一等奖。作者:王璐。

作品《构建"信用荣成"大格局》获得由山东省新闻工作者协会、山东省新闻工作者协会县级媒体工作委员会联合举办的2016年度山东省新闻奖县市报纸专项奖(消息类)作品评选一等奖。作者:陈峰。

作品《青荣城铁16日全线开通　荣成步入半岛"同城时代"》获得由山东省新闻工作者协会、山东省新闻工作者协会县级媒体工作委员会联合举办的2016年度山东省新闻奖县市报纸专项奖(消息类)作品评选一等奖;作品《冰封天鹅湖》获得由山东省新闻工作者协会、山东省新闻工作者协会县级媒体工作委员会联合举办的2016年度山东省新闻奖县市报纸专项奖(摄影类)作品评选二等奖。作者:王福东。

《"H型高血压"荣成模式系列报道》获得由山东省新闻工作者协会、山东省新闻工作者协会县级媒体工作委员会联合举办的2016年度山东省新闻奖县市报纸专项奖(系列报道)作品评选二等奖。作者:王妮娟、王璐。

作品《众创空间劲头足》获得由山东省新闻工作者协会、山东省新闻工作者协会县级媒体工作委员会联合举办的2016年度山东省新闻奖县市报纸专项奖(通讯类)作品评选二等奖。作者:吕冰峰、王丽韦。

作品《"互联网+"学会才能干好》获得由山东省新闻工作者协会、山东省新闻工作者协会县级媒体工作委员会联合举办的2016年度山东省新闻奖县市报纸专项奖(评论类)作品评选二等奖;作品《出口日韩食品同线同标同质交易公共服务平台启动》获得由山东省新闻工作者协会、山东省新闻工作者协会县级媒体工作委员会联合举办的2016年度山东省新闻奖县市报纸专项奖(消息类)作品评选三等奖。作者:王洪臣。

作品《蓝色蓓蕾情系利比里亚》获得由山东省新闻工作者协会、山东省新闻工作者协会县级媒体工作委员会联合举办的2016年度山东省新闻奖县市报纸专项奖（通讯类）作品评选三等奖。作者：杨青。

作品《林中传古调　布衣承家学》获得由山东省新闻工作者协会、山东省新闻工作者协会县级媒体工作委员会联合举办的2016年度山东省新闻奖县市报纸专项奖（通讯类）作品评选三等奖。作者：范丽娜。

作品《“面子”好看“里子”更实》获得由山东省新闻工作者协会、山东省新闻工作者协会县级媒体工作委员会联合举办的2016年度山东省新闻奖县市报纸专项奖（通讯类）作品评选三等奖。作者：王洪臣、陈峰、乔文涛。

作品《荣成好人登上国家领奖台》获得由山东省新闻工作者协会、山东省新闻工作者协会县级媒体工作委员会联合举办的2016年度山东省新闻奖县市报纸专项奖（通讯类）作品评选三等奖。作者：张世松。

摄影作品《海带收获忙》获得秦煤集团杯“美周一图”全国摄影大赛优秀奖，摄影作品《轰炸机》获得“中国梦·中国故事（2012—2017）首届中国图片大赛”六类单项典藏优秀作品奖。作者：王福东。

2018年

作品《三条“鱼”长成三大产业链》获得由山东省新闻工作者协会、山东省县市报纸研究会主办的2017年度山东省新闻奖县市报纸专项奖（通讯类）作品评选一等奖。作者：王洪臣、付明。

作品《“千里海疆巡礼”系列报道》获得由山东省新闻工作者协会、山东省县市报纸研究会联合举办的2017年度山东省新闻奖县市报纸专项奖（系列报道）作品评选一等奖。作者：王洪臣、邹英雪、王天赋。

作品《“澳牛”来了》获得由山东省新闻工作者协会、山东省县市报纸研究会联合举办的2017年度山东省新闻奖县市报纸专项奖（摄影类）作品评选一等奖。作者：王福东、王璐、王君。

作品《爱的系列报道》获得由山东省新闻工作者协会、山东省县市报纸研究会联合举办的2017年度山东省新闻奖县市报纸专项奖（系列报道）作品评选二等奖。作者：王华丽、王璐、付明。

作品《文明城市系列报道》获得由山东省新闻工作者协会、山东省县市报纸研究会联合举办的2017年度山东省新闻奖县市报纸专项奖（系列报道）作品评选二等奖。作者：王洪臣、陈峰、杨青。

作品《荣成喜获全国文明城市称号》获得由山东省新闻工作者协会、山东省县市报纸研究会联合举办的2017年度山东省新闻奖县市报纸专项奖（消息类）作品评选二等奖。作者：陈峰。

作品《一场马拉松火了一座城》获得由山东省新闻工作者协会、山东省县市报纸研究会联合举办的2017年度山东省新闻奖县市报纸专项奖（通讯类）作品评选三等奖。作者：王洪臣、于佳佳。

作品《海上粮仓收获忙》获得由山东省新闻工作者协会、山东省县市报纸研究会联合举办的2017年度山东省新闻奖县市报纸专项奖（通讯类）作品评选三等奖。作者：王妮娟、王天赋。

作品《千万鲍鱼“下江南”》获得由山东省新闻工作者协会、山东省县市报纸研究会联合举办的2017年度山东省新闻奖县市报纸专项奖（通讯类）作品评选三等奖。作者：张世松、于佳佳。

作品《无声匠人吴永清》获得由山东省新闻工作者协会、山东省县市报纸研究会联合举办的2017年度山东省新闻奖县市报纸专项奖（通讯类）作品评选三等奖。作者：于佳佳、王君。

作品《一滴水如何进入百姓家》获得由山东省新闻工作者协会、山东省县市报纸研究会主办的2017年度山东省新闻奖县市报纸专项奖（通讯类）作品评选三等奖。作者：于清。

作品《健健康康奔小康》获得由山东省新闻工作者协会、山东省县市报纸研究会联合举办的2017年度山东省新闻奖县市报纸专项奖（通讯类）作品评选三等奖。作者：胡思慧。

作品《荣成全力构建农村改厕治污一体化新模式》获得由山东省新闻工作者协会、山东省县市报纸研究会联合举办的2017年度山东省新闻奖县市报纸专项奖(消息类)作品评选三等奖。作者:张世松。

作品《落实河长制　保障“河长治”》获得由山东省新闻工作者协会、山东省县市报纸研究会联合举办的2017年度山东省新闻奖县市报纸专项奖(通讯类)作品评选三等奖。作者:王天赋。

作品《“我骄傲　我是荣成兵”系列报道》获得由山东省新闻工作者协会、山东省县市报纸研究会联合举办的2017年度山东省新闻奖县市报纸专项奖(系列报道)作品评选三等奖。作者:吕冰峰。

作品《好当家集团春参采捕记》获得由山东省新闻工作者协会、山东省县市报纸研究会联合举办的2017年度山东省新闻奖县市报纸专项奖(摄影类)作品评选三等奖。作者:张世松、范丽娜。

作品《玫瑰花开致富路》获得由山东省新闻工作者协会、山东省县市报纸研究会联合举办的2017年度山东省新闻奖县市报纸专项奖(摄影类)作品评选三等奖。作者:王福东、范丽娜。

作品《海带收获忙》获得由中国新闻摄影学会县市传媒分会主办的2017年度中国县市传媒新闻奖(摄影类)作品评选一等奖;作品《海带之都收获忙》获得由山东省新闻工作者协会、山东省县市报纸研究会联合举办的2017年度山东省新闻奖县市报纸专项奖(摄影类)作品评选三等奖。作者:王福东。

作品《古老银杏——记录时光的活化石》获得由山东省新闻工作者协会、山东省县市报纸研究会联合举办的2017年度山东省新闻奖县市报纸专项奖(版面类)作品评选三等奖。编辑:于清。

作品《荣成苹果:自然呼吸　自然红》获得由山东省新闻工作者协会、山东省县市报纸研究会联合举办的2017年度山东省新闻奖县市报纸专项奖(版面类)作品评选三等奖。编辑:毕贞昌。

集体荣誉

1995年

荣成市报社被荣成市委、市政府授予“机关岗位责任制先进集体”荣誉称号。

1996年

《荣成市报》被山东省新闻出版局授予“山东省优秀报纸”荣誉称号。

荣成市报社被荣成市委、市政府授予“机关岗位责任制先进集体”荣誉称号。

1997年

《荣成日报》被山东省新闻出版局授予“山东省优秀报纸”荣誉称号。

荣成日报社被荣成市委、市政府授予“精神文明建设工作先进集体”荣誉称号。

1998年

荣成日报社被荣成市委、市政府授予“精神文明建设工作先进集体”“文明机关”“对外经贸工作涉外服务先进集体”荣誉称号。

1999年

《荣成日报》被山东省新闻出版局授予“山东省优秀报纸”荣誉称号。

2000年

荣成日报社被荣成市委、市政府授予“文明机关”荣誉称号。

2001年

荣成日报社被荣成市委、市政府授予“文明机关”“社会治安综合治理先进集体”“落实机关岗位责任制先进集体”荣誉称号。

《荣成日报》被山东省新闻出版局授予“山东省优秀报纸”荣誉称号。

2002年

荣成日报社被荣成市委、市政府授予“文明机关”“社会治安综合治理先进集体”“落实机关岗位责任制先进集体”荣誉称号。

2003年

荣成日报社被荣成市委、市政府授予“落实机关岗位责任制先进集体”“社会治安综合治理先进集体”荣誉称号。

2012年

荣成市新闻中心被荣成市委、市政府授予“中国·威海荣成海峡两岸海洋食品展销会优质服务奖”荣誉称号。

2013年

荣成市新闻中心被威海市爱国卫生运动委员会授予“市级卫生先进集体”荣誉称号。

2015年

《荣成时讯》被山东省新闻工作者协会、山东省县市报纸研究会、县级媒体工作委员会联合评选为“2013—2014年度山东省优秀县市报”。

2017年

荣成市新闻中心被威海市精神文明建设委员会授予“文明城市建设工作先进单位”荣誉称号。

荣成市新闻中心被山东省新闻工作者协会评为“全省十强媒体单位”。

个人荣誉(省级及以上)

1996年,孟庆波获得由山东省县市报纸研究会授予的“山东省县市报优秀经营者”荣誉称号。1998年,获得由山东省报协广告委员会、山东省广协报纸委员会联合授予的“山东省1998年度优秀广告工作者”荣誉称号。1999年,获得由山东省报协广告委员会、山东省广协报纸委员会联合授予的“山东省报纸广告先进个人”荣誉称号和山东省新闻出版局 、山东省报业协会联合授予的“山东省报业98/99年度先进经营管理工作者”荣誉称号。

1999年,孙丙祝获得由山东省广协报纸委员会、山东省报协广告委员会联合授予的“山东省报纸广告先进个人”荣誉称号。1999年1月,获得由山东省县市报纸研究会授予的“山东省1998年度优秀经营管理工作者”荣誉称号。1999年10月,获得由山东省新闻出版局 、山东省报业协会联合授予的“山东省报业98/99年度先进经营管理工作者”荣誉称号。

1999年,王妮娟获得由山东省报协广告委员会 、山东省广协报纸委员会联合授予的“山东省1998年度优秀广告工作者”荣誉称号。

2000年,彭文佳获得由山东省县市报纸研究会授予的“山东省1999年度县市报优秀新闻工作者”荣誉称号。

新 媒 体

2015年1月开始，由张峰滔牵头开发“荣成在线”网站，同年7月正式上线并对外发布，“荣成新闻”开通线上浏览渠道。

2018年4月24日，“直播荣成”App发布上线，用户覆盖面广泛，为传统媒体产品提供线上发布途径。“直播荣成”每日更新《荣成新闻》《民生360°》等资讯，整合发布《时事解读》《乐享荣成》等专题、栏目，实现传统媒体内容与新媒体端口的融合。2020年6月，停止使用。

2019年7月，新媒体发展部正式成立，主要负责新媒体平台运营和内容创新。

2019年7月，新媒体发展部接手运营“山东荣成@you”抖音账号，并将其定位为资讯类账号，保持每日10条左右的更新频率，增加“粉丝”黏性。战“疫”期间，“山东荣成@you”成为重要宣传途径，紧追热点，第一时间发布疫情动态、防控知识等相关内容，其中短视频《10只口罩卖850元　北京一奸商最高被罚300万》《良心企业:3倍工资召回员工加班　生产口罩供一线》分别突破两亿两千万和一亿四千万播放量。2020年2月13日，荣成市驰援湖北黄冈第一批救援物资启运，新媒体发展部在抖音平台上开设“抗击疫情，荣成＆黄冈在一起”特辑，共更新短视频46条，获4703.6万次点播，其中关于医护人员吃到鲅鱼水饺、海参小米粥的视频分别收获39.3万和32万次“点赞”。截至2021年3月，该抖音账号已发布视频3500余条，“粉丝”数量由7万增长至110万。

2019年10月，新版“直播荣成”App开通，2020年4月正式对外发布上线，功能更全面、内容更丰富。开通以后，“直播荣成”App开设“看电视”“听广播”“数字报”“直播”等快捷渠道，成为媒体融合的重要平台；陆续开设《疫情防控》《安全生产》《小康》等专栏，密切关注时下热点；链接“文明实践”“民心网”等端口，提升平台功能性；设立“随手拍”，增强用户互动感。截至2021年3月，注册用户达到7.7万。

2019年11月，新媒体发展部注册快手账号“嗨荣成”，从零做起，截至2021年3月，发布视频2675条，“粉丝”数增至45.2万。2020年年初，注册搜狐号、百家号、网易号、腾讯号等新媒体发布平台，正式启动多平台联动模式，有效拓宽宣传渠道。

2021年2月，新媒体发展部开通政务号功能，为全市镇街部门设立账号，实现省级平台“闪电云”和本地客户端“直播荣成”的互联互通，打通新媒体端的稿件传输渠道，丰富了稿件来源。

除抖音、快手外，新媒体发展部通过新华社“现场云”平台开辟直播宣传渠道，自2018年4月至2021年4月，共发起直播70余次，涵盖了农业、扶贫、娱乐、体育、民生等多个领域。2019年8月，《防御“利奇马”　荣成在行动》直播，历时80小时，发布455条跟踪报道，收获近20万次点击量，第一时间、第一现场展现了我市各级各部门抵御台风“利奇马”的坚实举措和辛苦付出。

自部门成立以来，新媒体发展部所参与作品《鱼水深情终不改　薪火相传鱼水情》《渔村里走出的小康路》分别在2019年度山东新闻奖县(市)级媒体专项奖和2020年度“我们的小康”优秀短视频作品中获得编辑一等奖，主创新媒体作品《81岁“国旗手”的坚守:岁月无声　情思难忘》在2019年度中国县市传媒新闻奖新媒体作品评选中获得一等奖。

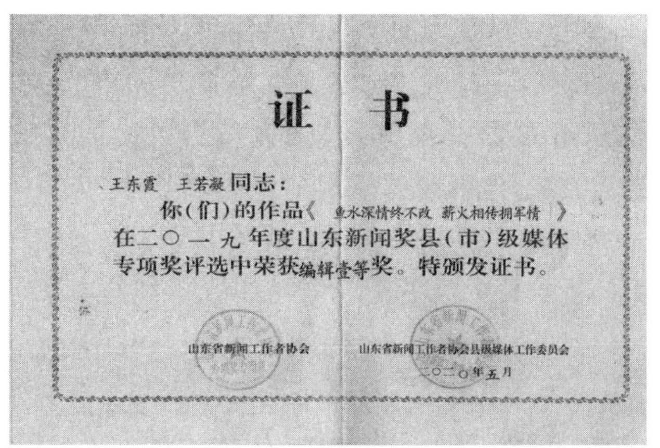

证　书

王东霞　王若凝同志：

你(们)的作品《鱼水深情终不改　薪火相传拥军情》在二〇一九年度山东新闻奖县(市)级媒体专项奖评选中荣获编辑壹等奖。特颁发证书。

山东省新闻工作者协会　山东省新闻工作者协会县级媒体工作委员会

二〇二〇年五月

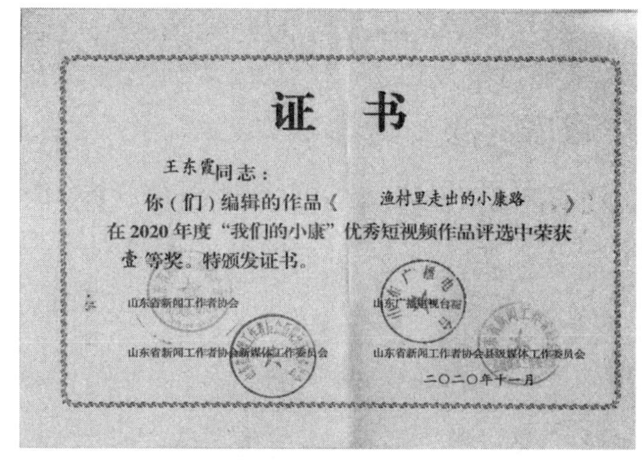

证　书

王东霞同志：

你(们)编辑的作品《渔村里走出的小康路》在2020年度"我们的小康"优秀短视频作品评选中荣获壹等奖。特颁发证书。

山东省新闻工作者协会　山东广播电视台

山东省新闻工作者协会新媒体工作委员会　山东省新闻工作者协会县级媒体工作委员会

二〇二〇年十一月

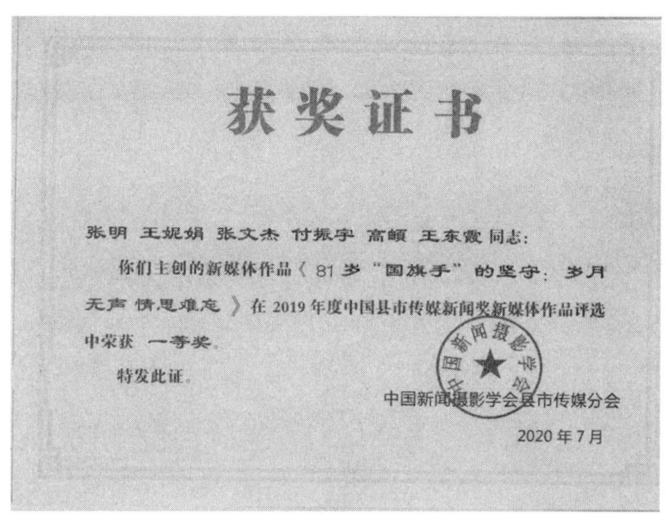

获奖证书

张明　王妮娟　张文杰　付振宇　高頔　王东霞同志：

你们主创的新媒体作品《81岁"国旗手"的坚守：岁月无声　情思难忘》在2019年度中国县市传媒新闻奖新媒体作品评选中荣获　一等奖。

特发此证。

中国新闻摄影学会县市传媒分会

2020年7月

节目引进情况

为增加节目数量，丰富节目内容，自2011年起我台加大了电视栏目引进力度。

2012年、2013年、2016年，与北京多赢时代文化传媒有限公司协议引进《前沿讲座》栏目。

2014年，从中广天择传媒股份有限公司引进《观点致胜》《视点锋汇》《知音人间》《记者再报告》《非常故事汇》等栏目。

2016年11月至2018年10月，与起始点(北京)文化传播有限公司协议引进《快乐健康中国行》《普法小剧场》《致富巧有道》栏目，每档栏目20分钟，每周各一期。

2016—2018年，为满足农业、农村、农民的实际发展需求，为广大基层群众提供生产生活知识，丰富基层群众精神文化生活，与盛世华人(北京)文化传播有限公司协议引进了"电视三下乡"系列栏目《乡村法制》《致富故事汇》《健康面对面》《生活视觉》《每周文娱》等品牌栏目，每档栏目时长20分钟。

2017年，与青岛广电中视文化有限公司协议引进美食烹饪节目《宝贝厨房》，共365集，每期30分钟。2018年4月从该公司引进美食节目《健康新食代》，共365集，每集时长28分钟。

2017年4月至2018年3月，与中视鸿图(北京)文化传播有限公司协议引进《品质》栏目。

2017年4月至2018年3月，与北京雷禾文化传媒有限公司协议引进《大历史》《特别编排》《看世界》《口述》《精彩中国》《真实电影院》《人物志》等新栏目。

2015—2020 年,与武汉博润通文化科技股份有限公司协议引进《木奇灵》系列动画片及其他动画片。

2018 年 4 月 1 日到 2019 年 3 月 31 日,从中广天择传媒股份有限公司引进《视点锋汇》《生活大参考》《冷暖人间》三档电视栏目。

2011—2020 年,电视频道播出的电视剧全部从山东省影视节目交流中心引进。2019 年 4 月之后,电视频道播出的绝大部分外购栏目由山东省影视节目交流中心购进。

技术研发与应用

发射塔防腐维护工程

2013年8月，为确保安全，有效延长有关设备设施使用寿命，技术保障中心、播控中心申请对发射塔进行维护、维修。经过政府采购招标，河南长兴建设集团有限公司中标，2014年4月进行施工。具体项目如下：

1.发射塔整个塔体及天线的全部固定、紧固(部分锈蚀严重的天线固定件更换)，天线所有接口挂胶、调频天线指标调整，电梯防护桶加固，塔体倾斜度量和校正。塔体(含天线反射板)需进行除锈/刷漆。电视塔电梯内外钢结构加固和防腐，发射机房地面围栏和发射塔地面围栏防腐。

2.办公大楼楼顶卫星天线支架防腐，楼顶支架和铁塔一座防腐，楼顶消防管道支架和风机防腐，电视台楼顶消防管道外皮更换，大楼玻璃幕墙清洗，楼顶多处漏水修补，楼顶零星钢结构防腐。

发射塔防腐维护和调频天线更换工程

2019年9月8日到10月11日，我中心进行了发射塔防腐维护工程及调频天线的更换工作。历时34天(庆祝新中国成立70周年重要保障期间，禁止任何可能影响安全播出的施工作业，停工8天)完成施工。工程经招标采购，由山东聊城讯波铁塔安装有限公司施工。

一、防腐维护工程

发射塔、中心办公楼楼顶铁塔及附属物维护，除锈、喷刷漆；拆除发射塔报废灯管、清理塔体粘胶；拆除清理塔楼及中心办公楼上的废旧设施及垃圾。按照《荣成市广播电视台发射塔防腐维修维护工程项目合同》约定进行施工，防腐维护等工作经检验达到预期。

二、发射天线调整

将原22频道地面数字发射天线移至塔上一层桅杆底部，为荣成电台调频广播发射天线腾出空间；拆除原两层四面双偶极子天线，更新为四层四面双偶极子天线，整体提升高度约6米，天线增益由5dB提高至8dB。

(一)天线概况

双偶极子调频广播发射天线(TXGD-FM-2O)是在FM(频率范围为87.5—108MHz)波段使用的电磁信号辐射产品。天线采用两组半波振子加反射面设计方式，外置的巴伦装置可以有效抵消反向电流。通过调节巴伦线和辐射振子的长度，可以使该产品实现FM波段任意频率的谐振状态。

图1　天线

(二)产品特点

高增益低损耗,稳定性强;采用不锈钢材质,强度高,抗腐蚀性强。天线内部馈电系统全部采用铜镀银工艺,以确保天线板满足最低的传输损耗及承受大功率发射的要求。天线性能的一致性强,密封特性好,使用寿命长。天线单板及系统驻波特性在频率87—108MHz范围内可达到1.10以下。

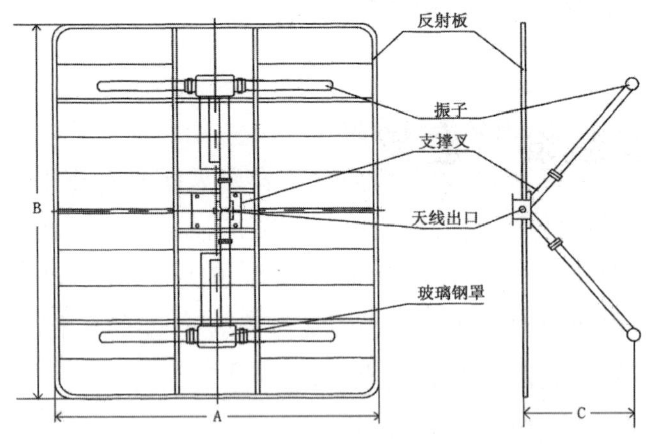

图2　产品结构

(三)产品性能

1.天线单板参数(见表1)

表1　天线单板参数

	项目名称	指标
1	型号(Model)	TXGD-FM-2O
2	频率(Frequency)	87—108MHz
3	功率(Power)	Max 3kW
4	输入阻抗(Impedance)	50Ω
5	增益(Gain)	8dB
6	带宽(Bandwidth)	22 MHz
7	驻波比(VSWR)	≤1.10
8	波束下倾(Beam tilt)	计算机仿真设计
9	极化方式(Polarization mode)	水平极化/垂直极化
10	材料(Material)	天线:不锈钢 馈电部分:铜镀银
11	尺寸(Length)	A:2000mm B:2400mm C:830mm

2.四层四面系统参数(见表2)

表2　四层四面系统参数

	项目名称	指标
1	型号(Model)	TXGD-FM-2O-16
2	频率(Frequency)	87—108MHz
3	功率(Power)	Max 40kW
4	输入阻抗(Impedance)	50Ω
5	增益(Gain)	8dB
6	带宽(Bandwidth)	22 MHz
7	驻波比(VSWR)	≤1.10
8	波束下倾(Beam tilt)	计算机仿真设计
9	第一零点填充	>13%
10	极化方式(Polarization mode)	水平极化/垂直极化
11	材料(Material)	天线:不锈钢 馈电部分:铜镀银
12	安装所需高度空间	水平12米,垂直11米

图3　安装

三、调频天线更换前后比较

(一)原调频广播发射天线情况

原天线使用接近30年,天线老化严重,测试天馈驻波比大于1.23,在激励器输出功率70%达到20.9W时,功放输出890W左右,反射功率高达22W。从天馈驻波比、发射机输出功率、反射功率等技术数据看,天馈系统存在问题,影响用户收听质量。2019年9月29日行车收听、固定点指标测试情况如下:

1.从虎山镇三岔路口开始向南到人和镇方向,调频广播出现断断续续的刺啦声,并且越来越严重。人和镇到石岛方向东西路上信号中断,收听不到广播节目,到石岛张家红绿灯处转好;石岛城区内出现刺啦声,到黄海造船厂处收听正常,到下谭家处又出现刺啦声。

2.崖西镇北柳测速点至荣成与威海经济技术开发区交界处收听正常,向北经泊于镇红绿灯向东偶尔出现刺啦声;港西镇北港西红绿灯向南,经埠柳镇、成山六中南红绿灯到马道桥,偶尔出现刺啦声,整体不影响收听。俚岛镇李家屯(指示牌)到郑家村(指示牌)断断续续出现刺啦声,往南收听正常。

(二)更换调整天线的实际测试结果

更换调整发射天线后,测试天馈驻波比为1.02。在激励器输出不变的情况下,原属于损耗的反射功率22W变为0,整个发射功率自然提升;发射天线增益为3dB,这也增加了发射天线向空间辐射电磁波的能力效率。从技术数据、行车收听效果、固定点前后两次测试结果比较看,调频天线更换和高度提升后实际收听效果改善明显,接收信号电平值有不等值的提高。

此次荣成电台调频发射天线的调整更换,有效地改善了用户接收107.5MHz的广播信号质量和覆盖效果,解决了多年想解决而一直未能解决的问题。

地面数字电视建设与应用

2016年11月2—9日,安装DS-22地面数字电视发射设备,11月9日DS-22地面数字电视开机发射,传输山东导视、山东卫视、山东齐鲁、山东公共、威海综合、荣成综合、荣成生活七套电视节目。

2019年年初,中心争取到省台地面数字电视专项建设资金50万元,依据《山东省新闻出版广电局省级电视节目无线数字化覆盖工程政府采购合同补充协议》进行DS-13、DS-23频点建设。10月25日DS-13地面数字电视开机发射,传输CCTV-1、CCTV-2、CCTV-4、CCTV-10、CCTV-12、CCTV-13、CCTV-14、CCTV-15八套央视节目。

2020年1月1日,DS-23地面数字电视开机发射,传输山东新闻、山东少儿、山东文旅、山东生活、山东农科、山东综艺、山东体育、山东卫视八套山东电视节目。

高清播出系统建设与应用

一、改造前的基本状况

融媒体中心电视播出系统建于2003年,属标清SDI(嵌入音频)系统,由安徽天虹数码技术有限公司承建,采用银河600服务器全数字硬盘播出。系统已运行16年,一方面严重老化,部分故障设备因产品更新换代缺乏配件维修;另一方面,广播电视技术发展日新月异,高清化甚至4K、8K技术日趋成熟,国家新闻出版广电总局早就提出要实现电视播出高清化。文登、乳山、环翠等兄弟市区电视播出已实现高清化。近几年总局、省局的安全播出专项检查小组对我台的播出系统提出问题和不足,要求我们整改提高。鉴于上述情况,拟对我台播出系统进行高清化改造。

计划打造全新的硬盘播出系统,全面实现电视节目采编、制作、存储、播出、传输的高清化。在实现高清化播出的前提下,更好、更全面地展示2018年以来我台投资建设的数字高清转播车、高清直播演播室等项目带来的高清化效果;更好地保障播出安全,满足广电技术发展要求,满足我市人民对荣成电视节目高质量收视要求。

二、方案论证

根据中心主要领导的要求,由技术保障委员会负责此项工作,具体以播出部为主,技术部为辅,其他同志协助配合。根据实际情况,制定系统项目清单,在技术保障委员会会议上,由相关技术人员进行讨论。包括配电系统、节目上载系统、信号源系统、制播工作站等,技术部、安全保障部提出了相关建议。邀请山东科保、济南索思、成都东方盛行、安徽天虹等设备厂家和代理商,根据具体要求制定技术方案。最终有三家代理商到我台进行了现场查看及技术交流,收到技术方案四份(每份均反复调整修改五六次,甚至更多)。由技术保障委员会相关人员组成专门的技术方案交流群,各技术方案发至群内,所有人进行交流学习,提建议,逐份方案逐项进行认真推敲,与厂家技术人员沟通对接,确定最终的方案清单与报价。

三、建设方案及预算

1.机房改造方案:将现播出机房与北机房(已从网络公司收回)打通,中间以玻璃幕墙隔断,形成中心设备机房与播出操控机房。中心设备机房配置标准机柜24组(包括配电柜2组),所有播出系统设备合理布局上架,配置机房专用空调一台,确保设备运行环境无尘且温湿度适宜。播出操控机房配置弧形电视墙和操作台各一套。电视墙拟配置55英寸电视机16台及预警信息接收终端、LED屏、时钟等。操作台配置播控机、字幕机及其他操控面板。相关规章制度及系统图均上墙。

2.系统设备改造方案。(1)信号源系统:主要包括主备服务器系统、二级存储系统、卫星接收系统、射频信号解调系统、总控系统、延时播出系统、测试图信号发生器、垫片服务器、素材管理服务器等系统设备。(2)周边设备:主备切换系统、帧同步设备、键控器、视频分配器、响度控制器等。(3)信号监测系统:包括信号比对系统及关键节点信号和主要设备实时检测系统、示波器等。(4)同步系统:同步信号发生器、倒换器及分配器。(5)时钟信号系统。(6)播出监录系统。(7)环境监测报警系统:拟在播出机房、演播室、融媒体平台、电台播出机房、非编等中心机房设置探头,实现所有中心机房的环境(包括温湿度等)监控报警。(8)节目上载系统:设置上载站点10台,其中有卡站点2台,配置USB隔离设备7台。(9)高清制播工作站11台。

3.系统预算:工程整体预算约389.4199万元

(包括高清电视播控部分292.7699万元、制播工作站部分28.45万元、机房改造68.2万元)。

4.建设工期:机房装修预计15天,系统集成30天,试播15天,总工期计划60天。(计划于2019年12月31日前完成系统集成,2020年1月1日开始试播,2020年春节正式播出)。

四、系统建设情况

按照市政府采购及公共资源交易中心相关要求,委托山东志诚工程咨询管理有限公司进行公开招标采购。经过前期的需求公示、采购公示,于2019年10月23日进行开标、评标。经过评委组认真评审,北京众视新锐科技有限公司中标。工程于11月2日开工建设,工程施工期间每天安排专人进行监理,做好工程监督、沟通协调等工作,确保严格按照合同约定进行施工,按时保质保量完成工程建设。经过2个月的紧张施工,2020年1月1日开始试播并于1月24日正式开播,全面实现了我市自办电视节目采编、制作、存储、播出、传输的高清化,更好地满足了市民日益增长的高品质精神文化生活需要。

高清电视转播车购置与应用

一、项目总体特点

转播车采用直挂式车体结构,单后轴,使用进口原装奔驰1832专业车头及底盘;厢体由国内专业厂家改装,单侧拉厢模式。转播车总长10米,宽2.5米,高4米,侧拉厢1.2米。按照功能划分,自车头依次为音频区(封闭)、字幕区、导演区、录制区、技术区。本项目高清电视转播车采用“6+2+2”模式:配备6讯道高清摄像机,预留2讯道有线和2讯道无线,提前将线缆及周边设备配齐,后期仅需购买讯道机接入即可。可同时接入3路外来信号,其中一路HD SDI,一路HDMI,一路模拟/HD/SD SDI,可任选。支持外来高/标清、模拟信号,支持音频嵌入与解嵌。纯高清内核,上下变换器满足现阶段制作播出需要,全部设备满足高清节目的制作及播出,同时系统在高清制作环境下仍可录制标清节目,确保与标清设备有良好的衔接。本着“经济实用、方便灵活、适度前瞻”的设计思想,满足荣成市广播电视台各类大中型文艺演出、体育赛事的录播、直播,高标准、高质量、高安全性、多功能性、实用性为整体设计思路。

针对荣成市冬季寒冷多雪、夏季炎热多雨的实际情况,车体设计方案不仅符合坚固耐用、舒适美观的基本原则,而且满足车身的密闭性、车内设备的防潮、车体设备的抗寒性以及空调系统的制冷/制暖性要求,可以确保整个系统在录播/直播和节目制作过程中不会受到恶劣气候的影响。

二、项目设计特点

(一)先进性

系统设计以1920×1080/50i为基准,选用国际知名品牌且先进、成熟的广播级摄、录、编、播设备。进行大型电视节目的直播和高清制作时,功能和性能上具有一定的超前性。

(二)安全性

转播车承担重要的现场直播和高、标清节目录制任务,系统的设计和设备的选择都把稳定性和可靠性放在首位来考虑,对可能出现的各种情况作出科学的保护设计或备份设计。系统具备较高的运行可靠性,涉及直播安全的环节均应具备完善的应急方案和备份措施,且应急操作安全、快捷,备份系统(包括通道)具有独立性。

(三)可扩展性

系统设计为今后转播车功能的升级和扩展留有空间。整体大框架的构成、系统的接口和相应的系统设备留有充足的可扩展空间。

(四)兼容性

系统设计在满足高清节目制作的同时,兼顾标清节目的制作及播出。

高清演播室的建设与应用

该演播室定位全高清、全数字、网络化、多媒体、多功能,具备新闻直播、专题访谈、资讯点评、虚拟包装、网络互动、现场连线等功能,实现了与台内现有的新闻制作网、电视播出系统的互联互通,形成全台制播一体化。

系统设计为高清"3+1",即三个标准高清讯道+一个小型摇臂摄像机。项目建设包括演播室舞美制景设计装修、声学装修、灯光、大屏、虚拟绿箱、音视频系统、UPS配电以及导播室、化妆室、更衣室、设备机房的建设。

一、演播室功能区设置

演播室功能区规划为演播区、导播室、化妆室、更衣室、设备机房。演播区的制景又分为LED大屏主播区(坐播、站播)、触摸点评区、液晶拼接屏站播区、虚拟绿箱区、实景访谈区。

二、舞美制景声装部分

本方案定位于全媒体、交互式、多功能的全景式直播演播室。演播室整体舞美设计与灯光设计统筹规划,符合多机位、多景别、全景式高清电视拍摄要求。充分考虑整体色彩、空间布局、细节处理的设计效果,功能设计科学合理,能满足新闻类、访谈类、互动类节目制作需求。各景区既可独立使用,又可相互融合,能够实现节目的自然转场及无缝过渡。各景区之间的制作过渡自然、无明显的边界,确保整体风格、色调和谐一致。设计新颖,具有现代风格,充分结合荣成特色,突出荣成元素。可以做到一景多用,不同立面、不同角度的组合可以适应不同的节目类型。每个景区的色调可以根据栏目需求灵活调整,景区之间的舞美设计和色彩变化有连续性,并且能够根据节目制作需要调节景区和灯光的色彩、色温。

(一)主播区

新闻直播是该演播室最重要、最基本的功能。除了常规的新闻直播以及作为大型直播活动的主演播室外,还承担着每天各栏目的口播录制任务,因此,LED大屏坐播或站播区是该演播室的主景区。

LED大屏是该区的主背景,整体尺寸7.2m×2.4m,像素点阵间距1.875mm。主播台的设计新颖别致、大方实用、选材考究、制作精良,突出本台地方特色。台面具有很好的光线处理效果。主播台考虑单人坐播、双人坐播以及三人坐播(主持人、嘉宾)的取景方式,设计为可移动式,在地板上预留视频、音频、电源等必要的地插装置。正前面嵌入面积2—3平方米的LED显示屏,用于不同栏目的图片或视频显示,或根据节目需要变换显示内容。在主景区上方,设计与之呼应的弧形LED显示屏,屏高30cm,整体造型和风格应与主播台相协调,用于显示文字。以上两处LED显示屏像素点阵间距2.5mm。主播台与大屏之间同时可兼作站播区,在进行舞美设计以及主播台的制作和位置确定时统筹考虑站播、坐播的取景,不同景别取景时不需要移动主播台。大屏站播区充分考虑站播主持人的取景方式以及LED大屏内容与虚拟前景内容的互动,同时考虑全身景与近景的出镜方式以及与演播室内其他屏幕的联动。

(二)点评区

点评区主体是一台86寸壁挂式液晶触摸屏,与图文包装系统相结合,可实现新闻、微信、微博等资讯内容的映射和互动点评。

(三)站播区

站播区主体是由液晶拼接屏组成,单屏全高清,55寸,双边拼接缝不大于1.8mm。与图文包装系统相结合,显示视频、图文等。同时,考虑到与主播区的协调配合,能够实现多名主持人同时坐播与站播的联动播报。

(四)访谈区

访谈区是实体背景,以亚克力 LED 灯箱画为主要元素,背景画可更换,风格、色调与整个演播室场景布置相协调,背景光效可调整。该景区设置一组沙发,沙发风格与整体布景相协调,可坐一位主持人、两位嘉宾。

(五)虚拟区

采用虚拟绿箱,L 形设计。绿箱位于液晶拼接屏站播区和访谈区之间,既可单独使用,又可以与这两景区相互融合,形成转场过渡、虚实结合。

(六)声学装修

演播室的墙面、顶面都需要作隔声和吸声处理。为保证演播室的隔声效果,在原来铁门内侧安装木质隔声门,隔声门的隔声量达到 45dB。

(七)灯光

使用 LED 柔光灯和 LED 聚光灯作为主要光源,所有灯具通过调光台调光,可对任意一个灯具单独或编组进行亮度调整,也可根据节目类型任意编组并保存布光方案。灯光控制系统实现全数字化,采用标准 DMX512 数字信号。灯光的操作控制要求使用直观、操作方便、安全可靠。

演播室整体设计色温为 5600K,垂直照度不小于 1800Lx,显色指数不小于 90(连续光谱)。每个景区光效覆盖均匀,有自己独立的光源。

(八)虚拟及图文包装部分

该部分主要由演播室可视化智能显示调度管理系统、大屏幕显示包装系统、虚拟现实图文包装系统、三维图文在线包装系统、网络资讯汇聚点评系统等组成。各系统之间有机融合、相互协调,为各类型栏目提供多层次、多空间、多视点的立体实时在线包装制作手段。

广播电台改造建设与应用

一、项目概述

为全面提升荣成广播电台数字化、网络化、智能化水平,提高广播节目技术质量、生产效能和安全播出保障能力,打造更加安全可靠、适应媒体融合发展的宣传平台,更好地服务荣成经济社会发展、丰富群众精神文化生活,荣成市融媒体中心拟对广播电台制作播出系统进行全面升级改造建设。

本项目分两部分:广播制作播出系统和空间声学设计装修。主要包含广播直播室系统设备、制作系统设备、播出系统设备、监测系统设备、调度传输系统设备、空间设计、声学装修、机房基础改造等。

二、功能区规划

本次项目建设对广播电台制作播出系统进行全面升级,在七楼重新建设直播室、导播室、设备机房和制作室。

(一)直播室

直播室是广播电台直播节目的核心机房,在声学设计上必须标准规范,达到国家行业有关标准。直播室内墙面全部进行声学处理,采用专业环保材料、专业吸音隔音材料,安装专业隔音门、防火门,包括更换防静电地板、LED 灯。播音桌设计制作要求满足两位主持人、四位嘉宾同时在线直播,样式新颖、美观大方,方便直播设备的安装,便于操作,实用功能强。

(二)导播室/设备机房

导播室内使用玻璃幕墙(含玻璃门,具有一定的隔音效果)分割出一间设备机房,放置两台标准 42U 网络机柜,用于放置广播制播系统核心服务器等;配有独立的配电箱和各种空气开关,每个机柜内应配有两组电源分配单元,分别接入市电和不间断电源,满足双电源设备的接入。直播室内工作站主机安装在设备机柜内,实现远程操作。设备机房、直播室分别安装一台两匹空调柜机,支持断电恢复后保持原工作状态。导播室内放置六联操作台,实现与直播室内控制及联络。导播室内大屏电视能够展示系统设备运行状态等信息。更换防静电地板、防火门、LED灯,进行墙面处理。

(三)制作室

本次规划两间制作室,应充分做好声学处理,分别制作隔音门。其中一间制作室同时作为应急播出机房,制作机同时安装播出软件,具备简单的播出功能,完全独立于直播室的播出系统,其输出信号直接送到光端机输入端。

融媒体平台项目建设与使用

我市融媒体平台旨在全面整合台、报、网、端业务单元,打通与上级媒体沟通渠道,重造新闻业务生产流程,实现广播、电视、纸媒、大屏、小屏等信息终端的集中统一发布。平台建设主要包含三大部分内容:融媒体信息管理系统、指挥调度及媒体工作区、新闻非编制作系统升级改造。

一、融媒体信息管理系统

按照“一省一平台”的建设要求,山东广播电视台依托“中央厨房”搭建经验,自主研发了山东省融媒体中心平台(畅媒),为全省市县融媒体中心采、编、发工作提供持续的技术与运营支撑。我市的融媒体中心建设就是以省平台为基础建设本地的融媒体平台,实现与省平台互联互通,打通相关业务渠道。该管理系统主要包括通联、线索汇聚、选题报审、移动生产发布、视频直播、考核统计等功能模块。

二、指挥调度及媒体工作区

这部分是将来融媒体平台对外展示的一个主要窗口,也是文稿、新媒体编辑的集中工作区。在五楼公共办公区进行改造建设,共分三大区域:指挥调度区、媒体工作区和设备机房。

1.指挥调度区位于公共办公区西侧,占地面积40—50平方米。主要包括大屏(液晶拼接屏,4×3共12块55寸液晶屏,约10平方米)显示和指挥调度工位,与山东台的通联及线索汇聚、选题报审等信息均在此显示;主编、责编在此完成新闻选题、任务派发、集中发布等。

2.媒体工作区在指挥调度区以东区域,面积约200平方米,为记者、编辑的日常工作区。按照年轻有活力、激发工作热情的思路,改变传统呆板的办公布局,不再使用原有的办公桌椅柜,设计3组岛式工作台(见图1),每组18个工位,共54个工位。

图1 岛式工作台

3.在五楼新建融媒体设备机房,主要放置与省畅媒平台相对接的服务器,以及与互联网连接的安全防护设备、办公局域网内的所有应用服务器。

三、非编制作系统升级改造

融媒体平台必须与节目生产系统相对接、融合,才能发挥其作用,实现文稿的贯通、节目编辑、多端发布等功能。这是本次平台建设的重要内容。山东台融媒体资讯中心技术人员对我们现有的非编制作系统进行了评估,认为2014年安装的系统相对较老,必须进行改造升级才能实现与其平台的对接。此次改造主要包括3套集群服务器、3个分布式存储节点、所有非编制作站点的软硬件升级等。改造后的系统完全满足高清节目制作要求,扩大了制作空间,提高了安全性。

业务研讨

新媒体背景下电视新闻编辑的创新策略

董鹤东

摘要：电视新闻是传统媒体传播的重要形态，新媒体的产生使得电视新闻编辑传播受到较大冲击。本文在阐述新媒体背景下新闻传播特点的基础上，就其编辑的过程进行创新路径分析，以期促进电视新闻编辑质量的提升，继而推动电视媒体的进一步发展。

关键词：新媒体；电视新闻；新闻编辑

信息时代下，多媒体技术的应用使得新闻传播的途径愈发丰富，人们对新闻的质量也提出了较高要求。电视新闻仍是人们获取信息的重要方式。新时期，要确保电视新闻在社会发展中核心竞争力的提升，确保人们信息获取的准确性与及时性，在电视新闻编辑过程中就必须注重形式及内容的创新。本文由此展开分析。

一、新媒体背景下新闻传播的特点

新闻内容策划、编稿及编排是广播电视台新闻编辑的重要内容。信息时代下，新媒体技术与产业交融的趋势愈发明显，就电视新闻传播而言，新媒体技术的应用使得新闻编辑过程发生重大转变，使其显露出以下特征：

其一，新闻传统的速度更快。新媒体技术应用以来，新闻传播的途径逐渐多样化，其在电视传播的基础上，实现了微博、微信、公众号等多途径传播介质的应用，促进了新闻传播效率的提升。其二，新闻的信息容量持续增大。互联网时代下，信息的发展呈现出爆炸式增长的特点，新闻传播也不例外；在新媒体平台上，人们只需要进行某个关键词的输入，即可获得并浏览成千上万的信息，信息容量明显增加。其三，互动性更强。与电视新闻传播相比，互动性是新媒体新闻传播的重要特征，同时也是新媒体新闻传播快速发展的主要原因。在新闻互动过程中，人成为新闻传播、阅读和应用的主体，这使得人们的主体价值得以充分满足，有效提升了新闻传输的质量。

二、新媒体背景下电视新闻编辑的创新策略

新时期，速度快、容量大、互动性强是新闻传播的重要趋势，同时也是电视新闻发展的重要目标。要实现电视新闻传播质量的提升，在电视新闻编辑过程中，应注重以下创新方法的合理应用。

（一）注重编辑人员的观念创新

实现编辑人员的观念创新是电视新闻传播质量提升的根本途径。新经济形态下，人们的思维方式发生重大转变，尤其是新媒体技术应用以来，人们对新闻的质量提出了较高要求：不仅要满足人们对基本信息的需要，更要在获取过程上具备较高的效率和灵活性。然而在电视新闻编辑过程中，其更加注重内容形式的统一，这种单一僵化的思维模式使得电视新闻的吸引力明显较低。新时期，要实现电视新闻传播效率和质量的提升，新闻编辑人员就必须注重思想理念的转

变,从而在积极学习、吸收当前价值观念的同时,实现对电视新闻传播模式的优化,并保证观众视听需要得到充分满足。

(二)实现新闻画面合理剪辑

新闻画面剪辑对其传播质量具有重大影响。具体而言,新闻画面具有较强的视觉冲击,只有确保画面清晰、合理与完整,才能实现人们对新闻内容的整体感知,保证新闻传播质量。因此在新媒体时代下,要实现新闻传播质量的提升,电台工作人员就应注重画面后期的合理剪辑。具体而言,应做好以下几点:其一,注重经典画面的合理剪辑。从传播效果来看,经典画面能够实现新闻采访力度的有效提升,并确保电视新闻在众多新闻类型中脱颖而出。其二,实现残缺画面的有效修正,即对不健全、不完善的新闻画面进行修正,从而确保新闻画面信息的直观性。其三,在剪辑过程中,确保任务与场景的配合,从而确保新闻主题的最大化发挥。

(三)确保新闻报道形式创新

新闻报道形式对于其传播过程具有重大影响。传统电视新闻的报道形式较为固定,且单一性明显;从表现过程来看,其与当前人们多样化的信息需求相矛盾。新时期,要确保电视新闻充分满足人们的信息需求,在编辑过程中就应注重其报道形式的创新。譬如,会议报道是电视新闻报道的主要内容之一。传统会议报道中,纪录片是其主要方式,这种方式程式化明显,且内容较为枯燥,故而难以实现人们阅读兴趣的有效提升。而在新媒体背景下,插叙法、倒叙法等方式在会议新闻报道中得以充分应用,有效提升了会议新闻的报道质量,在保证会议画面感染力的同时,满足了人们的信息需求。

(四)强化观众与节目的互动

互联网时代下,人们对新闻的需求意愿更加强烈,只有确保电视新闻报道内容与观众需求相匹配,才能实现其编辑的合理化,从而实现传播质量的提升。编辑人员应注重以下要点的具体控制:其一,进一步提升编辑工作技能,确保现有新闻资源符合观众的应用需求。其二,充分了解受众需求,并在提炼观众想法的同时,进行电视新闻内容及形式的策划创新,进一步吸引观众。其三,注重创新后观众建议的收集,在建立新闻编辑创新反馈机制的基础上,实现电视新闻节目的二次创新,确保其充分地满足人们的信息需求。其四,注重各种平台的搭建,譬如借助微博、微信、公众号等平台,实现电视新闻播报题目的传送,并在观众反馈的基础上进行相关表达方式的修改和问题解答,确保电视新闻编辑质量的有效提升。

三、结论

新媒体背景下,电视新闻编辑创新对其传播效率和质量的提升具有重大影响。实践过程中,电视台工作人员只有充分认识新媒体背景下新闻传播的特点,进行新闻编辑过程的有效创新,才能确保电视新闻编辑质量的提升,继而推动电视媒体的进一步发展。

参考文献

[1]马玩璇.新媒体背景下电视新闻编辑的创新策略[J].青年时代,2016(15):55-56.

[2]祝一超.新媒体环境下电视新闻采编策划的创新措施[J].西部广播电视,2017(19):190-191.

(原载《视界观》2018 年第 12 期,有改动)

探索县级广播电视台融媒体发展路径

张文杰　金文武

摘要:融媒体发展对县级广播电视台各方面工作都产生很大影响,新媒体的融入对县级广播电视台工作提出了新的挑战,新时期如何实现县级广播电视台新旧媒体融合发展是一个亟待思考的问题。基于此,本文对县级广播电视台融媒体发展路径进行探讨。

关键词:县级电台;广播电视台;融媒体;新媒体

在媒体格局和舆论生态发生深刻改变所带来的严峻冲击和挑战面前,处于我国广电传媒行业最基层的县级广播电视台,要紧紧抓住当前县级媒体"融媒化"改革历史机遇,多策略破解自身长期存在的人才紧缺这一核心制约因素,以选用育留高水平人才队伍为重心,扎实推进县级融媒体中心建设,为充分发挥其在基层舆论引导格局中的主导性、关键性作用提供有力保障。

一、融媒体建设是县市台发展的必然趋势

融媒体是指充分利用媒介载体,把广播、电视、报纸等既有共同点又存在互补性的不同媒体,从人力、内容、宣传等方面进行全面整合,实现"资源通融、内容兼融、宣传互融、利益共融"的新型媒体。推进县级融媒体中心建设,是巩固舆论阵地的迫切要求,是提升基层媒体传播力、引导力、影响力、公信力的迫切要求,也是更好地服务群众、满足群众美好生活需要的迫切要求。

二、县级广电媒体的现状和困境

(一)资源不足

伴随着互联网时代的到来和数字媒体的不断创新,基层广播与电视台虽为传播社会热点、推广和宣传信息的前沿阵地,但在内容和形式上创新并不显著,甚至陷入了困境,因而在吸引地方财政、技术和人才方面的能力明显不足,使得资源分配在各地方媒体中出现了严重的偏斜。

(二)管理不规范

目前,县级广播电视台基本被划分为公益二类事业单位,资金来源基本上为自收自支。但在体制上,广播电视台还是政府部门的一个下属单位,运营的自主权相对较少,加之政府补贴资金有限,束缚了节目的高质量制作、设备更新、人才引进以及经营功能的发挥。

(三)融媒体发展方向不明确

由于一些基层广播电视台的领导和工作人员缺乏对媒体融合相关理念与技能的深入认识,因而没有基于县级广电的发展特征,有效地铺设起适合本台融媒体的发展路径。具体表现为融媒体发展目标不明确、不能有效制定融媒体发展规划。加之县级广电媒体在技术和资金上存在诸多问题,导致其没能及时找准融媒体发展的方向。

三、县级广播电视台融媒体发展路径

(一)充分体现广播电视节目的互动性

要想增强电视节目的互动性,县级广播电视台可以运用 UGC(用户原创内容)模式,实现对受众原创资源的有效整合。也就是说,县级广播电视台应该为受众提供上传资源、下载资源的网络链接路径,实现与受众之间的良好互动。以 UGC 模式为基础,可以将广大受众作为资源的浏览者,同时将其作为信息资源的传播者。对此,县级广播电视台应该参考网络平台的发展经验,积极与受众互动,密切与受众之间的关系。不仅如此,还要建立一个多重角色关联互动的模式,利用热点话题带动县级广播电视台的发展,并扩大信息的传播范围。为了适应融媒体时代的发展趋势,县级广播电视台在运用 UGC 模式的过程中,需要以受众的诉求为切入点,整合不同的传播渠道。例如,加大节目建设的力度,推

出微信公众平台、“直播新闻”App 等。基于此，受众能够随时获取当地的新闻信息，增强了电台与受众之间的互动。

(二)资源创新

对于县级广播电视台而言，资源主要指人力资源和资金两个方面。政府部门需要加大资金支持的力度，要在计算机、办公室以及摄影器材等必要设施上提供支持。受体制和县域的整体制约，采编人员很少有机会向上级单位学习，到专业院校以及其他机关学习的机会更少之又少。因此，在媒体融合过程中，需要重视对采编人员的培训，可根据采编人员的职级，按批次安排其到上级媒体机构进行培训学习，并将培训经验分享给其他同事，让采编人员整体素质得到提高。

(三)县级广电媒体应当重塑“采编发”一体化业务流程

在融媒体发展过程中，县级广电媒体需要对过去的业务流程进行重塑，构建“采编发”一体化的业务流程，将媒体融合的思维融入新闻等节目生产的各个关键环节。在选题环节，新闻工作人员的工作任务可由大数据技术统计完成；在信息搜集环节，采编人员可到海量数据库中进行索引和整理，将互联网汇聚信息、热点录音、手机报道等多种渠道的信息充分整合；在生产环节，利用平台生产工具创建人物，借助全媒体稿件系统和远程回传软件完成初稿；审核通过后，“一体多发”，同时借助广播、电视、微信、网站、App 等多种渠道发布节目内容。

四、结论

综上所述，县级广播电视融媒体平台建设需要充分考虑地区融媒体发展现状和要求，通过建设融媒体平台打造一支全媒体记者队伍，并且建立与媒体时代发展相适应的管理机制，从根本上提升县级电视台的影响力和新闻传播效率，促进地区经济文化发展。

参考文献

[1]郑翀.媒介融合形势下县级广电如何加强新闻传播力[J].传播力研究，2018(2)：85.

[2]吕岩梅.县级融媒体中心建设几点思考[J].中国广播，2018(10)：34-36.

[3]潘辉.促进县级广播电视转型发展的对策建议[J].声屏世界，2018(7)：47-48.

(原载《视界观》2019 年第 13 期，有改动)

新媒体视域下广播播音主持的技巧分析

毕艳春　张文杰

摘要：新媒体时代下广播播音主持工作的听众需求不断变化，如何满足当前听众的多样化需求，提高播音收听率，是播音主持需要思考的一个问题。其中提高自身播音技巧，吸引听众的关注非常重要。本文主要对播音主持的要求进行分析，并探讨主持技巧的提升策略，希望能够为相关工作人员提供参考。

关键词：播音主持；主持技巧；新媒体；播音技巧

主持人要及时、准确、高效率、高质量地向受众传递信息，吐字清晰、用词恰当，适当场合用幽默的语言进行情景再现，增强主持语言表达的感染力和艺术美感。真诚服务、生动表达，是广播播音主持人需要掌握的基本技能。主持人要充分意识到个人工作的神圣感和使命感，积极研究播音主持语言，由此全面把握节目创作规律及创作技巧。

一、广播电台播音主持的要求

(一)保证内容的真实性

真实性是广播电台播音主持最基本的原则。播音员、主持人要拥有正确的思想政治理念，保证内容的真实。在节目播出前，播音内容要经过多方面的取证和审核，确保其真实性，节目观点要经得起舆论质疑。

（二）语言准确

新媒体时代要注重与听众的互动效果，引用较多微信、论坛上的听众留言，并在节目中加入受众的发言点评等等，从而达到与听众互动的目的。新媒体影响下，播报内容主要来源于网络内容，可以通过整理网络评论来加深人们对新闻的了解，与受众即时在线互动，丰富工作经验。

播音员应提前整理资料，力争在最短时间内掌握资料全部内容。随着时代的不断发展，播音主持人已经摆脱了“播”，逐渐做到了“说”，依据受众的审美情趣，对节目内容形式进行多次调整，力求吸引更多的听众。

（三）保证播音内容的亲和力

播音内容要保证亲和力，播音员要学会驾驭语言、语气，表达出节目内容的情感，使听众感受到播音人员丰沛的感情。

播音员首先要确保稿件信息的真实性，用事实说话，用真相激发受众互动的欲望。从准备材料到播音主持的整个过程，都要坚持为受众服务的基本理念，全面掌握语言表达艺术。加强现场报道的学习和研究，以各类节目为锻炼模本，在多次锻炼中积累工作经验。

二、广播电台新闻播音主持需掌握的播音主持技巧

（一）掌握标准的语气和节奏

播音主持人在进行信息传播的过程中，要始终抱着诚恳的工作态度，有效把握语速、节奏，吐字要清晰，情绪要到位，要能让听众感受到传递的核心内容，加强信息传播的有效性。标准的节奏和语气，是对播音主持最为基本的要求。只有对语气和节奏实现良好把握，才能保障节目的良好效果。因此，播音主持人在主持节目的过程中，一定要深入结合节目的背景和内容，加强对语速和语气等方面的控制，以便更好地展现整个节目的效果，凸显出语言的魅力。

（二）注重运用情感

广播播音员应重视情感的运用，尽可能地用更富情感的声音来引发听众的情感共鸣，从而让广播新闻更具吸引力。为了让播音情感更加丰富，播音员应该在组织新闻资料的过程中，尽可能多地搜集相关新闻素材，对这些素材进行整合和优化之后，将那些能够传递出情感的信息提取出来，并将这些情感信息恰如其分地融合到新闻播报中。值得强调的是，播音员在运用情感的过程中，一定要注意情感表达的自然性和真实性，刻意表达虚假情感的做法会让听众感到不适，反而会影响广播新闻的传播效率。

（三）加强语言趣味性

呆板的说教式广播已经成为“过去式”，现在市场上的各种节目都千方百计地以趣味性吸引受众。节目的趣味性对于受众来说的确是一种极强的吸引力。广播播音也要以适当趣味性的语言为节目增加活力。语言趣味性的增加不能老是依靠主持人的插科打诨，而是要选取合适时机进行合适“调侃”。过多刻意的玩笑会使听众产生厌恶感。

三、结论

总而言之，广播播音作为一种用声音为主要传播介质的媒体形式，要想提高节目质量，实现一定的收听率，就要提升播音主持的技巧，从吸引听众注意力的角度来展开播音工作分析。分析听众的内心需求，把听众的需求与节目的内容、形式融合在一起，从而推动广播节目良性、持续发展。

参考文献

［1］李琦.新媒体视域下广播电视台播音主持的技巧和特点探讨［J］.新闻研究导刊，2017(4)：138.

（原载《视界观》2019年第8期，有改动）

民生新闻出镜记者采访报道要点分析

夏　亮

摘要:比起其他类型新闻,民生新闻取材更“接地气”,与人民的生活也是息息相关。这种围绕现实、关注民生的报道与采访需要出镜记者运用特殊技巧完成采访工作。对于民生新闻的报道采访,需要出镜记者时刻保持敏锐的新闻洞察力,掌握采访的主动权,具备强大的应变能力,采访问题准确切中事件要点,确保采访报道工作能够顺利开展。

关键词:民生新闻;出镜记者;采访报道

民生新闻聚焦社会百态,作为政府的话语人,引导社会舆论发展风向。民生新闻具有很强的现实性,取材于民生,并以民众视角解读新闻。民生新闻出镜记者在采访报道过程中应掌握和应用的技巧也有特殊性。在进行民生新闻采访与报道时,出镜记者不仅要实现对民众的控场,还要融入民众中去,从民众的视角解读新闻、看待问题,达到民生新闻造福民众的目的。想老百姓所想,讲老百姓所需,这也是民生新闻出镜记者采访报道的基本守则。

一、民生新闻信息报道要点的展示技巧

(一)把控整体,突出细节

细节能够还原新闻事件的本质,这也是大众所忽略的。人物微妙的表情及行为变化往往揭示了事件背后隐藏的信息,昭示着当事人内心深处最原始的感情与态度。在新闻采访报道中,细节的作用似乎并没有事件本身影响大,但只有实现对细节的精准把控与解读,才能够理清事件的整体走向,并在必要时作出适当的干预。新闻事件中的每个细节都可能预示着事件的整体走向,时刻关注这些要点,并将每个细节点串联在一起,对信息进行有效的整合,才能达到管中窥豹的采访效果。因此,出镜记者在进行民生新闻采访时,要注意对细节信息的把控,并结合整个报道事件理清二者之间的发展关系,保持民生新闻的出镜报道能够有理有据,逻辑清晰。

(二)客观报道,主观感受

民生新闻出镜记者实现了对新闻现场的面对面“交接”,这也能够使他们更全面细致地了解事实真相。民生新闻出镜记者在报道采访过程中,应时刻保持客观公正的态度,向民众及社会还原事件真相,并辅以真切的描述与场景再现的方式增强新闻的真实性与可信度。另外,在对事件进行采访与报道时,出镜记者不可掺杂任何主观情感,应以观察者的角色完成报道采访工作。纠纷事件的错与对应交由观众自行判断,不可以主观臆断引导社会舆论风向。主观感受要求出镜记者采用视觉听觉感受,并将所见所闻客观展现在观众眼前,实现新闻报道的客观性、准确性。出镜记者是实现观众与报道信息相连的纽带,只有将自身所见所闻向观众传达,才能够使观众获得最直接的感官体验。

(三)视角平等,情感真切

不少记者幻想自己是坐在高堂之上的清廉法官,在采访时一副高高在上的模样,殊不知,这种耀武扬威的气场只会让被采访者与之产生隔阂,并不能够得到真实有效的信息反馈。在进行民生新闻采访时,出镜记者要表现出亲切随和的态度,并站在受访者的角度考虑提出的问题是否恰当,受访者心理是否能接受。一些记者纯粹为了获取信息素材而采访,无法获得受访者的信任甚至出现拒绝接受采访的现象。只有实现出镜记者与受访者间的对等关系,让受访者明白记者是在真心帮助他们解决问题,他才会怀着一颗感激的心,为出镜记者提供真实有效的信息,实现民生新闻创办的初衷。

二、民生新闻内容的表达技巧

(一)吐字发音清晰

由于时间的限制,电视媒体在转播新闻时往往会一带而过,那么在有限的时间内实现对新闻事件高质量、高效率的传播就显得尤为重要。这就要求出镜记者的吐字发音要清晰,从而实现信息的有效传达。并且,民生新闻记者终日与语言打交道,具备良好的语言表达能力也是职业基本需求,优美清晰的语言会使人感受到亲切。因此民生新闻记者在进行报道采访时,应保持吐字清晰、声音柔和、语调恰当、音律和谐。

(二)语言表达口语化

民生新闻出镜记者报道邻里乡间纠纷的新闻,采访的对象是普普通通的大众阶级。如果用生硬的书面语和专业性较强的术语,不仅容易与当事人产生隔阂,无法得到真实有效的信息反馈,也会使电视机前的大众一头雾水,不明所以。因此,出镜记者在进行民生新闻采访时,要尽量使用口语化的语言来传达信息。

(三)语气亲切自然

出镜记者在进行民生新闻采访报道时,要充分考虑被访者的感受,避免语气过于生硬冰冷,应以亲切朴实的语言营造和谐的采访氛围。只有这样,才能生动地表现新闻,传递信息,达到民生新闻采访报道的最终目的。亲切平实的语言,不仅有助于缓解被访者焦虑紧张的情绪,还能够还原现场,使观众迅速融入事件中。

(四)方言使用适当化

在许多偏远的地区,不少年龄较大的人群并不能熟练使用普通话。出镜记者好比民生新闻报道的一块砖,哪里需要往哪里搬,去偏远地区进行采访的情况也时有发生。方言是不少地区民众的习惯性用语,为了加强与当地民众的沟通交流,也为了快速了解当地的风俗人情,出镜记者应具备一定的方言学习能力,并能够快速适应当地方言。

三、结语

民生新闻在一定程度上反映了国家与社会的发展状况。民生新闻自兴起以来,逐渐成为党和政府的“喉舌”。解决民生问题,关注民生新闻,是党和政府服务人民的体现。民生新闻关注的是老百姓身边的小事,解决的是老百姓间的烦恼纠纷,因此,民生新闻出镜记者在进行采访报道时应注意群体的特殊性及价值的定位。在对民生新闻进行采访报道时,要注意对报道事件细节的处理,客观公正地向观众传达事件的始终,不可掺杂自身情感色彩,对事件或当事人妄加评论;应以亲近友好的采访态度,拉近与受访者之间的距离,以获取真实有效的信息。另外,出镜记者应时刻保持接地气的报道方式,使民生新闻回归到大众中,实现民生新闻为人民的服务宗旨。

参考文献

[1]刘嘉.民生新闻出镜记者采访报道技巧[J].西部广播电视,2017(24):150-151.

[2]容凤仁.民生新闻记者如何做好现场报道[J].传播力研究,2019 (3):259.

[3]李虹.试论电视民生新闻中出镜记者的表达技巧和作用[J].西部广播电视,2017(19):148.

(原载《神州》2020 年第 5 期,有改动)

人物名录

领导名录

周广金，男，1963年10月出生，山东省荣成市人，中共党员，高级政工师。1980年7月毕业于山东农业大学。1984年8月起先后在牟平县农场、牟平县人事局、荣成市人事局工作。1993年11月任荣成市编委办公室副主任。1995年3月任荣成市人事局干部调研科科长。2001年1月任荣成市人事局副局长。2003年12月至2007年11月先后任荣成市督查考核办公室副主任、主任。2007年11月至2012年7月，任中共荣成市委宣传部副部长、荣成市广播电视局（台）党组书记、局长（台长）。

姜旭明，男，1971年2月出生，山东省荣成市人，中共党员。1991年7月在山东经济学院国际贸易专业取得专科学历，2003年2月在职教育取得山东省委党校业余本科班法律专业本科学历。1991年7月起先后在荣成市对外经济贸易委员会、荣成市第三产业办公室、中共荣成市委办公室工作。2005年4月任中共荣成市委办公室副主任、政策研究室主任；2012年6月至2014年6月，任中共荣成市委宣传部副部长、荣成广播电视台党组书记、台长。

张波，男，1965年7月出生，山东省荣成市人，中共党员。1986年7月毕业于烟台农校农经专业，中专学历。1992年6月毕业于中央党校业余大专班，大专学历。1986年7月至1992年4月任荣成县（市）区划办公室科员。1992年4月至1993年11月任荣成市计划委员会农业科副科长。1993年11月至1995年3月任荣成市计划委员会农业科科长。1995年3月至1998年12月先后任荣成市石岛镇挂职副镇长、荣成市石岛镇副镇长。1998年12月至2003年12月任荣成市夏庄镇党委副书记。2003年12月至2005年1月先后担任荣成市体改办副主任、党组成员。2005年1月至2012年6月先后担任荣成市督查考核办公室副主任、主任科员、主任。2012年6月至2014年6月任荣成市委组织部副部长、督查考核办公室主任。2014年6月至2017年11月任荣成市广播电视台党组书记、台长。

邹积军，男，1970年8月出生，山东省荣成市人，中共党员，副编审。1988年7月毕业于威海水运学校船舶轮机专业，中技学历。1992年12月毕业于山东师范大学汉语言文学专业，专科学历。1996年6月毕业于山东省委党校业余本科班，本科学历。1988年8月至1994年10月先后在山东石岛港务办事处船队、山东石岛港务局工作。1994年10月至2012年6月，在荣成市委宣传部宣传科工作。1997年1月任荣成市委宣传部宣传科副科长，2002年6月任荣成市委宣传部宣传文化科科长，2003年12月任荣成市委宣传部宣传文化科科长、副主任科员，2007年5月任荣成市委宣传部宣传文化科科长、文明办副主任。2012年6月至2015年8月任荣成市文化广电新闻出版局党组成员、荣成市博物馆馆长。2015年8月至2017年11月任荣成市新闻中心主任。2017年11月至2019年1月任荣成市广播电视台党组书记、台长。2019年1月起任荣成市融媒体中心党总支书记、主任。

宋业亭，男，1966年3月出生，山东省荣成市人，中共党员。在山东省委党校取得在职教育文秘档案专业大专学历。1986年7月至1987年10月任荣成县人和镇政府交通员。1987年10月至1997年3月，在荣成县(市)市政工程公司工作。1997年3月至2003年3月，任荣成市房地产管理部科员。2003年3月至2004年4月任荣成市政府办公室秘书、大疃镇党委委员。2004年4月至2007年5月任荣成市政府办公室秘书一科科长。2007年5月至2010年12月任荣成市政府办公室副主任、党组成员。2010年12月至2012年6月任荣成市政府办公室副主任、党组成员、主任科员。2012年6月至2017年11月任荣成市文学艺术界联合会主席、党组书记。2017年11月至2019年3月任荣成市新闻中心主任。2019年3月至2020年5月任荣成市融媒体中心总编辑。2020年5月起任荣成市融媒体中心主任科员。

王宏伟，男，1968年6月出生，山东省荣成市人，中共党员。1988年7月毕业于文登师范教育学专业，中专学历。1992年7月毕业于山东教育学院，在职教育取得专科学历。1999年12月毕业于山东省委党校，在职教育取得本科学历。1988年至1994年在龙须岛教委党委任文书、秘书。1994年3月调荣成市委宣传部，先后任干事、副科长、办公室主任、副主任科员。2005年4月至2009年12月任荣成市委宣传部副部长。2009年12月至2012年12月任荣成市广播电视台党组副书记、副台长、总编辑。

秦铁军，男，1963年11月出生，山东省荣成市人，中共党员，大专学历，高级工程师。1979年6月参加工作，1984年7月起，先后在荣成电视台录制部担任副主任、主任等职务。1993年11月任荣成市广播电视局事业科科长，1996年6月任荣成有线电视台台长。2002年2月任荣成市广播电视局副局长，2003年11月任荣成市广播电视局总工程师。2010年任荣成市广播电视台总工程师、荣成广电宽带网络有限公司常务副总经理。2012年至2014年任荣成市广播电视台总工程师。

刘健，男，1972年1月出生，山东省招远市人，中共党员，主任记者。1991年毕业于山东大学中文系。1991年10月至1995年2月在荣成电视台新闻部任记者。1995年2月起先后在荣成市广播电视局新闻部、新闻中心任副主任、主任等职。2010年1月任荣成市广播电视台副台长。2013年5月任荣成市广播电视台总编辑。2016年3月至2019年5月，任荣成市广播电视台党组副书记、总编辑。

梁伟，男，1960年10月出生，山东省荣成市人，中共党员，高级政工师。1978年10月入伍，于解放军西安政治学院毕业。1993年9月在荣成电视台工作，担任记者、新闻部副主任。1995年起先后任荣成市广播电视局总编室、办公室副主任、主任。1999年10月任荣成电视台台长。2007年7月任荣成市广播电视局纪检组长。2009年12月至2012年6月任荣成市广播电视台党组成员、副主任科员。

徐淑梅，女，1970年10月出生，山东省荣成市人，中共党员，主任编辑。毕业于山东省曲阜师范大学汉语言文学系，本科学历。1990年8月至2001年12月任教师，2002年1月起在荣成广播电视台先后担任新闻部编辑，总编室编辑、副主任，广告中心主任兼经营管理科科长。2009年12月任荣成广播电视台副台长，2019年5月任荣成市融媒体中心副主任。

刘青,男,1966年2月出生,山东省荣成市人,中共党员,高级工程师。大连海运学院无线电技术专业毕业,本科学历。1985年在交通部烟台海上救助打捞局通讯导航处工作。1990年6月调入荣成市广播电视局电视发射台工作。1990年12月起先后在荣成市广播电视局技术科、电视录制部、事业科、技术保障中心、崖头分局任主任、科长、局长等职务。2007年11月起任荣成市广播电视台党组成员、崖头中心站站长、技术中心主任。2013年5月任荣成市广播电视台党组成员、副台长。2019年5月任荣成市融媒体中心副主任。

宋忠强,男,1968年5月出生,山东省荣成市人,中共党员。1992年毕业于山东农业大学林学师范专业。1992年9月起,先后在荣成市上庄、黄山镇果业技术推广站工作。1999年12月至2009年12月,先后任黄山镇党委组织委员,虎山镇党委委员、组织委员和上庄镇党委纪检书记、副书记。2010年1月至2012年7月任荣成市广播电视台副台长、党组成员。

孙明,男,1967年1月出生,山东省荣成市人,中共党员,高级政工师。1991年10月进入荣成市广电部门工作,曾任荣成有线电视台工程部主任,俚岛、黄山广播电视站站长,石岛分局副局长、局长。2010年任荣成市广播电视台副总工程师、荣成广电宽带网络有限公司副总经理。2012年至2016年4月任荣成市广播电视台副总工程师。

张明,男,1970年6月出生,山东省荣成市人,中共党员。1997年1月毕业于北京广播学院广播电视工程专业大专班,取得在职教育大专学历。2005年12月毕业于山东大学,取得在职教育新闻学专业本科学历。1989年11月至2003年2月,在荣成市广播电视局先后从事线路员、记者工作。2003年2月至2007年9月任荣成市广播电视局新闻部副主任。2007年9月至2009年12月任荣成市广播电视局新闻部副主任(副科级职级)。2009年12月至2013年5月任荣成市广播电视局新闻中心主任。2013年5月至2019年5月任荣成市广播电视台副总编辑。2019年5月任荣成市融媒体中心副主任。

王华丽,女,1975年1月出生,山东省荣成市人,中共党员。1995年7月毕业于山东大学中国语言文学系涉外文秘专业,大专学历,2012年12月毕业于山东省委党校,在职教育取得法律专业本科学历。1995年10月至2001年5月在荣成市报社从事编辑、记者工作。2001年5月至2002年7月任荣成市日报社政文部副主任,2002年7月至2004年1月任荣成市日报社政文部主任,2004年1月至2010年1月任荣成市新闻中心政文部主任。2010年1月至2012年8月任荣成市新闻中心副总编辑,2012年8月至2019年5月任荣成市新闻中心副主任。2019年5月起任荣成市融媒体中心副主任。

刘昌涛,男,1965年1月出生,山东省威海市文登区人,中共党员,主任记者。1986年7月毕业于天津大学,本科学历。1986年9月至1993年10月在淄博市第481厂工作。1993年10月至2000年1月,在荣成市广播电视局从事新闻部记者工作。2000年1月至2010年3月先后任荣成市广播电视局新闻部副主任、新闻中心民生新闻部副主任、新闻中心副主任。2013年5月至2019年5月任荣成市广播电视台副总编辑。

王洪臣,男,1972年11月出生,山东省荣成市人,中共党员。1994年7月毕业于山东经济学院工商系市场营销专业,大专学历。1994年12月至1997年1月在荣成市石岛百货商店从事文书工作。1997年1月至2004年1月在荣成日报从事记者工作。2004年1月至2010年7月在荣成市新闻中心从事科员工作。2010年7月至2012年8月任荣成市新闻中心要闻部副主任,2012年8月至2016年3月任荣成市新闻中心要闻部主任,2016年3月至2019年5月任荣成市新闻中心副主任,2019年5月至2020年4月任荣成市融媒体中心副主任。

王志超,男,1972年9月出生,山东省荣成市人,中共党员。1995年7月毕业于山东广播电视大学英语专业,大专学历。2001年12月毕业于山东省委党校,在职教育取得经济管理专业本科学历。1995年11月至1996年10月任荣成市第二十八中学教师(1996年4月吸收录用为干部),1996年10至2003年12月任荣成市日报社编辑。2003年12月至2010年7月任荣成市新闻中心编辑。2010年7月至2012年7月任荣成市新闻中心总编室副主任。2012年7月至2016年3月任荣成市新闻中心总编室主任,2016年3月至2019年5月任荣成市新闻中心副总编辑,2019年5月任荣成市融媒体中心副主任。

王爱科,女,1970年7月出生,山东省荣成市人,中共党员,编辑。莱阳农学院公关与文秘专业专科学历,在职取得山东大学新闻学本科学历。曾任荣成市广播电视台广告中心主任(副科级),2019年11月任荣成市融媒体中心广告运营部主任(副科级)。

刘爱民,女,1967年10月出生,山东省青岛市人,主任播音员。烟台工业学校企业管理专业中专学历,在职取得山东师范大学文秘专业专科学历、中国传媒大学新闻学(电视编辑方向)专业本科学历。曾任荣成市广播电视局新闻中心新闻制作部主任、荣成市广播电视台新闻中心副主任、荣成市广播电视台活动中心负责人。2019年11月任荣成市融媒体中心大型活动部主任(副科级)。

张少华,男,1968年2月出生,山东省荣成市人,编辑。文登师范学校普通班中专学历,在职取得山东省教育学院汉语言文学专业本科学历。曾任荣成市广播电视局新闻评论部副主任、荣成市广播电视台新闻中心专题部副主任(副科级)。

范丽娜,女,1984年3月出生,山东省曹县人,中共党员。湖南长沙民政学院民政行政管理专业专科学历,在职取得中央党校经济管理专业本科学历。曾任荣成市新闻中心通联部主任,2019年5月挂职任荣成市妇女联合会党组成员、副主席。

中层干部名录

王少飞,男,1978年1月出生,山东省荣成市人,中共党员。装甲兵工程学院计算机专业本科学历,曾任荣成市广播电视台工会主席、行政中心负责人。2019年11月任荣成市融媒体中心办公室主任、工会主席。

王妮娟 女,1974年12月出生,山东省荣成市人。山东师范大学新闻学大专学历,在职取得山东省委党校经济管理专业本科学历。曾任荣成市新闻中心总编室主任,现任荣成市融媒体中心总编室主任、妇委会主任。

肖向辉,男,1974年7月出生,山东省荣成市人,中共党员,工程师。山东广播电视学校广播电视技术专业中专学历,在职取得北京广播学院广播电视工程专业专科学历、哈尔滨理工大学质量技术监督管理专业本科学历。曾任荣成市广播电视局技术保障中心副主任、电视网络技术开发服务中心技术部副主任、荣成广电宽带网络有限公司技术部主任、荣成市广播电视台事业部主任、荣成市广播电视台技术保障中心负责人。2019年11月任荣成市融媒体中心技术部主任。

张世松,男,1969年5月出生,山东省荣成市人。青岛海洋大学政治思想教育专业大专学历,在职取得曲阜师范大学政治和思想品德教育本科学历。曾任荣成市新闻中心经济部主任,现任荣成市融媒体中心报刊部主任。

岳德晓,男,1974年10月出生,山东省荣成市人,中共党员,工程师。上海大学检测技术专业专科学历,在职取得大连理工大学工商管理专业本科学历。曾任荣成市广播电视局播控中心播出部主任、荣成市广播电视台播控中心负责人。2019年11月任荣成市融媒体中心播出部主任。

潘建明,男,1969年3月出生,山东省荣成市人,记者。在职取得山东师范大学文秘学专业专科学历、山东大学新闻学专业本科学历。曾任荣成市广播电视局新闻中心外宣部副主任、新闻部副主任、新闻中心新闻部副主任、荣成市广播电视台节目中心负责人。2019年11月任荣成市融媒体中心节目部主任。

毕艳春,女,1974年4月出生,山东省荣成市人,中共党员。威海市卫生学校护理专业中专学历,在职取得山东师范大学文秘学专业专科学历、山东大学新闻学专业本科学历。曾任荣成市广播电视台广播中心负责人。2019年11月任荣成市融媒体中心广播部主任。

李冻冰,男,1971年2月出生,山东省荣成市人,中共党员,高级工程师。南京理工大学光电技术专业本科学历。曾任荣成市广播电视局网络中心技术保障部主任、网络技术开发服务中心技术部副主任、播控中心播出部副主任、发射部副主任。曾任荣成市大疃镇双石董家村第一书记、大疃镇大疃村第一书记。2019年11月任荣成市融媒体中心党建工作部主任。

周洪波,男,1972年11月出生,山东省荣成市人,中共党员。在职取得山东师范大学文秘专业专科学历。曾任荣成市广播电视局办公室后勤班班长、物业中心副主任、技术安全保障中心副主任。2019年11月任荣成市融媒体中心安全保障部主任。

夏亮,男,1982年3月出生,山东省威海市人,中共党员,助理记者。咸阳师范学院汉语言文学专业本科学历。曾任荣成市广播电视台团委书记。2019年11月任荣成市融媒体中心播音部主任兼团总支书记。

宋传峰,男,1973年10月出生,山东省荣成市人,编辑。烟台大学汉语言文学专业专科学历,在职取得北京广播学院新闻学专业本科学历。曾任荣成市广播电视台新闻中心专题部副主任。2019年11月任荣成市融媒体中心人力资源部主任。

董鹤东,男,1973年7月出生,黑龙江省虎林市人,中共党员,助理编辑。在职取得济南大学语文教育专业大专学历。曾任荣成市广播电视台新闻中心新闻制作部副主任。2019年11月任荣成市融媒体中心专题部主任。

王福东,男,1969年5月出生,山东省荣成市人,中共党员,助理记者。在职取得山东省委党校法律专业本科学历。曾任荣成市新闻中心摄影部主任,2019年11月任荣成市融媒体中心视频创作部主任。

刘海英,女,1969年8月出生,安徽省太和人,编辑。呼兰师范专业学校音乐系音乐教育专业专科学历,在职取得哈尔滨师范大学音乐教育专业本科学历。曾任荣成市广播电视局广告文艺中心文艺部主任、广告经营监管科副科长、广告中心副主任。2019年11月任荣成市融媒体中心艺术培训部副主任。

李冰,男,1970年12月出生,山东省荣成市人,工程师。在职取得山东大学计算机科学与技术专业本科学历。曾任荣成市广播电视局新闻制作部副主任、媒资室主任。2019年11月任荣成市融媒体中心制作部主任。

刘洪斌,男,1970年1月出生,山东荣成市人,助理记者。在职取得中国传媒大学新闻学专业本科学历。曾任荣成市广播电视局广告外联三部代理副主任、督查考核科副科长、广告中心副主任。2019年11月任荣成市融媒体中心电教部主任。

王璐，女，1985年7月出生，山东省荣成市人，中共党员，记者。北京师范大学珠海分校传媒设计专业本科学历。曾任荣成市新闻中心政文部主任。2019年11月任荣成市融媒体中心评论部主任。

于军鹏，男，1980年10月出生，山东省荣成市人，中共党员，记者。烟台大学汉语言文学专业本科学历。曾任荣成广播电视台新闻中心值班主任。2019年11月任全媒体采编部副主任（主持工作）。

张峰滔，男，1977年1月出生，山东省荣成市人。在职取得莱阳农学院经济管理专业专科学历。曾任荣成市广播电视局非线性编辑技术主管。2019年11月任网络信息部副主任（主持工作）。

张晓宁，男，1984年5月出生，辽宁省铁岭市人，助理经济师。苏州大学广告学专业本科学历。2019年11月任广告监审部副主任（主持工作）。

邓波，男，1965年3月出生，山东省荣成市人，中共党员，高中学历。2019年11月任发射部副主任（主持工作）。

牛菲菲，女，1990年9月出生，山东省东营市人，助理编辑。临沂大学广播电视编导专业本科学历。2019年11月任制作部副主任（主持工作）。

姚彩霞，女，1983年5月出生，山东省荣成市人，中共党员，助理编辑。西南交通大学传播学专业本科学历。2019年11月任广告运营部副主任（主持工作）。

连业霞，女，1974年7月出生，山东省荣成市人，中共党员，财政税收经济师。山东农业广播电视学校中专学历，在职取得山东省委党校农业经济管理专业专科学历。2019年11月任财务部副主任。

李洪明，男，1972年2月出生，山东省荣成市人。在职取得吉林财经大学工商管理本科学历。2019年11月任视频创作部副主任。

李宝强，男，1988年3月出生，山东淄博市人，中共党员，网络工程师。青岛理工大学琴岛学院信息管理与信息系统专业本科学历。2019年11月任播出部副主任。

王树敞，男，1989年1月出生，山东省郓城人，中共党员，助理记者。山东政法大学新闻学专业本科学历。2019年11月任新闻编辑部副主任。

刘丽华，男，1972年3月出生，山东省荣成市人，高级技师。在职取得山东省广播电视学校有线电视技术专业中专学历。曾任荣成市广播电视台伙食管理科副科长。2019年11月任荣成市融媒体中心伙食科科长。

连桂青，女，1972年10月出生，山东省荣成市人。在职取得山东省委党校农业经济管理专业本科学历。曾任荣成市广播电视台妇委会主任。2019年11月任荣成市融媒体中心妇委会副主任。

张娟，女，1977年12月出生，山东省荣成市人，编辑。烟台大学汉语言文学专业本科学历。曾任荣成市广播电视台经营管理科副科长。2019年11月任荣成市融媒体中心总编室副主任。

周文永，男，1970年4月出生，山东省荣成市人，中共党员，在职取得山东广播电视大学财务会计专业专科学历。曾任荣成市广播电视局网络中心管理一部副主任、办公室后勤班副班长、播出部副主任。2019年11月任荣成市融媒体中心安全保障部副主任。

周卫东，男，1970年12月出生，山东省荣成市人，中共党员。在职取得济南信阳陆军学院通信专业中专学历。曾任广播电视局崖头工作站副站长、播出部副主任，2019年11月任荣成市融媒体中心播出部副主任。

刘军亭,男,1976年3月出生,山东省荣成市人,中共党员。在职取得山东农业大学经济管理专业专科学历。曾任荣成市广播电视局广告中心石岛部副主任、石岛二部主任、广告三部副主任、广告四部副主任。2019年11月任荣成市融媒体中心广告运营部副主任。

金文武,男,1975年2月出生,河南省虞城人,二级播音员。在职取得中国传媒大学新闻学专业本科学历。曾任荣成市广播电视局广告中心文艺部代理主任、广告中心策划制作部副主任。2019年11月任荣成市融媒体中心网络信息部副主任。

赵晓辉,女,1972年12月出生,甘肃省陇西人,中共党员。在职取得山东广播电视大学经济管理专业专科学历。曾任荣成市广播电视台广告医药通讯部主任。2019年11月任荣成市融媒体中心广告运营部副主任。

于军涛,男,1979年10月出生,山东省荣成市人,在职取得山东省委党校法律专业本科学历,助理编辑。曾任荣成市广播电视台新闻中心值班主任。2019年11月任新闻编辑部副主任(主持工作)。

宋伟,男,1980年11月出生,山东省荣成市人,助理编辑。在职取得山东省委党校法律本科学历。曾任荣成市广播电视台团委副书记。2019年11月任荣成市融媒体中心技术部副主任。

张文杰,男,1988年1月出生,山东省荣成市人,中共党员,助理记者。中南大学广播电视新闻专业本科学历。曾任荣成市广播电视台《民生360°》栏目组值班主任。2019年11月任新媒体发展部副主任(主持工作)。

常丽君,女,1977年2月出生,山东省荣成市人。荣成市职业中等专业学校微机专业职专学历。曾任荣成市新闻中心照排室副主任。2019年11月任荣成市融媒体中心报刊部副主任。

毕国斌,男,1970年11月出生,山东省荣成市人,技术工三级。荣成市技工学校瓦工专业中技学历,在职取得北京语言大学法学专业大专学历。曾任荣成市新闻中心工会副主席。2019年11月任荣成市融媒体中心工会副主席。

于清,女,1987年9月出生,山东省荣成市人,中共党员,助理记者。青岛求实学院韩语专业大专学历,在职取得青岛农业大学汉语言文学专业本科学历。2019年11月任荣成市融媒体中心评论部副主任。

胡思慧,女,1993年9月出生,黑龙江省鸡西市人,助理记者。四川师范大学汉语言文学专业本科学历。2019年11月任荣成市融媒体中心评论部副主任。

赵海超,男,1994年10月出生,山东省荣成市人,助理记者。烟台大学文经学院新闻学专业本科学历。2019年11月任荣成市融媒体中心报刊部副主任。

丁庆安,男,1965年3月出生,山东省荣成市人,中共党员。在职取得旅顺士官人才学校士官发动机专业中专学历。2019年11月任荣成市融媒体中心安全保障部副主任。

宁蕾,男,1982年5月出生,山东省荣成市人,中共党员,助理馆员。济南大学汉语言文学专业本科学历。2019年11月任荣成市融媒体中心人力资源部副主任。

张曙光,男,1974年5月出生,辽宁省本溪县人,中共党员。埠柳镇职业高级中学无线电专业中专学历。2019年11月任荣成市融媒体中心发射部副主任。

张军永,男,1974年11月出生,山东省荣成市人。在职取得山东省广播电视学校有线电视专业中专学历。2019年11月任荣成市融媒体中心车队队长。

王绍楠,女,1984年6月出生,黑龙江省哈尔滨市人,助理编辑。黑龙江大学广播电视编导本科学历。2019 年 11 月任荣成市融媒体中心广播部副主任。

滕彬，男，1986 年 9 月出生，山东省荣成市人，助理编辑。四川音乐学院艺术设计专业本科学历。2019 年 11 月任荣成市融媒体中心节目部副主任。

付振宇，男，1989 年 1 月出生，山东省荣成市人，助理记者。广播电影电视管理干部学院电视节目制作专业大专学历，在职取得北京语言大学汉语言文学专业本科学历。2019 年 11 月任荣成市融媒体中心全媒体采编部副主任。

戚雪峰，男，1963 年 8 月出生，山东省荣成市人，中共党员，技术工三级。在职取得山东省委党校涉外经济专业大专学历。曾任荣成市新闻中心办公室主任，现任寻山镇迎驾新村第一书记。

盛永福，男，1962 年 10 月出生，山东省荣成市人，中共党员，会计师。烟台财政学校国民经济计划统计专业中专学历，在职取得山东师范大学文秘专业大专学历。曾任荣成市新闻中心工会主席，现任荣成市华侨社区第一书记。

刘宏伟，男，1986 年 10 月出生，山东省新泰市人，中共党员，助理记者。南京大学哲学专业本科学历。曾任节目中心电教部负责人。

金锐，男，1962 年 8 月出生，新疆乌鲁木齐市人，中共党员，主任编辑。新疆大学政治系政治理论专业本科学历。曾任荣成市广播电视台导视频道总监、总编室主任、督查考核科科长、政工办公室主任、广播电台总监。

李振宇，男，1979 年 7 月出生，山东省沂源县人，中共党员，助理记者。山东大学汉语言文学专业本科学历。曾在荣成市广播电视台新闻中心主持工作。

樊景云，女，1970 年 1 月出生，山东省荣成市人，中共党员，财政税收经济师。在职取得山东农业大学财会专业本科学历。曾任荣成市广播电视台经营管理科科长、财审经管中心负责人。

车强，男，1966 年 4 月出生，山东省荣成市人，中共党员。在职取得烟台师范学院汉语文学专业本科学历。曾任荣成市广播电视台办公室主任、工会主席、城西街道鸭湾村第一书记、大疃中东窑村及大疃村第一书记。

常鸿冰，男，1967 年 8 月出生，山东省荣成市人，中专学历。曾任荣成市广播电视台新闻评论部副主任、新闻中心专题部主任、新闻中心副主任、产业发展中心负责人。

郭中华，男，回族，1962 年 12 月出生，山东省冠县人，中共党员，编辑。在职取得北京人文函授大学文学系专科学历。曾任荣成市广播电视台专题部副主任、评论部副主任、外宣部主任、总编室副主任。

于军，男，1963 年 11 月出生，山东省长岛县人，中共党员，编辑。在职取得中国新闻学院新闻专业专科学历。曾任荣成市广播电视台新闻部副主任、专题部主任、业务培训部主任、总编室主任。

殷述峰，男，1963 年 4 月出生，山东省荣成市人，中共党员，工程师。在职取得对外经济贸易大学国际贸易专业本科学历。曾任荣成市广播电视台播控中心播出部副主任、技术安全保障中心安全保卫科科长。

吕冰峰，男，1970 年 4 月出生，山东省荣成市人。大专学历，记者。在职取得山东省高等教育自学考试汉语言文学专业本科学历。曾任荣成市新闻中心政文部副主任、主任、网络工作部主任。2019 年 11 月任荣成市融媒体中心新媒体发展部主任。

刘增光，男，1984 年 1 月出生，山东省荣成市人，助理记者。山东大学汉语言文学专业本科学历，曾任全媒体采编部副主任。

毕见喜，男，1963 年 1 月出生，山东省荣成市人，初中学历。曾任荣成市广播电视台车辆管理科副科长。

王涛,男,1977年7月出生,山东省济南市人,中共党员,二级播音员。在职取得黑龙江省委党校经济管理专业本科学历。曾任荣成市广播电视台新闻中心新闻制作部副主任、广播电台副总监。

王曼丽,女,1980年1月出生,湖南省湘潭市人,中共党员,助理经济师。武汉理工大学经济法专业本科学历。曾任荣成市宽带网络有限公司企管部副主任、荣成市广播电视台年鉴办公室副主任。

张永平,男,1964年12月出生,山东省荣成市人,初中学历。曾任荣成市广播电视台物业中心安全保卫科科长、车辆管理科科长。

王忠澎,男,1970年12月出生,山东省荣成市人。在职取得山东师范大学文秘专业大专学历。曾任荣成市广播电视台新闻中心外宣部副主任,新闻中心民生新闻部副主任、主任。

董晓玉,女,1965年10月出生,山东省荣成市人,高中学历。曾任荣成市广播电视台广告部副主任、经营管理科副科长、广告中心综合管理部副主任、总编室副主任。

滕京文,男,1970年4月出生,山东省威海市文登区人,中共党员。在职取得山东广播电视大学汉语言文学专科学历。曾任荣成市广播电视台广告文艺中心外联部主任、综合频道总监、广告中心副主任、广告中心副主任兼广告一部主任、医疗通讯部主任。

林治武,男,1966年1月出生,山东省荣成市人,中共党员,高中学历。曾任荣成市广播电视台广告中心工商一部主任、广告二部副主任兼工商一部主任。

赵明,男,1972年2月出生,山东省荣成市人,中共党员,在职取得荣成大学经济管理专业专科学历。曾任荣成市广播电视台广告中心工商部副主任、工商二部主任、广告中心广告二部副主任兼工商二部主任。

王英杰,男,1968年10月出生,山东省荣成市人,中共党员。在职取得莱阳农学院经济管理专业大专学历。曾任荣成市广播电视台广告中心医疗通讯部副主任、汽车部主任、广告一部副主任、广告三部副主任。

刘增志,男,1964年6月出生,山东省威海市人,中共党员,工程师。在职取得山东广播电视大学电子工程专业专科学历。曾任荣成市广播电视台技术部(播出部)主任、机务播出部副主任、发射部副主任、播控中心副主任兼发射部主任、发射部主任。

张忠英,男,1960年4月出生,中共党员,山东省荣成市人。在职取得北京广播学院广播电视技术专业专科学历。曾任荣成市广播电视台发射部副主任。

刘昌毅,男,1964年2月出生,山东省威海市人,中共党员,助理经济师。在职取得北京师范大学外语系英语专业本科学历。曾任荣成市广电宽带网络有限公司企管部副主任、荣成市广播电视台手持电视营销市场一部副主任。

孙玉仁,男,1975年9月出生,山东省荣成市人,中共党员,技术工三级。在职取得中央广播电视大学行政管理专业专科学历。曾任荣成市广播电视台工会副主席。

孙相辉,男,1970年12月出生,山东省荣成市人,中共党员。在职取得山东农业大学经济管理专业本科学历。曾任荣成市广播电视局车队队长、荣成广电宽带网络有限公司大疃广播电视站站长、荣成市广播电视台手持电视营销市场一部主任、荣成市广播电视台光电传媒有限公司副经理、荣成市广播电视台新技术开发部主任。

汤恩凤,男,1966年10月出生,安徽省利辛人,中共党员,高中学历。曾任荣成市广播电视台司机班副班长、安全保卫科副科长。

刘媛媛,女,1983年11月出生,山东省荣成市人,助理记者。山东大学威海分校新闻学专业本科学历。曾任《民生360°》值班主任。

金美蕙,女,朝鲜族,1972年8月出生,吉林省安图人，一级播音员。在职取得中国人民大学新闻系新闻学本科学历。曾任荣成市第7、8、9届政协委员，威海市第11、12届政协委员，2013年威海市妇女代表大会代表。曾担任荣成市广播电视台广告综合一部(房产部)责任主体。

张爱清，女，1972年3月出生，山东省荣成市人。初中学历。在职取得山东财政学院会计专业大专学历。曾任荣成市新闻中心账务部主任。

孟庆波，男，1964年9月出生，黑龙江省呼兰县(现哈尔滨市呼兰区)人，中共党员，高中学历，政工师。在职取得省委党校经济管理专业本科学历。曾任荣成市新闻中心副刊部主任。

凌亚明，男，1961年6月出生，浙江省兰溪市人，中共党员，高中学历，主任编辑。在职取得黑龙江省行政学院新闻专业本科学历。曾任荣成市新闻中心审读部主任。

周广臻，男，1965年9月出生，山东省荣成市人，工程师。山东建材学院生产过程自动化专业本科学历。曾任荣成市新闻中心照排室主任。

徐建军，男，1982年9月出生，山东省淄博市人，中共党员，助理编辑。山东理工大学汉语言文学专业本科学历。曾任荣成市广播电视台办公室副主任。

于景波，男，1969年1月出生，山东省荣成市人，中共党员。曾任荣成市广播电视台办公室副主任、媒资室副主任。

林乐义，男，1973年3月出生，山东省荣成市人，中共党员，编辑。天津职业大学涉外会计专业大专学历，在职取得山东大学新闻学专业本科学历。曾任荣成市广播电视台总编室副主任、主任，政工科副科长，年鉴办主任。

杨杰，女，1980年9月出生，山东省荣成市人，中共党员。胜利油田师范学校财务会计专业中专学历，在职取得山东大学计算机信息管理专业专科学历、山东大学新闻学专业本科学历。曾任荣成市广播电视台团委书记。

杨春宁，男，1972年7月出生，山东省荣成市人。在职取得山东省委党校涉外经济管理专业大专学历。曾任荣成市广播电视台广告中心策划制作部副主任。

王丽荣，女，1965年7月出生，山东省荣成市人，中共党员，编辑。在职取得中国新闻学院新闻采编专业大专学历。曾任荣成市广播电视台录制部主任、广告中心副主任、经营管理科科长、广告仲裁委员会办公室主任。

许春静，女，1975年4月出生，山东省荣成市人，中共党员，政工师。威海市工程技术学院中专学历，在职取得山东大学新闻学本科学历。曾任荣成市广播电视台团委书记、广告中心副主任、综合管理部主任。

许民道，男，1960年9月出生，山东省威海市人，中共党员，助理工程师。在职取得山东农业大学农学专业本科学历。曾任荣成广电宽带网络有限公司荫子广播电视站副站长、工程部主任，荣成市广播电视台安全保卫科副科长。

集体与个人荣誉

获奖作品

2011 年度

电视消息《民营企业寻山集团担纲国家级工程技术研究》获得由山东省新闻工作者协会、山东省新闻学会主办的“2010 年度山东新闻奖评选”三等奖。作者:潘建明、丛珊。

2012 年度

电视专题片《驾舟四大洋　闯荡大世界》获“山东省广播影视节目奖电视外宣类”二等奖。作者:于军、许俊峰。

电视长消息《烟墩角社区过春节:只听天鹅鸣　不闻鞭炮声》获 2011 年度山东省广播电视三等奖。作者:于军鹏。

2013 年度

广播长消息《全球首座第四代新型核电站落户石岛湾》获得由山东省广播电影电视局、山东省广播电视协会主办的 2012 年度山东省广播电视节目奖(广播奖)二等奖。作者:潘建明、于军。

电视消息《代表建议系民生　务实办理暖民心》获得由山东省人大常委会办公室、中共山东省委宣传部主办的“第 22 届山东人大新闻奖”三等奖。作者:潘建明、邹德平、梁明。

2014 年度

论文《从“文化规范理论”与“议题设置理论”的角度看新闻媒体对受众的舆论指导》获得中国广播电视协会三等奖。作者:毕艳春、金文武。

论文《微信如何被广播所用》获得中国广播电视协会三等奖。作者:毕艳春、金文武。

2017 年度

电视播音作品《荣成新闻》获得由山东省新闻出版局、山东省广播电视协会主办的“2016 年度优秀广播电视播音与主持作品奖”三等奖。作者:李振华。

电视长消息《建征信体系　铸“诚信荣成”》获得由山东省新闻出版广电局、山东省广播电视协会主办的“2016 年度优秀广播电视节目新闻长消息”三等奖。作者:于军鹏、徐建军。

电视长消息《荣成:幸福养老有“标准”》获得由山东省新闻出版广电局、山东省广播电视协会主办的“2016 年度优秀广播电视节目电视新闻长消息”三等奖。作者:于军鹏。

电视播音《荣成新闻》获得由山东省新闻出版广电局、山东省广播电视协会主办的“2016 年度电视播音作品”三等奖。作者:李振华。

2018 年度

电视作品《传承家风家训　促进乡风文明》获得由山东省新闻工作者协会、山东省新闻工作者协会县级媒体工作委员会主办的“2017 年度山东省新闻奖县(市)级媒体专项奖”二等奖。作者：张明、于军涛、王海峰、李振华。

电视消息《为了百姓“舌尖上的安全”》获得由山东省市药监局、山东省新闻工作者协会主办的“食安山东好新闻”二等奖。作者：于军鹏。

电视消息《全国首批进口澳牛抵达石岛新港》获得由山东省新闻工作者协会、山东省新闻工作者协会县级媒体工作委员会主办的“2017 年度山东新闻奖县(市)级媒体专项奖”二等奖。作者：张明、于军鹏、付振宇、张磊。

广播消息《我市推动“信用红利”社会化应用　打造诚信荣成品牌》获得由山东省新闻工作者协会 、山东省新闻工作者协会县级媒体工作委员会主办的“山东新闻奖县(市)级媒体专项奖”三等奖。作者：张明、于军鹏、王树敢。

电视消息《1195 头澳洲牛肉抵威　我市开启全国海运对澳进口屠宰牛肉第一单》获得由山东省新闻工作者协会、山东省新闻学会主办的“山东新闻奖” 电视三等奖。作者：于军鹏。

电视消息《山东省首家股份制产业扶贫合作社分红——荣成：贫困户成“股东”，首次分得大红包》获得由山东省新闻工作者协会、山东省新闻学会主办的“山东新闻奖”三等奖。作者：于军鹏。

电视专题片《富裕村的“第一书记”》获得山东省委组织部组织的“全省优秀党员教育电视片观摩评比”一等奖。作者：杨国清、刘宏伟、卞程灏。

广播作品《我的志愿故事》获得山东省广播电视局主办的“山东省优秀广播电视节目”广播社教三等奖。作者：张文杰、毕艳春、车晓光。

2019 年度

短视频作品《车辆礼让斑马线　老人脱帽鞠躬致敬》荣获 2018 年度“山东省新闻奖县级媒体专项奖”三等奖。作者：于军涛。

短视频作品《爸爸，你在哪儿?》荣获 2018 年度“山东省新闻奖县级媒体专项奖”媒体融合三等奖。作者：于军涛。

电视主持作品《山东好人发布仪式暨全省道德模范与身边好人现场交流活动》获得由山东省广播电视局主办的“2018 年度山东省优秀广播电视节目播音与主持”三等奖。作者：刘爱民、夏亮、李振华。

电视播音作品《逐梦》获得由山东省广播电视局主办的“2018 年度山东省优秀广播电视节目播音与主持”二等奖。作者：李振华

电视播音作品《缅怀先烈　不忘初心》获得由威海市新闻出版广电局主办的“2019 年度威海优秀广播电视节目奖”二等奖。作者：桑栋。

广播长消息《我国首套船舶脱硫洗涤系统“扬帆出海”》获得由山东省广播电视局主办的“山东省广播电视节目奖”二等奖。作者：张明、王宗蒴、王树敢。

电视短消息《“凌波仙子”进城过大年》获得由山东省广播电视局主办的“山东省广播电视节目奖”二等奖。作者：张明、王树敢、李钟。

电视长消息《装配我国首套船舶脱硫洗涤系统货轮“扬帆出海”》获得由山东省新闻工作者协会、山东省新闻工作者协会县级媒体工作委员会主办的“山东新闻奖县(市)级媒体专项奖”一等奖。作者：张明、王宗蒴、王树敢。

电视消息《“凌波仙子”进城过大年》获得由山东省新闻工作者协会、山东省新闻工作者协会县级媒体工作委员会主办的“山东新闻奖县(市)级媒体专项奖”三等奖。作者：张明、王树敢、李钟。

电视短消息《29 枚印章集体“下岗”》获得由

山东省新闻工作者协会、山东省新闻工作者协会县级媒体工作委员会主办的“山东新闻奖县（市）级媒体专项奖”二等奖。作者：王海峰、胡玲玲。

电视短消息《29 枚印章集体“下岗”》获得由山东省新闻工作者协会、山东省新闻工作者协会县级媒体工作委员会主办的“山东新闻奖县（市）级媒体专项奖”编辑二等奖。作者：王海峰、胡玲玲。

电视消息《礼让斑马线　老人脱帽致敬》获得由山东省新闻工作者协会、山东省新闻工作者协会县级媒体工作委员会主办的“山东新闻奖县（市）级媒体专项奖”三等奖。作者：丛东旭、于军涛、刘增光。

电视消息《礼让斑马线　老人脱帽致敬》获得由山东省新闻工作者协会、山东省新闻工作者协会县级媒体工作委员会主办的“山东新闻奖县（市）级媒体专项奖”编辑三等奖。作者：丛东旭、于军涛、刘增光。

广播长消息《我市大力实施农村改厕　改出百姓新生活》获得由山东省新闻工作者协会、山东省新闻工作者协会县级媒体工作委员会主办的“山东新闻奖县（市）级媒体专项奖”三等奖。作者：于军鹏、高頔。

广播长消息《我市大力实施农村改厕　改出百姓新生活》获得由山东省新闻工作者协会、山东省新闻工作者协会县级媒体工作委员会主办的“山东新闻奖县（市）级媒体专项奖”编辑三等奖。作者：胡玲玲、孙一平。

新媒体节目《爸爸，你在哪儿？》获得由山东省新闻工作者协会、山东省新闻工作者协会县级媒体工作委员会主办的“山东新闻奖县（市）级媒体专项奖”媒体融合三等奖。作者：丛东旭、于军涛、刘增光、夏亮。

微视频《“破烂王”戴玉山》《我的家乡是“画村”》两部作品获得威海市委组织部组织的“永远跟党走”微视频大赛一等奖。作者：杨国清、刘宏伟、卞程灏。

广播作品《回家的路》获得由山东省市场监督管理局、山东省教育厅、山东省广告协会主办的“山东省‘泰山杯’广告大赛”金奖。作者：王绍楠、毕艳春。

广播作品《中秋团圆　欢迎回家》获得由山东省市场监督管理局、山东省教育厅、山东省广告协会主办的“山东省‘泰山杯’广告大赛”铜奖。作者：毕艳春、王绍楠、荣亚男。

广播作品《青春早自习》获得“威海优秀广播电视节目”二等奖。作者：荣亚男、毕艳春、王绍楠。

广播作品《爱心飞扬益路同行　2018“志愿荣成”慈善公益典礼》（特别节目）获得 2018 年度山东省优秀广播电视节目电视社教三等奖。作者：徐淑梅、刘洪斌、王曼丽、刘爱民、金文武。

广播作品《山东好人发布仪式暨全省道德模范与身边好人现场交流活动》（电视主持）获得 2018 年度山东省优秀广播电视节目播音与主持三等奖。作者：刘爱民、夏亮、李振华。

摄影类作品《14 分钟生死时速　男子溺水众人争分夺秒抢救成功》获得由中国新闻摄影学会县市传媒分会主办的 2019 年度中国县市传媒新闻奖（摄影类）作品评选一等奖。作者：王福东。

摄影类作品《湖上烟波新照影》获得由中国新闻摄影学会县市传媒分会主办的 2019 年度中国县市传媒新闻奖（摄影类）作品评选一等奖。作者：王福东。

摄影类作品《新型职业农民“充电忙”》获得由中国新闻摄影学会县市传媒分会主办的 2019 年度中国县市传媒新闻奖（摄影类）作品评选三等奖。作者：张世松、王福东。

摄影作品《荣成这里赛婺源》《男子溺水　众人争分夺秒抢救成功》入选中国新闻摄影协会举办的第二届中国日照新闻摄影周暨 2018 中国新闻摄影展。作者：王福东。

摄影作品《荣成海带丰收季》入选山东省文

联主办的庆祝新中国成立70周年山东“美丽乡村”摄影展。作者：王福东。

2020年度

短视频《一个人的升旗仪式！山东威海81岁“国旗手”的坚守》获得由中宣部“学习强国”学习平台、中宣部宣传舆情研究中心主办的“微视频大奖赛”三等奖。作者：高皕、于军鹏、付振宇。

电视系列报道《鱼水深情终不改　薪火相传拥军情》获得由山东省新闻工作者协会、山东省新闻学会主办的“山东新闻奖”二等奖。作者：张明、于军鹏、高皕。

电视系列报道《鱼水深情终不改　薪火相传拥军情》获得由山东省新闻工作者协会、山东省新闻学会主办的“山东新闻奖”编辑二等奖。作者：王树啟、付振宇、王妮娟。

电视系列报道《鱼水深情终不改　薪火相传拥军情》获得由山东省新闻工作者协会、山东省新闻学会主办的“山东新闻奖县（市）级媒体专项奖”一等奖。作者：于军鹏、高皕、付振宇。

电视消息《81岁“国旗手”的坚守》获得由山东省新闻工作者协会、山东省新闻学会主办的“山东新闻奖县（市）级媒体专项奖”编辑三等奖。作者：王妮娟、于军鹏、王若凝。

广播消息《一个人的升旗仪式　81岁“国旗手”的坚守》获得由山东省新闻工作者协会、山东省新闻学会主办的“山东新闻奖”三等奖。作者：付振宇。

电视消息《81岁“国旗手”的坚守》获得由山东省新闻工作者协会、山东省新闻工作者协会县级媒体工作委员会主办的“山东新闻奖县（市）级媒体专项奖”三等奖。作者：付振宇、高皕。

电视消息《大天鹅带火我市冬季旅游》获得由山东省新闻工作者协会、山东省新闻工作者协会县级媒体工作委员会主办的“山东新闻奖县（市）级媒体专项奖”二等奖。作者：付振宇、刘增光、滕彬、胡玲玲。

广播消息《亚欧五国联合发布天鹅保护〈荣成宣言〉　倡议共建地球命运共同体》获得由山东省新闻工作者协会、山东省新闻工作者协会县级媒体工作委员会主办的“山东新闻奖县（市）级媒体专项奖”二等奖。作者：张明、于军鹏、付振宇、丛东旭。

电视消息《我市大力实施农村改厕　改出百姓新生活》在第三届宣传乡村文明行动好新闻作品评选中荣获广播编辑三等奖。作者：于军鹏。

短视频《渔村里走出的小康路》获得由山东省新闻工作者协会新媒体工作委员会、山东省新闻工作者协会县级媒体工作委员会一等奖。作者：张明、王树啟、于军涛、高皕。

电视专题片《疫考之下》获得由中国电视艺术家协会市县电视委员会举办的第八届“全国市县电视台、融媒体中心优秀节目展播”电视专题最佳（一等奖）。作者：杨国清、刘宏伟、黄阿敏。

微视频《“英雄村”里守碑人》获得由威海市委组织部组织的“永远跟党走”微视频大赛一等奖。作者：杨国清、刘宏伟、卞程灏。

作品《鱼水深情终不改　薪火相传鱼水情》获得由山东省新闻工作者协会、山东省新闻工作者协会县级媒体工作委员会联合主办的“2019年度山东新闻奖县（市）级媒体专项奖”编辑一等奖。作者：王东霞、王若凝。

新媒体作品《81岁“国旗手”的坚守：岁月无声　情思难忘》获得由中国新闻摄影学会县市传媒分会主办的“2019年度中国县市传媒新闻奖”（新媒体作品）一等奖。作者：张明、王妮娟、张文杰、付振宇、高皕、王东霞。

编辑作品《渔村里走出的小康路》获得由山东省新闻工作者协会、山东广播电视台、山东省新闻工作者协会新媒体工作委员会、山东省新闻工作者协会县级媒体工作委员会联合主办的2020年度“我们的小康”优秀短视频作品评选一等奖。作者：王东霞。

通讯《“自由呼吸·自在荣成”——一张名片

闪亮一座城》入选中共荣成市委宣传部主办的2019年度“写荣成、画荣成、唱荣成、摄荣成”优秀作品。作者:王璐。

摄影类作品《海洋牧场》获得由中国新闻摄影学会县市传媒分会主办的2019年度中国县市传媒新闻奖(摄影类)作品评选航拍类(单幅)一等奖、年度最佳图片奖。作者:王福东。

摄影类作品《天鹅圣境　百鸟乐园》获得由中国新闻摄影学会县市传媒分会主办的2019年度中国县市传媒新闻奖(摄影类)作品评选自然及环境类(组照)二等奖。作者:王福东、张世松。

摄影类作品《“美丽经济”　振兴乡村》获得由中国新闻摄影学会县市传媒分会主办的2019年度中国县市传媒新闻奖(摄影类)作品评选经济科技类(组照)三等奖。作者:张世松、王福东。

摄影类作品《挺进深蓝　小海藻激发大能量》获得由中国新闻摄影学会县市传媒分会主办的2019年度中国县市传媒新闻奖(摄影类)作品评选经济科技类(组照)三等奖。作者:王福东。

《信用让乡村更美丽》获得由中共山东省委宣传部、山东省文明办、中共山东省委网信办、山东省新闻工作者协会主办的2020年第三届宣传乡村文明行动好新闻作品评选报纸编辑三等奖。作者:胡思慧。

通讯《全域旅游　全面发力》入选中共荣成市委宣传部主办的2020年度“写荣成、画荣成、唱荣成、摄荣成”优秀作品。作者:胡思慧。

通讯《“硬核”措施撑腰　加速产能恢复》入选中共荣成市委宣传部主办的2020年度“写荣成、画荣成、唱荣成、摄荣成”优秀作品。作者:王璐。

通讯《让党的创新理论“飞入寻常百姓家”》入选中共荣成市委宣传部主办的2020年度“写荣成、画荣成、唱荣成、摄荣成”优秀作品。作者:王天赋。

摄影作品《海上播种忙》入选中共荣成市委宣传部主办的2020年度“写荣成、画荣成、唱荣成、摄荣成”优秀作品。作者:王福东。

集体荣誉

市广播电视台(2011年度)

荣誉名称:电视新闻宣传先进集体一等奖
评选单位:山东广播电视台

荣誉名称:广播新闻宣传先进集体
评选单位:山东广播电视台

荣誉名称:工会工作先进单位
评选单位:荣成市总工会

党总支(2011年度)

荣誉名称:先进党总支部
评选单位:中共荣成市委市直机关工委

团委(2011 年度)

荣誉名称:威海市先进基层团组织
评选单位:共青团威海市委

妇委会(2011 年度)

荣誉名称:先进妇女组织
评选单位:荣成市妇女联合会

荣誉名称:先进女职工委员会
评选单位:荣成市总工会

技术安全保障中心(2011 年度)

荣誉名称:全省技术维护先进集体
评选单位:山东省广播电影电视局

市广播电视台(2012 年度)

荣誉名称:电视新闻宣传先进集体一等奖
评选单位:山东广播电视台

荣誉名称:广播新闻宣传先进集体一等奖
评选单位:山东广播电视台

荣誉名称:统一供片先进单位
评选单位:山东省广播电影电视局

荣誉名称:全市广播电影电视系统先进集体
评选单位:威海市人力资源与社会保障局　威海市文化广电新闻出版局

荣誉名称:落实目标责任制先进单位
评选单位:中共荣成市委　荣成市人民政府

荣誉名称:包村工作先进单位
评选单位:中共荣成市委　荣成市人民政府

荣誉名称:平安建设先进单位
评选单位:中共荣成市委　荣成市人民政府

荣誉名称:2012 中国·威海荣成海峡两岸海洋食品展销会“突出贡献奖”
评选单位:中共荣成市委　荣成市人民政府

荣誉名称:消防工作先进单位
评选单位:荣成市人民政府

荣誉名称:在庆祝中国共产党 91 周年“唱响荣成”群众歌咏赛活动中,荣获“优秀组织奖”
评选单位:荣成市委宣传部

荣誉名称:在庆祝中国共产党 91 周年“唱响荣成”群众歌咏赛活动中,荣获“二等奖”
评选单位:荣成市委宣传部

荣誉名称:爱心助学典范
评选单位:荣成市妇女联合会

荣誉名称:工会工作先进单位
评选单位:荣成市总工会

党总支(2012年度)

荣誉名称:先进党总支部
评选单位:中共荣成市委市直机关工委

团委(2012年度)

荣誉名称:威海市先进基层团组织
评选单位:共青团威海市委

荣誉名称:先进团委
评选单位:共青团荣成市委

妇委会(2012年度)

荣誉名称:先进妇女组织
评选单位:荣成市妇女联合会

荣誉名称:先进女职工委员会
评选单位:荣成市总工会

技术保障中心(2012年度)

荣誉名称:安全播出先进集体
评选单位:山东省广播电影电视局

财审科(2012年度)

荣誉名称:内部审计工作先进单位
评选单位:威海市审计局

荣誉名称:统计工作先进集体
评选单位:荣成市统计局

市广播电视台(2013年度)

荣誉名称:市级文明单位
评选单位:中共威海市委　威海市人民政府

荣誉名称:平安建设先进单位
评选单位:荣成市社会管理综合治理委员会

荣誉名称:诚信示范单位
评选单位:中共荣成市委　荣成市人民政府

荣誉名称:工会工作先进单位
评选单位:荣成市总工会

妇委会(2013年度)

荣誉名称:先进女职工委员会
评选单位:荣成市总工会

志愿者服务队(2013 年度)

荣誉名称:威海市优秀青年志愿服务集体
评选单位:共青团威海市委　威海市青年志愿者协会

市广播电视台(2014 年度)

荣誉名称:电视宣传先进集体一等奖
评选单位:山东广播电视台

荣誉名称:广播宣传先进集体奖
评选单位:山东广播电视台

荣誉名称:统一供片先进单位
评选单位:山东省新闻出版广电局

荣誉名称:尊师重教先进集体
评选单位:中共荣成市委　荣成市人民政府

荣誉名称:包村工作先进单位
评选单位:中共荣成市委　荣成市人民政府

荣誉名称:平安建设先进单位
评选单位:荣成市社会管理综合治理委员会

荣誉名称:诚信示范单位
评选单位:中共荣成市委　荣成市人民政府

荣誉名称:宣传文化工作先进单位
评选单位:荣成市委宣传部

荣誉名称:工会工作先进单位
评选单位:荣成市总工会

党总支(2014 年度)

荣誉名称:先进党总支部
评选单位:中共荣成市委市直机关工委

团委(2014 年度)

荣誉名称:荣成市先进基层团组织
评选单位:共青团威海市委

妇委会(2014 年度)

荣誉名称:巾帼文明岗
评选单位:荣成市妇女联合会

荣誉名称:先进女职工委员会
评选单位:荣成市总工会

新闻中心(2014 年度)

荣誉名称:荣成市十大诚信青年文明号
评选单位:荣成市创建青年文明号活动领导小组

市广播电视台(2015 年度)

荣誉名称:电视宣传先进集体一等奖
评选单位:山东广播电视台

荣誉名称:广播宣传先进集体奖
评选单位:山东广播电视台

荣誉名称:优秀传播机构
评选单位:山东省新闻出版广电局

荣誉名称:荣成市文明单位
评选单位:荣成市精神文明建设委员会

荣誉名称:山东省服务名牌
评选单位:山东省质量强省及名牌战略推进工作领导小组办公室

荣誉名称:诚信示范单位
评选单位:中共荣成市委　荣成市人民政府

荣誉名称:宣传思想文化工作先进单位
评选单位:荣成市委宣传部

荣誉名称:工会工作先进单位
评选单位:荣成市总工会

党总支(2015 年度)

荣誉名称:先进党总支部
评选单位:中共荣成市委市直机关工委

团委(2015 年度)

荣誉名称:荣成市先进团委
评选单位:共青团荣成市委

妇委会(2015 年度)

荣誉名称:巾帼文明岗
评选单位:荣成市妇女联合会

荣誉名称:先进女职工委员会
评选单位:荣成市总工会

新闻中心(2015 年度)

荣誉名称:青年文明号
评选单位:荣成市创建青年文明号活动领导小组

市广播电视台(2016 年度)

荣誉名称:山东省文明单位
评选单位:山东省精神文明建设委员会

荣誉名称:电视宣传先进集体一等奖
评选单位:山东广播电视台

荣誉名称:广播宣传先进集体一等奖
评选单位:山东广播电视台

荣誉名称:优秀传播机构
评选单位:山东省新闻出版广电局

荣誉名称:文明城市建设工作先进单位
评选单位:威海市精神文明建设委员会

荣誉名称:全市普法依法治理工作先进单位
评选单位:威海市委宣传部　威海市司法局　威海市普法办公室

荣誉名称:落实目标责任制先进单位
评选单位:中共荣成市委　荣成市人民政府

荣誉名称:工会工作先进单位
评选单位:荣成市总工会

党总支(2016年度)

荣誉名称:先进党总支部
评选单位:中共荣成市委市直机关工委

团委(2016年度)

荣誉名称:荣成市先进团委
评选单位:共青团荣成市委

妇委会(2016年度)

荣誉名称:先进女职工委员会
评选单位:荣成市总工会

志愿者服务队(2016年度)

荣誉名称:威海市青年志愿服务先进集体
评选单位:共青团威海市委　威海市青年志愿者协会

市广播电视台(2017年度)

荣誉名称:电视宣传先进集体一等奖
评选单位:山东广播电视台

荣誉名称:广播宣传先进集体一等奖
评选单位:山东广播电视台

荣誉名称:齐鲁网宣传先进集体奖
评选单位:山东广播电视台

荣誉名称:创建全国文明城市突出贡献单位
评选单位:中共荣成市委　荣成市人民政府

荣誉名称:工会工作先进单位
评选单位:荣成市总工会

荣誉名称:部门预算绩效管理先进单位
评选单位:荣成市财政局

党总支(2017年度)

荣誉名称:先进党总支部
评选单位:中共荣成市委市直机关工委

新闻中心党支部(2017年度)

荣誉名称:先进基层党支部
评选单位:中共荣成市委市直机关工委

新闻中心志愿服务队(2017年度)

荣誉名称:优秀志愿服务组织
评选单位:荣成市文明办　荣成市志愿服务联合会

“情满高铁　文明荣成”志愿服务项目(2017年度)

荣誉名称:威海市最佳服务项目
评选单位:威海市文明委

妇委会(2017年度)

荣誉名称:巾帼文明岗
评选单位:威海市妇女联合会

荣誉名称:“三八”红旗集体
评选单位:荣成市妇女联合会

荣誉名称:先进女职工委员会
评选单位:荣成市总工会

市广播电视台(2018年度)

荣誉名称:电视宣传先进集体一等奖
评选单位:山东广播电视台

荣誉名称:广播宣传先进集体一等奖
评选单位:山东广播电视台

荣誉名称:融媒体宣传先进集体一等奖
评选单位:山东广播电视台

荣誉名称:县级广电融媒体主流影响力奖
评选单位:山东广播电视台

荣誉名称:年度最具成长力手机台
评选单位:中国广播电影电视社会组织联合会

“情满高铁　文明荣成”志愿服务项目(2018年度)

荣誉名称:山东省最佳志愿服务项目
评选单位:中共山东省委宣传部　省文明办　省民政厅　总工会　省妇联　省文联　省残联

团总支(2018 年度)

荣誉名称:先进团组织
评选单位:共青团荣成市委

新闻中心党支部(2018 年度)

荣誉名称:先进基层党组织
评选单位:中共荣成市委

新闻中心(2018 年度)

荣誉名称:2017—2018 年度全国青年文明号
评选单位:共青团中央　国家广播电视总局

《民生 360°》(2018 年度)

荣誉名称:2018 全国区县电视栏目影响力 TOP10

评选单位:中国广播电视艺术交流协会　中国广播电视产业联盟　全国电视地面频道融合创新发展年会组委会

市融媒体中心(2019 年度)

荣誉名称:电视宣传先进集体一等奖
评选单位:山东广播电视台

荣誉名称:广播宣传先进集体一等奖
评选单位:山东广播电视台

荣誉名称:融媒体宣传先进集体奖
评选单位:山东广播电视台

荣誉名称:统一供片先进单位
评选单位:山东广播电视台

荣誉名称:县域影响力奖
评选单位:山东广播电视台融媒体资讯中心

荣誉名称:威海市健康机关
评选单位:威海市爱国卫生运动委员会

荣誉名称:目标责任制考核优秀等次
评选单位:中共荣成市委　荣成市人民政府

荣誉名称:在“全民阅读·书香荣成”先进典型评选中获书香机关
评选单位:中共荣成市委宣传部

荣誉名称:在第三届全国“万步有约”职业人群健走激励大赛中荣获三等奖
评选单位:荣成市慢性病综合防控工作领导小组

荣誉名称:部门预算绩效管理先进单位
评选单位:荣成市财政局

团总支(2019年度)

荣誉名称:威海市五四红旗团支部(总支)
评选单位:共青团威海市委

《荣成时讯》“读书”专版项目(2019年度)

荣誉名称:在“全民阅读・书香荣成”先进典型评选中获全民阅读优秀项目
评选单位:中共荣成市委宣传部

市融媒体中心(2020年度)

荣誉名称:电视宣传先进集体一等奖
评选单位:山东广播电视台

荣誉名称:广播宣传先进集体一等奖
评选单位:山东广播电视台

荣誉名称:融媒体宣传先进集体一等奖
评选单位:山东广播电视台

荣誉名称:统一供片先进单位
评选单位:山东广播电视台

荣誉名称:在“山东融媒公益联盟扶贫攻坚融媒在行动”中,荣获“优秀传播力奖”
评选单位:山东广播电视台

荣誉名称:融媒传播力奖
评选单位:山东广播电视台融媒体资讯中心

荣誉名称:目标责任制考核优秀等次
评选单位:中共荣成市委　荣成市人民政府

荣誉名称:在“我们的小康”优秀短视频作品评选活动中获“优秀组织奖”
评选单位:山东省新闻工作者协会　山东广播电视台　山东省新闻工作者协会新媒体工作委员会　山东省新闻工作者协会县级媒体工作委员会

荣誉名称:在全市新时代文明实践——我的志愿故事宣讲大赛中表现突出,荣获优秀组织二等奖
评选单位:中共荣成市委宣传部　荣成市文明办

荣誉名称:山东省第三届职业人群减重激励大赛优秀组织奖
评选单位:荣成市慢性病综合防控工作领导小组

荣誉名称:“社会妈妈”爱心助学典范
评选单位:荣成市妇女联合会

荣誉名称:部门预算绩效管理先进单位
评选单位:荣成市财政局

大型活动部(2020年度)

荣誉名称:威海市“巾帼文明岗”
评选单位:威海市妇女联合会

志愿者服务队(2020年度)

荣誉名称:荣成市抗击疫情优秀志愿服务组织先进典型
评选单位:荣成市新时代文明实践中心办公室

个人荣誉

2011年度

王爱科
荣誉名称:优秀工作者
评选单位:中共荣成市委、市政府

2012年度

于军涛
荣誉名称:优秀通讯员一等奖
评选单位:山东广播电视台
荣誉名称:2012年中国威海荣成海峡两岸海洋食品展销会先进个人称号
评选单位:中共荣成市委、市政府

于军鹏
荣誉名称:优秀通讯员一等奖
评选单位:山东广播电视台

张明
荣誉名称:优秀工作者
评选单位:中共荣成市委、市政府

刘昌涛
荣誉名称:优秀工作者
评选单位:中共荣成市委、市政府

2013年度

杨杰
荣誉名称:诚信建设先进个人
评选单位:中共荣成市委、市政府
荣誉名称:威海市优秀共青团干部
评选单位:共青团威海市委

董晓玉
荣誉名称:统一供片先进工作者
评选单位:山东省广播电影电视局

于军涛
荣誉名称:先进记者二等奖
评选单位:山东广播电视台

于军鹏
荣誉名称:先进记者一等奖
评选单位:山东广播电视台

樊景云
荣誉名称:内审先进个人
评选单位:威海市审计局
荣誉名称:诚信建设先进个人
评选单位:中共荣成市委、市政府

刘爱民
荣誉名称:诚信建设先进个人
评选单位:中共荣成市委、市政府

秦铁军
荣誉名称:山东广播电视技术科技创新先进个人
评选单位:山东广播电视科学研究所

2014年度

杨 杰
荣誉名称:优秀团支部书记
评选单位:共青团威海市委

于军鹏
荣誉名称:电视宣传先进记者一等奖
评选单位:山东广播电视台
荣誉名称:广播宣传先进记者一等奖

评选单位:山东广播电视台

滕彬

荣誉名称:威海市青年志愿服务事业贡献奖

评选单位:共青团威海市委

樊景云

荣誉名称:内审工作先进工作者

评选单位:威海市审计局

王少飞

荣誉名称:威海市“扫黄打非”先进个人

评选单位:威海市“扫黄打非”工作领导小组办公室

2015 年度

张文杰

荣誉名称:荣成市十大杰出志愿者

评选单位:荣成市精神文明建设委员会

樊景云

荣誉名称:诚信建设先进个人

评选单位:中共荣成市委、市政府

王少飞

荣誉名称:诚信建设先进个人

评选单位:中共荣成市委、市政府

王妮娟

荣誉名称:威海市文明城市建设工作先进个人

评选单位:威海市精神文明建设委员会

荣誉名称:荣成市优秀志愿者

评选单位:荣成市文明办、荣成市志愿服务联合会

杨杰

荣誉名称:优秀团干部

评选单位:共青团威海市委

韩璐

荣誉名称:优秀团员

评选单位:共青团威海市委

于军鹏

荣誉名称:广播宣传先进记者一等奖

评选单位:山东广播电视台

荣誉名称:电视宣传先进记者一等奖

评选单位:山东广播电视台

于军涛

荣誉名称:广播宣传先进记者二等奖

评选单位:山东广播电视台

荣誉名称:电视宣传先进记者二等奖

评选单位:山东广播电视台

2016 年度

于军鹏

荣誉名称:威海市新长征突击手

评选单位:共青团威海市委

荣誉名称:广播宣传优秀通讯员二等奖

评选单位:山东广播电视台

夏亮

荣誉名称:威海市杰出青年岗位能手

评选单位:共青团威海市委

于军涛

荣誉名称:文明城市建设先进个人

评选单位:威海市精神文明建设委员会

张明

荣誉名称:文明城市建设先进个人

评选单位:威海市精神文明建设委员会

徐建军

荣誉名称:广播宣传优秀通讯员二等奖

评选单位:山东广播电视台

樊景云

荣誉名称:机关优秀工作者

评选单位:中共荣成市委、市政府

王少飞

荣誉名称:机关优秀工作者

评选单位:中共荣成市委、市政府

2017 年度

邹积军

荣誉名称:文明城市建设工作先进个人

评选单位:威海市精神文明建设委员会

刘健

荣誉名称:创建文明城市嘉奖

评选单位:中共荣成市委、市政府

张娟

荣誉名称:创建文明城市嘉奖

评选单位:中共荣成市委、市政府

张文杰

荣誉名称:创建文明城市先进个人

评选单位:中共荣成市委、市政府

荣誉名称:优秀志愿者

评选单位:中共荣成市委、市政府

于军鹏

荣誉名称:创建文明城市先进个人

评选单位:中共荣成市委、市政府

荣誉名称:电视宣传优秀通讯员二等奖

评选单位:山东广播电视台

荣誉名称:广播宣传优秀通讯员二等奖

评选单位:山东广播电视台

于军涛

荣誉名称:创建文明城市先进个人

评选单位:中共荣成市委、市政府

荣誉名称:广播宣传优秀通讯员二等奖

评选单位:山东广播电视台

孙美佳

荣誉名称:创建文明城市先进个人

评选单位:中共荣成市委、市政府

张明

荣誉名称:电视宣传优秀通讯员一等奖

评选单位:山东广播电视台

李宝强

荣誉名称:广播电视技术能手

评选单位:山东省新闻出版广电局

宋传峰

荣誉名称:威海市无偿献血先进组织者

评选单位:威海市公民无偿献血工作委员会

夏亮

荣誉名称:优秀共青团干部

评选单位:共青团威海市委

2018 年度

邹积军

荣誉名称:全国电视地面频道融合创新人物

评选单位:中国广播电视艺术交流协会、中国广播电视产业联盟、全国电视地面频道融合创新发展年会组委会

李宝强

荣誉名称:县级台技术能手二等奖

评选单位:山东省新闻出版广电局

原宗泽

荣誉名称:县级台技术能手二等奖

评选单位:山东省新闻出版广电局

王海峰

荣誉名称:2018 威海抖音大赛"点赞人气奖"

评选单位:威海广播电视台

荣誉名称:广播宣传优秀通讯员

评选单位:山东广播电视台

张峰滔

荣誉名称:融媒体先进个人

评选单位:中国广播电影电视社会组织联合会、《传媒》杂志社、山东广播电视台

张娟

荣誉名称:优秀融媒体编辑

评选单位:中国广播电影电视社会组织联合会、《传媒》杂志社、山东广播电视台

孙宝乐

荣誉名称:优秀融媒体编辑

评选单位:中国广播电影电视社会组织联合会、《传媒》杂志社、山东广播电视台

徐淑梅

荣誉名称:优秀机关工作者

评选单位:中共荣成市委、市政府

宋传峰

荣誉名称:优秀机关工作者

评选单位:中共荣成市委、市政府

周洪波

荣誉名称:消防工作先进个人

评选单位:荣成市人民政府安全生产委员会

张明

荣誉名称:广播宣传优秀通讯员二等奖

评选单位:山东广播电视台

毕艳春

荣誉名称:广播宣传优秀通讯员二等奖

评选单位:山东广播电视台

王树啟

荣誉名称:广播宣传优秀通讯员二等奖

评选单位:山东广播电视台
荣誉名称:威海市青年岗位能手
评选单位:共青团威海市委

席百平

荣誉名称:广播宣传优秀通讯员二等奖
评选单位:山东广播电视台

于军鹏

荣誉名称:广播宣传优秀通讯员一等奖
评选单位:山东广播电视台
荣誉名称:电视宣传优秀通讯员一等奖
评选单位:山东广播电视台

柳鹏飞

荣誉名称:融媒体宣传优秀通讯员
评选单位:山东广播电视台

朱振江

荣誉名称:融媒体宣传优秀通讯员一等奖
评选单位:山东广播电视台

张华威

荣誉名称:融媒体宣传优秀通讯员二等奖
评选单位:山东广播电视台

王妮娟

荣誉名称:创建全国文明城市优秀志愿者
评选单位:中共荣成市委、市政府
荣誉名称:荣成市优秀志愿者
评选单位:荣成市文明办、荣成市志愿服务联合会

于军涛

荣誉名称:威海市新长征突击手
评选单位:共青团威海市委

2019 年度

刘青

荣誉名称:机关工作成绩突出个人
评选单位:中共荣成市委、市政府

于军鹏

荣誉名称:优秀融媒通讯员
评选单位:山东广播电视台融媒体资讯中心
荣誉名称:广播宣传先进个人一等奖
评选单位:山东广播电视台
荣誉名称:电视宣传先进个人一等奖
评选单位:山东广播电视台

李宝强

荣誉名称:广播电视技术能手三等奖
评选单位:山东省广播电视局

张曙光

荣誉名称:广播电视技术能手三等奖
评选单位:山东省广播电视局

王海峰

荣誉名称:广播宣传先进个人奖
评选单位:山东广播电视台

高頔

荣誉名称:电视宣传先进个人奖
评选单位:山东广播电视台

王树啟

荣誉名称:电视宣传先进个人奖
评选单位:山东广播电视台
荣誉名称:机关工作成绩突出个人
评选单位:中共荣成市委、市政府

付振宇

荣誉名称:电视宣传先进个人奖
评选单位:山东广播电视台

朱振江

荣誉名称:融媒体宣传先进个人一等奖
评选单位:山东广播电视台

柳鹏飞

荣誉名称:融媒体宣传先进个人一等奖
评选单位:山东广播电视台

于琦

荣誉名称:融媒体宣传先进个人奖
评选单位:山东广播电视台

张华威

荣誉名称:融媒体宣传先进个人奖
评选单位:山东广播电视台

王天赋

荣誉名称:新闻报道优秀通讯员
评选单位:《大众日报》编辑部

胡玲玲

荣誉名称:青年岗位能手
评选单位:共青团威海市委、威海人力资源

与社会保障局

胡思慧

荣誉名称:青年岗位能手

评选单位:共青团威海市委、威海人力资源与社会保障局

2020年度

邹积军

荣誉名称:统一供片先进工作者

评选单位:山东省广播电视局

荣誉名称:文明城市建设工作先进个人

评选单位:威海市精神文明建设委员会

荣誉名称:干部挂包企业优秀个人

评选单位:中共荣成市委、市政府

王华丽

荣誉名称:机关工作成绩突出个人

评选单位:中共荣成市委、市政府

刘爱民

荣誉名称:机关工作成绩突出个人

评选单位:中共荣成市委、市政府

张文杰

荣誉名称:抗击疫情优秀志愿者

评选单位:省委宣传部、省文明办、省民政厅

荣誉名称:战"疫"最美新闻工作者

评选单位:威海市委宣传部

荣誉名称:优秀融媒通讯员

评选单位:山东广播电视台融媒体资讯中心、山东省网络视听节目服务行业协会

夏亮

荣誉名称:抗击疫情优秀志愿者

评选单位:威海市文明办

孙宝乐

荣誉名称:广播电视技术能手(网络安全)三等奖

评选单位:山东省广播电视局

李宝强

荣誉名称:广播电视技术能手(监测监管)三等奖

评选单位:山东省广播电视局

于军鹏

荣誉名称:优秀融媒通讯员

评选单位:山东广播电视台融媒体资讯中心、山东省网络视听节目服务行业协会

荣誉名称:广播宣传工作先进个人一等奖

评选单位:山东广播电视台

荣誉名称:电视宣传工作先进个人一等奖

评选单位:山东广播电视台

付振宇

荣誉名称:优秀融媒通讯员

评选单位:山东广播电视台融媒体资讯中心、山东省网络视听节目服务行业协会

荣誉名称:电视宣传工作先进个人一等奖

评选单位:山东广播电视台

于军涛

荣誉名称:扶贫工作成绩突出个人

评选单位:中共荣成市委、市政府

柳鹏飞

荣誉名称:电视宣传工作先进个人一等奖

评选单位:山东广播电视台

荣誉名称:威海市优秀共青团员

评选单位:共青团威海市委

朱振江

荣誉名称:融媒体宣传工作先进个人一等奖

评选单位:山东广播电视台

王宗翦

荣誉名称:融媒体宣传工作先进个人一等奖

评选单位:山东广播电视台

王妮娟

荣誉名称:新时代文明实践优秀志愿者

评选单位:荣成市精神文明建设委员会

对外宣传

广播电视台对外宣传情况统计

2011 年度

2011 年，在威海广播电视台各栏目发稿 200 多篇；在山东电视台各平台发稿 40 多篇；央视台发稿 10 多篇。

2012 年度

2012 年，在威海广播电视台各栏目发稿 200 多篇；在山东电视台各平台发稿 40 多篇；央视台发稿 10 多篇。

2013 年度

2013 年，在威海广播电视台各栏目发稿 200 多篇；在山东电视台各平台发稿 40 多篇；央视台发稿 10 多篇。

2014 年度

2014 年，在威海广播电视台各栏目发稿 200 多篇；在山东电视台各平台发稿 50 多篇；央视台发稿 13 篇。

2015 年度

2015 年，在威海广播电视台各栏目发稿 220 多篇；在山东电视台各平台发稿 50 多篇；央视台发稿 14 篇。

2016 年度

2016 年，在威海广播电视台各栏目发稿 260 多篇；在山东电视台各平台发稿 50 多篇，其中《山东新闻联播》发稿 11 篇；在中央电视台发稿 15 篇。

2017 年度

2017 年，在威海广播电视台各栏目发稿 300 多篇；在山东电视台各平台发稿 50 多篇，其中《山东新闻联播》发稿 10 篇；在中央电视台发稿 11 篇，其中《新闻联播》1 篇。

2018 年度

2018 年，在威海广播电视台各栏目发稿 360 多篇；在山东电视台各平台发稿 146 篇，其中《山东新闻联播》发稿 21 篇；在中央电视台发稿 26 篇，其中《新闻联播》2 篇。

2019 年度

2019 年，在威海广播电视台各栏目发稿 400 多篇；在山东电视台各平台发稿 220 多篇，其中《山东新闻联播》发稿 28 篇；在中央电视台发稿 33 篇，其中《新闻联播》4 篇。

2020 年度

2020 年，在威海广播电视台各栏目发稿 490 多篇；在山东电视台各平台发稿 300 多篇，其中《山东新闻联播》发稿 57 篇；在中央电视台发稿 40 篇，其中《新闻联播》6 篇。

报刊对外宣传情况统计

2019年度

2019年2月24日，摄影作品《山东荣成：大天鹅开始回迁》在“中国全球图片总汇”(新华社)发表，作者：王福东。

2019年3月7日，摄影作品《北归》在“中国全球图片总汇”发表，作者：王福东。

2019年3月7日，摄影作品《山东荣成：越冬大天鹅迁徙接近尾声》在新华社客户端发表，作者：王福东。

2019年3月8日，通讯《天鹅仙境　百鸟乐园——山东荣成天鹅湖生态修复后掠影》在“学习强国”山东学习平台发表，作者：张世松。

2019年3月11日，通讯《山东荣成：山青水绿　天蓝气清，好一座生态之城！》在“学习强国”山东学习平台发表，作者：王天赋。

2019年3月18日，通讯《探历史文化知城市底蕴！山东荣成镇馆之宝“活起来”》在“学习强国”山东学习平台发表，作者：胡思慧。

2019年3月18日，通讯《“活出儿子希望的模样”：吉林夫妇在山东荣成续写大爱》在“学习强国”山东学习平台发表，作者：于清。

2019年3月26日，摄影作品《山东荣成：海带收获场景如画》在新华社客户端发表，作者：王福东。

2019年3月29日，摄影作品《山东：三月春暖农事忙》在“中国全球图片总汇”(新华社)发表，作者：王福东。

2019年4月2日，组图《收海带》在《人民日报》第8版发表，作者：王福东。

2019年4月24日，摄影作品《漫卷书海，不觉春深》在新华社客户端发表，作者：王福东。

2019年5月3日，摄影作品《“五一”假期乐趣多》在“中国全球图片总汇”发表，作者：王福东。

2019年5月13日，消息《中法两国三院联合发布“核能与环境”研究报告》在《大众日报》第14版发表，作者：王聪慧。

2019年6月11日，通讯《谱写“自由呼吸·自在荣成”的绿色篇章》在《大众日报》第10版专版发表，作者：王聪慧。

2019年6月18日，摄影作品《麦秸回收　变废为宝》在新华社发表，作者：王福东。

2019年6月21日，摄影作品《山东荣成：“美丽经济”促乡村振兴》在新华社发表，作者：王福东。

2019年9月23日，摄影作品《丰收节里“画”丰收》在新华社发表，作者：王福东。

2019年11月12日，摄影作品《海洋牧场》在《人民日报》第10版发表，作者：王福东。

2020年度

2020年1月8日，摄影作品《胶东半岛提前上演“雪打灯”美景》在新华社客户端发表，作者：王福东。

2020年2月26日，摄影作品《山东荣成　天鹅开始大批北迁(走近自然)》在《人民日报》第15版发表，作者：王福东。

2020年3月16日，《疫情之下，迁徙至山东荣成安然越冬——大天鹅知道，这里对它们好》在《经济日报》第8版发表，作者：王璐、王洪臣、王福东。

2020年3月25日，摄影作品《山东：海鸥生态之旅逐步恢复运营》在新华社客户端发表，作者：王福东。

2020年3月25日，摄影作品《山东荣成：裙带菜收获忙》在新华社客户端发表，作者：王福东。

2020年4月,拍摄作品《海鸥觅食 戏水玩乐》在央视17套18点整点报时连播多日,作者:李洪明。

2020年5月29日,通讯《老兵尹力军:公益这件事,要用一辈子去做》在《大众日报》第10版发表,作者:刘增光。

2020年7月9日,摄影作品《海上播种忙》在《人民日报》第1版发表,作者:王福东。

2020年7月31日,通讯《党建引领强根基 凤凰涅槃谋发展》在《大众日报》第6版发表,作者:刘增光、胡思慧。

2020年8月29日,摄影作品《海上播种忙》在《人民日报》第6版发表,作者:王福东。

2020年9月6日,通讯《小小海草房住进四海客》在《大众日报》第2版发表,作者:刘增光。

2020年11月2日,摄影作品《候鸟共秋舞 翩跹》在《人民日报》第14版发表,作者:王福东。

在上级台播出的优秀稿件选登

2011年中央级

山东荣成:天寒地冻,大天鹅食物无忧

2011年1月3日《中国新闻》

于军涛 报道

最近几天,中国北方持续降雪降温,山东威海荣成附近海湾和大天鹅饮水地出现结冰,当地边防大队成立了大天鹅志愿保护队,保护大天鹅安全越冬。因积雪结冰,大天鹅为争夺“地盘”,常常爆发“战争”。为帮助大天鹅度过今冬最困难时期,威海荣成市边防大队官兵带着玉米来到大天鹅栖息地,为天鹅送上越冬食物。在元旦假期,这支大天鹅保护队还在荣成市大天鹅自然保护区加强了巡护工作,巡逻次数由原来每天一次改为每天三次,加强对大天鹅的监测,对个别伤病天鹅及早发现及早处置,确保大天鹅在荣成安全越冬。

新一轮雨雪天气来袭,各地采取措施提前应对

2011年1月16日《新闻联播》

林海珍 报道

昨天的一场降雪使渤黄海海域海冰范围进一步扩大,山东荣成沿海有50多处养殖区出现冰冻,最厚的地方有10厘米。渔业部门迅速组织养殖户刨冰开道,安装通气管,给海产品充氧。由于防范措施到位,冰冻尚未对养殖区造成影响。

【同期声】

荣成海参养殖户 梁传信:海参还行,现在看四十来亩的池子,海参长得挺好的。

山东荣成:东北虎首次诞下狮虎兽四胞胎

2011 年 5 月 21 日《中国新闻》

林海珍　报道

日前,在山东荣成西霞口野生动物自然保护区,一只东北虎妈妈首次诞下了罕见的四胞胎狮虎兽,其中 2 只各种生命体征良好,有希望成活,另两只不幸夭折。据了解,狮虎兽是雄性狮子和雌性老虎交配产生的后代,在全国乃至世界都非常罕见,目前世界上存活的狮虎兽仅 20 只左右。

山东荣成:海洋经济新亮点

2011 年 5 月 31 日《县域经济报道》

于军鹏　报道

山东省荣成市位于山东半岛最东端,海岸线绵延近 500 公里,沿海分布着 10 大海湾和 50 多个大小岛屿,是全国海洋生物资源最为丰富的地区之一。现在,荣成市通过发展海洋立体养殖模式,进一步提高海水养殖的规模和效益。

【同期声】

记者　于美轩:我身后的这片养殖浮漂一共可以养殖 3 种海产品,整个浮漂上面可以养海带,中间养的是鲍鱼,下面可以养江鳐,这种养殖模式是寻山集团创造的“721”立体养殖模式,它在提高养殖水平的同时也大大降低了养殖成本。

【同期声】

山东省荣成市寻山集团第三养殖场厂长杨涛:过去这片海区养一种品种,通过“721”养殖模式,我们同时养 3 种品种,互不影响,我们的产值比过去翻了四番,达到 4 亿多元。

为提高集约用海水平,近年来荣成市坚持浅海筏式养殖、网箱养殖、海底增值以及陆地工厂化养殖等多种养殖模式协同发展战略,把千里海岸打造成拥有鱼、虾、贝、藻等 5 大类 30 多个养殖品种的“蓝色牧场”和“海底银行”。2010 年,荣成市水产养殖产量达到 62 万吨,实现收入 84.2 亿元。

山东荣成:洋银行进农村

2011 年 8 月 25 日《县域经济报道》

潘建明　于军涛　报道

日前,由香港汇丰银行有限公司在山东省荣成市成立的荣成汇丰村镇银行正式营业,这也是首家进入山东农村市场的外资银行,以国际化银行服务支持当地经济的发展。新开业的荣成汇丰村镇银行在为当地中小企业和城镇居民提供存贷等银行业务的同时,重点通过“公司+农户”的价值链融资模式,通过与农业专业合作组织合作,为其会员农户提供贷款支持,以此解决农村企业和农户因缺乏抵押品所造成的资金短缺的瓶颈问题。据了解,汇丰是首家进入中国农村市场的外资银行,自 2007 年 12 月至今,汇丰在中国内地的村镇银行增至 11 家,服务网点总数达 17 个,是中国内地外资银行中最大的村镇银行网络。

山东荣成:走出国门的花生

2011年10月14日《县域经济报道》

李振宇　报道

当国内很多地方的农产品还在为销路、价格发愁时,山东荣成的花生却已经走出国门,高价卖到了国外。

【同期声】

荣成市副食品有限公司　刘俊:我们和农户签订合同,按照有机标准种植,公司按照高于市场3%到5%的价格收购花生,加工后全部销往国外。

荣成市地处低山丘陵区,自然条件极为适宜花生生长,出产的花生具有含糖量高、口感好、抗氧化等特点,深受国外市场青睐。近年来,当地政府大力实施农业产业化、标准化战略,目前,荣成绿色食品和有机食品花生基地已达6万亩,共有4家企业的10个花生产品获得了绿色食品标志认证;企业年加工出口花生3万多吨,出口创汇3000多万美元。

2011年山东级

荣成:大走访活动为民解忧

2011年9月18日《山东新闻联播》

于军鹏　报道

荣成市创新社会服务管理机制,在全市范围内展开"听民声、转作风、促发展"大走访活动。

一大早,荣成市卫生局办公室科员林凯一行来到马家岭村,作为卫生局的走访包扶村,这是他九月份以来第五次到村走访。

【同期声】

荣成市卫生局办公室科员　林凯:我要走访110户,马上能解决的问题现场解决,如果是不能解决的要做台账记录。

在林凯的问题台账中,有一条信息引起了记者的注意。70多岁的隋德翠常年瘫痪在床,生活困难。林凯把这个情况通过问题台账反映给大走访活动办,工作人员随即与民政部门联系,确定救助方案。林凯也利用自己的医学特长,定期来为老太太清理伤口。

【同期声】

荣成市荫子镇马家岭村村民　张德泰:现在俺老伴心情也挺好的,痛苦减轻了许多。

9月份开始启动的"听民声、转作风、促发展"大走访活动,给党风政风带来了明显变化。

【同期声】荣成市委副书记、纪委书记　江山:密切党群干群关系,从而做到了问题排查在一线,政策宣传在一线,工作落实在一线。

截至目前,荣成市机关干部已走访86160户,梳理汇总意见建议7000多件,集中解决农村低保等各类问题1406件。

"梅花"已经逼近威海成山头,8时左右到达

2011年8月8日《早安山东》

荣成台　报道

【同期声】

记者　侯洪强:这里是山东威海的幸福广场,现在是8月8号的凌晨,在我身后10米就是大海,现在已经是波涛汹涌。随着风力的加大,

这里已经是风雨交加，台风“梅花”的影响已经显现。

虽然已是凌晨，威海市园林局的职工却一刻也没有放松，他们组织了700多人的巡查队伍，对易发事故地段挨个排查。

【同期声】

威海市园林局副局长　宋协明：现在我们主要的工作任务就是加大巡查力度，增加巡查的概率和频率，及时劝阻劝离进入存在安全隐患的重点区域内的市民和游客。

为确保群众生命财产安全，昨天晚上，记者在荣成东楮岛村看到，当地干部正组织群众有序撤离转移，190多名村民除一部分转移到内陆镇村以外，其余被全部安置到村北地势较高的楼房里。

【同期声】

荣成市机关干部：最起码咱在这里大家能够安心。

同时，当地机关干部以及民政部门及时为村民送来了矿泉水、方便面、火腿肠等食品，确保他们有饭吃、有衣穿、有安全住处。目前，荣成市已经转移群众3万多人。

荣成：饭菜加工全程直播，“敞开式厨房”拉来回头客

2011年9月3日《早安山东》

荣成台　报道

到饭店吃饭，多多少少总会有点担心：厨房里的卫生好不好啊，厨师是不是严格按照操作规程来啊。为了打消消费者的各种担心，威海荣成的一家饭店独辟蹊径，将饭菜加工的全过程来了个电视直播。

来到饭店，落座点菜后，您就可以在电视屏幕上看到厨师们的一举一动了。无论是原料的粗加工，还是烹调间、凉菜间、面点间的工作情况，都能通过监控摄像头同步传输过来。厨师们丝毫不敢马虎，客人们当然吃得放心。

【同期声】

顾客：我觉得这种做法非常好，我们感觉到做得东西更卫生，更安全，更放心。

饭店工作人员　冷世昀：我们赢得了很多回头客，营业额大幅增长。

这种“敞开式厨房”的经营模式不仅受到了顾客的欢迎，也受到很多商家的追捧。而为了更好地保障顾客饮食安全，荣成市正在建设餐饮食品电子监管平台，将与各餐饮单位的监控网络实行互联，做到现场监督与网上监督相结合。

黄渤海休渔期结束，荣成查获违规渔船52艘

2011年9月2日《早安山东》

于军涛　报道

黄渤海伏季休渔到昨天中午12点结束。伏季休渔期间，山东海洋与渔业监督监察总队在荣成市设立山东省渔船扣押点，共扣押涉嫌违规渔船52艘，违规渔船将被取消年度油补，吊扣船长、船员职务资格证书，并按照相关法律法规给予最高限额罚款等处罚。

冬季请来看天鹅,70多只已飞临天鹅湖

2011年11月10日《早安山东》

荣成台　报道

下面这条消息要让喜爱天鹅的朋友高兴了,就在8号立冬的当天凌晨,山东荣成天鹅湖迎来最大一批客人——70多只大天鹅。接下来,它们要和陆续飞来的天鹅们一起,度过4个多月的越冬之旅,喜欢的话,您不妨去瞧瞧。

在此之前,已有10多只大天鹅陆续飞临天鹅湖,与它们白天很少驻留湖面不同,这70多只天鹅现在整日待在湖里。金灿灿的阳光下,蔚蓝的湖面上,它们时而觅食、嬉戏,时而高歌、翱翔,煞是好看。山东荣成天鹅湖是世界四大天鹅湖之一。每年都会有一万多只大天鹅、大雁、野鸭等候鸟前来越冬。随着当地环境的改善,近年到此越冬的大天鹅是越来越多,它们飞来的时间也逐年提前。今年10月15号,这里首次迎来两只大天鹅,比历史最早记录又提前了5天。

2012年中央级

各地确保十八大代表候选人初步人选推荐提名全覆盖

2012年3月15日《新闻联播》

于军鹏　报道

北京、江苏、山东等地广泛组织动员基层党组织和广大党员积极参与,扎实做好党的十八大代表候选人初步人选推荐提名工作。

山东各地创新方法举措,最大限度地提高党员参与率。山东荣成靖海集团不少党员常年在外进行远洋捕捞作业。集团党委利用卫星电话系统,遥控指挥海上党支部全程参与推荐提名工作。

首届海峡两岸海洋食品展销会开幕

2012年7月21日《新闻联播》

潘建明　报道

首届海峡两岸海洋食品展销会今天在山东威海荣成开幕,共展出2200多个品种,包括休闲食品、生物制品等4大系列。与传统的海洋产品不同,高新技术产品成为海峡两岸海洋领域合作的发展趋势。

近海渔业资源现状调查:资源逐年衰退,渔民生存举步维艰

2012年8月25日《新闻直播间》

潘建明　报道

捕捞成本不断增加,而捕捞量却在逐年减少,我国近海渔业资源的日益枯竭,让祖祖辈辈靠海生存的渔民们感受到了生存的不易。那么,我国的近海渔业资源到底是什么现状呢?渔民的生存情况如何呢?来看记者在山东的调查。

休渔期即将结束,眼下,各地渔民正在为开捕做着准备。在山东省荣成市的东霞口渔港,渔民任丛正在和同伴们修补渔网,为出海忙活着。

【同期声】

渔民　任丛：准备出海，在9月1号就开始出海了。

记者：准备去哪里？

任丛：就是在成山头左右吧，就是近海，没多远。

记者：现在这个捕捞每网上来量怎么样？

任丛：现在网、设备越来越好，但是东西不比以前多打，比以前少打。

【同期声】

山东石岛集团副总经理　刘建军：过去一网下去那是论万斤的上，现在几百斤的上，差别是这样大。

【同期声】

渔民　鞠良：现在资源太少了，一天比一天少。

任丛告诉记者，他从事渔业捕捞这行业有十几年的时间了，在他看来，捕捞量之所以逐年下降，关键还是渔船数量的无休止增加。

【同期声】

渔民　任丛：船多，船太多了，比以前不说多100倍，50倍也有了。

而渔民杨义锋则认为，我国近海渔业资源的逐渐衰退和我们当前落后的捕捞方式有关。

【同期声】

渔民　杨义锋：都给拉光了嘛，海底鱼子都拉出来了，你想想还有鱼吗？

记者：就是那个网眼太小了？

杨义锋：现在跟以前不一样，以前那个鱼子还能行，还能生鱼，现在用（绝户网）鱼子都往外拉开了，都搞鱼粉，就没鱼了，鱼很少。

在采访中，许多渔民告诉记者，一方面是近海可捕的鱼越来越少，而另一方面，渔民们的支出却在增加。

【同期声】

渔民　王希林：10年前出去的话，最多出去5天能拉一车鱼回来，你现在就不行了，现在就是赶着那个时候，10天也拉不满。

【同期声】

山东石岛集团副总经理　刘建军：我们的油现在都是8500（元每吨）了，以前才多少钱？4000、3000元都有。

而工人工资的增加也让船主们大伤脑筋，有关人士告诉记者，今年船上工人的工资与去年同期相比涨了30%以上。为了生存，许多小型渔船不得不铤而走险，到邻国的海域偷捕。

【同期声】

山东荣成市恒源渔业有限公司董事长　王秉伟：现在问题是，他们（船主）前期的建设性的投资，包括造船的钱已经投了，投进去以后，现在国内传统的渔场没有了，他如果不这样做，涉及他很多的利益方面，就是利益的驱动吧。

山东荣成：10万渔民海祭，祈福纳瑞庆谷雨

2012年4月20日《新闻直播间》

于军涛　报道

4月20号是中国农历二十四节气中的谷雨，也是沿海渔民的“渔民节”。在山东胶东荣成沿海一带，10万多渔民在这一天祭海祈福，祈祷鱼虾满仓。

谷雨时节正值春海水暖，百鱼行至浅海地带，是下海捕鱼的好日子，在山东胶东地区有着“骑着谷雨上渔场”的说法。为了能够出海平安，满载而归，山东胶东荣成沿海一带渔民至今流行着海祭的风俗。

【同期声】

山东荣成渔民：每年谷雨是百鱼上岸的日子，是渔民最大的节日。这一天渔民都到龙王庙

烧香磕头,图这年有个好收成,平平安安。过完谷雨,所有渔民都开始出海打鱼了。

海祭活动一般以村为单位,在当地边防部门管理下举办。

【同期声】

山东荣成边防大队民警　陈铁军:对活动现场进行消防检查,维护现场活动秩序,防止火灾和安全事故的发生,确保活动的顺利进行。

谷雨当天,在山东荣成人和镇院夼村的海祭现场,一大早就有渔民相继赶来。过了中午12点,参加海祭的渔民越来越多,渔民们抬着供品到海神庙或娘娘庙前摆供祭祀,祭品一般为去毛烙皮并用腔血抹红的肥猪一头、白面大饽饽十个,另备鞭炮、香纸等;没有整猪的,则用猪头或蒸制的猪形饽饽代替。渔民们敲锣打鼓,燃放鞭炮,上香祈福,气氛热烈,场面隆重。

【同期声】

山东荣成渔民:我们就求龙王爷保佑,我们明年有个好收成,多打鱼,多发财,都保平安,就行啦!

谷雨节祭海是荣成沿海渔民每年必过的盛大节日,也称渔民开洋谢洋节,至今有2000多年的历史,目前,已被列入国家非物质文化遗产名录。

【同期声】

山东荣成边防大队民警　卢旺龙:对于渔民而言,谷雨节是一个非常重要的节日,甚至比春节都要重要。所有进行渔业生产和渔业捕捞的渔民都从事这项民俗活动,期盼能有一个好的收成。

山东荣成:海下种菜

2012年6月1日《县域经济报道》

于军涛　报道

连日来,在山东省荣成市的一些渔业码头,陆续收割完海带之后本应清静下来的各大养殖场却格外热闹,养殖户们争分夺秒养起了一种“短平快”致富菜。

【同期声】

山东荣成龙须菜养殖户:(龙须菜)赚钱比海带赚得快,比海带利润高,养龙须菜的特点就是周期短,养100亩龙须菜年收入能达到150万元。

原来这种备受养殖户青睐的神秘品种就是龙须菜,又叫江篱菜,不仅生长周期短,而且生长速度更快,一个月就可以收获一茬。今年荣成市的养殖户们纷纷改变了传统养殖方式,实行海上的多茬化养殖,这样在海带收割期,可以收获三茬龙须菜,既避免了养殖水域的闲置,又能轻松实现经济效益翻番,龙须菜也因此成为当地海上养殖仅次于海带的重要品种。

【同期声】

山东荣成海洋与渔业局渔业科科长　李敏:目前荣成已经在桑沟湾、俚岛湾等海域养殖龙须菜面积达2万多亩,逐步形成产业化规模,参与养殖龙须菜的渔民有6000多人,增加渔业收入达3亿元。

山东荣成:连续6年监测到国际环志大天鹅

2012年11月28日《朝闻天下》

于军涛　报道

进入冬季,成千上万只大天鹅陆续飞抵山东荣成市大天鹅国家级自然保护区越冬。一只颈部套有蓝底白字、数字编号为1T73的环志大天鹅在觅食。据介绍，颈部套有蓝底白字、编号为1T73的环志大天鹅在我国还是首次发现。截至目前，山东荣成市已监测到6只国际环志的大天鹅。这是该保护区连续第6年监测到国际环志大天鹅。国际环志大天鹅是全球禽流感监视网络的项目之一，通过环志，可以获得大天鹅迁徙、分布及生存环境的基本信息，为保护大天鹅和防治流感提供科学依据。

自2007年以来，国际野生生物保护学会(WCS)蒙古项目联同蒙古国家中央兽医实验室和蒙古科学院开展了蒙古水鸟环志编码行动，通过对这些环志鸟类的观察，以了解蒙古鸟类的活动信息，了解它们的迁徙规律，以便于对它们在蒙古及其他繁殖、越冬地进行保护。

山东石岛港：鱼量减少，鱼价普涨三成

2012年9月12日《经济信息联播》

潘建明　于军鹏　报道

随着生活水平的提高，海产品已经成为人们日常的消费品。细心的人会发现，一般九月份海鱼的价格会出现小幅的下降，因为这时候刚刚开海，水产品丰富，价格不会很高。而今年刚刚开海没有多长时间，鱼的价格不仅没有降反而还在上涨。记者在我国北方最大的渔港采访时发现，虽然每天都有很多鱼货运往全国各地，但要想找到便宜的好鱼还是十分困难。

凌晨三点多，记者来到石岛港附近的鱼市，发现市场上停着几十部冷鲜车，但是车外面的鱼筐子却不是很多。鱼贩们告诉记者，别看是休渔期刚过，今年的鱼特别少，这几天总是进不满自己想要的货。

【同期声】

记者：今天早上进了多少鱼了啊？

石岛港鱼贩　曹东：今天早上不太多，鱼量少，没抓太多。

记者：往年的鱼量多吗？

曹东：去年的多得很，今年不行，确实没有产量，产量太低。以前鱼堵得(市场上)都水泄不通了，现在哪儿有啊？没有鱼，确确实实少了。

曹东在市场上转了一个多小时，也没进到什么好货。除了鱼少，更多的是因为鱼贵了。他告诉记者，因为今年鱼太少，市场上的鱼价比去年上涨了最少1/3，有的甚至涨了一倍。

【同期声】

石岛港鱼贩　孟宪冬：鲳鱼、大鲅鱼，去年这个时候在十四五块钱，现在得十六七(元)，鲳鱼去年三四十(元)，今年五六十(元)。

而随着鱼价高涨，卖鱼的生意也没有以前红火了。就在采访的一个小时里，记者发现，这些卖鱼的摊位没有一个消费者光顾。鱼贩们告诉记者，尽管在海滨城市的市民们有着吃鱼的习惯，然而随着鱼价涨得过高，大部分市民减少了对鱼的消费。它们的销量大幅下降，收入也比往年减少了将近一半。

【同期声】

石岛港鱼贩　曹东：卖鱼的利润肯定照往年差了，往年三分利吧，今年能照一分五，30%和15%之间，能少一半。

卖鱼的赔钱，打鱼的同样不好过。渔民们告诉记者，每出海一次，他们都冒着生命危险。本以为刚开海正是鱼多的时候能捞个好收成，没想到第一趟出海就开始赔钱。收成差、成本高，未来的收成心里没底，船老板们盘算的不是怎么安排生产，而是什么时候停船。

早上六点，石岛渔港几条渔船刚刚靠岸，正在卸鱼。记者发现，从船舱里运上来的大部分都是手指那么长的小鱼，而像市场上常见大小的鱼类和鱼种只有寥寥几筐。船长告诉我们，这些小

鱼叫鳀(音:题)鱼,根本无法卖到市场上去,只能做鱼粉饲料用。实际上大部分船今年打上来的都是这种鱼,船长告诉我们,开海头一趟的收成非常不好。

【同期声】

渔船船长　王祖山:每天跑半晚上,找点鱼拉上来。

作者:都打多大的鱼啊?

王祖山:专门是这些小鳀鱼。

作者:经济鱼多吗?

王祖山:经济鱼不多,今年搞得不好。

【同期声】

渔船船长　成国政:以前大长脖(鱼),一斤以上的,现在就能拉 1/3,一斤以上的以前一个航次拉 500 斤,现在就拉二三百斤。

船长们告诉记者,一般来说每年开海之后的一两个月是一年里收成最好的时候。由于渔业资源的减少,实际上春季和冬季,他们都在赔钱,只靠着秋天一季的鱼汛能盼个好收成,没想到今年一开海收成就不好。他们给记者算了一笔账:出海一天一夜,油和工资成本就得一万多元,一趟出去四五天,就是五六万块钱,而他们打的鱼最多也只能卖 4 万多块钱。

【同期声】

荣成渔船船长　王祖山:成本在一万块左右,算上油和工资,打上鱼有时候还得亏,有时候挣个一两千块的,有时候还得亏一两千块。这四趟回来,赔了一共一万块。

船长们看着第一趟的收成表情十分沮丧,他们心里也没底,到底后面的收成会怎么样。如果长期这样赔钱肯定不是办法。不少船老板都打算如果收成继续不好,他们就停下来不再出海了。

所有的船老板都在说海里没鱼,渔业资源日益枯竭。实际上从 1995 年开始,国家就在黄渤海实行伏季休渔制度来养护海洋资源,也在控制渔船的数量。那么为什么今年一开海,渔业资源就如此捉襟见肘呢?究竟是监管不到位,还是渔船不断增加所致?

在山东荣成渔政监控大厅,记者见到一个大屏幕,上面是卫星地图,还有两个标签。负责人告诉我们,这几个标签就是 RFAD 机站,渔港里每一条渔船都安装了芯片,休渔期渔船只要出港,机站就会向控制室发出警报。每年休渔期都会有 1300 多条渔船在这个港口上停靠。这套设备就是为了休渔期监管渔船,禁止渔船违规出海作业而安装的。

【同期声】

山东荣成市渔业局副局长　袁玉前:通过系统监控和陆地海上检查,伏休期违规出海的情况明显减少,尤其是 2012 年,伏休期违规离开本籍港、到渔区作业的现象几乎没有。

为了保护海洋渔业资源,国家长期实行严厉的休渔期监管。不仅如此,国家还在逐步减少渔船的总数量,控制渔船的总马力。实际上近年来小渔船逐步被淘汰,渔船数量确实减少了,但是小渔船经过拆解后变成更大的渔船,总马力数不变,捕捞能力却在增加。

【同期声】

山东荣成市渔业局副局长　袁玉前:船的数量可能要减少,但是船单位的功率要增加,也就是意味着捕捞拖网能力、功能增加了。

此外,为了保护海洋水产资源,国家每年都要向大海中投入虾苗、鱼苗进行增殖放流。但是很多鱼苗本来需要四五年才能长成,而由于捕捞能力的实际增强,这些鱼苗没长成就已经被打捞,如此循环,海中的资源仍难得到恢复。

【同期声】

中国海洋大学水产捕捞资源学院主任　任一平:六月份放流,九月份开捕,就被捕上来了。国外对每一种鱼都实行调查评估,确定这种鱼的可捕量、捕捞力量,从管理入手控制鱼的捕捞量。鱼的繁衍生息需要补充能力,如果过度捕捞,连亲鱼都捕了,还谈什么后代?

2012年山东级

2012中国·威海荣成海峡两岸海洋食品展销会开幕

2012年7月21日《山东新闻联播》

潘建明　报道

中国·威海荣成海峡两岸海洋食品展销会今天在荣成开幕。全国政协副主席白立忱宣布展销会开幕。中华全国供销合作总社党组书记、理事会主任杨传堂,台湾农产品流通经纪人协会会长林瑞民,全国人大外事委员会副主任委员姜福堂,全国人大内务司法委员会副主任委员陈建国,全国人大民族委员会副主任委员刘胜玉,省人大常委会副主任于建成,副省长贾万志,省政协副主席陈光出席开幕式。

这是海峡两岸之间首次举办以海洋食品为专题的展销会,会期5天,设置展位301个。展会期间还将举办第四届山东荣成产业技术创新战略联盟活动周,开展形式多样的对接、洽谈等活动。

我的幸福生活——陈以枢:扎根山东老来乐

2012年11月11日《早安山东》

于军鹏　报道

十年前,作为十几万三峡移民大军中的一员,陈以枢从重庆库区举家搬迁到3000多公里外的山东荣成。从山城到海滨,年近60的陈以枢在山东过着幸福的生活。

【同期声】

威海市荣成青鱼滩村村民　陈以枢一家人:酸鱼最好,酸菜鱼。我饱了。你饱了?刚吃这么多了。

一家人说着三种口音却能交流自如,女儿、女婿在难改的乡音和孩子的胶东话之间转换不停,这有趣的一幕每天都会在家中发生。十年间,一家人已经不知不觉地融入了当地的生活。

【同期声】

陈以枢:这里的社会秩序比较和谐,人们比较善良,看不出来你是外地的、当地的。在菜园地上,村里还特意照顾我们,专门设在我们门前,多好!端起饭碗就看得到自己的菜园地。

没事的时候,邻居们都喜欢来家里串门聊天。市里在村办养鱼场给安排了一份照管员的工作,活儿并不累,但责任不小,有厂长和工友们的信任,干起活来也格外有劲。

【同期声】

陈以枢:过来之后政府也确实重视(工作)这个问题,也对我们关照,方方面面都照顾得比较好。我在这里已经工作10年了,我算是个老工人了。

两个女儿和女婿都在村里的工厂上班,每家的月收入都五六千块钱,大女儿两年前还买了车。为补足这几年物价上涨带来的差额,国家三峡建设委员会又增加了后续移民补助,老伴正琢磨着用这笔钱到哪个景点玩一玩。

【同期声】

陈以枢:一个月50块钱,要补助20年,今年三月份政府又一个人补助一万多元。(我)工资不错,一年接近3万块钱,28800(元)嘛。反正经济上不成问题。不愁吃、不愁穿,走两步有车。感到无虑无忧。

人上了年纪喜欢回忆、喜欢恋旧。现在,闲

下来串一串辣椒,偶尔看着地图上的地名回忆一下老家的生活片段,对故乡的留恋和回忆慢慢变成一种生活情调。

【同期声】

陈以枢:无忧无虑老来乐,我觉得10年了,过起(日子)来是比较快,因为没多大的压力。现在过来的人,你叫他回去他不会回去的,总是觉得还是待在山东好。

威海荣成:5000只大天鹅如约而至

2012年12月2日《早安山东》

荣成台　报道

近几天,在威海荣成,如约而至的大天鹅也让大家很激动。入冬以来,荣成天鹅湖已经陆续迎来了超过5000只的天鹅。为了给它们提供舒适的过冬环境,保护区的工作人员又开始忙碌起来了。

刚刚走近天鹅湖边,远远地就能听见天鹅响亮的鸣叫声。保护区工作人员介绍,从现在起这几千只大天鹅就要与当地的村民做4个月的邻居了。

【同期声】

荣成大天鹅国家级自然保护区科研科科长　于壮志:大天鹅到荣成这个大天鹅保护区以后,越冬栖息,正常往北迁徙的月份是在明年的三月中旬左右。

于壮志介绍说,理论上人类接近大天鹅距离在300米左右,然而在荣成的天鹅湖,这个距离缩短到一到两米。当地村民与慕名前来的游客和摄影爱好者可以真正与优雅美丽的大天鹅零距离接触。孙茂臻是当地一家渔业公司的职工,每天他都要到这里来给天鹅喂食。上午九点多,提着玉米桶的孙茂臻刚走到湖边,天鹅就开始慢慢地向他靠近。

【同期声】

渔业公司职工　孙茂臻:我们公司每天都来喂,一天喂三次。

孙茂臻说,给天鹅喂玉米,是为了补充营养,让它们更好地越冬,但是并不提倡游客盲目喂食。保护区工作人员告诉记者,目前这些大天鹅的健康状况良好,也没有监测到疫病,可以在天鹅湖平安越冬。

周末调查　荣成:海洋食品产业期盼崛起

2012年8月12日《山东新闻联播》

潘建明　报道

荣成是全国第一渔业大县,海洋食品产业也是荣成的第一支柱产业。在蓝色经济的大背景下,荣成的海洋食品产业如何摆脱对资源的依赖,向高端纵深挺进?荣成给出了“以创新为驱动,以品牌建设促转调”的答卷。

【同期声】

记者:我现在位于山东半岛的最东端荣成市,这里的海带产量占全国的40%,现在海带的收割已经基本结束。

记者在这里发现,虽然今年的海带收购价格比往年都要高,但是海带养殖户的烦恼却并没有减少。

海带养殖户李源峰养了10多年的海带,今年,他的上千亩海带因为风灾减产,对这种靠天吃饭的经营模式,李源峰越来越渴望改变。

【同期声】

荣成市成山镇海带养殖户　李源峰:这么多年养海带始终没有一个思想方面的解放,总是搞这种低端的，把原材料出卖给别人，让别人去赚钱。

今年，李源峰70%的海带还没出手，每年这个时候他都会到当地最大的海带养殖户李健那里交流市场信息。李健10多年前就从种海带、卖海带转向了海带深加工。

【同期声】

威海市海洋时代食品有限公司董事长　李健：比如说这一棵海带五六毛钱，这一张就能卖到8毛钱左右，可是这一棵海带能加工七八张这种海带板，而且它的剩余部分就要加工成这种海带末，它的增值就在15到20倍左右。

10年前，李健的企业做了最重要的一次转型，他们引进日本先进技术生产海带产品，就很快打开了10多个国家的市场。虽然尝到了科技的甜头，但是李健仍然在科技投入上有很深的顾虑。

【同期声】

李健：在科技方面的投入产出在短时间内你是看不到效益的，而且这是一个长线的发展，对于我们农民搞企业来说，确实困难比较大。

李健道出了当地很多企业管理者的想法。荣成的水产品产量和渔业总收入虽然连续30年位居全国县级首位，但是这一产业的高增值环节和市场高盈利环节却不在荣成。除了科技创新能力不足，还有另一块软肋也让荣成海产品失去了在国际终端市场上的很大一块利润。

【同期声】

荣成出入境检验检疫局科长　张霖：下一步发展趋势主要是要形成自己的牌子，打出自己的牌子，而且要有产业群，形成大的产业群，能与国外的超市直接对接，提高产品的附加值。

从2009年开始，荣成市政府每年为企业和高校科研院所搭建合作平台，并出台鼓励自主创新的政策措施，破解科技转型难题。李健的企业也开始寻求与科研院所合作。而更早与科研院所合作发展成当地海洋产业龙头的“好当家”集团，已经在品牌营销上挖掘到了新的利润空间。

【同期声】

好当家集团有限公司董事长　唐传勤：你不管干什么，你跑在前面，人家肯定要追你，但是你怎么能做到龙头，还保持这个龙头，这就比较困难，所以在产业的发展上我们现在做的“软东西”就是品牌建设。

2009年，荣成被中国食品工业协会授予“中国海洋食品名城”的美誉。为了擦亮这块金字招牌，荣成立足海洋特色抓转型，高端突破、品牌培育，努力打造全国知名的海产品生态养殖中心、远洋捕捞中心、精深加工中心和物流集散中心。

【同期声】

荣成市委副书记、市长　江山：这个产业的发展要内外兼修，品牌带动，对内要规模化经营，高端化发展，对外要全力打响中国海洋食品名城这个品牌，加快推动荣成由资源依托型渔业大市向科技支撑型的海洋渔业强市的跨越。

【同期声】

山东县域经济研究院院长　高焕喜：县域经济的崛起首先需要解放思想，勇于创新，敢于争先，内心的格局决定了外部发展格局的上限。期待荣成海洋食品产业崛起的雄心。

山东省“四德”工程诚信建设现场观摩会在荣成召开

2012年12月20日《山东新闻联播》

潘建明　报道

全省“四德”工程诚信建设现场观摩会昨天在荣成召开，省委常委、宣传部部长孙守刚在会上指出，荣成市对诚信建设高度重视，走出了一条社会主义核心价值体系建设与推动区域经济社会转型发展互促共进的新路。要认真总结荣成市诚信建设经验,努力推进“诚信山东”建设再上新水平、新台阶。各级各部门要把诚信建设作为学习贯彻落实党的十八大精神的重要举措,作为实施“四德”工程的重要任务摆上更加突出位置,根据省委、省政府的总体部署,结合各自实际,强化组织领导,抓好重点人群,不断总结创新,狠抓工作落实,求真务实、开拓创新,开创山东诚信建设新局面。

2013年中央级

台湾海产品进驻山东荣成海洋食品展销中心

2013年6月18日《中国新闻》

于军鹏　报道

日前,全国首个海洋食品展销中心在山东荣成投入使用,吸引了多家台湾公司的目光。

【同期声】

台湾农产品流通经纪人协会理事长　林瑞民:希望能够通过今天的展会,将来带领我们的会员到荣成来,成立台湾海洋食品加工区。

据了解,海洋食品展销中心作为荣成市海洋食品产业对外贸易的全新交流展示平台,计划每两年举办一次大型海洋食品展会,并以新展馆为载体不定期举办以海洋产业为主题的专业研讨、对外招商、科研展示等活动,将对荣成海洋食品产业发展起到巨大的推动作用。

山东荣成:素质教育基地,学生的第二课堂

2013年11月10日《新闻直播间》

荣成台　报道

现在综合素质教育被越来越多的家长和师生认可,在山东荣成就有这么一个综合素质教育基地,这个基地设有CS(反恐精英)、手工陶艺制作、内务整理和帮厨等10多个项目。通过走进社会、走进基地,充分发挥了校外教育实践基地资源优势,为学生提供了丰富多彩的实践机会。学生们不仅充分享受到了动手实践的乐趣,也在努力拼搏中增长了知识,磨炼了意志,锻炼了技能,培养了团结协作的精神,提高了独立自主的能力。

各地庆祝中国共产党成立92周年

2013年7月1日《新闻联播》

于军涛　报道

今天,中国共产党迎来了92周年华诞。在党的生日来临之际,各地党员汇聚到党旗下,重温入党誓词,牢记党员责任;各地党组织创新党建机制,改进工作作风,密切与人民群众同呼吸共命运的血肉联系,凝聚实现中国梦的强大力量。

在山东荣成,边防官兵和医护人员组成党员服务队,登上鸡鸣岛,义务为在岛上留守的老人送医送药。

2013年山东级

威海荣成:石岛湾核电站开工,总投资约1000亿元

2013年1月9日《早安山东》

潘建明　报道

受日本福岛核泄漏事故影响,2012年国内所有核电项目全部暂停审批,直到2012年10月停摆了近20个月的中国核电项目才终于重启。近日,被称为中国迄今最大的核电规划项目——威海荣成的石岛湾核电站示范工程开工建设。

底板第一层混凝土开始浇筑,标志着位于威海石岛湾的华能石岛湾核电站示范工程低调开工。这也是全球首座将第四代核电技术成功商业化的示范项目。项目总投资约1000亿元人民币,预计2017年年底将实现约660万千瓦的发电能力。按照规划,石岛湾核电站初期工程仅处于实验阶段,投资额约为30亿元,高温气冷堆的实际容量为20万千瓦。

日本福岛核泄漏事故,给核电站安全敲响了警钟,那么,石岛湾核电站的安全性怎么样呢?据了解,石岛湾核电站实验堆模拟过大量突发状况,包括在丧失所有外部电源、失冷失压的最大预想事故状态下,不采取任何人为和外部的干预,仍能保持堆芯安全状态,并将余热排出,使放射性物质在极端事故状态下不会外泄。专家论证认为,石岛湾核电站采用的是目前全球最先进的核电技术,在安全方面不存在问题。

荣成:机关干部大走访,解决群众身边事

2013年8月29日《山东新闻联播》

于军鹏　报道

荣成市4800多名机关干部走出办公室,到田间地头,街头巷尾,探民情、访民意,帮助群众解决身边难题。

一大早,荣成市卫生局的工作人员就来到人和镇院夼村走访,这次他们还给渔民们带来了几件礼物。

【同期声】

荣成市卫生局政工科科长　高峰:通过走访,我们发现渔民高血压、冠心病这样的常见病比较多,所以我们给他们送来盐勺和饮食谱,让他们注意营养就餐,另外就是给渔民送来一些治疗高血压、冠心病的药品。

荣成将全市951个村居、24万户城乡居民,分摊在135个机关单位、4800多名机关干部身上。每名干部一个季度要将所有联系对象走访一遍,一个月至少通一次电话,接受群众咨询,了解百姓难题。

【同期声】

记者　夏亮:我现在拿的这一本,就是荣成市2013年机关干部走访活动台账。在这本台账里详细记载了群众所反映的各种各样的问题,我们就随机选取一个群众所反映的问题,看一看所反映的问题是否得到了圆满解决。

接电话的丁大坤老人是成山镇居民。他向走访干部反映,能不能给乡镇居民也通上天然气。半年后,这一问题得到了解决,成山、城西等19个镇街1.3万户居民也同时享受到了这一政策。

【同期声】

荣成市成山镇居民　丁大坤:提出以后,各级部门很重视,在很短的时间就落实了。气都通上了,我们用着很方便。

对群众反映的问题,荣成市规定,当场不能答复的,要汇总到主题活动办公室,安排责任单位限期解决;群众反映较多的低保、教育、卫生、环保等共性问题,已被列入全市十五项民生工程重点督办。

截至8月初,荣成共征集群众反映的各类问题8029个,其中农村建设占24%,民生保障占23%,政策咨询占17%,城市建设占15%,环境保护占3%,其他占18%。

【同期声】

荣成市主题活动办公室副主任　杨丰钊:我觉得最关键的落脚点是为群众解决问题,帮助群众办实事,你只有实实在在给群众解决现实问题了,才能争得群众的支持。

走访不走秀,访民不扰民,机关干部走访,只有说百姓话,办百姓事,不回避矛盾,把存在的问题当成工作的重点,才能赢得群众的支持,走访才能走出实效。

荣成:诚信建设夯实社会道德基础

2013年1月23日《山东新闻联播》

李振宇　报道

荣成市加强诚信建设,在全社会形成良好道德风尚。

在泰祥集团,每名新员工进公司后都会观看这样一部专题片:公司一批出口产品因某项指标高出国际标准1‰而被退货,公司将400多吨、价值1000多万元的产品全部销毁。

【同期声】

泰祥集团金融部经理　冯乔:因为销毁这部分产品实际上是体现出泰祥公司要做安全食品的这种决心和一种理念,同时给大家也敲响了警钟,在今后的质量管理中,我们会把质量放在第一位来管理。

荣成市在诚信建设年活动中,发起"十大诚信承诺",企业结合自身情况进行整改,全市"重合同守信用"企业达到135家。王泽建是荣成市寻山街道的一名普通农民,9年来,他坚持义务献血,由他捐献的造血干细胞在济南配对成功。

【同期声】

寻山街道农民　王泽建:我给了他生的希望,到现在看患者恢复得挺好的,我没有白付出。

目前,一万多名荣成市民加入了学雷锋志愿服务队,涵盖284个服务岗位,45家企业向社会捐款560多万元。

走基层:俚岛人的生态哲学

2013年11月5日《山东新闻联播》

于军鹏　报道

俚岛是威海市的一个海边小镇,地处胶东半岛的最东端。这个小镇拥有胶东地区最独特的民居——海草房,今年74岁的许庆锡就住在这样的房子里。面朝大海,冬暖夏凉,而这样舒适的房子,许大爷曾一度担心被拆掉。

俚岛40公里海岸线有"黄金海岸"之称。可在这条海岸线上,一边是老百姓住了几十年甚至上百年的海草房,一边是企业要扩张、经济要发展。两个互相冲突的需求,让许庆锡为自己的房子没少担心。

【同期声】

荣成市俚岛镇大庄许家社区居民　许庆锡:主要是习惯了,海草房优点太多了,冬天暖和,夏天凉。前几年我老伴就说,(即使)给楼也不换。

许大爷担心海草房会拆，而不远处一家阀门生产企业的宋玉法却在担心厂房能不能建。

【同期声】

荣成市荣利阀门有限公司总经理　宋玉法：我们企业要想发展，在过去那个地方，因为厂房有限，没有足够的空间，我们想上设备没地方上，因为土地有限，所以上不了。

在俚岛镇党委书记宋伟锋办公室，记者看到了一张规划图，用宋伟锋的话讲，老百姓和企业所担心的问题，解决之道都在这里面。

【同期声】

荣成市俚岛镇党委书记　宋伟锋：从我们俚岛这个地图来看整个发展模式，我们俚岛要沿着301省道，沿着这条道路南北向的轴线南北发展，我们的工业向内陆延伸，我们的人居向沿海集中，这样又增加了工业的发展空间，又能把我们海的一些文化资源，好的生态环境保护起来，发展一些与人文、人居相关的产业。

在宋伟锋眼里，这就是一盘棋局，资源就是棋子，只有把棋子放在合适的地方，才能得到最好的效果。海岸线风景优美，就把它留给老百姓，百姓要住海草房，政府每年每户还发400块钱房屋修补费。

【同期声】

荣成市俚岛镇大庄许家社区村委委员　许庆路：经过村委研究决定，在村东盖了七排楼，不管你搬不搬，但是海草房一定要保护起来。

而对于荣利阀门这样的企业，政府专门在内陆规划了工业园区，从税收等方面吸引企业向内陆延伸、转移。用搞企业的宋玉法的话说，这叫腾龙换鸟，企业面积扩大了不说，还有空间再上新项目。

矛盾得以解决的背后还有政府的大投入。一方面，加快园区建设，修造船、海洋食品等总投资90多亿元的14个项目全部开工提速。另一方面，把沿海企业的旧厂房改成住宅小区，把许庆锡住的大庄许家等14个旧村改造成传统民居集中的精品工程，污水设施、供热燃气、路网河道等工程全面推进，吸引人口向海岸集中。

【同期声】

荣成市俚岛镇党委书记　宋伟锋：通过这种资源优化配置，把俚岛镇打造成生态制高点、产业制高点和民生制高点。

人勤春来早，荣成渔民扬帆出海

2013年2月15日《山东新闻联播》

于军涛　报道

人勤春来早。当人们还沉浸在春节的欢乐中时，沿海渔业捕捞船和运河货物运输船今天扬帆起航了。

今天早上7点，威海荣成的渔业码头万炮齐鸣，在新春的爆竹声和亲人的祝福声中，30多条大马力渔船相继拔锚启航，奔赴不同海域，开始了一年一度的春季渔业捕捞生产。

目前，荣成市拥有远洋资格企业14家，外派渔船420艘，作业区域遍布太平洋、大西洋、印度洋，完成远洋捕捞产量11.1万吨、产值15.2亿元。从渔船规模到产量收入，均居全国县级首位。

周末调查:破解水产品出口困局

2013 年 1 月 6 日《山东新闻联播》

潘建明　于军涛　报道

山东是水产品出口大省。今年以来,受国际市场萎缩等多种因素影响,水产品出口形势不容乐观。面对挑战,如何走出困境,请看记者调查。

王新君做水产生意已经 15 年,他的工厂一直向国外出口粗加工水产品。

【同期声】

山东大鱼岛集团奥尼斯食品分公司经理　王新君:这两年应该说非常困难,整个企业遇上了寒冬。一个是国内的原料成本急剧上涨,人工成本急剧上涨,再就是国外因为经济危机,销售收入比预期要下降了 15%到 20%。

成本上涨,外需不振,不少水产品出口企业正面临两面夹击。今年 1 至 11 月份,我省水产品出口量下降了 6.3%。为寻找成本更低的原材料,王新君进军远洋捕捞,今年他一口气购置了 7 艘远洋捕捞渔船,可是每艘高达 5000 万元的投入,也让他承担着巨大风险。除了走向远洋,开拓更大的发展空间之外,更多的企业选择了向内挖潜。今年,在全省水产品出口普遍下降的情况下,荣成市同期却完成了接近 5%的创汇增长。主要原因就是荣成的出口企业中精深加工产品比例达到 40%,高于全省 12 个百分点。深加工产品能进入国外终端市场,所带来的高收益率帮助企业规避了风险。在荣成泰祥集团,新产品的实验开发已经成为企业效益增长的源头。

【同期声】

泰祥集团泰新样品制作有限公司经理　李国祯:我们每天平均能做到 20 多种新产品,每个月的新产品品种能做到七八百种。有的是客户需要,有的是根据市场来自主研发。

以每年 20%速度增长的科研投入,为泰祥带来了上亿元的收益。一批像泰祥、好当家这样的大型企业逐渐形成集聚效应,开始从产品经营转向品牌营销,向科技、管理、品牌要效益。

【同期声】

荣成出入境检验检疫局副局长　向仁科:以前荣成的水产品出口主要是盯着日韩市场,后来增加到美国和欧盟,现在像俄罗斯、印尼和澳大利亚也都成为重要的市场。不同国家对食品安全管理的要求是不一样的,我们就加强培训,指导企业获得更多的产品认证。

国际市场的需求萎缩,也推动了不少水产品企业把重点转向了开拓国内市场。在烟台东方海洋公司,以往这些鲽鱼鱼排的主要市场都在国外,随着企业销售战略的转向,这些鱼排在国内的销售情况正变得越来越好。

【同期声】

山东东方海洋科技股份有限公司副总经理　唐积玉:过去在国内销售主要是以原料的形式,那么从长远看是不行的,必须加工老百姓真正喜欢的产品,所以这两年企业在海洋食品研发上投入非常大,就是根据国内的需求,来开发适合在国内销售的一些产品。

以罐头为例,国内市场的消费量仅是美国的 1/90,与此相对应的是,像泰祥、东方海洋这样的大型水产品企业,国外市场占比都在七成以上,内需的培育和拉动应是未来破解水产品出口困局的必由之路。

【同期声】

荣成市经济和信息化局副局长　汤序波:中国是一个有 14 亿人口的大市场,应该说潜力巨大,也是我们海洋食品发展的希望所在。

全国最大金枪鱼加工基地在山东荣成投产

2013年6月16日《今日报道》

于军涛　报道

由山东鑫发渔业集团承建的蓝润金枪鱼加工基地16日在山东荣成正式开业，该项目全部投产后，将成为全国最大的金枪鱼加工基地。据了解，蓝润金枪鱼加工项目计划总投资11亿元，分两期进行。项目投产后，将年产金枪鱼系列罐头5万吨，其他金枪鱼即食食品2万吨。荣成是全国第一渔业大市，也是我国远洋渔业“拓荒者”之一。早在20世纪90年代初，面对近海渔业资源日渐衰竭的压力，荣成便把远洋捕捞作为主导产业进行扶持。目前，荣成拥有远洋资格企业16家、专业远洋渔船140艘，占到山东省的70%以上，年远洋捕捞产量高达10多万吨。

荣成：推进政务诚信，打造高效政府

2013年1月21日《山东新闻联播》

于军鹏　报道

荣成市通过构建以政务诚信、商务诚信、社会诚信和司法公信为主体的四位一体诚信体系，力促政府提效，作风转变。

1月18日，荣成市交通运输局开了一场特殊的会议。全体人员都在一张“禁酒令”上签下了自己的名字。

【同期声】

荣成市交通运输局办公室主任　徐黎明：这白纸黑字就相当于给我上了紧箍咒一样，我在今后的工作中，将严格地执行禁酒令的各项规定。

工作日中午不饮酒，值班和执行公务期间不饮酒，驾驶机动车前不饮酒，这也是荣成市2万多名党政机关工作人员向社会作出的公开承诺。

【同期声】

荣成市纪委常委、党风室主任　张积超：如果是发现了或者是有人举报有违反禁酒令的情况，我们会严格按照禁酒令的有关规定，进行严肃处理。

从去年开始，荣成市努力改变机关作风，把财政支出的60%用于民生，将年初承诺的10大项、36小项民生重点工程全部完成。其中，全市12个镇街实现了集中供暖，22个镇街通上了天然气。良好的工作作风保证了政府的每项公开承诺都能一一兑现。在2012年威海市社情民意调查中，荣成市位居第一。

【同期声】

荣成市委副书记、纪委书记　王笑丰：领导各级机关干部身体力行，在全社会才能引导诚信建设越来越好，越来越深入。

2014年中央级

洋媳妇努内的中国爱情

2014年2月15日《新闻联播》

于军鹏　报道

山东荣成的农民邓忠刚，18年前在亚美尼亚打工时认识了当地的护士姑娘努内，两人恋爱结婚了。婚后，他们回到了邓忠刚老家，洋媳妇努内能适应中国农村的生活吗？今天的新春走

基层,我们去看一看他们的故事。

这是努内和邓忠刚如今经营的咖啡店,两个跳舞的女孩是他们的双胞胎女儿。春节里客人不多的时候,一家四口经常这样自娱自乐。

看着这温馨的景象,邓忠刚说,他经常庆幸18年前发了那场高烧,让他认识了在亚美尼亚医院做护士的努内。出院后的第一次见面,他就决定买戒指求婚。

【同期声】

邓忠刚:当时没想那么多,喜欢上她了,好像没考虑那么多,主要想法就是把她追到手。

努内被这个山东小伙的朴实憨厚打动,他们在亚美尼亚结婚了,婚后很快有了一对双胞胎女儿。但因为忠刚打工的工厂效益下降,一家四口在亚美尼亚的生活变得拮据,1997年他们回到忠刚老家。内陆的一个贫困村庄来了一个洋媳妇,当时村里人都觉得这里太穷了,洋媳妇很快会回去的。但是,努内没有离开。护士努内学会了种地、养鸡,和丈夫一起把日子过了起来。2005年,他们到石岛镇上开了一家咖啡店,在夫妻俩的经营下,店里的经营渐渐好起来。如今回忆起过去,努内和忠刚是笑着的。洋媳妇努内融入了丈夫忠刚的生活环境,结婚前从不做饭的忠刚也系上了围裙。怒内说,新的一年里,他们一家有一个心愿,就是把她和女儿的国籍变成中国国籍。在中国生活了17年,她已经完全把这里当成了自己的家。

各地多种形式纪念建党93周年

2014年7月1日《新闻联播》

于军涛　报道

山东荣成、广东江门的边防官兵参观革命文物展览。

胶东半岛首条高铁开通运营

2014年12月28日《新闻联播》

付振宇　报道

今天中午12点20分,D6091次列车从青岛市即墨北站开出,标志着胶东半岛第一条高速铁路开通运营。青荣城际铁路2010年10月开工建设,设计时速250公里,全长286公里,连接山东青岛、烟台、威海、荣成,沿途设12个车站。这条城际铁路使济南至烟台、济南至荣成平均运行时间缩短一半左右,分别由7个小时缩短至3到4个小时,成为胶东半岛城市群快捷的运输通道。使胶东半岛逐步实现一小时生活圈的同城生活。

山东石岛:全球首座第四代核电站初现雏形

2014年12月29日《朝闻天下》

于军鹏　报道

我们的记者了解到目前全球首座模块式高温气冷堆核电站已经在山东石岛湾开建,它也是世界上第一座安全性更高、具备第四代核电技术特征的核电站,我们一起来了解。

在位于山东荣成的石岛湾,记者看到虽然寒风凛冽,但世界首座模块式高温气冷堆核电站正在紧张施工,反应堆厂房已经从地下18米“生长”到地上20米,2017年年底有望发电。

【同期声】

华能石岛核电总经理　贺云生：从2012年12月9号开工以来，进展比较顺利。计划明年6月底开始主设备进现场，开始进入安装高峰期。

一直以来，中国核电技术依赖从国外进口，而在建的石岛湾高温气冷堆却是由我国自主研发，而且设备国产化率不低于75%。

【同期声】

贺云生：目前在我们国家来讲是遥遥领先的，站在（核电）四代技术的前列，因为已经到了示范功能阶段，国外还在实验室阶段。

根据国际共识，衡量最新一代技术——第四代先进核能系统最主要的指标是安全性和经济性，即不会发生严重堆芯损坏，不需要场外核应急，要有完整的核废物处理方案，内在外在的防止核扩散能力强，而且发电成本要求有竞争力，电效率不低于40%。从目前来看，除了经济性还有待考查外，高温气冷堆符合第四代核电技术的各项指标。石岛湾示范电站的建成，对于我国占领世界未来核电技术最高点有着重要意义。

2014年山东级

荣成：诚信建设迈入标准化

2014年6月10日《山东新闻联播》

于军鹏　付振宇　报道

荣成市在山东率先启动社会征信管理体系建设，用制度标准打造信用城市。

荣成市滕家镇的小企业主滕夕海最近资金短缺，但他仅用一天时间就拿到了50万元贷款。而他的抵押品，是看不见摸不着的“诚信”。

【同期声】

威海市海翔实验机制造有限公司总经理　滕夕海：其他的担保都不用，以诚信担保就行了，我们什么时候用，银行什么时候给办。

帮助滕夕海无抵押无担保贷款的，是荣成市建设的征信管理系统。这个系统里有全市所有企业、社会团体以及18周岁以上市民的信用“账本”。

【同期声】

荣成市社会管理服务研判中心主任　黄春晖：我们根据全市140个行政部门提报的所有的数据信息汇总形成一个信用报告。如果有奖励信息的话，我们给予加分，如果有不守信的或者失信的行为，按照评价标准给予相应的扣分。

征信系统以刚性制度规范道德行为和社会秩序。诚信度高的征信对象，在资金、就业创业、工程招标等方面，享受优先扶持；信用等级低的征信对象，则被列入诚信“黄名单”“黑名单”。去年，荣成市社会矛盾纠纷、欠税欠薪行为均下降20%以上，法院清理执行积案800多件，涉及金额5000多万元。良好的社会诚信氛围在荣成蔚然成风。

荣成：规划引领发展，建幸福美好家园

2014年6月21日《山东新闻联播》

于军鹏　报道

正在开展的乡村文明行动让山东许多乡村面貌焕然一新。荣成市在推进乡村文明行动中发现，只有生产方式的改变，才能让乡村一直美丽下去，而这靠的就是规划和引领。

【同期声】

荣成市崂山街道地宝圈村妇女主任　张启凤:一进这个村头路口,感觉心花怒放。然而就在几年前,村里超过四成的家庭养猪,污水横流、粪堆满村。变化来自乡村文明行动开展后,村支书李险峰提出建立合作社,规划把家家户户养猪变为大伙一块儿养猪。

【同期声】

荣成市崂山街道地宝圈村支书　李险峰:集体搞的话,可以把污染集中起来,废水、粪可以集中排放、集中处理。

磨破了嘴皮,耐心说服村民后,地宝圈在村外建起一万头猪的规模的现代化养猪场。村民自愿入股,每人还能分到5000元的集体股份和红利。在另外一个落后的纯农业村寻山街道赵家村,村支书孙玉晓则自己垫付上村民建楼的钱,对村庄进行重新规划。

【同期声】

荣成市寻山街道赵家村支书　孙玉晓:这面是我们村民的集中居住区,东边水体水面作为休闲产业的发展区,通过产业发展给村庄带来收益。

抓住土地增减挂钩的政策,村里将节省出来的土地用于发展休闲产业。居民楼建起来了,土炕上了楼,家里还用上了水暖。

【同期声】

荣成市寻山街道赵家村村民　樊春香:原来(冬天)烧炕,一到下半夜炕凉了,伸腿都不敢伸,这个你尽管睡吧,真暖和。

规划产生效益。荣成市以规划为引领,以财政投入为杠杆,探索产业基地带动、中心社区带动等五种村庄发展类型。农村环境改变了,农民的生产和生活方式也在发生积极转变。

【走基层】荣成人的“牧海经”

2014年9月13日《山东新闻联播》

于军鹏　报道

俗话说,靠山吃山,靠海吃海。地处山东半岛最东端的荣成,有500多公里的海岸线。荣成推动海洋生物产业转型升级,打造中国海洋食品名城,努力把海洋的文章做足做透。走基层,一起来看看荣成人的“牧海经”。

初八二十三,晌午过后,荣成市东楮岛村的村民们来到海滩上,尽情地享受大海的馈赠。千百年来,大海用她的慷慨养育着世世代代的荣成人。渔民们对大海的自然规律也有着比以往更清醒的认识。

这几年,随着渔业资源的枯竭,人们把更多的精力投入产品的精深加工、产业的转型升级上。以海带为例,在荣成已经形成一条完整的产业链,一条海带,从头到尾能做出200多种畅销产品。

在荣成,跟海洋食品打交道的企业有近700家,平均每6个荣成人中就有1个直接或间接从事这一产业。去年,当地还成立了海洋食品市场管理委员会,整合部分政府部门的职能,设立行业协会,并组建实体公司,以政府信誉为依托,多方汇聚地方企业力量,打造中国海洋食品名城的整体品牌。

【同期声】

荣成市海洋食品市场管理委员会主任　陈士林:在招商引资和对接项目的时候,我们代表政府和外来的客商洽谈,这样更有说服力。

除了构建海洋食品品牌发展大平台之外,销售海洋食品的店铺也有政府资金的专项补贴,从1万元到20万元,店铺越大,补贴越多。

传统产业也需要插上电商的“翅膀”。在鸿洋神海洋生物科技有限公司,上百种海洋食品、保健品被推介到网上,不仅每天带来几百个订单，更为产品的更新换代提供了市场风向标。

【同期声】

荣成鸿洋神海洋生物科技有限公司总监助理　刘程凯：我们会通过各种数据分析现在的季节性和流行性，我们根据市场的需求进行一个产品的推介，消费者需求什么，我们就提供什么。

靠海吃海，在750万亩的海域面积上，荣成耕耘出的是1000亿元的产业规模，而要擦亮国际海洋食品名城这块招牌，让海洋梦想持续，更需要养好这片海。

【同期声】

荣成市委常委、副市长　王洪晓：科学合理地利用资源，加大生态环境的保护力度，把大海赋予我们的资源优势转化为产业优势和竞争优势，推动荣成海洋食品向更高层次转型升级。

青荣城际铁路正式开通运营

2014年12月28日《山东新闻联播》

荣成台　报道

山东第一条城际高速铁路——青荣城际铁路今天正式开通运营，胶东半岛开启了全新的"同城时代"。

青荣城际铁路贯通青岛、烟台、威海三市，是胶东半岛城市群最快捷的运输通道。铁路起于青岛北站，止于荣成站，全线共设14个站，正线长302.757公里，设计最高时速250公里，所用列车全部是我国自主研发设计的第二代动车。

【同期声】

青荣城际铁路公司副总经理　赵西法：青荣城际铁路是国内建成的有砟250公里客运专线，其运输调度、自动控制、信号系统、集成车辆装置在国内都是领先水平。

青荣城铁前期将开行11对动车，实施全天候、公交化运行，在青岛、烟台与威海之间形成1小时交通圈，并向西通过胶济客运专线并入京沪高铁，拉近半岛与济南、北京、上海间的时空距离。济南到烟台由之前的6个半小时缩短至3个小时、济南到荣成由8个小时缩短至4个小时以内。

胶东半岛是山东的经济龙头，但"难进难出"的交通一直制约着区域发展。城铁开通将大大促进沿线产业结构升级和优化。

【同期声】

山东省发改委副主任　赵东：下一步济青高铁建成之后，烟台、威海、青岛对全省经济的带动作用就会更加突出，对全省的经济发展起到一个非常重要的支撑作用。

2015年中央级

张茹文：大鱼岛上有个好大姐

2015年7月5日《新闻直播间》

于军鹏　报道

【同期声】

孙女念日记：《我的奶奶》。

我的奶奶是个热心人，她开了一个小商店，店里整天坐满了很多叔叔。我问奶奶，这么多叔叔，哪个才是我的真叔叔？她说，都是你的真叔叔。

今年66岁的张茹文就是作文中提到的奶奶。20年前，她在大鱼岛开了一间小商店。大鱼岛不是个岛,而是位于胶东半岛最东端的荣成市南部的一个小渔村。这里的人们世世代代以出海打鱼为生。20世纪90年代以后,随着远洋捕捞业的兴起,越来越多的外地年轻人来这里打工。张茹文的小商店,就成为这些外地船员们上岸后经常落脚的地方。从小在海边长大的张茹文深知海上打鱼无异于在与死神跳舞。对于这些背井离乡的船员,她总是像一个大姐姐一样,竭尽所能给他们家一般的温暖。

【同期声】

山东省荣成市石岛管理区大鱼岛社区居民张茹文:你看着大海风平浪静的,一到发怒的时候真是九死一生。真苦!我都说实在的,我就这样的人,尽量能给他们些温暖,这都是举手之劳。你说做个面条,喝碗就喝碗吧,这都几个钱的东西。有个菜包子吃了就吃了吧。衣服坏了能给他们缝一缝就缝一缝,太大的不能缝就找人给他缝,都无所谓。

2003年,一批船员要随船前往南太平洋作业,一去就是两年。他们商议,要把身上的钱以及公司每月发的零花钱全部寄存在张茹文这里,请她代为保管。经不起船员们的死磨硬泡,张茹文最终还是答应了他们的请求。每个月发工资时,她都会去渔业公司替船员们领回工钱。由于怕丢,她把存折藏在商店的一只破靴子里,无论店里的资金周转多紧张,船员们的钱她一分未动。

两年之后,船员们陆续回来了,千恩万谢之后,纷纷从张茹文这里拿走了自己的工资。唯独一个叫高发文的人,露过几次面之后就踪迹全无,而张茹文的手中还留有他6006元钱的工资。

【同期声】

张茹文:我就愁得,这怎么办?这去哪里找他?我就到处去打听他船长,他船长说他从来不说话,也不会沟通,就知道干活,也不知道他是哪里人。问他们船员,都不知道,就知道是咱山东人。

一个月,两个月,一年,两年,张茹文在报纸上登过寻人启事,高发文始终没有任何音信。那张6000多元钱的存折像一块石头一样,始终压在她的心头。

2014年1月6日的深夜,再次失眠的张茹文坐到电脑前,把她和小高的故事写成了一篇2000多字的日志,取名《寻找远方的兄弟》,发布在自己的QQ空间里。

【同期声】

张茹文:我的船员兄弟,你到底在哪里,你一切都还好吧?你是否还记得你曾洒过汗水的这片大海,还有你那份辛苦钱?

这篇日志感动了无数网友,在网上持续发酵,很多人都自发加入寻找小高的行动中。经过媒体的广泛报道,山东省新泰市楼德镇甘露村村民高发文才知道,原来自己还有一大笔钱没有领。这几年他一直在山西一家煤矿挖煤,当年的张大姐居然一直在苦苦寻找着他。几天之后,高发文再次来到张茹文的商店里,此时此刻,距离他上一次在这里出现已经过去了7年。

终于完成了一桩心事!如今的张茹文依然生活在大鱼岛,守着自己的小商店,日出而作,日落而息,看人来人往,潮起潮落。唯独当海上起风浪时,她还会习惯性地替出海打鱼的人们担忧。她说,被人信任,是一种幸福,爱的付出,也是一种幸福!

【同期声】

张茹文:真的很幸福,我觉得,人家能信任我,这个钱放我这里,我心里也真幸福。钱物归原主,我觉得真幸福,我觉得做的是个好事,自己觉得挺温馨的,很舒心的。

植树节里，各地人们纷纷行动起来

2015 年 3 月 13 日《新闻直播间》

王树啟　报道

3 月 12 号是我国第 37 个植树节，各地人们纷纷行动起来，种下新绿，美化家园，改善环境。

驻守在我国沿海最东端的山东荣成边防大队官兵，与驻地小学生们共同开展了植树活动。

山东荣成：大天鹅回迁渐入高峰期

2015 年 3 月 17 日《朝闻天下》

于军鹏　报道

随着天气的转暖，在山东荣成天鹅湖的大天鹅正在进入回迁的高峰期。由于长时间停留，体重增加，翅膀力量下降，飞行练习成了天鹅回迁前每天的“必修课”。据了解，每年 10 月到次年 2 月，有近万只大天鹅从俄罗斯、西伯利亚等地来到这里过冬，第二年春季陆续飞回家乡。

山东：城际高铁圆梦 4 小时跨越最美海岸线

2015 年 4 月 30 日《第一时间》

于军涛　报道

接下来的春天好去处，我们可以坐上高铁来欣赏一下沿途的海岸线。前两天啊，家在山东济南的郑阿姨一家决定到威海去看海，之前她因为晕车，看海之旅一直是未能成行，这一次老人决定乘坐高铁。我们接下来就跟随他们一家来感受一下海景之美。

尽管五一假期未到，早上七点多，济南火车站已经迎来了客流小高峰，郑阿姨一家准备乘坐今年开通的青荣城际高铁去威海荣成，这是老人第一次坐火车出远门。从济南出发，到终点站荣成，全程 4 个小时；而在高铁开通前，坐汽车最少也要 6 个多小时，去荣成看海对严重晕车的郑阿姨来说，是可望而不可即的。

【同期声】

旅客　郑淑峦：去看看海呗，看看大海，现在就是想全家人一起照个相片，照个合影，留纪念。

这趟城际高铁途经青岛、烟台、威海的海岸线，除了能欣赏一路的无敌海景外，春天里沿途盛开的迎春、芙蓉、桃花，也为壮观的海景增添了一丝娇媚。欣赏着一路风景，4 个小时的高铁旅程轻松结束。威海的成山头、西霞口景区已经在迎接着远方的客人。一路攀顶，登上“中国好望角”成山头，在太阳最早升起的地方感受惊涛拍岸奇观。节日里的西霞口海滩宁静舒适，看着渔船出港，漫步在海滩，祖孙三代人在此刻将美好定格。

除了可以坐着高铁去看海，记者了解到，从济南出发，乘坐高铁动车就可抵达全国 35 个国家 5A 级景区；从济南出发，乘坐高铁动车2 个小时左右，就可以到达北京、泰安、曲阜等旅游城市，4 个小时左右就可到达上海、南京、杭州以及青岛、烟台、威海、荣成等方向；如果大家还想到更远些的地方游玩，10 个小时左右，就可到达广州、长沙、重庆以及沈阳、哈尔滨等地。

山东荣成:孩子学做重阳糕,老人吃得满嘴香

2015 年 10 月 21 日《晚间新闻》

于军鹏　报道

今天各地举行丰富多彩的敬老活动,重阳节里品重阳糕,意味着登高长寿。在山东荣成实验小学,孩子们和荣成边防大队的官兵一起跟着老人学做重阳糕,孩子们做得有板有眼,老人们吃得有滋有味。

2015 年山东级

荣成:科技引领变废为宝,打造生态文明先行示范区

2015 年 6 月 27 日《山东新闻联播》

于军鹏　报道

在县域经济的发展过程中,荣成市严把产业政策关、资源消耗关、环境保护关,加快培育高效生态产业,提高生态环境质量,培育生态文明理念,努力让"好生态"成为"新常态"。

在荣成,每年都会有 100 多万吨海带被做成各种食品。最近,恒欣源水产公司把这条产业链进一步延伸,从漂烫海带的废水里提炼出了新产品。

【同期声】

荣成恒欣源水产有限公司董事长　梁永胜:把海带漂烫水变成一种有机物含量非常高的浓缩汁,变成一种食品添加剂,另外一种就是做用于农业生产的海藻肥。

变废为宝,是产业提升的重要一步。鱼油是传统鱼粉生产过程中的副产品,中海海洋通过科技研发,把鱼油从饲料做成了保健品。

【同期声】

中海海洋科技荣成有限公司质控部经理　赫影兰:这是在原来的基础上进行除杂去酸的工艺,提炼出这种高 EPA、DHA 含量的食品级鱼油。这种食品级鱼油 EPA、DHA 含量非常高,主要用于保健行业。

这几年,依靠科技创新,荣成市改造提升海洋食品、造船业等传统产业,用产业档次的提升来改善生态环境。去年,荣成高新技术产业产值占比达到 33.2%。伴随着青荣城铁的开通,优美生态带来的旅游综合效益迅速展现了出来。

荣成:打造生态文明与经济建设协调共进的铁路线

2015 年 8 月 1 日《山东新闻联播》

于军鹏　报道

威海荣成市在铁路、公路、河流沿线环境专项整治行动中,统一规划、统一督导,打造良好的城铁周边环境,提升了城市形象。

下午 1 点 25 分,由济南开往荣成的列车驶入荣成火车站,威海铁路沿线优美的景色给旅客留下了深刻印象。

2014 年,青荣城铁建设初期,威海市就将铁路周边环境整治作为一项重要工作来抓。荣成市又自我加压,将整治项目扩大到 63 项,范围扩大到铁路两侧 800 米旅客视线可及范围。八甲村是荣成境内铁路途经最长的沿线村,村里利用政府拨付的新农村建设资金对村路进行了硬化,

清理了小河道;利用城乡环卫一体化扶持资金,拆迁了养鸡场,对沿线荒地重新绿化。同时发动村民参与环境治理,安排专人每天沿线定期巡查,建立长效管护机制。

【同期声】

荣成市城西街道八甲村书记　陈勇:进荣成的话,这就是西大门,环境不好的话确实是容易影响形象,因为整治不好是给荣成人丢脸。

在荣成,像八甲村这样的沿途村庄共有8个,荣成市把它们列为重点整治村,采取“以奖代补”的形式,拨付1500万元专项资金,打造环境优美的生态文明村庄。同时,荣成市还采取镇上补一块、村里拿一块的办法,统一采购彩钢瓦,建设“草厦子”,解决了群众柴草堆放难题。

【同期声】

荣成市政府副市长　张宗涛:荣成把城铁沿线的环境整治与生态荣成建设,还有城乡环卫一体化的工作有机地结合起来,解决了由谁来整治,谁来督查,钱从哪里来的问题。

目前,荣成市总投资超过1.8亿元的63项整治工程已基本完成。站前广场、海鲜风情街等一批城市标志性景观设施正在有序推进,将为外地旅客休闲观光提供好去处。

2016年中央级

春运回家路 ——山东荣成保障务工人员安心安全回家过年

2016年2月5日《晚间新闻》

于军涛　报道

与家人团圆是最大的幸福。山东荣成有着十几万外来务工人员,为了他们安心回家过年,当地除了工资足额发放,还准备了丰盛的各色水产品,让每一名外来务工人员都能满载回乡。针对不少外来务工人员来自云南、黑龙江等省份,回乡路途遥远,当地还精心挑选运输企业和驾驶员,加强行车安全教育。同时为外来务工人员准备充足的干粮饮食,确保让外来务工人员走得顺利。

【同期声】

黑龙江务工人员　卢秀芝:公司安排得挺好的,礼包也大大的,我们也挺高兴,乐呵呵地回家。

山东荣成:流动书屋,船员身边的图书馆

2016年4月23日《新闻直播间》

张磊　报道

山东荣成石岛渔港是我国北方最大的渔港,每年有8000多艘渔获船、10万多名船员在此停靠生活。受条件限制,船员文化生活相对匮乏,荣成边防大队石岛边防派出所依托全国边疆数字文化长廊建设工程,在石岛渔港建成了海疆边防书屋,向渔民免费开放。他们还专门改造一辆警用面包车作为流动书屋,把车送到码头、船头。

【同期声】

船员　李瑞江:没事儿多读读书,对自己特别有好处。

【同期声】

渔船船长　姜昭生:在海上的生活确实挺枯燥,咱说个心里话,自从有了这个流动书屋以后,不值班的时候,在这看看书,学个知识、学个文化,确实挺好的。

千名党员在党的诞生地旁共同宣誓

2016 年 7 月 1 日《晚间新闻》

荣成台　报道

在山东荣成,边防大队的官兵们与 6 位抗战老兵来到荣成市革命烈士陵园,在烈士纪念碑前相互戴党徽。在老兵们的动情讲述中,边防官兵们又重温了那段烽火岁月。

【同期声】

90 岁抗战老兵、老党员　刘忠长:跟着党走,永远走下去。叫全国人民都过上好生活。

山东荣成:越冬大天鹅飞抵自然保护区

2016 年 10 月 15 日《朝闻天下》

王树啟　报道

伴随着南下的冷空气,山东荣成国家级大天鹅自然保护区前两天迎来了今年的首只越冬大天鹅。

记者在山东荣成国家级大天鹅自然保护区内看到,这只大天鹅正在岸边嬉戏。时而戏水、时而振翅,为深秋的天鹅湖增添了一份灵动。

【同期声】

山东荣成大天鹅国家级自然保护区天鹅湖管理站站长　张健:第 1 只天鹅是 10 月 7 日到来的,现在我们保护区内有 3 只天鹅,另外2 只是去年在迁飞的时候,因为受伤而留下来的。通过我们的初步预计,今年到保护区来越冬的大天鹅能达到一万只以上。

据了解,荣成近几年因为实施了生态修复工程,大天鹅越冬期间的主要食物大叶藻生长旺盛。目前相关部门已经做好了储备越冬饲料,大天鹅病害预防、救助等准备工作。

候鸟迁徙互动直播:山东荣成上万只大天鹅将在海水中越冬

2016 年 11 月 1 日《新闻直播间》

荣成台　报道

山东半岛最东端的荣成,也是大天鹅的主要越冬地之一。眼前这片宽阔的水域,其实是黄海的一部分,每年 10 月到来年的 4 月,都会有成千上万只的大天鹅飞到这里来越冬,这里虽然是大海,却不用担心天鹅们喝水的问题,因为周边有很多条细小的河流汇入这里。

现在,已经有近 1400 多只大天鹅来到了这里。天鹅湖的水面很少结冰,水下栖息着大量的小鱼、小虾和浮游生物,还有天鹅们最喜欢吃的大叶藻。

这里的大天鹅并不怕人,因为人们不但不会去伤害它们,而且在天气变冷、食物减少之后,还会有村民把刚从地里收上来的玉米喂给它们吃,村民们早就习惯了这些远道而来的“邻居”,每年都数着天儿地盼着天鹅们来过冬,而天鹅的到来也给当地村民的生活带来了很大的变化,渔家乐、乡村旅游让这里成了远近闻名的大天鹅之乡。

大天鹅飞临威海越冬

2016 年 11 月 16 日《新闻直播间》

于军鹏　报道

随着天气转冷，候鸟也开始了迁徙。这两天，又有 1000 多只大天鹅从西伯利亚飞临山东威海的天鹅湖，目前来这里栖息越冬的大天鹅已经有 8600 多只。

这里就是威海的天鹅湖，由于水质清澈，食物充足，来这里栖息越冬的大天鹅也一年比一年多。从 2014 年开始，每年的 11 月到来年的 3 月，每年都有上万只大天鹅飞抵这里。

【同期声】

大天鹅保护志愿者　王厚礼：以前有 300、200 只的，现在大天鹅能达到 1 万多只。还有特别开心的变化，大天鹅和人接触特别近，现在我用手就能喂天鹅，就在手上吃。

记者在烟墩角村看到，中午时分，村民一边做饭，一边给天鹅准备菜叶。为了不惊扰这些越冬客人，村民们甚至改变了春节放鞭炮的习俗。

【同期声】

烟墩角村村民　曲荣学：每天晚上都去（海边）看看，有用灯照它的、轰它的，咱就制止，不让他（惊吓天鹅），就像心里有点事一样。

这两年，越冬天鹅数量逐年增多，当地政府采取了生态清淤、人工增殖大叶藻等措施，确保大天鹅吃住无忧。

【同期声】

威海荣成市野生动植物保护站站长　张健：现在野生大叶藻根本不够吃的，我们首先想到了人工增殖大叶藻计划。一块水域一块水域地测量，记录大叶藻的生长量，保持生态的平衡。

山东荣成：大风降温，2000 多艘渔船紧急回港

2016 年 11 月 24 日《第一时间》

于军鹏　报道

记者在山东荣成的石岛渔港码头看到，港口内停满了归港避风的渔船。渔民们正在利用归港避风的时机，抓紧修补渔网，补充给养。

【同期声】

山东荣成渔船船主　王聚财：我们接到边防部门通知，近两天海上有 9 到 10 级大风，就立即归港避风。顺便弄弄网具，等天好了出海。

为应对大风天气，当地通过预警信息，向广大渔船主发布海上天气预报，要求所有船舶停航，就近靠港避风。联合边防部门开展避风安全检查，加大无动力船舶、毛泊船在港船舶的安全检查，规范渔船停泊位置，严防大风期间出现船舶走锚、缆绳断裂、船舶漂航和碰撞事故发生。

【同期声】

山东荣成渔业安全救助信息指挥中心　曲阳：从这个北斗平台我们可以看到实时归港的渔船，在荣成境内范围停靠的有 2298 条船。还有的渔船在东北方面停靠，因为它们要就近归港避风。

当地渔政边防部门还建立了应急突击队，一旦出现重大险情，立即进行处理，确保大风期间辖区渔民生命财产安全。

2016年山东级

威海荣成:农村厕改与污水治理齐步走,惠及七万户

2016年4月5日《山东新闻联播》

于军涛　报道

荣成市从农民意愿入手,加大农村改厕力度,有效改善农村卫生环境,提高农民生活质量。

这几天,荣成市的改厕施工队正在店子泊村挨家挨户改造聚乙烯化粪池,王长国家是村里第一户改造完工的。

【同期声】

荣成市荫子镇店子泊村村民　王长国:外孙女一家每次回来上厕所,他们都不愿意进去,这次回来一定会很高兴。

今年,荣成市农村改厕项目涉及7.2万户,像王长国这样一户一改的有5.4万户,余下的1.8万户采用户型处理器的方式进行改造。

【同期声】

荣成市供排水管理处副主任　姜涛:这台(户型)污水处理器主要处理这11户居民的生活用水,能把厨房的水、厕所的水全部收集处理,处理后水的标准能达到一级B排放标准。

荣成农村改厕需要建设资金1.68亿元,为了不让老百姓掏一分钱,市里成立了专门的水务投资运营公司,将全市所有镇村污水处理设施无偿划给运营公司,以此为支点,撬动国家和省、镇、村污水处理低息贷款。

【同期声】

荣成市滕家镇副镇长　姜爱滨:水务集团接手后,有专业的技术人员进行处理,能随时保证设备运行安全,也都能达到排放标准。荣成市政府副市长张宗涛说,坚持尊重民意,因地制宜,确保全面铺开,应改尽改,确保到2017年全面完成15万户的农村改厕任务。

荣成:倡导绿色殡葬,树文明新风

2016年8月20日《山东新闻联播》

于军鹏　报道

荣成市移风易俗工作因地制宜,个性化推进,引领社会新风尚。

【同期声】(字幕:荣成市崖头街道碌对岛村村民代表会)

让老人入土为安,融入大自然,同意"树葬",咱进行举手表决,同意的咱举手吧!

这是荣成市碌对岛村召开的村民代表大会,讨论村里拿出70万元购买公墓的事项,最终村民代表们一致决定,不购买公墓,继续实行"树葬"!

【同期声】

碌对岛村民　李世民:现在这个社会挺好的,子女都挺孝顺,只要活着的时候健健康康的,儿女孝顺,死了以后那都无所谓了。

碌对岛村三面环海,村边有片100多亩的松树林,松林里没有墓地,没有墓碑,村里的逝者就在这里回归大地,与绿树和大海为伴。

【同期声】

碌对岛村支部书记　于海桥:过年过节,过清明就是过来祭扫一下,倒点酒,倒点茶,献一束花。

在推进移风易俗工作中,荣成市引导各镇街、村居结合当地风俗习惯和实际情况,或设立集体灵堂,或保留"树葬",或成立服务型红白理

事会等，因地制宜，个性化分头推进。

【同期声】

荣成市委宣传部副部长、文明办主任　刘少伟：我们将农村移风易俗事项写入村规民约，纳入征信管理，记入家庭信用档案，与诚信示范户评选、授信贷款、参军入学、村民福利等直接挂钩，在全社会倡树文明新风，形成了向善向上、节俭养德的浓厚氛围。

精彩旅游嘉年华：古村古巷品乡愁

2016 年 10 月 7 日《山东新闻联播》

荣成台　报道

国庆假期，山东各地丰富多彩的文化旅游活动吸引了大批游客。据旅游部门监测统计，假期前五天，山东纳入重点监测的百家旅游景区累计接待游客 917 万人次，实现门票收入 3.9 亿多元，双双实现高位增长。假期里许多游客来到古村古巷，在这里品味乡韵，体验乡情，美丽乡愁又一村。

在荣成东楮岛村，650 间海草房向游客们展示着海滨传统渔村居民因地制宜的生活智慧，是国内外难得的生态民居“活标本”。

【同期声】

济南游客　王荣威：很震撼，有些房子大概都是几百年的历史。我们进去参观一下，还可以体会一下当年渔民生活。确实不虚此行。

威海荣成：石岛港口岸扩大开放启用

2016 年 10 月 12 日《山东新闻联播》

张磊　报道

威海石岛港口岸扩大开放后开始启用，此次扩大开放增加 2 个港区，涉及 6 个码头、32 个泊位，各码头均拥有停靠外籍船舶、装卸进出口货物等一类开放口岸的功能。

黄海造船：技术创新发力，实现逆势发展

2016 年 10 月 16 日《山东新闻联播》

王树啟　报道

10 月 9 日，亚洲最大客滚班轮“华东明珠 8 号”首航。这艘造价 6000 万美元的客滚船总长 196 米，拥有免税店、会议中心、KTV 影院、停机坪，豪华程度堪比五星级宾馆。

【同期声】

黄海造船有限公司总工程师　冷艳礼：中韩线里边第一艘由中国自行设计、自行建造的新型客滚船，第一次把安全返港技术用在中韩线上，在主机功率和航速不变的情况下，单航次降低能耗能达到 5%以上。

中韩航线上的客滚船都是从国外购买的二手船舶。现在在建的 6 艘新船中，5 艘订单都被黄海造船拿下。中等规模的黄海造船能够脱颖而出，靠的并非低价格，而是硬实力。

2008 年，在集装箱和散货船订单鼎盛时期，黄海造船没有盲目跟风，而是认准了中韩客滚船业务。几年来，黄海造船以年均技改不低于 1.5 亿元的投入，增上了万吨级船台、造船新厂等 5 个过亿元的技改项目，每年技术研发投入占企业收入的 3%，由此在大型客滚船、重吊船和海巡船等高端船舶制造领域保持着领军地位。

目前，黄海造船手持各型船舶订单 72 艘，总价

值61亿元,交船期排到了2018年。针对国内造船装修行业的空白,企业又将目光投向船舶音响、管线等装修全产业链条,全力进军欧洲邮轮市场。

【同期声】

黄海造船有限公司总经理　赵建平:品牌是一个企业的生命。争取每一个船东对船厂有一个好的评价。我们不要求企业做得多大,但是我们要求做百年老店。

山东省首个院士纪念馆在荣成开馆

2016年10月17日《山东新闻联播》

王树啟　报道

全省首个院士纪念馆——郭永怀事迹陈列馆今天在威海荣成开馆。郭永怀出生于荣成,是我国著名科学家、"两弹一星"元勋。展馆面积2000多平方米,用400多张图片、200多件珍贵文物资料和风洞、核爆等模拟体验厅,全面展示了郭永怀院士的卓越功勋。

2017年中央级

山东:首批海运澳大利亚屠宰肉牛抵达

2017年2月21日《新闻直播间》

于军鹏　报道

全国首批经海运进口的1195头澳大利亚屠宰用肉牛顺利抵达山东威海荣成石岛新港。这标志着石岛新港作为全国第一个进口澳大利亚屠宰用肉牛海运口岸正式启用,也标志着中澳自贸协定后屠宰用肉牛贸易进入了实质性阶段。此前国内进口的澳大利亚屠宰用肉牛都是通过空港口岸进口的,相比空运,海运具有数量优势,而且节省成本9000元左右。本次进口的澳大利亚屠宰用肉牛品种包括澳洲和牛、海富特牛。

山东荣成:越冬大天鹅陆续开始回迁

2017年3月9日《朝闻天下》

王树啟　报道

近日在山东荣成,越冬的大天鹅开始陆续回迁了。

在山东省荣成市天鹅湖,春风吹过湖面,泛起涟漪,数十只大天鹅掠过湖面,进行回迁前的试飞。游客和摄影爱好者们纷纷来和天鹅告别,用镜头留下它们洁白美丽的身影。

【同期声】

天津游客　张女士:我听说它们要飞走了,飞回西伯利亚了。所以我们这次最后再来看一下。

受气温和风向的影响,目前荣成天鹅湖的大天鹅大部分已经开始回迁,在3月中旬,将会是大天鹅回迁高峰期,月底前将完成回迁。据了解,每年10月到次年2月,有近万只大天鹅在这里过冬。由于长时间停留,大天鹅体重增加,翅膀力量下降,要返回数千公里外的栖息地,飞行练习就成了每天的"必修课"。

【同期声】

荣成市天鹅湖工作人员　王厚礼:天气暖和

了，大天鹅逐渐往回飞了，我们多喂几遍，好让大天鹅吃饱，好往回飞。

点赞中国

2017年3月15日《新闻联播》

荣成台　报道

大飞机水陆两栖，新能源乘势而上，下面一起来看今天的《点赞中国》。

而在山东石岛湾，世界上第一座四代高温气冷堆商用规模示范电站正在规划建设，计划2018年建成发电。它比现有任何核电站都安全，即使发生事故，反应堆也能自然停止工作，不会发生堆芯融化或核燃料泄漏的情况。安全至上，为中国核能点赞！

防灾减灾知识从娃娃学起

2017年5月12日《晚间新闻》

荣成台　报道

防灾减灾知识从娃娃抓起。在山东荣成，学校邀请到边防大队的武警官兵，为小朋友开展防灾减灾知识培训。武警官兵一边示范一边讲解如何在地震中保护自己。

【同期声】

山东省荣成市边防大队武警官兵：拿你的毛巾、图书，放在头上把头(保护)好。

培训结束后，应急疏散演练随即展开。演练模拟教学楼发生火灾的情景。听到警报后，孩子们捂住口鼻，迅速撤离到安全地带。

【同期声】

山东省荣成市第二实验小学幼儿园小朋友席妙然：(发生)火灾的时候，要把毛巾弄湿，捂住口鼻，缩着腰往外走。

昂扬斗志迎“八一”，革命精神永不忘

2017年8月1日《新闻直播间》

荣成台　报道

在山东荣成，为增强官兵荣誉感和使命感，激发官兵革命斗志，争做新“四有”军人，山东荣成边防大队组织官兵来到伟德山将军碑廊，开展爱国主义教育活动。官兵们在将军碑廊前，庄严列队，面对国旗，重温入党誓词。

黄渤海今开渔，近7万渔船出海开捕

2017年9月1日《晚间新闻》

荣成台　报道

在山东荣成，边防官兵深入渔港，加大了对渔民的安全教育，检查船上救生设施的安全情况。

【同期声】

山东荣成边防大队石岛边防派出所所长尹宁：我们将按支队统一安排部署，扎实开展卫海2017秋冬攻势专项行动，积极配合渔业主管部门，清理“三无”套牌渔船，严厉打击海上违法犯罪活动。

聚焦十九大:各地干部群众收看十九大开幕会

2017年10月19日《朝闻天下》

于军鹏　报道

在山东荣成石岛渔港,20余名渔民围坐在船头,观看开幕会盛况。

【同期声】

边防派出所民警　于晓峰:总书记的讲话让我备受鼓舞,我深切地感受到我们国家的日益强大。作为新时代的一名边防军人,我一定立足本职工作,在自己的本职岗位上争创新的业绩。

山东荣成:保护区迎来4000只越冬大天鹅

2017年11月17日《新闻直播间》

于军鹏　报道

伴随着阵阵冷天气,我们又迎来了很多只能在冬天看到的景象。比如说像在山东荣成,每年的11月到次年3月,都会有成千上万只大天鹅从西伯利亚地区飞抵荣成大天鹅国家级自然保护区越冬。近日,荣成再次迎来了这一年的"天鹅季"。

记者在保护区内看到,成群结队的大天鹅已经如约而至。湖面上它们亭亭玉立,自在游弋,组成了荣成冬日里最美的风景。

【同期声】

荣成大天鹅国家级自然保护区管理科科长　孙阳:据我们目测,在天鹅湖及周边区域,有大天鹅4000余只。随着天气的逐渐变冷,至本月末,大天鹅的数量将逐渐增多并趋于稳定。预计将达近万只(大天鹅)。

据了解,大天鹅保护区内多海湾、沼泽、湿地,藻类植物丰富,是鸟类南迁北移的重要中转站。在今年,大天鹅的栖息地除了在天鹅湖、烟墩角之外,部分大天鹅还选择到沿海滩涂、湿地公园去栖息。游客足以近距离欣赏大天鹅。

【同期声】

北京游客　谭女士:大天鹅太漂亮了,太美了。我是第一次到这里来,看到这么多天鹅,太惊奇了。

近年来,荣成市不仅吸引了不少各地来观赏大天鹅的游客,为了保护大天鹅,还先后设立了大天湖保护协会、天鹅湖派出所、疫源疫病监测中心等。此外,相关部门在保护区岸边设置了数十处监控,并在天鹅越冬季安排专人24小时巡逻。同时相关部门也为前来越冬的大天鹅准备了充足的食物,来守护这些来自远方的"贵客"。

【同期声】

荣成大天鹅国家级自然保护区管理科科长　孙阳:目前保护区内的大叶藻足够大天鹅两个月的食物来源,在冰封期到来之前,工作人员将不会投食,以增强大天鹅的野外生存能力。同时,我们储备了30吨玉米,在冰封期到来之后进行人工投食,保证大天鹅在荣成安全越冬。

山东荣成:好生态带给冬天更多色彩

2017年12月4日《晚间新闻》

于军鹏　报道

在山东荣成樱花湖,原来的臭水湖经过治理,如今碧波荡漾。上百只大天鹅为城市带来纯洁的白色,吸引了很多油画爱好者。

【同期声】

山东威海油画爱好者　李越:来到这里,创作了这幅"樱花湖上的天鹅季",寓意着人与自然的和谐共生。

山东：中韩航线将新增客滚船，完全“中国造”

2017年12月14日《晚间新闻》

荣成台　报道

今天，和谐云港号客滚船在山东荣成石岛港下水，将投入中韩航线。该船由黄海造船有限公司建造，具有完全自主知识产权。船身总长196米，总吨位为3.4万吨，乘客定额1080人。据了解，船身上部采用先进材料和工艺，抗风浪能力更强，不仅可承担旅客和车辆运输业务，还配有超市、影院等多个休闲场所。

2017年山东级

【你好2017】山东：多彩活动迎新年，开启梦想新旅程

2017年1月1日《山东新闻联播》

于军鹏　报道

新年的钟声响起，伴着新的曙光，2017向我们走来。齐鲁大地上，人们用各种方式迎接新年、祝福新年。2017，一起开启追逐梦想的全新旅程。

在荣成，引吭高歌的数千只大天鹅，唤醒了山东半岛最东端的新年第一缕阳光。

【同期声】

青岛游客　孟女士：2017，祝福我们的祖国繁荣富强，祝福我们每个人的家庭幸福和谐。

山东构建绿色制造产业链，以绿色制造推动产业转型升级

2017年3月20日《山东新闻联播》

潘建明　报道

制造业是产业转型、结构调整的主战场。山东采用绿色工艺、绿色指标，加快构建全生命周期绿色制造产业链，以绿色制造推动产业转型升级。

除了制造过程的绿色改造，产品的绿色指标也是高端市场的检验标准。在欧洲，轮胎行驶噪音大小，就是进入欧盟市场的一个硬指标。造轮胎有先进设备就行，但怎么把轮胎噪音降下来，考验的就是企业创新力。

【同期声】

浦林成山（山东）轮胎有限公司技术总监　刘昌波：轮胎产生的噪音主要是轮胎的花纹与地面之间摩擦产生的，所以在它的花纹设计上，要充分考虑到轮胎的声学、空气动力学以及轮胎和地面接触水流形成的流体力学，由此我们进行了上百万次的计算，开发出低噪音轮胎。

计算噪音所用的软件，是成山集团和德国企业一起研发出来的。新款低噪音轮胎在短短两个月内就拿到了1200多万欧元的订单。眼下，成山集团还与哈工大、中国重汽等12家关联科研院所和企业联手，建设绿色全生命周期设计中心，寻求在轮胎节油、耐磨、轻量化等设计点上再取得更多的突破。

【同期声】

成山集团董事长　车宏志：通过这样一种多尺度、绿色制造的全生命周期的理念，实现我们产品信息化、数字化、智能化全方位的提高，可以整体来提升我们轮胎制造业的水平，从而实现对

国际先进企业的超越。

【守望精神家园】缩短守望距离,留住美丽乡愁

2017年3月14日《山东新闻联播》

于军鹏　报道

山东省大力推进古村落保护、乡村记忆工程和非物质文化遗产保护工作,让人们看得见山,望得见水,记得住乡愁,守护好人们的精神家园。

看到又运来的一批海草,住了一辈子海草房的荣成老渔民王本胜打心眼里高兴,天暖后,这批海草就可用于村里的海草房修复。

海草房是胶东特色民居,承载了一代又一代渔民的记忆和情感,而由于年久失修,很多房子已破旧垮塌。2015年,荣成筹措900万元资金启动海草房修复工程,但小海草成了拦路虎。

【同期声】

荣成文物局局长　乔文江:现在已经很少了,已经捡不到海草了。

为保证修复质量,渔民们除了打捞新海草,还四处收购,把修复海草房所需的70多道老工序也挖掘了出来,如今5000多间海草房焕发新生机。

【同期声】

荣成市东楮岛村党支部委员　王本胜:生在这里长在这里,一定把根留住,这里就是我的根。

为防止城镇化造成的自然村消失,山东凝聚各方力量,用不同方式唤醒沉睡的乡村记忆。从去年开始,齐鲁网策划齐鲁古村落保护项目,通过微纪录片、深度文字解析等手段,挖掘古村落的文化基因和丰富内涵。

【同期声】

山东建筑大学齐鲁文化建筑研究中心主任　江波:把它记录下来,留存一个农耕文明百年形成的文化基因,也影响了民众对传统村落的认识。

2017年海洋伏季休渔联合执法行动启动

2017年5月3日《山东新闻联播》

徐建军　报道

中国海警局"北海区2017年海洋伏季休渔联合执法行动"今天在荣成石岛港启动。3个海上联合巡航编队、23艘海警和渔政执法舰船鸣笛起航,奔赴沿海重点渔港、码头开展督导检查。

全国放鱼日:山东增殖放流2.5亿单位水生生物

2017年6月6日《山东新闻联播》

王树啟　报道

今天是全国第三个"放鱼日",山东多地开展增殖放流活动。在荣成增殖放流现场,7500万单位的鲽鱼、海蜇、对虾被投放到大海。青岛、烟台、泰安、滨州、日照等地同时开展增殖放流活动,共计投放2.5亿单位水生生物种苗。

【同期声】

山东省海洋渔业厅厅长　王守信:我们测算了一下,它的投入产出是1∶17,也就意味着我们投入一块钱,要产出17块钱的效益。

2020年山东将建成80—100处省级以上海洋牧场

2017年7月10日《山东新闻联播》

张磊　报道

记者从今天在荣成召开的全省海洋牧场建设现场会上了解到，从今年起，山东将启动新一轮省级海洋牧场建设三年计划，打造集旅游、互联网等为一体的“海洋生态牧场综合体”，创建国家海洋牧场示范区。到2020年，山东省级以上海洋牧场将达80—100处，水产品年产量450万吨，综合收入从1850亿元增加到3000亿元。山东省自2014年开始推进现代化海洋牧场建设，目前省级以上示范区52处，其中国家级14处，累计投入财政资金超过12亿元。

砥砺奋进的五年：转变观念，山东加快海洋渔业一二三产业融合转型

2017年7月4日《山东新闻联播》

于军鹏　报道

习近平总书记强调，要提高海洋资源开发能力，着力推动海洋经济向质量效益型转变。海洋渔业是山东第一大海洋传统产业。在经历了捕捞、耕海牧渔等一代代渔业发展模式之后，新一代海洋牧场平台的推出，成为山东海洋经济发展的新动能，推动全省渔业捕捞养殖从第一产业向一二三产业融合转型。

看海上美景、品美味海鲜，眼下，荣成市桑沟湾海洋牧场平台正迎来一年中热闹的季节。

【同期声】

南京游客：第一次来，感觉还不错，我发在微信上，好多朋友看了以后都问这个在哪里。

三年前，桑沟湾海洋牧场还只是一处普通的近海养殖区，这里养殖的河豚一直在日本、韩国卖得不错。荣成是国内渔业产值最高的县级市，传统渔业几十年来主要以养殖出口水产品为主。但2008年年底的国际金融危机打破了这片海域和渔民们生活的平静。

【同期声】

荣成市鸿泰渔业董事长　刘学仁：2008年日本好像4100吨，2009年3700吨，2010年2000来吨，一直在下降。三年我就赔了4000多万元。

在这场出口危机中，整个山东的海洋渔业都受到重创，多年来形成的外向型渔业发展模式面临着严峻考验。眼看着父亲愁眉不展，刘学仁的女儿刘爱娣决心找一条出路。

【同期声】

荣成市桑沟湾海洋牧场总经理　刘爱娣：基本上天天在外面跑，天天出去看，到别的公司或者到别的城市、别的区域，利用出去办事的机会把中国从南走到北。

要跳出原有的发展模式，必须首先更新理念。在专家那里，刘爱娣得知美国七成以上的渔业产值来自休闲渔业，而山东休闲渔业占整个渔业产值还不到5%，国内消费市场潜力巨大。

【同期声】

刘爱娣：桑沟湾(有)这么一个海湾的风光，一个养殖的风光，结合着这个优势我们来发展旅游观光业。

就在刘爱娣琢磨着海洋牧场出路的时候，面对严峻的出口形势，山东提出了发展冷链物流、深海养殖装备以及休闲海钓产业等渔业转型规划。刘爱娣做休闲垂钓平台的计划得到了省里30万元补助。

【同期声】

刘爱娣：当时上的时候争议非常大，公司基本上连我爸在内所有的领导都不同意，是我自己一个人(坚持下来)，我说这个项目如果失败的话，我自己来承担这一块的损失。

从养殖捕捞到休闲旅游，要让那些在海上说一不二的船老大们转型搞服务，却不是件容易的事儿。

【同期声】

船老大　周业朋:过去我是指挥他们怎么干他们就得怎么干,现在这个伺候人的买卖可想而知,这是一个天上一个地下。

【同期声】

刘爱娣:导游有一次出海回来对着我哭,说不干了,说有点儿丢人,丢桑沟湾的人,说船老大差一点把指头顶在游客的额头上了。

惹船老大发火的,是一名第一次出海的游客因为太兴奋,站起来挡住了船老大的视线。为了把开渔船的培养成游船驾驶员,刘爱娣请来专业培训公司,并把营销打包给旅游公司。

【同期声】

刘爱娣:整整做了半年的培训,那时候基本上天天开会。

一年的磨合下来,渔民们慢慢适应了自己的新角色。去年,桑沟湾海洋牧场平台的游客接待量突破7万人次。旅游的利润第一次超过了捕捞和养殖的总和。

【同期声】

刘爱娣:照目前看今年四五月份是去年的4倍,我们预估今年是20—30万人次。

从2014年至今,山东在海洋牧场上建设的15处休闲海钓示范基地,综合经济收入年均增幅超过了200%。专家估算,三年内,山东休闲海钓全产业链产值将突破1000亿元。

威海:环境“优等生”的蓝天保卫战

2017年8月29日《山东新闻联播》

胡玲玲　报道

习近平总书记指出:环境就是民生,青山就是美丽,蓝天也是幸福。在威海,就有市民开了这样的网店,他们卖的不是一般的商品,而是新鲜空气。

威海市民李春梅一有时间就驾车到西霞口龙眼湾海边,定点收集空气,一方面寄给外地的亲友当礼物,一方面放在自己的网店上销售。

【同期声】

威海市民　李春梅:一个月也能卖两三份,一些来过这里旅游的人会买(空气),还有就是在外地生活的威海人,会想念家乡空气的味道。我就是收个运费钱,不赚钱。但每卖出一份吧,心里就特别自豪。

【同期声】

北京游客:我就把这照片传给他们(家里人)看,给他们形容,这边怎么这么干净,我看环卫工人都拿手去捡烟头。

今年威海的空气质量在全省率先达到国家二级标准。这份荣誉,让威海人的自豪感越来越强,政府的压力却越来越大。因为他们知道,要保住这份荣誉,对威海来说并不容易。

【同期声】

威海市环保局副调研员　孙志逊:PM 2.5这个指标,国家标准是35微克,那么我们去年就是达到35,这个“达标”也就是刚刚临界达标,所以2017年我们要继续达标,我们的压力也很大,任务也很艰巨。

最近威海城建、执法、环保等部门联合行动,打响“蓝天保卫战”。建立县区环境空气质量排名通报制度,排名末位的区市必须马上整改。将大气污染防治纳入城市网格化管理平台,拿出1000多万元聘请270名网格员,重点巡查工地扬尘、烧烤油烟、焚烧垃圾等8项内容,今年已经查处了一万多件与大气有关的事项,建立了空气污染精细管控的长效机制。

【同期声】

威海市环保局党组书记、局长　毕建康:我们整个威海的老百姓对环境质量的期望值更高,容忍度会更低,就是你有一点下降,有一点恶化,他就不满意。我们在这个方面应该说要好上加好。

空气质量要好上加好，上项目有时就必须忍痛割爱。今年威海在全国领先颁布《环境总体规划》，所有的项目都划定了环保红线。最近，一个投资近十亿元的大项目就在环评中被拒之门外。

【同期声】

威海南海新区项目推进中心主任　徐海航：这个项目落到这个位置之后，将来会对咱区内完善产业链条，包括对区内就业，有很大的拉动作用。

【同期声】

威海南海新区经济发展局副局长　毕明波：这个项目部的产品是新型环保产品，但在生产过程中容易产生大量的扬尘，将来产生的扬尘会对周边环境产生严重污染。

环境标准加严，倒逼产业转型。最近几年，威海累计清理淘汰低端落后企业8000多家。

专家论证山东省养老服务标准创新示范基地建设

2017年9月19日《山东新闻联播》

姜林琳　报道

山东省养老服务标准创新示范基地建设方案专家论证会今天在荣成召开，与会专家围绕示范基地建设标准、服务规范等进行研讨。“十三五”期间，山东将加快推进养老服务标准化工作，到2020年，创建和培育一批养老服务标准化示范单位，养老服务标准化水平走在全国前列。

山东首次开展大叶藻规模化增殖

2017年9月22日《山东新闻联播》

于军鹏　报道

近日，威海荣成大天鹅国家级自然保护区移植增殖5.1万株大叶藻，底播增殖13万粒大叶藻种子，这是我国首次开展大叶藻规模化增殖。大叶藻平均固碳量是森林的2倍，在水质净化和调控、护堤减灾等方面发挥重要作用。

威海：让文明基因融入城市血脉

2017年12月6日《山东新闻联播》

于军鹏　报道

党的十九大报告指出，必须坚持以人民为中心的发展思想，更好满足人民在经济、政治、文化、社会、生态等方面日益增长的需要。在文明城市创建过程中，威海市始终坚持“为民、利民、惠民”的宗旨，让百姓在“创城”中得实惠，让文明基因融入城市血脉。

眼下，威海荣成的樱花湖迎来了一年中热闹的季节，上百只大天鹅从西伯利亚飞来这里栖息。

【同期声】

威海油画爱好者　李越：来到这里，创作了这幅“樱花湖上的天鹅季”，寓意着人与自然的和谐共生。

樱花湖紧邻桑沟湾湿地公园，优美的自然环境曾引来不少房地产开发商，但最终都被拒之门外。

【同期声】

威海荣成市城建局副局长　闫长青：如果是搞商业开发，这片区域将给我们带来几十亿元的收入，但是生态是我们最大的优势和最宝贵的财富，我们坚定地要为百姓留下绿水青山。

然而，要保护好这片绿水青山并非易事。樱

花湖隔着水洼和荒草,污泥淤积,水体常年无法得到更换。

【同期声】

荣成市民　马忠伟:天鹅对水质要求非常严格,天鹅可以没吃的,但是不能没有饮用的水,这是我30年拍天鹅照片的经验。

为改善水质,荣成市组织专家实地论证,并启动环境综合治理。

【同期声】

荣成风景园林管理局副局长　张天翠:我们在樱花湖建设了抽水泵站,安装了4台90千瓦的抽水泵,每天抽水10万立方,在很大程度上改善了樱花湖的水质。

如今,樱花湖周边还栽植了近20个品种、上万株樱花树,环湖修建了6公里标准自行车赛道,不仅成了大天鹅的栖息地,也成为市民休闲的好去处。

【同期声】

荣成市委宣传部副部长兼文明办主任　刘少伟:最重要的就是广泛听取市民的意见,扎扎实实为老百姓办好事,办实事。

创城为民,更要靠全民参与。一大早,在威海市环翠区四方社区为老服务站,志愿者们就带着老人做起了韵拍操。

【同期声】

威海志愿者　徐鹤真:我们还加入了《道德经》的经典诵读,对我们的品质都会有一个比较大的滋养。

“创城”期间,威海3万多名志愿者与社区空巢老人、留守儿童开展了结对帮扶。

【同期声】

威海市民　陈凤兰:这些志愿者年轻人让我们心里暖暖的。

威海还不断提升城市硬环境,完成66个老旧小区改造,规范设置便民摊点70多处,推动市区6300多家小餐饮、小摊贩、小食品店全面达到创建标准。

【同期声】

威海市宣传部副部长兼文明办主任　张瑞英:通过持续地优化环境、改善民生、提升市民的素养等途径,把文明的基因植入城市的血脉,让我们威海变得更美丽更和谐,让老百姓有更多的幸福感、获得感。

2018年中央级

山东荣成:越冬大天鹅开始北飞回迁

2018年3月10日《新闻直播间》

于军鹏　报道

随着天气逐渐转暖,在山东荣成越冬的大天鹅也向遥远的西伯利亚回迁,这几天在荣成市烟墩角小渔村有关大天鹅的活动明显增多。经过在荣成近4个月的生活,这些天鹅的体重也明显增加了,工作人员还为这里的大天鹅增加了每天的投食量。为了保证有充足的体力完成长途跋涉,一些大天鹅还不时地练习飞翔,起飞、翱翔、降落等壮观的场面吸引了众多摄影爱好者,目前这里的大天鹅已经回迁了一半左右,三月中旬将会是集中回迁的高峰期。到月底前,在山东荣成越冬的大天鹅将会全部返程回迁。

“奔跑中国”跑向荣成美丽海岸线

2018 年 4 月 28 日《体育新闻》

荣成台　报道

今年是荣成马拉松的第二个年头，也是荣马首度加入“奔跑中国”，成为“美丽中国”主题的重要一站。全程马拉松长 42.195 公里，起点和终点都设在荣成市体育中心，沿途经过樱花湖体育公园、滨海公园，可以欣赏到山海林岛湖的美景。本次大赛邀请了肯尼亚、埃塞俄比亚、德国等 15 个国家和地区的 80 多名外籍选手参加，最终肯尼亚选手多米尼克获得了男子全马冠军，成绩是 2 小时 22 分 11 秒 45，女子全马冠军也归属了肯尼亚选手，代光臣在中国选手中率先撞线。

【同期声】

多米尼亚选手：今天的比赛很棒，天气非常好，赛道很美丽，城市很现代化，我们都很享受。

【同期声】

男子全马（中国）冠军　代光臣：我去年也参加过荣成马拉松，前边我跑快了，今年前半程我就慢点跑，到了半程以后我才追上一些选手。

除了全马之外，荣成马拉松还设有半马 12 公里“健康跑”和约 7 公里的“欢乐跑”，让更多跑友有机会感受海岸线边的奔跑。

【同期声】

大众跑者：自己也朝气蓬勃啦，充满正能量，影响了周围的人都喜欢运动。

记者　李纯纯：跑了 4 年的马拉松，去了祖国很多地方，觉得祖国变化大不大？

大众跑者：大，具体从体育方面说，跑马拉松的人越来越多，我为我们祖国骄傲、自豪。

李纯纯：在美丽的滨海赛道，欣赏着荣成的碧海蓝天，感受着马拉松运动带来的快乐。我想这 1 万多名跑者在这里度过了一个非常充实、非常有意义的五一小长假。奔跑中国，享受健康，我们也期待着更多马拉松爱好者的加入。

山东荣成：农村改厕“改”出新生活

2018 年 7 月 5 日《新闻直播间》

于军鹏　报道

在农村，厕所改造的难度比城市要更大，比如说北方很多地方都是旱厕，要把旱厕变成水厕，就意味着要修储存池，或者是要建立污水管网。那现在山东荣成呢，当地就将农村改厕与污水处理设施建设结合起来，我们来看一看。

【同期声】

荣成市俚岛镇杨家山村村支部书记　杨永昌：老赵，咱们村给安排个车吧，我俚岛镇杨家山村有 10 户化粪池子又满了。

只要接到村里的电话，这辆荣成市水务集团的吸污车就会把村里化粪池里沉淀的污水送到污水处理厂统一处理，而在此之前，村子里处理生活废弃物的方式还很传统。

【同期声】

荣成市俚岛镇杨家山村村民　杨承君：用粪瓢舀出来以后，倒进桶里，舀满了以后再挑着到地里，哎呀可费事了，又脏。

厕所虽小，却切实关系到日常生活。为了能让村民用上干净卫生的厕所，减少传染病的传播，2015 年开始，荣成按照一村一个方案确定了治理模式，杨家山村成为改造的第一批试点村落，每户补贴 1200 元钱。可是村民们却不像想象中那么积极。

【同期声】

杨承君：第一个是嫌麻烦，第二个就是说免费改厕所，都是天上掉馅饼，不可能的事。

为了打消村民们的疑虑，村委连夜开会，建了样板间，领着大家去参观。

【同期声】

荣成市俚岛镇杨家山村村民：太卫生了，苍

蝇、蚊子也少了,(改了)坐便器以后确实方便多了,那是相当好。

旱厕变成了水厕,而厕改的任务远不止于此,后期污水的处理也成了这场厕所革命当中的重要一环。距离杨家山村7公里的烟墩角村正通过看不见的管网系统,将厕改后的生活污水汇集到一起。

【同期声】

荣成市城建局供排管理处副主任　江涛:这下面埋的就是污水管道,这样(可以对)这几户污水进行收集。像这样的污水处理器,全村大大小小的有27个。根据地形,几户或者几十户建设一个,这样全村580多户居民的生活污水都全部收集处理。

厕所改造之后,烟墩角村依靠海滨得天独厚的自然条件,大力发展旅游和民宿,从2015年8月至今,荣成先后对744个村完成了厕改,共覆盖11.6万户,其中146个村子安装了统一的管网污水处理系统,3.3万户村民从中受益。

公厕是社会公共服务体系建设的组成部分。大处着眼、小处入手,这样的城市建设方便了居民生活,也更体现了城市的形象。

山东荣成:大天鹅陆续飞抵保护区开始越冬

2018年11月28日《新闻直播间》

于军鹏　报道

从十月底开始,大批大天鹅经过长途飞行陆续抵达山东省荣成市的大天鹅国家级自然保护区,准备在这里栖息越冬,目前抵达这里的大天鹅数量已超过2000只。

荣成大天鹅国家级自然保护区总面积1675公顷,该区以保护大天鹅等濒危鸟类和湿地生态系统为主,是鸟类南迁北移的重要中转站和越冬栖息地,每年有近万只大天鹅来此越冬。

我国粮食再获好收成,乡村振兴开局良好

2018年12月30日《新闻联播》

于军鹏　报道

2018年,我国农业农村发展取得了新成绩。粮食再获好收成,乡村振兴开局良好。

2018年一组数字让人为之振奋,我国粮食总产量达到13158亿斤,连续第七年稳定在12000亿斤以上,粮食的高产量背后是发展趋向高质量。2018年,我国新建高标准农田8200万亩,发展高效节水灌溉面积超过2000万亩,化肥农药使用量双双实现负增长,耕地轮作休耕试点超过3000万亩,农业科技进步贡献率将达到58.3%。

【同期声】

中国社会科学院学部委员　张晓山:就是藏粮于地、藏粮于技,只要需要,我们就马上能够拿得出来,确保中国的粮食安全,为我们整个经济社会发展打下一个坚实的基础。

2018年是实施乡村振兴战略的开局之年,农村人居环境整治三年行动全面展开。

【同期声】

央视记者　王凯博:在山东荣成灶户村的村头儿,正在建设的就是村里的生活污水处理设施。目前呢,在荣成,已经有近1/3的村都用上了这样的设施。

【同期声】

山东省威海市荣成市人和镇施工队队长 隋建胜:倒水进去以后,全部的水从那边出去啦。

记者:在这里净化是吗?

隋建胜:对。

记者:像过去村民这污水怎么办呀?

隋建胜:过去村民的污水都是随便倒在自家门口,水往外流。

坚持农业农村优先发展，农村人居环境整治三年行动预算，每年投资将达到1万亿元。2018年，新改建的农村公路达20万公里，74%的村生活垃圾得到处理，近一半农户用上了卫生厕所。临近年底，在山东省荣成市人和镇，最后一批旱厕成为历史。

【同期声】

记者：感觉怎么样？

山东省威海市荣成市人和镇灶户村农民　张爱英：挺好。

记者：跟过去相比呢？

张爱英：现在看干净、卫生，我们现在农村有好多地方，也能享受像城市一样的生活，发自内心地感到幸福。

2018年4月，习近平总书记在海南省施茶村考察时强调，乡村振兴关键是产业要振兴，要鼓励和扶持农民群众立足本地资源，发展特色农业、乡村旅游平面经济，多渠道增加农民收入。习近平总书记为产业振兴明确了方向，施茶村人有了底气。

【同期声】

海南省海口市秀英区石山镇施茶村农民　吴清伟：带石斛一个石头，最少能卖300元，收入的话会比以前高很多。

2018年，我国农民收入持续较快增长，预计超过14600元，教育医疗社会保障等城乡基本公共服务均等化推进加快。与此同时，农村改革为乡村振兴提供了源源动力，2018年中央投入高达5400多亿元，重点支持农业供给侧结构性改革等重大工程项目。农村集体产权制度改革中央试点县达到1000个，三权分置改革不断深化，30个省份已报告基本完成承包地确权登记颁证。就在昨天，全国人大常委会通过了新修改的农村土地承包法。坚持农业农村优先发展，促进乡村振兴，中国农村正迎来千年未有之崭新气象。

2018年山东级

荣成以信用建设筑牢新旧动能转换文明基石

2018年4月15日《山东新闻》

于军鹏　报道

在今年初，国家发改委和中国人民银行公布的首批12个社会信用体系建设示范市中，荣成市和威海、潍坊等三个山东城市实力上榜。在社会信用体系建设方面，荣成市探索形成了一系列可复制、可推广的经验做法，对推进全国城市信用体系建设起到了示范引领作用。

【出现场音压混：等会儿就这么排着队往南走，后面3—4个人照顾残疾人朋友……】

上午九点钟的海滨小城，迎来一阵喧嚣。今天荣成市引航爱心志愿者协会的志愿者们要陪着来自济南、威海等地的残疾人朋友们，去圆一个看天鹅的梦。协会秘书长王海燕跟很多志愿者一样，不要求回报；但是在今天的荣成做志愿活动，就一定会有回报。

【同期声】

王海燕：我是3A级，最直接受惠，我交取暖费可以优惠300块钱，跟我的生活息息相关。

王海燕所说的“3A级”指的是她的个人信用等级。2013年以来，荣成启动社会信用体系建设，累计征集1900万条基础信息，130万条守信和失信信息，创新推出政务信用评级，实行千分制考核，根据得分高低，分为3A、2A、A、B、C、D六个等级。捐款、献血、做志愿服务、获得表彰奖励等守信行为，都可以获得相应加分；交通违章、银行欠款、拖欠工资、偷税漏税等失信行为，则会扣除相应的信用分，在此基础上实行联合奖惩。

【同期声】

荣成市社会信用管理办公室副主任　何俊

宁:荣成信用体系建设应用的领域非常广泛,在党政管理领域、经济活动领域、公共服务领域,比方说在党政管理领域,信用不达标的是一票否决制。

目前荣成累计有18名党员干部因信用达不到A级而取消提拔资格,210多人被取消评先选优资格,129人被取消村级党组织成员候选人和“两代表一委员”推荐资格,已有24家金融机构在贷款受限中实行“双查”制度,全市25个部门在优先办理、降低门槛、简单化程序、免交押金等领域推出了信用贷、信用月、信用医等63个守信激励产品。诚信无价,但荣成将其转化为实实在在的褒奖,信用等级为3A级可以减免300元取暖费,30方水费,享受公交乘车4折优惠等等,仅2017年就有6500多人从守信激励产品当中受益,累计减免押金、费用40多万元。

【同期声】

何俊宁:我个人认为,信用结果对人的影响是比较大的。举个简单的例子,以前交通违章的话,扣驾驶证几分,罚你一定的款项,这个事就结束了,现在这个结果要计入你的信用档案,扣除信用分,日积月累到一定程度,对你将来的某一项事情就会有限制,不是扣几分、罚款的问题,大家都非常珍惜自己的信用分。

“勿以善小而不为,勿以恶小而为之。”在信用体系建设的推动下 ,这句中华民族的传世警言,已经成为荣成文明度的真实写照。政府各项工作,群众整体满意率达到96%以上,无论是在征集和应用领域还是意识层面,荣成的信用体系建设都走在了全国前列,下一步如何让应用更广泛、更便捷、更智能,荣成也有了自己的打算。

【同期声】

何俊宁:下一步,把领域进一步放宽,使联合奖惩效果更明显。目前已经有63个领域,下一步还要(扩展到)劳动保障、中介服务,进一步加大社会应用的力度,通过与支付宝合作,通过手机,就可以查个人信用记录,在一个方向实现农村信用体系建设全覆盖。

“奔跑中国·美丽中国”2018荣成滨海国际马拉松鸣枪,今天(29号)开赛

2018年4月29日《山东新闻》

荣成台　报道

“奔跑中国·美丽中国”2018荣成滨海国际马拉松今天(29号)在荣成鸣枪开赛。来自日本、德国等15个国家和地区的12000多名选手参加,比赛分为马拉松、半程马拉松、健康跑和欢乐跑4项。

联合国开发计划署推广荣成多营养层级综合养殖经验

2018年5月22日《民生直通车》

于军鹏　报道

日前,近百名国内外专家学者在荣成市东楮岛村举办学术研讨会,推广桑沟湾生态养殖模式,促进海洋环境可持续发展。

此次会议,通过对扇贝、牡蛎等双壳贝类的生长过程进行能量学测定,借此分析贝类养殖对环境的影响,验证贝藻混养的多营养层次养殖模式的可行性。会上,来自中国水产科学研究院黄海水产研究所以及挪威、加拿大等国家20多所高校院所、科研机构的海洋学者,结合前期桑沟湾实验结果,通过对比分析,一致肯定了在桑沟湾海域实施多营养层次综合养殖技术的可行性。

【同期声】

联合国开发计划署黄海大海洋生态项目办环境专员　朱争光:利用这种贝藻养殖的模式,把我们现在荣成桑沟湾的水质保持在一个较高的水平。对于这一点,来我们这里开会的挪威、

加拿大的学者都极为赞叹。

据了解，贝藻混养是利用生态系统中大型藻类等植物、滤食性双壳贝类生物的习性，通过一种养殖动物将另外一种养殖动物所产生的废物有效地转化并利用，以此提高水体的自我修复能力，实现海洋环境可持续发展。

【同期声】

挪威海洋研究所教授　艾维：桑沟湾的规模化养殖效果在全世界非常有影响力。希望这种模式可以在中国的其他沿海省份进行推广，我们后续会与加拿大海洋渔业局、加拿大达尔豪斯大学建立密切联系，把我们这种模式向全球推广。

全国首创！荣成社会管理品牌“港湾大妈”成注册商标

2018年6月6日《直通17市》

荣成台　报道

近日，荣成市港湾街道收到国家商标局颁发的“港湾大妈”《商标注册证》，成为全国唯一的调解、替代性纠纷解决服务类注册品牌。

据悉，在2016年1月，荣成市港湾街道创新推行了“港湾大妈”社区管理服务模式，充分利用社会力量解决社会问题，在老城区选出了以党员为骨干的94名有责任心和工作能力的大妈担任社区协管员。她们将原来的坐在社区办公转变为上门服务模式，每天统一佩戴红袖标入户走访、定时巡查，发现问题当时能解决的现场解决，当时解决不了的协调有关部门及时处理。

通过“港湾大妈”这一独创性的管理工作模式，荣成市港湾街道进一步加强了社区网格化管理和巡查力度，拓宽了群众参与社会治安防控的渠道。两年多来，通过“港湾大妈”先后解决邻里纠纷、上报解决各类民生问题上千个，解决旧村改造、拆迁安置等引发的隐患矛盾100多起，为公安机关提供各类有效线索100多条，对荣成市港湾街道社会秩序稳定起到了不可或缺的积极作用。

威海：守住绿水青山，换来金山银山和生态家园

2018年7月20号《山东新闻联播》

于军鹏　报道

习近平总书记在威海考察时强调，要把生态文明建设放在突出地位，把绿水青山就是金山银山的理念印在脑子里，落实到行动上。威海最大的优势是海洋，为保护良好生态，威海出台最严格的环保举措，实施最积极的生态建设和最集约的资源利用。留住绿水青山，换来的不仅仅是金山银山，还有百姓共享的生态家园。

（字幕：寻山养殖场拆除现场这几天，威海荣成桑沟湾北部最后3个近海养殖厂正在拆除，之后这里将建设环海公路和海滨公园）

【同期声】

荣成市桑沟湾北海岸带综合整治办公室主任　鲍永志：从站的这个位置往（海）里2000米以内的海带养殖、牡蛎养殖、扇贝养殖以及这些筏架都要全部清理掉，就是为了把最美的海岸线还给市民，让市民有个亲海的空间。

这个月，全省首部地级市出台的海岸带保护地方性法规在威海实施，明确规定威海自然岸线保有率不得低于45%，严格管控海岸带开发建设。

【同期声】

威海市委副书记、市长　张海波：总书记来了以后看到我们的这个大海，看到我们这个华夏城的生态修复评价道，在这里面真正看到你们通过你们的实践、通过你们的具体的工作验证了绿水青山就是金山银山。所以下一步，我们一定得把威海的生态这个品牌、这个潜力、这个优势继续发挥好。

牢记总书记的嘱托,威海市积极开展“生态护海”工作。寻山集团是威海最大的藻类贝类养殖企业,近3000亩的养殖筏架要被拆除,这让企业一时接受不了。

【同期声】

寻山集团有限公司副总经理　孙保通:本身是我们确权的海域,一亩的经济收入在20多万元左右,所以说大家当时也很舍不得。

靠海吃海,然而高密度的养殖并未给企业带来更高回报。

【同期声】

寻山集团爱伦湾海洋牧场工作人员　李军财:筏架看着一眼望不到边,(离海岸线)最近就四五十米。密度大,海带长不大,长不好,很窄很薄,海带价格卖不上去。

拆除养殖筏架,威海拿出专项资金帮助企业在深海建立海洋牧场,降低养殖密度,并对接科研院所,发展立体养殖。

【同期声】

国家海产贝类研究中心研究员　王磊:海带的碎屑沉积到底下,是海参非常好的饲料。一个范围内可以养到十几种不同品种的(海产品),他们形成一个很好的生态系统,综合收益是过去的十几倍。

索取越是节制,大自然的回馈就越慷慨。如今这个海洋牧场的藻类贝类每年固碳量超过11万吨,相当于植树造林12万公顷。而威海正试图把这些海洋里的“蓝碳”变成看得见的经济效益。

【同期声】

威海市蓝色经济研究院工程师　丛永平:蓝碳又称海洋碳汇,现在要做的就是把海洋中的二氧化碳吸收量计算出来,让排放企业给我们的好空气来买单,换算出来大约有8000多万元到1亿元的碳资产。这些是除了它实际价值以外产生的价值。

绿水青山就是金山银山,威海近海养殖面积减少了11.8万亩,累计修复海岸带70多公里,近海海水水质100%达标。

【同期声】

游客　车雨薇:这里的海干干净净的,能看到里面的小鱼和扇贝。

而这些空出来的海区,威海引导企业发展休闲渔业,仅寻山集团这个夏天就可接待游客超过10万人。

习近平总书记在威海考察时强调,良好的生态环境是经济社会发展的基础,让祖国大地不断绿起来、美起来。让威海人自豪的是,这里每年的空气质量优良天数达到350天,良好的生态环境正成为威海发展高端旅游和新兴产业最有力的支撑。

【同期声】

威海南海新区工委副书记、管委副主任　邢海义:正确处理保护与开发的关系,突出做好滨海岸线修复、滨海滨河生态湿地修复以及污染源综合管控工作,走出一条生态优先、绿色发展、人海和谐的新路子。

从南方学习考察归来,威海又有了新的打算。他们借鉴广州经验,探索实施城市设计师制度,从整体平面和立体空间上统筹城市建筑布局,协调城市景观风貌,让城市显山露水、融入大自然。同时,威海加大淘汰落后产能力度,真正从源头上控制污染物的排放量,培育新一代信息技术、新医药等七大千亿产业集群,标本兼治守护威海碧水蓝天,把生态优势转化为发展优势。

【同期声】

威海市委副书记、市长　张海波:总书记也提出了产业生态化、生态产业化,我们的未来的这个方向和目标一定是培育更多的新动能,用新动能、新产业、新业态、新模式来引领威海的产业结构升级、引领威海的高质量发展,使这个新发展理念能够在威海经济社会发展过程中真正地落地。

【当国歌唱响的时候】威海荣成：特殊的升旗仪式

2018 年 10 月 2 日《山东新闻》

于军鹏　报道

昨天(1 日)是国庆节，共和国的生日。上午 10 点，嘹亮的国歌响彻神州大地，人们用不同的方式表达对祖国的敬意。当国歌唱响的时候，在祖国海疆最东端——荣成成山头，边防派出所的官兵们举行了一场特殊的升旗仪式。

山东台记者翁平亚、威海台记者于森报道：特殊的升旗仪式。

【现场压混】

上午 10 点，在山东荣成，迎着太阳和大海，伴着国歌，鲜艳的五星红旗冉冉升起，迎风飘扬在祖国的海疆前哨。边防官兵用最庄严的军礼向国旗致敬，表达对伟大祖国的殷切祝福。升旗仪式结束后，边防官兵继续巡逻在海防线上。

【同期声】

山东荣成市边防大队龙须岛边防派出所干事　田霖：祖国的强大让我深感自豪。作为一名边防军人，守护好祖国的海疆，是我们义不容辞的责任，我一定要立足本职岗位，站好每一班岗。

龙须边防派出所隶属于威海边防支队荣成边防大队，位于山东最东端。三面环海的潮湿气候，让不少官兵患有风湿病。而且海边风浪大，给日常海防线巡逻造成一定困难。恰逢开渔期，辖区渔船众多，所内官兵驻守码头一线，进行渔船民管理检查，防止非法出海捕捞，杜绝不法分子利用渔船进行走私偷渡。在全体官兵的严密防控下，自 2011 年龙须所成立以来，辖区内未发生过一起走私偷渡案件。

荣成：清洁小家庭，文明大文章

2018 年 10 月 6 日《山东新闻联播》

于军鹏　报道

农村人居环境整治是乡村振兴的一项重要内容。威海荣成市通过“清洁家园”行动，让家家户户的整洁带动乡村美，百姓更有获得感。

荣成市崂山街道船坞村 70 多岁的葛学胜、葛学典兄弟俩是贫困户，虽然靠着五保补助不愁温饱，可家里脏得一塌糊涂。最近，村里十几个妇女志愿者给他们来了个彻底大扫除。

【同期声】

荣成市崂山街道船坞村妇联主席　葛建芬：收拾差不多有 40 天，整劳力也有 10 来个，这个碗柜还有那个沙发都是村委捐赠的。

今年，荣成市 2 万多个像葛学胜一样的困难家庭被列为“清洁家园”行动重点帮扶对象。家里整洁了，老人的精神面貌也好多了，还在屋后空地上种了几茬蔬菜。

【同期声】

荣成市崂山街道船坞村村民　葛学胜：大家伙帮我收拾挺干净，我以后得保持，好好收拾。

别看帮助别人挺积极，一些家庭妇女对收拾自己家反而并不上心。东山街道崮山前村的刘正兰就因为不配合村委卫生检查被扣了分。

【同期声】

荣成市东山街道崮山前村村民　刘正兰：个人过个人的日子，脏点儿就脏点儿，又不影响村子文明建设。

村“两委”就把清洁家园和诚信、村规民约考核相挂钩。热心的刘正兰主动参与村里的一对一帮扶，她家又被评上了五星文明家庭。

【同期声】

荣成市东山街道崮山前村党支部书记、村委会主任　周洪堂：四星升到五星，有刘正兰。

【同期声】

荣成市妇联主席　韩萍:所有村里的妇女都被调动起来了,她们特别高兴,我有事做了,我有用了,我在村里能为大伙做点事了。对村里的气氛等方方面面有很大的改善。

收拾卫生这件小事,变成了能帮助人、能争上游的大事儿。群众的思想观念、行为习惯都悄悄地改变了。

【同期声】

荣成市崂山街道地宝圈村村民　张启凤:这有人一督促擦一擦,家里亮堂了,锅台也亮了,真好啊,俺真高兴。

亚洲最高水平涡喷无人机比赛在荣成开幕

2018 年 10 月 14 日《山东新闻联播》

于军鹏　报道

昨天上午(10 月 13 日),“歌尔杯 2018 涡喷大师编队邀请赛”在威海荣成市开赛。来自国内外 12 支顶级队伍的涡喷大师竞逐蓝天,上演“速度与激情”。请听山东台记者张聪、荣成台记者于军鹏发来的报道:

涡轮喷气式航模飞机,是当下最高级也是最昂贵的航模飞机,动力足,速度可以达到每小时 400 多公里,这项体育赛事在欧美国家比较流行。本次赛事吸引了来自中国、俄罗斯、德国、英国、意大利等国内外 12 支顶级队伍的 69 名顶尖涡喷选手参赛。这是国内首次举办的亚洲最高水平的涡喷赛事。

【同期声】

国际涡喷模型委员会副主席　雷托:我们是带着激动和期待来到中国,我们到了之后,发现中国是一个很现代化的国家,有着友善和乐于助人的人民,为我们提供了很棒的比赛场地,预祝赛事是一个公平而激动人心的赛事。

本次比赛由国家体育总局航管中心、中国航空学会、中国航空运动协会、山东省航空运动协会、荣成市人民政府、歌尔集团共同主办。

歌尔集团董事长姜滨表示,他们希望通过此类将科普教育和体育竞技相融合的赛事,推进无人机产业升级和无人系统智能生态的发展。

【同期声】

歌尔集团董事长　姜滨:山东也将无人机产业列入山东新旧动能转换重大工程实施规划,无人机产业呈现出广阔的发展前景。希望此次运动能促进无人飞行运动发展,普及青少年科技教育。

作为赛事主办地的荣成,素以环境优美而著称。荣成市委书记江山表示,本次赛事的举办对当地科技产业、全域旅游、城市品牌的提升和发展都具有重要推动作用。

【同期声】

荣成市委书记　江山:此次高水平航空赛事在荣成举办,必将有力推动无人机、智能装备等新兴产业在荣成的发展,全面提升“自由呼吸·自在荣成”的城市形象,促进赛事经济和体育文化繁荣发展,为未来发展汇聚更多资本、科技、人才等创新要素。

荣成:整治“散乱污”企业,守护碧海蓝天

2018 年 10 月 18 日《山东新闻联播》

于军鹏　报道

荣成市拥有山东 1/6 的海岸线,为守住这条黄金岸线,荣成市加大对散、乱、污企业的淘汰、监管力度,打造湾净、滩美、水绿的良好生态。

眼下,在荣成市人和镇,一个占地百亩、投资 2.4 亿元的干制海产品产业园刚刚落成,设备正在安装调试。

【同期声】

威海荣成市人和镇西北河村村民　崔东松：政府承诺，是5年免租，反正就是水、电、气，都给咱弄得挺好的。

这个新产业园，是在环保督察中诞生的。过去，当地做海米、虾米加工，大多是一家一户的小作坊，共有508家。这种传统模式带来的最大问题就是污染，去年环保督察，这些小作坊被迫关停。

【同期声】

崔东松：当时都不舍得，肯定是怨声载道的。

【同期声】

威海荣成市人和镇镇长　王军强：你这508户，你们所创造的经济价值，实际上是牺牲了那2.6万户群众的生活环境而得来的。所以在这个大的环境下，我们只能考虑到大民生。

关上一扇窗，当地又打开一道门。在政府引导下，陆续新上24条现代化烘干生产线，并给出多项优惠政策。

【同期声】

崔东松：也上园区去看了，顾虑比以前少了。

要蓝天，也要碧海。以往，各种小、散、乱的石材加工企业将污水直接排到海里。借助环保督察，荣成市彻底予以整治，并将原有279家企业整合至135家。

【同期声】

威海壮诚集团帝诚石材副总经理　伯军涛：彻底地杜绝了污水外排，比如说排到大海的这种情况，每年给公司节约80多万立方的水资源，这些水又循环利用，除了蒸发之外，基本上没有浪费。

荣成市还对500公里海岸线进行系统保护，对近海项目进行全面清理，对各种破坏海洋、违法用海的行为严格执法问责。

【同期声】

威海荣成市海洋渔业局副局长　陶明韬：参照河长制的做法，对全市的海岸线管理实行湾长制的方式，建立了市级、镇级、村级三级的海湾湾长制，对500公里海岸线的监管、管理实行了全覆盖，主要的目的就是实现湾净、滩美、水绿的美丽环境。

截至目前，荣成市有150多个工业项目从沿海一线退出，近海水质达标率100%。

【同期声】

威海荣成市环保局局长　龙连伟：源头抓好管控，全程抓监管，末端抓考核，环境保护不好，抓海洋经济必然要失败的。

【同期声】

荣成市委副书记　张校林：下一步，我们还要把环保工作切实当作一项民心工程、民生工程和一项希望工程来抓，就要打造一个让人民群众满意的这么一个环境，让外边来的人住得下，留得住，发展得起来。

“两弹一星”元勋——郭永怀

2018年10月19日《山东新闻联播》

于军鹏　报道

在我国23位“两弹一星”功勋科学家里，有一位科学家横跨核弹、导弹、人造卫星三个领域，他也是唯一一位以烈士身份被追授“两弹一星”功勋奖章的科学家，他就是我国著名的力学家、山东荣成人郭永怀。郭永怀心怀家国、艰苦奋斗的精神感动了无数人。请听山东台记者张聪、荣成台记者于军鹏发来的报道：在位于威海荣成的郭永怀事迹陈列馆里，除了周一闭馆之外，每天都有很多人前来接受爱国主义教育。开馆两年来，共接待了来自全国各地的3000多个团体、25万人次。

【同期声】

讲解员　王译平：来参观的观众会在郭永怀牺牲的视频前驻足落泪，我想他们是被郭永怀无私奉献的家国情怀感动,被他以身许国的壮烈事迹震撼。

1909年,郭永怀出生在山东荣成。1941年,他远渡重洋,到美国加利福尼亚州立理工学院留学,研究可压缩流体力学,4年后获得博士学位。1956年,他放弃在国外的优厚条件,克服了重重阻挠,回国效力,担任中国科学院力学研究所副所长。此时,新中国刚成立不久,尖端领域的科技人才寥寥无几,培养人才就成了他的头等大事。

【同期声】

郭永怀当年的学生、中国工程物理研究院研究员　朱志梅:他的要求,不管实验还是调查报告,你必须写报告。他对工作是非常严谨的。

随后,郭永怀被调到二机部核武器研究所任副所长,在青海海拔3800多米的荒原上,和同事们一起担负起了核武器的研制工作。1964年、1967年,中国第一颗原子弹和第一颗氢弹相继爆炸成功,郭永怀和他的同事们用汗水甚至生命换来了我国国防事业的跨越式发展。1968年12月5日,59岁的郭永怀带着我国第一颗热核导弹的发射试验数据,搭乘飞机到达北京时,不幸遭遇坠机起火。郭永怀牺牲时,和警卫员紧紧地抱在一起,在生命的最后时刻,他用自己的身体将热核导弹的宝贵资料完好无损地护在胸前。

【同期声】

中国工程物理研究院　方宗銮:两个人掰都掰不开,在这么危急的关头,他们考虑的依然是国家的利益,国家的安全利益。

正是依据这份郭永怀用生命保护的重要资料,在他牺牲的22天后,我国第一颗热核导弹试爆成功。1970年4月,由郭永怀参与设计的东方红一号人造卫星成功发射。他心有大我、以身许国,为我国的国防事业作出了杰出贡献。今年7月,国际小行星中心正式将一颗小行星永久命名为“郭永怀星”。

【同期声】

荣成郭永怀事迹陈列馆馆长　李波:“爱党、爱国、爱社会主义”的“永怀精神”,正是当下我们需要弘扬和传承的精神,我们组建了郭永怀事迹宣讲团,在全国各地开展郭永怀事迹宣讲300多场次,让他的故事逐渐为人们所熟知,把他给我们留下的宝贵财富传承下去,让他的精神激励着一代又一代国人。

荣成:以信用管理凝聚乡村振兴精神力量

2018年11月4日《山东新闻联播》

于军鹏　报道

荣成市把信用管理作为推动新时代文明实践的重要抓手,为促进乡村繁荣振兴提供精神力量。

前不久,在村里举办的新时代文明实践主题活动中,听到国家倡导移风易俗,老党员李玉泽当场提出了海葬的意愿。

【同期声】

荣成市寻山街道清河村村民　李玉泽:新时代要有新理念,我为了给子女个方便,给国家珍惜土地,提出海葬意愿,绿水青山就是金山银山,这是习主席的倡导。

海葬,这在过去是大家想都不敢想的事儿。李玉泽的决定在村里引起不小的轰动。在他的影响下,没过两天,村里又有两位老人提出报名海葬。村党委决定,将生态安葬列入村里的信用评价细则,对这些老人给予信用加分和每人300元的征信基金奖励。

【同期声】

荣成市寻山街道清河村村民　李桂英:本来就对咱挺有利的,自己很高兴的,(老两口)600块钱就都捐了吧。

今年,清河村将群众参与文明实践与个人信用挂钩,根据参加次数、成效等赋予一定的个人信用加分。

【同期声】

荣成市寻山街道清河村党支部书记　王秀平：每个人把征信当作是自己的第二张脸，我们现在是争先恐后地做好事，让新时代文明实践更加深入，人人向上向善。

如今在荣成，新时代文明实践正浸润着百姓生活。通过推进新时代文明实践中心建设，荣成市整合资源，举办志愿服务活动2000多场，15万人参加。全市22个镇街已有16个新时代文明实践分中心、100个试点村，并将新时代文明实践专项资金列入明年财政预算，每个中心年拟补贴经费20万元。

【同期声】

荣成市委副书记　王洪晓：把新时代文明实践中心打造成融思想引领、道德教化、文化传承等多功能于一体的基层综合平台，铸造传播思想、实践文明、成就梦想的百姓之家。

荣成：守住生态底线，护好青山绿水

2018年11月14日《山东新闻联播》

于军鹏　报道

荣成市因地制宜、堵疏结合，分类分期整治矿山、修复生态，走出一条矿业绿色发展的新路子。

眼下，荣成市栋烽石材矿山修复工程刚刚结束，裸露的山体已被防尘网覆盖，斜坡面进行了绿化加固。

【同期声】

荣成市国土局地环站站长　张原海：我们共修了9个平台，每个台阶都种了松树，修造了排水渠，整个斜坡撒满了种子，明年开春，全是绿色了。

荣成石矿资源丰富，像栋烽石材这样的矿山，过去大大小小有100多家，在促成当地经济发展的同时，也带来了生态环境破坏、地质灾害隐患等问题。在去年中央环保督察中，这些问题成为环境治理的短板。

【同期声】

荣成市国土资源局副局长　郇新学：政府加大治理力度，把小的建筑用花岗岩全部关闭，关闭50多处。

关停整治也带来一些问题，既影响了企业的利益，同时荣成的基础建设也需要石材原料。当地反复考量，在全面摸底的基础上决定规划集中开采区。

【同期声】

郇新学：集中开采位置、门槛和环保条件。

包括栋烽石材在内，未来，荣成所有建筑类矿山企业都要在区域内开采。

【同期声】

荣成市栋烽石材有限公司副总经理　于水芹：我们将服从市里的统一规划，坚决杜绝无序开采，处理好保护和开发资源的这种关系。

荣成还对污染程度较小的饰面用矿山企业提质升级，16家企业有11家通过环保、国土等“四评级”评定后，继续生产，企业每年至少要投入上百万元用于环保。

【同期声】

荣成中磊石材有限公司副总经理　刘新刚：现有的5座矿山全部装备了生产用水瓷片过滤机，整个用水我们对外是零排放。

借助环保督察，荣成将产业下游279家石材加工小企业整合成135家，严格达标排放。到2025年，关停治理的矿山将全部恢复生态。

威海:推进高质量项目落地,集聚发展新动能

2018 年 11 月 18 日《山东新闻联播》

于军鹏　报道

从今天起至 30 日,省委、省政府举行全省推进新旧动能转换项目落地现场观摩会。省委书记刘家义带队,现场观摩威海、烟台、青岛、潍坊四市推进新旧动能转换的做法和成效。今天,观摩的第一站是威海。今年以来,威海市以高质量招商引资为抓手,着力抓项目落实,优化服务,推动一批高质量项目落地,集聚发展新动能。

在位于威海南海新区的华港智能科技公司,400 台用于生产手机及电脑终端金属零部件的精密数控机床刚刚投入运行,工人们正在调试设备,而这个项目从引入到投产只用了 50 天时间。

【同期声】

山东华港智能科技有限公司总经理　赖淑军:今年我们有扩大产能的需求,考察了多个区域,南海这个速度超乎我们想象。在其他地方的项目从洽谈签约到投产,一般需要一年时间。

为促成项目尽快落地,南海新区打造“科技产业加速器”,为企业建设了 1 万多平方米的厂房。不过,起初厂房达不到项目入驻的标准。

【同期声】

威海南海新区商务局副局长　孙晋科:这个项目采用精密机床加工,对车间地面承载力要求每平方米达到 3 吨。我们 24 小时施工,在地面铺设了 50 公分混凝土,施工完成一部分,企业设备就进来一部分调试。

同时,威海南海新区深化“一次办好”改革,成立投资项目代办服务中心,简化企业开办流程,华港智能科技不到 2 个小时就拿到了营业执照。

【同期声】

威海南海新区行政审批局副局长　徐黎明:对重点项目全程代办,一对一跟踪服务,通过提供“一本式”登记模板,做到让企业“只填一张表,只跑一次腿”。

项目的快速推进超出了企业预期,更提振了企业的信心。

【同期声】

赖淑军:计划年底投入 500 台,两年内投入 2000 台精密数控机床,打造无人工厂,实现工厂智能化。

除了新一代信息技术产业,碳纤维复合材料也是威海市重点打造的产业。在荣成经济开发区,康德碳谷一期工程正在建设。为加快进度,开发区在工地旁设立了指挥部办公室,从 15 个单位抽调工作人员集中办公,提供“保姆式”服务。

【同期声】

荣成经济开发区建设局副局长　王春晓:这个地方原来有山,有洼地,还有一个水塘,为了保证及早开工,加班加点,5 个月的时间平整了 900 万立方的土方工程量。

【同期声】

荣成经济开发区党工委书记　张宗涛:每天一调度,每周召开一次例会,研究水电、蒸汽、污水处理,对每项工作成立专班,保证项目中遇到的问题及时解决。

明年,康德碳谷一期工程将正式投产,年产约 6.6 万吨高性能碳纤维。

【同期声】

康德碳谷科技有限公司总裁　王永生:它的拉伸强度达到 7000MPa,碳纤维用途广泛,比如航空航天、风电、新能源汽车、机器人等,投产以后,多个产品将填补国内空白。

聚焦新一代信息技术、复合材料、新医药与医疗器械、海洋生物与健康食品等产业集群,威海加快推进新旧动能转换项目落地。围绕惠普及供应链,总投资 13 亿美元的高端制造业项目正加紧建设,千亿级激光打印产业集群加速崛起;依托威高集团,12 个医疗器械与生物医药产业项目落地,而国际医疗健康产业城也在快速推进。威海还打造了全国服务贸易试点城市中唯

一的实体产业园，日本软银全球服务外包基地、浪潮“一带一路”云服务运营中心等30个项目落户并投入运营。

【同期声】

威海市常务副市长　王亮：高质量发展关键是有高质量的项目来支撑，继续加大项目的引进建设力度，以项目的落地为标尺，倒排项目建设时序，倒查项目建设中每个可能出现的问题和困难，加强营商环境打造，用高质量服务推进项目落地，增强我们经济发展的新动能。

捍卫和平，矢志复兴

2018年12月13日《山东新闻联播》

于军鹏　报道

今天是第五个“南京大屠杀死难者国家公祭日”，山东各地举行多种活动，铭记苦难，矢志前行。

今天，山东多地拉响防空警报。凄厉的警报，是对死难同胞的无尽缅怀，也是对日本军国主义侵略暴行的厉声控诉。

【同期声】

宣读《和平宣言》：和平发展，时代主题，民族复兴，世代梦想。

在台儿庄大战纪念馆，500多名学生共同宣读《和平宣言》，表达珍爱和平、矢志复兴的坚强意志。

【同期声】

枣庄市民　李艳：站在历史的新征程上，来放飞伟大的民族复兴梦，对每一个生于和平年代的我们来说，更应该珍惜现在来之不易的幸福生活。

威海荣成东楮岛村抗战纪念馆今天收到了革命后代捐献的一批在抗战中缴获的物品，这些物品承载着时代记忆，更见证了最后胜利。在菏泽、德州的革命纪念馆，滨州的烈士陵园，社会各界纷纷敬献花篮，铭记苦难、激发使命担当。济南、潍坊、东营的各大学校纷纷开展“勿忘国耻”主题教育。位于临沂大青山脚下的抗大小学，师生们举行庄严的升旗仪式，追忆革命先驱，凝聚奋进力量。

【同期声】

鲁中职业学院学生　韩鑫：“生于忧患，死于安乐。”我们只有将国耻铭记在心中，以此为动力，奋发图强，才能肩负起振兴祖国的重担。

2019年中央级

尽享假日，共度幸福中国年

2019年2月7日《新闻联播》

于军鹏　高皞　报道

正月里来闹新春。欢欢喜喜过大年，今天是大年初三，人们赏花游园，尽享假日，共度幸福中国年。

花成海，暖如春，春节假日里，南方早已花团锦簇，弥漫的花香中，人们踏青赏景，更有了如花一般的好心情。海南琼海的万亩田野公园里，艳丽的三角梅，斑斓的格桑花竞相开放。

【同期声】

游客：每年都来海南，每年海南的变化都是非常多，非常大，也想到了我们祖国的发展，是一年比一年更好了。

【同期声】

马来西亚华人　黄田钢：我这次回乡过年，大家团圆，快快乐乐，花海很漂亮，祖国越来越强大，我们就很开心。我们在海外的华侨（华人）都很好。

南有花,北有雪。这几天,东北的各大滑雪场游客火爆穿行在林海雪原之间,跟冰雪来一次亲密接触。欢乐祥和的时刻,美好的日子让人更加憧憬国家的前景,让人满怀期待,今年将迎来新中国成立70周年,这个春节,中共一大会址每天都迎来近万名游客前来参观。在这个精神家园里,感受初心。

【同期声】

游客:(孩子正)读高中,正好学这个中国近现代史,带她过来看一看、走一走,让她了解一下党的诞生、成长的历史,不忘初心,牢记使命。

渔家锣鼓庆新春,渔民欢快拜大年

2019年2月5日《晚间新闻》

于军鹏　高頔　报道

锣鼓声中,在山东威海的渔民身着节日盛装,敲起锣鼓喜庆。渔家锣鼓是威海独具特色的庆新春方式,在过去渔民满载而归时,就会敲起渔家锣鼓,表达丰收的喜悦,而现在渔民的日子蒸蒸日上,每逢重大节日,他们也会敲起大鼓,庆祝安居乐业的好年景。

【同期声】

山东威海荣成渔家锣鼓表演者　赵洪霞:这个锣鼓敲出我们渔家的幸福生活。

山东荣成:越冬大天鹅开始回迁

2019年2月27日《朝闻天下》

王树啟　报道

随着天气转暖,在荣成市越冬的大天鹅开始回迁。

在荣成大天鹅国家级自然保护区,工作人员已陆续观测到5只带有环志标记的大天鹅踏上回迁之旅,目前最早开始回迁的环志天鹅"CAF409"已飞至内蒙古赤峰区域。

据了解,随着天气转暖,在荣成大天鹅国家级自然保护区上空,每天都能看到大量的天鹅练飞,为迁徙作准备。它们不断助跑、拉升、起飞、盘旋,此起彼伏,场面壮观。

【同期声】

荣成大天鹅国家级自然保护区工作人员　陈璐:为了保证天鹅有充足的体力北迁,我们加大了投食力度,同时我们也提高了巡护频率,一旦发现伤病天鹅及时对其救治。

荣成是亚洲重要的大天鹅越冬栖息地。每年10月中旬开始,大天鹅在荣成市越冬的时间为4个月左右,3月底天鹅将完成回迁。目前,荣成大天鹅国家级自然保护区内还有越冬天鹅2000只左右。

山东荣成:渔民的丰收节,十万渔民庆谷雨

2019年4月19日《晚间新闻》

高頔　付振宇　报道

俗话说,谷雨时节,百鱼上岸。2019年山东荣成渔民节这几天正在举行渔家大鼓、渔民号子等民俗表演,展现了渔民谷雨时节期待丰收的场景。谷雨节民俗又被命名为渔民开洋谢洋节,2008年被列入国家级非物质文化遗产,去年还获得首届中国农民丰收节特色渔业节庆文化称号。

【同期声】

中国民间文艺家协会副主席　刘华:把这种传统节日延续下来,保护好传承下去,对将来的

渔业发展是很有好处的。

近年来，荣成市深入推进海洋新兴产业培植和传统产业升级，加快向海洋经济强市转型跨越，渔业经济总量连续30多年位居山东省前茅。

中国自行车联赛：努力百公里，刘建坤单飞夺冠

2019年8月2日《央视体育5+》

高皉　报道

在山东荣成举办的男子公路赛进入第3个比赛日。这次比赛之前，不少选手都刚刚完成环青海湖比赛。黑龙江队中的刘建坤、刘义奎都拥有相当不错的状态。经过激烈的角逐，刘建坤获得今天比赛的冠军。明天中国公路自行车联赛总决赛将进行女子组的比赛，全程120公里。

世界喷气模型大会，选手精彩角逐

2019年10月14日《晚间新闻》

王树启　付振宇　报道

逐梦蓝天，好戏上演，“歌尔杯”2019世界喷气模型大会今天在山东荣成开启。来自14个国家和地区的50支队伍、近百名航模选手将展开精彩角逐，开幕式上动力伞、固定翼特级花式飞行、模拟空战表演等轮番上演。大会主体活动是素有航模界“世界杯”之称的第13届涡喷模型大师竞技大会，这是世界喷气式飞机模型领域最高规模、最高级别的赛事，也是该活动近10年内首次在亚洲举办。

山东荣成：大天鹅陆续飞抵保护区开始越冬

2019年10月23日《新闻直播间》

王树启　报道

好了，接下来我们再一起去山东看一看南迁越冬的大天鹅，10月中旬山东威海荣成大天鹅国家级自然保护区迎来了今年首批越冬的大天鹅，这也预示着大天鹅越冬季正式开启。昨天记者在荣成国家级大天鹅保护区内看到来此越冬的大天鹅，时而在岸边嬉戏，时而振翅翱翔，为深秋的保护区增添了一份灵动。

据了解，荣城是亚洲最大的大天鹅越冬栖息地之一，也是鸟类南迁北移的重要中转站。保护区工作人员告诉记者，从往年的情况来看，每年10月份到次年3月份，都会有上万只大天鹅从西伯利亚飞抵保护区，开启为期5个月的越冬之旅。保护区的工作人员已为这些远道而来的客人准备了充足的粮草，以确保这些白色精灵安全越冬。

亚欧五国专家共同发布天鹅保护“荣成宣言”

11月25日《中国新闻》

付振宇　报道

近日，中国、俄罗斯、日本、蒙古、巴基斯坦等国的专家在山东荣成发布天鹅保护宣言，通过双边和多边合作，深化天鹅栖息地和种群生态情况监测研究，推动形成天鹅保护国际交流网络，共享保护管理经验和监测信息，以提升天鹅繁殖地、停息地和越冬地的联合保护能力。

2019年山东级

山东:改厕改水,改出农村好风景

2019年1月3日《山东新闻联播》

于军鹏　报道

山东因地制宜,加强农村改厕与生活污水治理的有效衔接,扎实推进农村人居环境整治。

【同期声】

(安装马桶的现场)装好了,嫂子,你过来看一看吧。

临近年底,在荣成市人和镇,最后一批旱厕成为历史。

【同期声】

荣成市人和镇灶户村农民　张爱英:刚装上,太好了。现在看干净卫生,在过去不行,在过去我们是蹲便,到夏天,臭味漫天都是。

日前,山东省印发农村无害化卫生厕所改造提升试点工作方案,加强改厕与农村生活污水治理的有效衔接,探索厕所革命升级版。荣成灶户村正在建设生活污水处理设施,对厕所、厨房等生活污水进行全部收集,一体化处理。

【同期声】

荣成市人和镇施工队队长　隋建胜:过去都是各户倒在自己门口,(现在)倒水进去以后,全部的水从那边出去啦,这边净化了以后都是清水。

2018年以来,荣成平均为每户农民投入6000元,将改水、改厕和垃圾清运一起并入市政环卫管网,统一管理,并把环境维护纳入农民的信用考核体系,形成乡约民规。

【同期声】

荣成市人和镇灶户村信用采集员　韩爱春:现在我们每条街道上基本上都不让这样随便晒,都晒在平房上面。他不照做,就得给他扣分。

现在,越来越多的村民主动当起了义务保洁员,共同打造干净整洁的居住环境。目前,山东90%的乡镇建有污水处理设施,24.5%的村生活污水得到处理。

2019“志愿荣成”慈善公益典礼举办

2019年3月5日《民生直通车》

王树启　张华威　报道

今天,威海荣成举办新时代2019“志愿荣成”慈善公益典礼,表彰各行各业学雷锋志愿者,致敬雷锋精神。典礼分为“爱心飞扬”“益路同行”两个篇章,通过视频访谈、歌舞表演等形式,展现了近年来荣成市在新时代文明实践志愿服务、慈善公益等方面取得的成就,讲述了志愿者与受助人的事迹。

荣成:海带开镰早,海洋牧歌再奏响

2019年4月9日《山东新闻》

于军鹏　报道

每年三四月份,是北方一年一度的海带收割季,在中国海带之都——山东荣成,大大小小的港湾拉开了海带收割序幕。

近几天,在山东荣成海带养殖区,工人们正忙着把收割好的海带运上岸。哈尔滨人方云礼,在荣成从事海带养殖已有8个年头。他告诉记者,山东海边空气好,海水生态环境利于海带生长。

海带养殖从11月初开始夹苗，来年的3、4月份开始收割，有近4个月的收割期。由于去年入冬以来，气温较常年偏高，今年，荣成海带收割期比往年提前了半个多月。

【同期声】

鑫城山海洋昆布科技有限公司销售科科长　姜现强：12个生产队，现在是收获海带的大忙季节，每天收4趟海带，一个队20多吨，一天大约收割鲜海带300多吨。

与以往不同，如今海带不再像以前那样晾晒，而是拉到工厂车间被酶解成液体，制作成农业绿色肥料。

【同期声】

威海世代海洋生物科技股份有限公司总经理　李健：一个是增产提质、改良土壤；其二是抗病抗逆，减少农药的使用量、降低农残，确保消费者健康；第三，我们产品从市场销售来看，得到消费者的好评，特别是用在瓜果蔬菜上面，效果明显。

荣成是全国最大的海带产地，辖区内海带养殖区面积达十几万亩，养殖面积和产量居全国第一。这两年，荣成改变以往卖原料、粗加工的低端海带产业，加大科技投入，从海带中提取营养成分，制成海洋生物肥料，延伸海带产业链，把一条海带“吃干榨净”，让一条海带串起经济产业链。

【同期声】

李健：习近平总书记说，给农业插上科技的翅膀。我们公司围绕这个中心，加大开发力度，提取很多好东西，(维护)我们国家的食品安全。

荣成被授予“中国渔民文化之乡”

2019年4月19日《山东新闻联播》

高峒　付振宇　报道

在今天举行的荣成渔民节上，中国民间文艺家协会授予荣成市“中国渔民文化之乡”称号。渔家大鼓、渔民号子、祭酒等具有胶东特色的民俗表演，展现了具有2000多年历史的沿海渔民谷雨祭海场景。

荣成“暖心饭盒”：老年人的幸福味道

2019年6月2日《民生直通车》

于军鹏　报道

随着人口老龄化问题越来越严重，农村老人的吃饭问题、保健问题也是越来越突出，在威海荣成，一种“暖心饭盒”模式正在尝试解决农村养老问题。

今天中午，在威海荣成北齐山村，“暖心饭盒”流动服务车穿梭于街头巷尾，给老人们送的饺子，有海螺韭菜馅儿、鱿鱼韭菜馅儿、猪肉白菜馅儿三种，行动不便的92岁老人秦淑琴已经习惯了吃这样的“暖心饭盒”。

【同期声】

威海荣成人和镇北齐山村村民　秦淑琴：我这么大岁数，怎么感谢？我嘴里吃着热乎，心里热乎乎的。

荣成“暖心饭盒”发源地在人和镇北极山村，从今年3月份开始，志愿者积极捐款，搞起了“暖心饭盒”，为行动不便的高龄老人送餐上门，每周送餐一次。北齐山村有60多名老人享受这种爱心服务，这些老人普遍的特点就是高龄。针对老人年纪较大且口味不一致的情况，村里专门定制个性化菜单，为老人制作松软易消化、低盐低糖的饭菜。

【同期声】

威海荣成市人和镇北齐山村党支部书记、村委主任　陈建明：送餐到老年人的床头上，解决他们走路不方便的问题,让老年人吃得好,还要把健康送给他。通过这个“暖心饭盒”,把我们村的志愿者队伍做大做强,让全村的老百姓都参与志愿者活动。

【同期声】

威海荣成市人和镇北齐山村志愿者　陈喜妮:热腾腾的水饺送到老年人的手里,老年人高兴,我们心里也非常高兴。

北齐山村还与人和镇卫生院联系,开展个性化饮食服务,为村中老人配备专职保洁医生,并长期提供饮食专业指导。目前,“暖心饭盒”正在荣成全市推广,在建的“暖心食堂”还有 20 处,“暖心饭盒”暖了群众,也让城市更有温度。

亚洲最大邮轮型客滚船在荣成下水

2019 年 6 月 9 日《山东新闻联播》

于军鹏　报道

由山东黄海造船有限公司建造的邮轮型客滚船“中华复兴”号昨天在荣成石岛下水。“中华复兴”号总吨位 4.5 万吨,乘客定额为 2000 人,车道长度 3000 米。载客、载货能力比此前亚洲最大系列客滚船增加了 85%和 20%,预计今年 10 月投入渤海轮渡航线运营。

荣成:开展志愿服务,助力乡村振兴

2019 年 6 月 23 日《山东新闻》

于军鹏　报道

今年以来,在荣成市的很多农村,一场文明实践志愿服务活动轰轰烈烈地开展起来。志愿服务在化解邻里纠纷的同时,也对农村的社会治理方式产生了深远的影响。

每过几天,荣成市人和镇北齐山村的“暖心食堂”里都会忙碌起来。志愿者们从家里拿来肉、面粉、蔬菜、调料包成水饺,送到村里 60 多位高龄老人手里。

【同期声】

志愿者　陈喜妮:热腾的水饺送到老年人的手里,老年人高兴,我们也非常高兴。

从今年 3 月份开始,这里的“暖心食堂”每周都会开伙一次。北齐山村党支部书记、村委主任陈建明表示,这是他们村里开展的众多志愿者活动之一。

【同期声】

荣成市北齐山村党支部书记、村委主任　陈建明:送餐,还要把健康送给他。要把村里的志愿队伍做大做强,让全村的老百姓都参与志愿活动。

与此同时,在人和镇灶户村,正在进行拆除违章建筑的美丽乡村综合提升工作。一马当先走在前边做村民工作的,依然是身穿红马甲的文明实践志愿者们。由于大家都在一个村里住着,彼此沾亲带故,在志愿者们的七嘴八舌下,原本的几个“钉子户”也顺利地被做通了思想工作。

【同期声】

荣成市人和镇灶户村志愿者　连秀迎:付出一片爱心,咱收获的是快乐,确实就是快乐。就是这样感化她,用实际行动感化她。

在荣成市人和镇,像这样的文明实践志愿者队伍已经达到 171 支,志愿人数达到 5000 多人,大部分是居家的农村妇女。她们走出家门,统一着装,清洁农村卫生、照顾高龄老人、救助孤贫儿童、参与森林防火……人和镇党委书记王军强表示,他们正在探讨将文明实践志愿服务纳入村级事务的管理体系当中,为乡村振兴发挥更大作用。

【同期声】

荣成市人和镇党委书记　王军强:我们最终

的目标就是通过形式形而化神，神而化魂。党建为引领，社会征信为抓手，新时代文明实践中心是一个平台，志愿者就是我们最后的发力点，那么整个就形成了一个良好的社会氛围。

荣成："志愿＋诚信"，新时代文明实践接地气入民心

2019年7月21日《山东新闻联播》

于军鹏　报道

荣成市是全国新时代文明实践试点县区，也是全国信用建设示范城市。荣成市以志愿服务为抓手，探索"志愿服务＋信用建设"的新机制，让新时代文明实践落地生根。

【同期声】

荣成市人和镇北齐山村村民志愿者　陈喜妮：起早三四点就去市场买的新鲜的鱼，玉米饼子，自己现蒸的馒头，送去给老人吃，我们今天送的是44家。

一大早，威海荣成市人和镇北齐山村的"暖心食堂"就忙活起来，村民志愿者们正为村里老人准备可口的饭菜。村里还买了一辆"暖心饭盒"流动服务车，为行动不便的老人上门送餐。

【同期声】

威海荣成市人和镇北齐山村村民　秦淑琴：我这个肚子吃得热乎乎的，口里吃着心里热，我都欢庆得不知说什么。

"暖心食堂"最初只是热心村民发起的邻里互助活动，做饭时给村里老人顺便多做一些。在推进新时代文明实践中，人和镇以群众自发的志愿服务为切入点，引导各村普遍建起"暖心食堂""孝悌食堂"等场所。

【同期声】

荣成市人和镇党委书记　王军强：就是为群众搭建实现自我价值的载体平台，将群众服务社会、服务大众的美好愿望转化为实实在在的自发行动，奉献了爱心、收获了快乐。

为鼓励志愿者，荣成还将志愿服务和信用体系建设挂钩，根据参与次数、时间等给予信用加分，与评先选优、福利待遇、享受便民服务等挂钩。

【同期声】

北齐山村党支部书记兼村委主任　陈建明：我们村风民情转变很大，现在空闲的时候大家主动参与一些公益活动，基本做到人人都是志愿者。

目前，荣成市志愿者服务网络已覆盖全市22个街道800多个村居，"人人都是志愿者、人人都是受益者"的共建共享理念逐步深入民心。

院夼"拥军船"(一)：一条海图上找不到的特殊航线

2019年7月29日《山东新闻联播》

于军鹏　高皵　报道

地处黄海深处的苏山岛，面积只有0.48平方公里，20世纪60年代初，这里有了驻军。此后的60年间，一条从距苏山岛最近的荣成市院夼村开出的拥军船，不间断义务为驻岛官兵提供服务，记录着海岛官兵和村民们之间的鱼水情深。

八一节前夕，是船长钱均堂一年中最忙的时候，他要尽快把家人寄来的东西送到岛上，送到战士们手中。

苏山岛是一个面积仅有0.48平方公里的海岛，是我国领海基点之一，战略意义重大。20世纪60年代初建岛，是一座无居民、无淡水、无耕地、无航线的"四无"小岛。

【同期声】

荣成市人和镇院夼村党委书记　王国明：晚上我也在上面住宿过，苏山岛有三宝：蚊子、苍蝇

和小咬,夏天晚上,温度也高,睡也睡不着,潮气也大,我在那里是深有体会,官兵们太苦了。

驻岛官兵所需物资给养都由部队定期从陆地进行运送。有时候因为海况恶劣,物资不能及时送到岛上。为解决官兵不时之需,离岛最近的院夼村人主动承担起义务接送官兵亲属和运输物资给养的重任。1960 年秋,院夼拥军船扬帆起航,开辟出一条在海图上找不到的航线。

【同期声】

驻苏山岛连队指导员　张博:我们岛上的每一名官兵,上岛的第一节课,就是认识拥军船。

钱均堂是拥军船第五任船长,因为小名里有个"泰"字,战士们都亲切地称他泰叔。每周,钱均堂都要出海一趟,给驻岛官兵送去部队采购好的蔬菜和生活物资。

【同期声】

荣成市人和镇院夼"拥军船"第五任船长钱均堂:2003 年一接手,上岛就送粮食,送军用品、衣服、用的东西,再就送家属、下岛的官兵。

在钱均堂心里,只要是部队的事儿,无小事。

【同期声】

钱均堂:随叫随到,我们那不分黑天白天,只要部队打电话,一打电话就去,随叫随到,不管什么时候,一打电话就走。

拥军船的航线不仅是一条拥军线,还是一条生命线。2015 年 6 月,时任苏山岛驻军中班班长的邵向伟下午在进行除草作业时,右眼受伤,流血不止。经军医初步诊断为白眼球破碎,必须马上进行手术。

【同期声】

驻苏山岛连队司务长　邵向伟:我对泰叔特别感激。我这种情况如果是真的失明了,打枪的眼失明了,就啥也看不见了。

【同期声】

张博:当天的天气不好,风比较大,浪也比较急,联系快艇肯定是没法跑的,这种情况我们就想到了拥军船,第一时间给泰叔打电话。当时他二话没有,不到一个小时船就上来了。

风浪中,钱均堂将船开到最大马力,只用 40 多分钟,就将邵向伟送到村码头。因为救治及时,邵向伟的眼睛很快痊愈。从院夼村到苏山岛,这条 6.8 海里的航线,水下暗礁林立,海上风大浪急,时常会遇到危险。

【同期声】

钱均堂:装着菜过去,有雾堆,那时候条件不太好,没有雷达设备不大好,这个船和人家的船撞到一起,牙碰掉了。

这一次,钱均堂撞掉了 4 颗牙,回村后,他悄悄去医院做了治疗,补上假牙。半个月后,船修好,他接着再跑。从 2003 年接手到现在,16 年里,钱均堂在苏山岛和院夼村之间往返 6000 多次。而为保障驻岛官兵需要,他每天 24 小时开机,从未出过远门。从 1960 年开船至今,60 年间,院夼村五任船长、五代拥军船接送驻岛官兵及家属 10 万人次,运输物资给养价值超过 3000 万元。

风雨同舟 60 年,军民团结一家亲。院夼村五代拥军船累计航行 20 多万海里,等于绕地球 5 圈多,半个多世纪从未"抛锚停航"。军民深情,水乳交融、亲如一家。这种情谊,跨越时空界限;这种坚守,无关利益金钱。沧海桑田,红色文化的丰厚滋养让初心不改,航程万里,同心合力的伟大力量矢志不渝。只要军民团结,勠力同心,这艘风浪挡不住、摧不垮的"拥军船"将战胜一切艰难险阻,勇往直前,走向辉煌。

院夼"拥军船"(二):一段永不断流的拥军情

2019 年 7 月 30 日《山东新闻联播》

于军鹏　高岫　报道

从最初手摇撸的帆板船到今天的机动船,院夼村五任船长、五代"拥军船",平均每年往返

300个航次，累计航行20多万海里。这条半个多世纪未曾“抛锚停航”的拥军船连接的不仅是陆地和海岛，更是驻地群众和守岛官兵的心。

八一前夕，任振岭和家人专门从威海市赶到院夼村王进考家，见见牵挂的乡亲。

【同期声】

原驻苏山岛连队连长　任振岭：当成一种亲情，我们这个关系啊，就是我们这一代来往，下一代还来往。

1990年6月，任振岭7个月大的孩子患上肺炎，需要下岛到院夼职工医院医治。那段时间，孩子白天在医院挂吊瓶，晚上就被村民王进考接到家中照料。

【同期声】

荣成市人和镇院夼村村民　王进考：他的小孩很小，我说你要是不嫌弃就跟我老婆子睡炕上。他们知道我钥匙放在哪，钥匙放在门边他们都知道，没事。

从此，两家结下了深厚的情谊。民拥军，军爱民。1960年3月，院夼村村民王道伦和王义宽出海打鱼，在返航途中突然遇到大雾和强海流，在苏山岛海域附近迷失航路。

【同期声】

荣成市人和镇院夼村原党委书记　王巍岩：海上的雾很大，他们基本上看不清方向，当时也看不到苏山岛，他们就只能大声喊。

【同期声】

驻苏山岛连队指导员　张博：我们巡逻的哨位发现了这个情况，给连队汇报了，然后我们连长就组织全体官兵拿着锣拿着鼓到我们现在的码头，敲锣打鼓作为引导，不一会儿两个村民循着这个声音全都靠到了码头。

获救后的王义宽发起了高烧，战士们轮流给他量体温、喂药、喂饭，王道伦也被官兵安顿在一张温暖的床上。在官兵的精心照料下，二人身体渐渐康复。没过多久，苏山岛的官兵又救起了7名遇险的村民。

【同期声】

荣成市人和镇院夼村党委书记　王国明：当时我们党支部成员到岛上去感谢我们的驻岛官兵，到了岛上发现战士上下岛不方便，吃蔬菜需要十天半个月，回来以后我们党支部就研究决定，解决好苏山岛部队上下岛的需求。我们院夼村传下来一句话：“谁破坏了拥军这个优良的传统，谁就是我们院夼的罪人。”

朴实的院夼村人将村里最好的一条舢板船作为“拥军船”，王道伦自告奋勇成为第一任拥军船长。

【同期声】

张博：最让我感动的就是村里面不管在什么样的条件下，总是把这个村里面最好的一艘渔船拿出来，作为我们这个拥军船，我感觉能够把最好的东西给别人，这种感情就像对亲人一样。

60年来，驻岛官兵换了一茬又一茬，拥军船也由手摇橹船变成了电动马达船，可那真挚淳厚的军民鱼水情却愈发历久弥新。

【同期声】

王巍岩：滴水之恩，涌泉相报，何况这不是滴水之恩，这是救命之恩，它都必然会世世代代融化在院夼村民的血液当中。

【同期声】

张博：拥军船坚持了60个年头，最主要的一点我感觉还是军民鱼水情。每年退伍老兵中都有一些战士自发地把大红花别到拥军船上，我感觉既是对拥军船的一种寄托，更多的也是对我们这个连队、对苏山岛，作为他们的第二故乡的一种思念。

院夼“拥军船”(三):一种永远接续的精神传承

2019 年 7 月 31 日《山东新闻联播》

于军鹏　高峋　报道

随着集体经济不断发展壮大,院夼村从一个贫瘠的小渔村变成了一个富裕的新乡村,有了集体开办的招待所和医院。但“富了海边人、不忘戍边人,富了海岛人、不忘守岛人”的理念,在历史的沉淀中已经成为院夼村人特有的精神文化,代代相传。

【同期声】

(下水仪式)村民们正在用古老而淳朴的方式为第五代“拥军船”举行下水仪式。院夼村斥资 140 多万元,新建了这艘有 GPS 和北斗系统双导航的现代化“拥军船”,运输能力由 8 吨提高到 55 吨,抗风能力达 8 级,基本可以实现全天候航线。

【同期声】

荣成市人和镇院夼“拥军船”第五任船长　钱均堂:咱有这么个条件,不管哪个阶段,反正弄最好的船给解放军用。

只要是为了驻岛官兵,为了苏山岛,院夼村的村民从来都是义无反顾。海上养殖是院夼村重要的经济来源,养殖面积大、种类多。2017 年,电力部门要为苏山岛建设海底电缆,但是电缆要穿过渔民的养殖区,院夼人二话没说,仅用 5 天时间就完成拆除任务。

【同期声】

荣成市人和镇院夼村、院夼集团公司党委书记　王国明:我们当时就是(拆除)100 米宽 2000 多米长,养殖面积 300 多亩,给这条施工渔船给开辟了一条施工的道路,心疼是心疼的,(但)要支持部队解决用电问题。

同一年,考虑到现有码头不能满足现役登陆舰靠泊需求,院夼村又投资 100 万元以上,对拥军码头进行升级改造。随着国防力量的增强,苏山岛上的各项生活设施越来越完备。

【同期声】

驻苏山岛连队指导员　张博:现在岛上的建设不仅水电齐全,而且还有永不停航的拥军船,这个都让我们兄弟单位的兄弟连队非常羡慕。我们连的官兵也比较自豪有拥军船。

海上天气变幻莫测,全年一半的时间有7 级以上的风力,不具备航行条件。1988 年村里投资 300 万元建立“军人接待站”,制定了军人就餐优先、军人住宿优先、军人通信优先等拥军优属“五优先”制度。多年来,院夼村免费接待驻岛官兵、家属就餐住宿达 10 万人次,累计投入达 800 万元。

【同期声】

王国明:我们院夼现在富了,而我们前面有守卫海岛的官兵,他们为我们保卫着我们的海岛,给我们带来了平安,所以说我们更不要忘记他们。优秀的传统,我们院夼人是不会把它丢下的,要一代一代地传承下去。

军爱民、民拥军,60 年来,因为一代代院夼人的无私奉献,让守岛官兵有了强大后盾。他们先后荣立集体三等功四次、二等功一次,被评为“全国边海防建设先进集体”“基层建设先进单位”。

【同期声】

张博:正因为有院夼村的无条件的支持,我们连的官兵在岛上爱军习武的信念更强了,精力更专注了,更有决心守好我们这个黄海前哨,有信心守好我们山东半岛的一个东大门。

退役军人迟念佳:62 年深藏功名初心不改

2019 年 8 月 3 日《山东新闻》

王宗翦　报道

近段时间以来,时代楷模张富清的事迹被广为传颂。事实上,在威海荣成市也有一位和张富清经历相似的老英雄,他 62 年扎根农村、深藏功名根植人民群众,以坚定的理想信念书写了中国共产党人的初心和使命。

在荣成市大疃镇迟家店村的一个普通农家小院,门上“光荣之家”的牌子格外醒目。这里住的就是今年 96 岁的老英雄——迟念佳。

【同期声】

迟念佳:我自己回想起来,不论什么战役,在哪里打,我都冲在前面,冲在前面就是豁出去自己这条命。

1940 年年初,为了打败日本侵略者,保家卫国,刚满 16 岁的迟念佳加入八路军,成为一名革命战士。参军后第一年,他就接连参加了 5 次战斗。由于作战勇敢,第二年,他光荣地加入了中国共产党。1948 年 9 月,解放战争济南战役打响。一向打仗不要命的迟念佳依旧带领爆破队冲在前边,最后身负重伤。

【同期声】

迟念佳的儿子　迟德永:我父亲拿着枪上去侦查敌情,离敌人比较近。他看好地形,了解敌情,就这个时间一个小炮“砰”的一炮,把他打了。他被这个小炮弹打得浑身都是伤,身上没被打伤的地方不多。

1950 年,抗美援朝战争爆发,迟念佳随部队入朝作战,担任 27 军 79 师 235 团一营营长。在战斗中,他多次与死亡擦肩而过。

【同期声】

迟德永:当时战壕里就剩他自己了,最后,他把手榴弹拴在一起,要是敌人上来了就把线一拉。后来我问他,敌人一上来,你拉你不就牺牲了吗?他说牺牲就牺牲了,打到这种情况,别的战友都牺牲了,我也不能当逃兵。

在近 20 年的戎马生涯中,迟念佳获得过独立自由勋章、解放勋章和抗美援朝勋章等多个奖章。1957 年转业回原籍,按照他的资历,组织决定给予他团级转业待遇,被他拒绝了。

【同期声】

迟念佳的妻子　董文凤:师级干部说,转业的时候给提一级,他说我有饭吃就行了。

有饭吃就行了,迟念佳是这么说的,也是这么做的。返乡之后,他脱下军装,把所有勋章封存好,先后在农业系统、人事部门工作。1963 年迟念佳退休回农村,在村里担任党支部副书记,带领乡亲们建起了果园、菜园和砖厂,搞农副业生产进行致富增收,却从来没有领过村里给他的一分钱工资。

【同期声】

迟德永:他和别人一样去干,别人干多少,他就干多少,他从来不要工分。

迟念佳对自己和家人严格要求,他不允许自己的子女享受一点特殊待遇,4 个子女全部是农民和企业普通职工。如今,大儿子已去世,另外两个儿子退休,女儿一直在村里务农,三个子女轮流照顾他的起居,在胶东的农村小院过着普通人的生活。79 年党龄,60 多年深藏功名,迟念佳用自己的朴实纯粹、淡泊名利,书写了自己精彩的人生。对此,荣成市退役军人事务局党组成员沙春早感慨地说:“79 年的风风雨雨,迟念佳的岗位在变,身份在变,唯一不变的是他对党的绝对忠诚。我们要学习他这种淡泊名利、廉价齐家的高尚情操,我们要学习他不忘初心、牢记使命永葆本色的崇高精神。”

荣成:“互联网+”助力传统制造业转型升级

2019年8月4日《山东新闻联播》

于军鹏　报道

荣成市实施“互联网+”与制造业融合发展行动,通过大数据分析,帮助企业提升生产效率,推动传统制造业转型升级。

在位于荣成市的浦林成山轮胎公司,一条智能化生产线前不久投入使用,年产260万套全钢子午线轮胎。

【同期声】

浦林成山轮胎有限公司车间经理　隋永波:像这个硫化车间,原来需要50多人,现在只需要20多人就可以了,生产效率提高了20%,能耗降低了30%,打造了一个智能化数字化的生产车间。

然而,在项目试产时,产能最高却只有240万套,达不到预期260万套全钢轮胎的目标。

【同期声】

浦林成山轮胎有限公司副总经理　曲学新:设备方面也去分析了,设备的能力应该说也是够了,从生产工艺也去调整,调整以后依然达不到设计的产能。

正当企业犯难时,在政府的牵线搭桥下,企业与上海交通大学展开合作,项目人员利用高校开发的数据模拟仿真系统进行大数据分析。

【同期声】

浦林成山轮胎有限公司大项目办公室主任　张晓明:将我们整个轮胎生产的数据输入它的数据模型,进行系统运算,分析结果发现,更换轮胎规格(这道工序)平均耗时12小时,是影响整个产线产能的主要原因。

随后,企业专门成立技术攻关小组,反复调试设备部件,对轮胎换型的工艺流程进行再造,使这道工序平均耗时缩短了一半,达到了预期产能。眼下,企业正利用大数据分析,对正在建设的泰国生产基地进行优化设计。

【同期声】

曲学新:就靠数据去说话,它给我们泰国厂房的设计节省成本1000多万元,给我们工艺、物流路线进行优化,提高我们的生产效率。

为推动互联网、大数据等新技术与制造业融合,荣成每年争取省市级扶持资金3000多万元,今年投资2.4亿元,重点培植13个“互联网+制造业”重点项目。

【同期声】

荣成市工业和信息化局局长　洪加跃:重点围绕海洋食品及生物科技、机械制造等主导产业,打造一批智能制造示范项目,推动荣成制造业转型升级和高质量发展。

荣成推出70集大型专题片《为了新中国》

2019年9月30日《早安山东》

王树啟　报道

为庆祝新中国成立70周年,荣成市推出70集大型专题片《为了新中国》。节目采用大量历史文献、影视资料和英雄后代讲述的方式,客观地还原当地共产党人领导人民前赴后继,浴血奋战取得的伟大历史功绩。

荣成:一个人的升旗仪式,81岁"国旗手"的坚守

2019年9月30日《民生直通车》

付振宇　高頔　报道

从2013年10月9号开始,荣成市成山镇东霞口村的田兆亮就成了一名村子里的业余"国旗手"。整整6个春秋,只要不遇到极端天气,他每天起来第一件事就是到村北的小山上升国旗。

蹬上运动鞋,背上双肩包,手拿国旗,如今已经81岁的田兆亮依然坚持每天上山升旗。

【现场声】

主持人:大爷,为什么选择在这个地方升国旗啊?

荣成市成山镇东霞口村村民　田兆亮:这个山在我们村后面,依山傍水,所以是升旗最佳的地方。

虽然小山的高度仅有50多米,但是由于没有修路,野草丛生的山坡陡峭、沙多,快到山顶处的石头更陡,需要"安全绳"的辅助,而轻车熟路的田兆亮却健步如飞,不到10分钟,他就登上了山顶处这个不到一平方米的升旗"广场"。当时建造"广场"的水泥还是老人一趟趟背上来的。

为庆祝新中国70华诞,老人这次特意准备了一面崭新的国旗,熟练地做起了升旗前的准备工作。当《义勇军进行曲》响起来时,能明显感觉到老人的精神状态变得无比庄重严肃。

【现场声:义勇军进行曲】

五星红旗迎着朝阳升起,国旗下,东霞口村一排排楼房整齐排列……老人也向我们说起了升国旗的初衷,1938年出生的他,做梦也想不到会从以前"愁温饱"到如今每个月能领到1000多元的"工资",老两口也住上了崭新宽敞的楼房,生活实现小康水平。

【同期声】

田兆亮:这个村就是东霞口,是生我养我的地方,现在是一片楼房,当年是低矮的草房,对比起来,我们村是旧貌换新颜。

如今,"一个人的升旗仪式"也有了观众,每当老人升旗时,很多村民也会自发在山脚下观看。

【同期声】

荣成市成山镇东霞口村妇联主席　石红民:现在小北山上的这面红旗成了我们村的一个风向标,所有人一出门就看到北山上飘扬的五星红旗,也激发了我们全村人的爱国之情。

在家闲暇时,田兆亮还会拿起自备的望远镜,看看山顶上随风飘扬的国旗。每当提起他第一次升旗时的场景,老人还是显得格外激动。

【同期声】

田兆亮:(哽咽)(2013年)10月9日第一次升旗,那个心情,都落泪了,哪个孩子不爱自己的母亲?这是祖国母亲啊!

世界涡喷航模比赛在荣成举行

2019年10月14日《山东新闻联播》

付振宇　王树敞　报道

"歌尔杯·2019世界喷气模型大会暨荣成航空嘉年华"活动今天开幕。作为主体活动,第十三届涡喷模型大师竞技大会吸引了国内外50支队伍同场竞技,动力伞、模拟空战等表演给观众带来速度与激情的视觉享受,这也是全球最高水平的涡喷航模飞行比赛。

荣成:提供高效精准服务,推进重点项目建设

2019年11月13日《山东新闻联播》

朱振江　报道

荣成市聚力新旧动能转换,提供高效精准服务,加快推进优势产业集群和重点项目建设,为经济高质量发展提供有力支撑。

眼下,在荣成石岛管理区,由山东鑫发渔业集团投入6.2亿元打造的海洋生物科技园项目正在加速推进。

【同期声】

山东鑫发渔业集团有限公司副总经理　于江波:主要是建设冷链物流、10万吨冷链物流库,还有加工车间。主要针对水产品精深加工及海洋生物研发和开发这方面,计划2020年1月份投产。

目前,海洋生物科技园工程进度已超过70%,投产后,将助力荣成市传统渔业的转型升级。同样,在荣成市科创园内,山东达因金控项目建设也在如火如荼地进行。项目主要从事小儿布洛芬等儿童用药的研发及生产。

【同期声】

荣成市经济开发区投资服务部副部长　李根:库房、宿舍、质检中心、气雾剂车间主体框架已完工,正进行外墙砌筑;综合制剂车间主体框架完成80%,预计2021年6月底前完成设备安装调试并正式投产。

为帮助项目早开工、早投产,荣成市成立项目专班,为企业“一对一”做好全程保姆式服务,对建设中遇到的问题实行清单制,跟踪解决、销号管理。今年,荣成被列入威海市市级重点产业项目共19项,目前,已有8个项目竣工达产,预计今年年底,项目投资可达149亿元。

山东:打响特色牌,让冬季旅游“淡季不淡”

2019年11月16日《山东新闻联播》

朱振江　报道

冬季来临,山东启动“冬游齐鲁——好客山东惠民季”,推出特色旅游产品,打造特色节事活动,激活冬季旅游的经济动能。

每年11月到来年3月,都有近万只大天鹅从西伯利亚贝加尔湖飞到荣成越冬,不仅带给人们美的享受,也带火了当地的冬季旅游。赏天鹅、吃渔家饭、住海草房,成为冬季荣成最具特色的旅游项目。如今,大天鹅已成为荣成旅游一张闪亮的名片,每年冬季可吸引游客近60万人次。

【同期声】

荣成市烟墩角村渔家乐经营者　于海洋:来看天鹅的人越来越多,到我们渔家乐来吃饭的客人也越来越多,我们这两年经济收入也越来越高。

传统意义上,冬季是北方地区的旅游淡季,但鲜明的季节特色也催生出许多独特的景致与游憩方式。兰陵压油沟景区将乡村旅游与民俗文化相融合,打造了一批特色鲜明的冬季民俗旅游产品。

【同期声】

兰陵压油沟景区营销总监　刘长久:为了丰富冬季旅游,我们景区打造了不同主题的花灯展,还有特色“非遗”展演,同时还增加了儿童喜爱的亲子表演。

【同期声】

游客　罗会:景色比较好,还有原汁原味的老建筑,带岁数大的父母来看看比较好。

为了让冬季旅游“淡季不淡”,山东已启动冬游齐鲁——好客山东惠民季,景区和酒店不仅在价格上给予很大优惠,而且推出一批适合冬季旅游的特色旅游产品。贺年会过大年、研学旅行和温泉滑雪等特色主题活动,使得山东的冬季旅游

市场持续升温。

【同期声】

山东省文化和旅游厅副厅长　张明池：把当地人引出来，外地人引进来，从而在吃、住、行、游、购、娱等方面进行消费，把当地的发展带动起来。

荣成远洋渔业买全球、卖全球

2019 年 12 月 21 日《山东新闻联播》

付振宇　报道

荣成以打造面向全球的远洋渔业为抓手，拓展深远海，为海洋生物食品产业崛起打下坚实基础。

在鑫发控股蓝润金枪鱼加工车间，工人正进行分解作业。最好部位的鱼肉被切成生鱼片出口日本，其他部位被制成美味的罐头。而以前被废弃的鱼骨，现在也成了香饽饽。通过与北京化工大学联手，企业从金枪鱼鱼骨中提取出了比胶原蛋白分子量更小的胶原蛋白肽，每克可以卖到 5 元。

【同期声】

鑫发控股蓝润胶原蛋白肽车间主任　王华志：我们最开始将金枪鱼捕捞回来，只是出售原料，这样价值很低，现在金枪鱼的价值得到充分利用，附加值翻了好几番。

同样 100%回运深加工，实现利润翻倍的还有赤山集团的鱿鱼。集团引进意大利和西班牙的鱿鱼自动化加工设备，加工效率提升 40%以上，加工能力达到 20 万吨以上，年出口创汇近 2 亿美元。

【同期声】

赤山集团海都海洋食品有限公司生产经理　于京成：主要加工单冻鱿鱼、层冻鱿鱼、鱿鱼圈等产品，出口日本、美国、西班牙、葡萄牙等多个国家。

近年来，荣成市按照压缩近海、拓展远洋的思路，实现近海捕捞向远洋渔业拓展。远洋渔船规模、产量、收入均位列全省县级首位，远洋作业区域遍布太平洋、印度洋、大西洋，在建加纳、斐济、乌拉圭、印尼、斯里兰卡海外综合性远洋渔业基地 5 处。同时，荣成大力发展精深加工，打造全国最大的鱿鱼、金枪鱼、冷冻调理食品和海产罐头加工出口基地，一个“捕全球、卖全球”的远洋渔业格局正在形成。

2020 年中央级

抓农时，春季农业生产正稳步推进

2020 年 4 月 1 日《新闻联播》

王树启　报道

眼下，各地运用科技手段加强春管、为农户提供精细化服务等，为夏粮丰收打好基础。

东北地区春播面积占全国春播总面积的一半。这两天，随着天气逐渐转暖，吉林 1200 多万亩水稻陆续进入育秧阶段。在吉林水稻主产区柳河县，备春耕全面展开。农机开进水田进行旋耕作业，育苗生产线也全马力开动。

为了加强春耕田间管理，今年安徽向中小农户推广农业托管服务，目前已在全省 49 个县、区试点，让中小农户也能享受到现代化、精细化服务。安徽池州贵池区有 20 多万亩油菜，在政府引导下，菜农们按需订制了施肥、喷药等相关服务。

这两天，贵州仁怀县 400 多亩的辣椒育苗进入关键时期，4 月底可进行移栽，当地鼓励贫困户种植辣椒并进行补贴，增加贫困户收入。

山东荣成2万多亩裙带菜也进入海上收获季节，当地海湾、码头上，养殖工人们正忙着收割加工裙带菜，这里的裙带菜年产量占全国的1/3。

干部深入基层，助力企业乡村加快复苏

2020年4月5日《晚间新闻》

于军鹏　报道

为了助力企业、乡村尽快恢复，各地一些务实的政策以及贴心服务陆续出台，正在切实解决实际困难。

对于恢复经济发展同样急迫的，还有乡村，在荣成市王连街道隋家庄村，工作组和村干部一起想办法，让村里现有的中老年劳动力发挥作用。

【同期声】

山东省威海市人力资源和社会保障局进乡村工作组组长　朱复刚：这个(电子线圈)，对大龄妇女来讲，对眼神要求起码比较低，再就是时间上比较灵活，可以晚上在家干。

新项目敲定后，工作组马上安排村民代表进企业车间学习，同时整修村里的厂房，争取尽快投产。

粮食播种加快推进、生产托管、助力稳面积提质量

2020年5月17日《朝闻天下》

于军鹏　高頔　报道

“大国小农”是我们的基本国情，目前，我国近七成的土地仍由小农户来耕种。今年，生产托管在有效保障小农户耕种面积的同时，提升了播种质量。

春播玉米和马铃薯的面积约占全年粮食面积的近三成，眼下，正是北方地区玉米和马铃薯播种高峰，在山东省荣成市人和镇邢家村，村民们抓住雨后墒情的有利时机，正在播种玉米等粮食作物；与以往不同的是，村民个人的土地全部流转到村集体合作社，集中机械和人力加快种植速度，省时又省心。

【同期声】

山东省荣成市人和镇农民　王海燕：现在这种机械化种地方式，出苗率高，我们省心省力，太好了。

合作社对村民流转出的土地实行统一经营，为村民采购种子、调配农机、提供粮食种植技术指导，这样的全程精细服务，让农户省了不少心。之前，因为村里人口老龄化严重，较多耕地撂荒。如今统一交给第三方托管，村民不仅不用自己种地，收入甚至比以前还要好。

【同期声】

山东省荣成市人和镇邢家村党支部书记　姜忠强：现在集体经营了，老百姓手里没有撂荒地了，都种上粮食了，并且我们还有“廉洁村居”的这种途径，确保了把合作社所有资源都用于粮食生产，保证了老百姓的利益。

今年春播，中央安排45亿元资金，支持29个省、区、市4500万亩托管服务面积。农业农村部最新农情调度显示，在生产托管带动下，玉米和马铃薯播种加快推进，春玉米播种过九成，薯类已播七成多。

山东荣成:百家“暖心食堂”供孤寡老人免费用餐

2020 年 7 月 6 日《晚间新闻》

滕彬　报道

为了提高村民生活质量,全国各地因地制宜、多措并举,切实提升村民获得感。

7 月 4 号,山东省荣成市百家“暖心食堂”集体开业,为农村老年群体提供一餐热饭,切实提升农村老年人获得感、幸福感、安全感。在荣成市斥山街道盛家村“暖心食堂”里,志愿者忙着给老人准备可口的饭菜,第一次来“暖心食堂”就餐的 82 岁独居老人盛春兰对这里的饭菜赞不绝口。

【同期声】

山东省荣成市斥山街道盛家村　盛春兰:嫌麻烦,不愿意做饭,(有东西)也不愿做,老了。现在的社会太好了。

【同期声】

山东省荣成市斥山街道盛家村志愿者　王本栏:每天保证老人的饭菜,是既干净又卫生,很愿意来为老人服务。能伺候老人,我们很开心很快乐,还能诚信加分。

据悉,为进一步提升农村老年人获得感、幸福感,解决孤寡、独居等特殊老年人“一餐热饭”问题,山东省荣成市出台了 2020 年农村“暖心食堂”指导意见,按照“政府扶持、村级主办、志愿引领、社会参与”的原则,为农村 80 周岁以上老人、农村特殊困难老年人,每周提供 5 次以上免费就餐服务。截至目前,山东省荣成市 22 个镇街共建设完成“暖心食堂”291 处,已投入运营 137 处,日均服务老人 1700 多人,9 月底全市 335 家“暖心食堂”全部投入运营。

山东省荣成市探索“志愿服务+信用建设”新机制

2020 年 7 月 19 日《新闻和报纸摘要》

于军鹏　报道

山东省荣成市以志愿服务为抓手,探索“志愿服务+信用建设”的新机制,让新时代文明实践落地生根。

一大早,荣成市人和镇北齐山村的“暖心食堂”就忙活起来,在陈喜妮的带领下,4 名村民志愿者正在为 68 位老人包水饺。村里还买了一辆“暖心饭盒”流动服务车,为行动不便的老人上门送餐。接过水饺饭盒,90 岁的村民秦淑琴高兴得合不拢嘴。

【同期声】

秦淑琴:我们村志愿者做这个饭又香又鲜,我吃在口里暖在心里。享了这个福,你说让我怎么感谢?

“暖心食堂”最初只是热心村民发起的邻里互助活动。在推进新时代文明实践中,荣成市人和镇以群众自发的志愿服务为切入点,引导各村普遍建起“暖心食堂”等场所。

目前,荣成市志愿者服务网络已覆盖全市 22 个街道 800 多个村居,“人人都是志愿者、人人都是受益者”的共建共享理念逐步深入民心。

【同期声】

荣成市新时代文明实践指导中心主任　赵旭光:群众在参与文明实践过程中增进了认同,推动新时代文明实践成为创新乡村治理、助力乡村振兴的有效抓手。

全国已建成海洋牧场示范区110个

2020年8月12日《新闻联播》

付振宇　王树啟　报道

农业农村部今天(8月12日)发布,为引领带动海洋牧场建设持续健康发展,全国已创建海洋牧场示范区110个,有效恢复了渔业资源,推动渔业高质量发展。山东作为试点省份,目前已建成示范区44处。

山东荣成:农民丰收节活动精彩不断

2020年9月20日《晚间新闻》

孙焕凯　报道

今天,2020中国威海荣成农民丰收节在荣成石岛举行,现场表演石岛大鼓、渔家秧歌、锣鼓喧天的舞狮表演等精彩节目;在同时召开的农展会上,新鲜、美味、独具荣成特色的农产品大受欢迎,大型农业机械、新款节水灌溉机械也让在场观众大饱眼福,订单众多。近年来,荣成市以农村发展、农业增效、农民增收为抓手,以土地流转和特色农业为引领,加大农业招商和品牌培育力度,加快推进农业农村高质量发展。

山东威海:深耕海洋牧场,激活文旅消费

2020年8月2日《第一时间》

付振宇　报道

在山东威海,渔业与旅游休闲等产业深度融合,成为当地经济发展的新动能。

正值旅游旺季,在荣成市东楮岛国家级海洋牧场示范区,等待登船前往海上平台的游客络绎不绝。

【同期声】

游客 :一会儿我们就可以品尝到海鲜,还有采摘,也非常期待。

来到集观光、采摘、垂钓等功能于一体的半潜式多功能海上平台,游客们逗河豚、采摘贝类、海上垂钓,感受大海的气息,体验耕海牧渔的魅力。

【同期声】

威海荣成市宁津街道东楮岛海洋牧场主管于永堂:七八月份就是高峰期了,每天接待游客一千五六百人。

游客的到来,也让渔民们找到了新职业,东楮岛村全村186户村民,从事渔家乐、民宿旅游的超过140户。

【同期声】

威海荣成市宁津街道东楮岛村妇联主席毕桂香:每年一户也能挣三四万元,老百姓的生活水平是逐年增高,渔家乐的收入也逐年增加。

目前威海已经创建了11个国家级海洋牧场示范区,31个省级海洋牧场示范项目,牧场面积达到20万亩。

山东荣成:“两弹一星”元勋郭永怀故居建成开放

2020年10月17日《新闻直播间》

孙焕凯　报道

10月16号,是我国第一颗原子弹爆炸成功56周年纪念日。在“两弹一星”元勋郭永怀的家

乡——山东省荣成市,16日上午举行了隆重的郭永怀故居开放仪式。

郭永怀,1909年出生于荣成市滕家镇西滩郭家村,是我国近代力学的重要奠基人、“两弹一星”功勋科学家,为我国国防现代化作出了巨大贡献。

此次翻修建成开放的郭永怀故居、永怀教育学院将与郭永怀事迹陈列馆互为补充,完整地呈现“永怀精神”的价值导向,成为学习、追忆“永怀精神”的重要场所。

【同期声】

中国工程物理研究院邓稼先干部学院党建教研室副主任　金鑫:我们到这个故居来学习,就是要学习领会或者是理解他们在遇到困难的时候,是怎样度过的,从而对我们今天年轻的一代有新的启发。

山东荣成:多措并举保障保护区大天鹅安全越冬

2020年11月2日《朝闻天下》

李黎健　报道

随着冬季的到来,山东威海荣成的大天鹅国家级自然保护区再次迎来越冬的大天鹅,目前已达5000只。

荣成是亚洲最大的大天鹅越冬栖息地之一,也是鸟类南迁北移的重要中转站,每年都会有上万只大天鹅来此越冬。为确保这些大天鹅的安全,当地政府和主管部门加强了巡逻与巡视力度,定期对天鹅湖周边进行消毒,同时保护区的工作人员也为它们准备了“粮草”,确保这些大天鹅能够在这里补充到充足的能量。

【同期声】

荣成大天鹅国家级自然保护区工作人员　陈璐 :大天鹅保护区将全面做好保护区的消毒,做好大天鹅投食保障和伤病救助工作,确保大天鹅在荣成安全越冬。

周厚刚:智勇双全,血铸雄关

2020年10月18日《朝闻天下》

丛东旭　报道

今天的英雄不朽,纪念中国人民志愿军抗美援朝出国作战70周年报道,为您讲述中国人民志愿军一级战斗英雄周厚刚的故事。周厚刚参加了抗美援朝多场战役,1951年在785高地防御战斗中,他指挥全连战士奋战8个昼夜,机智利用近战手段粉碎了敌人在猛烈炮火掩护下的40多次进攻,牢牢控制住了785高地。在撤离阵地布雷时,周厚刚不幸牺牲,年仅27岁。

山东荣成南港头村有一座周氏家祠,在祠堂的显著位置展示着中国人民志愿军一级战斗英雄——周厚刚烈士的照片和事迹。1924年周厚刚就出生在这里,1946年12月他加入中国共产党,1950年10月参加中国人民志愿军,担任第二十军某连连长。入朝后,周厚刚先后参加了第二、四、五次战役。

【同期声】

荣成市革命烈士陵园管理处副主任　刘博:1951年6月中旬,我志愿军连续进行了5次战役后,将以美国为首的“联合国军”从中朝边境的鸭绿江畔赶到了“三八线”附近。迫于压力,美国政府不得不调整战略,同中朝方面进行停战谈判。朝鲜战争进入了长达2年之久的军事斗争与外交斗争交织进行的第二阶段。这一阶段的主要作战形式是阵地战。

然而在谈判的同时,美军又借机集中4个师组成特遣队,在东线对志愿军发动闪击战战争,进入军事斗争与外交斗争交织的第二阶段。为了掩护友邻部队安全撤离,志愿军第二十军主动展开防御。周厚刚率领全连170多名战士,负责坚守志愿军撤离的咽喉地带——785高地。

【同期声】

荣成博物馆原馆长　于迎雨:785高地地处今天韩国境内的华川郡广洞赤根山西北,是敌人发动这场“闪击战”的突破口,也是确保我军安全撤离的咽喉要地。高地的身后是通往后方金城、元山的公路,而对面不到一公里,是美韩军两个团所盘踞的对785高地形成居高临下之势的三天峰。经团部多方考虑,最终将担子压在了周厚刚所在的二营五连身上。上级的命令是:无论付出什么样的代价,也绝不让敌人通过这道关系全局的铁门坎!

1951年6月15号夜间,周厚刚率领全连进入785高地,布置了火力前重后轻、兵力前轻后重的阵地。16号,敌人对785高地发起地毯式轰炸,从三面轮番强攻。周厚刚指挥全连战士利用工事、掩体应战,并利用近战手段,等敌人迫近战地20米时,枪弹齐发进行反攻。

敌人见久攻不下,便调来几架飞机和三个重炮连,每次冲锋前先扔炸弹和燃烧弹,一炸就是三四个小时。周厚刚指挥连队通过敌军发炮时机确定阵地位置,悄悄布设起连队仅有的5门小山炮。当敌军再次出击时,5门小山炮同时发力,准确击毁敌军炮兵阵地。

就这样,周厚刚带着全连连续奋战了8个昼夜,粉碎了敌人在猛烈炮火掩护下的40多次进攻,打死敌人600多人,直到志愿军部队安全调防完毕,周厚刚才带着全连撤出阵地。然而就在连队撤离阵地布雷时,周厚刚不幸牺牲,年仅27岁。

1952年8月,中国人民志愿军领导机关为周厚刚追记特等功,并授予他一级战斗英雄称号。

周厚刚生前所在连队也荣立集体一等功。修身立德,治家强国。这是周厚刚家乡流传下来的祖训。20世纪30年代以来,从这里走出了包括周厚刚在内的30多位革命烈士,他们在枪林弹雨中以实际行动践行祖训,更指引着一代又一代的后人。

【同期声】

荣成市宁津街道南港头村村民　周大英:大无畏的革命精神,勇于拼搏,敢于牺牲的精神,为祖国奉献的精神,把自己的本职工作做好,这是对革命先烈最好的慰藉了。

人居环境整治带来乡村治理新模式

2020年12月20日《朝闻天下》

于军鹏　付振宇　报道

农村环境整治最大的难题就是吸引群众参与。三年以来,各地探索了农村治理的新方式、新方法,让农民群众自觉参与到美丽家园建设中。

在山东荣成,为了提高农村参与农村环境整治的积极性,当地政府打造了农村人居环境评价体系,每人的基础分数是5分,对房前屋后的清洁卫生指标进行打分。

【同期声】

荣成市王连街道党工委副书记　吴永丽:你达到了5分,那你就享受村里提供的免费的耕地、收割、踏地这一系列的服务,如果达不到,那你就要花钱来享受这个服务了。

不仅如此,村里还专门设立了信用商店,村民可以根据得分的多少兑换相应生活用品;如果年终被评为五星级村民,还会在门口挂上荣誉牌。奖惩有了依据,改变了过去“政府干、村民看”的状况。

2020年山东级

威海荣成985个“村村通”应急广播大喇叭，高空喊话宣传防疫知识

2020年2月10日《早安山东》

曲泽任　报道

在当前疫情防控的紧要关头，荣成市遍布全市的985个“村村通”应急广播大喇叭响彻田间地头、村村户户，让疫情防控知识和上级疫情防控精神飞入千家万户。

【同期声】

（广播）暂停春节期间所有文化活动、志愿服务活动，村内走访排查工作由村“两委”组织部分网格员进行。

在荣成市寻山街道北吴家村，村内的广播喇叭每天都循环播放疫情情况和防疫注意事项。为了能更好地宣传疫情防控的重要性，村里组织党员干部和志愿者挨家挨户发放“明白纸”和防护口罩，提醒村民注意个人防范。

【同期声】

荣成市寻山街道北吴家村村民　王丽娟：通过村里发放的“明白纸”，还有大喇叭的循环播放，我也认识到了疫情的重要性，勤洗手，多通风，没有特殊情况尽量不要外出，就算要外出也要戴好口罩，做好自我防护。让我们了解了防疫的措施，这样的宣传非常好。

在荣成市崂山街道二疃村，村内广播喇叭早晚循环播放防疫信息，还通过入户发放宣传单等方式，加强居民对疫情的了解。村口设置了入村关卡，逐车逐人登记外来人员情况，进一步加强对疫情的防控。

【同期声】

荣成市崂山街道二疃村村民　孔华珍：病毒开始出现的时候大家都不重视，也不知道这么严重。村里发放“明白纸”，还有喇叭每天循环播报，告诉怎样洗手，出门要戴口罩。

据了解，为能够广泛迅速地传播市政府关于疫情防控的重要决策部署以及疫情情况和防疫知识，荣成市融媒体中心于1月25号紧急启动应急广播“村村响”，通过一天12次的频率向全市的985个无线音柱传递信息，目前基本覆盖全市所有的行政村。

【同期声】

荣成市融媒体中心广播部主任　毕艳春：我们希望通过“村村响”大喇叭，让大家对于疫情有一个更全面的了解，因为“村村响”大喇叭有深入农村、反应迅速的特点，可以打通疫情防控信息的“最后一公里”。

荣成：春汛捕捞正当时，海上复工复产井然有序

2020年4月13日《山东新闻》

于军涛　报道

眼下是春汛捕捞的重要时节。威海荣成近2000艘捕捞渔船出海作业，海上复工复产作业秩序井然。山东台记者彭寿熙报道：

【压混声】兄弟们，出海一定要注意安全……

在威海荣成蚧口码头，上百艘渔船整装待发，准备出海作业。渔民张磊正和船员们一起往他的渔船上搬运生活物资，并指导船员检查船上消防器具，保障渔船安全出海。

【同期声】

渔民　张磊：这属于第二趟出海了，第一趟拉得不错，早点出去弄个鱼虾满舱，顺顺利利的。船上5个人，每天消毒检查体温，每人都分餐，希望我们这趟还有个好收成。

为保证海上捕捞安全有序复工复产，荣成市海洋发展、公安、卫健等部门开展渔港、渔船复工联检，对船员们进行体温测量，核查船员身份信

息,确保船员健康作业。

【同期声】

荣成市海洋与渔业执法大队二中队中队长　唐明伟:对于全市2000多艘大马力渔船船员的健康信息、渔船的安全信息,我们要及时掌握,确保不漏一人不漏一船,保证渔船的海上安全作业。

耕海鱼满舱,归来鱼市旺。在石岛渔港,归港后的渔船满载货物,渔民们脸上洋溢着丰收的喜悦。得益于近几年持续的休渔政策,海上渔业资源得到休养恢复。

【同期声】

渔民　王跃:这趟出海拉得不错,拉了3万多斤鲅鱼,能卖40多万块钱,渔民们挺高兴的。

渔业是荣成市的支柱产业。荣成市拥有各类近海捕捞渔船2059艘,2019年全市完成水产品产量119万吨,实现渔业总收入934.8亿元,渔业总量连续38年居全国县级首位。

【同期声】

荣成市海洋发展局局长　袁玉前:目前,荣成海洋渔业全面实现复工复产,渔业生产已进入常态化。后续我们将一手抓渔业生产管理,一手抓疫情防控,全力服务渔企、渔民,确保荣成渔业总量继续稳居全国县级首位。

荣成:土地规模流转,集体、村民“双增收”

2020年4月9日《山东新闻联播》

丁军鹏　高峋　报道

荣成市通过村集体领办合作社等形式,探索土地规模流转新路径,发展高效特色农业,实现集体和村民“双增收”。前不久,荣成市人和镇邢家村村民们一纸契约,将620.8亩耕地“整村整片”流转给了村集体成立的合作社。合同约定,村民以人口入股,每年要出2个义务工,而合作社按照每人每年4袋面粉、20斤油的标准,向村民发放农田收益,年底还要再分红。

【同期声】

荣成市人和镇邢家村村民　王海燕:我们村很多人都说太好了,你像我老头子在外面打工也没有心事,这样我也能打工挣钱,赶到年底,合作社还有分红。

不仅如此,镇上还因势利导,以农村党总支为依托,成立“农机联合社”,将各村农机、农资等生产要素集中起来,统筹使用,提高效率,降低成本。如今,就连村民们撂荒的山耩地都被利用了起来。在昌邑片区钓沟村,100多名乡村振兴志愿者正在新平整的土地上种植金银花。

【同期声】

荣成市人和镇昌邑片区党总支书记　姜忠强:由村集体种植金银花,一部分加工成金银花茶,通过电商的形式销售,另一部分为药厂提供原材料,这样每年初步估计每亩能增加集体经济收入4000元左右。

土地连成片,人和镇在此基础上大力发展特色高效农业产业基地,果树、苗木、蔬菜、中药材等“一片一产业、一村一特色”依次布局。

【同期声】

荣成市人和镇党委书记　王军强:只有特色种植形成规模,我们才会有农业招商的“梧桐树”,才能吸引大的涉农企业前来投资,拉长农业产业链条,真正实现“土地生金”。

为鼓励土地流转,荣成市又出台优惠政策,对成方连片流转土地达到50亩以上的,每亩按100元到200元的标准进行补助,促进耕地向大户和新型经营主体集中。目前,全市已流转土地6万亩,引进山东农发集团等龙头企业和种植大户实施产业化项目50个。

一张信用榜，乡村变了样

2020年4月30日《山东新闻联播》

付振宇　高皢　报道

习近平总书记在山东考察时指出，扎实实施乡村振兴战略，打造乡村振兴的齐鲁样板。山东把改善农村人居环境作为实施乡村振兴战略的一场硬仗，通过引入信用管理，一招下活满盘棋，让乡村变了样。

早上8点，荣成市上庄镇大李家村一月一次的征信表彰活动热闹开场。

【同期声】

威海市交通运输局选派上庄镇大李家村党支部书记　张茂伟：我读着名字，上来领个征信奖品。

【同期声】

荣成市上庄镇大李家村村民　李爱秀：高兴，每个月都能分，干得多分得多。

别看李爱秀现在尝到了参与环境整治的甜头，可一年前刚开始信用管理时，她并不积极。大李家村是个收粮专业村，几乎家家户户都加盖车库，违建在全镇最多，李爱秀也没落下。

【同期声】

李爱秀：我从南到北的一个大车库，60多平方米什么东西都放在里面。

像李爱秀家这种情况，在荣成还有不少。对此，荣成市掀起农村人居环境整治行动，其中一项就是要清理村内违建。市里拿出了专项资金交给各村负责实施。可工作推了几个月，效果却不理想。

【同期声】

荣成市农业农村局党组成员　楚海军：政府领着干，群众坐着看。过了一段时间，马上村里又反弹了，并且有些村反弹得还比较严重。

光靠政府外部推动，难以从根本上解决农村环境卫生的“老大难”。去年开始，荣成市引入信用管理，让村民参与进来。大李家村从村容村貌、村风建设、村务管理等方面，细化梳理出上百条加分和减分项，村居环境和每个村民的信用挂上了钩。

【同期声】

大李家村村委会主任　常大军：第一遍去拆的时候，村民让拆我们就拆，不让拆我们就走。这种情况下，也不跟村民打仗，征信要扣你20分。

然而，即便有了“信用”这个抓手，想让村民全都顺利配合也不是一件容易的事。

【同期声】

张茂伟：我开会的过程中就说，就是在承诺书上签上你的名字，我就给你征信加20分。但在真正拆除的那一天，(有的村民)又说“不行，我不同意”。

为此，村里决定让村“两委”干部带头拆、普通党员跟着拆的压茬推进思路，全村的违章建筑、乱搭乱建陆续拆除。李爱秀家最后一批拆除，被扣了20分。这意味着，她将享受不到村里免费吃水和其他福利。

【同期声】

李爱秀：咱为什么不能和别人一样？别人都能加分，咱偏得减分？咱终究寻思在村里别落后。

村民最终的信用积分每月张榜公布，村里谁积极，谁拖后腿，第一时间全村都知道。不仅如此，市财政出钱，给每个村每年拿出3万元来，专门奖励先进。

【同期声】

荣成市上庄镇党委书记　董昭胜：通过这个激励，慢慢感觉信用好使了。然后做志愿服务的，他可以一周收拾3次公共卫生，大喇叭一喊，5分钟之内报名就满了。你迟来5分钟，骑摩托车来也晚了。

大家伙儿心齐了，环境也变美了。今年大李家村还流转了300多亩撂荒地，种植烟薯等作物，平时李爱秀就当志愿者参加耕种管理，也会获得信用积分。现在她不仅积分领先,还当选了小组长。

【同期声】

李爱秀:这在大喇叭里一喊,就都来了,这就像在战场打仗一样,将军一个号令,千军万马前面跑。

不到一年,荣成市就完成了800多个村的村居环境整治任务。

【同期声】

王洪晓:农村环境整治有了抓手,有了推动力,信用建设有了载体,这两者的结合产生了我们意想不到的效果。通过这一轮的环境整治,老百姓自觉参与,把农村的新风正气真正弘扬起来了。

威海荣成:一家央企与一家村企的“联姻”之路

2020年5月20日《晚间新闻》

王斌 报道

有研稀土(荣成)有限公司是一家专业从事磁性材料生产的高科技企业,虽然规模不大,每年却能生产磁片20亿片。能有这么可观的产量,得益于他们与央企的成功牵手。那么,实力雄厚的央企为何会向一个村办企业抛出“橄榄枝”?它们的牵手又经历了哪些曲折?我们一起来听听这个不同寻常的“招亲”故事。

今年年初,虽受到疫情影响,但位于荣成市人和镇朱口村的有研稀土有限公司各条生产线仍马力全开,工人们干劲十足。看着排满的订单,总经理马跃华信心满满。

【同期声】

有研稀土(荣成)有限公司总经理 马跃华:咱们未来主要面向新能源汽车这个巨大的市场,这里面作为功能材料的稀土永磁材料,在节能方面有更加优势的东西。

有研稀土主要为苹果、华为、三星等手机、音箱扬声器提供磁片,谁能想到,它的前身只是朱口村的村办企业——宏秀山磁业有限公司。2010年成立时,宏秀山磁业主要研发、生产钕铁硼永磁材料,随着市场需求的不断增加,企业发展遇到了瓶颈。

【同期声】

荣成市人和镇朱口村党委书记 陈义:我们的资金供应不足,一个村办企业完全支撑不了这么大的资金运转,所以急于寻找一家合作伙伴。

2018年,有研科技集团正在为延伸产业链寻找下游合作单位,立即就引起各方关注。

【同期声】

陈义:当时和我们同台竞标的有3家(公司),那3家比我们的规模大了好几倍。

虽然处于竞争劣势,但朱口村选择了一条最笨但最踏实的方法。4天后的竞标当天,朱口村准备了满满两箱的企业材料放在桌上。

【同期声】

陈义:这两箱材料打动了北京。对方3家只是拿了薄薄的几张纸介绍企业的规模,而我们从企业生产、技术到运作、到销售、到管理,整套材料摆在有研集团的桌子上,当时他们就决定了那3家退出,我们自己胜出。

靠着两个纸箱盛满的真诚,小村企获得了央企抛出的“绣球”。人和镇立即组成专班全面跟进。洽谈中,有研科技集团提出的人才政策、土地手续办理、专业配套行业等八大方面问题,具体且有针对性。

【同期声】

荣成市人和镇党委书记 王军强:当时为了解决这些问题,市领导亲自带队,先后十几次到北京有研的总部,一事一议,逐个研究,逐个解决,最终赢得了有研对我们的信任,项目最后落户荣成。

【同期声】

陈义:从刚开始谈到最后成共14个月,中间是几起几落。北京有研集团总部赵晓晨董事长说，这是中央企业头一次和中国最基层的村级企业合作。

央企进驻给村企带来了资金、市场和技术，磁性材料的生产能力也从年产1200吨提高到了2400吨。在做强做优声学领域的同时，还进军永磁电机领域，重点布局新能源汽车、高铁等磁性材料领域，真正做到声学、电机“双翼齐飞”。

【同期声】

陈义：和有研合作后，咱计划今年的产值目标达到35000万元，3年内达到产值5亿元，5年规划达到10个亿产值。

特色动产抵押缓解企业融资难

2020年7月10日《山东新闻联播》

付振宇　报道

山东九大改革攻坚行动提出，要大力推进地方金融改革。山东一些地方在做好传统动产抵押的基础上，不断拓宽新型抵质押物范围，缓解中小微企业融资难。

荣成皇朝马汉公司是我省食品行业唯一的省级外贸综合服务平台，为中小微企业提供通关、物流等一站式服务。前段时间，公司服务的4家小微企业因疫情影响，海产品原料大量积压，资金周转也遇到了很大困难。

【同期声】

荣成皇朝马汉外贸综合服务有限公司财务总监　冯乔：比如鳕鱼、鲐鱼、鲅鱼、鱿鱼，这些都放在仓库里面，那么这些原材料都是有价值的，我们就想怎样能帮助这些中小微企业把原材料变成现金流。

用海产品原料做抵押获得融资，当地也曾做过尝试。最大的障碍是，海产品原料不同于生产设备、工业产品等传统动产，只能存放在专业冷库，银行很难监管。

【同期声】

荣成市地方金融服务中心副主任　肖志杰：监管的难题，就像我们以前有一家鱼粉生产企业，把鱼粉抵押给银行融资。后来因为债务纠纷，一夜之间债主把它的几百吨鱼粉都搬走了，给银行造成损失了。

如何解决监管难题？荣成决定再次尝试引入威海国际海洋商品交易中心作为第三方监管机构，它们有高标准的监管冷库和24小时值班人员，只要用于抵押，这些货物就会由贷款企业冷库转移到这里。

【同期声】

威海国际海洋商品交易中心副总经理　王宇：我们温度会保持在－20℃到－24℃，来确保货物的新鲜程度。这个红外报警系统与“110”后台直接对接，有盗抢行为的发生或者是入库行为的发生，那么红外系统会第一时间触发报警。

保证抵押物的品质和安全只是第一步。海产品原料价格受市场影响大，抵押物的价值很难稳定，用于贷款的话银行仍然顾虑重重。

【同期声】

荣成农商银行行长　王云鹏：像鱿鱼今年受疫情影响，欧盟出口受到影响，价格波动很大，今年一吨比去年降6000块钱了。我们将来质押的话，如果没有专业人才对市场做好预估，后面有些相关的措施很难做。

威海国际海洋商品交易中心在充分调研后，决定为海产品抵押物价值再加固一道“安全防线”。

【同期声】

王宇：我们是引进回购方的评估价格，确保在出现价格波动的情况下，回购方能够立即回购这批质押物。

回购价格是商品评估值的72.25％，选定的回购方都是当地渔业龙头企业。一旦贷款出现风险，这些企业会迅速买下抵押物，直接用于生产加工。同时，小微企业抵押物的流动性也不受影响。

【同期声】

威海国际海洋商品交易中心总经理　董永刚:我们是做的动态监管,它需要用货的时候,需要有一批同等货值的货先入到库里面,并清点完毕,接着它需要的那批货再出来。这样的话先进后出,整个的货物的总价值是稳定的。

有了第三方监管和多重保障,当地4家小微企业获得了农商行1730万元贷款。有了资金活水,这4家企业的出口订单比去年同期反而增加了近10%。

【同期声】

荣成皇朝马汉外贸综合服务有限公司财务总监　冯乔:现在它们有的是存货,银行又把它们的存货找第三方来监管,这样就很容易实现一种融资。我觉得对企业来说解决了燃眉之急,对他们来说就是雪中送炭。

今年以来,当地已办理海产品动产抵押融资7000万元,惠及11家企业。

【同期声】

荣成市人民政府副市长　隋艳秋:我们将进一步推动富有地方特色的动产抵押融资,同时结合省里的政策,利用好市场这只"看不见的手"和政府这只"看得见的手",实现普惠金融,助力实体经济发展。

荣成:靶向服务,推动企业高质量发展

2020年7月3日《山东新闻联播》

王宗鹏　报道

荣成市实行政企一对一"无缝"服务,逐个企业把脉问诊,量身定制转型升级方案,实现高质量发展。

本月初,经过荣成市政府的牵线搭桥,荣成泰祥集团与海尔卡奥斯签订"智慧农业+健康定制"三产融合发展服务平台战略合作协议,帮助企业由传统工厂转型为智能化企业。

【同期声】

泰祥集团青岛宴泰富股份有限公司总经理　席永进:如果没有(政府)前期的辅导,或者是我们平台信誉的一个积累,不可能双方在这么短的时间内就达成了合作的意向。

根据产业发展实际,荣成市制定工业转型升级、海洋经济提升"两个产业规划",细分轮胎、房车、电机、修造船及海洋装备等行业,邀请专家团队为泰祥集团这样的企业量身定制扶持措施、转型升级方案,"一企一策""一业一策"。

【同期声】

荣成市工业和信息化局局长　洪加跃:明确了每个企业发展规划、具体举措和完成时限,落实责任部门和挂包干部,建立工作台账,对台账反馈的问题邀请专家团队逐个会诊解决,并建立从目标制定、考核评价到督导落实、服务保障的"闭环式"工作机制。

目前,荣成市已解决包括技术改造、原材料输入等各类问题458项,为1.3万户市场经营主体办理续贷、展期、降息等服务,涉及金额172亿多元,有效破解了制约企业发展的难点堵点问题。

全省海洋牧场建设现场推进会召开

2020年8月12日《山东新闻联播》

付振宇　王树敞　报道

今天,全省海洋牧场建设现场推进会在荣成市召开,深入学习贯彻习近平总书记关于建设海洋强国的重要论述和经略海洋的重要指示,以更加有力有效的举措促进海洋渔业提档升级、提质

增效。

省委副书记杨东奇出席会议并讲话，副省长于国安主持会议。

杨东奇指出，要以开展国家现代化海洋牧场建设综合试点为抓手，把绿色发展作为首要任务，把科技创新作为关键支撑，把产业融合作为发展方向，把安全生产作为底线任务，探索适合不同类型海域特点的海洋牧场发展新路径，为全国海洋牧场建设提供可复制可推广的经验。要凝聚加快海洋牧场建设的强大合力，夯实工作责任，加大政策支持，完善制度体系，注重宣传推介，努力构建生态、经济、社会效益相统一，近浅海与深远海相统筹的渔业可持续发展新格局，为实现海洋强省建设目标、打造乡村振兴齐鲁样板作出新的更大贡献。

与会代表观摩了爱莲湾海域长青海洋牧场、桑沟湾海域泓泰海洋牧场和楮岛海洋牧场。

威海：深耕海洋牧场，壮大蓝色经济新动能

2020 年 8 月 11 日《山东新闻联播》

付振宇　报道

威海市大力推进海洋牧场建设，促进渔业与旅游休闲等产业深度融合，壮大蓝色经济新动能。

正值旅游旺季，在荣成市东楮岛国家级海洋牧场示范区，等待登船前往海上平台的游客络绎不绝。

【同期声】

河北唐山游客　郑曾刚：一会我们就可以品尝到海鲜，还有采摘，非常期待。

来到集观光、采摘、垂钓等功能于一体的半潜式多功能海上平台，游客们逗河豚、采摘贝类、海上垂钓，感受大海的气息，体验耕海牧渔的魅力。

在海洋牧场的带动下，东楮岛村充分发挥资源优势，建设具有地域特色、体现渔家风情的乡村记忆馆和老街等历史人文景观。游客的到来，也让渔民们找到了新职业，东楮岛村全村 186 户村民，从事渔家乐、民宿旅游的超过 140 户。

【同期声】

荣成市宁津街道东楮岛村妇联主席　毕桂香：每年一户可以挣三四万元，老百姓的生活水平是逐年增高，渔家乐的收入也逐年增加。

海洋牧场不仅带火了旅游业，也改变了传统渔业养殖方式。过去，渔民要了解水产品的生长情况，最好的办法就是下海潜水、肉眼观测。在海洋牧场平台，5G 技术结合水下摄像系统投入使用，工作人员在办公室就可以观察水产品的生长情况。

【同期声】

荣成市爱伦湾海洋休闲旅游有限公司运营经理　卞大鹏：对 5G 的持续应用，将来可能在我们整个 5 万多亩的海上养殖区域都能逐步实现，我们可以布设更多的监控点，有利于我们分析牧场的实时的养殖状态，积累这些数据。

向海图强，目前，威海已经创建了 11 个国家级海洋牧场示范区，31 个省级海洋牧场示范项目，海洋牧场面积达到 120 万亩，产量超过 170 万吨。

荣成：农村养老由“兜底”走向“普惠”

2020 年 8 月 22 日《山东新闻联播》

付振宇　报道

荣成市因地制宜、整合资源，实现农村养老由“兜底保障型”向“普惠服务型”转变。

最近，跟土地打了一辈子交道的特困老人秦道坦练起了书法。在他生活的荣成市虎山镇盛

泉幸福家园，棋牌室、台球室等一应俱全，30多门课程丰富多彩。而他原先居住的乡镇敬老院不仅设施陈旧，就连上厕所都是难题。

【同期声】

盛泉幸福家园老人　秦道坦：我们那时候宿舍到厕所能有30米，(现在)住的、吃的、服务都挺好的。衣服有人给咱洗，饭有人给咱做，多幸福。

2018年以来，荣成市斥资7亿元，将辖区内24所敬老院撤并整合成8处农村区域性养老服务中心，全部达到国家三星级养老机构标准。秦道坦所在的盛泉幸福家园，就是整合了周边3个乡镇敬老院建成的。

【同期声】

荣成市养老服务业协会会长　邱龑模：用养老服务的标准化、持证上岗的优秀团队来满足老人的需要和需求，这样才能把各个地方的敬老院、现在参差不齐的养老方式引向标准化，把公益养老带到更高的一个平台上。

目前，荣成市七成特困老人实现了集中供养，超出全省平均30个百分点。而对于那些选择居家养老的老人，特别是农村鳏寡、独居老人，当地政府也想办法让他们衣食无忧。在斥山街道盛家村，不到10点，“暖心食堂”就忙活起来了。从6月份开业至今，不下400个帮工来忙活，但人工开支却为零。

【同期声】

荣成市斥山街道盛家村“暖心食堂”志愿者　谭桂荣：我们每干一个小时加一分信用分，信用积分高了，我们村开表彰大会表彰，还能到生活超市换一定的生活用品，这样我们既得到了荣誉又得到了实惠。

依托信用积分模式，“暖心食堂”吸引了1.1万名志愿者加入。目前，荣成市已建成339家农村“暖心食堂”，日均服务老人超过5000人，到明年年底将力争建成400多处“暖心食堂”，助餐服务覆盖市域60%村居。

荣成:“暖心食堂”的文明实践

2020年9月4日《山东新闻联播》

于军鹏　报道

荣成市持续加大“暖心食堂”建设力度，让一餐热饭，带动整个社会风气向善向上。

今年83岁的王振钿，老伴去世后独居在家，过去饭点自己凑合着吃几口。如今，跟老伙伴们一起到村里的“暖心食堂”吃饭，成了每天最期盼的事。

【同期声】

荣成市俚岛镇中我岛村村民　王振钿：现在大家凑在一块畅所欲言，开开心心，吃饭也舒坦。咱过去有句话说(天下)没有免费的午餐，现在有了，而且吃得还很好。

像王振钿一样，中我岛村80岁以上的老人每天都能在食堂吃免费午餐。食堂除了建设成本由市级资金补助外，从5月份运营至今，不但没花村里一分钱，还有不少结余。人工全部由巧厨娘志愿服务队包办，甚至还有外地来度假的“候鸟”住户加入。

【同期声】

巧厨娘志愿服务队候鸟志愿者　白念凤、曹丽君：全部是志愿，全部是自费，提着东西来，我们就不由自主地来参加，我们俩是淄博的，还有江苏的、南京的。

【同期声】

中我岛村巧厨娘志愿服务队志愿者、中我岛村“暖心食堂”运营负责人　王玉红：(志愿者)有捐现金的，有捐菜的，我们早晨开门以后，经常就不知道谁放的，一包一包的菜，什么都有，(因为)老人的今天就是我们的明天，我们要对他们好好服务，把这份爱心好好传递下去。

为鼓励志愿者广泛参与，荣成市将志愿服务

纳入社会信用管理体系。今年市里拿出200万元，设立村级“暖心食堂”志愿服务奖励资金，专款用于志愿服务嘉许激励等，并对志愿者实行时长和个人信用双倍积分。

【同期声】

荣成新时代文明实践指导中心主任　于静：大家就是形成了一种比拼赶超的氛围，大家比的是谁的志愿服务时长多，谁的征信加分高，然后比谁能在我们的征信表彰当中获奖。温暖老人的同时，把这份温暖和爱传递给更多的人，所以我们叫它暖胃暖心暖社会。

目前，荣成市已投入运营“暖心食堂”211家，成立“巧厨娘”妇女志愿服务队伍400多支。9月底前，全市将建成“暖心食堂”346家，覆盖43%的村居，集中解决1.2万名80周岁以上老人的“一餐热饭”问题。

【同期声】

荣成市委副书记　王洪晓：我们把暖心食堂作为乡村振兴和社会治理的有效抓手，不仅为农村的高龄老人免费提供一餐热饭，提升了幸福感和获得感，还凝聚了党心民心，涵养了文明新风，为打造人人有责、人人尽责的社会治理共同体厚植了基层力量。

荣成：招才引智，为企业高质量发展插上“翅膀”

2020年9月9日《山东新闻联播》

付振宇　谭孟强　报道

荣成市结合产业导向、企业需求，精准施策，出台一系列高含金量的人才新政，吸引专业人才集聚，为高质量发展提供智力支撑和创新动能。

在浦林成山(山东)轮胎有限公司，今年1月份入职的张丽正熟练地操作着MES系统，查看车间生产运行情况。2007年专科毕业的张丽曾在外地某企业工作了13年。

【同期声】

浦林成山(山东)轮胎有限公司信息技术部应用系统分析师　张丽：此次选择来荣成发展，一个是因为浦林成山有一个更好的工作平台，另外荣成政府每个月对专科生的500元工作津贴还有购房补贴，这是我之前没有想到过的。

在以前，像张丽这样的大专毕业生是享受不到这些补贴的。由于当地企业对技能型人才的需求十分强烈，今年，荣成市调整政策，让大中专毕业生也能和本科以上毕业生一样，享受工作津贴、住房补贴等政策。

【同期声】

荣成市公共就业和人才服务中心主任　徐武：给尊重、给舞台，合理提高工资待遇，让他们有家的感觉，有更多的获得感、归属感和成长性，真正引得来、留得住、用得好。

吸引技能型人才落地的同时，荣成市还拿出更大的诚意招引科技创新型和产业技能型人才。今年从山东大学毕业的孙张振博士，受人才政策吸引，入职中科芯(荣成)信息技术产业研究院有限公司。

【同期声】

中科芯(荣成)信息技术产业研究院有限公司院长助理　孙张振：每个月给予6000元的补贴，还有就是我们要在荣成购买房屋的话，有一个10万块钱的一次性补贴，这个也是相对于其他地方来说一个很好的政策。

今年上半年，荣成市成功招引大中专毕业生752人，高技能人才120人，为高质量发展提供了坚实的人才支撑。

荣成:建设新时代文明实践阵地,为乡村振兴铸魂聚力

2020 年 10 月 22 日《山东新闻联播》

付振宇 报道

2018 年 8 月,荣成市被确定为全国首批新时代文明实践中心建设试点县。两年多来,荣成市以新时代文明实践阵地建设为抓手,创新乡村治理,带动乡村振兴。

在荣成市夏庄镇甲夼马家村“暖心食堂”,志愿者们正忙活着包饺子。

和如今村风民风向上向善不同,三年前,甲夼马家村还民心涣散。改变正缘于村里建设的新时代文明实践站。

【同期声】

荣成市夏庄镇甲夼马家村党支部书记 马永泉:宣传党的政策,宣传法律知识,文明实践要有一个抓手,因此志愿服务和信用就是我们村的治村法宝。

以理论宣讲凝聚民心,以志愿信用激发文明风尚。荣成市将精准扶贫、美丽乡村等工作都变成志愿项目,通过信用赋分、设立村级信用基金的形式,激活群众的“主人翁意识”。

【同期声】

荣成市夏庄镇甲夼马家村妇联主席 杨秋云:每颗星都是参加志愿活动,4 小时一分,一分就是 1 颗星,5 颗星是一面红旗,每个人都比较积极,有个什么事,村里一招呼,一呼百应,雷厉风行。

新时代文明实践要实现铸魂聚力,还需用好用活优秀文化资源。荣成市俚岛镇大庄许家村建设老百姓语录馆,村民们经常重温这些昔日朴实的农家话语,体味其中诠释的孝善、诚信文化。

【同期声】

荣成市俚岛镇大庄许家村村民 宋芳:墙上说的答应别人的事,头拱地也得完成,在社会上做人就得诚信,讲实话。

不仅如此,大庄许家村还建设振超精神展示馆、海之馆等展馆,开展海草房建筑技艺、渔家锣鼓培训等传统文化活动,让文明实践阵地融入每个角落,也夯实乡村振兴的基础。目前,荣成市有村级新时代文明实践站 861 个,建成农村志愿服务队伍 1300 多支,有 10.2 万志愿者。今年 5 月,荣成市被确定为全国 10 个新时代文明实践中心建设先行试验区。

山东鲍鱼苗告别“南下过冬”

2020 年 11 月 30 日《山东新闻联播》

柳鹏飞 报道

山东是鲍鱼养殖大省。过去,一到冬天,鲍鱼都要被送到南方躲避严寒,到春天再运回本地。如今,山东通过加大新品种选育力度,鲍鱼苗不用再“南下过冬”。

荣成渔民张付锋是养殖大户,往年每到这个季节,他都要忙活着把自己养殖的鲍鱼运往南方越冬。而今年,不但省去了来回搬运,产量还提高了不少。

【同期声】

鲍鱼养殖户 张付锋:往常年一般这一笼基本上是 18 斤,今年能达到 24 斤,平均 35 元一斤,赚到钱了肯定高兴。

老张养殖的是皱纹盘鲍的新品种,不仅生长速度快而且耐低温。而在几年前,因为遇到寒潮天气,水温太低,养殖的鲍鱼大面积死亡。

【同期声】

张付锋:趴在(附着)面上一动不动,“嘭嘭”掉,一捞上来都掉,都直板了。

鲍鱼不仅冬天怕冷,夏天也怕热。于是,当地政府开始鼓励南北接力养殖,但由于旅途颠簸,经济效益常常受到损失。

【同期声】

荣成寻山集团育苗分公司办公室主任　王磊：就在这种状况下，就要突破这个瓶颈——产量低、死亡率高的这个瓶颈。

压力不仅来自内部，南方鲍鱼养殖户的技术快速复制，也让北方鲍鱼苗种业感受到了生存危机。

【同期声】

荣成寻山集团育苗分公司技术顾问　刘光良：因为南方育苗的费用很低，在海里很简单，又是敞口的，又不用盖车间，每个苗都是几分钱。

鲍鱼苗遭遇的困境也正是“十三五”时期山东水产养殖业着力破解的难题。山东积极争取国家海产贝类工程技术研究中心落户荣成，抗低温新品种鲍鱼苗的选育驶入快车道。

【同期声】

国家海产贝类工程技术研究中心研发部长　卢龙飞：在底播期，大概30%的鲍鱼才能存活下来，剩下那些鲍鱼我们直接淘汰掉了，优中选优，在度夏或者越冬之前都会进行再一次的选育，这样的话，100个种当中可能还挑不到1个种出来。

经过8代选育，皱纹盘鲍的新品种成活率从原来的40%左右到如今的95%以上，而且生长周期也由三年半缩减到两年半，再加上山东海域海带、龙须菜等饵料丰富，南方的大批鲍鱼养殖户也纷至沓来。

【同期声】

福建鲍鱼养殖户　肖良录：因为这边鲍鱼成活率会高啊，水质好一点。南方跑到这边来多多少少赚点钱，赚不到钱，我们肯定也不会跑过来。

如今，仅荣成市每年就有3000多万粒鲍鱼苗销往全国，养殖鲍鱼200多万笼，今年成品鲍的收获量将突破12000多吨。

【同期声】

荣成市政府副市长　刘金军：现在的鲍鱼从育苗开始，整个链条拉开了，推广生态高效立体养殖模式，还有加工，拉动了上下游的产业链融合。

2020“冬游齐鲁·好客山东惠民季”启幕

2020年11月8日《山东新闻联播》

王树敌　报道

2020“冬游齐鲁·好客山东惠民季”启动仪式今天在荣成市樱花湖体育公园举行，本年将加大优惠力度，丰富特色产品，让民众感受冬游齐鲁的独特魅力。

本次“冬游齐鲁·好客山东惠民季”活动，全省16市将推出100多项旅游产品、532项重点活动、305项惠民措施，拉动文化旅游消费。

【同期声】

山东省文化和旅游厅二级巡视员　王春生：其中像青岛推出了国有景区全免费，这次威海又推出了A级以上景区全部免费，我想通过我们这个活动，一定会在山东掀起一个冬游齐鲁的热潮，也实现我们“淡季不淡”的发展目标。

活动现场，省文旅厅与中国银联山东分公司等联合发行“好客山东”文化旅游卡。持卡用户在一年内，可一次或多次免费进入全省16市签约景区畅游。

【同期声】

山东演艺集团有限责任公司党委副书记、副董事长　解东：一次办卡可以在全省100多家A级景区免费旅游，我们首批加盟的景区也包括了威海的华夏城、枣庄的台儿庄，还有沂蒙山旅游区等众多的5A级旅游景区。

山东五县(市区)入选第二批国家全域旅游示范区,走出全域旅游创新示范的“山东经验”

2020年12月6日《山东新闻联播》

于军鹏　柳鹏飞　报道

今天,文化和旅游部在荣成市公布第二批国家全域旅游示范区,山东五个县(市区)成功入选。

本次入选的五个县(市)分别是荣成市、沂南县、烟台蓬莱区、齐河县和济南章丘区。加上首批被认定的青州市、青岛崂山区和曲阜市,目前,山东省已有8个县(市、区)入选国家全域旅游示范区。此次入选的荣成,眼下正是观赏大天鹅的好时节,摄影爱好者刘承林每年冬天都会来这里。

【同期声】

青岛游客　刘承林:感觉就是观景点地方多了,就像樱花湖湿地公园,(天鹅)品种也特别多,就像今年看了有白头鹅。

樱花湖湿地公园曾经是一片沼泽,杂草丛生。在发展全域旅游过程中,荣成市从岸线清理、养殖修复入手,改善生态环境。

【同期声】

威海市生态环境局荣成分局党组成员　张胜:对沿海岸线的546个低端项目进行清理,以扩大生态、恢复生态为宗旨,打造46公里滨海生态公园。

在此基础上,当地又沿海岸线建设了海水浴场、森林温泉和精品民宿。同时,推进旅游“+文化”“+体育”“+海洋”“+科技”“+研学”等融合创新。2019年,荣成全市旅游综合收入180亿元,成为当地的战略性支柱产业。

【同期声】

荣成市委书记　包希安:发展海上采摘、海上垂钓、海上餐饮等旅游业态,建成8个国家级海洋牧场。夏季旅游旺季时,每月接待游客10万人次。

“十三五”时期,山东按照“宜融则融、能融尽融,以文促旅、以旅彰文”的理念,打造全域旅游,走出国家全域旅游示范区的“山东经验”。

【同期声】

山东省文化和旅游厅副厅长　孙树娥:下一步,把创建全域旅游示范区的应急之举转变为常态化,高质量发展应有之举,从政府认证转化为市场认可,培育一批能够体现山东风格、世界质量的齐鲁样板,构建新时代山东全域旅游发展的新格局。

优秀新闻作品精选

烟墩角社区过春节:只听天鹅鸣,不闻鞭炮声

【导语】

放鞭炮是我们中国人特别是北方群众过春节的传统习俗,但今年在俚岛镇烟墩角社区,老百姓们过年不放鞭炮了,这是为什么?我们一起去看看。

【正文】

大年三十一大早,由军旅书法家和当地群众组成的书法小分队就来到烟墩角社区,在村民曲荣学家为村民写春联,喜庆的气氛吸引了村里不少百姓前来。大家心里都有一个共识,就是今年过年的时候不放鞭炮,只贴春联,为村民的好朋友——大天鹅,营造一个安静的越冬环境。

【同期声】

俚岛镇烟墩角社区村民　曲荣学:过年了,以前放鞭炮,这样把春联贴上了,就行了,大伙心里喜气洋洋地过春节,天鹅也不受惊动。

【正文】

在烟墩角社区，每年冬天，都有几千只天鹅来这里栖息过冬。村民每天在家门口，就可以近距离与天鹅亲密接触，几年来村民们与美丽的天鹅结成了深厚的感情。

【同期声】

上海游客　丛春明：到这来以后，又听说当地居民为了保护天鹅，也改变了一些传统的过节的习俗，原先是放鞭炮，那么现在为了更好地保护天鹅，以贴春联这种方式来更好地保护天鹅，使大天鹅在荣成这个地方更好地栖息。

俚岛镇烟墩角社区副主任　曲明初：这几年大天鹅是越来越多，村民的保护意识都比较强，往年春节都放小鞭，烘托气氛。为了保护大天鹅，也不惊动它，贴上春联，这样也挺好的。

【正文】

美丽的港湾，洁白的天鹅，静静的落日，构成了一幅人与自然和谐相处的美丽画卷，也给渔村的大年夜增添了另样的景致和氛围。

2012 年获 2011 年度“山东省广播电视节目奖”三等奖

作者：于军鹏

荣成市民用上“第二身份证”

【导语】

被我市很多人称为“第二身份证”的《个人信用评价报告》，如今受到越来越多市民的青睐。

昨天上午，记者在市社会信用信息征集管理办公室看到，今年刚毕业的女大学生孙瑜正在提取自己的信用报告。

【同期声】

记者：怎么想起来办这个信用报告？

孙瑜：这不，下个月我要考事业单位，招考简章里有一项要求，就是个人社会诚信等级要达到B级以上，所以就来了。哎呀，我的报告打出来了。

记者：我看你的信用情况综合得分是 1000 分，等级 A 级。

孙瑜：对啊。因为我平时没有失信的情况，所以是满分 1000 分。这就是我的报名通行证，也可以说是我的“第二身份证”吧。

记者：祝你梦想成真啊。

孙瑜：谢谢。

我市年初正式运行的这个覆盖全市的社会征信体系管理平台，拥有自然人和社会法人两个数据库，集纳了全市 18 周岁以上居民和 3 万多家个体工商户、企业的信用信息，涉及社会生活的方方面面。

【录音】

市社会信用信息征集管理办公室主任　黄春晖：数据库的信息主要是由全市 142 个部门采集提供的，这些信息也是互通共享的，包括基本信息、信贷信息、交通违章、违法违纪、荣誉奖励等 6 个方面的内容。我们按照得分高低，将个人信用等级依次从 A＋划分到 D 5 个等级，并建立社会信用评价档案。这个档案，也可以说是一个为人处世合不合格的“诚信身份证”。按照《荣成市社会征信评价体系管理办法》，今后像贪污腐败、偷税漏税、交通违章、拖欠资费等等，大到违法乱纪、小到违背社会公德，一经查处都会被记录在案，让有不检点行为的人背上不易抹掉的诚信“污点”。

【录音】

黄春晖：如果信用等级不达标，当事人在提拔、录用、信贷、创业扶持等很多方面会受到限制，甚至被拒之门外。相反，像文明守法、见义勇为、热心公益等等，这些光彩行为会大大提升个人信用等级。这么做，目的是把诚信建设从道德引导层面提升到制度保障层面，做到常态化、长效化。现在看，效果已经显现。

张华锋是一家装修公司的老板，今年遇到资金困难，没有想到的是，一份 A＋的信用报告，加上诚信示范户的称号，让他成为用上“第二身份证”后,获得我市“个人荣誉信贷”的首批受益者。

【录音】

张华锋:我真是一点也没有想到,这荣誉、人品、道德也能成为资本,50万(元)“荣誉贷”解决了我的大难题,也不用抵押,也不用担保,当天就办成了,一年还能省下近万(元)的利息,太好了。

据了解,我市社会征信体系管理平台开通9个月来,已经录入守信信息11600多条,失信信息36900多条。个人和企业申领信用报告1600多份,公众查阅超过13万人次。作为率先建立公众信用信息共享平台的县级市,全国各大主流媒体对荣成“让信用成为第二身份证”的试水做法,给予了高度评价和充分肯定。

2015年获得由山东省新闻工作者协会、山东省新闻学会主办的2014年度“山东省新闻奖”二等奖

作者:潘建明　于军

荣成:幸福养老有“标准”

【导语】

荣成市养老机构大力实施“标准化”建设,把服务内容用各项“标准”进行细化,打造老人满意的养老环境。

【正文】

一大早,盛泉老年公寓的服务员小王就来到刘大爷的房间,为他修剪指甲。

【现场声】

服务人员:大爷,今儿过来给你剪剪指甲,来,我看看你的手。

大爷:哎呀,不用不用,还不长。

服务人员:给我看看,俺这儿的标准是2周一次,咱得按照标准来。

【正文】

2007年,荣成盛泉集团投身养老事业,在发展中,他们发现,必须要用“标准化”来进行管理,才能让老人享受到更好的服务。2013年,按照山东省质量技术监督局服务标准化试点项目要求,盛泉老年公寓制定了各项服务标准体系332项,涵盖业务运行、服务规范、监督考核各个领域;同时对每一位入住的老人都要进行分类测试,按照老人生活自理程度对老人进行分类服务。现在走进盛泉老年公寓,走廊上张贴了醒目的与之对应的标准,房间每天由专人打扫一次,每三天剃一次胡须,每两周剪一次指甲;对于行动不便的老人,工作人员还会将一日三餐送到房间等等标准。这些服务让不少老人最终选择了在这里养老。盛泉集团也成为全国第一家进入资本市场的养老企业。

【录音】

盛泉老年公寓老人　梁振忠:老人没有一个长褥疮的,常年卧床不起的老人在屋里吃,在床上大小便,屋里硬做到没有异味,它干什么都有标准,而且做到什么程度算到位,它都有要求。过去不是这样,我去过,一进屋臭烘烘的,现在你看,到处干干净净的,没有异味,真了不起。

【正文】

盛泉养老公寓打造标准化服务也引起省有关部门的重视,就在2016年8月,山东省质量技术监督局顺利通过了盛泉老年公寓服务标准化审核评估。

【录音】

山东省质量技术监督局标准化处处长　郭大雷:我们正好也想找一个传统的,这样一个社会关注度非常大的服务业,怎么用标准和标准化来规范和提升,一个标准是能够成就一个产业的,就是说现在供给侧改革,因为市场的需求在这儿,那我就要通过先进的方法或者标准,把我们能够提供的服务进行提升,也就是说我的服务业系统化了,也规范化了。

【正文】

“标准化”的服务也吸引了央视媒体的关注,2016年9月14日,中央电视台《焦点访谈》栏目“标准中国”专题,就对盛泉养老服务标准化建设

进行了专题报道。

2017年获得由山东省新闻出版广电局、山东省广播电视协会主办的“2016年度优秀广播电视节目电视新闻长消息”三等奖

作者：于军鹏　姜林琳　胡玲玲

传承家风家训，带动乡村文明

【导语】

十九大报告指出，要深入实施公民道德建设工程，推进社会公德、职业道德、家庭美德、个人品德建设，激励人们向上向善、孝老爱亲，忠于祖国、忠于人民。我市通过广泛开展家风家训传承活动，弘扬德育文化，培育文明之花，促进村风民风持续改善。

【正文】

在斥山街道东火塘寨社区文化活动广场，一条村训家训文化长廊格外醒目。长廊内，依次展示着东火塘寨村训、家训、新二十四孝和仁义礼智信传统道德等内容，图文并茂、通俗易懂，这里也成为村民们茶余饭后常来的地方。

【录音】

斥山街道东火塘寨社区妇女主任　王凤波：我们亮家风、亮家训，老百姓有事没事都喜欢到这里来看一看、议一议，对教育好子女、增进邻里关系、改善村风民风起到了很大的作用。

【正文】

这几年，东火塘寨社区通过旧村改造，600多户村民住上了宽敞明亮的楼房。生活越来越好的同时，村民们并没有把传统的家风家训丢下。今年66岁的王昭安，平时教育孩子最常说的一句话就是：做人，一定要诚信。

【录音】

斥山街道东火塘寨社区居民　王昭安：你不管做什么事，凡是你说了这个话，应该言行必果。你要是失去了诚信，就永远是失败者，而且别人也不会相信你，你的工作也不会干好。

【正文】

家庭是社会的细胞，家庭文明不仅是社会文明的缩影，而且可以促进社会文明。我市充分意识到良好的家风家训对家庭的发展进步的重要作用，引领每个家庭都构建起具有各自特色的家风和家训，形成家庭的凝聚合力，共同建设美好家庭、文明家庭。宁津街道留村95%的村民都姓程，为了把程氏家训代代相传，村里专门修建了祠堂，每当逢年过节，村民们在祭祖的时候，都要给孩子讲一讲程氏家训，告诫他们如何做人、如何做事。

【录音】

宁津街道留村村民　程绍焕：孝父母，敬哥嫂，夫与妻，要和好，一家人，莫要吵。这就是我们祖先在千年之前，教育我们程氏家族的子孙要和睦相处，也以礼相待。所以在任何时候，在任何道路上，都需要这个家训，因为这是人生道路上的指南。

【正文】

在俚岛镇大庄许家社区，许家祠堂同样保存完好，这里保留着完整的许氏家谱和许氏祖训，从建村流传至今，一直是村民遵法守礼、规范言行的行为准则。社区通过祖训世代相传教育村民，将弘扬本村传统与加强村庄道德建设结合，培育良好的家风村风，弘扬孝文化，共筑新风尚。

【录音】

俚岛镇大庄许家社区村民　许庆宣：每年过节，当父母的都领着儿子、孙子来看一看，教育儿子、孙子怎么孝敬老人。我们也是一样，老老实实孝敬，老老实实往下传。

【正文】

良好家风结出文明硕果，大庄许家社区走出了像全国劳动模范、新时期产业工人的楷模许振超这样的杰出代表。为了更好激励教育村民，目前，村里正在建设许振超精神展示馆，以村庄先模人物鼓舞人心，在潜移默化中激发村民创新活力，引领农村文明新风。

【同期声】

俚岛镇大庄许家社区妇女主任　许玉春:我们建设这个许振超馆,主要是让广大村民以振超为荣,以振超为榜样,学习和发扬他的这种工匠精神,共建文明家园。

【正文】

近年来,我市广泛开展了“传家风、传家训”主题活动,通过“一村一训”“一姓一训”,挖掘每个家庭的传统家训进行征集整理,以宣传片、文化墙等不同形式展示出来,让孝老爱亲、勤俭持家、明事知礼等这些好的家风家训深入人心。同时,把一些好的家风家训故事搬上民间文艺舞台,赋予家风家训这一传统文化新的表现形式和生命力。通过家风家训传承活动,达到村训、家训融合补充,“四德”建设和创城活动相得益彰,实现对广大市民入脑入心的教育和引导,有效丰富了广大群众的思想道德内涵,为农村精神文明建设增添了新的亮点。

2018年获得由山东省新闻工作者协会、山东省新闻工作者协会县级媒体工作委员会主办的“山东新闻奖县(市)级媒体专项奖”二等奖

作者:张明　于军涛　王海峰　李振华

荣成:推动信用结果社会化应用,打造“诚信荣成”品牌

【导语】

如何将信用管理真正融入市民的日常生活?真正让以前只是挂在嘴边的诚信成为一笔“隐形财富”?荣成市积极创新,在多部门多领域推出一系列信用大单和守信激励产品,加快推进信用结果社会化应用,“诚信荣成”品牌正成为推进全市经济社会发展的软实力。

【正文】

最近,家住荣成市崖头街道虹桥南区的玄波去交暖气费的时候,因为信用等级高享受到不少的优惠。

【同期声】

荣成市崖头街道虹桥南区居民　玄波:没想到诚信等级高还可以给我带来实实在在的好处,像我是3A级诚信用户,这次来交暖气费,就给我省了300块钱 ,以后我会继续做好人好事,多做一些志愿服务,提高自己的诚信等级,这样不仅可以提高自身素质,还可以给我带来诚信的物质红利。

【正文】

为褒奖诚信、激励守信,强化信用评价结果应用,荣成市信用等级达到一定级别的人员,可享受供热取暖费和公交乘车费优惠:3A信用等级的个人暖气费减免300元,乘公交车刷卡5折优惠。对连续3年及以上信用等级为3A级的个人,每年发放免费限额为600元的乘车卡(仅限本人年度内使用)。

不仅在住和行等方面,荣成市的信用结果社会化应用也延伸到医疗领域。

【现场声】

荣成市人民医院导医科护士长　孙淑红:广大市民朋友还不太知道,卫生局在年初推出了信用诊疗服务的优惠政策,共有6项。当你上医院来就诊的时候,拿着身份证在服务台刷一下,就知道了你的信用等级,主要的优惠方面有免除收住院押金、享受门诊的陪诊服务,一卡通免除工本费、轮椅平车的借用,还有出院手续的办理方面都有适当的优惠。

【正文】

让诚实守信这一道德层面的中华美德,变成实实在在的物质优待,进而让崇德守信成为市民的文化自觉,荣成市正在用信用创新书写发展故事。荣成市文广新局、农业局、市场监管局、旅游局等25个部门,围绕优先办理、降低门槛、简化程序、免交押金、减免费用等方面,先后推出了“个人信用贷”“信用骑”“信用医”等63个守信激励产品。截至目前,全市累计受益2934人次,受益企业575家,减免费用13.8万元,发放信用贷款2375万元,优先获得上级资金支持1350万元。

【同期声】

荣成市社会信用管理办公室副主任　何俊宁：下一步，我们将适应新时代的发展变化，开发更多的信用产品，让人民群众在信用建设中享有更多的获得感、幸福感，使信用建设成为“自由呼吸·自在荣成”的闪亮品牌。

2018年获得由山东省新闻工作者协会、山东省新闻工作者协会县级媒体工作委员会主办的“山东新闻奖县(市)级媒体专项奖”三等奖

作者：张明　于军鹏　王树敞

1195头澳牛抵威，我市开启全国海运对澳进口屠宰牛肉第一单

【导语】

2月20日，全国首批海运进口澳大利亚屠宰肉牛到港暨口岸启动仪式举行。由泰祥集团进口的屠宰肉牛共计1195头抵达石岛新港，标志着中澳自贸协定每年100万头肉牛出口中国海上通道正式启用。

【正文】

此批屠宰肉牛是中澳自贸协定签署后我国首次经海运大批量进口澳大利亚肉牛，标志着中澳屠宰肉牛贸易进入实质性阶段。这批海运屠宰肉牛检验检疫合格后将于14天内全部屠宰完毕，届时新鲜的澳洲牛肉将被摆上国内百姓餐桌。

【同期声】

国家质检总局动植司动检处副处长　窦树龙：这次海运，因为它数量大，运输的成本低，所以它具有很强的竞争优势，我相信这次海运将会拉开中澳屠宰用肉牛的大幕。

【正文】

我国年牛肉消费需求约1000万吨，而自产牛肉供应不足700万吨，进口缺口巨大。2015年6月，中澳自贸协定的签订为进口澳大利亚活牛贸易带来巨大商机。

【同期声】

泰祥集团运营执行本部销售总监　席永进：未来我们将在产品结构上进行调整，还有深加工方面，有更多的好的产品推向市场，特别是现在要瞄准冰鲜市场，未来通过这个项目的启动，作为一个切入点，把澳洲最好的龙虾，一些活的、冰鲜的生鲜也要引进到中国。

【正文】

石岛新港进境澳大利亚屠宰肉牛口岸是我市继冰鲜水产品、食用水生动物、进口肉类、跨境电商等指定口岸之后开通的又一重要功能口岸，对满足国内高品质牛肉消费需求，带动威海乃至全省食品和冷链物流产业转型升级具有重要意义。

2018年获得由山东省新闻工作者协会、山东省新闻学会主办的“山东新闻奖”电视三等奖

作者：于军鹏

山东省首家股份制产业扶贫合作社分红

【导语】

市益农果品种植扶贫专业合作社日前举办分红仪式。在分红仪式上，合作社负责人向代表们介绍了今年合作社的建设、经营及收益情况。今年合作社的78户社员每户将分得600多元的红利。

【同期声】

城西街道东岭后村村民　殷淑华：我种了一辈子地，没想到一夜之间成了股东，到了年底又能拿到分红，真是太好了，家里的情况不太好，这笔钱缓解了很多生活困难。

【正文】

市益农果品种植扶贫专业合作社由华峰果品负责人等5人发起，吸收城西街道8村、78户贫困户共98人于今年3月共同成立，含现代苹

果基地96亩。市扶贫办整合涉农资金40万元,吸收果园周围8个村、78户散落分布的贫困户入股,每户分得5128元财政扶贫资金作为项目启动资金,共占合作社股权15.4%。发起人华峰果品以38亩建成两年的苹果园及部分资金入股,共计220多万元,占股84.6%。40万元的政府扶贫资金撬动了220万元的社会资本参与扶贫,发挥了财政资金"四两拨千斤"的作用,实现了扶贫效益的最大化。这种模式最大的亮点是,改变以往产业扶贫项目对贫困户"只分红不入股"的收益分配模式,实现贫困户收益与产业经营效益直接挂钩,每个贫困户都能获得"入股分红+务工薪金+耕种收入"三份收益,预计年均5000元以上,实现致富增收。

【正文】

据了解,益农果品种植扶贫专业合作社的成立,是我市解决"插花式"分布贫困人口脱贫的初步尝试,也是创新产业扶贫模式、进一步深化精准扶贫措施的积极探索。通过发挥合作社的带动作用,搭建起优势产业、政策资源与扶贫工作高效衔接的平台,使当地贫困群众脱贫增收与本地优势产业、龙头企业的发展紧密结合,为他们稳定长效脱贫打下坚实的基础。

2018年获得由山东省新闻工作者协会、山东省新闻学会主办的"山东新闻奖"三等奖

作者:于军鹏

我国首套船舶脱硫洗涤系统"扬帆出海"

【出海现场,压混】

【正文】

今天上午9:00,伴随着鸣笛声,配装上我国首套船舶脱硫洗涤系统的香港5.3万吨级散货轮"宝荣号",缓缓驶离位于石岛港的鑫弘重工码头,这标志着我国在船舶低碳排放、防治海洋生态污染科技研发领域跻身世界前列。采用脱硫洗涤技术,是目前国际上解决船舶废气污染、保护海洋生态环境最经济有效的方式。但这一领域的核心技术长期被国外企业垄断。国际海事组织"限硫令"将于2020年元旦生效。如何有效解决船舶废气低碳排放,是船舶企业必须迈过的一道门槛,也一直是国际船舶航运界普遍关注和竞相研发的重点科研课题。

【录音】

佩森环保科技有限公司副总经理　汪带兵:我们不能让别人掐着我们的脖子过日子,必须要走自主创新的道路,突破发展的瓶颈。

【正文】

我市佩森环保科技有限公司是一家环保高新技术企业。为打破国际垄断,该公司经过刻苦攻关,自主设计生产出了船舶脱硫洗涤系统,并取得了中国(CCS)、美国(ABS)及英国(LR)船级社认可证书。该系统能够有效降低船舶尾气中的硫氧化物含量,达到了国家和国际标准,填补了我国在此项领域的空白。

【录音】

船东香港洲际船务集团有限公司副总裁赵勇:目前,环保是大势所趋,不管是国内还是国外,装脱硫设备,首先可以提高船舶的适航性。

【正文】

赵勇介绍说,加装我国首套脱硫洗涤系统后,"宝荣号"以运营10年计算,每年就能节约成本650多万元,低碳减排带来的生态保护效益,意义就更长远了。据了解,佩森环保科技有限公司目前已与新加坡、希腊、土耳其等国外的100多家航运企业签订了600多份船舶脱硫系统改造协议。

2019年获得由山东省广播电视局主办的"山东省广播电视节目奖"二等奖

作者:张明　王宗翦　王树启

车辆礼让斑马线，老人脱帽鞠躬致谢

【导语】

对一座城市而言，斑马线是一条反映其文明素养的刻度线。近日，车辆斑马线礼让老人，老人脱帽鞠躬致谢，这暖心的一幕就发生在荣成街头，暖化了市民的心。

【老人脱帽致谢视频】

【正文】

这段视频，是由市科技局工作人员刘海颖的行车记录仪所拍摄的。

【同期声】

市民　刘海颖：上班的时候，看见一个老人站在那儿，我随脚踩了一下刹车，我让他先过去。

【正文】

随后发生的一幕让刘女士始料未及。

【同期声】

刘海颖：本来是很平常的一件事，因为平时都是这样做的，没想到老人在过马路的时候，突然转过身，把帽子摘下来，鞠了一个躬。

【正文】

有时，一个看似微小的细节就能打动你，让你对一个人心存尊重，对一座城市心生好感。

【同期声】

刘海颖：我真的很震惊，因为我从来没想到这么大岁数的一个老人会给我行这样一个大礼，本来想鸣笛回应他，但又怕老人以为我是在催促他，我就冲他点了一下头，微笑了一下。

【正文】

斑马线前的一次刹车，一次礼让，让刘女士收获了满满的感动。

【同期声】

刘海颖：这件事对我的触动特别大，昨天一天再回想起来这件事，都特别感动，真的是满满的正能量。有句话说得非常好：我礼让他是我的规范，他冲我鞠躬是他非常“有范儿”。特别体现了一个城市的温度，让人家觉得这个城市特别有人情味。

【正文】

当天下班回家，刘女士将这段视频上传至微信朋友圈，引起了不小的热议。一个鞠躬，一次斑马线礼让，一幅和谐社会的微缩图！中国美，美在礼让，市民纷纷为司机和老人的行为点赞。

“斑马线礼让行人”不仅是交通法规的要求，更是一个群体、一个城市文明程度的标志之一。我市自2015年创建全国文明城市以来，致力于创新志愿服务模式，组建了省内第一支义务交警队，常态化开展文明交通引导及交通秩序维护等志愿服务活动；完成了市区43处不礼让行人违法自动抓拍系统的安装，加大不礼让斑马线行为曝光频率、褒奖文明礼让。通过一系列举措，市民的文明礼让意识有效提升。目前，市区主干道机动车综合礼让率达到98%以上。

2019年获得由山东省新闻工作者协会、山东省新闻工作者协会县级媒体工作委员会主办的“山东新闻奖县（市）级媒体专项奖”三等奖

作者：丛东旭　于军涛　刘增光

“凌波仙子”进城过大年

【现场：天鹅叫声】

【正文】

大年初一，市区樱花湖上，洁白的天鹅在自由自在地游弋、觅食、飞翔；岸边，众多市民和游客在观赏、拍照，构成一幅“城中见山水、天鹅翩翩舞”的生动画面。可爱的“凌波仙子”和大家一起迎接新年。

【同期声】

外地游客　王洪艳：大天鹅太美了，荣成环境太好了，觉得这里像个世外桃源一样。

【正文】

位于我市主城区的樱花湖过去是一处天然潟湖,也是市区污水的径流之地。从2015年开始,我市先后投资1.9亿元,对樱花湖水陆生态进行了修复和改造,建成湖面面积2平方公里的城市湿地公园。

水清岸绿、生态越来越好的樱花湖吸引了美丽的大天鹅。去年以来,飞临樱花湖越冬的大天鹅多达上千只,樱花湖成为市区一处"天鹅湖"。

【同期声】

王洪艳:以前看天鹅,得跑很远到天鹅湖去。今年大年初一,在家门口就能看天鹅,太好了。

【正文】

樱花湖这块湖光美景吸引了国内很多有实力的房地产开发商,但我市坚定地把最美好的环境留给市民,先后拒绝了上百亿的商业开发。守住的绿水青山带来了越来越多的游客。

【同期声】

市旅游局副局长　赵征:绿水青山就是金山银山。随着天鹅经济的兴起,我们的冬季旅游"淡季不淡"了,进入冬季以来,共接待游客30万人次,可以说"一只鹅带动了一座城"。

2019年获得由山东省广播电视局主办的"山东省广播电视节目奖"二等奖

作者:张明　王树敔　李钟

鱼水深情终不改,薪火相传拥军情(一)

——六十载二十万公里,一条拥军船伴你上岛守国家

【导语】

在人和镇院夼村,有一艘几代更迭的"拥军船"。60多年来,"拥军船"义务为驻守在距离陆地6.8海里的苏山岛上的部队运送物资、接送官兵及家属,开辟了一条在海图上找不到的特殊航线。本台从今天起,推出系列报道《鱼水深情终不改,薪火相传拥军情》,大力弘扬"拥军船"精神,激励全市上下不忘初心、担当作为,推动各项工作争先领先。首先来看第一篇《六十载二十万公里,一条拥军船伴你上岛守国家》。

【正文】

地处我市西南部海域的苏山岛,面积只有0.48平方公里,是我国领海基点之一,战略意义重大。20世纪60年代初开始有驻军时,苏山岛还是一座无居民、无淡水、无耕地、无航线的"四无"小岛。

起初,驻岛官兵所需物资给养都由部队定期从陆地进行运送。有时候海况恶劣,物资不能及时送到岛上。为解决官兵不时之需,离岛最近的院夼村人主动承担起义务接送官兵亲属和运输物资给养的重任。1960年秋,院夼拥军船扬帆起航,开辟出一条在海图上找不到的航线。

钱均堂,2013年接手"拥军船",是第五代船长,小名叫福泰,岛上的官兵都亲切地叫他"泰叔"。在他心里,只要是部队的事儿,无小事。

【同期声】

人和镇院夼村第五代拥军船船长　钱均堂:(一年)最多的时候能跑300多趟,一般是跑二百五六十趟。就跑到这样的程度,每天装这些东西里外跑,部队打电话咱就走,不管什么时候打电话,随叫随到。

【正文】

渐渐地,"拥军船"也成了一条亲情船。

【同期声】

北部战区陆军某海防旅某海防营海防十一连四级军士长　邵向伟:现在13年过去了,拥军船也算经过大风大浪,泰叔一直陪伴着我们13年吧,陪伴我们海岛官兵13年。我们对他跟我们亲人一样的,有深厚的情感。

【正文】

10余年来,为了保障驻岛官兵的需要,钱均堂每天24小时开机,几乎没有出过远门。唯一的一次,是2012年因突发肺出血在威海住院。

【同期声】

钱均堂：(等我出院来家了，这些小战士)都过来了，看看我，说：“这些日子没看见你，想你了，来看看你。”当时我挺高兴的。

【同期声】

邵向伟：不管是风里雨里，这10年来，都在为我们作保障。包括2015年那年，我干活眼睛受伤了，打电话联系泰叔，泰叔以最大马力开船接我下岛就医。如果当时不是泰叔及时过来，可能我眼睛就失明了。

【正文】

“富了海边人，不忘戍边人，富了海岛人，不忘守岛人”，这是院夼村耳熟能详的顺口溜。1998年，院夼村在院夼西港修建了拥军码头；2009年，码头又扩大重建；2017年，他们积极对接电业等部门，在院夼村和苏山岛之间架起了海底电缆，彻底结束了多年来苏山岛无电无网的历史……曾经的苏山岛虽不再荒芜，今日的院夼村也依然初心不改。

【同期声】

人和镇院夼村党委书记　王国明：2019年我们在青岛宝航船业定了一艘新的拥军船，投资240万元左右，今年8月1日前就能来了。

【正文】

半个多世纪的春夏秋冬，半个多世纪的斗转星移，半个多世纪的人世交迭，但半个多世纪的拥军情谊，始终不变。一艘拥军船，承载着几代军民可歌可泣的事迹，更承载着多少日日夜夜平凡的经历，这已沉淀为一种传统文化和一种生命的记忆。水乳交融、亲如一家的军民情谊，在这片蔚蓝的大海上仍在延续……

鱼水深情终不改，薪火相传拥军情(二)

——六十载二十万公里，一条拥军船让你下岛便是家

【导语】

从最初手摇撸的帆板船到今天的机动船，院夼村五任船长、五代“拥军船”，平均每年往返300个航次，累计航行20多万海里。这条半个多世纪未曾“抛锚停航”的拥军船，连接的不仅是陆地和海岛，更是驻地群众和守岛官兵的心。

【正文】

在拥军船的船舱里，这朵退伍官兵送来的大红花，在岁月的洗礼下早褪去了颜色。但它陪伴着“拥军船”历经千涛万浪，更是军民情深的一个象征。

【同期声】

人和镇院夼村党支部书记　王国明：20世纪六七十年代，我们村里的经济条件也不是很好。村里没有招待所，没有宾馆。官兵上下岛、家属进岛探亲都是吃住在我们院夼村。村里的老百姓自觉地发出邀请，吃住在个人家里。

【正文】

院夼人把驻岛官兵当成自己的亲人。1990年6月，时任连长的任振岭，刚满7个月的孩子得了肺炎，需要下岛医治。那段时间，孩子白天在医院挂吊瓶，晚上就被村民王进考接到家中照料。

【同期声】

人和镇院夼村“拥军船”代表王进考的妻子　王俊兰：最长时间住了70多天，最短时间住了半个月。

【正文】

从此，两家结下了深厚的友谊。退役后的任振岭把家安在了威海，两家的来往一直不曾间断。

【同期声】

退役军人　任振岭：都习惯了。开始还觉得不好意思，时间长了觉得亲近了。有时候风浪大上不了岛，一吃就是好几天。

【正文】

2008年进岛任职的刘洪乾，现在转业已有大半年了，一有假期，他就带着孩子来看一看

泰叔。

【同期声】

退役军人　刘洪乾:院夼这个地方是我们最亲切的一个地方,院夼村给了我们方便,但是更重要的是,比在家还要亲切的那种感觉,来到院夼就跟家是一模一样的。

【正文】

随着时代的变迁,院夼村集体经济也不断发展壮大,从一个贫瘠的小村庄变成了一个富裕的新渔村。但"富了海岛人,不忘守岛人"的宗旨,他们始终牢记心间。如今,村里设有军人接待站,还制定了拥军优属"五优先"制度:凡是来村的驻岛官兵及家属均可免费就餐、免费住宿以及用车优先、通信优先,军人和优抚对象求医问诊也一律免费。多年来,院夼村免费接待驻岛官兵、家属就餐、住宿就达10万多人次。

第一代"拥军船"船长王道伦已不在人世,他的老伴连秀珍,现在也有87岁高龄。但她每年都会做鞋垫送到苏山岛。年复一年,日复一日。就这样,2000多双鞋垫垫在了战士们的脚下。他们知道,连大娘送来的不仅仅是鞋垫,更是王道伦拥军情谊的延续……不停航的"拥军船",让守岛官兵心里有了想念,更有了依靠。而一代又一代的战士们同样知道,唯有守岛卫国、不辱使命,才是对院夼村民最大的感谢!

鱼水深情终不改,薪火相传拥军情(三)

——五代更迭拥军,新船再起航

【导语】

岁月悠悠,60年恍然而逝,拥军船的接力棒如今已传到第五代院夼人手中。他们肩负着前任的使命,继续坚守在这条拥军爱民的航线上。

【正文】

眼前的这艘船,是院夼村崭新的第五代拥军船。

【同期声】

人和镇院夼村党支部书记　王国明:以后每一代拥军船需要更新的时候,村里都是造一条新的船舶用于这条航线的服务。到今年为止60年,苏山岛的官兵和我们老百姓建立了血浓于水的深厚感情。所以说我们院夼村就传下来一句话:"谁要是破坏了这份优良的拥军传统,谁就是我们院夼的罪人。"

【正文】

如今,GPS和北斗系统双导航的现代化"拥军船",运输能力由上一代的8吨提高到现在55吨,抗风能力由上一代的6级提高到现在的8级,并实现了全天候航行。

"泰叔"钱均堂,也从第四代船长晋升到第五代船长。船变成了新的,但是他对驻岛官兵的感情依然不变。

【同期声】

人和镇院夼村"拥军船"船长　钱均堂:知道名字的我就叫他们的名字,像第一年来的这种兵,这些小伙子,我不知道名字,我就说"小伙子,过来"。

【正文】

自1960年起航后,"拥军船"与其他渔船一同停靠在渔港码头,但码头泊位有限,有时"拥军船"靠港等待时间较长。1998年,为便于"拥军船"停泊靠岸,缩短物资搬运时间,院夼村在院夼西港修建了"拥军码头",专船专用。风风雨雨60年,五任船长、五代船,院夼人用最淳朴的感情和最坚定的行为,在茫茫大海上架起了一座风浪挡不住、摧不垮的"拥军桥"。

【同期声】

王国明:我也问过我们的老书记,我说有没有(记者)采访你图什么。我们的老书记曾经说过,我就回了他们一句话,你们去问问解放军他们,为什么要为民服务。

【同期声】

退伍军人　张刚:他们拥军(的做法),是自发的、自愿的、自觉的，它是不计代价的、不讲报酬的。它不是一时一地的，而是长期坚持、不计回报的。在关键的时刻，院夼的群众把方便留给部队的同志，把危险留给自己，这种精神我至今难忘。我们经常用群众这种精神激励我们的官兵，要把驻地作为我们的第二故乡，把为群众服务作为自己应尽的责任，(把这种精神)传承下去。

【同期声】

退伍军人　宋毅："拥军船"的这种精神，诠释了老一辈的一句话就是，军队打胜仗，人民是靠山，军民团结如一人，试看天下谁能敌。我相信这种精神会发扬光大的，我也祝院夼村的百姓们身体健康，生活幸福。

【正文】

近日，市委、市政府下发了关于学习院夼"拥军船"事迹的决定。激励全市广大党员干部不忘初心、牢记使命，以新担当新作为开创"自由呼吸·自在荣成"新局面，以优异成绩迎接中华人民共和国成立70周年！

2020年获得由山东省新闻工作者协会、山东省新闻学会主办的"山东新闻奖"电视二等奖、编辑二等奖

作者：张明　于军鹏　高頔

编辑：王树启　付振宇　王妮娟

渔村里走出的小康路

【现场声】

于海洋买菜回民宿。

记者：这个鱼准备怎么做？

于海洋：红烧吧。

记者：用大锅还是小锅？

于海洋：用这个小锅。

【正文】

于海洋，在荣成市俚岛镇烟墩角村经营着4家民宿，现在他正准备和客人一起准备早饭。2014年海外归来的于海洋回到家乡，和其他村民一样，利用自己家的老房子改造成民宿，利用乡村振兴的优势，开始了自己的创业历程。经过6年发展，他的民宿受到了各地游客的欢迎。

【现场声】

客人：在烟墩角这里，不仅仅是住得好，更重要的还是吃得好，渔村嘛，这儿的食材太丰富了。

于海洋：因为我们这个村本身就是平常游客比较多，本地的农民在自己菜园子种些菜，基本上都拿出来卖。

客人：我看到了，卖菜的地方都是一小把一小把。

于海洋：也不是大棚，都是自己种的。

客人：这里的西红柿，你看，吃了以后，一尝是这个味，是我小时候的那个味道，你在大城市都是买不到的。

【正文】

今天，在这里居住了一周的客人，就要启程回家了，于海洋为他们精心准备了当地的传统美食——虾子酱。

【现场声】

于海洋：虾酱现在还属于发酵时间，每天早晨都应该来搅拌，整个搅拌透了之后，你闻闻这个味，这个是正儿八经的酱香味。

客人：对对对。

于海洋：这是虾酱的酱香味，今年做得少，往年的时候都是1000斤以上。

客人：刚开始我发了"朋友圈"，让他们猜猜这三个缸是什么东西，有的说是酒缸，有的说是虾酱。

【正文】

荣成依托得天独厚的环境优势，大力发展全域旅游，改善农村人居环境，振兴乡村旅游。荣成市是中国北方大天鹅之乡，烟墩角村宜居的自然环境和舒适的气候条件，每年吸引了数万只大天鹅前来栖息。

【同期声】

于海洋：各地来摄影的人特别多，我也喜欢摄影，然后就跟着这些客人，带着他们到处去拍

天鹅,跟他们聊天,就觉得他们对荣成的印象特别好。我小的时候,这里天鹅并不是很多,慢慢地随着环境的改变,尤其我们这边海湾的环境越来越好,天鹅也越来越多了,对天鹅的印象逐渐就加深了。

【正文】

千年梦想、百年奋斗。如今,和烟墩角村一样,越来越多的农村面貌焕然一新,让愿意留在乡村、建设家乡的人留得安心,让愿意上山下乡、回报乡村的人更有信心,让产业兴旺、生态宜居、乡风文明、生活富裕、治理有效变成现实,为实现全面建设小康社会加足马力,奋力实现第一个百年奋斗目标。

2020年获得山东省新闻工作者协会、山东广播电视台、山东省新闻工作者协会新媒体工作委员会、山东省新闻工作者协会县级媒体工作委员会优秀短视频作品评选一等奖

作者:张明　王树啟　于军涛　高頔

亚欧五国联合发布天鹅保护《荣成宣言》,倡议共建地球命运共同体

11月23日,由中国野生动物保护协会举办的天鹅保护国际学术交流会在我市落下帷幕,来自国内和俄罗斯、日本、蒙古国、巴基斯坦等国家以及世界自然保护联盟、世界自然基金会等国际组织的代表和学者联合发表了天鹅保护《荣成宣言》,倡议促进双边和多边合作,建立天鹅保护国际信息交流网络,营造天鹅保护国际氛围。

我市是中国北方最大的天鹅栖息地,也是国际重要的候鸟迁徙停歇地和越冬地。每年冬季,都有上万只大天鹅从遥远的西伯利亚来我市栖息越冬。为保护天鹅栖息环境,我市先后拒绝了总投资数百亿元的多个外来房地产项目,设立了大天鹅自然保护区,将保护区生态文明建设纳入经济社会发展总体规划,投资上亿元对天鹅湖生态环境进行修复保护。2010年,我市被中国野生动物保护协会授予"中国大天鹅之乡"称号,由此形成的天鹅经济也带火了我市文旅产业,"坐动车到荣成,看天鹅吃渔家饭"成为我市鲜明的城市名片。

【录音】

中国野生动物保护协会副秘书长　郭立新:在山东荣成召开天鹅保护国际学术交流会,具有重要意义,是构建人与自然和谐共生的一个生命共同体的需要。

【录音】

俄罗斯科学院生态与进化研究所高级研究员　索菲娅·罗森菲尔德:这次的《荣成宣言》,将科研工作和生态保护工作结合在一起,不仅仅是一个物种保护的宣言,对世界各地生态保护工作都有很强的实践意义。

2020年获得由山东省新闻工作者协会、山东省新闻工作者协会县级媒体工作委员会主办的"山东新闻奖县市级媒体专项奖"二等奖

作者:张明　于军鹏　付振宇　丛东旭

81岁"国旗手"的坚守

【导语】

从2013年10月9号开始,成山镇东霞口村的田兆亮就成了村子里的一名业余"国旗手"。整整6个春秋,只要不遇到极端天气,他每天起来第一件事就是到村北的小山上升国旗。

【航拍:清晨的村庄】

【正文】

蹬上运动鞋,背上双肩包,手拿国旗,如今已经81岁的田兆亮依然坚持每天上山升旗。

【现场声】

主持人:这个路这么陡,您走起来不吃力吗?

田兆亮：我希望国旗早早升起，这是我的向往，所以就不感觉累了。

【正文】

虽然小山的高度仅有50多米，但是由于没有修路，野草丛生的山坡陡峭、沙多，快到山顶处的石头更陡，需要“安全绳”的辅助，而轻车熟路的田兆亮却健步如飞，不到10分钟，他就登上了山顶处这个不到一平方米的升旗“广场”。当时建造“广场”的水泥还是老人一趟趟背上来的。

为庆祝新中国70华诞，老人这次特意准备了一面崭新的国旗，熟练地做起了升旗前的准备工作。当《义勇军进行曲》响起来时，能明显感觉到老人变得无比庄重严肃。

【现场声：义勇军进行曲】

【正文】

五星红旗迎着朝阳升起，国旗下，东霞口村一排排楼房整齐排列……老人也向我们说起了升国旗的初衷。1938年出生的他，做梦也想不到会从以前“愁温饱”到如今每个月能领到1000多元的“工资”，老两口也住上了崭新宽敞的楼房，生活实现小康。

【同期声】

田兆亮：这个村就是东霞口，是生我养我的地方，现在是一片楼房，当年是低矮的草房，对比起来，我们村是旧貌换新颜。

【正文】

如今，“一个人的升旗仪式”也有了观众，每当老人升旗时，很多村民也会自发在山脚下观看。临近国庆，来看老人升旗的村民们还自己准备了小红旗。

【同期声】

成山镇东霞口村妇联主席　石红民：现在小北山上的这面红旗成了我们村的一个风向标，所有人一出门就看到北山上飘扬的五星红旗，也激发了我们全村人的爱国之情。

【正文】

在家闲暇时，田兆亮还会拿起自备的望远镜，看看山顶上随风飘扬的国旗。每当提起他第一次升旗时的场景，老人还是显得格外激动。

【同期声】

田兆亮：（2013年）10月9日第一次升旗，那个心情……都落泪了，哪个孩子不爱自己的母亲？这是祖国母亲。

2020年获得由中宣部“学习强国”学习平台、中宣部宣传舆情研究中心主办的“微视频大奖赛”三等奖

作者：高皞　于军鹏　付振宇

“英雄村”里的守碑人

【解说】

今年的清明节，对于荣成市港西镇北港西村的88岁老兵张起明来说格外不同。由于疫情的原因，他不能像往年那样，组织村民和老兵到村里的忠烈碑前祭扫。老人独自来到碑前，要和牺牲的战友说道说道眼下抗疫的情况。这位义务守护忠烈碑20年的老兵，已经习惯了与牺牲的战友这样交流。

【同期声】

荣成市港西镇北港西村老兵　张起明：44名老战友，今天是个特殊的日子，我今天来看你们了。我们中国目前出现了（新冠肺炎）疫情。在全国人民的共同努力下，我们战胜了疫情。请同志们，你们放心吧，我们祖国越来越强大了，我给你们敬个礼……

【出片名：“英雄村”里的守碑人】

【解说】

从抗日战争到解放战争，北港西村是当时威海出了名的踊跃参军的先进村。

【同期声】

张起明：北港西村曾出了一个加强连（的人数去参军），排着队由上级选择，从十四五岁一直到60岁。60岁去干什么？60岁身体好的也要，也可以参加检兵。我们村就有一个40多岁的，

在部队打仗时跑不动,他就干钉补员。什么叫钉补员?战士的鞋破了,钉一钉。

【解说】

1947年,年仅15岁的张起明报名参军。

【同期声】

张起明:也是让上级选择,(我条件)不够,说我的个子矮。我又跑到另一个(检兵)的地方去,我还是让上级检查,我就想被检查上,那怎么办呢?我一个脚拿一块砖,砖头搁脚底下一垫,就够了。

【解说】

就这样,张起明成了东海军分区独立二团一营二连五班的战士,也是全营年纪最小的兵。在威海保卫战的古陌岭战斗中,身为通讯员的张起明在战火中穿梭传达命令。他所在的营担负坚守古陌岭主阵地的艰巨任务,战斗非常惨烈。面对美式装备的敌人,部队伤亡很大。当时从阵地撤下来回到驻地戚家庄时,张起明所在的通讯班只剩下5人。

【同期声】

张起明:从古陌岭(阵地)我是自己回来的,他们那些人都哪儿去了?这个滋味真是(不好受),受不了了。我就在帐篷那里哭了,(想找人)说话,没有人,我和谁说?半夜又回来两个,在我们帐篷里睡,都很少说话。

【解说】

虽然时隔70多年,但再度说起这段往事,老人依旧难掩悲痛。张起明告诉我们,北港西村当年一家最多的有4人去参军打仗,他的大哥早年就参加了八路军。

【同期声】

张起明:头一天去参军了,去打仗,第二天部队通知父母这两个子女都牺牲了。谁不爱孩子?白胖的小孩,咱都看见了,第二天爹妈哭着(背回来)。

【解说】

在村里新修的公墓,我们看到很多在外地牺牲的烈士墓碑上,没有明确的牺牲时间。张起明说,很多烈士的墓里并没有遗骨,战争年代牺牲后只能就地掩埋,已无从查找,大家就以这样的方式来纪念牺牲的英雄。

而这块张起明守护了20年的忠烈碑,是当年和张起明一起参军的张锡淑出资修建的。1993年,张锡淑从浙江回乡,找到张起明商量为村里牺牲的44名烈士立纪念碑。从那之后,张锡淑省吃俭用,积攒了3万多元。2000年抗美援朝纪念日当天,这座纪念碑正式建成。从那以后,张起明就义务看护忠烈碑,并在每年的清明节、国家公祭日等纪念日组织村民、老兵、学生祭扫英烈,讲述英雄故事,传承红色基因。

【同期声】

张起明:福都叫我们享了,他们都在地下,什么也没有……什么也捞不到,是不是?我享的什么福?我的儿子你看见了,他回家给的什么东西?一提溜一提溜的,奶、饼干,甚至有时候是人参、海参。多好啊,他们这些(烈士)捞得着吗?捞不着,(心里)不好受。

【解说】

面对镜头,老人强忍泪水。张起明在部队担任过排长,先后荣立二等功、三等功各一次。1958年,他从济南军区转业后,先后担任原荣成县崖西公社和成山公社的武装部部长。1962年,为了给国家减轻负担,他又主动响应号召,作为退职军人退职返乡,担任村党总支副书记,回乡奉献自己的力量。

虽已年近九旬,但经历过血染沙场和生离死别的张起明,带着对党、对祖国、对战友的深情厚谊,时刻关注着祖国的发展,用他自己的方式守护和告慰烈士的英魂。

【同期声】

张起明:现在你看看他们下一代,一点不亚于我们当年参军那个时候的青年。你看这次抗疫当中牺牲的那些人,那些小青年,那些姑娘,比当年抗美援朝的小伙子,比打淮海(战役)的小伙子差吗?不差,所以我们这个民族是有希望的,我们这个民族在世界来说(很棒),(外国)比不了,一声令下,全国统一(行动),美国行吗、英国行吗?不行。

【字幕】

我们要铭记一切为中华民族和中国人民作出贡献的英雄们!

——习近平

让我们记住这些烈士的名字:

张锡威 张锡华 张锡渊 张锡岱 张锡芳
张锡犹 张守贵 张锡慈 张锡琳 张锡贞
张锡铎 张福贞 张福景 张福三 张福滋
张福初 张福绅 张福超 张福璋 张福喜
张福绍 张福祥 张起云 张起厚 张起琳
张起秀 张起宗 张起豪 张起文 张起良
张起常 张起信 张起恕 张起义 张起成
张起瑞 张玉本 张乾义 张荣锦 张润生
张华堂 张会中 张华义 张修贞(女)

2021年获得2020年度山东新闻奖一等奖

作者:刘宏伟 黄阿敏 王斌 秦程

我市在全省率先实现农村垃圾分类全覆盖

【导语】

实行垃圾分类,关系广大人民群众生活环境,关系节约使用资源,也是社会文明水平的一个重要体现。我市通过分类投放、分类收集、分类运输、分类处理,形成了完整的农村垃圾治理体系,在全省率先实现农村垃圾分类全覆盖。

【正文】

每天早晨6点半至8点,是东山街道八河孔家村村民定点投放垃圾的时间。为管理好垃圾分类,各村实行了定点定时投放,并派专人进行管理。

【现场声】

市环境卫生服务中心垃圾分类指导科科长 阎志超:垃圾分得挺对的,这都是可以燃烧的,这里面是贝壳类,这都是不能燃烧的。

【正文】

我市海洋养殖产业发达,农村生活垃圾中贝壳类垃圾较多,所以在确定农村垃圾分类方案时,我市在与国家标准基本相同的基础上,根据区域实际,将农村生活垃圾分为了有害垃圾、可回收垃圾、不可燃垃圾、可燃垃圾四大类。

【同期声】

同济大学教授、中环协村镇垃圾治理专业委员会主任 何品晶:荣成这个模式是有它的特点的,一年四季大量食用海鲜,尤其是贝壳类海鲜。我们一直强调,在农村一些废砖瓦、废砖石这些不是垃圾,把它们单独分离出来。那么剩下的垃圾就集中转运,运输转运到焚烧厂去焚烧发电,它是这样的一个思路,这个思路就体现了因地制宜。

【正文】

垃圾分好类,如何再利用就是关键。在市顺达建筑材料有限公司的生产车间,每天收集来的不可燃垃圾,都会在这里进行环保处理并转换成新型建筑材料。

【同期声】

市顺达建筑材料有限公司负责人 韩涛:你看这是我们打碎的建筑垃圾,里面有贝壳、砖头等一些建筑垃圾、混凝土块,我们再利用最优的配合比,掺入适当的粉料,制成各种砖。

【正文】

不可燃垃圾的成功处理,不但实现了变废为宝,也为终端的垃圾焚烧节约了成本。

【同期声】

市环境卫生服务中心主任 曲青:实行垃圾分类后,每年不仅可以减少垃圾终端焚烧量3万多吨,财政少支出5000多万元,同时,焚烧发电的效率也提高了十几个百分点。

【正文】

我市农村垃圾治理工作深入推进,不仅让广大群众养成了垃圾分类的良好习惯,同时,生活垃圾也得到有效处理和综合利用,逐步形成前期垃圾“精细化分类”,后期“资源化利用”新型模式。2020年,我市被评为全国“农村生活垃圾分类和资源化利用示范县”。

获2020年度山东新闻奖县(市)级媒体专项奖电视长消息一等奖

作者:张明　付振宇　于军鹏

靠“两箱材料”胜出！小村企赢得央企“芳心”

【导语】

有研稀土(荣成)有限公司是一家专业从事磁性材料生产的高科技企业,虽然规模不大,每年却能生产磁片20亿片。能有这么可观的产量,得益于其与央企的成功牵手。那么,实力雄厚的央企为何会向一个村办企业抛出“橄榄枝”?他们的牵手又经历了哪些曲折?我们一起来听听这个不同寻常的“招亲”故事。

【正文】

今年年初,虽受到疫情影响,但位于荣成市人和镇朱口村的有研稀土有限公司各条生产线仍马力全开,工人干劲十足。看着排满的订单,总经理马跃华信心满满。

【录音】

有研稀土(荣成)有限公司总经理　马跃华:咱们未来还是主要面向新能源汽车这个巨大的市场,这里面作为功能材料的稀土永磁材料,在节能方面有更加优势的东西。

【正文】

有研稀土主要为苹果、华为、三星等手机、音箱扬声器提供磁片,谁能想到,它的前身只是朱口村的村办企业——宏秀山磁业有限公司。2010年成立时,宏秀山磁业主要研发、生产钕铁硼永磁材料,随着市场需求的不断增加,企业发展遇到了瓶颈。

【录音】

人和镇朱口村党委书记　陈义:我们的资金供应不足,一个村办企业完全支持不了这么大的资金运转,所以急于寻找一家合作的伙伴。

【正文】

2018年,有研科技集团正在为延伸产业链寻找下游合作单位,立即就引起各方关注。

【录音】

陈义:当时和我们同台竞标的有3家(公司),那3家比我们的规模大了好几倍。

【正文】

虽然处于竞争劣势,但朱口村选择了一条最笨但最踏实的方法。四天后的竞标当天,朱口村准备了满满两箱的企业材料放在桌上。

【录音】

陈义:这两箱材料打动了北京。对方3家只是拿了薄薄的几张纸介绍企业规模。而我们从企业生产、技术到运作、到销售、到管理,整套材料摆在有研新材的桌子上,当时他们就决定让那3家退出,我们自己胜出。

【正文】

靠着两个纸箱盛满的真诚,小村企获得了央企抛出的“绣球”。人和镇立即组成专班全面跟进。洽谈中,有研科技集团提出的人才政策、土地手续办理、专业配套行业等八大方面问题,具体且有针对性。

【录音】

人和镇党委书记　王军强:当时为了解决这些问题,市领导亲自带队,先后十几次到北京有研的总部,一事一议,逐个研究,逐个解决,最终赢得了有研对我们的信任,项目最后落户荣成。

【录音】

陈义:从刚开始谈到最后成共14个月,中间是几起几落。北京有研集团总部赵晓晨董事长说,这是中央企业头一次和中国最基层的村级企业合作。

【正文】

央企进驻,给村企带来了资金、市场和技术,磁性材料的生产能力也从年产1200吨提高到了2400吨。在做强做优声学领域的同时,企业还进军永磁电机领域，重点布局新能源汽车、高铁等磁性材料领域，真正做到声学、电机“双翼齐飞”。

【录音】

陈义：和有研合作后，咱计划今年的产值目标达到 35000 万元，三年内达到产值 5 亿元，五年规划达到 10 个亿的产值。

【记者手记】

招商引资要有“两箱材料”的精神。

从村办企业到央企入驻合作，我们发现，起到关键性作用的是朱口村的“两箱材料”。

从“两箱材料”的齐全准备，到竞标成功后的专班服务，再到后期的全程陪跑、随时解难，包含的是永不言弃、拼搏实干的攻坚精神，客户至上、精准务实的专业精神和“拘小节”的“店小二”服务精神。正是靠着这些精神，企业才最终赢得了央企的“芳心”。

今年作为“重点工作攻坚突破年”，场场攻坚突破都是一场硬仗。越是在发展的关键时期，越要坚定“双招双引”的信心和决心。“两箱材料”体现出的精神，值得学习借鉴。

获 2020 年度山东新闻奖县（市）级媒体专项奖广播长消息二等奖

作者：张明　于军鹏　王斌

我市 202 个村居 458 名专职保洁员“下岗”

【导语】

在广大农村，保洁员一直是环境卫生的主力军。然而在我市，随着环卫志愿服务的开展，专职保洁员已悄然“下岗”。

【正文】

在东山街道崮山前村，环境卫生讲评会每周召开一次，参加会议的是主动认领村内环境卫生的志愿者。

【同期声】

东山街道崮山前村村委委员　刘远明：我们村是全市最早实行没有保洁员的村，村民都很自觉地自扫门前“雪”。

【正文】

2018 年我市创新农村保洁模式，由环卫志愿服务者取代村居专职保洁员，来提高居民环境卫生意识。鼓励村民加入志愿服务组织，采取志愿者主动认领和志愿服务派单的方式落实环境治理。专职保洁员退出后，市级保洁统筹资金将被用于环境卫生志愿服务，以“信用＋志愿”的方式进行奖励。

【同期声】

王连街道王家庄保洁志愿者　王学山：通过实践证明，实行志愿者(保洁)，达到了全民参与这个效果，是非常好的。

【正文】

据了解，截至目前，全市共有 202 个村居实施保洁新模式，累计退出专职保洁员 458 名，发展环境卫生保洁志愿者 9366 名。

【同期声】

市环境卫生服务中心城乡环卫一体化督导科科长　黄志伟：村居环境的治理，从原来单一的被动应付，到现在积极地来主动参与环卫志愿服务，全面提高了村居环境卫生管护水平。

获 2020 年度山东新闻奖县（市）级媒体专项奖电视短消息三等奖

作者：王宗翦　张明　于军涛　王树啟

“免费午餐”催生乡村治理新模式

【导语】

常言说“天下没有免费的午餐”，但在我市，每天有1.2万农村老人享受着花样翻新的“免费午餐”。

【正文】

在桃园街道青木寨村的“暖心食堂”，每天11点半，是村里80周岁及以上老人定点开饭的时间。荤素搭配、营养均衡的一餐热饭，老人吃得很舒心。

【录音】

桃园街道青木寨村村民　周德喜：不管哪一顿饭都是三四个菜，饭不重样，每一个礼拜的饭不重样。

【正文】

我市创新采取“志愿＋信用”方式，把“信用积分制”嵌入“暖心食堂”运营中。志愿者在“暖心食堂”服务可获得信用积分，可以用信用积分在村里的“信用超市”兑换日常生活用品，还能享受全市范围内的“信易游”“信易贷”等免费游景区、免费乘公交车等120多项“礼遇”。

【录音】

桃园街道青木寨村“暖心食堂”志愿者　姜秀波：也给我们发志愿(信用)分，对志愿者也认可，志愿者(也)都尽心尽意地给老人服务，快乐老人的同时自己也快乐。

【正文】

目前，全市已建成“暖心食堂”363家，覆盖全市46%的村居，参与志愿者1万多人，获得社会捐助1000多万元。

“暖心食堂”的开办，满足了农村老年群体的现实需求，筑牢了农村民生底线。

【录音】

“暖心食堂”就餐老人：老了老了来福了，(以前在家做饭)弄一顿吃一天、吃两天，这一天晌午在这吃多好。

【正文】

“暖心食堂”就像一个个“强磁场”，把党员群众的心，像石榴籽一样紧紧系在一起。在村里，大家原来各忙各的，现在成了热热闹闹的一家人，凑在一起不仅合计食堂的事，大事小情也都相互帮衬，很多食堂俨然成了“村里的议事会”“土生土长的实践所”，让群众参与村级治理的“主人翁意识”不断迸发。王连街道东岛刘家村在全市开办了第一家“暖心食堂”，如今村里已有15支各类志愿服务队。

【录音】

王连街道东岛刘家村党支部书记　刘俊军：大家都积极主动地参加到村里的各项活动当中，村容、村貌、村风有了很大的改善，老百姓的生活环境是越来越好。

【正文】

如今，“志愿＋信用”模式已经拓展到理论宣讲、慈善救助等60多个行业领域，很多工作一改过去镇街、村居主导推动的局面，由群众唱起“主角”。2020年，在农村环境整治行动中，全市800多个村庄的11万处、100多万平方米违章建筑在7个月内，全部由农村志愿者自发参与拆除，农村人居环境整治工作成效受到国务院督查激励表彰。5.2万名优秀志愿者成为义务网格员，每名网格员精准服务5—7户群众，解决问题隐患50多万个，实现“大事不出村、小事不出格”。

现在，全市农村志愿者人数已经从去年初不足5000人，迅速发展到现在的15.7万人，超过农村总人口的1/3。村村都有志愿队、户户都有志愿者，志愿者已经成长为深化乡村治理的“主力军”。

【录音】

市民政局党组书记、局长　王彤：依托“暖心食堂”放大乡村治理效能，做足做好“食堂＋文明实践”“食堂＋网格治理”“食堂＋党建创新”的融合文章，把食堂打造成文明实践的新阵地、服务群众的新纽带、乡村善治的新载体。

获2020年度山东新闻奖县(市)级媒体专项奖广播长消息三等奖

作者：张明　王树启　王妮娟

大事记

2011年

2月1日，召开2010年度全市广播电视工作会议，总结回顾2010年工作，布置2011年广电重点工作任务。

2月，广电宽带网络有限公司在全市范围内开展了光网改造工作。

3月8日，为庆祝"三八"妇女节，在女职工中开展了以"应对三网融合挑战，加快光网改造"为主题的征文比赛活动。

3月12日，为包扶村城西街道鸭湾村投资1.4万元购买树苗200棵绿化村里主要街道；为该村赠送图书400多本帮助建立农村书屋；打造一眼150米深的机井，并对村里自来水管道整修改造，让村民喝上干净、甘甜的自来水。

3月26—27日，荣成电视台"万隆国际杯"第7届车展在世纪广场举办。

4月19日，召开《民生360°》栏目开播3周年座谈会。

5月13—14日，荣成电视台"海格节油杯"第8届车展在世纪广场举办。

6—9月，成功承办"缔景城"杯全市乒乓球友谊赛。

6月9日，举办"真情颂党恩　百姓唱红歌""缔景城"杯全市红歌大赛决赛。市委常委、市委宣传部部长张瑞英，市人大常委会副主任王行军，市政府副市长王莹，市政协副主席曲江等领导观看了整场比赛并为获奖选手颁奖。

7月6—12日，台团委组织"活力初夏日　健康我快乐"乒乓球比赛，广大干部职工踊跃参加。

7月23—24日，荣成电视台"手拉手吉利汽车"杯第九届车展于吉利汽车隆盛4S店隆重举行。

8月7日，荣成电视台"虹宝金店"杯钓鱼大赛在石岛举办。

8月14日，威海市三市一区组织部领导在市委常委、组织部部长毕兴全的陪同下来我台参观我市远程教育平台建设情况。

8月20—21日，荣成电视台"万隆国际"杯第10届车展暨全市首届童谣大赛在世纪广场举办。

9月1日，广电宽带网络有限公司开展数字电视高清业务推广活动。

10月1—2日，荣成电视台"博隆杯"国庆车展暨汽车宝贝大赛、K歌大赛在世纪广场举办。

10月26日，全市文化系统学习十七届六中全会精神会议在我台十楼会议室召开，市委常委、宣传部部长张瑞英，市政府副市长王莹到会并讲话。

11月11日，"海誓山盟2011"荣成电视台集体婚庆大典在赤山景区隆重举办。

11月12—13日，荣成电视台"许记同顺祥"杯第12届车展在世纪广场举办。

11月16日，荣成市广播电视台举行庆祝第12个记者节文艺联欢会，市委宣传部部长张瑞英参加活动。

11月30日，全市宣传文化系统"三个一切"主题演讲比赛在我台七楼会议室举行。

12月1日，市委党校孙政会老师来我台为干部职工就党的十七届六中全会精神作专场报告。

2012 年

3 月 10 日,荣成广播电视台团委组织青年志愿者来到城西敬老院,为老人们送去了米、面、牛奶等慰问品,并为他们表演了精彩的文艺节目。

3 月 11 日,荣成广播电视台邀请崖头街道连文瑜副书记在七楼会议室为全体走访人员进行相关走访知识培训。

3 月 12 日,荣成广播电视台团委组织青年志愿者服务队,来到所包扶的城西街道鸭湾村,与村群众一起参加植树绿化活动。

3 月 15 日,荣成广播电视台出资 10 万元为所包扶的城西街道鸭湾村购置了一台集小麦联合收割机、耕作机及免耕播种机于一体的大型拖拉机。

3 月 30 日,荣成广播电视台在十楼会议室召开网络整合大会。市委常委、宣传部张瑞英部长,市政府王继静副市长及市委组织部张建华副部长等领导参加了会议。会议由王继静副市长主持,张瑞英部长宣读了整合相关事宜。台网分离进入实质性运作,按照“人随事走”原则设置岗位。

4 月 19 日, 实行广电台网分离改革,撤销市广播电视台崖头、石岛、成山 3 处中心站和 12 处镇级工作站,其人员编制并入市广播电视台。

5 月 1 日,在世纪广场举办车展,售出车辆将近 200 辆。

5 月 3 日,荣成广播电视台团委组织青年志愿者来到市博物馆参观“渔家傲——荣成人与海”主题展馆,使他们对荣成的风土人情有了进一步的了解。

5 月 20 日,由荣成广播电视台和市京剧协会联合主办的“缔景城杯”票房评级颁奖仪式在八楼演播厅隆重举办,市委常委、宣传部张瑞英部长,市政府王继静副市长参加活动,并为获奖选手颁奖。

6 月 11 日,荣成广播电视台为所包扶的城西街道鸭湾村送去 6 吨化肥,支援全村“三夏”生产。

6 月 16 日,由荣成广播电视台主办的“争做诚信标兵　共建诚信荣成”荣成市青年演讲比赛在荣成广播电视台八楼演播厅隆重举行,荣成市委副书记、纪委书记王笑丰,市委常委、宣传部部长张瑞英观看了比赛,并为获奖选手颁奖。

6 月 21 日,荣成广播电视台干部职工在七楼会议室开展“慈心一日捐”活动,职工们捐款 13000 元。

6 月 26 日,荣成市委副书记、纪委书记王笑丰来荣成广播电视台检查指导电台行风热线工作。

6 月 28 日,由中共荣成市委宣传部组织的庆祝中国共产党成立 91 周年“唱响荣成”歌咏比赛在市东方广场举行,荣成广播电视台合唱队荣获优秀组织奖和二等奖两项殊荣。

7 月,建设开通荣成市广播电视台官方网站——荣成在线,域名为:http://www.rczx.tv,通过互联网拓展电视台和电台功能,并相互促进,互补发展。

7 月 8 日,荣成广播电视台为央视“天涯共此时”栏目组在八楼演播厅录制《两岸专家谈养生》节目。荣成市委常委、宣传部张瑞英部长,荣成市政府张涛副市长参加了录制活动。

7 月 17 日,荣成广播电视台邀请市安监局领导在七楼会议室为干部职工进行了一场安全生产知识讲座。

7 月 21 日,中央电视台经济信息部农业组组长宋建春等领导来我台调研指导工作。

8 月,对硬盘播出系统进行了升级改造。此次改造,对原播出系统的核心部分包括服务器硬盘、主板、底板及播控工作站,台标机的主板、电源、硬盘等进行了升级,确保了系统核心设备运行稳定可靠。

8 月 3 日,荣成广播电视台组织党员及中层干部在七楼会议室进行党性教育,观看《前辈的足迹》教育片。

8 月 9 日,荣成广播电视台邀请威海“洪波爱心车队”队长姚洪波作报告。

8月16日，荣成广播电视台邀请荣成市消防大队为职工进行消防安全知识培训，并实地进行应急演练。

8月23日，荣成广播电视台邀请荣成市委党校高级讲师张军老师在十楼会议室为职工授课“责任第一”。

8月27日，由荣成市委组织部、荣成市委市直机关工委、荣成广播电视台主办的“在党旗下成长，在足迹中继承”主题演讲比赛在荣成广播电视台八楼演播厅举行，市委常委、组织部部长傅世涛观看了比赛，并为获奖选手颁奖。

8月30日，荣成广播电视台组织工作人员来到所包扶的城西街道鸭湾村，与村干部一起到田间地头察看受台风“布拉万”影响的村受灾情况，指导村民开展生产自救。

8月30日，荣成广播电视台邀请哈尔滨理工大学荣成学院心理咨询师杨晓燕老师在十楼为全体职工授课“角色”。

8月30日，荣成广播电视台全体党员在七楼会议室召开创先争优活动专题组织生活会。全台党员进一步强化了创先争优意识，增强了科学发展信心，明确了努力方向。

9月11日，荣成广播电视台邀请市电视大学刘彦老师在十楼会议室为全体职工授课“办公实务”。

9月20日，荣成广播电视台邀请市委党校毕建军老师在十楼会议室为全体职工授课“职业道德”。通过学习，职工深刻认识到加强自身职业道德修养的重要性。

9月22日，荣成广播电视台邀请市民政局、公交公司、成山集团的三位诚信建设典型，在十楼会议室进行巡回宣讲。

9月22日，荣成广播电视台召开解放思想动员会，姜旭明台长为全体职工作“统一思想　凝聚合力　积极推动各项工作实现新发展”的动员报告。

9月25日，荣成广播电视台组织退休科级干部及部分中层干部开展“迎国庆，看荣成，议发展”活动。观摩了经济开发区高端产业园及石岛管理区工业园等大项目建设情况。

9月28日，荣成广播电视台领导到包扶村城西街道鸭湾村走访慰问8户联亲户，为他们送去月饼、鸡蛋等慰问品。

10月1日，在世纪广场举办汽车颁奖盛典，200多位市民购得爱车。

10月3日，在俚岛爱莲湾举办沙滩文化周活动，活动吸引众多市民纷纷前来观看。

10月13日，荣成广播电视台邀请胶州广播电视台副台长、副书记张洪星等领导与同仁在七楼会议室作报告。

10月17日，荣成广播电视台邀请山东龙氏国际演艺公司总经理助理王晖在七楼会议室授课，与职工进行深入交流。

10月20日，荣成广播电视台在石岛“悦澜府邸”举办2012年集体婚庆大典。市委常委、宣传部部长张瑞英，市政府副市长王继静等市领导同现场观众一起见证26对新人的幸福时刻。

10月21日，荣成广播电视台邀请威海广播电视台台长助理、新闻频道总监高磊和总编室副主任葛岚在七楼电视会议室作报告。

10月23日，荣成广播电视台组织退休职工开展庆祝重阳节活动，老干部们参观了荣成市新实验中学、经济开发区高端产业园及威海海洋职业学院等大项目建设，并召开座谈会。

10月，荣成广播电视台对35周岁以下及部分有意向职工共55人，分两批进行非编制作、新闻写作及摄像等知识培训。

11月8日，荣成广播电视台邀请青岛同步传媒有限公司董事长、总经理王日韦来台，就广播方面内容进行交流。

11月17日，荣成广播电视台邀请山东传媒职业学院党委书记李连等领导来台就栏目包装方面内容进行授课。

11月22日，荣成广播电视台党组成员在九楼会议室召开民主生活会。市委常委、宣传部部长张瑞英等领导参加指导。

11月25日，荣成广播电视台在水木菁苑生态酒店举办2012“天和”杯主持人大赛。

12月19日,山东电视台高永升副台长来荣成广播电视台调研指导工作。

12月25日晚,荣成人民广播电台与水木菁苑生态酒店、普利姆皮草有限公司在水木菁苑生态酒店联合举办"2012水木菁苑"圣诞化装舞会,600多名观众参加了活动。

12月26日,荣成广播电视台邀请上海百研企业管理咨询有限公司吴叔平总经理,在十楼会议室就广电发展改革方面内容为职工授课。

2013年

1月,实行三产经营,开展计算机培训、少儿培训、旅游等经营行为。

1月19日,普利姆形象代言人决赛在我台演播室举行。

1月23日,我台《滨城外传》栏目剧组在七楼拍摄贺岁剧《欢乐学堂》。

2月6日,江山市长来台录制春节祝词并调研指导工作。

2月7日,荣成市委常委、宣传部部长张瑞英来我台检查指导工作,并看望慰问坚持在岗工作的干部职工。

2月20日,中共荣成市委常委、市委宣传部部长张瑞英来我台督导诚信建设年活动开展情况。

3月2日,我台邀请部分艺术团体及群众性活动社团负责人召开座谈会。

3月12日,我台组织职工到大疃镇东中窑村植树。

3月19日,我台举行电视广告经营公开竞标,并邀请市监察局领导监督指导。

3月26日,网络字幕系统安装、调试,4月26日正式启用,我台三个频道电视节目可以对各自栏目在播出同时叠加滚动字幕。

3—7月,筹备成立荣成市广电艺术培训中心,装修布置教室,开展市场调研、设立科目、选聘教师、招生等工作。

3月,广电艺术培训中心筹备少儿栏目《童言无忌》,拍摄制作出50多集,播出25集。

4月,在全台范围内实行图文频道全员创收。

4月2日,我台为包扶村大疃镇东中窑村送化肥,支援农村生产。

6月8日,在石岛吉兴广场举办车展 ,100多位市民购得爱车。

6月10日,在我市自在香滨广场举办"自在香滨杯"少儿歌舞挑战赛。

6月18日,我台组织干部职工参观荣成海洋食品展销中心。

6月21日,台内实行中心制和科室相结合,中心为管理部门,各科室为责任部门,实行项目制考核。

7月6日,荣成市广电艺术培训中心正式开课,开设了播音主持、少儿舞蹈、成人舞蹈、萨克斯、街舞、爵士舞、声乐、小提琴、钢琴9个专业,8月增设京剧专业。

7月8日,组织"慈心一日捐"活动,共捐款13000多元。

7月17日,荣成人民广播电台对节目进行全新改版。

8月23—30日,成功举办首届婚博会。

9月,对播出系统监视器、显示器及切换器、音频处理器等部分设备进行了升级改造。

9月27日,我台组织30余名运动员参加全市机关运动会。

10月12日,由荣成电视台组织的集体婚庆大典在石岛新吉兴举行,共有28对新人步入婚姻的殿堂。

11月1日,荣成人民广播电台建立微信公众号"FM107.5"。

2014年

1月27日,为进一步发挥好新闻媒体的作用,更好地满足广大市民的收视需求,紧扣中心做好宣传工作、服务全市发展,广播电视台对自办部分节目进行调整,引进《新闻风云汇》《娱乐现场》等新闻娱乐节目,新上《收获》《聊暇吧》等自办节目。

1月27日，举行“我们在一起”荣成广播电视台2013年表彰晚会。

2月13日，我台在十楼会议室组织召开广播电视台诚信建设提升年活动动员大会，各班子成员就2014年分管重点工作进行交流发言。

2月17日，我台召开诚信建设提升年活动问题剖析座谈会，对照“四风”要求和部门工作，各中心负责人分别汇报交流了存在的突出问题，有针对性地提出了今后的努力方向和工作打算。

2月24日，我台召开由班子成员、中心负责人以及部分年轻职工参加的解放思想大讨论座谈会，围绕务实发展、创新发展、转型发展，大家畅所欲言、建言献策，达到了相互交流、增进共识、促进工作的目的。

3月17日，荣成电台为适应新形势，对节目进行全新改版，将电台呼号改为“荣成电台私家车广播”并对节目进行大规模改版。

3月21日起，我台对发射塔进行了铁塔防腐维护。

4月，投资400万元的荣成广电“全台网”开始论证和制定方案。对全台的节目制作及办公设备进行全面升级改造，实现采、编、播与办公设备的系统化、网络化。

4月14日，第二届房交会在我市举行，20多户市民选取了自己的新家。

4月25日，投资30万元在地下配电室安装了40kVA不间断电源(UPS)一套。

4月28日，在世纪广场举办“五一”车展，售出车辆200多辆。

6月20日，荣成电视台旅游直通车活动正式开展。

7月，广播电视台出资20万元，历时一个月的时间，对包扶村大疃镇东中窑村西河进行彻底整治，改善了村民生活居住环境。

8月6日，在世纪广场举办第24届车展，售出车辆将近200辆。

8月14日，新闻制作媒资一体化全台网项目政府采购公开招标。10月下旬开始安装，11月下旬建设完成。2014年12月至2015年1月，组织使用培训。2016年4月，决定开始启用该系统。2016年6月13日，《民生360°》栏目首先开始使用该系统制作节目；7月11日，《荣成新闻》栏目开始使用该系统制作节目，该系统全面上线应用。

9月21日，举行荣成广电集体婚庆大典，30多对新人喜结连理。

10月1日，在世纪广场举办第25届车展，售出车辆将近300辆。

10月31日，情景剧栏目《滨城外传》停播。

11月8日，在体育馆举行广播电视台第2届职工趣味运动会。

11月22日，举办荣成广电首届年货大集暨易货贸易会。

11月23日，在七楼电视会议室举行了2015年度广告经营公开竞聘招标。

12月23日，泰祥购物频道播出设备安装调试。

12月24日，由荣成市广播电视台倾力打造的大型群众娱乐类节目《荣成大明星》火热开赛，吸引了数千名群众报名参赛。

12月30日，远教频道播出设备由网络公司前端机房搬迁至播出机房。

2015年

1月10日，我台举行“幸福新娘”评选活动，30多位准新娘参加活动，展示幸福生活。

1月25日，2014年度全市广播电视工作总结表彰大会召开，对2014年度获得的先进集体和先进个人进行了表彰颁奖。

3月12日，组织青年志愿者和党员干部共50多人，到包扶村大疃镇双石董家参加义务植树活动，共栽植大龙柏树500多棵。

3月28日，在世纪广场举办第26届车展。

3月30日，集体婚庆大典在世纪广场举行，20多位新人跨入新生活。

5月21日，举办少儿春晚选拔赛，全市200多个孩子报名。

6月初，组织开展上半年两个“全覆盖”大走访活动。

6月24日,荣成人民广播电台举办“用心传播,情动万家”首届电视观众文化节。

7月1日,组织党员参观市海洋食品博览中心、市博物馆,组织台部分党员进三环社区开展义务劳动,以实际行动为党旗添彩。

7月10日,投资10万元对中央空调副机进行了节能改造。

7月29日,市广播电视台举行“慈心一日捐”活动,全体干部职工共捐款25900元。

8月8日,组织20名团员青年参加全市滨海绿道健步走活动。

8月9日,在世纪广场举办第27届车展,售出车辆100多辆。

9月11日,根据全市“创城”安排,启动“创城礼让斑马线”志愿服务活动。

9月20日,“2015荣成市集体婚庆大典”在世纪广场成功举办,市人大常委会副主任田永霞、市政协副主席刘建忠等领导参加,共有30对新人在荣成市民的共同见证下喜结连理。

9月23日,组织开展2015年“两个全覆盖”下半年入户走访工作。

9月30日,根据省委、省政府传达的关于广电网络资产整合的要求,持有荣成广电宽带网络有限公司股份的职工开始退股。

10月21日,班子成员对台离退休职工进行走访慰问。

10月29日,桓台县广播电视局副局长伊靖一行5人来我台参观。

10月31日,“捐闲衣、送温暖”的公益活动在市区佳华购物中心盛大启动。市广播电视台的志愿者积极参与,共捐献爱心棉衣100多件。

11月8日,市广播电视台在市文体中心体育馆举行了庆祝第16个记者节暨职工趣味运动会。

11月12日,由省政府研究室副主任李树典带队,省编办、省地税局、省新闻出版广电局领导来我台调研县级播出机构当前的建设管理现状。

11月18日,台广告经营责任人竞聘领导小组进行了2016年广告经营竞标。

12月11日,市广播电视台邀请市委学习贯彻党的十八届五中全会精神宣讲团成员、市委党校副校长、高级讲师尹选芹就党的十八届五中全会精神开展宣讲活动。

2016年

1月27日,组织召开“三严三实”专题民主生活会。市委常委、宣传部部长张瑞英同志到会指导。

2月3日,全市2016年春节联欢晚会在市广播电视台演播大厅完成录制。

2月16日,市广播电视台召开2015年度总结表彰暨工作作风整顿大会,对2015年度台先进集体和先进个人进行了通报表彰,对开展整风肃纪活动进行动员部署。

3月12日,市广播电视台组织青年志愿者和党员干部共30多人,到包扶村大疃镇双石董家村参加义务植树活动,共栽植绿化苗木200多棵。

3月13日,在体育中心广场举办第30届车展,售出车辆100多辆。

4月8日,汉唐集体婚庆大典在赤山风景区举行,汉唐服装秀隆重上演。

4月10日,“自在香滨”杯荣成市广播电视台第30届车展在荣成市文体中心广场圆满落下帷幕。

4月29日,市广播电视台召开全体党员会议,会议传达学习了市委办公室《关于在全体党员中开展“两学一做”学习教育实施方案的通知》精神。

5月27日,在体育中心广场举办第31届车展,售出车辆200多辆。

8月,成立电教部,负责各级组织部门以及威海“党建”栏目下发的新闻、专题制作任务,“灯塔—党建在线”平台和荣成远教频道的节目上传、维护工作,以及荣成市委组织部各类培训讲座、活动的视频资料拍摄工作。

8月6日,在体育中心广场举办第32届

车展。

8月15日，市广播电视台组织开展“慈心一日捐”活动，共捐款24550元。

9月28日，集体婚庆大典在左右商场举行，20多对新人参加活动。

10月1日，在体育中心广场举办第33届车展。

10月24日，由国家广电总局研修学院领导带队，津巴布韦新闻媒体人员共26人来我台参观考察。

10月25日，省DTMB公司来安装地面数字电视发射设备，使用DS-22频道。

10月26日，我市开通地面无线数字电视广播，包含山东、威海及我市共8套数字电视节目，发射点位于青山发射台。

12月3日，在体育中心广场举办第34届车展。

12月9日，市广播电视台举行了十八届六中全会精神宣讲报告会，市委学习宣传贯彻党的十八届六中全会精神宣讲团成员、市委党校政治教研室副主任、高级讲师孙政会作“全面从严管党治党”主题宣讲报告。

12月24日，举办全市青年联谊会，吸引众多青年前来参与。

2017年

1月23日，荣成市春节联欢晚会在我台八楼演播厅举行。

2月4日，召开2016年度市广播电视台工作总结表彰暨作风整顿大会。对2016年度获得创先争优先进集体和先进个人进行了表彰，组织开展整风肃纪活动。

2月8日，由齐河县广播电视台台长彭学山带队共20人来我台考察。

3月9日，在体育中心广场举办第35届车展，售出车辆200多辆。

3月10日，由环翠广播电视台副台长徐建强带队，共5人来我台考察。

3月11日，组织青年志愿者和党员干部共20多人，到包扶村大疃镇双石董家村参加义务植树活动，共栽植绿化苗木100多棵。

3月27日，艺术培训中心开始进行3周的消防改建。4月21日，消防改建工程全部结束，且验收合格，并联系专业环境监测人员来监测。监测结果皆符合国家标准。4月22日恢复正常上课。

4月1日，在体育中心广场举办第36届车展。

5月15日，举行2017年度“社会妈妈”捐款活动，共捐款2万余元。

6月27日至8月11日，市委第三巡察组对市广播电视台党组领导班子及其成员和其他科级干部进行集中巡察。6月23日，召开第三巡察组巡察市广播电视台党组工作动员会；12月13日，召开市委第三巡察组对市广播电视台党组巡察反馈会议。

7月1日，市广播电视台组织部分党员来到荣成抗日民主政府旧址，开展“七一”主题党日活动。

7月8日，组织部分党员到市实验中学报告厅观看大型音乐剧《爱在天际》。

8月5日，组织20名团员青年参加樱花湖体育公园健步走活动。

8月15日，荣成人民广播电台首次开通水滴视频直播，实现广播“边听边看”。

9月28日开始，电视综合频道于每天18:30转播《山东新闻联播》节目，时长20分钟。自2019年3月5日开始，《山东新闻联播》栏目延长到25分钟，电台同步转播。

10月12日，成功承办全市“自由呼吸·自在荣成”全民广场舞大赛决赛。

10月13日，在我台中心进出大厅组织了一场防恐防暴安全演练，全台干部职工40余人参加了学习和演练。

10月27日，召开全台党员干部大会，对学习贯彻十九大精神进行安排部署。

11月4日，在体育中心广场举办第37届车展，售出车辆200多辆。

12月12日,在体育中心广场举办第38届车展。

12月,开始启动高清电视转播车项目,进行技术实施方案的论证。2018年7月27日,在荣成市公共资源交易中心成功完成项目的政府采购公开招标。8月项目开始正式实施。12月31日,高清电视转播车正式交付使用。2019年1月12日,在“时尚东方”使用高清电视转播车成功完成了第一次少儿春晚节目现场录制。

2018年

1月1日,改版后的《荣成新闻》《民生360°》正式推出,展现出良好的屏幕形象和节目传播力,社会反响很好。此次改版为我台首次由台内工作人员自主对片头、角标、字幕条、演播室虚拟背景等内容进行改版。

1月14日,荣成市广播电视台举行2017年度总结表彰大会。会议对2017年度创先争优先进集体、优秀共产党员、创先争优先进个人、履职担当先进个人、先进工作者进行表彰。党组书记、台长邹积军同志讲话。

1月23日,《荣成市广播电视台2018年规章制度汇编》完成修订,印刷成册。

2月5日,邹积军台长作为全省两家县级台代表之一参加全省县级广播电视台改革发展工作会议并作典型发言。市广播电视台紧紧围绕市委、市政府中心工作开展新闻宣传、持续加大并创新公益宣传力度和方式、不断提升自办栏目质量的典型经验在全省推广。

2月9日,在市民文化活动中心承办2018年荣成市春晚。

2月13日,市委副书记、市长刘昌松来我台走访慰问节日期间坚守岗位的干部职工。

2月16日,自办少儿栏目《快乐成长》及反映荣成文化、历史的诗歌散文类栏目《风雅荣成》正式推出。

2月16日,台党组书记、台长邹积军到发射、播控等部室慰问职工。

3月,《我们的山东　直通荣成》在省台公共频道开播,每周六播出,每期7分钟。

3月2日,在市民文化活动中心成功承办志愿荣成慈善公益典礼。

3月9日,在体育中心广场举办第39届车展。

3月14日,靠自有力量,花费6000元完成6楼制作机房设备管理刷卡系统的改造扩容,并投入使用。节省资金7万多元。

3月23日,对年久失修的职工餐厅(2003年投入使用)进行整修,更换破损顶棚和墙面瓷砖,更换部分厨房设备。5月9日,对食堂操作间开始整修。

3月27日,完成发射台监控值班室的设备改造,并新建完成50 kW发电机房。

4月12日,发射部数字编码器更换,利用原网络字幕播出系统实现多频道滚动字幕的播出。

4月中旬,上架使用山东海看网络科技公司开发的老版“直播荣成”App,4月24日对外发布上线。

4月20日凌晨开始,停播荣成影视和荣成远教两个电视频道,2018年8月27日开始停播电视图文频道,保留荣成综合、荣成生活两套电视频道和一套广播频率。

4月21日,完成广播电台播出监测及应急切换系统的安装调试。

4月24日,威海市文化广电新闻出版局副调研员刘志荣带队对我台标准化建设情况进行复核。

4月29日,通过4G连线,在“直播荣成”手机台完成荣马直播。

5月1日,DS-9荣成模拟电视停止无线发射。

5月,启动高清演播室项目,开始进行项目论证和技术方案的制定。11月9日,在荣成市公共资源交易中心成功完成项目的政府采购公开招标。11月14日,高清演播室开始建设施工。12月31日,工程整体完工。2019年1月1日,高清演播室正式启用,新年第一期《荣成新闻》《民生360°》在新演播室录制。2019年5月3日,在高清演播室圆满完成了荣马全程直播,历时4个多小时。这是我台第一次在演播室进行直播,除了演播室主持人和嘉宾,同时连线外场主持人及央视、制作网的信号,可以说是多层面、全方位双向互动,对技术系统和保障能力都提出了很高要求。

6月10日,在体育中心广场举办第40届车展。

6月19—22日,组织全体党员分两批次到我市龙山红色革命教育基地参观学习。

6月22日,青岛市黄岛区宣传部副部长、黄岛区广播电视台台长管恩春同志一行6人来我台考察绩效考核管理、技术项目建设与应用等方面的工作。

7月1日,由市委宣传部、市广播电视台、市文联主办,市摄影家协会承办,盛泉集团协办的“盛泉养老杯・醉美樱花湖”主题摄影摄像大赛颁奖仪式及展览在市博物馆举行,市委常委、宣传部部长李洪霞参加活动。此次活动历时8个多月的时间,在社会各界和广大摄影爱好者的支持和参与下,共收到参赛作品1828幅。经过专家评选,最终有70幅作品获奖。所有获奖作品将在市博物馆展览20天,展览活动结束后,参展作品全部移交市博物馆收藏。

8月2日,承办7月“山东好人榜”发布仪式暨全省道德模范与“身边好人”现场交流活动,并且首次实现“直播荣成”“闪电新闻”双网络平台直播。

8月29日,威海市文广新局副局长、文化市场综合执法局局长徐元政带队对我台落实意识形态相关情况进行检查。

9月8日,在体育中心广场举办第41届车展。

9月21日,省新闻出版广电局下发《关于公布县级广播电视台标准化建设首轮复核结果的通报》(鲁新广字〔2018〕718号),荣成市广播电视台被评为一级台。

10月,自主创新安装完成多屏联动播放系统,在大厅、电梯内及部分楼层实现视频、图文、动画等多媒体信息的实时、个性化播放。

10月1日,对大楼前院破损花坛进行整修,建设停车场,缓解停车难问题。

10月11日,市广播电视台积极响应市委、市政府号召,组织开展“慈心一日捐”活动。共募集善款2.63万元。

10—12月,组织“时尚东方”冠名的2019年荣成市少儿春晚,策划3场全市少儿春晚海选。

11月3日,在体育中心广场举办第42届车展。

11月4日,举办庆祝第19个中国记者节暨职工趣味运动会。

11月12日,省委巡视组来我单位进行意识形态落实情况专项巡察,对我单位意识形态工作给予高度评价。

11月16日,山东政务融媒体发展高峰论坛在济南举行。荣成市广播电视台获得2018年县级广电融媒体主流影响力奖,为威海地区唯一一家。

11月29日,组织开展2018年“各界聚合力共圆微心愿”活动,认领上庄镇贫困户“微心愿”10个。

12月8日,大楼开始安装流量表,节省供暖费用,做好节支工作。

2019年

1月,启动县级融媒体平台建设项目,开始项目论证和技术方案制定。7月12日,在荣成市公共资源交易中心进行政府采购公开招标。7月22日,开始施工建设。9月底,施工完成。新闻制作系统由NOVE 8升级至NOVE 10,同时对非编系统后台、存储盘阵、部分硬件设施进行了升级。12月中旬,开始启用融媒体平台“闪电云”。

1月,完成2018年《时讯视点》编辑工作。

1月1日,正式启用“钉钉”移动网上办公审批。

1月15日,荣成市融媒体中心正式揭牌,市委常委、宣传部部长李洪霞同志代表市委参加揭牌仪式。

1月26日,《荣成时讯》第2597期报纸,由于机构改革,报头由“荣成市新闻中心编辑”改为“荣成市融媒体中心编辑”。

1月29日,举行2018年度工作总结表彰大会,中心党组书记、主任邹积军同志代表党组讲话。

1月29日晚,“筑梦新时代 再启新征程”2019年广电职工春节联欢会隆重举行。

2月3日,在市民文化活动中心成功承办荣成市春晚。

2月14日,市融媒体中心作风整顿动员大会召开,以作风整顿促进全中心各项工作全面提升,在新时代新征程中开创媒体融合发展新篇章。

2月17日,《荣成市融媒体中心2019年规章制度汇编》完成修订。

3月,《开票有奖》节目开播。

3月2日,荣成电视台家电直销节在我中心一楼大厅举办,售出电器近千台。

3月29日,荣成市人民政府网站账号用户名由“荣成市新闻中心”更改为“荣成市融媒体中心”。5月,对艺术培训中心教室进行改造,扩增了3个教室,并进行整体装修。

4月2日,《收海带》组图刊登在《人民日报》第8版,实现《人民日报》发稿零突破。

5月,投资15万元,完成消防控制室搬迁。

5月3日,“掌上荣成”微信公众平台于2019年滨海国际马拉松结束后半小时内,首家发布赛事消息,阅读量达7.3万。

6月28日,国家、省、威海市安全检查组一行在广电总局监管中心副主任苟天学带领下,来我中心检查迎接庆祝中华人民共和国成立70周年广播电视安全保障工作。

6月29日,在七楼会议室举办了以“汉藏一家亲”为主题的爱心捐赠志愿服务活动,广大干部职工积极响应,共110余人参与活动,捐赠衣物350余件,并通过邮政快递发往西藏甘孜县。

7月1日,开播庆祝新中国成立70周年70集献礼片《为了新中国·荣成英模》。该片以荣成英模人物的先进事迹为主线,集中展现荣成人民不忘初心、忠于使命、英勇无畏、甘于奉献、勇于担当的时代精神,成为荣成市传承红色基因、激扬爱国热情的有效载体。

7月,所有采访设备实行集中统一管理,由技术部统一收发管理、保养维护。

7月,启动广播电台建设项目,开始项目论证和技术方案制定。10月22日,在荣成市公共资源交易中心进行政府采购公开招标。10月31日开始施工,12月24日,广播电台正式在新机房使用新系统制作播出节目。

7月,艺术培训中心与海大教育合作举办潍坊军校夏令营、北大清华研学活动,实现社会效益、经济效益双丰收。

8月23日,全市庆祝新中国成立70周年“我和我的祖国”群众歌咏会市直部门决赛在东方广场举行,我单位合唱队获得市直部门大合唱三等奖。

8月26日,开始安装DS-13、DS-23地面数字电视发射天线、发射机、前端设备,9月26日全部完成。10月25日,DS-13地面数字电视开机发射。

9月8日到10月11日,我中心进行了发射塔防腐维护工程、废旧设施的拆除及调频天线的更换工作。

9月24日,成功承办“中国农民丰收节”。

10月11日,经中心办公会研究同意,在5楼和8楼集中办公区各安装一台净水烧水一体机,改善职工工作环境。

10月14—21日,高清电视转播车在世界涡喷大师赛现场连续进行网络直播。

10月31日,参加山东视听新媒体监管与云计算、大数据融合发展研讨会的30多位领导到我单位参观。

11月,编辑出版庆祝中华人民共和国成立70周年征文获奖作品集《我和我的祖国》。

11月8日,市委书记包希安调研县级融媒体建设情况并慰问新闻记者。市领导李洪霞、刘熙军陪同。

11月8日，举行庆祝第20个中国记者节座谈会，市委宣传部常务副部长张起帅，老干部、优秀通讯员代表，市融媒体中心班子成员，“十佳”记者参加。

11月10日，庆祝第20个中国记者节暨职工趣味运动会举行。

12月18日，荣成时讯印刷服务在威海市公共资源交易中心荣成分中心完成公开招标，荣成市三星印刷有限公司中标，服务期为2020—2022年，中标价为每年758000元。

12月19日，山东广播电视台对DS-22设备进行验收。

12月20日，济南市章丘区区委宣传部常务副部长侯春红一行25人到我单位参观。

2020年

1月1日，高清播出系统开始试播，并于1月24日正式开播。该系统全面实现了我市自办电视节目采编、制作、存储、播出、传输的高清化，更好地满足了市民日益增长的高品质精神文化生活需要。

1月1日起《荣成时讯》由每周五期改为每周三期，每周一、周三、周五出版。

1月1日，DS-23地面数字电视开播。

1月，启动“荣成村落源流”大型人文主题采访活动，开设《荣成村落源流》文化品牌栏目。

1月，《我和我的祖国》征文、《时讯视点2019》编辑结集出版。

1月15日，“不负韶华　永争第一”2020年市融媒体中心春节联欢会举行。

1月18日，在市民文化活动中心成功承办荣成市春晚。

1月25日，中心党总支书记到新闻、发射等部室慰问春节值班的职工。

2月，开始启用“闪电云”平台上的新版“直播荣成”手机App。3月，先后在小米、“360”、Apple、Oppo、华为、Vivo等应用市场上架。

2月，启动信息网络安全等级保护项目，开始项目论证和技术方案制定。12月22日，在荣成市公共资源交易中心进行第一次招标。

2月，市融媒体中心全体干部职工积极参加三环社区防疫工作，24小时在荣乌高速大疃收费站及309国道荣文交界卡口执勤。

2月2日，市委书记包希安到我单位调研融媒体中心疫情防控宣传情况，慰问奋战在抗疫一线的新闻工作者，送来了口罩等防疫物资。

2月13日，中心党总支书记、主任邹积军为前往湖北黄冈的于军鹏、张文杰同志送行。

2月17日，中心积极响应市委号召，组织“慈心一日捐”捐款活动，为抗击疫情捐款38000元。

2月20日，市融媒体中心党总支领导班子和80名党员捐款23700元，用于支援武汉疫区。

3月，通过自主编写程序软件、搭建系统平台，实现了采访设备网上预约申请使用，设备资源信息网上管理。5月6日，新版电子公告系统上线；11月12日，新版网上订餐功能上线。

3月6日，《经济日报》刊发稿件《疫情之下，迁徙至山东荣成安然越冬——大天鹅知道，这里对它们好》，实现《荣成时讯》中央级媒体上发文字稿件零的突破。

3月9日，市融媒体中心组织青年志愿者赴包扶村寻山街道西迎驾村开展志愿服务活动，为该村贫困户送上爱心蔬菜，并帮助老人打扫卫生。

3月17日，《荣成市融媒体中心2020年规章制度汇编》完成修订。

3月27日，由全媒体采编部安排骨干记者分批次到山东广播电视台《山东新闻联播》栏目跟班学习。付振宇同志于2020年4月14日至8月4日、柳鹏飞同志于7月28日至12月12日在山东广播电视台跟班学习。

4月1—7日，组织20多名志愿者到俚岛镇小苏家、东烟墩村参加清明防火工作。

4月3—7日，中心组织30名志愿者参加全市无偿献血活动。

4月7日，对发射部房屋进行维修(防水、墙面喷涂真石漆、更换门窗防盗栏杆);5月25日完工。

4月9日,邹积军同志到发射部调研设备管护和设施维护工作。

4月10日,广告运营部开设直播互动栏目《以礼相待》。

4月10日,大型采访“探访荣成村落源流”正式启动,进行第一次采访。

4月26日,中心为“第一书记”村大疃镇大疃村捐助生物肥及书籍。

4月27日,荣成电视综合高清频道在山东IPTV集成播控平台联通侧上线。6月1日,在山东IPTV集成播控平台移动、电信侧上线。我台电视节目可通过有线电视网络、联通、移动、电信IPTV,地面数字电视,移动客户端“直播荣成”App等途径收看。

4月30日至5月1日,邹积军主任和我中心4名志愿者到俚岛镇27中学,安置俚岛镇石山东村山火受灾群众。

5月2—4日,中心组织100多名志愿者到夏庄镇北山冷家村扑灭山火,邹积军主任参加。

5月7日,投资9万元为4楼高清演播室安装独立中央空调系统。

5月12日,开展荣成市融媒体中心“社会妈妈”捐款活动,共收到捐款10600元。

6月,老版“直播荣成”App停止使用。

6月11日,经中心办公会研究同意,在4楼和7楼集中办公区各安装一台净水烧水一体机,改善职工工作环境。

6月22日,对我中心挂包企业嘉盛乳业给予免费半年的天气预报挂板的广告宣传。

6月22日,根据“书香荣成”建设要求,市融媒体中心图书室进行整修。

6月28日,荣成融媒艺术培训有限公司成立。

6月30日,为防控新冠肺炎疫情,投资13万元对大楼中央空调系统进行清洗。

6月30日,组织开展荣成市融媒体中心第七次“汉藏一家亲”捐款活动,共收到捐款7340元,购买100个书包捐赠给西藏日喀则市江孜县热索乡小学生。

7月5日,召开市融媒体中心2020年上半年工作总结大会,对上半年工作进行总结,安排部署下半年工作,主任邹积军同志讲话。

7月9日,《海上播苗忙》在《人民日报》头版倒头题发表,实现纸媒上发工作新的突破。

7月12日,承办国家机关普法暨行政执法公共法律知识竞赛决赛。

7月16日,寿光市融媒体中心党委书记、主任张华胜一行15人到我单位参观考察。

8月11日,市领导王洪晓、李洪霞陪同省委宣传部副部长、新闻办主任袭艳春到我单位调研。

8月19日,根据我市创建全国卫生城市要求,对食堂工作人员办公间和储藏间进行局部整修。

8月28日,省县级台标准化“回头看”检查组来我单位检查县级台标准化建设情况。

9月3日,庆祝抗日战争胜利75周年75集大型专题片《为了民族的胜利——荣成抗战英雄谱》开播。该片深入挖掘荣成抗战老兵的感人事迹,铭记他们的光荣革命历史,传承红色基因,为社会各界特别是青少年加强革命传统教育提供生动素材,播出后引起社会强烈反响。

9月10日,“好家风成就好人生”公益讲座在我中心举行。国家二级心理咨询师胡海强院长为单位职工讲座。

9月11日,为迎驾新村提供8万元包扶资金,对相关基础设施进行维修;同时,支持我单位派驻“第一书记”村大疃镇大疃村改善村内环境,助力新农村建设,为大疃村提供包扶资金5万元。

9月22日,邹积军主任到寻山街道迎驾新村为村民进行新时代文明实践理论宣讲。

9月24日,中心为荫子镇捐赠9万元,用于改善荫子镇辖区暖心食堂相关配套设施。

9月28日,投资9万元对中心大楼玻璃幕墙进行清洗维修。

10月,《荣成新闻》栏目改版,主持人口播形式由单人坐播改为“坐播+站播”的“双播”形式,坐播以主屏幕为背景,站播以侧屏为背景。

10月22日,荣成市融媒体中心教育基金捐赠仪式举行,我单位分两年将18万元定向捐赠给荫子镇用于支持荣成教育高质量发展。

10月22日,我单位为寻山街道西迎驾村捐赠5万元生物肥。

10月23日,邹积军主任到西迎驾村暖心食堂陪老人就餐,捐赠电视、冰柜、空调、抽油烟机,为村暖心食堂更换铝合金门窗,给老人提供舒适的就餐环境。

10月30日,由省委网信办网络信息和移动管理处处长张淑琴带队的验收工作组,来我单位开展第一批县(市)融媒体中心验收工作。市委常委、宣传部部长李洪霞陪同。

11月7日,庆祝第21个中国记者节暨职工趣味运动会举行。

11月8日,市委常委、宣传部部长李洪霞来我单位慰问新闻记者,和“十佳”记者合影留念。

11月10日,完成省应急广播传输适配设备的安装调试。

11月27日,投资17万元对中心大楼自使用以来存在的消防安全隐患进行了整改。

11月27日,岱岳区融媒体中心纪检书记朱宗学一行5人到我单位参观考察。

12月25日,邹积军主任前往北京参加新华网客户端与闪电新闻客户端战略合作暨山东百家区县融媒集体入驻新华号发布会以及2020年度“我们的小康”优秀短视频作品颁奖会暨业务分享会。

12月28日,在广播部试行全员绩效考核,进一步调动工作人员积极性。